FRIEDRICH ENGELS

Das rot-schwarze Chamäleon

FRIEDRICH ENGELS

Das rot-schwarze Chamäleon

Eberhard Illner, Hans Frambach und
Norbert Koubek (Hrsg.)

wbg Academic

Die Deutsche Nationalbibliothek verzeichnet diese Publikation
in der Deutschen Nationalbibliografie; detaillierte bibliografische
Daten sind im Internet über http://dnb.dnb.de abrufbar.

wbg Academic ist ein Imprint der wbg.

Die Herausgabe des Werkes wurde durch die Vereinsmitglieder der
wbg ermöglicht.
Gestaltung und Satz: Melanie Jungels, TYPOREICH – Layout- und
Satzwerkstatt, Nierstein
Lektorat: Hans Frambach und Eberhard Illner
Bildredaktion: Eberhard Illner
Umschlagabbildung vorn: Friedrich Engels, um 1864, AKG 362524;
hinten: „Beim nächsten Mal wird alles besser", Marx / Engels Denkmal
auf der Lustwiese Berlin, 1989/90, © Günter Bersch / bpk.
Gedruckt auf säurefreiem und alterungsbeständigem Papier
Printed in Germany

Besuchen Sie uns im Internet: www.wbg-wissenverbindet.de

ISBN 978-3-534-27274-7

Elektronisch sind folgende Ausgaben erhältlich:
eBook (PDF): ISBN 978-3-534-27298-3
eBook (epub): ISBN 978-3-534-27299-0

INHALT

VORWORT

„Die Arbeit ist die Quelle alles Reichthums, sagen die politischen Ökonomen. Sie ist dies – neben der Natur, die ihr den Stoff liefert, den sie in Reichthum verwandelt. Aber sie ist noch unendlich mehr als dies. Sie ist die erste Grundbedingung alles menschlichen Lebens, und zwar in einem solchen Grade, daß wir in gewissem Sinn sagen müssen: sie hat den Menschen selbst geschaffen.“[1]

Friedrich Engels notierte diesen kurzen Gedanken 1876, als er sich über mehrere Jahre hinweg – er lebte damals in London – mit Fragen der Naturwissenschaften befasste. Diese drei Sätze geben einen Einblick in die Vorstellungswelt eines der letzten universalistisch denkenden Theoretikers im 19. Jahrhundert, als die Spezialisierung der Wissenschaften mit ihrer jeweils eigenen Logik längst Tatsache geworden war. Sie zeigen, welchen bedeutenden Stellenwert Engels der Kategorie der Arbeit für die Wirtschaft, Gesellschaft und das Leben selbst beimaß, auf deren Grundlage Engels und Karl Marx ihre Theorien bildeten. Das Erfordernis einer interdisziplinären Betrachtungsweise für eine historisch-kritische Bewertung der Schriften von Friedrich Engels, der sich früh aus lokaler Enge befreien konnte und sich am Ende seines Lebens als Weltbürger verstanden hat, folgt unmittelbar.

Generell muss bei der historisch-kritischen Analyse der Schriften dieser beiden großen Persönlichkeiten des 19. Jahrhunderts der allzu oft vernachlässigte Umstand berücksichtigt werden, dass viele davon durchaus nicht zu ihren Lebzeiten veröffentlicht und somit nicht von ihnen selbst autorisiert waren. Zu denken ist etwa an jene Sammlung disparater Fragmente, Notizen und Manuskripte aus dem Jahr 1845 unter dem späteren Titel *Die deutsche Ideologie* oder jene Schriftstücke von Engels in unterschiedlicher Entstehungsstufe, die als *Dialektik der Natur* neu formiert und ediert wurden. Die „Vereindeutigung“ der Engels' und Marx'schen Schriften im 20. Jahrhundert, etwa durch Heranziehung solcher unveröffentlichten Schriften unter Außerachtlassung ihres historischen Kontextes und deren ideologische Aufladung,

← **Francois Bonhommé,**
Coulée de fonte au Creusot, 1864.

musste deshalb zwangsläufig zu schiefen Urteilen über ein angeblich kohärentes und abgeschlossenes „Werk“ führen. Umso verwickelter stellt sich die Rezeptionsgeschichte ihrer Vorstellungen und Theoreme dar.

Die Instrumentalisierung der nur scheinbar in sich konsistenten „Werke“ von Marx und Engels für politische Zwecke kennzeichnet die Zeitgeschichte des 20. Jahrhunderts in hohem Maße. Deshalb erstaunt es, dreißig Jahre nach dem Ende der politischen Blockbildung und der einsetzenden Entideologisierung tatsächlich noch „Hans Guck-in-die-Luft-Spaziergänge“ in der Literatur anzutreffen, die die Schriften von Marx und Engels, unkritisch ihrer Rezeptionsgeschichte gegenüber, als universelle Wahrheiten losgelöst von Zeit und Raum betrachten. Andererseits mehren sich inzwischen auch Beiträge quellenvalider und den historischen Kontext berücksichtigender Forschung, die nicht nur die werkimmanente Erkenntnis sucht, sondern auch themenorientiert und längsschnittartig die Schriften des philosophischen Theoretikers Karl Marx und des an Empirie interessierten Unternehmers und Publizisten Friedrich Engels befragt und analysiert. Es geht weniger um das Hinzufügen weiterer Textauslegungen, als vielmehr um die Aufbereitung kontextualisierten Wissens mit dem Ziel eines historisch reflektierten Gegenwartstransfers.

Die Überlegungen für ein solches „Längsschnittprojekt“ reichen längere Zeit zurück. Ein erster Denkimpuls entstand in Manchester, Friedrich Engels’ langjähriger Arbeits- und Wirkungsstätte. Als Kaufmann und Unternehmer hatte er den engen Zusammenhang der Industriellen Revolution mit ihren technologischen Voraussetzungen und sozialen Folgen wahrgenommen, eine Perspektive, die sowohl im Museum of Science and Industry in Manchester als auch in Quarry Bank Mill in der englischen Ortschaft Styal in wegweisender Form erlebbar ist. Doch es war auch klar, dass über die Sozial- und Technikgeschichte hinaus ebenso die Geschichte des ökonomischen Denkens einzubeziehen war. So lag es auf der Hand, die Bedeutung von Engels’ Frühschrift *Umrisse zu einer Kritik der Nationalökonomie* von 1844 herauszustellen und deren Folgewirkung auf Marx nicht unberücksichtigt zu lassen.

Wer sich aber einmal auf die doppelte Fragestellung von Textkontextualisierung und Rezeptionsgeschichte eingelassen hat, den lassen die von Engels angestoßenen Fragestellungen so schnell nicht wieder los. Der Stein war ins Rollen gekommen. Er wäre aber ohne jene Kolleginnen und Kollegen, die zusätzlich zu ihrer Tätigkeit ex officio dem Projekt ihre Energie und auch ihre Empathie geliehen haben, nicht über die erste Anhöhe hinausgekommen. Die Schumpeter School Stiftung bot den für die Einbeziehung einer größeren Zahl von Experten adäquaten Rahmen, um den beabsichtigten interdisziplinären Dialog zu realisieren. Den Autorinnen und Autoren gilt unser herzlicher Dank für ihre Bereitschaft, an diesem Projekt mitzuwirken und ihre hilfreiche Unterstützung zu gewähren.

Dank gilt dem Vorstand, dem Beirat und den fördernden Mitgliedern der Stiftung, vor allem Herrn Dr. Dr. h.c. Jörg Mittelsten Scheid, der mit einer großzügigen Förderung die ursprünglich geplante Tagung, die bedauerlicherweise aufgrund der Restriktionen im Zusammenhang mit Covid-19 ausgesetzt werden musste, sowie die Drucklegung der Beiträge unterstützt hat. Sein inhaltliches Interesse an neuen Fragestellungen zu Friedrich Engels, mit dem ihn auch eine Verwandtschaftsbeziehung verbindet, wirkte ungemein ermutigend für die Arbeit an diesem Vorhaben. Ohne ihn wäre es ein Schubladenprojekt geblieben.

Danken möchten wir auch der Bergischen Universität Wuppertal und insbesondere der Fakultät für Wirtschaftswissenschaft – Schumpeter School of Business and Economics, die organisatorische Unterstützung für unsere Forschungen gegeben haben. Zahlreiche weitere Institutionen und Personen haben zum Gelingen des Projekts beigetragen – auch ihnen allen gilt unser herzlicher Dank: den Archiven, Museen und Privatsammlern, die Zugang zu ihren Beständen und die Nutzung ihrer Gemälde, Grafiken und Fotografien einräumten, um dem Experten Atmosphäre und dem interessierten Laien das Quellenerlebnis bieten zu können.

Viele Fragen bleiben nach wie vor ungeklärt. Beharrliche Forschung wird auch in Zukunft notwendig sein, um Antworten auf die zahlreich aufgeworfenen Problemstellungen zu geben. Das ist das Los der Wissenschaft. Es gibt keine endgültige Wahrheit, sie muss jeden Tag neu erarbeitet werden. So sind denn auch die Beiträge dieses Buches nicht als endgültiges Ergebnis zu betrachten, sondern vielmehr als eine Facette in einem weitverzweigten und komplexen Forschungsfeld.

Wuppertal und Düsseldorf, im April 2020

Eberhard Illner
Hans Frambach
Norbert Koubek

EINLEITUNG

Seit der Industriellen Revolution vor 200 Jahren gelten Technik, Arbeit und Kapital als entscheidende Bestimmungsgrößen des ökonomischen und sozialen Fortschritts von Gesellschaften. Zwar hat es schon immer in der Weltgeschichte der Zivilisation Technik gegeben, spätestens seitdem der Mensch Werkzeuge entwickelt hat und Feuer entzünden konnte. Auch ist Arbeit immer schon das konstitutive Element des Menschen gewesen, um in der Auseinandersetzung mit der Natur überleben zu können. Und verschiedenste Formen von Kapital kamen in unterschiedlichsten Hortungs- und Austauschzusammenhängen zu allen Zeiten vor, in denen Menschen miteinander in Beziehungen traten. Am Ende dieser Entwicklungen, die sich mit Attributen wie evolvierend, dynamisch und irreversibel beschreiben lassen, steht unter anderem das, was wir heute im allgemeinen Sinne als „Kapitalismus" bezeichnen, verstanden als ein ökonomisches und soziales Universalsystem des Ausnutzens von Gewinnchancen durch produktiven und spekulativen Kapitaleinsatz zu Zwecken der Reinvestition und Konsumption. In dieser Interpretation hat der „Kapitalismus" so gut wie alle Gesellschaften der Welt in den vergangenen 200 Jahren stärker geprägt als sämtliche Wirtschafts- und Gesellschaftsordnungen zuvor. Von der Wandlungs- und Anpassungsfähigkeit des Kapitalismus hängt es ab, ob und inwieweit er gegenwärtige und künftige Herausforderungen wird bewältigen können. Karl Marx und Friedrich Engels gaben dieser Produktionsform bereits 1848 noch während seiner Entwicklungsphase keine Zukunft und suchten dies theoretisch zu begründen. Offen ist, ob sie an der Vorstellung eines notwendigen Zusammenbruchs des Kapitalismus wirklich bis zum Schluss festhielten.

Mittels historisch-kritischer Aufbereitung bisheriger Verlaufswege und theoretischer Erklärungsmuster der im kapitalistischen System aufgetretenen Entwicklungen sowie Aufnahme der nicht geringen Erkenntnisse von Zeitgenossen – durchaus mit Engels und Marx kontrastierend –, soll mit dem vorliegenden Band zu einem besseren Verständnis auch gegenwärtiger Problemlagen beigetragen werden. Aufgerufen werden Fragen, wie sich Technik, Arbeit und Kapital in der Geschichte des ökonomischen Denkens und insbesondere an der Schwelle zum „Kapitalismus" europäischer Prägung, also im „langen 19. Jahrhundert" zwischen etwa 1780 und 1914, als zentrale Kategorien entwickelt haben, wie sich deren Verhältnis zu- und untereinander real dargestellt hat und wie es von aufmerksamen Beobachtern in jener Zeit aufgefasst und verstanden worden ist. Die damals neu auftauchenden Probleme zeitversetzter Entwicklungen und massiver konjunktureller

← **Paul Friedrich Meyerheim**,
Lokomotiv-Montagehalle Borsig, 1873.

Schwankungen während der Aufbruchsphase in der ersten Hälfte des 19. Jahrhundert stellten die Zeitgenossen vor immense Herausforderungen. Im Versuch, Antworten zu finden, griffen viele – wie es den Usancen der Zeit entsprach – auf Theorien zurück, die der Kameralistik, den Staatswissenschaften oder der Philosophie David Humes wie auch Georg Wilhelm Friedrich Hegels entlehnt waren.

Der Journalist und spätere Textilkaufmann Friedrich Engels (1820-1895) setzte sich bereits in jungen Jahren prägnant und meinungsstark mit jenen Kernfragen globaler Entwicklung auseinander. Der Mann aus der Praxis hatte sein Wissen autodidaktisch erarbeitet. Er war zwar kein guter Redner, aber dank seiner gewandten Feder und seiner Fremdsprachenkompetenz wurde er zu einem international beachteten Journalisten. Seine eigenständigen und facettenreichen Beiträge, die bis heute vom langen Schatten von Karl Marx verdeckt werden, reichen in geradezu enzyklopädischer Breite von literarischen zu historischen, von militärwissenschaftlichen zu technischen, von anthropologischen zu naturwissenschaftlichen und nicht zuletzt von politischen hin zu ökonomischen Schriften.

Im Mittelpunkt des Überblickbeitrags von **Jürgen Herres** steht ein unscheinbares Blatt Papier, dem der 70-jährige Friedrich Engels den ironischen Titel *Meine unsterblichen Werke* gab und auf dem er seine zahlreichen Publikationen über vielfältige Themen auflistete. Schon als Kaufmannslehrling hatte er begonnen, Gedichte und Berichte zu veröffentlichen. Sein Buch *Die Lage der arbeitenden Klasse in England* 1845 befeuerte die Diskussion um die soziale Frage und ihre ökonomischen Ursachen. Er war ein halbes Jahrhundert ungemein produktiv und rangiert in dem von der UNESCO herausgegebenen „Index Translationum“ (Liste übersetzter Literatur) unter den ersten fünfzig Bestseller-Autoren der Welt. Seine Schriften sowie jene zu Lebzeiten nicht veröffentlichten Manuskripte, wie z. B. die später zur *Dialektik der Natur* zusammengefassten Entwürfe, sollten nicht zu kohärenten „Werken“ vereindeutigt werden.

Seit vielen Jahrzehnten bewegt die Forschung das sogenannte „Marx/Engels Problem“ und damit die Frage, in welchem Maße Friedrich Engels als Sachwalter und Vertrauter von Karl Marx durch seine popularisierenden Schriften wie etwa *Die Entwicklung des Sozialismus von der Utopie zur Wissenschaft* und insbesondere nach dessen Tod am 14. März 1883 mit der Herausgabe der Bände 2 und 3 des *Kapitals* dafür gesorgt hat, dass sich eine zugespitzt modifizierte und damit nicht mehr autorisierte Fassung der von Marx unbestimmt hinterlassenen Theorieelemente in der Rezeption der Werke von Marx hat verbreiten können. Engels war – vor dem Hintergrund, dass einige uns heute bekannte Schriften zu Ende des 19. Jahrhunderts noch gar nicht veröffentlicht oder dem Publikum als solche bekannt waren – der Dreh- und Angelpunkt für die Marx-Rezeption durch die erste Generation marxistischer Theoretiker und Politiker. **Wilfried Nippel** wird zu dieser zentralen Frage heutigen Verständnisses der Werke von Marx und Engels aus quellenkritischer Sicht Einsichten eröffnen, die für nicht wenige „Marxologen“ unserer Tage überraschende Tatsachen bieten.

Der ab Ende 1849 in England lebende Friedrich Engels hat immer wieder aus dem Exil heraus versucht, auf die sozialistischen und sozialdemokratischen Parteien auf dem Kontinent Einfluss zu nehmen, mit mehr oder minder großem Erfolg. In den 1880/1890er Jahren beglei-

Carl Eduard Biermann, Borsig's Maschinenbau-Anstalt zu Berlin, 1847.

tete Engels den in Österreich von Victor Adler beschrittenen Weg der sozialdemokratischen Bewegung. **Günther Chaloupek** verdeutlicht die Argumente und Positionen von Engels, um der 1889 gegründeten sozialdemokratischen Arbeiterpartei einen pragmatischen und programmatischen Weg zu einem sozialistischen Österreich zu eröffnen.

Nach herrschendem Denkmuster stellte sich die Industrialisierung als eine durch technische Erfindungen ausgelöste „Revolution" dar, obwohl es sich hier genauer betrachtet um die Realisierung bereits vorhandener Inventionen in Form von Innovationen handelte. Dieser mannigfache Wandel in Bereichen wie der Energieversorgung, der Rogstoffgewinnung, der Materialbearbeitung und Herstellungstechnik, der Mobilität und des Transportwesens, der Kommunikation, der Chemie oder Pharmazie wurde als „Siegeszug der Technik" überwiegend positiv aufgenommen und führte zu einer Neujustierung des Verhältnisses von Mensch und Maschine. Es konstituierte sich Ingenieurtechnik als Grundlagenwissenschaft mit der Folge, dass in England bereits früh Konzepte einer Theorie der Technik entwickelt wurden. Mit Anleihen bei den damals aktuellen Wissenschaftstheorien, dem Empirismus und dem Positivismus, skizzierte Engels Ansätze einer Technikanthropologie, die sich durchaus vom Maschinenverständnis des Hegelianers Karl Marx unterschied, der nach eigenem Bekunden nur geringe technische Sachkunde aufzuweisen hatte, nichts desto trotz im *Kapital* zur Explikation der Entwicklung der Produktivkräfte ein neues theoretisches Mensch-Maschine Verhältnis zu definieren hatte, das die technische Modernisierung reflektierte. **Eberhard Illner** vergleicht die Technikvorstellungen bei Friedrich Engels, Karl Marx und Ernst Kapp, dem weder Marx noch Engels bekannten Zeitgenossen und Begründer der Technikphilosophie in Deutschland.

Ein heute fast vergessenes, aber dennoch – und gerade in Engels' Selbstsicht – wichtiges Feld publizistischer Betätigung waren die militärtechnischen und militärwissenschaftlichen Artikel von Engels. Er betrachtete Krieg in seinen verschiedensten Formen und Werkzeugen nie als isoliertes Phänomen in der Geschichte, sondern stets im politischen, ökonomischen

↓ **Jean Béraud,** Le jour d'emprunt, ca. 1890.

und technischen Kontext. Die Formen der Kriegführung eröffneten Engels nicht nur Einsichten in die Gesellschaftsstruktur der Parteien, sondern auch in die enge Verzahnung von Rüstungstechnik und Wehrverfassung, so dass nicht wenige detaillierte und scharfsinnige Analysen entstanden, die den Autodidakten zu einem anerkannten Fachmann machten. **Kurt Möser** ordnet vor dem Hintergrund des tiefgreifenden Wandels der Flottenkonzeptionen der großen Seemächte zwischen 1860 und 1890 an einem prägnanten Beispiel, der Bewaffnung amerikanischer Kriegsschiffe während des Sezessionskrieges, die Befähigung des „Generals" zur Seekriegsführung ein.

Nicht nur durch die Rüstungsindustrie, sondern vor allem mit der massenweisen Herstellung von Investitionsgütern und in der Erschließung des weiten Landes mit Hilfe rationeller Formen der landwirtschaftliche Produktion in großem Maßstab stiegen die Vereinigten Staaten seit den 1870er Jahren zu einem der führenden Industrieländer auf. Engels wie auch Marx hatten das Potential dieses „erwachenden Riesens" bereits früh erkannt und dessen ökonomischen Pulsschlag sowie seine Auswirkungen auf Europa akribisch verfolgt. Engels ließ es sich nicht nehmen, einen unmittelbaren Eindruck vom Land selbst zu erhalten. Seine Analysen der Ökonomie und auch der gegenüber Deutschland und Frankreich so differierenden Orientierung der amerikanischen Arbeiter thematisiert **James Brophy**.

Im Gegensatz zu zeitgenössischen Beobachtern, die vor allem von der Warenfülle und den sich verändernden bürgerlichen Konsumgewohnheiten der Zeit fasziniert waren, sah Engels einen eigentümlichen Gegensatz zwischen den zunehmenden Konsumchancen und dem „Elend" der arbeitenden Klasse, deren Arbeit diese Überfülle materieller Güter erst ermöglichte. **Werner Plumpe** geht der Analyse der Antworten von Engels auf diese soziale Frage nach. Sein zusammen mit Marx ausgearbeitetes historisches Erklärungsmodel konstruierte eine Entwicklungsdynamik, die im Antagonismus von Produktivkräften und Produktionsverhältnissen im Kapitalismus lag und notwendig zu dessen Zusammenbruch führen werde. Was Engels dabei weitgehend verkannte, waren die Möglichkeiten, die noch unter den gegebenen Verhältnissen existierten. Zwar kam es wiederholt zu zyklischen Krisen, doch waren sie kein Untergangszeichen des Kapitalismus, sondern Schwankungen um einen ansteigenden Trend, der vor allem von relativ kontinuierlich wachsenden Produktivitätsfortschritten getragen wurde. Weder waren die Konzentrationserscheinungen im letzten Drittel des 19. Jahrhunderts, wie Engels vermutete, Zeichen einer zwangsläufigen Monopolisierung und Vertrustung; die Masse der Großkonzerne jener Zeit sind im Laufe der Zeit im Zuge tiefgreifender technologischer Brüche untergegangen. Noch führten temporäre technologische Engpässe zum finalen Schicksal des Kapitalismus. Engels' Konzeption der Produktivkräfte blieb daher so naiv wie rigide: naiv, weil er eine Art gesetzmäßigen Automatismus ihrer Entfaltung unterstellte, rigide, weil er die Fesseln der Produktionsverhältnisse, wie sie sich für ihn seit den 1840er Jahren gezeigt hatten, für unveränderlich hielt.

Zur Einordnung der in *Die Lage der arbeitenden Klasse in England* von Engels monierten „Ausbeutungsverhältnisse" gibt **Margrit Schulte Beerbühl** eine quellennahe Übersicht der Arbeitsverhältnisse in Großbritannien mit

Schwerpunkt Manchester und London. Die Mechanisierung vieler Produktionsprozesse sowie der Übergang zur Fabrikarbeit und zu modernen Betriebsformen lösten traditionelle Arbeitsverhältnisse auf, doch dies vollzog sich ungleichmäßig und ungleichzeitig. Auf der Verliererseite standen die heim- und handarbeitenden Weber, Spinner, und Frauen. Viele wurden in den Niedriglohnsektor der ungelernten Tagelöhner gedrängt und konkurrierten mit irischen Einwanderern. Die Nachfragestruktur der Hauptstadt unterschied sich signifikant von den übrigen Städten im Vereinigten Königreich: zum einen wuchs der Bedarf an hochwertigen Luxusartikeln, die noch nicht industriell hergestellt werden konnten, zum anderen stieg auch der Bedarf an preisgünstigen Massenwaren für die rasant wachsende Bevölkerung Londons. Obwohl sich die Hauptstadt nicht zum Vorreiter der Fabrikindustrie entwickelte, weil hier die Grundstückskosten, Löhne und Energiekosten zu hoch waren, waren die Entwicklungen nicht weniger dramatisch. Es entwickelten sich „economies of scale", die nicht auf Maschinen, sondern auf manueller Fließbandarbeit wie etwa der Schneider, Näherinnen oder Schuhmacher beruhten. Ein großer Teil der bevölkerungsreichsten Stadt der Welt lebte in solchen Kümmerexistenzen.

Engels' bekannte frühe ökonomische Werke der Jahre 1844/45, die *Umrisse einer Kritik der Nationalökonomie* und *Die Lage der arbeitenden Klasse in England*, haben Marx zur Politischen Ökonomie geführt und markierten bereits zentrale Elemente des späteren sogenannten wissenschaftlichen Sozialismus. Engels ging mit der ökonomischen Theorie seiner Zeit hart ins Gericht und trug selbstbewusst eigene Positionen vor. Aus der Sicht der Geschichte des öko-

↑ **Adolph Menzel,** Eisenwalzwerk 1872/1875.

nomischen Denkens hinterfragt **Hans Frambach**, inwieweit Engels' ökonomischer Beitrag zum damaligen Stand wissenschaftlich fundiert war, vorhandene Ansätze und Denkweisen überhaupt aufnahm, das zur Kenntnis Genommene selektiv erfasste und interessengesteuert verwendete, bei der Auswahl des konkreten Untersuchungsgegenstandes mit Vorurteilen vorging, sich auf Quellen stützend, die seiner Meinung, aber nicht immer dem Erkenntnisstand der Wissenschaft entsprachen. Fragen wie die nach der generellen Bedeutung der von Engels so verachteten Politischen Ökonomik für das Leben in den aufstrebenden Industrienationen werden berührt, aber auch auf die Vielzahl zeitgenössischer kritischer Positionen gegenüber der Politischen Ökonomik eingegangen, die teilweise von den „Klassikern" selbst und Vertretern anderer Theorielager geübt wurden. Es werden u. a. Hintergründe aufgezeigt, wie Engels zu manchen seiner Überzeugungen gelangte – z. B. die vehemente Ablehnung der Malthus'schen Bevölkerungstheorie – und eine Begründung gegeben, warum die Schriften Lorenz Steins, die zur Bekanntmachung des Sozialismus in Deutschland nicht unwesentlich beigetragen haben, von Engels kaum wahrgenommen wurden. Darüber hinaus wird gezeigt, dass die in der ökonomischen Theorie vor allem durch Joseph Schumpeter im 20. Jahrhundert verbreitete, aber im 19. Jahrhundert bereits durchaus bekannte Metapher der schöpferischen Zerstörung im Denken und Handeln von Friedrich Engels vorhanden war.

Heinz D. Kurz unterzieht anhand der *Umrisse einer Kritik der Nationalökonomie* Engels' Wahrnehmung der Politischen Ökonomie einer systematischen Analyse. Mit kühnem Strich geißelte der junge Kaufmann 1845 die herrschenden Verhältnisse, attackierte die Nationalökonomie, die diese angeblich rechtfertigt, und entwarf die Umrisse einer zukünftigen Gesellschaft, in der alles besser werden soll. Wie kaum ein anderer Zeitgenosse verfolgte er mit seinen Betrachtungen über Wissenschaft, Technik und Arbeit den Puls der Zeit. Sein Essay hallt wider vom Dröhnen des ersten Maschinenzeitalters, vom Stampfen der mechanischen Hämmer, vom Lärm in den Fabriken. Das Neue versklave die Menschen in der privateigentümlichen Sozialordnung mittels des Fabriksystems auf noch nie dagewesene Weise, doch die gewaltige Steigerung der gesellschaftlichen Produktivkraft biete bei entsprechender Verteilung eine bessere Zukunft in sittlichen Verhältnissen. Engels' Angriff auf „die" Ökonomen landete den einen oder anderen Treffer, aber nicht alles, worauf er zielte, existierte. Die klassische Politische Ökonomie von Adam Smith bis David Ricardo missverstand er wiederholt oder schrieb ihr Auffassungen zu, die sie nie vertreten hat. Seine Ausführungen über die zukünftige Gesellschaft blieben blass. Das Informationsproblem sprach er zwar an, aber er unterschätzte dessen Tragweite für die Organisation einer Gesellschaft ohne Markt. Die Vorstellung, die sittliche Gesellschaft könne ohne gewisse von Menschen gemachte Institutionen auskommen, wirkt wunderlich. Die Nationalökonomie war für ihn lediglich eine mit allen Mitteln zu bekämpfende Irrlehre.

Während die *Umrisse* als frühe Schrift am Anfang von Engels' Beschäftigung mit der Politischen Ökonomie stand, wurde er nach dem Tod von Marx durch die Herausgabe von Band 2 und 3 des *Kapitals* zu dessen ersten Interpreten. Durch eine detaillierte Analyse der Entstehungsstufen der Manuskripte und der dabei zutage tretenden, sehr weitgehenden redaktionellen Arbeit von Engels belegt **Regina Roth** seinen Anspruch auf Deutungshoheit über die ökonomische Theorie von Marx, die grundsätzliche Ausrichtung der sozialistischen Bewegung sowie über tagespolitische Fragen. Andererseits hinterließ Engels eine deutungsoffene Formel: „Our theory is not a dogma but the exposition of a process of evolution". Chamäleonhaft schlüpfte Engels auf diese Weise in die Rolle der Pythia von Delphi und eröffnet damit eine bis heute andauernde, weltweite Diskussion um den richtigen Weg aus dem Kapitalismus.

Doch wie entwickelte sich dieser Kapitalismus „nach Engels"? In einem kurzen Überblick über wesentliche Veränderungen seit Engels konstatiert **Norbert Koubek**, dass sich mit der technischen Entwicklung, den gewandelten Bedürfnisprofilen der Beschäftigten und den Änderungen der wirtschaftlichen, politischen und gesellschaftlichen Strukturen die Rahmenbedingungen für das Handeln stark verändert haben. In den prägnanten Stichworten von Taylorismus, Fordismus, Lean Management, Mitbestimmung, Globalisierung, Digitalisierung und Nachhaltigkeit kommen diese strukturellen Veränderungen zum Ausdruck, die stark auf die Thematik von Arbeit und Unternehmen bezogen sind.

Dabei weisen in der gegenwärtigen vernetzten und globalisierten Welt die verschiedenen Regionen abweichende Niveaus der Entwicklung auf, für die unterschiedliche Modelle zur Anwendung kommen. In den auch weiterhin am höchsten entwickelten westlichen Ländern mit parlamentarisch-demokratischen Strukturen, in denen die Industrialisierung begann und sich weltweit ausbreitete, sind Änderungsprozesse nachweisbar und wirksam, während in den wirtschaftlich in der Erstentwicklung stehenden Ländern teilweise die von Engels beschriebenen Verhältnisse vorliegen. Zwischen beiden Modellregionen liegen die sogenannten Schwellenländer mit Beeinflussungen von und Optionen nach beiden Richtungen. Nach wie vor bestehen bleiben – wie zu Zeiten von Engels – die Fragen der Bevölkerungsentwicklung, der Vermögensverteilung sowie der technologisch und gesellschaftlich herbeigeführten Änderungen von Arbeitsprozessen.

In seinem Fazit konstatiert **Jürgen Kocka**, dass in den letzten Jahren eine deutliche Aufwertung von Engels relativ zu Marx stattgefunden hat. Dies sei auch Ergebnis einer Historisierung seiner Person. *Zum einen* wird immer wieder deutlich, wie entscheidend Engels' Vorstellungen vom Kapitalismus und seinen Krisen von eigenen Erfahrungen in der westdeutschen und der englischen Textil-, speziell der Baumwollindustrie geprägt waren. *Zum anderen* könne Engels als besonderes Exemplar europäischer Bürgerlichkeit gedeutet werden. Trotz vieler bohèmehafter und anderer unbürgerlicher Elemente in seiner Lebensführung und trotz der schneidenden Bürgertumskritik im Zentrum seiner Auffassungen und Schriften sollte man Friedrich Engels als Produkt westeuropäischer Bürgerlichkeit des 19. Jahrhunderts sehen. Engels werde im vorliegenden Band ganz entschieden als eine Figur des 19. Jahrhunderts betrachtet. Aber für die Engels-Rezeption in der Gegenwart sei diese historische Distanz durchaus angebracht.

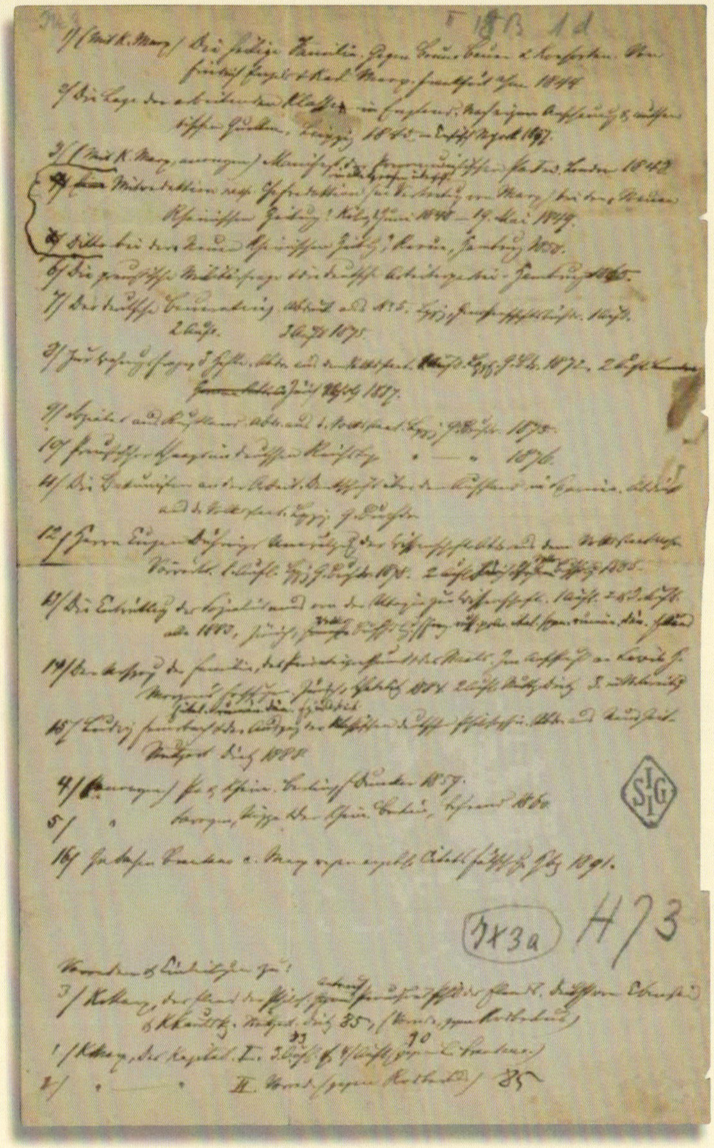
5 B 1d
3x3a
H 73

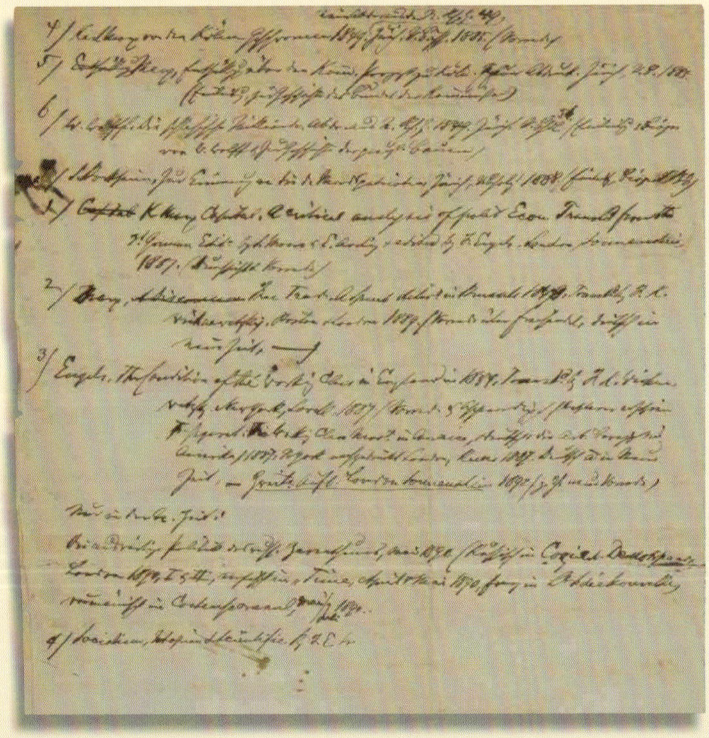

„MEINE UNSTERBLICHEN WERKE"

FRIEDRICH ENGELS ALS JOURNALIST UND PUBLIZIST
EIN ÜBERBLICK

JÜRGEN HERRES

Im handschriftlichen Nachlass von Friedrich Engels befindet sich ein unscheinbares Blatt Papier aus dem Jahre 1891. Auf ihm führt Engels seine zahlreichen Publikationen auf. Obwohl er die Liste ernst meinte, drückte er doch in der ihm eigenen Art Distanz aus und gab ihr den ironischen Titel *Meine unsterblichen Werke*.

Der 70-Jährige war von dem deutschen Nationalökonomen Ludwig Elster, einem der Herausgeber des kurz zuvor ins Leben gerufenen *Handwörterbuch der Staatswissenschaften*, um ein Schriftenverzeichnis und „unbedingt zuverlässige" autobiographische Angaben gebeten worden.[1] Beides hat Engels offensichtlich umgehend an Elster gesandt. Der Antwortbrief und die nach Deutschland übermittelten Materialien sind nicht überliefert, aber immerhin das erwähnte Blatt Papier. Ein Jahr später erschien ein kurzer biographischer Lexikonbeitrag über ihn – mit einem ausführlicheren Schriftenverzeichnis. Das *Handwörterbuch*, das im Gustav Fischer Verlag in Jena erschien, erlangte als Enzyklopädie der Sozialwissenschaften rasch Ansehen und Verbreitung; es erlebte mehrere Auflagen und wurde in den 1950er Jahren als *Handwörterbuch der Sozialwissenschaften*, dann als *Handwörterbuch der Wirtschaftswissenschaften* fortgeführt.[2] Engels hatte also die Gelegenheit genutzt, sich dem deutschsprachigen Wissenschaftspublikum vorzustellen. Ein Jahr später tat er dies auch für den 1883 verstorbenen Karl Marx.[3]

Blatt und Liste sind auf den ersten Blick unspektakulär. Engels listet Tätigkeiten für

← **Friedrich Engels:** Meine unsterblichen Werke. Handschriftlicher Entwurf eines Verzeichnisses seiner Publikationen, niedergeschrieben im April 1891. Engels' Titel findet sich auf dem unteren (hier nicht wiedergegebenen) Teil der zweiten Seite. 1892 erschien eine Druckfassung der Liste mit einer biographischen Skizze über Engels im ‚Handwörterbuch der Staatswissenschaften'. (Friedrich Engels, Artikel, in: MEGA². I/32, S. 517 f. und 1421–1425.)

Zeitungen genauso auf wie selbständige Publikationen und auf Zeitschriftenartikel zurückgehende Broschüren und Bücher. Aber auch wenn die Liste mehr als dreißig Titel ausweist, fehlen – nicht nur aus heutiger Sicht – wichtige Texte und Projekte. So enthält sie – vermutlich dem Anlass entsprechend – fast nur deutschsprachige Publikationen, seine zahlreichen englischen und französischen Veröffentlichungen fehlen, seine sich über ein Jahrzehnt erstreckende Korrespondententätigkeit für die US-amerikanische Zeitung *New York Tribune* genauso wie seine Kommentierung des Deutsch-Französischen Krieges 1870/71 in der Londoner Abendzeitung *Pall Mall Gazette*. Aus heutiger Sicht fehlt jeder Hinweis auf seine Mitwirkung an den Manuskripten zur *Deutschen Ideologie* sowie auf seine eigenen Manuskripte zur Geschichte Irlands und zur *Dialektik der Natur*.

↓ **Friedrich Engels,** 1888.

Sprach Engels immerhin mit feiner Ironie von seinen „Werken", so wurden im 20. Jahrhundert seine – und Marx' – Schriften und Theorien in einem Maße und mit einem Ernst ideologisiert, die heute kaum noch nachvollziehbar sind. Ihre Schriften und zu Lebzeiten unveröffentlichten Manuskripte wurden aus den intellektuellen Konstellationen und zeitgenössischen Diskussionen herausgelöst und damit einhergehend viele der von ihnen verwendeten und geprägten Begriffe umgedeutet. Genauso wichtig war aber vor allem die Vereindeutigung ihrer Manuskripte und Schriften zu kohärenten „Werken". Bewusst greife ich den jüngst von dem Islamwissenschaftler Thomas Bauer prominent gemachten Begriff der Vereindeutigung auf.[4]

Engels und Marx waren keineswegs Begründer einer in sich geschlossenen Theorie, einer Art politischer Weltanschauung, die letztlich eine Sprache der Macht und des Protestes bereithielt. Ihr Œuvre hat vielmehr fragmentarischen Charakter. Weder als Revolutionäre noch als Analytiker des Kapitalismus haben sie ein abgeschlossenes oder ein zumindest in sich geschlossenes Werk hinterlassen. So sind Marx' *Ökonomisch-philosophischen Manuskripte* von 1844[5] eine Mischung von wörtlichen Buchexzerpten und eigenen Notizen, aber nicht der erste Entwurf eines geplanten Buches. Marx' und Engels' Manuskripte der *Deutschen Ideo-*

↑ **Karl Marx's** Urenkel bei der Textexegese: Frederick, Karl, Paul and Robert Longuet im Karl Marx und Friedrich Engels Museum im Institut für Marxismus-Leninismus des Zentralkomitees der KPdSU Moskau, 1968.

logie von 1845/46[6] waren zwar tatsächlich Entwürfe, aber nicht für ein Buch, sondern für die Beiträge einer geplanten Zeitschrift. Ein solches Buch hatten sie nie geplant. Und der erste Band des *Kapital*, der einzige, der zu Marx' Lebezeiten erschien, stellt nur ein Bruchstück der Marx'schen ökonomischen Manuskripte dar. Die heute als Band 2 und 3 des *Kapital* bekannten Bücher stellte Engels bekanntlich erst nach Marx' Tod mit großer Mühe aus den unfertigen Manuskripten zusammen.[7] Marx' Originalmanuskripte, die heute entziffert und veröffentlicht vorliegen, zeigen, dass von einem abgeschlossenen Werk oder einer abgeschlossenen Theorie nicht gesprochen werden kann.

In Bezug auf Marx ist dies inzwischen weitgehend Konsens, für Engels nicht, obwohl es in gewisser Weise auch für ihn gilt. So sind Engels' Manuskripte zur *Dialektik der Natur*, die er von 1873 bis 1882 niederschrieb,[8] ein nur wenig homogenes Textmaterial, bei dem es sich teilweise um Gedächtnisstützen und Stichworte für eine spätere Ausarbeitung handelt, teilweise um Rohentwürfe; nur wenig war druckfertig. Selbst sein *Anti-Dühring*,[9] sein Versuch einer enzyklopädischen Zusammenfassung seiner und Marx' Theorien und Überlegungen, war nicht zuletzt eine – polemisch überzogene –

Streitschrift. Engels' Briefe in seinem letzten Lebensjahrzehnt, die sogenannten Altersbriefe, können wir auch als Versuch lesen, die Geister einzufangen, die er gerufen hatte.

Engels war zeit seines Lebens als Journalist und Publizist tätig. Schon als Kaufmannslehrling in einer Bremer Zigarren- und Kaffee-Großhandlung begann der 18-Jährige Gedichte und Berichte zu veröffentlichen, zunächst im von Karl Gutzkow redigierten *Telegraphen für Deutschland* und dann in von der Verlegerfamilie Cotta herausgegebenen Zeitungen. In seiner ersten größeren Artikelserie *Briefe aus dem Wuppertal*, die zu den frühesten Beschreibungen eines deutschen Industriegebiets zählen, kritisierte er das „schreckliche Elend unter ... den Fabrikarbeitern" seiner Heimatstadt.[10] Der Schriftsteller Gutzkow will allerdings Engels' Anfängertexte regelmäßig umgearbeitet haben: „Wenn jeder Anfänger so sein kritisches Erbrechen von sich gibt, wer soll das grüngelbe Zeug in einem honetten Blatt abdrucken?"[11] Als Korrespondent der *Augsburger Allgemeinen Zeitung* berichtete Engels über die Anfänge der „Schraubendampfschifffahrt"[12] und beschrieb reportageartig seine *Fahrt nach Bremerhaven*, wo er ein Auswandererschiff besichtigte.[13] In Manchester schrieb er 1842/44 und in Paris 1847 für deutsche, englische und französische Zeitungen über die europäischen Sozialbewegungen. Nur ein einziges Mal, in der Revolution von 1848/49, war er als Redakteur angestellt, ansonsten agierte er bis zu seinem Tod als Korrespondent (an der Seite von Marx von 1851 bis 1862 für die amerikanische *New-York Tribune*) sowie als freier Journalist und politischer Aktivist für zahlreiche sozialistische und sozialdemokratische Zeitschriften und Zeitungen. Immer wieder kündigte er an, „der journalistischen Tätigkeit die allerengsten Grenzen ziehn" zu wollen, um nicht weiter die „milchende Kuh" – heute würde man sagen: die eierlegende Wollmilchsau – der sozialdemokratischen Partei und Presse zu sein.[14] Die Bandbreite der Themen, die er während seines Lebens bearbeitete, war bemerkenswert breit; sie reichte von politischen, ökonomischen und zeitgeschichtlichen Themen bis hin zu sprachgeschichtlichen, philosophischen und naturgeschichtlichen. Dabei war Europa für ihn Ereignis-, Wahrnehmungs- und Denk-Raum.

Wenn wir einen genaueren Blick auf Engels' Liste werfen, so sehen wir einen westeuropäischen Gesellschaftskritiker, der sich intensiv mit den dramatischen Umbrüchen seiner Zeit auseinandersetzte. Als junger Republikaner und Kommunist, der Industrialisierung aus eigener Anschauung kannte, wollte er die im Wandel begriffene Welt neu sehen und erklären. Den Begriff „Revolution" verwendet er als Beschreibungskategorie für die erlebbaren wirtschaftlichen und gesellschaftlichen Wandlungsprozesse, aber zugleich drückte sich in ihm sein politisches Konzept der Beschleunigung sowie die Perspektivierung der Zukunft aus. Die Revolution von 1848/49 war die einzige wirklich europäische Revolution, die Engels miterlebte und deren Scheitern ihn wie seine Zeitgenossen tief prägte. Der geflüchtete Achtundvierziger, der in den 1850er und 1860er Jahren als Angestellter und dann als Teilhaber eines Textilunternehmens in Manchester tätig war, konnte nur in seiner knappen Freizeit publizistisch tätig sein. Mit seinem Rückzug aus dem Berufsleben im Jahre 1869 begann sein zweiter Frühling als Publizist und Privatgelehrter. Nach Marx' Tod 1883 wurde er zudem zum Spin-Doctor der europäischen Sozialdemokratie. Es gelang ihm,

Carl Wilhelm Hübner, Die schlesischen Weber, 1846.

Friedrich Engels schrieb über das 1844 in Berlin, Köln und Halberstadt ausgestellte Gemälde von Hübner:

„Lassen Sie mich bei dieser Gelegenheit ein Bild von Hübner, einem der besten deutschen Maler, erwähnen, das wirksamer für den Sozialismus agitiert hat als 100 Flugschriften. Es zeigt einige schlesische Weber, die einem Fabrikanten gewebtes Leinen bringen, und stellt sehr eindrucksvoll dem kaltherzigen Reichtum auf der einen Seite die verzweifelte Armut auf der anderen gegenüber. Der gut genährte Fabrikant wird mit einem Gesicht, rot und gefühllos wie Erz, dargestellt, wie er ein Stück Leinen, das der Frau gehört, zurückweist; die Frau, die keine Möglichkeit sieht, den Stoff zu verkaufen, sinkt in sich zusammen und wird ohnmächtig, umgeben von ihren zwei kleinen Kindern und kaum aufrecht gehalten von einem alten Mann; ein Angestellter prüft ein Stück, auf das sein Eigentümer in schmerzlicher Besorgnis auf das Ergebnis wartet; ein junger Mann zeigt seiner verzagten Mutter den kärglichen Lohn, den er für seine Arbeit bekommen hat; ein alter Mann, ein Mädchen und ein Knabe sitzen auf einer Steinbank und warten, daß sie an die Reihe kommen; und zwei Männer, jeder mit einem Packen zurückgewiesenen Stoffes auf dem Rücken, verlassen gerade den Raum, einer von ihnen ballt voll Wut die Faust, während der andre die Hand auf des Nachbarn Arm legt und zum Himmel zeigt, als ob er sagt: Sei ruhig, es gibt einen Richter, der ihn strafen wird. Die ganze Szene spielt sich in einem kalt und ungemütlich aussehenden Vorsaal mit Steinfußboden ab; nur der Fabrikant steht auf einem Stück Teppich, während sich auf der anderen Seite des Gemäldes, hinter einer Barriere ein Ausblick in ein luxuriös eingerichtetes Kontor mit herrlichen Gardinen und Spiegeln öffnet, wo einige Angestellte schreiben, unberührt von dem was hinter ihnen vorgeht, und wo der Sohn des Fabrikanten, ein junger Geck, sich auf die Barriere lehnt, eine Reitgerte in der Hand, eine Zigarre raucht und die unglücklichen Weber kühl betrachtet. Dieses Gemälde ist in mehreren Städten Deutschlands ausgestellt worden und hat verständlicherweise so manches Gemüt für soziale Ideen empfänglich gemacht." Friedrich Engels, ‚Rascher Fortschritt des Kommunismus in Deutschland', ursprünglich in The New Moral World vom 13. Dezember 1844, deutsche Übersetzung nach MEW Bd. 2, S. 510 f.

die Erwartung am Leben zu halten, Marx (und er) habe die DNA der modernen Gesellschaft entschlüsselt. Wir sehen einen Sozial- und Gesellschaftskritiker, der vielschichtiger war, als er im 20. Jahrhundert dargestellt wurde, aber auch widersprüchlicher.

Friedrich Engels und Karl Marx, Die heilige Familie oder Kritik der kritischen Kritik, gegen Bruno Bauer & Consorten, Frankfurt am Main, Literarische Anstalt, Februar 1845.

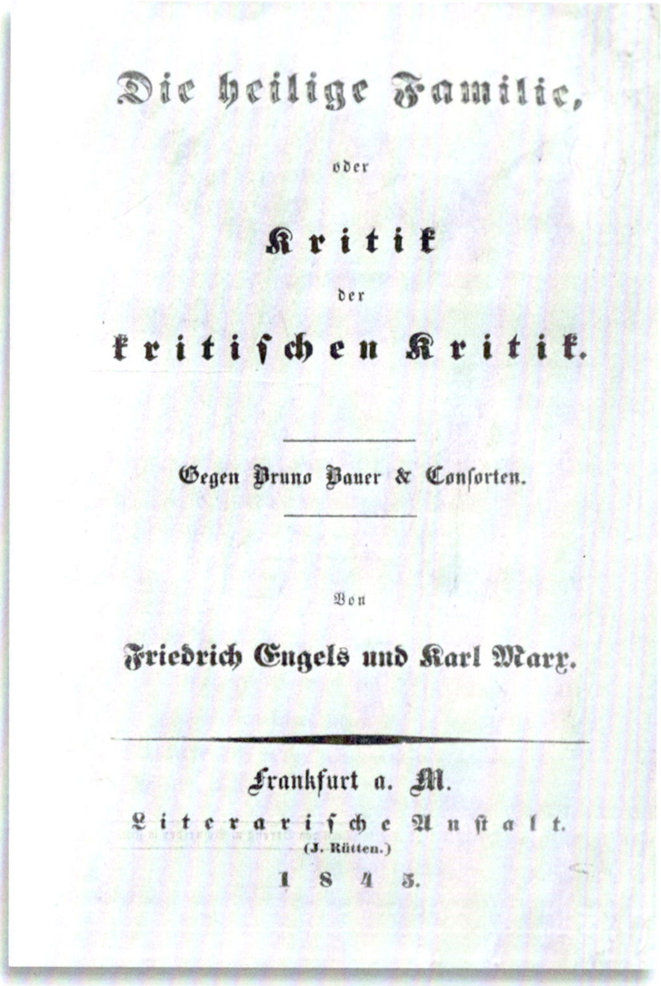
Die heilige Familie,

oder

Kritik

der

kritischen Kritik.

Gegen Bruno Bauer & Consorten.

Von

Friedrich Engels und Karl Marx.

Frankfurt a. M.

Literarische Anstalt.

(J. Rütten.)

1845.

IN ERWARTUNG EINER „REVOLUTION“

Engels, ältester Sohn eines tatkräftigen gleichnamigen Barmer Textilindustriellen im Wuppertal, dem „deutschen Manchester“, kannte die industrielle Revolution und ihre Folgen aus eigener Anschauung. Im britischen Manchester, einem der ersten Industriezentren der Welt, in dem Dampfkraft und Maschinerie längst die Produktion revolutionierten, vollendete er von 1842 bis 1844 seine kaufmännische Ausbildung und radikalisierte sich vom demokratischen Republikaner zum Kommunisten. Mit seinem Aufsatz *Umrisse zu einer Kritik der Nationaloekonomie,* der 1844 in den von Arnold Ruge und Marx in Paris redigierten *Deutsch-französischen Jahrbüchern*[15] erschien und Marx stark beeindruckte, wurde er zum ersten Repräsentanten der deutschen philosophischen Linken, der die Diskussion auf das Feld der politischen Ökonomie brachte und der auf die durch das Privateigentum hervorgerufenen Widersprüche aufmerksam machte.[16]

Ausgerechnet dieser Aufsatz fehlt in Engels' Liste. Sie setzt vielmehr mit dem Buch *Die heilige Familie* ein, der ersten Schrift, die er 1845 gemeinsam mit Marx veröffentlichte, an der er selbst jedoch nur geringen Anteil hatte. Das im *Handwörterbuch* gedruckte Schriftenverzeichnis, das gegenüber der handschriftlichen Liste einige Ergänzungen enthält, verwies allerdings auf den kurz zuvor – anlässlich des 70. Geburtstags von Engels – erfolgten Wiederabdrucks in der sozialdemokratischen Zeitschrift *Die Neue Zeit.*[17]

Engels in Manchester und Marx in Paris hatten eine ähnliche intellektuelle Wandlung vollzogen. Als sie 1844 zunächst brieflich in Kontakt traten und sich dann zehn Sommertage lang in Paris trafen, sahen beide im Sozialismus

V. Poljakov, Karl Marx und Friedrich Engels bei der Arbeit am Kommunistischen Manifest, 1961.

und Kommunismus ihre gesellschaftsverändernde Perspektive. In den Mittelpunkt ihres Denkens begann „die moderne bürgerliche Gesellschaft" zu rücken, „die Gesellschaft der Industrie, der allgemeinen Concurrenz, der frei ihre Zwecke verfolgenden Privatinteressen, der Anarchie, der sich selbst entfremdeten natürlichen und geistigen Individualität", wie Marx in der *Heiligen Familie* schrieb. Die Französische Revolution von 1789 sei keineswegs ein dem 18. Jahrhundert angehörendes Experiment, wie Marx als gemeinsame Quintessenz formulierte, vielmehr betrachteten sie die aus ihr hervorgegangene „kommunistische Idee" als „die *Idee des neuen Weltzustandes*".[18]

Die zweite Publikation, die Engels auflistet, ist sein Buch *Die Lage der arbeitenden Klasse in England*, das er nach seiner Rückkehr im heimatlichen Wuppertal von Herbst 1844 bis März 1845 niederschrieb und das im Mai 1845 erschien. Es machte ihn im deutschen Sprachraum bekannt.[19] Für die englische Übersetzung, zu der es erst viel später, 1885/87, kam, verfasste er eine Vorrede und ein Appendix, die er ebenfalls in seinem Schriftenverzeichnis aufführt.[20] Am Beispiel der Baumwollverarbeitung in England zeichnet er die Entwicklung der großen Industrie sowie die Herausbildung eines verelendeten Industrie- und Ackerbauproletariats nach. Er untersucht die Wohn-, Gesundheits-, Ernährungs- und Bildungssituation in den gettoisierten Elendsvierteln der großen Städte, in denen ein brutaler sozialer Krieg herrsche. Sein Buch ist eine soziologische Monografie, aber zugleich auch eine moralische Anklageschrift. Noch 2007 führte Papst Benedikt XVI. in seiner Enzyklika *Spe Salvi* Engels als Kronzeugen für die „grauenvollen Lebensbedingungen" der Industriearbeiter an, die er „in einer erschütternden Weise" geschildert habe.[21]

↓ **Entwurf zum Manifest** der Kommunistischen Partei, Handschrift Marx, die oberen beiden Zeilen von seiner Frau Jenny Marx; heute UNESCO-Weltdokumentenerbe.

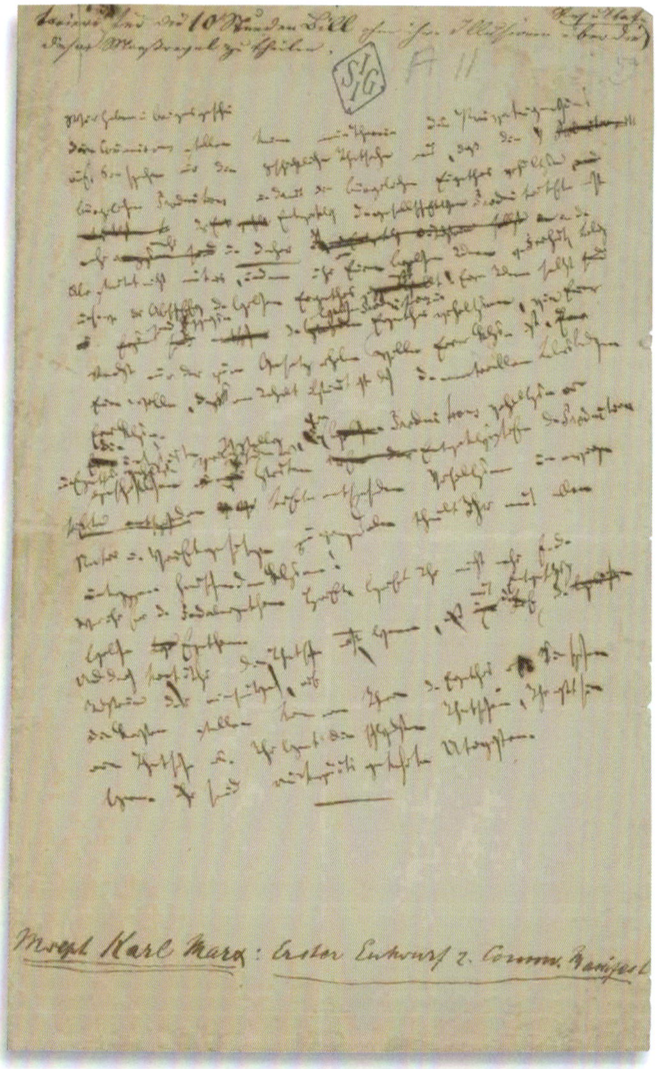

An dritter Stelle der handschriftlichen Liste figuriert das *Manifest der kommunistischen Partei*, das, im Winter 1847/48 in Brüssel geschrieben, im März 1848 in London ausgeliefert wurde.[22] Marx hat zeit seines Lebens Engels immer als gleichberechtigten Mitverfasser bezeichnet, obwohl er zumindest die Abschnitte eins und zwei des Textes aller Wahrscheinlichkeit nach in einem Zug allein niederschrieb. Darauf weist die einzige Manuskriptseite hin, die überliefert ist und heute zum UNESCO-Weltdokumentenerbe zählt.[23] Die unfertigen und offensichtlich in noch größerer Eile niedergeschriebenen Abschnitte drei und vier, in denen gegen die zeitgenössische sozialistische und kommunistische Literatur polemisiert wird und die nächsten Aufgaben der Kommunisten in den verschiedenen Ländern skizziert werden, wurden möglicherweise unter direkter Mitwirkung von Engels fertiggestellt, der, aus Paris ausgewiesen, Ende Januar 1848 wieder nach Brüssel zurück gekommen war.[24] Den Auftrag dazu hatten sie im Dezember 1847 in London auf dem Gründungskongress des Bundes der Kommunisten erhalten, eines Geheimbundes von emigrierten Intellektuellen und Handwerkeraktivisten.[25]

Im *Manifest* fassten Marx und Engels ihre materialistischen Auffassungen von Geschichte und Gesellschaft zusammen, die sie seit 1844 entwickelt hatten. Politische Bewegungen, Institutionen und Ideen werden als historisch und klassenmäßig basiert beschrieben, letztlich bedingt durch makrogesellschaftliche Basisprozesse wie die Entfesselung der Produktivkräfte, die mit der industriellen Revolution zuerst in Großbritannien und dann im beginnenden 19. Jahrhundert auch im westlichen Kontinentaleuropa eingesetzt hatte. Dem Wirtschaftsbürgertum, der „Bourgeoisie", wird eine „höchst revolutionäre Rolle" attestiert, die sich in beeindruckenden „Umwälzungen der Produktions- und Verkehrsweise" manifestiere, aber ebenso auch in einem „entsprechenden politischen Fortschritt".[26] In einer Art Fortschrittsdialektik wird an die immanente Widersprüchlichkeit des Kapitalismus die Möglichkeit kollektiver Befreiung geknüpft, deren Subjekt das revolutionäre „Proletariat" sein soll.

Im Frühjahr 1848 vermutlich in ein- bis zweitausend Exemplaren auf dem europäischen Kontinent verbreitet,[27] entfaltete das *Manifest* in der Revolution von 1848/49 kaum Wirkung. Seine eigentliche Wirkungsgeschichte begann erst 1872 und vor allem im 20. Jahrhundert, in dem es in erster Linie als kommunistisches Parteiprogramm gelesen wurde.[28] 1998, an seinem 150. Geburtstag, wurde es dann als hellsichtige Darstellung der kapitalistischen Globalisierung entdeckt. Der britische Historiker Eric Hobsbawm zeigte sich „verblüfft ... über die Schärfe der Vision eines – damals noch weit in der Zukunft liegenden – wahrhaft globalen Kapitalismus".[29]

Mit den erwähnten vier Publikationen werden diese für Engels und Marx prägenden Jahre in Manchester, Brüssel und Paris nur unzureichend erfasst. Von Manchester aus schilderte Engels in zahlreichen Korrespondentenberichten deutschen Oppositionszeitungen die britischen Politik- und Sozialverhältnisse und englischen Blättern die kontinentaleuropäischen.

Manifest

der

Kommunistischen Partei.

Veröffentlicht im Februar 1848.

Proletarier aller Länder vereinigt Euch!

London.

Gedruckt in der Office der „Bildungs-Gesellschaft für Arbeiter"
von J. E. Burghard.
46, Liverpool Street, Bishopsgate.

Manifest der Kommunistischen Partei, 1848.

In der von Robert Owen herausgegebenen britischen Zeitung *The New Moral World* behauptete er, England, Frankreich und Deutschland, die drei großen und zivilisierten Länder Europas, hätten erkannt, dass eine durchgreifende Revolution der sozialen Verhältnisse auf der Grundlage des Gemeineigentums jetzt zu einer dringenden und unvermeidlichen Notwendigkeit geworden sei.[30]

In einer Artikelserie, die Engels noch vor seinem Buch *Die Lage der arbeitenden Klasse in*

↑ **„Capital and Labour“**, 1843.

England veröffentlichte, beschrieb er 1844 die „Revolutionirung der englischen Industrie“ als eigendynamischen Prozess, der durch nichts aufzuhalten und „die Basis aller modernen englischen Verhältnisse“ sei.[31] Die „Schöpfung des Proletariats durch die industrielle Revolution“ sah er „für England“ als das „wichtigste Resultat des achtzehnten Jahrhunderts“.[32] Der Begriff „Proletariat“ hatte sich erst seit Beginn des 19. Jahrhunderts zu verbreiten begonnen. Als Marx Ende 1843 das „Proletariat“ als revolutionäres Subjekt politisch deutete, dachte er noch nicht an die Industriearbeiter. Für ihn war es vielmehr ein Auflösungs- und Verfallsprodukt, eine „Menschenmasse“, die „vorzugsweise aus der Auflösung des Mittelstandes“ hervorgehe.[33]

1845/46 fanden sich Engels und Marx mit anderen Kommunisten in Brüssel in einer „kleine[n] deutsche[n] Kolonie“ (Jenny Marx)[34] zusammen. Haus an Haus lebend, verfassten sie die als *Deutsche Ideologie* bekannt gewordenen Manuskripte.[35] In ihnen lässt sich nachvollziehen, wie Engels und Marx, von der Religions- und Philosophiekritik kommend und die französischen und englischen Sozialwissenschaften und Sozialisten diskutierend, begannen, ihre „materialistische Geschichtsauffassung“ zu entwickeln. Ab 1890 sprach Engels auch vom „historischen Materialismus“.[36] Ihr Ziel war, die Welt anders zu sehen, Zusammenhänge und Entwicklungen zu erkennen, aber auch die Grundlagen der Erkenntnisweisen zu erneuern. Als „*praktische* Materialisten, d. h. *Kommunisten*“ wollten sie den „voraussetzungslosen Deutschen“ zunächst Basiswissen vermitteln, damit diese die sie umgebende sinnliche Welt als „Produkt der Industrie“ begreifen könnten. Die damaligen Wissenssysteme waren aus ihrer Sicht nicht auf die gesellschaftlichen Transformationsprozesse vorbereitet, die durch Spannungen und Konflikte zwischen den Produktionsverhältnissen (Eigentums-, Klassen- und Distributionsstrukturen) und Produktivkräften vorangetrieben wurden. Unter die Produktivkräfte, für sie treibender Motor des sozialen Wandels, subsumierten sie die wachsenden Fähigkeiten und Fertigkeiten der Menschen genauso wie technische Erfindungen und die Erschließung neuer Werkstoffe. Aus ihrer Sicht hatten sich „die Produktivkräfte & die Verkehrsformen“ bereits „soweit entwickelt …, daß sie unter der Herrschaft des Privateigenthums zu Destruktivkräften geworden“ seien.[37] Eine Sicht, die der 74-jährige Engels 1895 in seinem letzten größeren Text selbstkritisch korrigieren sollte.[38] Die skizzierten grundlegenden Überlegungen formulierten Marx und Engels damals gemeinsam. So ermächtigte Engels im Januar 1847 Marx ausdrücklich, die gemeinsamen Ergebnisse für seinen *Anti-Proudhon*, also seine Kritik des französischen Sozialisten Pierre Joseph Proudhon, verwenden zu dürfen.[39]

In der belgischen Hauptstadt vollzogen Engels und Marx auch den Schritt in die aktive Politik. 1847 wurden sie Mitbegründer des Bundes der Kommunisten, in dessen Auftrag sie das *Manifest der kommunistischen Partei* verfassten. Im Vorfeld war Engels im Juni 1847 zunächst an der Formulierung des *Entwurfs eines kommunistischen Glaubensbekenntnisses* beteiligt[40] und schrieb im Oktober/November die *Grundsätze des Kommunismus*. Die zukünftige „Gütergemeinschaft“, heißt es in dem *Entwurf*, sei „auf die durch die Entwicklung der Industrie, des Ackerbaus, des Handels und der Kolonisation erzeugte Masse von Produktionskräften und Lebensmitteln, und die in der Maschinerie, den chemischen u. andern Hülfsmitteln liegende Möglichkeit ihrer Vermehrung ins Unendliche“ begründet.[41] „Das Proletariat ist entstanden durch die industrielle Revolution“, diese wiederum „durch die Erfindung der Dampfmaschine, der verschiedenen Spinnmaschinen, des mechanischen Webstuhls und einer ganzen Reihe anderer mechanischer Vorrichtungen“, erklärte Engels in den *Grundsätzen*. Über die proletarische Revolution heißt darin, dass sie „vor allen Dingen eine demokratische Staatsverfassung und damit direkt oder indirekt die politische Herrschaft des Proletariats herstellen“ werde. Aber die „Demokratie“ werde „dem Proletariat ganz nutzlos sein, wenn sie nicht sofort als Mittel zur Durchsetzung weiterer, direkt das Privateigentum angreifender und die Existenz des Proletariats sicherstellender Maßregeln benutzt“ wird.[42]

2019 tauchte im Auktionshandel für die wahnwitzige Summe von 450000 Euro das bisher völlig unbekannte Rundschreiben *Der Congress an den Bund* auf, das Engels als Schriftführer des Gründungskongresses des Kommunistenbundes im November/Dezember 1847 mitverfasste. Angesichts der „in allen Ländern Europa's“ zu beobachtenden „bedeutende[n] Bewegungen“, heißt es in dem auf den 15. Dezember 1847 datierten Dokument, stehe auch in Deutschland

„endlich ... der entscheidende Kampf zwischen der Bourgeoisie und dem absoluten Königthum mit seinen Anhängseln von Adligen, Beamten, Soldaten und Pfaffen unmittelbar bevor".[43] Zuvor hatte Engels in der Londoner Bildungs-Gesellschaft am 30. November 1847 deutschen Arbeitern die weltgeschichtliche Entwicklung seit der Entdeckung Amerikas skizziert. Seit dem „Emporkommen der Maschinen" werde „der barbarische Zustand" aller Länder fortwährend ruiniert. Die „ganze menschliche Gesellschaft, die früher aus 4–6 verschiedenen Klassen bestand, teilte sich in zwei einander feindlich gegenüberstehende Klassen". „Die Arbeiter der ganzen Welt haben überall gleiche Interessen, überall verschwinden die verschiedenen Klassen und die verschiedenen Interessen fallen zusammen."[44]

E. Chapiro, Karl Marx und Friedrich Engels in der Redaktion der Neuen Rheinischen Zeitung, Köln 1848, 1961.

IN DER EUROPÄISCHEN REVOLUTION VON 1848/49

Am 24. Februar 1848 wurde nach kurzen, heftigen Barrikadenkämpfen in Paris der Thron des französischen Königs Louis Philippe öffentlich verbrannt und die Republik proklamiert. Engels, Ende Januar aus Paris ausgewiesen, erlebte in der Nacht vom 25./26. Februar am Brüsseler Bahnhof mit, wie die Nachricht vom erfolgreichen Aufstand eintraf.[45] „Wir gestehen, daß wir diesen glänzenden Erfolg des Pariser Proletariats nicht gehofft haben", schrieb Engels in der *Deutschen-Brüsseler-Zeitung*. „Drei Mitglieder der provisorischen Regierung gehören der entschiedenen demokratischen Partei an ... Der vierte ist ein Arbeiter[46] – zum Erstenmal in irgend einem Lande der Welt". Er sah „die Zeit der Demokratie" anbrechen.[47]

Gemeinsam mit Marx eilte er über Paris nach Köln, wo es Marx gelang, mit Unterstützung rheinischer Demokraten die *Neue Rheinische Zeitung* aus der Taufe zu heben. Die Tageszeitung erschien ein knappes Jahr lang, vom 1. Juni 1848 bis zum 19. Mai 1849, als „Organ der Demokratie". In dem kurzen Moment, in dem in Deutschland Pressefreiheit bestand, erreichte das Blatt, finanziert durch eine Kommanditaktiengesellschaft nach französischem Recht, eine Auflage von 5000 bis 6000 Exemplaren. Im Konzert der deutschsprachigen Zeitungen war es eine eigene, am französischen Beispiel orientierte republikanische Stimme.

Zum ersten und einzigen Mal war Engels Redakteur einer Tageszeitung, der Kommentare und Leitartikel schrieb und tägliche Nachrichtenberichterstattung machte. Um einer – möglicherweise längeren – Untersuchungshaft wegen republikanischer Reden zu entgehen, floh er Ende September 1848 aus Köln und hielt sich von Oktober 1848 bis Januar 1849 in der Schweiz auf. Aus Bern berichtete er als Auslandskorrespondent über die Bundesstaatswerdung der Schweiz. In seiner Publikationsliste hält er seine Redakteursfunktion ausdrücklich fest und betont, Marx als Chefredakteur vertreten zu haben, wenn dieser auf Reisen war, was im August/September 1848 und im April/Mai 1849 der Fall war.

Am Beispiel Englands und Frankreichs hatten Engels und Marx 1846/47 die Vorstellung eines mehrstufigen politischen Revolutionsprozesses entwickelt, der in einer sozialen Umgestaltung münden sollte. In dem Manuskript *Der Status quo in Deutschland* von 1847[48] hatte Engels die politischen Konsequenzen formuliert, die sich aus der wirtschaftlichen und politischen Zurückgebliebenheit Deutschlands ergaben. In Preußen und anderen deutschen Einzelstaaten sah er die spätabsolutistische Herrschaft bürokratisch überformt. Eine Klasse von Regierungs- und Verwaltungsbeamten konzentriere alle Macht in ihren Händen. Während 1848 die Pariser Februarrevolution in Frankreich die Republik proklamierte, machten die deutschen Märzrevolutionen vor den Thronen Halt. Engels und Marx hofften, dass auch in Deutschland die liberale National- und Verfassungsrevolution die demokratische Republik durchsetze. Aus der „halben" deutschen Revolution sollte möglichst rasch eine ganze republikanische werden. Zeit ihres Lebens waren sie der Überzeugung, dass den revolutionären Umwälzungen eine bürgerliche Rechts- und Verfassungsrevolution vorausgehen müsse. 1848 sollte die anzustrebende Republik erste soziale Eingriffe in das Privatrecht und Privateigentum ermöglichen, wie es in Paris zunächst auch zu geschehen schien. Unklar blieb jedoch, wie dies unter den komplexen und heterogenen mitteleuropäischen Verhältnissen hätte realisiert werden können, nicht zuletzt da 1848/49 mit einer Republik allzu weitgehende gesellschaftspolitische Zielvorstellungen verknüpft wurden.[49]

In der *Neuen Rheinischen Zeitung* bearbeitete Engels ein beeindruckend breites Themenspektrum. Es reichte von dem deutsch-dänischen Krieg, den Revolutions- und Kriegsereignissen in Italien und Ungarn bis hin zu Debatten in der deutschen Nationalversammlung in Frankfurt am Main und in der preußischen in Berlin. Arbeitsteilig mit Marx sezierte er wichtige Gesetzesvorhaben. Als die Berliner Regierung in einem Pressegesetzentwurf die Strafen für die „Verläumdung" von Staatsbeamten verschärfte, sah Engels die Gefahr, dass die Presse, „die einzig wirksame Kontrolle", „nicht mehr *berichten*" könne, sondern „nur noch allgemeine *Phrasen machen*" dürfe.[50]

Die komplexen nationalen, sozialen und agrarischen Problemlagen Mittel, Ost- und Südeuropas analysierte und bewertete er aus der Perspektive und den Erfahrungen eines rheinischen Radikalen, für den die Aufhebung feudaler Rechte und Privilegien in Frankreich in der Nacht vom 4./5. August 1789 als vorbildhaft galt. Für die *Neue Rheinische Zeitung* nahm er in Anspruch, „vom ersten Augenblick an in Posen für die Polen, in Italien für die Italiäner, in Böhmen für die Czechen Partei ergriffen" zu haben.[51] Den – aus seiner Sicht – nicht-revolutionären Völkern, damit der Mehrheit der slawischen Nationalitäten, billigte er das Recht auf einen eigenen, unabhängigen Staat nicht zu, auch nicht den Tschechen.

Als Engels Ende Januar 1849 von Bern nach Köln zurückkehrte, sah er die Revolutionsentwicklung zwar noch im Fluss, aber seine und

Marx' Hoffnungen auf einen neuerlichen Anstoß richteten sich auf Entwicklungen in Frankreich, Ungarn und Italien, nicht auf diejenigen in Deutschland. „Die Niederlage der Piemontesen ist wichtiger als alle deutschen Kaiserpossen zusammen", kommentierte Engels Ende März 1849 das erneute Scheitern der Italiener, Österreich aus Norditalien zurückdrängen. „Aber wenn nicht alle Zeichen trügen, so wird gerade diese Niederlage der italienischen Revolution das Signal sein zum Losbruch der europäischen Revolution. ... Paris ist reif zu einer neuen Revolution."[52] Nach Anfangserfolgen der habsburgischen Truppen begannen die Ungarn Anfang 1849 allmählich vorzurücken. Sobald der Grenzfluss zwischen Ungarn und Deutsch-Österreich, überschritten sei, werde es in Wien zur „fünften Revolution" kommen, „eine Revolution, die nicht blos eine österreichische, sondern zugleich eine europäische" sein werde, prognostizierte Engels.[53] Als in der letzten Aprilwoche 1849 in Deutschland eine neue, eine dritte Aufstandsbewegung losbrach, die die Verwirklichung der Reichsverfassung zum Ziel hatte, wurde Engels, der Marx gerade als Chefredakteur vertrat, völlig überrascht. Am 19. Mai 1849 erschien die letzte Ausgabe, ganz in Rot.

↓ **Neue Rheinische Zeitung,** 19. Mai 1849.

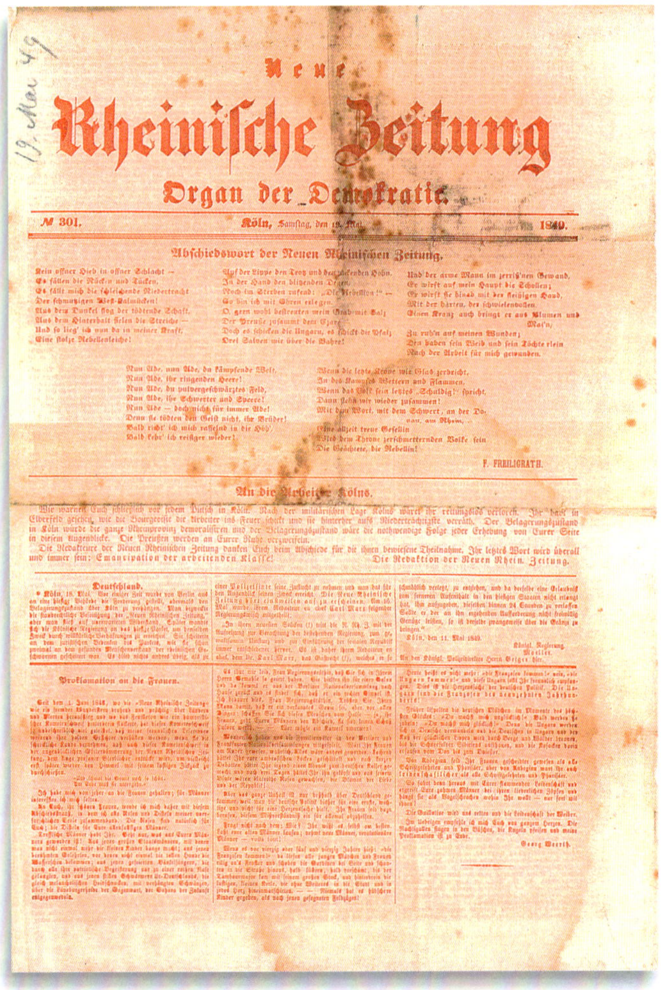

Neue Rheinische Zeitung

Organ der Demokratie.

№ 301. Köln, Samstag, den 19. Mai 1849.

Abschiedswort der Neuen Rheinischen Zeitung.

Kein offner Hieb in offner Schlacht –
Es fällen die Nücken und Tücken,
Es fällt mich die schleichende Niedertracht
Der schmutzigen West-Kalmücken!
Aus dem Dunkel flog der tödtende Schaft,
Aus dem Hinterhalt fielen die Streiche –
Und so lieg' ich nun da in meiner Kraft,
Eine stolze Rebellenleiche!

Auf der Lippe den Trotz und den zuckenden Hohn,
In der Hand den blitzenden Degen,
Noch im Sterben rufend: „Die Rebellion!" –
So bin ich mit Ehren erlegen.
O, gern wohl bestreuten mein Grab mit Salz
Der Preuße zusammt dem Czare –
Doch es schicken die Ungarn, es schickt die Pfalz
Drei Salven mir über die Bahre!

Und der arme Mann im zerriss'nen Gewand,
Er wirft auf mein Haupt die Schollen;
Er wirft sie hinab mit der fleißigen Hand,
Mit der harten, der schwielenvollen.
Einen Kranz auch bringt er aus Blumen und Mai'n,
Zu ruh'n auf meinen Wunden;
Den haben sein Weib und sein Töchte rlein
Nach der Arbeit für mich gewunden.

Nun Ade, nun Ade, du kämpfende Welt,
Nun Ade, ihr ringenden Heere!
Nun Ade, du pulvergeschwärztes Feld,
Nun Ade, ihr Schwerter und Speere!
Nun Ade – doch nicht für immer Ade!
Denn sie tödten den Geist nicht, ihr Brüder!
Bald richt' ich mich rasselnd in die Höh',
Bald kehr' ich reisiger wieder!

Wenn die letzte Krone wie Glas zerbricht,
In des Kampfes Wettern und Flammen,
Wenn das Volk sein letztes „Schuldig!" spricht,
Dann stehn wir wieder zusammen!
Mit dem Wort, mit dem Schwert, an der Donau, am Rhein, –
Eine allzeit treue Gesellin
Wird dem Throne zerschmetternden Volke sein
Die Geächtete, die Rebellin!

F. FREILIGRATH.

An die Arbeiter Kölns.

Wir warnen Euch schließlich vor jedem Putsch in Köln. Nach der militärischen Lage Kölns wäret ihr rettungslos verloren. Ihr habt in Elberfeld gesehen, wie die Bourgeoisie die Arbeiter ins Feuer schickt und sie hinterher aufs Niederträchtigste verräth. Der Belagerungszustand in Köln würde die ganze Rheinprovinz demoralisiren und der Belagerungszustand wäre die nothwendige Folge jeder Erhebung von Eurer Seite in diesem Augenblicke. Die Preußen werden an Eurer Ruhe verzweifeln.

Die Redakteure der Neuen Rheinischen Zeitung danken Euch beim Abschiede für die ihnen bewiesene Theilnahme. Ihr letztes Wort wird überall und immer sein: Emancipation der arbeitenden Klasse!

Die Redaktion der Neuen Rhein. Zeitung.

Deutschland.

POLITISCHER FLÜCHTLING UND „COTTON-LORD" IN MANCHESTER

Nachdem Engels in Süddeutschland gegen preußische Truppen für die Durchsetzung der von der Frankfurter Nationalversammlung beschlossenen deutschen Reichsverfassung gekämpft und sich in die Schweiz hatte retten können, kam er am 12. November 1849 mit einem englischen Segelschiff in London an. Großbritannien war eines der wenigen europäischen Länder, die politischen Flüchtlingen Schutz boten. Zunächst versuchte er seinen Lebensunterhalt als politischer Publizist zu bestreiten. Im Oktober 1850 trat er dann in das väterliche Textilunternehmen in Manchester ein. Dort war er zwei Jahrzehnte lang zunächst als Angestellter, dann als Teilhaber für die Firma Ermen & Engels tätig, die Nähzwirn und Strickgarn herstellte. Er führte die vielsprachige Korrespondenz des Unternehmens, das über weitverzweigte Handelsverbindungen verfügte. Und seit 1854 war er an der Börse von Manchester zugelassen, die den britischen Baumwollmarkt bestimmte. Seiner politischen Schriftstellerei konnte er nur abends und sonntags nachgehen. „Morgens allerspätestens um 10 Uhr" sei er „auf dem Comptoir", wie er Marx im März 1857 schrieb, wo er dann „bis 8 Uhr ... schanzen" müsse.[54]

In seiner handschriftlichen Liste führte Engels seine „Mitredaktion" an der Zeitschrift *Neue Rheinische Zeitung. Politisch-ökonomische Revue* auf, die er gemeinsam mit Marx 1850 von London aus in immerhin sechs Heften herausgab. Von seinen dort veröffentlichten umfangreichen Aufsätzen listete er nur die Schilderung des gescheiterten deutschen Bauernaufstands von 1525 *Der deutsche Bauernkrieg*[55] auf, wahrscheinlich weil sie 1870 als eigenständige Broschüre nachgedruckt wurde und bis 1875 drei Auflagen erlebte,[56] nicht jedoch seine zeitgeschichtlichen Erinnerungen *Die deutsche Reichsverfassungskampagne*[57] und auch nicht die gemeinsam mit Marx verfassten, „Revue[n]" genannten Übersichten über die politische und ökonomische Entwicklung in Europa. In der *Revue. Mai bis Oktober 1850*, die im letzten Heft erschien, kamen Engels und Marx zur Einsicht, dass „die revolutionäre Partei ... überall vom Schauplatz zurückgedrängt" sei und dass angesichts einer allgemeinen wirtschaftlichen Prosperität „von einer wirklichen Revolution keine Rede" mehr sein könne. „Eine solche Revolution ist nur in den Perioden möglich, wo diese *beiden Faktoren, die modernen Produktivkräfte* und die *bürgerlichen Produktionsformen*, mit einander in *Widerspruch* gerathen". „*Eine neue Revolution ist nur möglich im Gefolge einer neuen Krisis.*"[58] Unerwähnt ließ Engels ebenfalls seine Mitarbeit an verschiedenen Blättern der britischen Chartisten, für die er „unechte", fiktive Korrespondentenberichte *Letter from Germany* und *Letter from France* schrieb.

Darüber hinaus erwähnte Engels in seinem handschriftlichen Publikationsverzeichnis noch drei tagesaktuelle Broschüren. In *Po und Rhein*[59] (1859) und *Savoyen, Nizza und der Rhein*[60] (1860), die beide anonym in Berlin erschienen, diskutierte er die militärstrategischen und nationalpolitischen Fragen, die der Zweite Italienische Unabhängigkeitskrieg von 1859 für die politischen Bewegungen in Deutschland aufwarf. Im preußischen Heeres- und Verfassungskonflikt bezog er mit seiner Schrift *Die preußische Militärfrage und die deutsche Arbeiterpartei*[61] 1865 Stellung. Die Arbeiterbewegung forderte er auf, „die von den Bürgern verratene Agitation für bürgerliche Freiheit, Pressfreiheit, Versammlungs- und Vereinsrecht" fortzuführen. „Ohne diese Freiheiten kann sie [die Arbeiterpartei] selbst sich nicht frei bewegen".[62]

Engels unterließ jeden Hinweis auf die von 1851 bis 1862 dauernde Korrespondententätigkeit für die *New York Tribune*. Die 1841 gegründete US-amerikanische Zeitung war Sprachrohr einer Sammlungsbewegung gegen die Ausdehnung der Sklaverei, aus der 1854 die Republikanische Partei hervorging. Sie umfasste eine Tagesausgabe, eine halbwöchentliche und eine wöchentliche Ausgabe und war mit einer Gesamtauflage von knapp 150000 (1854) bzw. 287000 Exemplaren (1861) die auflagenstärkste Zeitung der damaligen Welt. Offiziell war Marx Korrespondent der Zeitung, tatsächlich war Engels Autor und Mitautor vieler Berichte und Analysen, für die Marx honoriert wurde. Engels' Mitwirkung blieb lange Zeit – nicht nur gegenüber der New Yorker Redaktion – ein sorgsam gehütetes Geheimnis. Engels lüftete es erst 1892. In der erwähnten biografischen Skizze über Marx für das *Handwörterbuch* schrieb er, dass die „militärischen“ *Tribune*-Korrespondenzen, unter anderen „über den Krimkrieg, die indische Rebellion etc.“, von ihm stammten.[63] Der tatsächliche Umfang der Mitarbeit von Engels wurde erstmals durch die Herausgabe des Marx-Engels-Briefwechsels 1913 deutlich. Von den insgesamt mehr als fünfhundert Artikeln und Artikelfolgen, die die *New-York Tribune* von beiden veröffentlichte, hatte Engels mindestens einhundertundsiebzig verfasst. Zeitweise schrieb er – ebenfalls gemeinsam mit Marx – auch Beiträge für das 16-bändige amerikanische Lexikon *New American Cyclopaedia*.[64] Im Gegensatz zu Marx empfand Engels die Lexikonarbeit als „sehr nützlich[en]“ „encyclopädische[n] Cursus“, durch den er vor allem seine militärhistorischen Kenntnisse erweiterte.[65]

Engels' Artikelserie *Revolution and Counter-Revolution in Germany*, mit der er in gewisser Weise seinen 1850 veröffentlichten Text *Die deutsche Reichsverfassungskampagne* fortsetzte, erschien 1851/52 als erster Marx'scher Text in der *Tribune*. In der Folgezeit schrieb Engels über die militärischen Auseinandersetzungen in Europa und in den Kolonien sowie über die mit Russland zusammenhängenden Fragen. „Ich habe seit ich hier in Manchester bin, angefangen Militaria zu ochsen“, berichtete Engels im Juni 1851 einem befreundeten ehemaligen Artillerieleutnant.[66] Im Eigenstudium erschloss er sich das Rüstzeug, um militärische Kriegs- und Kampfhandlungen systematischer analysieren zu können. Darüber hinaus erlernte er weitere Sprachen, unter anderen auch Russisch, was es ihm möglich machte, die unterschiedlichsten Zeitungs- und Informationsquellen heranzuziehen. Den Krimkrieg, der sich von einem türkisch-russischen zu einem europäischen Krieg ausweitete und in den bis auf Preußen alle europäischen Großstaaten eingriffen, kommentierte Engels gestützt auf britische Zeitungs-

The New American Cyclopædia. Dieses von Georg Ripey und Charles Anderson Dana herausgegebene 16-bändige Werk erschien zwischen 1858 und 1863 in New York. Unter dem Namen von Karl Marx veröffentlichte Friedrich Engels zahlreiche Artikel zu militärischen Stichworten.

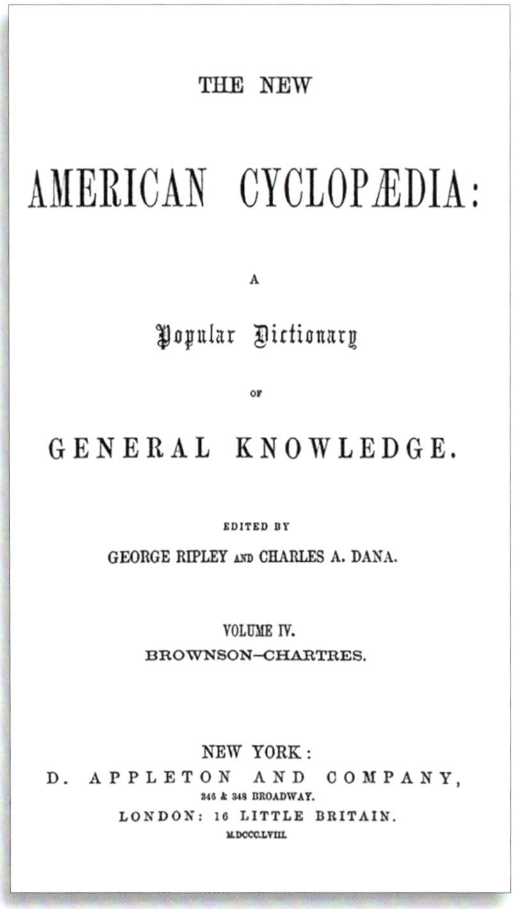
THE NEW

AMERICAN CYCLOPÆDIA:

A

Popular Dictionary

OF

GENERAL KNOWLEDGE.

EDITED BY

GEORGE RIPLEY AND CHARLES A. DANA.

VOLUME IV.

BROWNSON—CHARTRES.

NEW YORK:

D. APPLETON AND COMPANY,

346 & 348 BROADWAY.

LONDON: 16 LITTLE BRITAIN.

M.DCCC.LVIII.

meldungen und vor ihm liegende Landkarten. Ebenso besprach er den indischen Aufstand von 1857/58 und den italienischen Unabhängigkeitskrieg von 1859. Über den Amerikanischen Bürgerkrieg schrieb er 1861/62 in der Wiener Tageszeitung *Die Presse*. Gleichzeitig beabsichtigte er, eine Geschichte der Revolutionskriege von 1848/49 in Italien und Ungarn zu verfassen.

PRIVATGELEHRTER UND POLITISCHER PUBLIZIST IN LONDON

1869 zog sich Engels mit noch nicht 49 Jahren aus dem Berufsleben zurück und lebte fortan von den Erträgen aus seinen Aktiengeschäften. Weder über den Unternehmer noch über den als eigener Fondsmanager agierenden Engels ist viel bekannt. Als Firmenteilhaber und durch Kommissionsgeschäfte, die er nebenher getätigt hatte, war es ihm gelungen, ein stattliches Vermögen zu erwirtschaften, das er zu einem Großteil in Aktien anlegte, „meist Gas Actien, dann Waterworks- & Eisenbahn Actien, alles englische Gesellschaften", wie er 1869 seinem Bruder Hermann schrieb.[67] Er war sogar in der Lage, Marx und dessen Familie eine Jahresrente zu finanzieren. Überlieferte Kontoauszüge zeigen, dass er auch später fortwährend Aktien- und Kommissionsgeschäfte tätigte.[68] Im September 1870 siedelte er zusammen mit seiner Lebensgefährtin Lizzie Burns und deren Nichte Mary Ellen Burns von Manchester in ein Reihenhaus in der Londoner Regent's Park Road um, wo er bis zu Marx' Tod 1883 nur zehn Minuten Fußweg entfernt von Marx und dessen Familie lebte. „Täglich [...] kam Engels zu meinem Vater, häufig gingen sie miteinander spazieren", schrieb Marx' jüngste Tochter Eleanor 1890, „und ebenso oft blieben sie daheim und gingen in meines Vaters Zimmer auf und ab".[69]

Engels entfaltete nun ein facettenreiches politisches, publizistisches und auch wissenschaftliches Wirken. Seine handschriftliche Publikationsliste gibt auch darüber nur zum Teil Auskunft, obwohl die Mehrzahl der von ihm aufgeführten Schriften in dieser Lebensphase entstand.

Für deutsche, aber auch französische, englische und italienische sozialistische Zeitungen und Zeitschriften schrieb er zahlreiche Artikel. In seinem Publikationsverzeichnis führt er jedoch nur die Texte auf, die in sozialdemokratischen Zeitungen und Zeitschriften erschienen und als selbständige Broschüren – teilweise in mehreren Auflagen – nachgedruckt wurden. Mit langem Atem und große Linien ziehend, diskutierte er zeitgeschichtliche Entwicklungen und sozialistische Handlungsoptionen, wobei seine Texte durch scharfe und oft verletzende Polemik oder allzu nassforsche Behauptungen immer wieder auf Ablehnung stießen.

In seiner polemischen Artikelserie *Zur Wohnungsfrage* von 1872 kritisierte er in der Leipziger Zeitung *Der Volksstaat* die Maßnahmen der „Bourgeoisie" zur Lösung der Wohnungsnot, die er für unzureichend hielt. „[S]o lange die kapitalistische Produktionsweise besteht", resümierte er seine Kritik, „so lange ist es Thorheit, die Wohnungsfrage oder irgendeine andre, das Geschick der Arbeiter betreffende gesellschaftliche Frage einzeln lösen zu wollen. Die Lösung liegt aber in der Abschaffung der kapitalistischen Produktionsweise, in der Aneignung aller Lebens- und Arbeitsmittel durch die Arbeiterklasse selbst."[70] 1876 behauptete er in der gleichen Zeitung in seiner Artikelfolge *Preußischer Schnaps im deutschen Reichstag*, Preußen sei zum Untergang verurteilt, wenn die großagrarische Kartoffelbranntweinindustrie durch die russische Konkurrenz ihre

Vorherrschaft auf dem Weltmarkt verliere: „Mit dem Sturz der Branntweinbrennerei stürzt der preußische Militarismus, und ohne ihn ist Preußen nichts." Da helfe „kein Klagen und kein Jammern", die „Gesetze der kapitalistischen Produktion" würden unerbittlich auch für „Junker" und Großgrundbesitzer gelten.[71]

Noch zu Marx' Lebzeiten verhalf Engels durch eine beinahe enzyklopädisch angelegte Zusammenfassung seiner und Marx' Arbeiten ihren Theorien zu großer Verbreitung und Anerkennung. Zu Beginn der 1870er Jahre konnte der Berliner Privatdozent Eugen Dühring beträchtlichen Einfluss auf die sich formierende deutsche Sozialdemokratie gewinnen. Dühring erhob den Anspruch, die Lehren von der Gesellschaft und der Revolution zu erneuern. Der Sozialdemokrat Wilhelm Liebknecht, Redakteur des *Volksstaats,* und Marx drängten Engels, eine umfassende Kritik der Schriften Dührings zu verfassen, die als *Anti-Dühring* bekannt wurde und 1877/78 zunächst als Artikelserie und dann als Buch erschien. Aus Engels' Sicht war „der Sozialismus eine Wissenschaft" geworden. Aufgrund ihres oberlehrerhaften Tones stießen seine Artikel zunächst auf vehemente Kritik. Führende Sozialdemokraten forderten sogar, ihren Abdruck einzustellen. Die Einleitung und die vom Sozialismus handelnden Schlusskapitel publizierte Engels in einer revidierten Veröffentlichung unter dem Titel *Die Entwicklung des Sozialismus von der Utopie zur Wissenschaft* zuerst auf Französisch, dann auf Deutsch und auch auf Englisch.[72] Die Schrift wurde zu einem der einflussreichsten Texte des „Marxismus".

Nach Marx' Ableben 1883 fand Engels in dessen Nachlass umfangreiche kommentierende Auszüge, die Marx im Sommer 1880 aus dem Buch des amerikanischen Anthropologen Lewis Henry Morgan *Ancient Society* (1877) notiert hatte. „Über die Urzustände der Gesellschaft existirt ein entscheidendes Buch, so entscheidend wie Darwin für die Biologie", berichtete Engels im Februar 1884 dem Sozialdemokraten Karl Kautsky, Redakteur der Theorie-Zeitschrift *Neue Zeit*, „Morgan hat die Marx'sche materialistische Geschichtsanschauung in den durch seinen Gegenstand gebotenen Grenzen selbstständig neu entdeckt und schließt für die heutige Gesellschaft mit direkt kommunistischen Postulaten ab." Der Sozialdemokrat Eduard Bernstein, Redakteur der Wochenzeitung *Der Sozialdemokrat*, der sich im Februar/März 1884 in London aufhielt, erinnerte sich später (1918), dass ihm Engels „Abend für Abend bis in die tiefe Nacht" aus Marx' Manuskripten und „dem Entwurf eines Buches, dem er Marx' Auszüge aus des Amerikaners Lewis Morgan ‚Ancient Society' zugrunde legte", vorgelesen habe.[73] Trotz Zeitmangel verfasste Engels im April/Mai 1884 die Schrift *Der Ursprung der Familie, des Privateigentums und des Staats*.[74] Seine erste größere Publikation nach Marx' Ableben wurde „die Vollführung eines Vermächtnisses". Die zukünftige, nicht mehr nach Reichtum jagende Gesellschaft werde „eine Wiederbelebung – aber in höherer Form – der Freiheit, Gleichheit und Brüderlichkeit der alten Gentes" sein, zitiert Engels zum Schluss Morgan.[75]

Im letzten Drittel des 19. Jahrhunderts wuchsen in den sich formierenden europäischen Arbeiterbewegungen die Bildungs, Orientierungs- und Legitimationsbedürfnisse. Über Marx' literarischen Nachlass verfügend, erhöhte sich der Druck auf Engels, eigene Beiträge zu liefern und zugleich zu ermöglichen, dass frühere Texte von ihm und von Marx übersetzt und nachgedruckt wurden.

In dem um die Jahreswende 1889/90 entstandenen Text *Die auswärtige Politik des russischen Zarentums*, dessen Wiederveröffentlichung Stalin 1934 in der Sowjetunion untersagte, thematisierte Engels zwei Jahrhunderte russischer Geschichte. Die Schrift erschien in Deutsch in der sozialdemokratischen Zeitschrift *Die Neue Zeit*, aber auch in englischer, französischer, rumänischer und teilweise auch in russischer Übersetzung. In seinen Augen verhinderte das russische Kaiserreich jede Reform und Neuordnung Europas. Wie bereits in der Revolution von 1848 und in den 1850er Jahren charakterisierte er „das russische Zarenreich" als „die große Hauptfestung ... der europäischen Reaktion",[76] die mit ihrer expansiven Außenpolitik den Fortschritt Europas bedrohe und daher mit allen Mitteln zu bekämpfen sei. Auch bei seiner Schrift *Ludwig Feuerbach und der Ausgang der klassischen deutschen Philosophie* von 1886 handelte es sich um einen Sonder-Abdruck aus der *Neuen Zeit*. In ihr gab er eine ausführliche Darstellung der von ihm so bezeichneten „materialistischen Weltanschauung" und bezeichnete zusammenfassend, die deutsche Arbeiterbewegung als „die Erbin der deutschen klassischen Philosophie".[77] Persönliche Schärfe und unverhältnismäßiger Umfang kennzeichnen seine Polemik *In Sachen Brentano kontra Marx wegen angeblicher Zitatsfälschung* von 1891, in der Engels auf den Vorwurf des Sozialreformers Lujo Brentano antwortete, Marx habe ein Zitat aus der Budgetrede des britischen Schatzkanzlers Gladstone aus dem Jahre 1863 verfälschend wiedergegeben.[78]

Parallel wurden zahlreiche Marx-Schriften nachgedruckt – von Engels mit neuen Einführungen versehen, die in der Regel auch separat publiziert wurden. Dabei zeigte sich Engels als „genialer Vorwortschreiber", worauf jüngst der Historiker Wilfried Nippel aufmerksam gemacht hat. Es gelang Engels, vergessenen oder ganz verschollenen Texten von Marx als „Handreichungen zu tagesaktuellen Problemen ebenso wie als grundsätzliche programmatische Stellungnahmen" neue Bedeutung zu geben.[79] In seiner Publikationsliste zählte Engels zehn Vorworte und Einleitungen auf, die er zwischen 1885 und 1891 der Neuauflage eigener oder Marx'scher Schriften voranstellte. Er nannte seine Vorreden bzw. Einleitungen zur Übersetzung der ursprünglich in Französisch verfassten Marx'schen Schrift *Das Elend der Philosophie* von 1847 (1885)[80] und zur Wiederveröffentlichung von Marx' *Enthüllungen über den Kommunistenprozess zu Köln* von 1852 (1885),[81] ebenso zur dritten Auflage des ersten Bandes des *Kapital* (1883)[82] und zur englischen Übersetzung desselben Bandes (1887)[83] sowie zur ersten Auflage des von Engels aus Marx' Nachlass besorgten zweiten Bandes des *Kapital* (1885).[84] Er listete aber auch seine biographisch-historischen Einleitungen zu Sigismund Borkheims Schrift *Zur Erinnerung für die Mordspatrioten 1806–1807* (1888)[85] und Wilhelm Wolffs Artikelfolge *Die schlesische Milliarde* (1886 und 1890)[86] auf; letztere war ursprünglich 1849 in der *Neuen Rheinischen Zeitung* erschienen und hatte die Forderung französischer Republikaner und Sozialisten nach Entschädigungen aufgegriffen. „Den schlesischen Bauern rief Wilhelm Wolff ... in's Gedächtniß", schrieb Engels, „wie sie bei der Ablösung der Feudallasten von den Gutsherren mit Hilfe der Regierung um Geld und Grundbesitz geprellt worden, und forderte eine Milliarde Thaler Entschädigung."[87]

Nach dem Sieg über Bismarcks Sozialistengesetze, die zwischen 1878 und 1890 sozialdemokratische Organisationen und ihre Presse im Deutschen Kaiserreich verboten hatten, glaubte Engels in seinem letzten Lebensjahrzehnt, in der deutschen Sozialdemokratie endlich das Instrument für den Sieg über den Kapitalismus gefunden zu haben. Insbesondere zu dem Sozialdemokraten August Bebel hatte er ein enges politisches und persönliches Verhältnis; die Übereinstimmung in „Denkrichtung und Denkweise" mit Bebel bezeichnete er „förmlich wunderbar".[88] Aktiv war Engels an der Vorbereitung des internationalen Arbeiterkongresses beteiligt, der im Juli 1889 anlässlich des 100. Jahrestags der Französischen Revolution in Paris abgehalten und auf dem konfliktreich die Zweite Internationale gegründet wurde. In den sozialdemokratischen Programmberatungen, 1875 auf dem Gothaer und 1891 auf dem Erfurter Parteitag, stritt Engels von London aus dafür, dass die Arbeiterpartei der Konfrontation mit dem deutschen Staat nicht ausweiche. Sei es nicht möglich, „ein offen republikanisches Parteiprogramm" aufzustellen, so Engels 1891, dann müsse man wenigstens die „*Konzentration aller politischen Macht in den Händen der Volksvertretung*" verlangen.[89] In den europäischen Arbeiterbewegungen forderte er eine „absolute Freiheit der Debatte". Kritik war aus seiner Sicht das „Lebenselement" jeder politischen Bewegung.[90]

In der Liste seiner *unsterblichen Werke* ließ Engels – unvollendete – Buchprojekte genauso unerwähnt wie wichtige publizierte Texte. Auch die Zusammenstellung und Herausgabe des zweiten und dritten Bandes des Marx'schen *Kapitals*, womit er über Jahre hinweg trotz einer Augenkrankheit, wahrscheinlich eine chronische Bindehautentzündung, intensiv beschäftigt war, erwähnt er nur beiläufig.

Als erstes politisches und wissenschaftliches Vorhaben machte sich Engels unmittelbar nach seinem Ausstieg aus dem Unternehmen Ermen & Engels mit großem Elan an eine – nie abgeschlossene – deutschsprachige Geschichte Irlands. 1869/70 arbeitete er umfangreiche Literatur und zahlreiche historische Quellen durch, aus denen er – bis heute unveröffentlichte – Exzerpte in einem Umfang von über sechshundert Druckseiten anfertigte. Immerhin schrieb er die ersten beiden von insgesamt drei Kapiteln nieder.[91] Als im Juli 1870 der Deutsch-Französische Krieg ausbrach, kommentierte er diesen monatelang in der liberal-konservativen Londoner Abendzeitung *Pall Mall Gazette*,[92] gestützt auf die offiziellen Telegramme beider Kriegsparteien, die er abwägend und kritisch analysierte.

Engels, der zeit seines Lebens die naturwissenschaftlichen Fortschritte verfolgte, begann sich seit 1873 eingehend mit den Naturwissenschaften zu beschäftigen. Er plante ein „naturphilosophisches Werk", in dem er die gemeinsamen Charakteristika aller Naturwissenschaften seiner Zeit zu einer umfassenden Theorie der Natur kombinieren wollte. Seine fast zweihundert fragmentarischen Textstücke wurden im 20. Jahrhundert unter dem Titel *Dialektik der Natur*[93] zusammengefasst und galten dem Marxismus-Leninismus als grundlegendes philosophisches Werk. Engels selbst war skeptischer. „Vielleicht aber macht der Fortschritt der theoretischen Naturwissenschaft meine Arbeit größtentheils oder ganz überflüssig", meinte er 1885.[94] Albert Einstein, 1924 um ein Gutachten gebeten, meinte, Engels' Aufzeichnungen würden immerhin wichtige Einblicke in die Wissenschaftsbegeisterung und Rezeption der damaligen Zeit geben.[95]

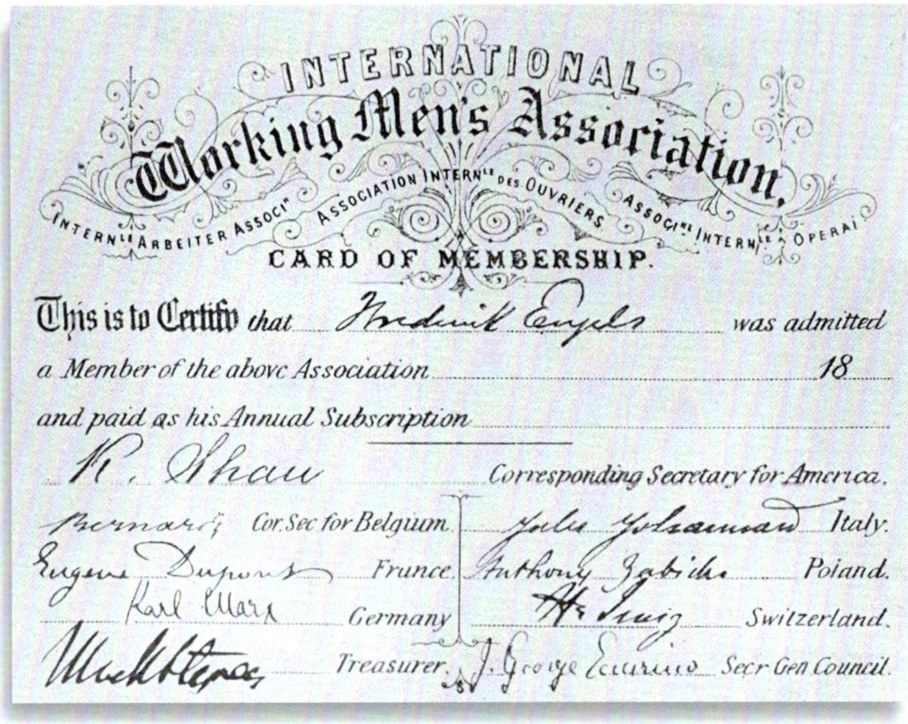
INTERNATIONAL
Working Men's Association
CARD OF MEMBERSHIP.
This is to Certify that Frederick Engels was admitted
a Member of the above Association 18
and paid as his Annual Subscription
R. Shaw Corresponding Secretary for America.
Cor. Sec for Belgium. Italy.
Eugene Dupont France. Poland.
Karl Marx Germany. Switzerland.
Treasurer. Secr Gen Council.

→ **Friedrich Engels'** Mitgliedskarte der International Working Men's Association.

In der ersten Hälfte der 1870er Jahre verfassten Engels und Marx – teilweise im Auftrag des Generalrats der Internationale – mehrere Anklageschriften gegen den russischen Anarchisten Michail Bakunin. In seiner Publikationsliste nennt Engels nur seine Artikelserie *Die Bakunisten an der Arbeit* von 1873,[96] in der er Rückschläge der sozialistischen Bewegungen nach der Proklamation der spanischen Republik auf dortige Machenschaften Bakunins und seiner Anhänger zurückführte. Die gemeinsam mit Marx verfassten Schriften *Les prétendues scissions dans l'Internationale* (*Die angeblichen Spaltungen in der Internationale*) von 1872[97] und *L'Alliance de la Démocratie Socialiste et l'Association Internationale des Travailleurs* (*Ein Komplott gegen die Internationale Arbeiterassociation*) von 1873/74[98] ließ er jedoch außen vor. Die erste Schrift wurde im März 1872 im Generalrat der Internationalen Arbeiterassoziation, dem Engels seit 1870 angehörte, verlesen und in einer Auflage von zweitausend Exemplaren versandt. Sie ist ein „Sammelsurium von Irrtümern",[99] ohne Verständnis für politische Zusammenhänge und Entwicklungen innerhalb revolutionärer Bewegungen. Die zweite Broschüre war – so der Engels-Biograph Gustav Mayer – „das leidenschaftliche Plädoyer eines von der Richtigkeit seines Standpunktes fest überzeugten Staatsanwalts, der sich kein Argument entgehen läßt, das zur Verurteilung des Angeklagten beitragen kann".[100] Engels' und Marx' zufolge scheint es unter der Leitung Bakunins nichts als Intrigen gegeben zu haben.

„DIE GESCHICHTE HAT UNS … UNRECHT GEGEBEN" (ENGELS, 1895)

In seinem letzten größeren veröffentlichten Text, der berühmt gewordenen Einleitung zur Wiederauflage der Marx'schen Artikelserie *Die*

↑ **Christian Ludwig Bokelmann**, Die letzten Augenblicke einer Wahlschlacht, 1890. Im Moment unmittelbar vor Betreten des Wahllokals – einige Gebäudeelemente deuten auf das Rathaus in Düsseldorf hin – tritt die Ausrichtung der politischen Parteien in den Erwartungen und Haltungen ihrer Wähler zutage. Das öffentlichem Interesse an der Reichstagswahl 1890 war groß, auch wenn die Stimmen nach dem Klassenwahlrecht unterschiedlich gewichtet waren und Frauen sowie junge Erwachsene selbst kein Stimmrecht hatten.

Klassenkämpfe in Frankreich 1848–1850 von 1850, äußerte sich der 74-jährige Engels 1895 selbstkritisch über seine und Marx' politischen Revolutionsvorstellungen von 1848/49. „Die Zeit der Überrumpelungen, der von kleinen bewußten Minoritäten an der Spitze bewußtloser Massen durchgeführten Revolutionen ist vorbei". Stattdessen würden das allgemeine (Männer)Wahlrecht, politische Aufklärung und „parlamentarische Tätigkeit" ihre „langsame Arbeit" verrichten.[101]

Nach Engels' Tod löste sein Text wütende Auseinandersetzungen aus. Eduard Bernstein, der von Engels (gemeinsam mit August Bebel) zum literarischen Nachlassverwalter bestimmt worden war und den Revisionismusstreit in der deutschen Sozialdemokratie lostrat, sah darin Engels' „politisches Testament". Rosa Luxemburg wiederum distanzierte sich auf dem Gründungskongress der KPD Ende Dezember 1918 von Engels' Ausführungen, die sie „mit dafür verantwortlich" machte, dass in der Sozialdemokratie eine Politik des „reine[n] Nur-Parlamentarismus" triumphiert habe. Anlässlich Engels' 100. Geburtstag 1920 und 30. Todestag 1925 warfen die Sowjetkommunisten der Sozialdemokratie vor, Streichungen an Engels' Originalmanuskript vorgenommen und so bewusst Marxismusfälschung betrieben zu haben. In den offiziösen Engels-Biographien der DDR und der Sowjetunion wurde Bernstein als „Wortführer dieser Fälschung" herausgestellt.[102]

Tatsächlich hatte Engels selbst in der Druckfassung seines Artikels Weglassungen und Abschwächungen zugestimmt, um der Berliner Regierung keinen zusätzlichen Vorwand für ein geplantes Nachfolgegesetz zum 1890 ausgelaufenen Sozialistengesetz zu liefern. Vertieft man sich in den Text, so wird deutlich, dass seine selbstkritischen Worte keine Lippenbekenntnisse oder temporären taktischen Zugeständnisse waren, sondern ernst gemeint waren.

Für Engels hatte die Geschichte „uns Unrecht gegeben" und „unsre damalige Ansicht als eine Illusion enthüllt". Sie habe „klar gemacht", dass „der Stand der ökonomischen Entwicklung auf dem Kontinent" 1848 und 1870 „noch bei weitem nicht reif" gewesen sei „für die Beseitigung der kapitalistischen Produktion". Erst in jüngster Zeit habe die „ökonomische Revolution" in ganz Europa die „große Industrie ... wirklich eingebürgert" und ein „wirkliches großindustrielles Proletariat erzeugt". Aber damit hätten sich „auch die Bedingungen total umgewälzt, unter denen das Proletariat zu kämpfen" habe.[103]

Mit seinen ‚revisionierenden' Überlegungen versuchte Engels dem Wachstum der Industrie und der Ausdehnung der Städte genauso Rechnung zu tragen wie den militärtechnischen Entwicklungen. Seinen „materialistischen" Grundüberlegungen treu bleibend, sah er diese Prozesse als Produkte der Wechselwirkung einer Vielzahl von Bedingungen, Entwicklungen und Momenten, letztlich als Folge der sich verändernden Produktivkräfte. Durch diese Entwicklungen habe sich zwar hinsichtlich einer gewaltsamen Auflehnung des Proletariats „alles zugunsten des Militärs" geändert. Aber das Wachstum der Arbeiterbewegung gehe „so spontan, so stetig, so unaufhaltsam und gleichzeitig so ruhig vor sich wie ein Naturprozess".[104] Dieses Hinüberwachsen in die gesellschaftliche und politische Übermacht sollte nach Möglichkeit nicht durch das Provozieren von Staatsstreichen gefährdet werden. „Was unsere Politik betrifft", erläuterte er Marx' Schwiegersohn

Jugend

Paul Lafague im Februar 1895, „so muß sie darin bestehen, uns … nicht provozieren zu lassen; … in zwei bis drei Jahren werden wir die durch die Steuer ruinierten Bauern und Kleinbürger auf unserer Seite haben."[105]

In diesem Zusammenhang ist auch Engels' zunehmende Sorge zu sehen, das „auf die Spitze getriebene System der gegenseitigen Überbietung in Kriegsrüstungen" könne einen „Weltkrieg von einer bisher nie geahnten Ausdehnung und Heftigkeit" zur Folge haben, damit „Verwüstungen des dreißigjährigen Kriegs zusammengedrängt in drei bis vier Jahre".[106] Krieg hat Engels stets als ein von ökonomischen Gegebenheiten vermitteltes gesellschaftliches Phänomen gesehen und den militärtechnischen Entwicklungen eine große Bedeutung beigemessen, ohne dass es ihm jedoch trotz mehrmaliger Anläufe gelang, wie der Politikwissenschaftler Herfried Münkler bemerkte, eine Theorie des Krieges zu entwickeln, die als Parallele zu Marx' Theorie des Kapitals hätte fungieren können.[107] In seinem letzten Lebensjahrzehnt hielt er die Entwicklung der Waffentechnik für vollendet. „[W]ir leben auf einer geladenen Mine", schrieb er im Januar 1890 August Bebel, „und ein Funke kann sie sprengen."[108] In der Artikelserie *Kann Europa abrüsten?*, die auch als eigene Schrift erschien, plädierte er 1893 deshalb für einen „allgemeine[n] Uebergang vom stehenden Heer zu der als Miliz organisirten Volksbewaffnung" als wichtigen Schritt zur allgemeinen Abrüstung. Vom „rein militärischen Standpunkt", versicherte er, stehe „der allmäligen Abschaffung der stehenden Heere absolut nichts im Wege".[109]

Die vorliegende durchaus eigenwillige Diskussion der *unsterblichen Werke* von Engels, in der nicht nur die von Engels aufgelisteten, sondern auch seine nicht erwähnten Publikationen und Projekte berücksichtigt wurden, zeigt ihn als europäischen Sozial- und Gesellschaftskritiker, der facettenreicher und vielschichtiger war, als er im 20. Jahrhundert in der Regel dargestellt wurde, aber auch widersprüchlicher. Angesichts einer bis dahin noch nie gesehenen Umwälzung von Wirtschaft und Gesellschaft suchte er nach wissenschaftlichen Erklärungen, die zugleich politische Perspektiven eröffnen sollten. Aber die Gefahren politischer Gewaltausübung und revolutionärer Selbstermächtigung wollte er nicht sehen, obwohl er dies aufgrund der Erfahrungen der Französischen Revolution von 1789 sehr wohl gekonnt hätte.

Wir sollten Engels als Teilnehmer wichtiger Diskussionen über ernste Fragen und große Probleme sehen, als Radikalen des 19. Jahrhunderts, der Globalisierung und Industrialisierung als Voraussetzungen einer menschlichen Selbstbefreiung zu begreifen versuchte. Welche seiner Texte und Manuskripte tatsächlich „unsterblich" werden, kann jedoch nur die Zukunft erweisen.

← **Heinrich Kley,**
Teufel beim Stahlguss, um 1910.

Weltgeschichte.

Die Communisten.

„Ja, du redest immer von Gleichheit und Gütertheilen, allein ich setze den Fall, wir haben getheilt, und ich, ich spare meinen Theil, doch du verschwendest den Deinigen, was dann?"

„Ganz einfach! Dann theilen wir wieder!"

Redaction: Casp. Braun u. Fr. Schneider. — München, Verlag von Braun & Schneider. — Druck von Dr. C. Wolf in München.

ENGELS ÜBER MARX

BIOGRAPHIE ALS GESCHICHTSPOLITIK

WILFRIED NIPPEL

Friedrich Engels hat nach dem Tode von Marx das gemeinsam betriebene „Compagniegeschäft“[1] verschiedentlich erläutert. Er habe stets gern die „zweite Violine“ hinter Marx gespielt; wenn er aber auch „in Sachen der Theorie Marx' Stelle [zu] vertreten“ habe, könne das „nicht ohne Böcke“ gehen, schrieb er in einem Privatbrief.[2] In einem publizierten Text hieß es, ihm sei zugefallen, „unsere Ansichten in der periodischen Presse, also namentlich im Kampf mit gegnerischen Ansichten zu vertreten, damit Marx für die Ausarbeitung seines großen Hauptwerks Zeit behielt. Ich kam dadurch in die Lage, unsere Anschauungsweise meist in polemischer Form [...] darzustellen“.[3]

Zu Engels' Geburtstag 1887 schrieb sein „Schüler“ Karl Kautsky in einem Artikel, der mit dem Gefeierten eng abgestimmt war, Marx habe „die gemeinsam gefundene Theorie systematisch für die wissenschaftlich Welt“ ausgearbeitet, Engels sie polemisch gegen Gegner vertreten und auf ihrer Basis „die großen Fragen der Gegenwart [...] und die Stellung des Proletariats ihnen gegenüber“ behandelt. Er betonte zugleich, dass Engels mit *Anti-Dühring*, 1877/78 erschienen, also zu Lebzeiten von Marx, „das grundlegende Werk des modernen Socialismus“ veröffentlicht habe, in dem „die wichtigsten Punkte des gesammten modernen Wissens vom Standpunkte der Marx-Engelsschen materialistischen Dialectik“ behandelt seien.[4]

In seinem Nachruf bezeichnete Eduard Bernstein, der andere „Meisterschüler“, Engels als „Träger und Dolmetscher der großen Gesichtspunkte unserer Bewegung“. Die Geschichte werde ihn „den Mitbegründer des modernen wissenschaftlichen Sozialismus“ nennen und ihm die „gebührende Stelle neben Karl Marx anweisen, die er sich bescheiden stets verweigert hat“.[5]

Ohne Engels hätte es keinen „Marxismus“ gegeben,[6] denn er hat mit der Publikation von *Kapital*, Band 2 und 3 aus den nachgelassenen Manuskripten von Marx dessen Hauptwerk zum Abschluss gebracht[7] und mit den Neuausgaben diverser älterer Schriften ein erstes Corpus Marx'scher Texte konstituiert.[8] Er stellte ihnen zugleich historisierende wie aktualisierende Vorworte voran, die dann als authentische Inter-

← **Weltgeschichte:** Die Communisten, 1848.

pretationen die Wirkungsgeschichte entscheidend geprägt haben.[9] Engels hat ferner mehrere Monate darauf verwendet, den von dem Nationalökonomen Lujo Brentano nach fast zwanzig Jahren aus durchsichtigen politischen Gründen neu aufgelegten Vorwurf, Marx habe im *Kapital* ein Zitat verfälscht, in einer Broschüre von 75 Seiten, *In Sachen Brentano contra Marx wegen angeblicher Zitatfälschung. Geschichtserzählung und Dokumente* (1891), zu zerpflücken.[10]

Ob Engels mit seinen eigenen Schriften „Böcke" geschossen hat, ob seine Ausdehnung des Geltungsbereichs der Marx'schen Theorie auf tendenziell alle Wissenschaftsgebiete (*Anti-Dühring*) oder der „materialistischen Geschichtsauffassung" (ein von Engels geprägter Begriff) auf die gesamte Menschheitsgeschichte (*Der Ursprung der Familie, des Privateigentums und des Staats*, 1884) noch „Marxismus" oder eher „Engelsismus" waren, ist eine äußerst schwierige Frage, die hier nicht verfolgt werden kann. Im Folgenden geht es um ein spezifisches Genre, biographische Skizzen, mit denen Engels der Öffentlichkeit ein spezifisches Marx-Bild präsentiert hat, das im 20. Jahrhundert aus bekannten politischen Gründen kanonische Bedeutung bekommen hat. Engels hat sich auch hier in der Doppelrolle als publizistischer Vermittler und „Gegnerbekämpfer" gezeigt.

Louis Kugelmann (1828–1902), Arzt in Hannover, 1868. Friedrich Engels besuchte 1867 Louis Kugelmann, der in seiner Studienzeit in Göttingen 1851/1854 dem Bund der Kommunisten angehört hatte. Kugelmann setzte sich für die Verbreitung des ‚Kapitals' ein und stand mit der Familie Marx in Kontakt.

ÖFFENTLICHKEITSARBEIT

Nach Erscheinen von *Kapital*, Band 1, 1867 hat der Marx-Freund und Bewunderer Ludwig (Louis) Kugelmann (im Verein mit Engels' Verwandtem Carl Siebel) alle möglichen Anstrengungen unternommen, um dem vermeintlichen Totschweigen des Werkes durch Rezensionen in bürgerlichen Blättern zu begegnen. Da dies zunächst nicht gelang, sprang Engels ein. Von ihm verfasste (anonyme) Besprechungen, in denen er sich den Anschein eines bürgerlichen Kritikers gab, konnten in verschiedenen Versionen in neun deutschen Zeitungen untergebracht werden.[11] Der Tenor war immer: Marx hat der sozialistischen Bewegung die theoretische Grundlage geliefert, was Vorgängern wie Proudhon oder Lassalle nicht gelungen ist; Marx hat in der Analyse des Kapitalismus geleistet, wozu bürgerliche Ökonomen unfähig sind, damit zugleich der deutschen Wissenschaft auch auf diesem Gebiet den Spitzenplatz beschert.

In Fortsetzung dieser Kampagne veröffentlichte Engels Mitte 1869 erstmals eine biographische Skizze über Marx, immer noch anonym.[12] Dem war eine längere Vorgeschichte vorausgegangen. Im Januar 1868 hatte Kugelmann an Marx geschrieben, ein in Hannover lebender Autor wolle einen Artikel über Marx in einer populären Zeitschrift veröffentlichen. Marx stellte daraufhin eine Notiz mit den wichtigsten Daten zu seinen Lebensstationen und

Veröffentlichungen zur Verfügung.[13] Geschehen ist zunächst nichts. Im Juli 1868 informierte Kugelmann dann Engels, es gebe eine Chance, einen entsprechenden Text in der *Gartenlaube* – einer Kulturzeitschrift mit beachtlichem Niveau und sehr hoher Auflage – zu veröffentlichen. Engels übernahm das selbst; seine Autorschaft solle nicht bekannt werden.[14] Marx hat Engels' Text gelesen und ihm noch einige Punkte mitgeteilt, die genannt werden sollten.[15] Als dann von der *Gartenlaube* keine Reaktion kam, wandte Kugelmann sich an eine Konkurrenzzeitschrift, *Daheim*, die aber vor einer Veröffentlichungszusage den Text prüfen wollte, da man „die Bedeutung des Dr. Marx als Nationalökonom" nicht einschätzen könne.[16] Marx war verärgert, bedauerte, dass er sich auf etwas eingelassen hatte, was unter seiner Würde als Wissenschaftler sei.[17]

Kugelmann gab nicht auf. Im Sommer 1869 stellte er eine Verbindung zur linksliberalen Berliner Zeitung *Die Zukunft* her. Engels revidierte seinen Text vom Vorjahr noch einmal. Er erschien (anonym) am 11. August 1869. Drei Wochen später hat ihn Wilhelm Liebknecht in dem von ihm redigierten *Demokratischen Wochenblatt* in leicht gekürzter Form nachgedruckt und als „von kompetentester Seite" stammend vorgestellt.

Der Artikel mit der Überschrift „Karl Marx" beginnt mit einem anderen: „Man hat sich in Deutschland daran gewöhnt, in Ferdinand Lassalle den Urheber der deutschen Arbeiterbewegung zu sehen. Und doch ist Nichts unrichtiger". Lassalle habe nur deshalb auf seinen „Triumphzügen [...], um die ihn die Landesfürsten beneiden konnten", die massenhafte Zustimmung des Proletariats erfahren, weil die von ihm verbreiteten Ideen den „Denkenden" unter den Arbeiter seit langem vertraut gewesen seien. Die jüngere Generation wisse kaum noch etwas über die Revolution 1848/49 und die anschließende Zeit der Reaktion bis 1852. Deshalb müsse daran erinnert werden, dass „vor und während der Revolution von 1848 unter den Arbeitern, namentlich Westdeutschlands, eine wohlorganisierte sozialistische Partei bestand, welche zwar nach dem Kölner Kommunistenprozeß [November 1852] auseinanderfiel, deren einzelne Mitglieder aber im Stillen fortfuhren, den Boden zu bereiten, dessen Lassalle sich nachher bemächtigte". Lassalle hätte aufgrund seiner Energie auf jeden Fall eine bedeutende politische Rolle gespielt. „Aber weder war er der ursprüngliche Initiator der deutschen Arbeiterbewegung, noch war er ein origineller Denker. Der ganze Inhalt seiner Schriften war entlehnt, selbst nicht ohne Missverständnisse entlehnt, er hatte einen Vorgänger und einen intellektuellen Vorgesetzten, dessen Dasein er freilich verschwieg, während er seine Schriften vulgarisirte und dieser intellektuelle Vorgänger war Karl Marx".[18]

Marx und Engels hatten Lassalles Aufbau des Ende Mai 1863 gegründeten „Allgemeinen Deutschen Arbeiter Vereins" (ADAV) misstrauisch verfolgt, sich in ihrer privaten Korrespondenz auch zu Schmähtiraden verstiegen, sich gleichwohl in öffentlichen Äußerungen bis zu Lassalles Tod (31. August 1864) ungewöhnlich zurückgehalten, worin sich auch Anerkennung für die organisatorische und agitatorische Leistung Lassalles spiegelte. Als Marx im Vorwort zum *Kapital* 1867 seinen Plagiatsvorwurf gegenüber Lassalle öffentlich machte, war dies noch in relativ verhaltener Form geschehen. Engels wiederholte diesen Vorwurf sicherlich so massiv, um dem nach Lassalles frühem Tod gestifteten und immer noch blühenden „Personenkultus“[19] zu begegnen. Aber Liebknecht (der zuvor[20] wie auch später immer wieder von Marx und Engels Texte zur Bekämpfung des Lassalleanismus anforderte) strich diese Passage. Er fand sie inopportun just nach der Gründung der „Sozialdemokratischen Arbeiterpartei“ (SDAP) in Eisenach (7.–9. August 1869), der sich auch eine Abspaltung des ADAV angeschlossen hatte und die auf weiteren Zugewinn aus deren Reihen setzte.[21] Engels war verärgert; statt den Text zu „kastrieren“, hätte Liebknecht besser auf ihn verzichtet.[22] Worin die herausragende theoretische Leistung von Marx bestand, bleibt vage, auch wenn zu bedenken ist, dass es ein populärer Text sein sollte. Das *Kapital* sei die „politische Oekonomie der herrschenden Klasse, auf ihren wissenschaftlichen Ausdruck reducirt“, aber nicht mit „agitatorischen Phrasen“ (wie bei Lassalle), sondern durch „streng wissenschaftliche Deduktionen“.[23] Das *Kapital* sei auch wichtig für die Darlegung der konkreten Arbeitsverhältnisse in England, einschließlich der Fabrikgesetzgebung mit den Regelungen über Kinder, Frauen- und Nachtarbeit, deshalb „von höchstem Interesse für jeden Industriellen“.[24]

Aufschlussreicher sind die Aussagen zur Biographie,[25] die Marx als Kämpfer für die Pressefreiheit ausweisen, der wiederholt Opfer von Repressalien wurde: das Verbot der *Rheinischen Zeitung* 1843; Marx' Ausweisung aus Frankreich 1845 und aus Belgien 1848, der dann eine Einladung der französischen provisorischen Regierung zur Rückkehr nach Frankreich gefolgt sei,[26] die Lei-

↓ **Ferdinand Lassalle** (1825–1864) Publizist und Gründer der sozialdemokratischen Bewegung, um 1862.

→ **Karl Marx** als Prometheus, 1843. Vermutlich war es der Kölner Grafiker David Levi Elkan, der im Zusammenhang mit dem Verbot der Rheinischen Zeitung den von Marx bevorzugten Gott der antiken Mythologie Prometheus auf die Bühne einer antiken Tragödie stellte. Der mit Ketten an die Druckerpresse der Zeitung gefesselte Marx, dem der aus dem Hintergrund von einem Eichhörnchen – in Anspielung auf den preußischen Kultusminister Friedrich Eichhorn – geführte ‚preußische' Adler Aethon die Leber anfrisst, im Vordergrund der wehklagende Chor der rheinischen Städte, die mit der Zeitung ihr politisches Medium verlieren.

tung der *Neuen Rheinischen Zeitung* (NRhZ) 1848/49, die solchen Gebrauch von der neuen Pressefreiheit gemacht habe, dass die preußischen Behörden nach vergeblichen Versuchen, eine strafrechtliche Verurteilung von Marx herbeizuführen, zum Mittel der Ausweisung gegriffen hätten. Imponierend unverfroren ist die Behauptung, Marx habe sich von den „Streitigkeiten und Zänkereien aller Art" unter den politischen Flüchtlingen in London ferngehalten; sie wirft die Frage auf, warum er der „‚Bestverleumdete' deutsche Schriftsteller" war, der sich aus Notwehr in so viele Polemiken verstricken musste, die ihn – neben seiner ausgeprägten wissenschaftlichen Gewissenhaftigkeit – so lange daran gehindert hätten, mit den Ergebnissen seiner ökonomischen Untersuchungen an die Öffentlichkeit zu treten.[27] Zum Schluss wurde Marx noch als „einer der Gründer" der Internationalen Arbeiter-Assoziation (IAA) vorgestellt, welche eine neue Epoche in der Geschichte der Arbeiterbewegung eröffnet habe.

Karl Marx (1818–1883), 1875.

FORMIERUNG EINES GESCHICHTSBILDES

Das internationale Interesse an der Person von Marx war schlagartig gestiegen, seitdem Marx als Verfasser der Stellungnahme der IAA zur Pariser Kommune (*The Civil War in France*, 1871; deutsche Fassung von Engels) bekannt geworden war und seine Kombination aus Apotheose und Leichenrede von Regierungen und in der Presse als Beleg dafür genommen wurde, dass er das Haupt einer international agierenden Organisation mit großer Schlag- und Finanzkraft sei. Engels sammelte deshalb weiter Material zur Biographie von Marx. Einiges ging schon in eine erweiterte französische Fassung seiner Skizze von 1869 ein, die im November 1871 (anonym) in einer französischen Zeitschrift veröffentlicht worden ist;[28] noch stärker wurde die Rolle von Marx in der IAA in einer weiteren französischen Fassung hervorgehoben, die unter Pseudonym im Herbst 1873 erschienen ist.[29] Die letzte biographische Arbeit, die Engels zu Lebzeiten von Marx veröffentlichte,[30] erschien – namentlich gezeichnet – im August 1877 im *Volks-Kalender* (für das Jahr 1878), der vom Braunschweiger Verleger Wilhelm Bracke herausgegeben wurde. Bracke war führender Repräsentant der SDAP und einer der wenigen sozialdemokratischen Politiker, die sich ernsthaft mit dem *Kapital* beschäftigt hatten. Seit 1869 stand er in Briefkontakt mit Marx und Engels. Bracke hatte nun Engels um einen Artikel gebeten, der neben kurzen biographischen Angaben die politische und wissenschaftliche Tätigkeit von Marx in allgemeinverständlicher Form darstellen solle.

Im Vergleich zum Text von 1869 fällt auf, dass Engels einerseits auf die Polemik gegen Lassalle(anismus) verzichtet, andererseits die wichtigsten wissenschaftlichen Erkenntnisse von Marx darstellt. Der biographische Teil erscheint in angereicherter Form. Auf Erzählungen von Marx dürfte zurückgehen, wie dieser bei der *Rheinischen Zeitung* die Zensoren überlistet hat.[31] Die politisch-publizistischen Aktivitäten von Marx werden insgesamt ausführlicher dargestellt, wobei die „Fakten" mit spezifischen Bewertungen präsentiert werden.[32] Herausgegriffen seien die Passagen, in denen Engels die historische Bedeutung von Marx herausstellt. Marx und „seine politischen Freunde" hätten mit der Umgestaltung des Bundes der Kommunisten (BdK) 1847 aus einer „mehr oder weniger konspirativen Verbindung" in eine „nur nothgedrungen geheime Organisation der kommunistischen Propaganda" tatsächlich „die *erste* Organisation der deutschen sozialdemokratischen Partei" geschaffen.[33] Die eigentliche Wirksamkeit des Bundes habe darin bestand, dass er die deutschen Arbeitervereine in England, Belgien, Frankreich und der Schweiz dominierte und dass er durch die Mitgliedschaft von Angehörigen diverser Nationalitäten die erste Organisation gewesen sei, „die den internationalen Charakter der gesammten Arbeiterbewegung hervorhob und auch praktisch bethätigte".[34] Damit wurde der BdK indirekt zum Vorbild für die IAA erklärt. Die *Neue Rheinische Zeitung* sei das „einzige Blatt" gewesen, „das innerhalb der damaligen demokratischen Bewegung den Standpunkt des Proletariats vertrat, und zwar schon durch seine rückhaltlose Parteinahme für die pariser Juni-Insurgenten von 1848, die dem Blatt fast seine sämmtlichen Aktionäre abtrünnig machte".[35] Den Satz könnte man auch gegen den Strich lesen, dass sich nämlich die Zeitung für die Anfänge der Arbeiterbewegung in Deutschland kaum interessiert hat.

Engels hat keine Scheu, Marx als den eigentlichen Gründer der IAA vorzustellen, formuliert aber so geschickt, dass dies zwar suggeriert, aber nicht evident tatsachenwidrig behauptet wird. „Die Gründung einer die fortgeschrittensten Länder Europa's und Amerika's umfassenden Arbeiter-Assoziation, die den internationalen Charakter der sozialistischen Bewegung [...] sozusagen leiblich vorführen sollte", sei der „langgehegte Wunsch" von Marx gewesen, der auf der Londoner Gründungsversammlung am 28. September 1864 mit Begeisterung aufgenommen worden sei.[36] Dass die Initiative dazu von französischen und englischen Vereinen und Gewerkschaften ausgegangen (erstmals 1862) und Marx erst verspätet zur Gründungsversammlung eingeladen worden war und dort auch nicht gesprochen hatte, wird großzügig übergangen. Dass Marx die „Seele" des Generalrats gewesen sei, weil er alle wichtigen Dokumente verfasst habe, ist leicht, dass dessen Aktivität in der IAA mit der „Geschichte dieser Association selbst" identisch sei, deutlich übertrieben.[37] Engels rechtfertigt die – „damals und

Michail Alexandrowitsch Bakunin (1814–1876), um 1863.

seitdem oft getadelten" – Entscheidungen des Haager Kongresses der IAA (Anfang September 1872), die auf einen „heroischen Entschluß" von Marx zurückgingen, nämlich erstens den Generalrat nach New York zu verlegen und zweitens die Bakunisten auszuschließen.[38] Angesichts der Repressionen nach dem Ende der Pariser Kommune, die sich wegen putschistischer Aktivitäten der Bakunisten noch gesteigert hätten, sei dies die einzige Möglichkeit gewesen, unnötige Opfer zu vermeiden und die internationale Solidarität des Proletariats auch ohne eine, durch die Zeitumstände obsolet gewordene Organisationsform zu erhalten. Dass Engels hier nicht auf die dubiosen Methoden eingeht, mit der Marx und er selbst diese Entscheidungen herbeigeführt hatten, kann nicht überraschen. Neu war in dieser Skizze, dass Engels die „Entdeckungen" würdigte, „mit denen Marx seinen Namen in die Geschichte der Wissenschaft eingeschrieben" und den „modernen wissenschaftlichen Sozialismus" begründet habe. Er charakterisierte zum einen die von Marx „vollzogene Umwälzung in der gesammten Auffassung der Weltgeschichte", d. h. das Verständnis der Weltgeschichte als einer Abfolge von Klassenkämpfen, und zum anderen, dass Marx als erster erklärt habe, wie im Kapitalismus die Ausbeutung auf der Abschöpfung des Mehrwerts der vom Arbeiter verkauften Arbeitskraft basiere.[39] Diese Ausführungen berühren sich eng mit den Darstellungen der Marx'schen Lehre, die Engels im *Anti-Dühring* geboten hat, eine Artikelfolge, an der er damals gerade arbeitete. Die Veröffentlichung im *Volks-Kalender* war höchst wirkungsvoll; zum einen, weil dies ein populäres Medium war; im Oktober 1877 konnte Bracke schon den Absatz von 20000 Exemplaren melden; zum anderen lag dies in der Langzeitwirkung begründet. Viele Nachrufe auf Marx 1883 stützten sich auf Engels' Text; das galt ungeachtet der Anreicherungen durch eigene Erinnerungen auch für die Würdigungen durch Marx' Tochter Eleanor, den Schwiegersohn Paul Lafargue und Weggefährten wie Wilhelm Liebknecht und Friedrich Leßner. Da sich schließlich noch Lenin auf diesen Text von Engels stützte, hat er in der späteren Marx-Orthodoxie kanonischen Status bekommen.[40]

In seiner Grabrede für Marx, die in der (in der Schweiz verlegten, illegal nach Deutschland vertriebenen) Parteizeitung *Der Sozialdemokrat* am 22. März 1883 abgedruckt wurde,[41] hat

Engels die Doppelrolle von Marx als Wissenschaftler und Revolutionär betont, wobei er das von Marx „entdeckte […] Entwicklungsgesetz der menschlichen Geschichte“ mit Darwins „Gesetz der Entwicklung der organischen Natur“ auf die gleiche Stufe stellte.[42] In einem am 3. Mai an gleicher Stelle publizierten Beitrag schilderte er, um in der Presse kursierenden Fehlmeldungen entgegenzutreten, die letzten, von Krankheit gezeichneten Lebensmonate von Marx und die Umstände seines Todes.[43] Zum Schluss vermeldete er, das Manuskript von *Kapital*, Band 2, sei vollständig erhalten, wenngleich er dessen Druckreife noch nicht beurteilen könne. Weiter teilte er mit, Marx habe durch „mündliche Verfügung […] seine jüngste Tochter Eleanor und mich [Engels] zu seinen literarischen Exekutoren ernannt“.[44]

In einer Fortsetzung (17. Mai 1883) ging Engels zur Attacke auf diejenigen „kleinen Leute“ über, die aus dem „Tod eines großen Mannes […] politisches, literarisches und baares Kapital“ herausschlagen wollten.[45] Das richtet sich zum einen gegen Johann Most, ein zum gewaltbereiten Anarchismus konvertierter ehemaliger sozialdemokratischer Reichstagsabgeordneter, der auf einer Gedenkfeier für Marx in New York für sich reklamiert hatte, das *Kapital* durch eine

↓ **Wladimir Iljitsch Lenin** (1870–1924), Juli 1920.

↑ **Johann Most** (1846–1906), 1886.

Kurzfassung populär gemacht zu haben.[46] Zum anderen griff Engels den jungen italienischen Wissenschaftler Achille Loria an, der Marx nicht nur Zitatverfälschungen vorgeworfen, sondern auch unterstellt hatte, dass dieser nie vorgehabt habe, das *Kapital* fortzusetzen.

ERINNERUNGEN AN DIE 48ER REVOLUTION IN ZEITEN DES SOZIALISTENGESETZES

Engels wollte eine Marx-Biographie oder eine Geschichte der IAA schreiben – beides gehörte für ihn insofern zusammen, als er die Tätigkeit in der IAA als Höhepunkt von Marx' politischer Wirksamkeit betrachtete, und zudem er der einzige sei, der aufgrund eigener Kenntnis die grassierenden Verleumdungen widerlegen könne.[47] Dazu ist Engels nicht gekommen; er hat nur 1884/85 Texte veröffentlicht, die sich auf Marx während der Revolution 1848/49 konzentrieren. Sie entstanden im Kontext einer publizistischen Offensive der Wochenzeitung *Sozialdemokrat* unter der Redaktion von Bernstein, der mit Engels in stetigem Briefkontakt stand, und des ebenfalls in der Schweiz gegründeten Verlags, der Volksbuchhandlung in Hottingen (bei Zürich) unter Leitung von Hermann Schlüter. Man wollte zum ausdauernden Widerstand gegen das Sozialistengesetz mobilisieren, richtete sich damit auch gegen diejenigen Teile der Partei[48] und namentlich der Reichstagsfraktion, die angesichts des Verfolgungsdrucks zu Konzessionen an die Regierung bereit waren.

Bernstein hat zum 1. Todestag von Marx (14. März 1884) bei Engels einen Artikel über „Marx und die Revolution" erbeten und als mögliche Schwerpunkte 1848 oder die Pariser Kommune 1871 genannt. Engels entschied sich für die erste Variante, schrieb über „Marx und die ‚Neue Rheinische Zeitung 1848–49'",[49] vermutlich weil es ihm darum ging, das Beispiel einer kämpferischen Zeitung vorzuführen. Engels gibt einige Informationen zur Geschichte der Zeitung: die handstreichartige Übernahme durch Marx, die Probleme mit den Aktionären, von denen viele wegen der Radikalität des Blattes wieder abgesprungen waren, die Auflagenhöhen, die autoritäre Führung durch Marx („die Verfassung der Redaktion war die einfache Diktatur von Marx"[50]), die als Notwendigkeit für eine Tageszeitung von allen Beteiligten akzeptiert worden sei. Ausführlich wird auch dargelegt, welchen Schutz für die Pressefreiheit das im Rheinland noch geltende französische Recht geboten habe.[51] Abenteuerlich klingt, in der Festungsstadt Köln „mit einer Garnison von

8000 Mann" habe das Militär „wegen der acht Bajonettgewehre und 250 scharfen Pistolen im Redaktionszimmer und der rothen Jakobinermützen der Setzer" keinen Handstreich gegen diese „Festung" unternehmen wollen.[52] Die große Zeitung mit Anspruch auf Wirkung in Deutschland habe die äußerste Linke der demokratischen Bewegung repräsentiert, sei kein „kleines Winkelblättchen" zur Verkündigung des Kommunismus gewesen.[53] Ihr Programm habe aus zwei „Hauptpunkten" bestanden: „Einige, untheilbare, demokratische, deutsche Republik und Krieg mit Rußland, der Wiederherstellung Polens einschloß".[54] Ersteres erforderte die Be-

→ **Die Freie Presse,**
1848.

↑ **Das Heer der Reaktion,** 1848.

kämpfung des „parlamentarischen Kretinismus“[55] der Nationalversammlungen in Frankfurt und Berlin (wobei man von der deutschen von Anfang an nichts erwartet habe, die preußische aber besonders deren linken Flügel, da nicht radikal genug, kritisiert habe); letzteres die Propagierung eines revolutionären Krieges, ohne den es keine Zerschlagung des Habsburgerreiches und Preußens geben konnte. Das ist eine konzise Zusammenfassung der von Marx und Engels in ihren Leitartikeln verfolgten Politik, hinsichtlich des Krieges wohl mit einer Zuspitzung, die über die Wahrnehmung des damaligen Publikums hinausgeht.[56]

Neben der im Frühjahr 1849 immer stärker propagierten Hoffnung auf diesen großen Krieg und auf Volksaufstände in Deutschland habe man sich immer mehr „dem sozialen Ziel unserer Politik“ zugewendet, wie die Artikelserien von Wilhelm Wolff, „Die Schlesische Milliarde“[57], und Marx, „Lohnarbeit und Kapital“[58], sowie die „Abschiedsnummer“ (19. Mai) mit der Proklamation „Emanzipation der arbeitenden Klasse!“ gezeigt habe.[59] Fazit: „Keine deutsche Zeitung, weder vorher noch nachher, hat je die Macht und den Einfluß besessen, hat es verstanden, so die proletarischen Massen zu elektrisiren, wie die Neue Rheinische“ – eine kontrafaktische Behauptung.[60] Während Bernstein im *Sozialdemokrat* kleinere Stücke aus der NRhZ abdruckte,[61] deren aktuelle Relevanz selbstevident sein sollte, wollte Schlüter in einer Schriftenreihe der Volksbuchhandlung („Sozialdemokratischen Bibliothek“) längere ältere Texte wieder veröffentlichen. Er begann mit Marx’ Verteidigungsrede in Köln (8. Februar

1849) gegen eine Anklage wegen des Aufrufs des Kreisausschusses der rheinischen Demokraten zur Steuerverweigerung (15. September 1848).[62] Engels hat auf Schlüters Wunsch ein Vorwort geschrieben.[63] Die Broschüre erschien im Oktober 1885 unter dem Titel: *Karl Marx vor den Kölner Geschwornen*. In dem Prozess, der mit Freispruch für die Angeklagten geendet hatte, hatte Marx die Anklage rhetorisch gegen die preußische Regierung gewendet, die mit dem Vorgehen gegen die preußische Nationalversammlung Rechtsbruch begangen habe. Engels begnügte sich damit, auf die aktuellen Implikationen hinzuweisen: Bekenntnisse zur Legalität von einer Partei zu fordern, die unter Ausnahmerecht gestellt sei, sei „grundkomisch".[64]

Parallel dazu hatte Schlüter den Nachdruck von Marx, *Enthüllungen über der Kommunisten-Prozeß zu Köln*, geplant. Marx hatte in seiner Darstellung des Verfahrens gegen tatsächliche oder vermeintliche Mitglieder des BdK, das im November 1852 (zu seiner und der Öffentlichkeit Überraschung) mit der Verurteilung von sieben (von elf) Angeklagten geendet hatte,[65] die Rechtsbrüche der preußischen Polizei angeprangert, zugleich aber der anderen, von August Willich und Karl Schapper geführten Fraktion des seit September 1850 gespaltenen BdK Zusammenarbeit mit der preußischen Polizei unterstellt. Die Schrift war in Basel und Boston 1853 gedruckt worden, in Deutschland wegen Beschlagnahmungen aber nicht zugänglich gewesen. Ein Nachdruck war 1874/75 erfolgt im Hinblick auf die schon damals (noch vor dem Sozialistengesetz) stattfindenden Repressalien gegen beide sozialdemokratische Parteien. Für die erneute Auflage wurde wieder mit Engels ein Vorwort vereinbart. Er schrieb es Ende September / Anfang Oktober 1885. Es wurde noch im Oktober in drei Folgen im *Sozialdemokrat* veröffentlicht, anschließend in der Buchausgabe, die Anfang 1886 ausgeliefert wurde.

Noch einmal das Offensichtliche hinsichtlich der Parallelen zur Gegenwart zu betonen, hätte wenig Sinn gemacht. Engels schrieb deshalb „Zur Geschichte des ‚Bundes der Kommunisten'".[66] Er begann mit der Vorläuferorganisation, dem „Bund der Gerechten", schilderte

↓ **Der politische Struwelpeter,** 1848.

die Pionierrolle von Wilhelm Weitling (und auch dessen spätere „Exkommunikation"), hob die Rolle der neuen Londoner Führung dieser Organisation (Karl Schapper, Heinrich Bauer, Joseph Moll – die „ersten revolutionären Proletarier, die ich [1843] sah"[67]) hervor und ihre Verhandlungen mit Marx und Engels 1847, die schließlich zur Umgründung in den Bund der Kommunisten geführt hatten, der als erster das Prinzip der Internationalität realisiert habe und dessen Manifest „in fast alle Sprachen" übersetzt worden sei und „noch heute in den verschiedensten Ländern als Leitfaden der proletarischen Bewegung" diene.[68] Er erwähnte die Verlegung der Führung des BdK nach Paris im März 1848 und druckte die Ende dieses Monats aufgestellten (17) „Forderungen der Kommunistischen Partei in Deutschland" ab.[69] Detaillierter als in den früheren Darstellungen begründete er, warum man in Paris die Aufstellung einer Deutschen Legion durch Georg Herwegh bekämpft hatte,[70] und schilderte, wie man in Verhandlungen mit der provisorischen französischen Regierung Unterstützung für die Rückführung „von drei- bis vierhundert Arbeiter[n] nach Deutschland, darunter die große Mehrzahl Bundesglieder" erhalten habe.[71]

Als Organisation habe der BdK nach Rückkehr seiner Mitglieder nach Deutschland keine Rolle spielen können, sich gleichwohl als „eine vorzügliche Schule der revolutionären Thätigkeit" erwiesen. In verschiedenen Regionen hätten Bundesmitglieder an der „Spitze der extrem-demokratischen Bewegung" gestanden.[72] (Zu der folgenden Attacke auf Stephan Born siehe weiter unten).

Höchst erfolgreich sei dagegen die von London seit Ende 1849 ausgehende Reorganisation des BdK in Deutschland gewesen, die ihn innerhalb kürzester Zeit zur „einzige[n] revolutionäre[n] Organisation" werden ließ, „die in Deutschland eine Bedeutung hatte". Aber Marx und Engels hätten dann erkannt, dass die Hoffnung auf eine baldige Revolution völlig illusorisch sei. Ihre Absage an unsinnige Revolutionsmacherei habe zur Spaltung des Bundes geführt. Die andere Fraktion, die sich mit den weiterhin auf Revolution drängenden Kräften der europäischen Emigranten in London verbündete, wurde geführt von Willich, ein „Gemüthskommunist" und „vollständiger Prophet", der von seiner „persönlichen Mission als prädestinirter Befreier des deutschen Proletariats überzeugt, und als solcher direkter Prätendent auf die politische nicht minder als auf die militärische Diktatur" gewesen sei,[73] und Schapper, der seinem „alten Revolutionsdrang" gefolgt sei.[74] Mit den Verhaftungen im Frühjahr 1851 und schließlich dem Kölner Prozess sei alles vorbei gewesen. „Unmittelbar nach der Verurtheilung lösten wir unseren Bund auf; wenige Monate nachher ging auch der Willich-Schapper'sche Sonderbund ein zur ewigen Ruhe".[75]

Engels' Rabulistik ist atemberaubend, erfordert einen ausführlichen Kommentar. Es seien nur wenige Punkte genannt. Engels hebt die „Forderungen der Kommunistischen Partei in Deutschland" hervor, erwähnt aber nicht, dass Marx und er nach der Rückkehr nach Deutschland an deren Propagierung kein Interesse hatten, da dies das Scheitern des Zeitungsprojekts bedeutet hätte, das auf Anwerbung von Aktionären basierte.[76] Die Reorganisation des BdK in Deutschland, um den Marx sich seit seiner Rückkehr nicht mehr gekümmert hatte,[77] ist bereits im November 1848, und zwar gegen den Willen von Marx, in Angriff genommen worden.[78] Was immer Willich über seine Führungsrolle gedacht haben mag, es war Marx gewesen, der ihm Anfang 1851 einen gefälschten Brief mit der Aufforderung zukommen ließ, als Militärdiktator einen Aufstand der rheinischen Landwehr zu leiten, um ihn anschließend damit bloß zustellen.[79] Aber das – und vieles mehr – konnte das damalige Publikum nicht wissen.

Die hämischen Bemerkungen zu Willich sind nicht überraschend, wohl aber die zu Stephan Born, der Marx und Engels 1846–1848 in Brüssel und Paris engagiert unterstützt hatte. Im Anschluss an die Ausführungen zu den Aktivitäten, die Bundesmitglieder 1848 verfolgt hatten, geht Engels länger auf die von Born initiierte „Arbeiterverbrüderung" ein. „Born, ein sehr talentvoller junger Mann, der es aber mit seiner Verwandlung in eine politische Größe etwas zu eilig hatte, ‚verbrüderte' sich mit den verschiedenartigsten Kreti und Plethi, nur um einen Haufen zusammen zu bekommen [...]". Die Organisation habe einen kruden Mischmasch von theoretischen Versatzstücken (*Kommunistisches Manifest*; Proudhon; Louis Blanc) und praktischen Forderungen präsentiert, aber in der entscheidenden Phase im Frühjahr 1849 versagt. Da sie „großentheils nur auf dem Papier bestand", habe es die Reaktion erst 1850 für notwendig gehalten, sie zu verbieten. Born (damals erst 23 Jahre alt) hatte seit April 1848 zunächst in Berlin eine Arbeiterorganisation und seit Herbst die überregional agierende „Allgemeine Deutsche Arbeiterverbrüderung" aus Vereinen und Gewerkschaften aufgebaut, die politische wie soziale Forderungen vertrat und auf Distanz zum Bürgertum ging. Marx bzw. die NRhZ hat Borns Aktivitäten nicht unterstützt, aber auch nicht bekämpft. Nachdem Born Ende Januar 1849 auf einem Heidelberger Kongress auch süddeutsche Vereine für die Arbeiterverbrüderung gewonnen hatte, besuchte er die Familie Marx und die NRhZ-Redaktion; die Begegnung scheint durchaus harmonisch verlaufen zu sein.[80] Als Marx Mitte April 1849 einen Kursschwenk machte und zusammen mit Schapper und anderen seinen Austritt aus dem Verbund der demokratischen Vereine erklärte, schloss sich der Kölner Arbeiterverein sofort der Arbeiterverbrüderung an und wollte Delegierte zu deren geplanten (aber nicht mehr zustande gekommenen) Kongress entsenden.[81]

Die Arbeiterverbrüderung zählte 1849/50 ca. 15000–18 000 Mitglieder.[82] Der BdK hat nie mehr als ein paar Hundert Mitglieder gehabt.[83] In der Arbeiterverbrüderung waren auch viele BdK-Mitglieder engagiert, die aber keine, von einer Zentrale steuerbare „Kader" waren, wie Engels suggeriert,[84] und in ideologischen und pragmatischen Fragen genau jenen Eklektizismus pflegten, den Engels der Arbeiterverbrüderung insgesamt vorwarf.[85] Es sind damals Netzwerke angelegt worden, die Arbeitervereinen ein Überleben auch im Jahrzehnt der Repression seit 1850 ermöglichten, und an die später der ADAV anknüpfen konnte, in dem in der Arbeiterverbrüderung und / oder dem BdK sozialisierte Aktivisten eine wichtige Rolle spielten.

Was war eigentlich in den Augen von Engels der große politische Fehler von Born – sein selbständiges Agieren?[86] Warum Engels sich zu dieser verzerrenden, zudem mit persönlichen Invektiven unterfütterten Darlegung verstiegen hat,[87] ist jedenfalls erklärungsbedürftig. Born war für ihn oder Marx seit langem kein Thema mehr,[88] und Borns Rolle 1848/49 in der Öffentlichkeit weitgehend vergessen. Auf die erste Anfrage von Schlüter hatte Engels geantwortet, er wolle „den alten Lassalleanern" wieder einmal beweisen, dass in Deutschland „auch vor dem großen Ferdinand schon etwas los war".[89] Dass sich die Aggression im fertigen Text nicht mehr gegen Lassalle, sondern gegen Born richtete, folgte anscheinend daraus, dass Engels in der Zwischenzeit das gerade erschienene Buch von Georg Adler über die Anfänge der deutschen Arbeiterbewegung ca. 1840–1850 erhalten hatte. Für Adler war Born „die bedeutendste Persönlichkeit der Berliner und überhaupt der allgemeinen Arbeiter-Bewegung" gewesen, ausgezeichnet durch „vorzügliches Redetalent, durch persönlichen Mut, und durch Energie im Handeln".[90] Zusammenfassend hieß es zu Führern der frühen Arbeiterbewegung: „Neben einem schöpferischen Denker allerersten Ranges wie Karl Marx finden wir bedeutsame Talente wie Friedrich Engels, Wilhelm Weitling, Karl Grün und Born".[91] Engels vermutete, Adlers Informationen gingen auf Born selbst zurück, deshalb müsse Born nun Prügel bekommen.[92]

Das galt auch für Adler. Engels übergab sein mit Randnotizen versehenes Exemplar von Adlers Buch an Karl Kautsky, der eine Rezension schrieb,[93] in der er mit kleinlicher Detailkritik – wie Nennung von Datierungsfehlern,[94] die Engels ebenso unterlaufen sind[95] – nachweisen wollte, dass Adler keine Ahnung habe. Kautsky verließ sich allein auf Engels' Notizen und Hinweise,[96] wobei (wohl beiden) peinliche Schnitzer unterliefen.[97] Kautsky hatte nur insofern recht, als Adler seine Quellen oft unkritisch ausgeschrieben hatte. Aber das von Adler präsentierte Material, das u. a. auf der Auswertung einer Vielzahl weitgehend verschollener Zeitschriften und Dokumente beruhte,[98] war für damalige Verhältnisse überwältigend. Wenn sich Engels' Hoffnung erfüllt hätte, „das von Marx und mir gesammelte reichhaltige Material zur Geschichte jener ruhmvollen Jugendzeit der internationalen Arbeiterbewegung [1836–1852] einmal zu verarbeiten",[99] hätte er gewiss auch auf Adler zurückgreifen müssen.[100] Aber Adler hatte sich in den Augen von Engels und Kautsky schon zuvor dadurch „disqualifiziert", dass er zu jenen gehörte, die Karl Rodbertus für den Begründer des wissenschaftlichen Sozialismus hielten.[101] Engels' Attacke auf Born hatte den nichtintendierten Effekt, die in Vergessenheit geratene Arbeiterverbrüderung wieder in Erinnerung zu rufen. Franz Mehring hat dies 1897 getan und die Kritik von Engels an Born stark relativiert,[102] was wiederum diesen dazu motivierte, seine Memoiren aufzuschreiben (kurz vor seinem Tod 1898). Diese wurden auch zu einer Quelle für die Jahre von Marx und Engels in Brüssel und Paris – auch mit Fehlinformationen, sei es aufgrund von Gedächtnisfehlern, sei es als „Revanchefouls".[103]

NÜCHTERNE BILANZ – MIT FEHLERN

Die letzte Skizze über Marx schrieb Engels Ende 1892 für das *Handwörterbuch der Staatswissenschaften* auf Anforderung des Herausgebers Ludwig Elster.[104] Engels erstellte ein Schriftenverzeichnis[105] und schrieb einen insgesamt nüchternen Vorspann.[106] Anscheinend hatte er damit gerechnet, dass der Herausgeber daraus nur wenige biographische Daten zusammenstellen werde, so wie es zuvor bei dem Eintrag zu Engels selbst geschehen war.[107] Jedenfalls war Engels überrascht, dass sein „ganz in unserem Sinn" geschriebener Text, abgesehen von der „Auslassung einiger gar zu unbürgerlicher Stellen" abgedruckt wurde.[108] Leider sind die gestrichenen Passagen nicht bekannt.

Der Text, der auch in der Parteizeitung *Vorwärts* nachgedruckt wurde und bald darauf in diversen Übersetzungen erschien (aus Anlass des 10. Todestages von Marx, 14. März 1893), enthielt neue Informationen. Zum einen lüftete Engels hier erstmals das bis dahin streng gehütete Geheimnis, dass er als Ghostwriter einen Teil der Artikel von Marx für die *New York Tribune* in den 1850er Jahren verfasst hatte: „Die militärischen Aufsätze darunter, über den Krimkrieg, die indische Rebellion etc., sind von Engels".[109] Zum anderen teilte er Erkenntnisse auf Grund seiner Arbeit an den hinterlassenen Papieren von Marx mit, nämlich, dass dieser nach Publikation von *Zur Kritik der politischen Ökonomie* (1859) die Unzulänglichkeit dieses Buches erkannt habe und sofort an eine Neubearbeitung statt eine Fortsetzung gegangen sei und dass er im Hinblick auf Band 3 des *Kapitals* (dessen Erscheinen Engels hier für 1893 ankündigte) umfangreiche Studien zu „Urgeschichte, Agronomie, russische und amerikanische Grundbesitzverhältnisse, Geologie" vorgenommen habe.[110]

Die Rolle von Marx als „Begründer" der IAA wird relativiert: „Viele, namentlich Franzosen, haben sich den Ruhm angemaßt, als Gründer dieser Association zu gelten. Es ist selbstredend, dass so etwas nicht von einem allein gegründet werden kann". Aber Marx sei der einzige gewesen, „der sich klar war über das, was zu geschehen hatte, und was zu gründen war".[111] Marx habe französische Proudhonisten, deutsche Kommunisten und englische Gewerkschafter zusammenführen können, nur dass diese „Harmonie" durch die „Anarchisten unter Bakunin" gestört worden sei. Engels' Text schloss mit der Feststellung, die meisten der über Marx erschienenen biographischen Arbeiten wimmelten von Irrtümern.[112] „Authentisch" sei allein die von ihm selbst in Brackes *Volks-Kalender* publizierte Darstellung. Das war ein „Eigentor", denn sein jetzt vorliegender Text wies evidente Fehler auf: Marx habe 1841 in Berlin promoviert (statt: in Jena *in absentia*; aber Engels nennt hier das Thema der Dissertation zur antiken Naturphilosophie[113]); die *Rheinische Zeitung* sei einer dreifachen (statt: doppelten) Zensur unterworfen worden; ihr Verbot mit Wirkung zum 31. März 1843 sei am 1. Januar 1843 (statt: 20. bzw. 24. Januar) erfolgt und Marx sei an diesem Tag (statt: 17. März) aus der Redaktion ausgeschieden. Engels hatte offensichtlich aus dem Gedächtnis geschrieben[114] und seinen eigenen Text von 1877 entweder nicht zur Hand[115] oder nicht mehr nachgesehen, in dem jedenfalls die Zensurmaßnahmen gegen die *Rheinische Zeitung* auf Grund einer Mitteilung von Marx richtig dargestellt worden waren.[116]

RESÜMEE

Engels schrieb die hier diskutierten Texte meistens in kurzer Zeit und verließ sich oft auf sein Gedächtnis, was Fehler im Detail nach sich zog, die dann in späterer Literatur fortgeschleppt worden sind. Er schrieb im Hinblick auf jeweils aktuelle Konstellationen mit dezidierten politischen Intentionen und mit der polemischen Verve gegen alte und neue Gegner, die auch für seine politische Publizistik charakteristisch ist. Wann die Erwähnung, Anreicherung mit oder Weglassung von Details mit gezielten Absichten verbunden oder zufällig war, lässt sich oft nicht feststellen. Das Ziel der Darstellung ist aber immer klar: Marx ist nicht nur der Begründer des „wissenschaftlichen Sozialismus" (eine Formel von Engels), sondern auch der modernen deutschen wie internationalen Arbeiterbewegung. Seine politischen Entscheidungen, inklusive Gründungen und Auflösungen von Institutionen, entsprachen immer den Notwendigkeiten in einer bestimm-

Pjotr Beloussow, Lenin mit Delegierten des III. Komsomol-Kongresses 1920, 1949.

ten historischen Konstellation, was von Zeitgenossen oft verkannt wurde, sich aber durch den Gang der Geschichte bestätigt hat.

Engels beanspruchte nicht nur das Deutungsmonopol über Marx, sondern auch über die Geschichte der sozialistischen Bewegung, wie sich auch in verschiedenen Gedenkartikeln und Nachrufen auf zeitweilige Weggefährten von Marx und Engels zeigt, die jeweils ein selektives Bild zeichnen, pointierte Einschätzungen liefern und frühere Differenzen zugunsten einer Vereinnahmungsstrategie weglassen.[117] Die von Engels wiederholt beklagte Unkenntnis der jüngeren Generation über die frühe Arbeiterbewegung hatte im Zeitpunkt der Publikation seiner Texte den Vorteil, dass es kaum jemand gab, der seine Aussagen kontrollieren konnte, obwohl er vieles gar nicht als Zeitzeuge (der aber bekanntlich nicht für Authentizität bürgt) erlebt hatte, und über vieles auch nicht informiert sein konnte.[118] Aber Engels hat auch alte Sozia listen aufgefordert, ihre Erinnerungen aufzuschreiben beziehungsweise die in ihrem Besitz befindlichen Materialien für die Nachwelt zu sichern.[119] Das hatte dann auf (sehr) lange Sicht auch den Effekt, dass die Deutungshoheit von Engels gebrochen werden konnte.

Seine Verfügung, dass sein Briefwechsel mit Marx veröffentlicht werde, hat bewirkt, dass vieles bekannt wurde, was seinem „offiziellen" Marx-Bild widersprach. Als nach jahrelangen persönlichen und politischen Querelen ab 1910 dieser, Bernstein und Bebel vermachte Briefwechsel erschlossen wurde, waren alle, die ihn erstmals lesen konnten, entsetzt über die vulgäre Sprache, die maßlosen Attacken auf „Parteifreunde" (Liebknecht; Lassalle), die verstörenden Einblicke in die Schmutzkampagnen im Emigrantenmilieu, von denen sich Marx mitnichten ferngehalten hatte, so dass Überlegungen aufkamen, auf eine Publikation lieber zu verzichten. Schließlich entschied man sich für eine „gesäuberte" Ausgabe (erschienen 1913).[120] Entscheidend waren letztlich die Marx-Engels-Gesamtausgaben, namentlich die „neue MEGA" (seit 1975), in die auch die Briefe an Marx und Engels aufgenommen wurden, die vor allem durch das von Engels in seiner Zeit in Manchester gepflegte „Parteiarchiv"[121] erhalten sind. Solange diese Edition unter der Ägide der Parteiinstitute in Moskau und Ostberlin stand, wurden zwar in den Einleitungen die Urteile von Engels (und Marx) reproduziert, zumal wenn sie von Lenin approbiert worden waren, aber auch schon in den Sachapparaten der Bände vor 1990 war, wenn auch in unterschiedlicher Deutlichkeit, das subversive Potential der Quellen erkennbar.[122]

FRIEDRICH ENGELS, VICTOR ADLER UND DER AUSTROMARXISMUS

GÜNTHER CHALOUPEK

ENGELS UND DIE EUROPÄISCHE SOZIALDEMOKRATIE

In den zwölf Jahren, um die er Karl Marx überlebte, sah Friedrich Engels seine Rolle als Hüter und authentischer Interpret von Marx's theoretischem und politischem Vermächtnis. Neben der Herausgabe der unpublizierten Teile des *Kapital* besorgte Engels die Wiederveröffentlichung älterer Marx'scher und eigener Schriften, die er mit neuen Vorworten versah, in denen er die seit ihrem ersten Erscheinen eingetretenen Veränderungen und auch in der Folge offenkundig gewordenen Fehleinschätzungen kommentierte.

Diese Zeit war gleichzeitig eine Periode des kräftigen Wachstums sozialdemokratischer Parteien auf dem europäischen Kontinent. Während die erste Organisation der sozialistischen Bewegung in Form der ersten Internationalen Arbeiterassoziation 1876 gescheitert war, konstituierte sich die Bewegung neu in Form von nationalstaatlich organisierten Arbeiterparteien, die dadurch zum politischen Machtfaktor und vom Bürgertum zunehmend als Bedrohung empfunden wurden.

Engels' Bedeutung für das Wachstum der europäischen Sozialdemokratie in dieser Zeit ist kaum zu überschätzen. Er unterhielt eine umfangreiche Korrespondenz mit Funktionären der Parteien in fast allen Ländern Europas, von denen er viele auch zu Besuchen in seinem Heim in London empfing. Stärker involviert wurde er – von England abgesehen, das zu seiner Enttäuschung im Aufbau einer marxistisch orientierten

← **Viktor Adler** (1852–1918), Arzt und sozialdemokratischer Politiker, um 1910. Nach dem Studium der Chemie und Medizin in Wien war er als Armen- und Nervenarzt tätig. Als Gründer und Redakteur der ‚Gleichheit' und der ‚Arbeiter-Zeitung' wurde er zur zentralen Persönlichkeit der österreichischen Sozialdemokratie. Mit seiner liberalen und gemäßigten Haltung stellte er in menschlich gewinnender Art den Ausgleich zwischen den widerstreitenden Parteiflügeln her. Als „Hofrat der Nation" war er Anfang November als Staatssekretär des Äußeren der ersten Regierung der Republik Österreich nominiert, deren offizielle Proklamation am 12. November 1918 er aber nicht mehr erlebte.

Arbeiterpartei lange Zeit hinter dem Kontinent zurückgeblieben war – in die Angelegenheiten der französischen Sozialisten und der deutschen Sozialdemokraten. Allzu nachdrückliche Interventionen vermeidend, versuchte er doch, die Parteien auf den seiner Ansicht nach richtigen Kurs zu bringen. Dabei war es unvermeidlich, dass er auch in Konflikte zwischen den Parteien (v. a. Frankreichs und Deutschlands) und innerhalb der Parteien hineingezogen wurde. Besonders in Deutschland griff er immer wieder in innerparteiliche Diskussionen der Parteiführung mit reformistischen „Abweichlern" ein.

Der österreichischen Sozialdemokratie hat Engels erst relativ spät seine Aufmerksamkeit zugewendet. Es ist anzunehmen, dass er von seinem engsten politischen Mitkämpfer Karl Kautsky, der aus Österreich stammte und in der Zeit der inneren Zerrissenheit der Bewegung vor dem Einigungsparteitag 1888/89 sich dort aktiv betätigt hatte, über die Verhältnisse informiert worden ist. Ein intensiver Kontakt entstand nach der Neugründung durch Victor Adler, den Engels bald außerordentlich schätzen lernte, und mit dem ihn eine tiefe, gleichermaßen politische wie persönliche Freundschaft verband. Engels nahm an der raschen Entwicklung der Partei intensiv Anteil, darüber hinaus ließ er der Partei und ihrem Vorsitzenden manche finanzielle Unterstützung zukommen. Das Verhältnis blieb bis zum Schluss frei von jeder Trübung, weil Engels volles Vertrauen zur Parteiführung hatte und er die Partei auf dem richtigen „Weg zum Sozialismus" sah.

DER WEG ZUM SOZIALISMUS

Im Verständnis des „wissenschaftlichen" – im Gegensatz zum „utopischen" – Sozialismus ist die Überwindung des Kapitalismus eine Folge von dessen inhärenter Entwicklung, die als langfristiger, sich mit unwiderstehlicher Notwendigkeit vollziehender Prozess gesehen wird. Der progressiven Entfaltung der Produktivkräfte entspringen innere Widersprüche im Kapitalismus, die „nach ihrer Erlösung von ihrer Eigenschaft als Kapital, nach tatsächlicher Anerkennung ihres Charakters als Produktivkräfte [drängen]"[1]. Die gesellschaftlich-politische Kraft, welche diese Transformation vollzieht, ist das Proletariat, welches als Folge der kapitalistischen Entwicklung zur Bevölkerungsmajorität und als organisierte politische Bewegung in die Lage versetzt wird, die Macht im kapitalistischen Staat zu übernehmen. Ob die Machtübernahme durch demokratische Willensbildung oder im Zuge einer finalen „Krise" vonstatten geht, bleibt dabei offen.

Das Kommunistische Manifest spricht davon, dass „der erste Schritt in der Arbeiterrevolution die Erhebung des Proletariats zur herrschenden Klasse, die Erkämpfung der Demokratie ist."[2] Das weitgehende Scheitern der bürgerlichen 1848er Revolution brachte zunächst einen Rückschlag bei diesem Bestreben. Mit der zunehmenden Verbreitung des allgemeinen Wahlrechts für die männliche Bevölkerung bzw. dessen Ausdehnung auf größere Bevölkerungskreise eröffnete sich für die sozialdemokratischen Parteien eine erfolgversprechende Perspektive, in einem Zeitraum von einigen Generationen die Macht im Staat zu übernehmen, und bereits auf dem Weg dahin Kernforderungen wie die Einführung des Achtstundentages durchzusetzen. Darauf konzentrierten sich die polit-strategischen Überlegungen von Friedrich Engels, auf denen seine Empfehlungen an die sozialdemokratischen Parteien basierten.

Nicht „mit einem Schlag" können die Sozialisten den Sieg erringen, sondern nur „in hartem, zähem Kampf von Position zu Position langsam vordringen."[3] „Die Zeit der Überrumpelungen, der von kleinen bewussten Minoritäten durchgeführten Revolutionen ist vorbei ... Wo es sich um die vollständige Umgestaltung der gesellschaftlichen Organisation handelt, da müssen die Massen selbst mit dabei sein."[4] Als beispielhaft galt Engels die deutsche Sozialdemokratie „als die stärkste, die disziplinierteste, die am raschesten anschwellende sozialistische Partei", die den Schwesterparteien in andern Ländern zeigte, „wie man das allgemeine Wahlrecht gebraucht."[5] Engels extrapolierte die Zunahme des Stimmen- und Mandatsanteils der SPD bei den Reichstagswahlen, der bis 1894 auf ein Viertel angestiegen war, in die Zukunft und sah die Erlangung der parlamentarischen Mehrheit nicht mehr in weiter Ferne, sondern durchaus in Reichweite gerückt. Die stetige Steigerung des Stimmenanteils ist dabei nicht Selbstzweck, sondern Mittel dazu, das Klassenbewusstsein der Arbeiterschaft zu stärken, damit die Kampfkraft zu steigern, immer gerichtet auf das näher rückende Endziel der sozialistischen Gesellschaftsordnung.

Als kontraproduktiv verfiel daher jede Form des „anarchistischen" Terrors dem strikten Verdikt von Engels. Attentate, Verschwörungen böten nur der Bourgeoisie einen Anlass für Polizeimaßnahmen oder sogar für putschartiges Vorgehen.[6] Engels warnte besonders davor, im Kampf um die Eroberung der Macht auf gewaltsame Rebellion und Straßenkampf zu setzen. Wenn ihm „die Rebellion alten Stils" schon 1848 veraltet erschien, so waren durch die Weiterentwicklung der Waffentechnik und der Militärlogistik seither „auf Seiten des Insurgenten alle Bedingungen schlechter geworden". Daher sollte sich das Proletariat nicht von der um seine Herrschaft fürchtenden Bourgeoisie provozieren lassen, sich „auf die Straße begeben, wo wir der Niederlage im Voraus gewiss sind."[7]

In den parlamentarischen Auseinandersetzungen über einzelne Fragen der Wirtschafts- und Sozialpolitik sollten die Sozialdemokraten im Parlament alle Maßnahmen unterstützen oder nicht behindern, welche die Liquidierung feudaler Strukturen und die Verminderung der selbstständigen kleinbürgerlichen oder bäuerlichen Bevölkerungsschichten beschleunigen, wie z. B. Abschaffung von agrarischen Schutzzöllen. Je schneller sich der Kapitalismus zu seiner reinen Form entwickelt, umso rascher steigt der Bevölkerungsanteil des Proletariats, und damit die politische Machtbasis der Sozialdemokratie. Energisch widersprach Engels allen reformistischen und „staatssozialistischen" Tendenzen in der SPD.

Als auslösender Faktor für eine Machtübernahme des Proletariats spielt die zunehmende Instabilität der kapitalistischen Wirtschaft und Gesellschaft eine wichtige Rolle. Marx unterstellte als „geschichtliche Tendenz der kapitalistischen Akkumulation"[8] periodisch wiederkehrende Wirtschaftskrisen mit einer Tendenz zur Verschärfung. Mit zunehmender Kapitalakkumulation bekommen immer breitere Bevölkerungsschichten und immer mehr Länder ihre Folgen zu spüren, es kommt zu einer wachsenden Polarisierung zwischen Macht und Reichtum auf Seiten des Kapitals und Elend und Unsicherheit auf Seiten der Arbeiter, es „wächst die Masse des Elends, des Drucks, der Knechtschaft, der Entartung, der Ausbeutung, aber auch die Empörung der stets anschwellenden und durch den Mechanismus des kapitalistischen Produktionsprozesses selbst geschulten, vereinten und organisierten Arbeiterklasse." Angetrieben wird dieser Prozess durch den tendenziellen Fall der Profitrate. Große Teile des dritten Bandes des *Kapital* sind dem Nachweis eines „Gesetzes des tendenziellen Falls der Profitrate gewidmet, ohne dass Marx diesen Beweis erbringen konnte."[9]

Bei Engels erscheint die These von der Verschärfung der periodisch wiederkehrenden Krisen nur mehr in abgeschwächter Form im *Anti-Dühring* (erstmals erschienen 1878).[10] Im Abstand von etwa zehn Jahren wird immer wieder der Punkt erreicht, an dem „der gesamte Mechanismus der kapitalistischen Produktionsweise versagt unter dem Druck der von ihr selbst erzeugten Produktivkräfte. Sie kann diese Masse von Produktionsmitteln nicht mehr alle in Kapital verwandeln. ... Aber der Überfluss wird Quelle der Not und des Mangels." Während diese Situation bei Marx als revolutionär dargestellt wird, ohne allerdings dort das Wort Revolution zu verwenden, decken bei Engels „die Krisen die Unfähigkeit der Bourgeoisie zur ferneren Verwaltung der Produktivkräfte auf". Immer mehr übernimmt die Kapitalgesellschaft die Funktion des privaten Eigentümers, eine Form, die vom Staat geschaffen ist, der immer mehr Funktionen als Organisator der kapitalistischen Wirtschaft übernimmt und dadurch zum „ideellen Gesamtkapitalisten" wird. Hier ist der Punkt, wo das Proletariat die Staatsgewalt ergreift.

Engels hatte wenig Interesse an analytisch-theoretischen Fragen des Akkumulationsprozesses und des Krisenmechanismus, mit denen sich Marx mit großer Intensität in den von Engels nach dessen Tod herausgegebenen Bänden des *Kapital* auseinandersetzte. Engels ging es mehr um die politisch-strategische Frage der Eroberung der Staatsgewalt durch das Proletariat.

Kurze Geschichte der sozialistischen Bewegung in Österreich bis zum Einigungsparteitag 1888/89

In Österreich erfolgten die ersten Initiativen zur Gründung einer sozialdemokratischen Parteiorganisation nur wenig später als in Deutschland. Nach 1867 bildeten sich in rascher Folge Arbeiterbildungsvereine. Die Repression setzte in Österreich deutlich früher ein als in Deutschland durch Bismarcks Sozialistengesetz 1878. Nach einer Massendemonstration im Dezember 1869 wurden die führenden Funktionäre eingekerkert und die Arbeiterbildungsvereine verboten, ein vernichtender Schlag, der die Bewegung gegenüber der deutschen um zwanzig Jahre zurückwarf. Während in Deutschland die zwei unterschiedlichen Strömungen der Lassalleaner und Eisenacher am Gothaer Parteitag 1875 zusammenfanden und als Partei im Parlament geschlossen auftraten, kam es in Österreich zu heftigen Richtungskämpfen der versprengten Reste, einem Kampf zwischen „Gemäßigten" und „Radikalen". In dieser verfahrenen Situation trat Victor Adler 1886 in die sozialdemokratische Bewegung ein und widmete sich mit aller persönlichen Energie der Überwindung der Richtungskämpfe. Tatsächlich gelang es Adler, in kaum drei Jahren die widerstreitenden Flügel auf dem Einigungsparteitag an der Jahreswende 1888/89 („Hainfelder Parteitag") auf der Grundlage des neuen, nahezu einstimmig beschlossenen „Hainfelder Programmes" zusammenzuführen.

Victor Adler (1852–1918)[11] stammte aus einer ursprünglich in Prag ansässigen bürgerlichen jüdischen Familie. Nach der Übersiedlung nach Wien Mitte der 50er Jahre erwarb Adlers Vater mit Immobilien- und Geldgeschäften ein beträchtliches Vermögen. Victor verbrachte seine Kindheit und Schulzeit bereits in der Hauptstadt. An der Universität schloss er sein Studium der Medizin 1876 ab und bildete sich in der Psychiatrie weiter. Danach etablierte er sich als Psychiater und Nervenarzt, seine Ordination befand sich zuletzt an der Adresse Berggasse 19.[12] Seine Wahl der Spezialisierung im medizinischen Fach deutet darauf hin, dass Adler stark an den sozialen Aufgaben seines Berufs interessiert war.

Adler engagierte sich politisch zuerst in der liberalen Partei der „Deutsch-Fortschrittlichen". In Kontakt zur sozialdemokratischen Arbeiterbewegung kam Adler erstmals 1881 durch Vermittlung des ebenfalls aus Prag stammenden Karl Kautsky, der jedoch angesichts des desolaten Zustands der österreichischen Parteiorganisation sein Betätigungsfeld nach Deutschland und in die Schweiz verlagert hatte. Kautsky, der mit Engels seit 1881 in Kontakt stand, war es auch, der Adlers Besuch bei Engels avisierte. „Er ist zwar kein direkter Parteigenosse, aber ein uns sehr nahestehender und, soweit ich ihn kenne – auch ehrlicher Philanthrop"[13].

1883 wurde in Österreich eine Gewerbeinspektion („Fabrikinspektion") eingeführt, mit der Aufgabe, die Einhaltung von vorgeschriebenen Schutzvorkehrungen gegen Arbeitsunfälle, die Beschäftigung jugendlicher Arbeiter, die Einhaltung der Arbeitszeit, Form der Lohnauszahlung in Betrieben mit mehr als 20 Beschäftigten zu überprüfen. Adler bewarb sich sogleich um die Position eines Fabrikinspektors und unternahm zur Vorbereitung eine Studienreise nach England, Deutschland und in die Schweiz, deren Erkenntnisse er in einer umfangreichen Abhandlung zusammenfasste.[14] Das wichtigste Ergebnis dieser Untersuchung war, dass die Wirksamkeit dieser Institution durch Defizite bei der Umsetzung der Bestimmungen erheblich gemindert wurde, was vor allem durch die unzureichende personelle Ausstattung und mangelnde Sanktionen bei den häufig festgestellten Rechtsverletzungen bedingt war. Die realen wirtschaftlichen und politischen Machtverhältnisse waren stärker als die ohnehin bescheidenen Ansätze zu sozialreformerischen Maßnahmen.

Für Adlers Hinwendung zum marxistischen Sozialismus war nicht die Philosophie oder die politische Ökonomie der englischen Klassiker der Ausgangspunkt, sondern seine schonungslose Analyse der von Armut und Elend geprägten sozialen Lage großer Teile der Arbeiterschaft, für die er ein tiefes Mitgefühl empfand, und zugleich die Notwendigkeit zu politischem Handeln. Es war die Suche nach den tiefer liegenden Ursachen, die Adler zu den Theorien von Marx und Engels hinführte.

Nach dem Scheitern seiner Bewerbung zum Fabrikinspektor widmete sich Adler mit all seiner Kraft der Zusammenführung der unterschiedlichen Richtungen und der zersplitterten Arbeiterorganisationen zu einer marxistisch orientierten sozialdemokratischen Partei. Als Mittel der Agitation gründete er unter beträchtlichem Einsatz nach dem Tod des Vaters ererbter eigener finanzieller Mittel die Wochenzeitung „Die Gleichheit", deren erste Nummer im Dezember 1886 erschien.

Seine Agitation zeitigte auch unmittelbare Erfolge, als sich Adler im Dezember 1888 unerkannt in die Ziegelwerke der Wienerberger Gesellschaft am Stadtrand von Wien einschlich und die schrecklichen Zustände in mehreren Artikeln in der „Gleichheit" eingehend darstellte und anprangerte. Diese Veröffentlichungen führten zu einer Interpellation der demokratischen Abgeordneten Engelbert Pernerstorfer und Ferdinand Kronawetter im Reichsrat, die Auskunft über die gesetzwidrige Untätigkeit der Behörden forderten. Unmittelbar danach erschien der Gewerbeinspektor in der Fabrik. Immerhin wurden in der Folge die Löhne in barem Geld und nicht in Blechmarken ausbezahlt, die nur in betriebseigenen Verkaufsstätten bei überhöhten Preisen eingelöst werden konnten. Andererseits wurde gegen Adlers Helfer mit scharfen Repressionsmaßnahmen polizeilich vorgegangen.[15]

Der Eindruck, den Engels beim Besuch Adlers 1883 von dessen Persönlichkeit empfing, war so positiv, dass er unmittelbar danach an Kautsky schrieb: „Er ist ein Mann, aus dem noch was werden kann."[16] Ein direkter Kontakt resultierte aus diesem Besuch zunächst nicht, jedoch bestand ein indirekter Kontakt über den damals in London lebenden Karl Kautsky, der noch 1886 an Adler berichtete, dass die „Gleichheit" „Engels sehr gut [gefällt]."[17]

Adlers Bemühungen um eine Einigung der sozialdemokratischen Bewegung machte vor allem durch Massenversammlungen, bei denen weitgehend einstimmig Resolutionen beschlossen wurden, beträchtliche Fortschritte. Dabei erweckte Adler bei Kautsky Misstrauen durch eine allzu große Kompromissbereitschaft gegenüber den „Radicalen". „Ich fürchte", schrieb Kautsky an Engels, „Adler ist zu sehr von der Sucht besessen, Erfolge zu sehen, die Partei groß zu machen um jeden Preis. Statt die vorhandenen tüchtigen Elemente zu fördern, hat er, um höchst zweifelhafte Elemente zu gewinnen, tüchtige Leute abgestoßen und verbittert."[18]

Kautskys Vorbehalte verschwanden jedoch rasch, als er von Adler bei der Vorbereitung des Einigungsparteitags, besonders zur Formulierung des Entwurfs des zunächst nur „Prinzipienerklärung" genannten Programms beigezogen wurde.[19] Auf dem vom 30. Dezember 1888 bis 1. Jänner 1889 in einem Gasthof in Hainfeld, einem kleinen Ort in den niederösterreichischen Voralpen, stattfindenden Parteitag wurde Kautsky von der überwältigenden Mehrheit der Befürworter des Entwurfes zum Pro-Redner bestimmt.

In theoretischer Hinsicht steht diese Prinzipienerklärung der vereinigten Sozialdemokratischen Arbeiterpartei Österreichs klar auf dem Boden des Marx'schen Sozialismus. In den Forderungen wird nach jener der Beseitigung aller Vorrechte der Nationen, der Geburt und des Besitzes, und der Freiheit der Organisation und Agitation bereits an dritter Stelle das allgemeine, gleiche und direkte Wahlrecht ohne Unterschied des Geschlechts für alle Vertretungskörper genannt, „als eines der wichtigsten Mittel der Agitation und Organisation." Adlers Kompromissbereitschaft gegenüber der Radicalen fand darin ihren Ausdruck, dass das allgemeine Wahlrecht angestrebt wird, „ohne sich über den Wert des Parlamentarismus, einer Form der modernen Klassenherrschaft, irgendwie zu täuschen."[20] Auch Kautsky akzeptierte dieses Zugeständnis, welches der Erklärung eine nahezu einhellige Zustimmung aller Delegierten sicherte.

Die Neugründung der österreichischen Sozialdemokratie erfolgte nahezu zeitgleich mit jener der sozialistischen Internationale. Die „Zweite Internationale" konstituierte sich auf ihrem Gründungskongress in Paris im Juli 1889 als internationale Vereinigung der nun in den meisten europäischen Ländern bestehenden nationalen Parteiorganisationen. Als Delegierter der österreichischen Partei nahm Adler am Kongress teil und konnte dort über die namhaften Fortschritte der Bewegung in seinem Land berichten, unter begeisterten Beifallsrufen der Teilnehmer. Bei diesem Kongress traf Adler zum zweiten Mal mit Engels zusammen, und dieser Begegnung entsprang „die innige Freundschaft, die sie bis zu Engels' Lebensende verknüpfte.“[21]

FRIEDRICH ENGELS' FREUNDSCHAFT MIT VICTOR ADLER

Ab dem Jahr 1889 begann ein kontinuierlicher Briefwechsel bis zum Tod von Engels am 5. August 1895.[22] Adler entschuldigte sich manchmal für verspätete Antworten wegen seiner großen Arbeitsbelastung mit Parteiarbeit und Parteizeitung. Zeit zu längeren Briefen fand Adler mehrmals während der Verbüßung von Haftstrafen, die ihm die polizeilichen Drangsalierungsmaßnahmen auch noch nach Ende des Sozialistengesetzes einbrachten. Während einer solchen Haft fand Adler die Zeit, den zweiten und den gerade erschienenen dritten Band des *Kapital* zu lesen. Engels gab ihm dazu eine ausführliche briefliche Leseanleitung.

Ein nicht unbeträchtlicher Teil des Inhalts ist mehr oder weniger privater Natur. Der Arzt Victor Adler gab Engels mehrmals Ratschläge, welche Ärzte er in Wien und in London zur Behandlung seiner Krankheiten konsultieren sollte, und auch vorsichtige Ermahnungen zu einem gesünderen Lebenswandel.

Die Familie Adler spielte auch Vermittler bei der Übersiedlung Luise Kautskys (ab 1894 verehelichte Freyberger) nach ihrer Scheidung von Karl Kautsky nach London, wo sie nach dem

Das Kapital.

Kritik der politischen Oekonomie.

Von

Karl Marx.

Zweiter Band.

Buch II: Der Cirkulationsprocess des Kapitals.

Herausgegeben von Friedrich Engels.

Das Recht der Uebersetzung ist vorbehalten.

Hamburg
Verlag von Otto Meissner.
1885.

↑ **Das Kapital.** Kritik der politischen Oekonomie, 2. Bd., Der Cirkulationsprocess des Kapitals. Hrsg. v. Friedrich Engels, Hamburg (Otto Meissner), 1885.

Tod von Helene Demuth ab 1891 die Führung von Engels' Haushalt übernahm.

Engels gewährte der österreichischen Partei erhebliche finanzielle Unterstützungszahlungen, indem er Honorare für seine Publikationen im deutschen Dietz-Verlag von diesem direkt nach Österreich anweisen ließ. Mit solchen Zahlungen half er auch Victor Adler über eine schwierige persönliche Situation hinwegzukommen, als seine Frau Emma von Depressionen befallen wurde und dringend Kuraufenthalte benötigte. Adler hatte dazu die finanziellen Mittel nicht mehr, da er sein ererbtes Vermögen der Partei zur Verfügung gestellt hatte. Er nahm die Unterstützung an unter der Bedingung, das Geld später an die Partei zurückzuzahlen.

Mehrfach bemühte sich Adler, Engels zu einem Besuch nach Wien zu bewegen. Endlich, 1893 war Engels dazu bereit. Am 15. September sprach Engels in einem überfüllten Saal zu einer großen Arbeiterversammlung im 3. Wiener Gemeindebezirk. Der Einladung Adlers zu einem neuerlichen Wien-Besuch anlässlich des Parteitags 1894 wollte Engels aber nicht nachkommen.

Die tiefe Freundschaft zwischen Engels und Adler erwies sich in Engels' letztem Lebensjahr. Als Adler, vom Arzt Dr. Freyberger im Vertrauen informiert, von Engels' rasch um sich greifendem Krebsleiden erfuhr, kündigte er ihm im letzten Brief kurzfristig seinen Besuch in Eastbourne an, um seinen „Rat einzuholen, und zwar ausführlicher als das schriftlich möglich ist." Adler blieb an Engels' Seite, solange er seine Abwesenheit ausdehnen konnte. Unmittelbar nach seiner Rückkehr nach Wien traf ein Telegramm ein, dass Friedrich Engels am 5. August gestorben war.[23]

DIE POLITIK DER ÖSTERREICHISCHEN PARTEI ZU LEBZEITEN VON ENGELS

Wenn Engels große Hoffnungen in die österreichische Sozialdemokratie setzte, so beruhte dies auf seinem großen Vertrauen zu Victor Adler, der unangefochtenen Führungspersönlichkeit der Partei. Adler kam das Verdienst zu, die Partei auf der Grundlage eines marxistischen Programmes geeinigt und die Gegner einer solchen Orientierung entscheidend zurückgedrängt zu haben. An der revolutionären Perspektive einer Überwindung des Kapitalismus festhaltend, stand Adler ebenso konsequent für einen Weg zur Macht, der Engels' Strategie völlig entsprach und zunächst das Erkämpfen des allgemeinen Wahlrechts als wichtigstes politisches Ziel verfolgte.

Die erste Maifeier

Auch konnte die Partei schon bald nach ihrer Gründung beachtliche organisatorische und politische Erfolge erzielen. Engels' Briefwechsel mit Adler und mit Kautsky geben Zeugnis, „mit welcher Freude Engels den Aufstieg der österreichischen Partei verfolgte und wie er sich über den wachsenden Respekt freute, den diese dem Bürgertum und der Regierung einflößte."[24]

Ein spektakulärer Einstand gelang der gerade ein Jahr alten Partei mit der ersten Maifeier in Österreich 1890. Auf dem Pariser Kongress 1889 wurde beschlossen, am 1. Mai eine Massenkundgebung für die Einführung des achtstündigen Arbeitstags zu organisieren. Ein Meinungsunterschied zeigte sich allerdings in der Frage, ob diese Kundgebung jedenfalls am 1. Mai, auch wenn dieser auf einen Arbeitstag fällt, stattfinden solle (befürwortet von der französischen und der österreichischen Partei), oder am darauffolgenden Sonntag (wofür die Deutschen und die Engländer eintraten). Man einigte sich auf den 1. Mai, allerdings mit einer Ausnahmeklausel. Während die SPD die Kundgebung – nach massiven Drohungen von Unternehmerseite – bei der erstmaligen Durchführung des Beschlusses 1890 auf den darauffolgenden Sonntag verlegte und damit die Franzosen verärgerten, wagte Victor Adler die Arbeiter für den 1. Mai (ein Donnerstag) zu dieser Kundgebung aufzurufen. Und tatsächlich ruhte die Arbeit in den meisten Fabriken

Wiens, viele Tausend Arbeiter „spazierten" im Rahmen einer letztlich trotz der immer noch geltenden Ausnahmegesetze behördlich genehmigten Veranstaltung über die Ringstraße in den Prater. Trotz heftiger Reaktionen und großer Befürchtungen auf bürgerlicher Seite verlief die wohlorganisierte Kundgebung in voller Ruhe. Für Victor Adler war es besonders schmerzlich, dass er an dieser Maifeier nicht teilnehmen konnte, da er gerade eine Haftstrafe absitzen musste.

Für Engels war „die Maifeier des Proletariats ... epochemachend durch ihre Allgemeinheit, die sie zur ersten internationalen Tat der kämpfenden Arbeiterklasse machte." „Freund und Feind sind sich darüber einig", schrieb er in einem danach erschienenen Artikel in der Arbeiter-Zeitung[25], „dass auf dem ganzen Festland Österreich, und in Österreich Wien, den Festtag am glänzendsten und würdigsten begangen und damit die österreichische, voran die Wiener Arbeiterschaft, sich damit eine ganz andere Stellung in der Bewegung erobert hat."[26] Dabei war Engels' Position in der internationalen Debatte über den 1. Mai durchaus ambivalent. Im Konflikt zwischen Deutschen und Franzosen bedauerte er zwar „den schlechten Eindruck, den es überall machen musste, ‚wenn die stärkste Partei der Welt plötzlich zum Rückzug bläst.'" Letztlich aber

↓ **Victor Adler** anlässlich einer 1. Mai Feier im Kreis von Ziegeleiarbeitern am Laaerberg.

verteidigte er die Entscheidung der SPD, die Maifeier auf den Sonntag (4. Mai 1890) zu verschieben, denn „die ‚Nichtunterbrechung des Siegeslaufs der deutschen Partei ist jetzt die Hauptsache', und ‚es ist Unsinn, die Bewegung in allen Ländern einheitlich gestalten zu wollen.'"[27]

Der Kampf um das Wahlrecht

In diesem Sinne war es konsequent, dass Engels Victor Adlers in der österreichischen Partei umstrittenen Kurs in der Auseinandersetzung über das allgemeine Wahlrecht voll unterstützte. Kurz vor seinem Rücktritt hatte der konservative Ministerpräsident Graf Taaffe einen Entwurf für eine Wahlrechtsreform eingebracht, dem zufolge zwei Drittel der Reichsratsabgeordneten in einer dritte Kurie gewählt werden sollte, für die eine deutliche Ausweitung des Stimmrechts für männliche Bürger vorgesehen war.[28] Ziel Taaffes war die Stärkung des Reichszusammenhalts, aber auch seine Befürchtung, die österreichischen Arbeiter könnten nach dem Vorbild ihrer belgischen Genossen, die 1893 mit Massenstreikaktionen das allgemeine Wahlrecht erkämpft hatten, zu ebensolchen Aktionen schreiten („belgisch reden"). Der Entwurf wurde vom Reichsrat mit großer Mehrheit abgelehnt. Victor Adler trat allen Bestrebungen, die Taaffe'sche Wahlreform durch außerparlamentarische Aktionen zu unterstützen, entschieden entgegen, was ihm in der Partei und auch von linksliberaler Seite manche Kritik eintrug. Er stoppte sogar eine während seiner Abwesenheit zur Teilnahme am Zürcher Kongress der Internationale von den anderen Vorstandsmitgliedern in Gang gesetzte Kampagne für die Taaffe'sche Vorlage.[29] Ausschlaggebend dafür war, wie Adler in einem Bericht an den Parteitag wenig später sagte, dass „wir unmöglich unser Programm einer Augenblickssituation zuliebe aufs Spiel setzen konnten; ... einer Regierung zuliebe, welche den Ausnahmezustand in Wien und Prag auf dem Gewissen hat, nicht die Kastanien aus dem Feuer holen (konnten), ... womit wir das Proletariat in Missverständnisse geleitet (hätten)."[30]

Engels versicherte Adler in der Sache seiner vollen Zustimmung, dass es „mit den Torheiten" (gemeint Massenstreikaktionen) ein Ende habe[31]. Kautsky schrieb dazu an Engels, dass ohne Adlers Einschreiten „die heißblütigen Österreicher wohl eher eine zweite Auflage des Ausnahmezustands über Wien erreicht hätten."[32] Engels begründete seine zur Zurückhaltung mahnende Position auch damit, dass „der politischer Strike entweder sofort siegen, oder in einer kolossalen Blamage endigen, oder schließlich direkt auf die Barrikaden führen (muss)", und jedenfalls das Risiko viel zu hoch sei.[33]

Mit seiner Erwartung einer baldigen Einführung des neuen, breiteren Wahlrechts war Engels allerdings zu optimistisch. Die Wahlrechtsreform von 1897 blieb klar hinter dem Taaffe'schen Entwurf zurück, und die Wahlresultate waren vor allem in Wien, wo die Sozialdemokratie in der allgemeinen Kurie kein einziges Mandat erreichte, enttäuschend. Es dauerte bis zum Jahr 1907, dass der Reichsrat erstmals nach allgemeinem, gleichem Wahlrecht für Männer gewählt wurde. Die Partei errang 87 Mandate (entspricht einem Anteil von 17%), war jedoch von Anfang an durch ihre ethnische Heterogenität als bloßer Dachverband im Parlament empfindlich geschwächt. 1911 ging die Mandatszahl sogar auf 84 zurück – von einem „Siegeslauf" wie in Deutschland zu Engels' Lebzeiten konnte keine Rede sein.

Der Nationalitätenkonflikt[34]

Trotz mancher warnender Indizien hielt Engels – und zunächst auch mit ihm Adler – in dieser für die Habsburgermonarchie wie für die österreichische Sozialdemokratie gleichermaßen wichtigen Frage an der von Otto Bauer später so genannten Haltung des „naiven Kosmopolitismus"[35] fest: Die nationale Zugehörigkeit wird als „bürgerlicher Vorurteil" gesehen, das mit dem siegreichen Klassenkampf von selbst verschwindet. In einer Grußadresse an die tschechischen Genossen zu ihrer Maifeier 1893 bekräftigte Engels seine Ansicht, „dass der ganze Nationalitätenhader nur möglich ist unter der Herrschaft der großen grundbesitzenden Feudalherren und der Kapitalisten ... und dass, sobald die Arbeiterklasse zur politischen Herrschaft kommt, aller Vorwand zu nationalem Zwist beseitigt ist."[36]

Wenn im Hainfelder Parteiprogramm auf das Nationalitätenproblem mit der Aussage, dass die Sozialdemokratische Partei als internationale Partei „die Vorrechte der Nation" – immerhin an erster Stelle genannt –, „der Geburt"[37] etc. verurteile, nur pauschal Bezug genommen hatte, so musste man bald danach erkennen, dass der „naive Kosmopolitismus" keine tragfähige Grundlage für ein Lösung bot. Kautsky konnte bereits 1896, ein Jahr nach Engels' Tod, nicht umhin einzugestehen, „dass die alte Marxsche Haltung unhaltbar geworden ist – wie auch seine Haltung gegenüber den Tschechen. Es wäre ganz unmarxistisch, seine Augen den Tatsachen zu verschließen und am alten Marxschen Standpunkt zu beharren."[38]

Das Nationalitätenproblem wurde am stärksten virulent in den hochindustrialisierten gemischtsprachigen Gebieten Böhmens und Mährens, aber auch in den südlichen Kronländern mit slowenischer und italienischer Bevölkerung. Konflikte entstanden insbesondere im Bereich der Gewerkschaften, wo lokale tschechische Gewerkschaften gegen den Zentralismus der von deutschsprachigen Arbeitervertretern kontrollierten Branchenverbände und der zentralen Gewerkschaftskommission aufbegehrten. Für die tschechischen Sozialdemokraten war „das Streben nach Aufrechterhal-

↓ **Karl Kautsky** (1854–1938), um 1915/1920.

tung einer einheitlichen Bewegung nicht immer nur Ausdruck des Internationalismus, sondern kann auch den Tendenzen eines bestimmten Großmachtnationalismus dienen."[39]

Eine Grundsatzdiskussion des Nationalitätenproblems fand 1899 auf dem Parteitag in Brünn (Brno) statt. Das sog. „Brünner Nationalitätenprogramm" sah vor, die historischen Kronländer aufzulösen und an ihrer Stelle demokratisch organisierte „national abgegrenzte Selbstverwaltungskörper" zu bilden („Territorialprinzip", entspricht den von Engels angedeuteten Vorstellungen), was allerdings von Anfang an unrealistisch war, weil eine territoriale Entflechtung von Deutschen und Tschechen oft kaum möglich war. Karl Renner hatte in der kurz zuvor erschienenen Broschüre „Nation und Staat"[40] das „Personalitätsprinzip" als alternativen Lösungsansatz vorgeschlagen. Auf staatsrechtlichem Gebiet war das Brünner Programm Ausdruck „einer weitgehenden Integration und Identifikation der Sozialdemokratie mit dem Staat."[41]

Die Lösung der Nationalitätenfrage inspirierte die jüngere Generation von sozialdemokratischen Theoretikern zu den ersten Höchstleistungen des seit 1907 so bezeichneten Austromarxismus: Renners *Der Kampf der österreichischen Nationen um den Staat* (1902),[42] und Otto Bauers *Die Nationalitätenfrage und die Sozialdemokratie* (1907).[43]

Engels' Wohlgefallen an der österreichischen Sozialdemokratie

Zu keiner anderen Partei hatte Engels ein so ungetrübtes Verhältnis wie zur österreichischen Sozialdemokratischen Arbeiterpartei. Im Briefwechsel findet sich kein Hinweis auf Meinungsdifferenzen in Bezug auf theoretische Grundlagen oder die Strategie in der politischen Alltagsauseinandersetzung. Auffallend ist der Kontrast vor allem zur deutschen Partei, deren Entwicklung Engels die größte Aufmerksamkeit widmete.

Einerseits entsprach die politische Strategie der SPD seit dem Einigungsparteitag von 1875 in ihrer grundlegenden Ausrichtung seinen Vorstellungen über den Weg zum Sozialismus, und in den Erfolgen, welche die Partei danach erzielen konnte, sah er eine Bestätigung für seine Ansichten und ein Modell für die Parteien in den anderen kontinentaleuropäischen Ländern und letztlich auch im nachhinkenden England. Andererseits hatte Engels immer wieder Ärger mit internen Konflikten in der Partei, in denen er seine Gesinnungsfreunde – allen voran August Bebel – im Kampf gegen „kleinbürgerliche" Haltungen unterstützte.

So etwa übte Engels immer wieder Kritik an Wilhelm Liebknecht (1826–1900), seinem Kampfgefährten aus den Tagen der Emigration, der als Redakteur des „Vorwärts" seiner Ansicht nach zu nachsichtig über zu kompromissbereite Parteien in Frankreich und England berichtete,[44] sowie an dessen Neigung zu „vulgärdemokratischen und vulgärsozialistischen Phrasen."[45] Handelte es sich dabei eher um alte Querelen, so berührte ein anderer Konfliktstoff ein ernstes Problem. Bei verschiedenen Gesetzgebungsmaterien, die im Reichstag verhandelt wurden, z. B. in der Agrarfrage, plädierte der bayrische Abgeordnete Georg von Vollmar dafür, Schutzmaßnahmen für Bauern zu unterstützen. Für Wahlerfolge in den ländlichen Wahlkreisen könne die Partei „unmöglich viele Anhänger gewinnen, wenn sie den Bauern nur predige, dass ihr Untergang unabwendbar sei."[46] Ein Zwiespalt ähnlicher Art zeigte sich in der Frage einer Subventionierung von Schiffswerften (sog. „Dampfersubventionsfrage").[47] Für Bebel wurde es mit der Zeit schwieriger, die Partei auf die von Engels vorgegebene Linie festzulegen.

In Österreich war die Partei erst seit 1897, also nach Engels' Tod, im Parlament vertreten, bis zur Einführung des allgemeinen Stimmrechts nur mit einer kleinen Zahl von Abgeordneten. Unter der Bedingung der Machtlosigkeit im Vergleich zur deutschen Partei stellten sich solche Fragen vorerst nicht. Eindeutig die oberste Priorität als politische Zielsetzung hatte das allgemeine Stimmrecht.[48] Verbesserungen im Bereich des Arbeitsschutzes und der Arbeitszeit wurden durch Kampfmaßnahmen der Gewerkschaften erreicht, die seit der Gründung der Partei eine starke Entwicklung verzeichnen konnten. Der erste Kongress der österreichischen Gewerkschaften, bei dem 69 Vereine vertreten waren, fand 1893 statt.[49]

Die späte Gründung der Parteiorganisation hatte auch zur Folge, dass eine intellektuelle Diskussion über theoretische und strategische Fragen sich in Österreich erst spät entwickelte. Zwar boten die Parteizeitungen auch die Möglichkeit, längere Abhandlungen zu veröffentlichen.[50] Victor Adler betrachtete sich selbst nicht als Theoretiker, publizierte aber mehrere Aufsätze zu grundsätzlichen Fragen in der von Kautsky herausgegebenen und in Deutschland erscheinenden „Neuen Zeit". Erst mit der Monatszeitschrift „Der Kampf" hatte die Partei seit 1907 ein eigenes theoretisches Publikationsorgan. Wenn es Meinungsverschiedenheiten gab, wie z. B. über die Taktik in der Wahlrechtsauseinandersetzung, so war es nicht zuletzt auch die überragende Autorität Victor Adlers, der mit Kompromissformulierungen Gegensätze zu überbrücken vermochte.

Engels erwartete von großen Erfolgen der österreichischen Partei positive Auswirkungen auf die Entwicklung insbesondere der deutschen Sozialdemokratie. Mit Bezug auf die damals aktuelle politische Auseinandersetzung um die Reform des Wahlrechts schrieb Engels an Karl Kautsky am 3. November 1893: „Österreich ist jetzt das wichtigste Land in Europa, wenigstens für den Moment. Hier liegt die Initiative, die in ein bis zwei Jahren auf Deutschland und andere Länder zurückwirken wird."[51] Von einem baldigen Erfolg der österreichischen Partei erwartete er einen Anstoß für die SPD, den Kampf um das allgemeine Wahlrecht in Preußen, wo immer noch ein Dreiklassen-Wahlrecht galt, aufzunehmen.

Eine Revolution – mit oder ohne Gewalt – musste sich nach Engels' Auffassung mehr oder weniger gleichzeitig in allen fortgeschrittenen Staaten vollziehen. Der Anstoß dazu konnte aber durchaus von Revolutionen in rückständigen Ländern kommen. „Ein Sturz des zarischen Despotismus, die Revolution in Russland ... wird auch der Arbeiterbewegung des Westens einen neuen Anstoß und neue, bessere Kampfbedingungen geben und damit den Sieg des modernen industriellen Proletariats beschleunigen."[52]

In Österreich kam der letzte Anstoß für das allgemeine Wahlrecht von der russischen Revolution 1905. Diesmal entschied sich Victor Adler – anders als 1893 – dafür, wenn notwendig den Massenstreik als „letztes Mittel" einzusetzen. Als 1906 die Reform im Reichsrat zu scheitern drohte, wurden Vorbereitungen zu einem Generalstreik getroffen. Der Druck von der Straße trug wesentlich dazu bei, dass die Reform Ende 1906 beschlossen wurde.

Eduard Bernstein (1850–1932), 1895.

REFORMISMUS UND REVISIONISMUS

Nach zwei Jahrzehnten parlamentarischer Tätigkeit mehrten sich in der SPD die Anzeichen, dass das Verhältnis von politischer Alltagsarbeit und revolutionärem Endziel nicht so einfach zu lösen wäre, wie es Engels in seiner Strategie für einen Weg zum Sozialismus dargestellt hatte. Das Erfurter Programm versuchte diese Spannung dadurch aufzulösen, dass einem marxistischen theoretischen Teil, in dem die Partei auf eine (nicht notwendigerweise) revolutionäre Überwindung des Kapitalismus („Zukunftsprogramm") festgelegt wurde, ein Katalog von reformistischen „Gegenwartsforderungen" angefügt wurde, ohne Aussage, wie der Kampf um Gegenwartsforderungen konkret zur Erreichung des Endziels beitragen solle. Dass diese Spannung weiter bestand, zeigt der Umstand, dass sich in einigen Fragen tief ins Grundsätzliche gehende Debatten entwickelten: in der Agrarfrage, zu der Engels in einem längeren Aufsatz in der „Neuen Zeit" noch einmal ausführlich Stellung nahm,[53] und über den Begriff „Staatssozialismus". Wenn für Bismarck „der Staatssozialismus nur ein Mittel zur noch wirksameren Fesselung des Volkes" war, so kam es Georg von Vollmar darauf an, „welchen Gebrauch der Staat von dem ihm zustehenden Rechten zu machen habe, d. h. in welchem Sinn und von wem der Staat zu leiten sei." Für ihn war kein Zweifel möglich, dass diese Rolle „bei fortschreitender Demokratisierung der Staatsgewalt" die Sozialdemokraten übernehmen würden. Deshalb sah er „keinen Grund, den Gedanken des Staatssozialismus an sich mit besonderem Eifer zu bekämpfen."[54]

Innerparteiliche Konflikte ähnlicher Art entwickelten sich in Österreich nicht, obwohl Struktur und Forderungskatalog des Hainfelder Programms dem Erfurter Programm ähnlich sind. Anders als in Deutschland war es in Österreich die Gruppe der Radicalen, eine „Bakunistisch-anarchistische" Strömung, und nicht eine Lassalleanisch-staatssozialistische Richtung, die auf ein marxistisches Programm verpflichtet wurde. Der Unterschied zwischen dem Staatssozialismus und dem marxistischen Sozialismus war in der österreichischen Partei zunächst kaum relevant. Die Versuchung zum Abgleiten in den Reformismus ging in Deutschland von der nun schon Jahrzehnte langen parlamentarischen Arbeit aus. Eine relevante Vertretung im Parlament hatte die österreichische Partei erst seit 1907, bis dahin waren hauptsächlich die Gewerkschaften ein gewisser Nährboden für den Reformismus. Dazu kommt, dass das Nationalitätenproblem die Partei in zunehmendem Maße beschäftigte.

Ein innerparteilicher Konflikt von weit größerer Intensität entwickelte sich in der SPD, als Eduard Bernstein nach dem Tod von Engels seine revisionistischen Thesen in einzelnen Beiträgen, systematisch entfaltet in seinem Buch „Die Voraussetzungen des Sozialismus und die Aufgaben der Sozialdemokratie" (1899) veröffentlichte. Anders als die reformistischen Querelen betraf der Bernstein'sche Revisionismus die Kernbereiche der sozialistischen Theorie und der politischen Strategie des Wegs zum Sozialismus. In Frage gestellt war nichts weniger als die „geschichtliche Tendenz der kapitalistischen Akkumulation": die unter dem Druck des „Gesetzes des tendenziellen Falls der Profitrate" immer weiter fortschreitende Konzentration und Zentralisation des Kapitals, die Eliminierung der besitzenden kleinbürgerlichen und bäuerlichen Gesellschaftsschichten, die zunehmende Ausbeutung und „Verelendung" der proletarischen Arbeiter, Zunahme der Schärfe der periodischen Wirtschaftskrisen, etc., alle Tendenzen in ihrem Zusammenwirken in eine finale Krise mündend, in der das im Klassenbewusstsein geeinte Proletariat in einem „revolutionären" Akt dem kapitalistischen System ein Ende bereitet. Damit wäre es mit der quasi-naturgesetzlichen Gewissheit des Sieges der sozialdemokratischen Bewegung vorbei gewesen.

Dass Victor Adlers Autorität auch nach Deutschland ausstrahlte, zeigt sich darin, dass er von Anfang an in die heftige Kontroverse, die Bernsteins Thesen auslöste, involviert wurde. Adlers Haltung in dem Konflikt zeigt eine gewisse Ambivalenz. Immer wieder betont er, dass er Bernsteins Thesen für unrichtig halte, aber im selben Atemzug sagt er schon in seiner ersten Stellungnahme, er verstehe Kautskys Reaktion nicht, dass er „Ede's Haltung halb und halb für Abfall" nehme. „Ich bin ihm dankbar für jeden Rippenstoß und habe unendlich daraus gelernt."[55] Adler bemühte sich, Kautsky und Bebel zur Mäßigung und zu mehr Verständnis für Bernsteins Kritik zu bewegen. In einem Brief riet er Bebel, „alles zu vermeiden, dass bewiesen werde, ein Mann wie Ede hätte keinen Platz in der Partei"[56] – eine Warnung vor einem Parteiausschluss Bernsteins.

Bernstein wandte sich unmittelbar vor dem Erscheinen seines Buches an Adler mit der Bitte um Besprechung, da Kautsky selbst meine, „es sei gut, wenn Du als der Erste in der Parteipresse Dein Diktum über mein Buch abgibst." Bernstein setzte auf Adlers „Versöhnungsliebe": „Ich glaube, bei Dir auf Verständnis rechnen zu können, das den in der deutschen Parteipresse jetzt tonangebenden Rezensenten abgeht."[57]

Adler bemühte sich auch, die Gegensätze in ihrer Bedeutung herunterzuspielen. In dem Streit gehe es um die Frage „wo wir stehen, ... nicht etwa darüber, wohin wir gehen sollten."[58] Deutlich drückt er – trotz des wiederholten Bekennens zur Orthodoxie – seine Skepsis gegenüber der Verelendungstheorie und der „Katastrophentheorie" aus.[59] Aber letztlich ordnet Adler die Theorie der politischen Arbeit („Gegenwartsarbeit") unter. Denn „die proletarische Bewegung (ist) keineswegs in erster Linie abhängig von ihrer Theorie; weit eher umgekehrt. ... Die sozialistische Theorie ist in gewissem Sinne der Überbau, der mit dem Fortschritt der Entwicklung des Proletariats umgewälzt wird." Die Theorie wird „der Bewegung immer nur den Weg erleuchten, nicht aber ihre Bahnen vorzuschreiben vermögen."[60]

Die Bernstein-Debatte griff auch auf die österreichische Sozialdemokratie über, jedoch ohne „dass sie zu einer Reaktion von der Mächtigkeit und weittragenden Konsequenz des deutschen Revisionismus führte."[61] Bei aller Skepsis gegenüber zu viel Theorie sah Adler doch die Notwendigkeit zu einigen Änderungen in der Programmatik. Dreizehn Jahre nach Hainfeld erschien ihm die Zeit gekommen, am Parteitag 1901, auf dem es auch zu einer Grundsatzdebatte der Bernstein'schen Thesen kam, eine Revision des Programms vorzunehmen. Erübrigt hatte sich der das allgemeine Wahlrecht betreffend Passus „ohne sich über den Wert des Parlamentarismus, einer Form der modernen Klassenherrschaft, irgendwie zu täuschen". Im Wesentlichen wurde die marxistische Ausrichtung beibehalten. Einen Niederschlag im neuen Programm fand der Revisionismus durch die Eliminierung der Verelendungsthese, die durch eine differenzierte Formulierung ersetzt wurde . Kautsky, der ebenso wie Bebel als Gast am Parteitag teilnahm, hatte zwar Vorbehalte gegen den neuen Text, gab aber letztlich sein Einverständnis. Bedenken hatten er und Bebel gegen die Ersetzung des Begriffes „gemeinschaftlicher Besitz" beim Übergang des Eigentums durch „neue Formen genossenschaftlicher Produktion aufgrund gesellschaftlichen Eigentums"[62], in der sie ein Zugeständnis an Bernsteins Terminologie erblickte. Ebenso zeigt sich hier aber der Einfluss staatssozialistischer Vorstellungen. Die reformistische Tendenz wird deutlich an der Eliminierung der Aussage, dass „die Arbeiter-Versicherung den Kern des sozialen Problems überhaupt nicht berührt". Stattdessen wird gefordert, dass „die Arbeiterversicherung einer durchgreifenden Reform zu unterziehen ... und unter durchgängiger Selbstverwaltung der Versicherten einheitlich zu organisieren (ist)".

In der Richtungsdiskussion auf dem Parteitag trat vor allem Engelbert Pernerstorfer, Adlers Jugendfreund und Kampfgefährte beim Widerstand gegen das Sozialistengesetz (1886), als prononcierter Verteidiger von Bernsteins Auffassungen auf, moderater Wilhelm Ellenbogen.[63] Wenn Adler in der Theoriefrage weitestgehend die Position der marxistischen Orthodoxie einnahm, so doch unter gleichzeitiger Betonung einer pluralistischen Ausrichtung der Partei, welche die Positionen der vom orthodoxen *mainstream* Abweichenden ausdrücklich als produktive Beiträge zum Fortschreiten der Gesamtbewegung anerkannte.[64] Dass sich in Österreich die Divergenzen zwischen Orthodoxie und Revisionisten nicht zu Parteiflügeln verfestigten, hängt nicht zuletzt auch mit der überragenden Stellung Adlers zusammen. Er betonte zwar immer wieder, dass er seine Rolle nicht als Theoretiker sehe, war aber de facto auch „Cheftheoretiker" der Partei.[65]

Theoretisch versuchte er den Konflikt zwischen reformistischer Praxis, welch die Tätigkeit der Partei bis zum Weltkrieg immer stärker prägte, und „revolutionärer Theorie" dadurch zu lösen, dass er die Streitigkeiten über Reform oder Revolution als „Streitigkeiten um Worte" bezeichnete. „Wir Sozialdemokraten haben nie anders von uns gewusst als dass wir Reformisten sind, und wir haben nichts anderes gewusst, als dass wir zu gleicher Zeit Revolutionäre sind. Jede Reform ist wichtig und wert jeder Mühe, aber jede Reform ist so viel Wert als Revolution in ihr steckt! Wenn man uns fragt: Revolution oder Reform? So sagen wir Revolution und Reform!“[66]

Je mehr sich die Organisationen der Arbeiterbewegung – Partei, Gewerkschaft, Konsumgenossenschaften – bis 1914 konsolidierten und auch fühlbare Verbesserungen der sozialen Lage der Arbeiter erzielten, umso stärker wurde der reformistische Zug der Politik auch der österreichischen Sozialdemokratie. Aber nirgendwo erscheint diese Tendenz mit größerer Deutlichkeit als im Ringen um eine Lösung des Nationalitätenproblems. Vordergründig ging es dabei um die Einheit der Partei. Die Sprengkraft des Problems für die Habsburgermonarchie wäre im Sinne der Engels'schen Politikstrategie nutzbar gewesen, um Druck zu erzeugen für die Auflösung der vorbürgerlich-feudalen Strukturen dieses Staatswesens, vor allem durch Forderung nach einem Sezessionsrecht einzelner Teile. Stattdessen war die Erhaltung des Gesamtstaats, wenn auch mit veränderten inneren Strukturen, das Ziel der sozialdemokratischen Reformvorschläge, ohne einen Gedanken daran, wie viel Revolution in einer solchen Reform steckt.

DIE „FINALE KRISE DES KAPITALISMUS“

Wie gezeigt, ordnete Adler die Weiterentwicklung der sozialistischen Theorie den Erfordernissen der politischen Arbeit unter. Auf die Marx'sche These von der finalen Krise des Kapitalismus hatte er in den Jahren nach dem Hainfelder Parteitag wiederholt Bezug genommen,[67] diese allerdings zehn Jahre später im Zuge der Revisionismusdebatte vorsichtig relativiert. Es werde „immer darüber diskutiert werden, ... ob die kapitalistische Wirtschaft die Rapidität der technischen Entwicklung infolge der Ausdehnung der Märkte noch ertragen könne, oder ob sie, am Ende ihrer Elastizität angelangt, einer Katastrophe zutreibe.“[68] Weiter wollte er in seiner Skepsis (vorerst) nicht gehen, um gewisse Kerngruppen und Funktionärsschichten der Partei nicht zu irritieren, deren Glaube an die Marx'schen Prognosen unerschüttert geblieben war.

Die junge Generation marxistischer Theoretiker empfand diesen Umgang mit theoretischen Problemen offensichtlich als unbefriedigend.

↓ **Rudolf Hilferding** (1877–1941), 1923.

Die „geschichtlicher Tendenz der kapitalistischen Akkumulation" ist die zentrale Fragestellung des wohl berühmtesten ökonomischen Werks des Austromarxismus, Rudolf Hilferdings *Finanzkapital* (1910), die auch Otto Bauer unter anderem Blickwinkel in einem in der „Neuen Zeit" veröffentlichten Beitrag behandelte.

In seinem Buch *Das Finanzkapital*, 1910 als Band 3 der Marx-Studien erschienen,[69] von Kautsky als „4. Band" des *Kapital* auf die höchstmögliche Ebene marxistischer Literatur gehoben, analysierte Hilferding die Entwicklung des Kapitalismus unter den Bedingungen der von Marx vorhergesehenen progressiven Konzentration und Zentralisation des Kapitals sowie dessen Mobilisierung durch Aktiengesellschaften, Banken und Börsen. Angetrieben wird der Prozess durch das Marx'sche Gesetz vom tendenziellen Fall der Profitrate als Folge einer steigenden organischen Zusammensetzung des Kapitals.[70] Die wichtigsten unter der Herrschaft des Finanzkapitals eintretenden Strukturveränderungen des Kapitalismus sind die Beschränkung des Wettbewerbs durch Kartelle, letztlich mündend in einem „Generalkartell"; das Entstehen einer Lücke zwischen Profiten und Investitionen, die durch Kapitalexporte in noch wenig oder gar nicht vom Kapitalismus erfasste Teile der Welt kompensiert wird (Imperialismustheorie); sowie eine verstärkte Indienstnahme des Staates durch das organisierte Kapital.

Die Konsequenz für die Frage der Krisenanfälligkeit des kapitalistischen Systems ist ambivalent. Einerseits „erscheint das Kapital als einheitliche Macht, die den Lebensprozess der Gesellschaft souverän beherrscht", wodurch „die Frage nach der Organisation der gesellschaftlichen Ökonomie durch die Entwicklung des Finanzkapitals selbst immer besser gelöst wird". Es handelt sich bei dieser Organisation „um die bewusst geregelte Gesellschaft in antagonistischer Form. Aber dieser Antagonismus ist Antagonismus der Verteilung."[71]

Das Finanzkapital schafft „organisatorisch die letzten Voraussetzungen für den Sozialismus", gleichzeitig „macht es auch politisch den Übergang leichter." Dieser Übergang ist nicht gewaltlos, das Ende des Kapitalismus ist nicht Folge eines ökonomischen Zusammenbruchs, wohl aber einer finalen Katstrophe politökonomischer Natur: Das Finanzkapital „vollendet die Diktatur der Kapitalmagnaten. Zugleich macht es die Diktatur der Kapitalbeherrscher des einen Landes immer unverträglicher mit den kapitalistischen Interessen des anderen Landes und die Herrschaft des Kapitals innerhalb des Landes immer unvereinbarer mit den Interessen der durch das Finanzkapital ausgebeuteten, aber auch zum Kampf aufgerufenen Volksmassen. In dem gewaltigen Zusammenprall der feindlichen Interessen schlägt schließlich die Diktatur der Kapitalmagnaten um in die Diktatur des Proletariats."[72]

Eine originelle Konjunktur- und Krisentheorie des Kapitalismus entwickelte Otto Bauer im Zusammenhang seiner Kritik an Rosa Luxemburgs *Die Akkumulation des Kapitals*.[73] Der mechanischen Zusammenbruchstheorie Luxemburgs stellte Bauer eine auf dem *Kapital* basierende Krisentheorie gegenüber. In dieser Krisentheorie gibt es einen Anpassungsmechanismus, der es dem Kapitalismus ermöglicht, die Bedingungen für gleichgewichtige Akkumulation immer wieder herzustellen. Maßgebliche Bestimmungsfaktoren des Krisenzyklus sind dabei das Wachstum der Bevölkerung bzw. des Arbeitskräftepotentials einerseits und die langfristige Tendenz zur Zunahme der organischen Zusammensetzung des Kapitals (c/v, Verhältnis von konstantem zum variablen Kapital). Die Akkumulation „vollzieht sich ohne Störung, sofern sie nur in einem bestimmten Größenverhältnis bleibt einerseits zum Wachstum der Bevölkerung, andererseits zur Entwicklung der Produktivkraft, die sich in dem Fortschritt zu höherer organischer Zusammensetzung des Kapitals ausdrückt". Eine „objektive Grenze der Akkumulation" sieht Bauer dann gegeben, wenn Bevölkerung und Arbeitskräftepotential nicht mehr wachsen. „Akkumulation wäre dann nur mehr in dem Maße möglich, als die Entwicklung der Produktivkräfte zusätzliches konstantes Kapital zur Beschäftigung einer unveränderten Arbeitermasse erheischt" . Allerdings wird der Kapitalismus schon „früher gefällt", nicht durch die Unmöglichkeit der Mehrwertrealisierung, sondern als Folge einer „wachsenden Empörung ... der Arbeiterklasse".[74]

Weichen diese Krisentheorien in ihren Argumentationen grundlegend von der Version von Karl Marx ab, so haben sie jedoch beide eine markant anti-revisionistische Tendenz, indem sie eine finale Krise prognostizieren.

↑ **Otto Bauer** (1881–1938), 1919.

DER AUSTROMARXISMUS – THEORIE UND POLITIK[75]

„Austromarxismus" war ursprünglich eine Sammelbezeichnung von österreichischen Autoren des wissenschaftlichen Sozialismus. Mit den in dem kurzen Zeitabschnitt von der Jahrhundertwende bis zum Ersten Weltkrieg erschienenen Publikationen Rudolf Hilferdings, Karl Renners, Otto Bauers und Max Adlers erlangte die bis dahin kaum existente Theorieproduktion der alt-österreichischen Sozialdemokratie in kurzer Zeit eine hohe internationale Reputation.

Auf der Grundlage der orthodox-marxistischen, nicht-revisionistischen politischen Ökonomie waren die Austromarxisten bestrebt, den wissenschaftlichen Sozialismus im Kontext zeitgenössischer sozialwissenschaftlicher (z. B. Österreichische Schule der Nationalökonomie) und philosophischer Strömungen (Neukantianismus) zu positionieren, unter Berücksichtigung von neuen Entwicklungstendenzen in Wirtschaft und Gesellschaft der Zeit nach Marx.

In seinem Beitrag „Kausalität und Teleologie im Streite um die Wissenschaft" zum 1. Band der Marx-Studien versuchte der Philosoph Max Adler (1873–1937) eine Synthese zwischen der Erkenntnistheorie Kants und der Marx'schen Gesellschaftstheorie.[76] Allerdings fällt dem Versuch einer Kantischen Fundierung des Marxismus die dialektisch-materialistische Erkenntnistheorie zu Opfer. Die geringe theoretische Kohärenz der Theorieansätze des wissenschaftlichen Austromarxismus zeigt sich etwa darin, dass Renner eine naiv-positivistische Erkenntnistheorie vertrat, in seinen politökonomischen Auffassungen stärker Lassalle als Marx und Engels verpflichtet erscheint. In der Frage des Verhältnisses von Theorie und Praxis bestanden erhebliche Meinungsdifferenzen zwischen den aktiven Politikern Renner und Bauer und Max Adler, den Renner als „marxistischen Scholastiker"[77] bezeichnete.

Karl Renner (1870–1950), um 1905.

Anknüpfend an Victor Adlers Formel über das Verhältnis von Reform und Revolution ist die Verbindung von revolutionären marxistischen Zielsetzungen und Klassenkampf mit praktischer Reformarbeit in der Gegenwart das grundlegende Merkmal des „politischen Austromarxismus" der Zwischenkriegszeit.[78] Der Austromarxismus ist antirevisionistisch und vermeidet Kritik an einzelnen Theoremen von Marx und Engels.[79] Deutlich ist die Abgrenzung zum bolschewistischen Kommunismus[80] durch das Festhalten am demokratischen Parlamentarismus bei konsequenter Ablehnung von Gewalt als Mittel zur Erlangung der politischen Macht, auch auf Seiten des linken Parteiflügels. Als Vermächtnis Victor Adlers wirkte in der Partei auch in der Zeit der Republik ein starkes Streben nach Einheit zwischen rechten und linken Strömungen nach, um eine Spaltung der Arbeiterbewegung wie in Deutschland nach dem Weltkrieg zu vermeiden.

Als sich am Ende des Weltkriegs das heutige Österreich als demokratischen Republik konstituierte,[81] sah sich die Sozialdemokratie, die mit Renner den Staatskanzler und zahlreiche Minister stellte, plötzlich in den Besitz der Staatsmacht gelangt, allerdings in einer Koalitionsregierung ohne eigene parlamentarische Mehrheit. In dieser Phase extremer politischer Instabilität verfolgte die Partei eine anti-revolutionäre Politik. Im Unterschied zu Deutschland gelang es, gewaltsame Aktionen der sog. Roten Garden zu verhindern, vor allem aber, die Kontrolle über die Arbeiterräte zu erlangen und so einer kommunistischen Rebellion den Boden zu entziehen. Ebenso bedeutend war die soziale Reformpolitik der unmittelbaren Nachkriegsjahre. Unterstützt vom Druck aus den Betrieben und von der Straße konnte die Sozialdemokratie eine Vielzahl von Sozialgesetzen durch das Parlament bringen, welche die soziale und wirtschaftliche Lage der Arbeiter kurzfristig fühlbar verbesserten und dadurch wahrscheinlich entscheidend zur Beruhigung der politischen Lage beitrugen.[82] Langfristig bilden die Gesetze bis heute die Grundlage des modernen Sozialstaats. Allen Aufforderungen von Seiten der ungarischen Räteregierung, ihrem Beispiel zu folgen, erteilte die österreichische Sozialdemokratie eine klare Absage.

Durch die Parlamentswahlen von 1920 wurden die Christlichsozialen zur stärksten Partei. Im Gesamtstaat auf die Oppositionsrolle beschränkt, behielt die Sozialdemokratische Partei die unangefochtene politische Kontrolle über die Bundeshauptstadt Wien, wo weitreichende soziale Reformmaßnahmen verwirklicht wurden („Rotes Wien"). Die Neuausrichtung der politischen Strategie wurde durch die Oppositionsrolle entscheidend geprägt.

In der Opposition bestimmte Otto Bauer den politischen Kurs der Partei. In seinem Buch *Die österreichische Revolution* (1923) hatte er die Beteiligung an einer Regierungskoalition mit einer der bürgerlichen Parteien von der Bedingung abhängig gemacht, „ob die Koalitionsregierung ein zweckdienliches, ein wirksames Mittel im Klassenkampf sein kann."[83] Für die Erreichung einer absoluten Mandatsmehrheit bei Parlamentswahlen hätte die Partei allerdings die Stimmen beträchtlicher Teile der bäuerlichen und „kleinbürgerlichen" Bevölkerungsgruppen gewinnen müssen. Das bedeutete reformistische Politikangebote, großteils ohne „revolutionäres Potenzial", in Spezialprogrammen (Sozialdemokratisches Agrarprogramm 1925, Angestelltenpolitik) und im neuen Parteiprogramm (Linzer Programm) 1926.

Die Zielsetzung, für nicht-proletarische Arbeitnehmerschichten wählbar zu werden, wurde durch die revolutionär-marxistische Terminologie des Programms konterkariert. Es bekräftigt das Ziel der Sozialdemokratie, „die Mehrheit des Volkes unter der Führung der Arbeiterklasse zu sammeln … und der Arbeiterklasse die Herrschaft in der demokratischen Republik zu erobern." Heftigen Widerspruch in der Öffentlichkeit und bei den anderen Parteien, aber auch Bedenken in den eigenen Reihen rief die Aussage hervor, „die Arbeiterklasse wäre gezwungen, den Widerstand der Bourgeoisie mit den Mitteln der Diktatur zu brechen"[84], sollte diese nach einem Wahlsieg der Sozialdemokratie versuchen, den planmäßigen Umbau der Gesellschaft zu sabotieren. Besonders an dieser Stelle zeigt sich eine krasse Fehleinschätzung der realen Machtverhältnisse, die sich bald danach noch massiv zu Ungunsten der Sozialdemokratie verschlechterten. Dies zeigte sich, als im Februar 1934 der Versuch der bewaffneten Organisation der Partei, des Republikanischen Schutzbundes, die Republik gegen den Zugriff der autoritär-faschistischen Kräfte zu verteidigen, mit der vollständigen Niederlage endete.

EINIGE SCHLUSSFOLGERUNGEN ÜBER DEN „WEG ZUM SOZIALISMUS" IM RÜCKBLICK

In den abschließenden Betrachtungen nehme ich Bezug auf die von Engels konzipierte Politikstrategie zur Erreichung des Endziels einer sozialistischen Wirtschafts- und Gesellschaftsordnung und auf die Frage einer Synthese von revolutionärer Zielsetzung und Reformismus.

Engels' Politikstrategie beruhte auf der langfristigen Perspektive der Entwicklung des Kapitalismus, die Marx im ersten Band des *Kapital* als einen sich mit ökonomischer Gesetzmäßigkeit vollziehenden Prozess dargestellt hatte, dessen einzelne Bestimmungsfaktoren Engels aber den seither eingetretenen Veränderungen entsprechend durchaus unterschiedlich gewichtete. Unbeirrt festgehalten hat er an der Erwartung einer Eliminierung der kleinbürgerlichen und bäuerlichen Mittelschichten durch die von Konkurrenz und technischer Entwicklung angetriebene Tendenz zur Konzentration und Zentralisation des Kapitals mit der Folge einer immer weitergehenden Polarisierung der Gesellschaft, bei der am Ende eine sozial homogene, nivellierte Arbeiterklasse, die den überwältigenden Teil der Bevölkerung ausmacht, einer kleinen Zahl von Kapitaleigentümern gegenübersteht, welche die Staatsmacht innehaben. An der These der „Verelendung" der Masse der Proletarier hat Engels angesichts der mangelnden Bestätigung durch die reale Entwicklung kaum noch festgehalten, seine Erwartung war auf die Entwicklung eines Klassenbewusstseins des Proletariats gerichtet, auf dessen auf der „Wissenschaftlichkeit" der Marx'schen Theorie beruhende revolutionäre Siegesgewissheit durch kontinuierliches Anwachsen der in Partei und Gewerkschaft politisch organisierten Arbeiterbewegung. Für Engels war es keine Frage des „ob", sondern eine Frage der Zeit, dass das Proletariat ein solches Übergewicht im Anteil der Bevölkerung erlangt, dass es eines Tages auch die Mehrheit im Parlament des kapitalistischen Staats bilden wird – deswegen trat er konsequent für den Kampf um das allgemeine Wahlrecht und die Nutzung aller politischen Möglichkeiten, die sich den Repräsentanten des Proletariats dadurch boten, ein.

Wenn die dem Kapitalismus innewohnende Dynamik aus sich selbst Formen der ökonomischen und gesellschaftlichen Organisation hervorbrachte, welche dem Übergang zum Sozialismus Vorschub leisteten, so wehrte sich Engels dennoch immer gegen die Vorstellung eines friedlichen, d. h. bruchlosen Hineinwachsens in den Sozialismus. Diese Transformation blieb für ihn ein revolutionärer Akt, vollzogen nach der politischen Machtübernahme durch das Proletariat, wobei er offenließ, ob mit oder ohne Gewaltanwendung.

Engels betonte Funktion und Wirkungen der Krise im Rahmen der Entwicklung des Kapitalismus, vor allem in Bezug auf die Tendenz der Konzentration und Zentralisation des Kapitals. Relativ geringe Bedeutung in seiner Politikstrategie hat die Marx'sche These von einer zunehmenden Verschärfung der periodisch wiederkehrenden Krisen.

Schon zu Lebzeiten von Engels, immer deutlicher in den darauffolgenden Jahrzehnten bis zum Beginn des Weltkriegs mehrten sich die Anzeichen, dass die Entwicklung des Kapitalismus nicht dem von Marx und Engels entworfenen Bild entsprach. Die Auf- und Abschwünge der Konjunktur entsprachen dem Bild der periodisch wiederkehrenden Krisen, zeigten aber keine Tendenz zur Verschärfung. Die These von der Tendenz zur Konzentration und Zentralisation des Kapitals fand in der realen Entwicklung zwar ihre Bestätigung, aber in ihrer konkreten Ausprägung waren die Folgen nicht so wie von Marx und Engel erwartet. Zum einen erwiesen sich die besitzenden kleinbürgerlichen Schichten als wesentlich stärker anpassungs- und überlebensfähig, besonders in der Landwirtschaft, aber auch in Handwerk, Gewerbe und Handel. Langfristig noch wichtiger war das starke Wachstum einer neuen Angestellten- und Beamtenschicht. In der Erwerbsbevölkerung kam es nicht zur Polarisierung zwischen einer kleinen Zahl von Kapitalisten einerseits und einer homogenen, vom Typus des Industriearbeiters geprägten proletarischen Arbeiterschaft. Die Struktur der Gesellschaft veränderte sich, aber ihre Differenziertheit nahm eher zu als ab, das Proletariat wurde nicht zur Bevölkerungsmehrheit. Das Fundament der Engels'schen Politikstrategie, die Entwicklung eines unwiderstehlich zur Mehrheit werdenden, immer stärker vom Klassenbewusstsein geprägten revolutionären Proletariats, wurde zunehmend unrealistisch.

Die nicht zu übersehende Tatsache, dass die besitzenden kleinbürgerlichen und bäuerlichen Bevölkerungsschichten auf absehbare Zeit weiterhin einen beträchtlichen Anteil in der sozialen Struktur behalten würde, ließ sich auch nicht mit dem Argument kleinreden, diese Schichten seien wirtschaftlich abhängig von kapitalistischen Großunternehmungen und/oder Banken und hätten dadurch ihre Selbstständigkeit eingebüßt,[85] ihr sozialer Status habe sich dadurch jenem der Proletarier angenähert. Um ihren Mandatsanteil bei Parlamentswahlen weiter zu steigern, mussten sich sozialdemokratischen Parteien entweder um Stimmen von Kleinbürgern und Bauern werben, oder versuchen, Koalitionen mit anderen Parteien einzugehen. Beides förderte die von Engels immer bekämpfte Neigung zum Reformismus.

Es erscheint als Paradoxon, dass gerade der problematische Teil der Marx/Engels'schen Theorie der kapitalistischen Entwicklung, dass diese mit quasi naturgesetzlicher Notwendigkeit zum Sozialismus führe, wesentlich zu den Erfolgen der sozialdemokratischen Bewegung in der Zeit vor dem Ersten Weltkrieg beitrug.[86] Das Bewusstsein von der Sieghaftigkeit der Bewegung, von der historischen Mission des Proletariats, die Menschheit von Unterdrückung und Ausbeutung zu befreien und in eine glückliche Zukunft zu führen, wie es in unzähligen Schriften, Gedichten und Liedern immer wieder bekräftigt und beschworen wurde, bildete eine unabdingbare Grundlage dafür, dass immer mehr in ursprünglich niedrigen und elenden Verhältnissen lebende Menschen in eine organisierte Arbeiterbewegung ihre Hoffnungen setzten und sich ihr anschlossen. So gelang die Organisation einer Massenbewegung, die sich weit über den politischen Bereich hinaus erstreckte, und die, auch wenn sie von der Teilhabe an der politischen Macht ausgeschlossen blieb, von den herrschenden Schichten als politische und soziale Gruppierung ernst genommen werden musste.

Der in der Praxis zunehmend reformistische Charakter der österreichischen Sozialdemokratie vor dem Weltkrieg äußerte sich vor allem in der wachsenden organisatorischen Stärke der Gewerkschaftsbewegung, die für große Gruppen von Arbeitnehmern fühlbare Verbesserungen ihres Lebensstandards und ihrer sozialen Lage durchsetzen konnte. In der Sphäre der Politik machte sich die Sozialdemokratische Partei die Erhaltung der Habsburgermonarchie durch demokratische Reformen, zu denen dieser traditionalistisch geprägte Staatsverband allerdings nicht mehr fähig war, zu einem ihrer zentralen Anliegen. Sie trat der von den Repräsentanten nationalistischer Parteigruppierungen betriebenen „Obstruktionspolitik" im Reichsrat entgegen, der seit 1911 das Parlament lahmlegte, freilich ohne Erfolg.

In der extrem schwierigen Übergangsphase vom Großstaat der Habsburgermonarchie zum

„Reststaat" der Republik (Deutsch-)Österreich fand sich die Sozialdemokratie plötzlich im Besitz der politischen Macht, allerdings geteilt mit den bürgerlichen Parteien. Mit einer reformistisch-anti-revolutionären Politik erzielte die Partei in dieser Zeit ihre größten Erfolge durch eine breite Welle sozialpolitischer Reformen. Reformistisch konzipiert war auch das Sozialisierungsprogramm der Partei, das nicht nur am Widerstand der bürgerlichen Parteien scheiterte.

Die Regierungsbeteiligung der Sozialdemokratie in Österreich war nach zwei Jahren – die von Otto Bauer als eine Periode des „Gleichgewichts der Klassenkräfte" bezeichnet wurde – wieder zu Ende. Danach verfolgte die Partei eine politische Strategie des „revolutionären Reformismus", von Bauer intendiert als Fortsetzung des Klassenkampfes mit demokratischen Mitteln zur Erreichung des revolutionären Endziels.

Eine zeitweilige Renaissance erlebte die Theorie der finalen Krise des Kapitalismus durch die Große Depression der 30er Jahre. Tatsächlich war es aber nicht die sozialistische Alternative, welche durch die Wirtschaftsdepression politischen Auftrieb erhielt, sondern der Faschismus, der auch in Österreich den sozialdemokratischen Hoffnungen ein gewaltsames Ende bereitete.

Im Unterschied zu Bauer hatte Karl Renner schon während des Ersten Weltkriegs ein Lassalleanisches Modell des Staatssozialismus konzipiert, das auf den langfristigen Ausbau eines „demokratischen Wirtschaftsstaates" ausgerichtet war.[87] Das Wort „Klassenkampf" behielt Renner zwar bei, gab ihm aber eine andere, nicht-revolutionäre Bedeutung im Sinne eines permanenten Interessenkonflikts zwischen Arbeit und Kapital, der im rechtlichen Rahmen mit rechtlichen Mitteln durch Verhandlungen ausgetragen wird. Ob diese Konzeption angesichts der tiefgehenden Feindschaft maßgeblicher Teile des Bürgertums in der ersten österreichischen Republik eine Chance gehabt hätte, erscheint höchst zweifelhaft. 1945 wurde Renner zum Neugründer der „2. Republik", seine Konzeption zu deren inoffizieller Staatsphilosophie.

↑ **Guiseppe Pellizza da Volpedo,** Der Vierte Stand, 1901.

In einem Punkt seiner politischen Strategie sollte Engels für Österreich Recht behalten. Er warnte die Sozialdemokraten entschieden davor, mit dem Gedanken einer bewaffneten Rebellion zu spielen, die beim fortgeschrittenen Stand der Kriegstechnik mit einer Niederlage der Aufständischen enden und die Bewegung um Jahrzehnte zurückwerfen würde. Die deutschen Sozialdemokraten warnte er, sich von der Reaktion zur Rebellion oder auch nur zu einer Rhetorik der Gewaltbereitschaft provozieren zu lassen. Es war eine provokative Aktion der faschistischen Heimwehr, welche im Februar 1934 einen bewaffneten Aufstand des Republikanischen Schutzbundes auslöste, die mit einer katastrophalen Niederlage endete und der christlich-sozialen Regierung den seit längerem schon gesuchten Anlass bot, Österreich in einen autoritären Ständestaat umzuwandeln.

VON JAMES WATT BIS NIKOLAUS OTTO

Von der Dampfmaschine zum Verbrennungsmotor

James Watt (1736–1819), um 1775, Erfinder der ersten anwendungsreifen Dampfmaschine. Seine praktischen Verbesserungen wie der Balancier, die Kraftübetragung mittels Pleuel auf ein Schwungrad, der separate Dampfkessel und das Parallelogramm zur Senkrechthaltung der Kolbenstange ersetzten die ältere Konstruktion von Thomas Newcomen. Hinzu kamen 1782 die push and pull Technik der Zylinderbefüllung, 1788 der Fliehkraftregler und 1790 das Überdruckventil. Mit seinen Verbesserungen sorgte er dafür, dass die Energieeffizienz einer Dampfmaschine (ca. 4,5 %) in so weit gesteigert werden konnte, dass ihr Einsatz für den Antrieb von Maschinen – zumeist subsidiär zur Wasserkraft – rentabel wurde.

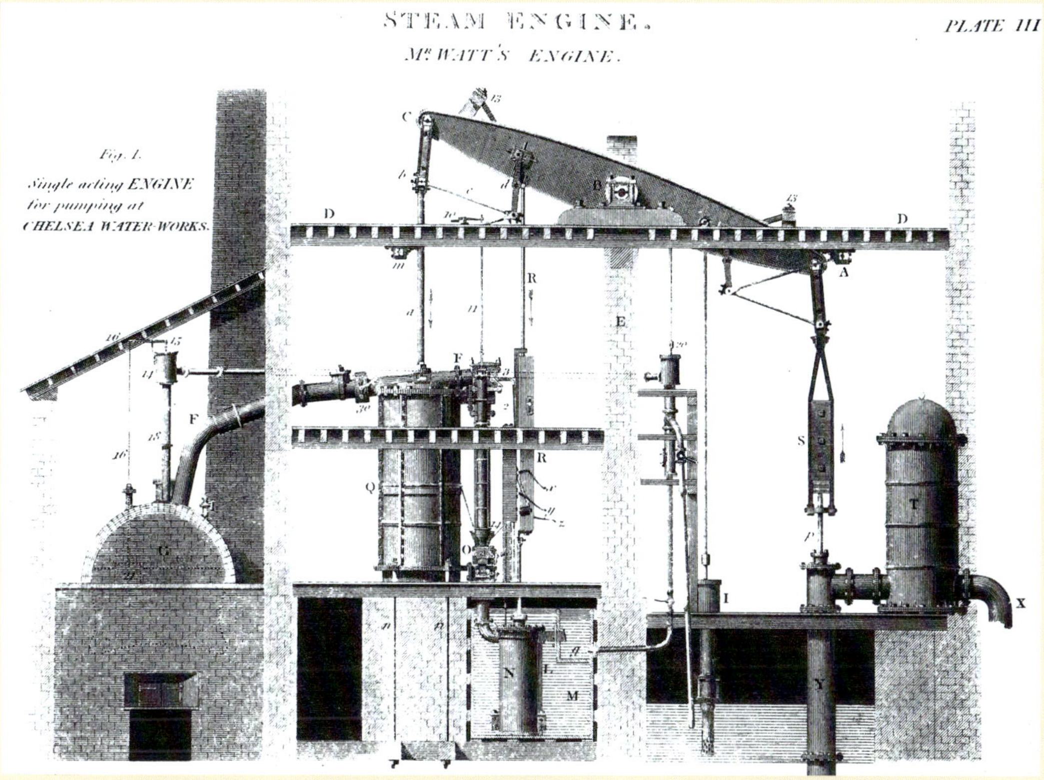

Konstruktionszeichnung (Schnitt) einer Dampfmaschine nach James Watt zum Betrieb einer Pumpe, um 1790.

Matthew Boulton (1728–1809), ca. 1795. Der englische Unternehmer war Geschäftspartner von James Watt. Die Firma Boulton & Watt war 1775 mit dem Ziel gegründet worden, verbesserte Versionen von Dampfmaschinen zu bauen und auf den Markt zu bringen. Zur Fabrik in Smethwick bei Birmingham (England) gehörte die Soho Foundry, um die nötigen Eisenqualitäten selbst herstellen zu können.

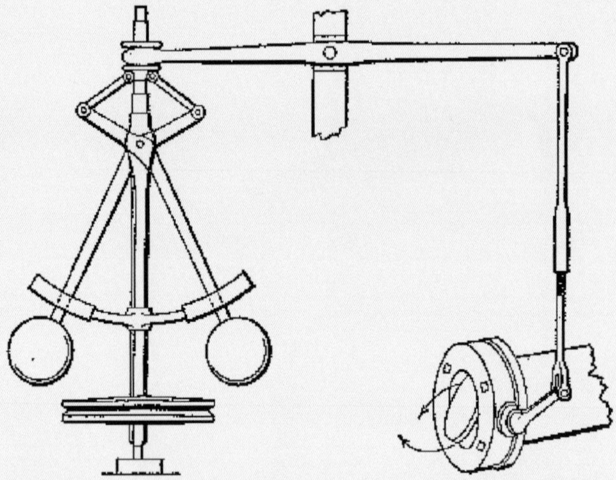

Doppelt wirkende Dampfmaschine mit Fliehkraftregler und Parallelogramm, gebaut von Boulton & Watt 1787–1800.

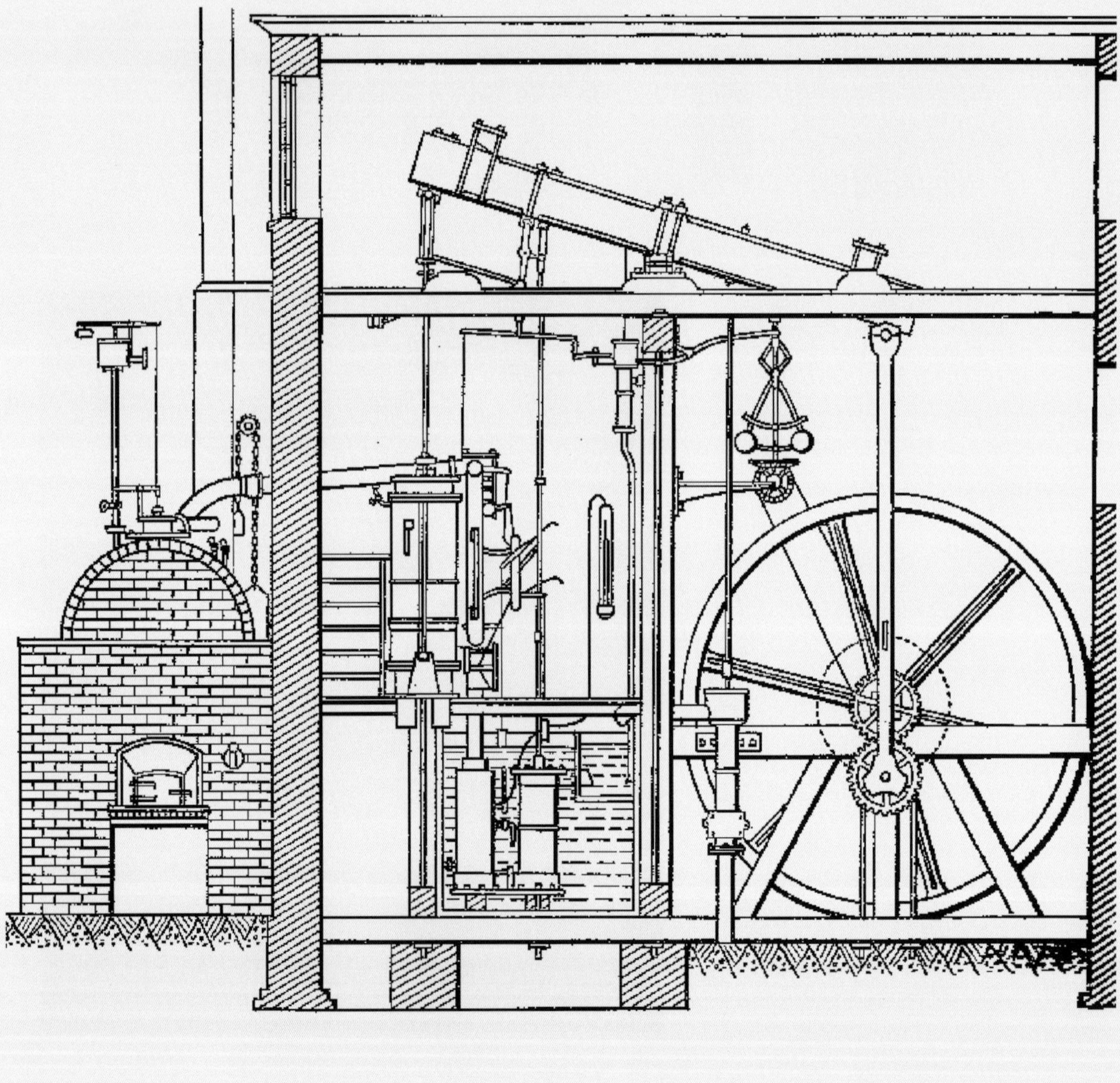

→ **Compound Dampfmaschine** von Arthur Woolf mit einer erhöhten Energieeffizienz von 7,5%. Die Firma Woolf & Edwards baute ab 1815 in Chaillot für den kontinentaleuropäischen Markt.

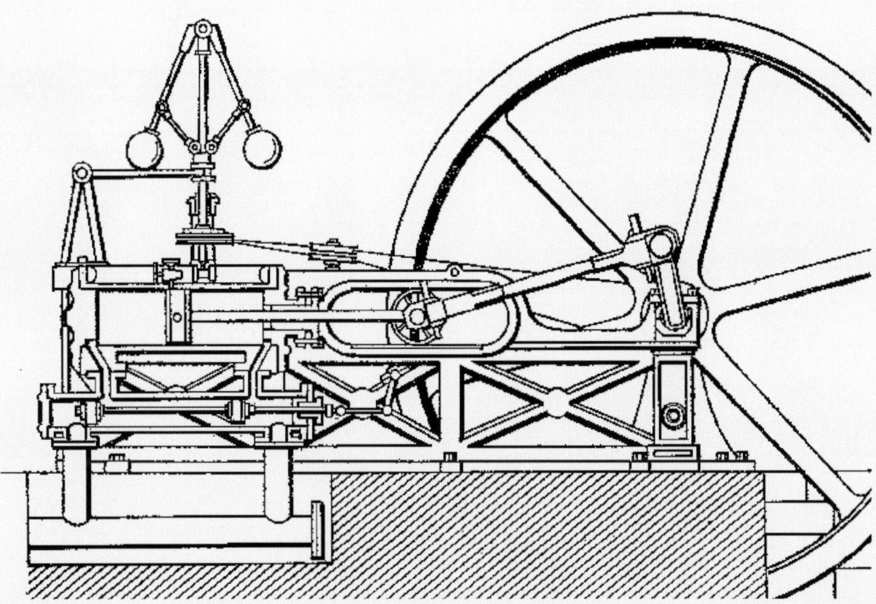

← **Liegende Dampfmaschine** nach Taylor, um 1828. Bereits Henry Maudslay hatte sich mit der Konstruktion liegender Zylinder befasst, um Dampfmaschinen für den Einbau in Lokomotiven tauglich zu machen und den Wirkungsgrad durch Gewichtsreduktion der beweglichen Teile zu erhöhen. Erst mit der Lösung des Dichtungsproblems zwischen Kolbenring und Zylinderbohrung war der Weg frei für diesen universell einsetzbaren und zuverlässigen Maschinentyp, der bis zum Ende des 19. Jahrhunderts ein weit verbreiteter Klassiker in der industriellen Anwendung war.

Maudslay's Tischdampfmaschine von Maudslay Sons & Field, 1838. Bereits 1807 hatte Henry Maudslay eine Dampfmaschine mit oszillierendem Zylinder konstruiert, der den schweren Balancier ersetzte. Ab 1820 wurden kleinere Antriebsmaschinen gebaut, die gut in bestehenden Werkstätten unterzubringen waren. Allerdings waren sie aufgrund ihrer hohen Umdrehungszahl anfällig für Defekte und wurden um 1850 wieder abgelöst.

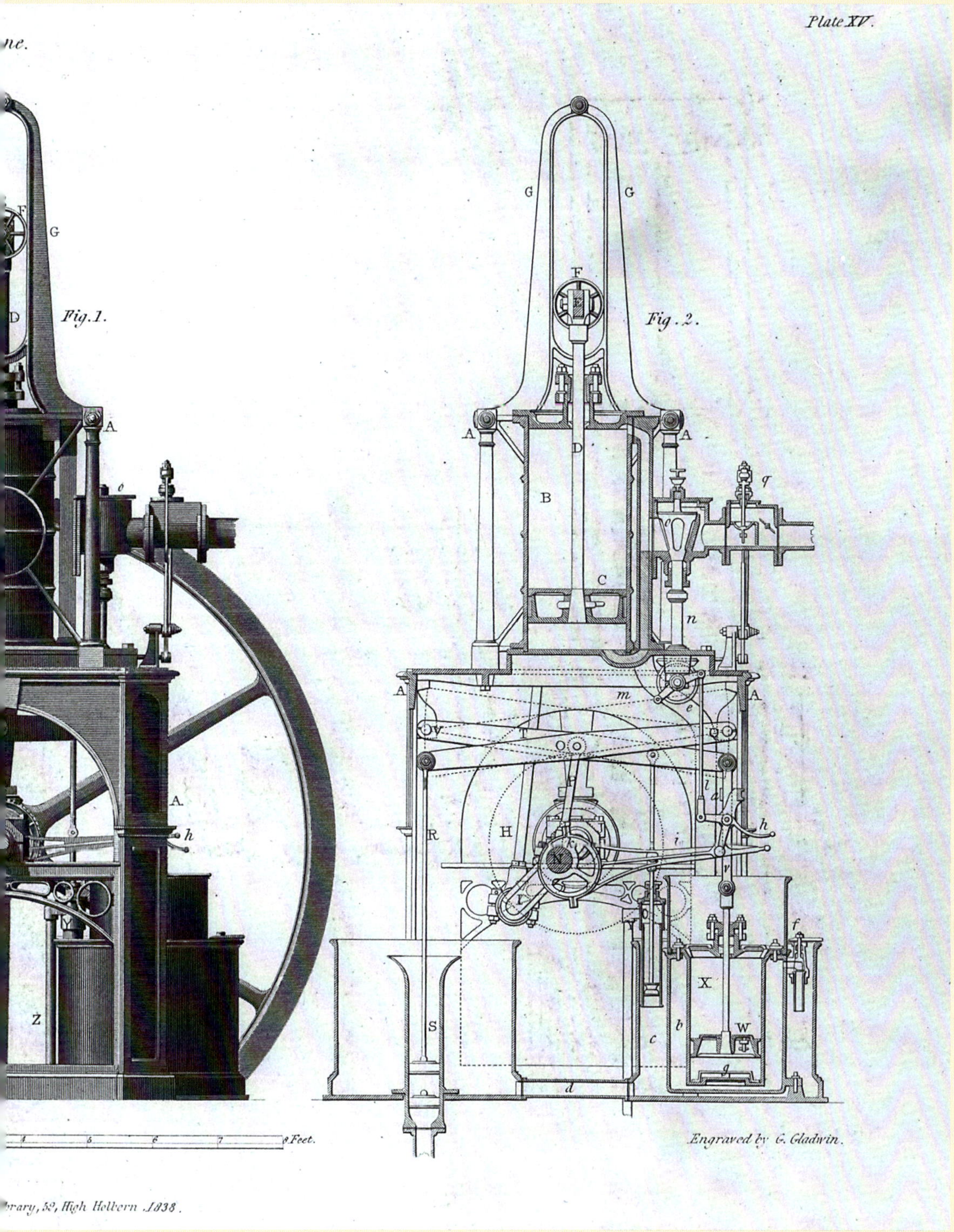
Plate XV.
ne.
Fig. 1.
Fig. 2.
Engraved by G. Gladwin.
Feet.
rary, 52, High Holborn 1838.

↑ **Tischdampfmaschine** des Schweizer Ingenieurs C. C. Gutknecht, um 1850; der von Henry Maudslay entwickelte Direktantrieb der Kurbelwelle mit oszillierendem Zylinder eröffnete seit den 1830er Jahren die Chance zum Einsatz kleinerer Dampfmaschinen in Werkstätten. Der französische Ingenieur Francois Cavé baute zwischen 1830 und 1840 rund 120 Exemplare. Hier eine senkrecht nach unten wirkende Konstruktion des Schweizer Ingenieurs C. C. Gutknecht, der mit lässigem Stolz seine Maschine präsentierte.

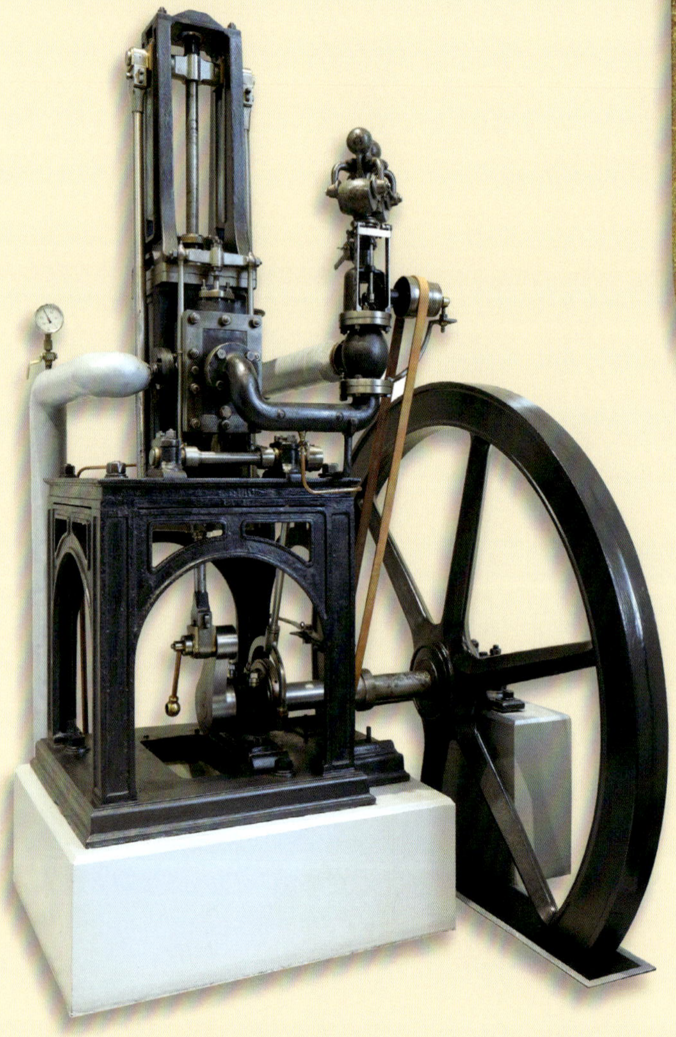

↑ **Tischdampfmaschine** von Henry Maudslay (Patent 1807). Über dem senkrechten Zylinder befinden sich die Gleitbahnen, die das Querhaupt der Kolbenstange führen. Über zwei Schubstangen wird die Kraft auf die am Fuß des Tisches liegende Kurbelwelle übertragen. Sie treibt auch die Luftpumpe für den Kondensator und die Wasserpumpe an. Der Gewichts-Drosselregler hat eine dreifach gestufte Riemenscheibe mit einer Gegenscheibe auf der Kurbelwelle. Mit Hilfe einer Riemenausrückung können drei Drehgeschwindigkeiten eingestellt werden. Die Konstruktion verzichtet auf den Balancier und ist daher platzsparend. Zudem sind die bewegten Massen geringer als bei der Watt'schen Dampfmaschine; dies ermöglicht höhere Drehzahlen bei geringerem Verschleiß.

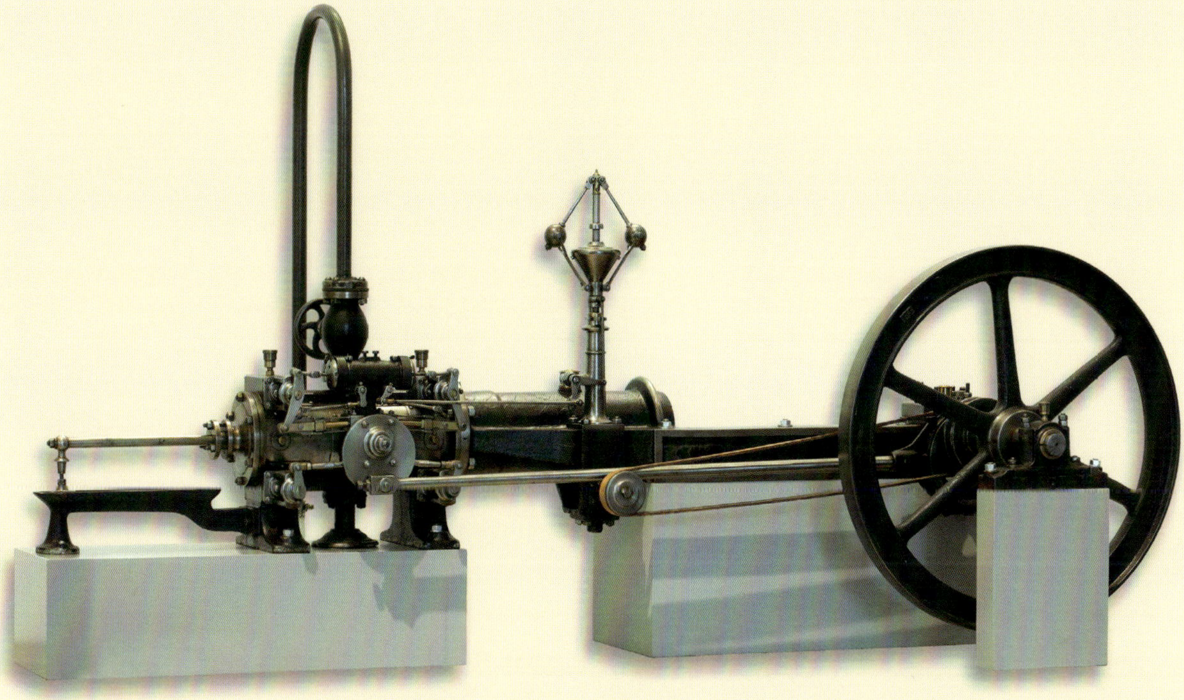

↑ **Modell einer Corliss Dampfmaschine.** Georg Henry Corliss entwickelte 1849 die Drehschiebersteuerung für Dampfmaschinen. Bei dieser Maschine mit waagrechtem Zylinder sind die Einlaßschieber oben und die Auslaßschieber unten (Vierventilmaschine) angebracht. Eine von einem Exzenter bewegte Drehscheibe betätigt mittels kurzer Gelenkstangen die Hebel für die Einlass- und Auslassschieber. Die gekoppelte Lage der Hebelzapfen bewirkt ein rasches Öffnen und Schließen von Ein- und Auslassöffnungen. Die Energieeffizienz betrug über 17 %. Corliss führte im Maketing ein Leasingsystem für seine Dampfmaschinen ein und stellte sie auf Messen und Ausstellungen aus. Seine Produkte überzeugten und setzten sich am Markt durch.

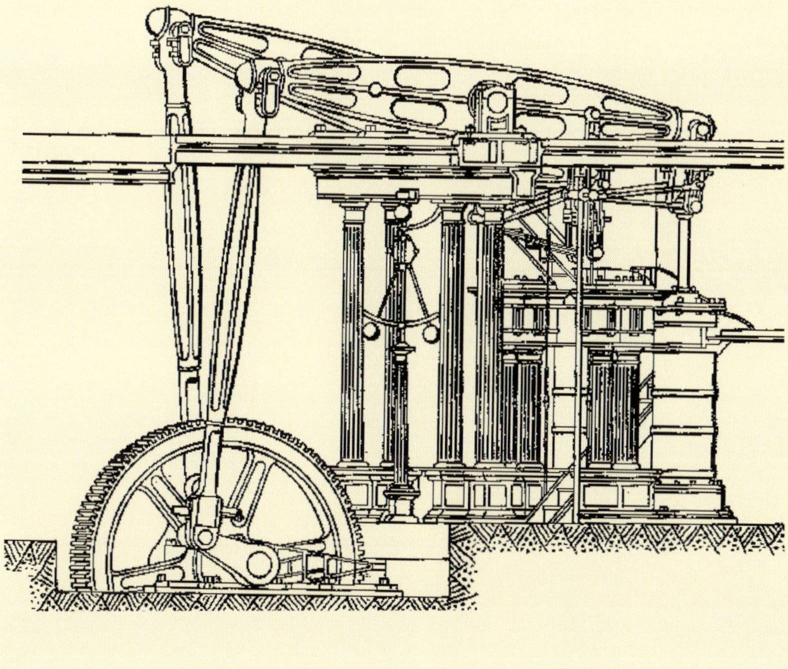

← **Zwei Zylinder Dampfmaschine** in Gusseisenkonstruktion mit versetzt wirkendem Antriebspleuel bei 200 PS Leistung, um 1850.

„GASMOTORENFABRIK DEUTZ," Deutz near Col
GENERAL AGENTS for the UNITED STATES
SCHLE
ERS, Philadelphia
FRIED. KR

↑ **Nikolaus August Otto** (1832–1891), der gelernte Kaufmann und technische Autodidakt experimentierte seit 1862 mit Viertaktmotoren und baute 1863 seine erste Gaskraftmaschine. 1864 gründete er zusammen mit dem Kölner Ingenieur Carl Eugen Langen (1833–1895) die erste Motorenfabrik der Welt, ‚N.A. Otto & Cie'. Langen wurde später als Ideengeber für die Wuppertaler Schwebebahn berühmt. Im Jahre 1876 gelang es, einen Viertaktgasmotor mit verdichteter Ladung zu entwickeln. Gottlieb Daimler (1834–1900), der seit 1872 die Werkstattleitung in Deutz hatte, und Wilhelm Maybach (1846–1929) brachten den schnelllaufenden Motor zur Serienreife. Aus einer kleinen Werkstatt wurde in wenigen Jahren ein Weltunternehmen. Dieser Motorentyp bildete die Grundlage für den Bau von Verbrennungsmotoren wie sie noch heute im Gebrauch sind.

← **Produkte der Gasmotorenfabrik Deutz** während der Weltausstellung Philadelphia 1876. Die Gasmotoren-Fabrik Deutz präsentierte den weltweit ersten Viertaktmotor, nach seinem Erfinder und Firmengründer Nikolaus Otto (1832–1891) auch Otto-Motor genannt. Das Deutzer Unternehmen vergab Lizenzen an die Crossley Brothers in Manchester, wo der erste Verbrennungsmotor in Großbritannien gebaut wurde. 1877 eröffnete die Gasmotoren-Fabrik Deutz eine Niederlassung in Philadelphia, wo die erste Otto-Motorenfabrik in den USA entstand.

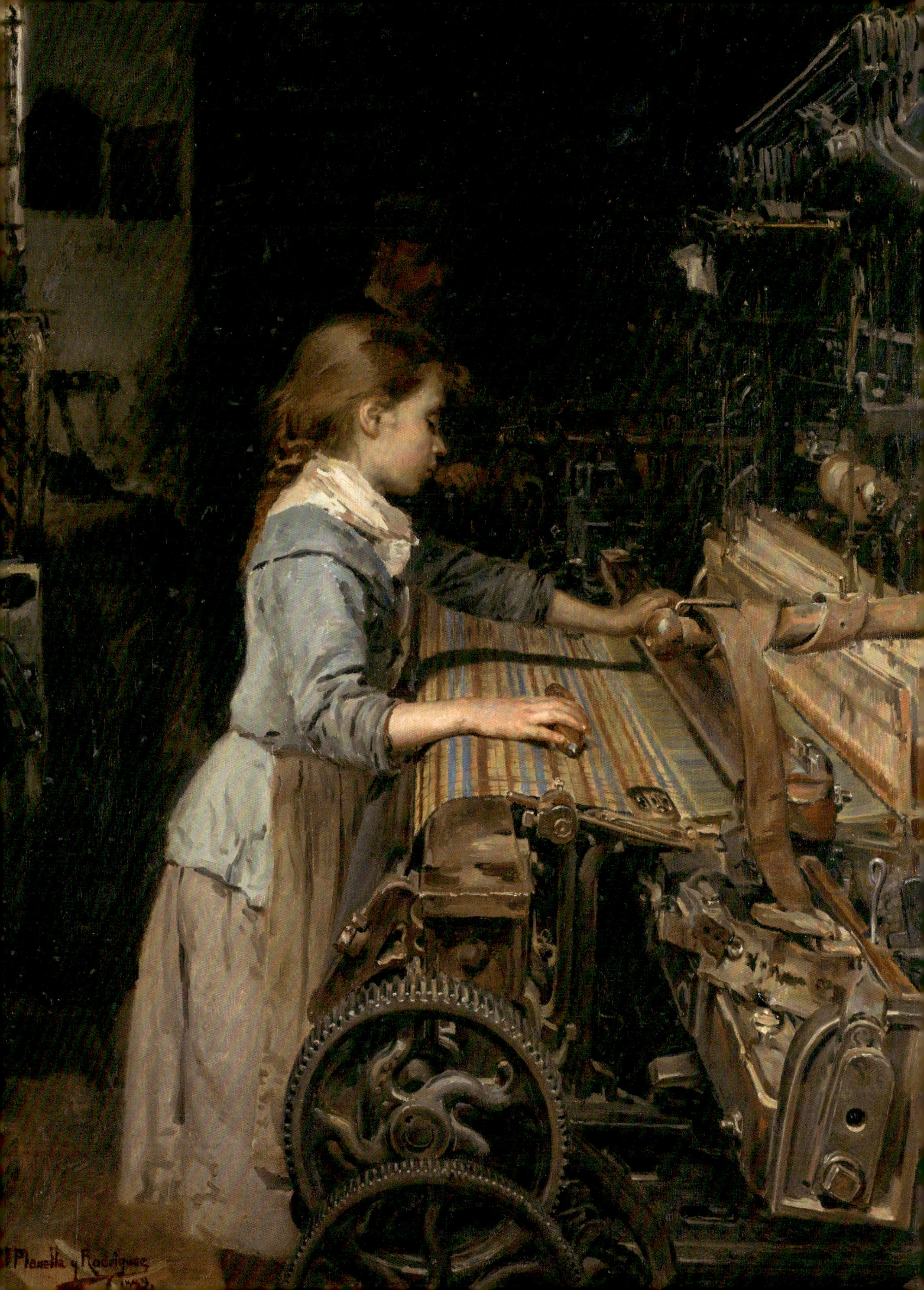

MENSCH UND MASCHINE

TECHNIKVORSTELLUNGEN BEI FRIEDRICH ENGELS, KARL MARX UND ERNST KAPP

EBERHARD ILLNER

EINFÜHRUNG

Ökonomen, Soziologen oder Historiker sprechen seit über 150 Jahren von der „Industriellen Revolution", die die Lebensverhältnisse wie kaum in der Geschichte zuvor fundamental verändert hat und bis in das 21. Jahrhundert hinein prägend wirkt. Unter dem Begriff werden überwiegend jene technischen, ökonomischen und sozialen Veränderungen gefasst, die Großbritannien im späten 18. und im 19. Jahrhundert zum modernen Industrieland formten. Schauplätze waren die sprunghaft wachsenden industriellen Zentren in Großbritannien v. a. London, Manchester, Sheffield, Glasgow und die Seehäfen Liverpool, Hull, Southampton und Portsmouth sowie die Londoner Docks von Woolwich. Verursacht wurde dieses einzigartige Wachstum durch einen Komplex von Veränderungen der landwirtschaftlichen Produktion, des Gewerbes, des Handels sowie des Küsten- und Hochseetransports mit weitreichenden demografischen Auswirkungen und strukturellen Veränderungen in der Rohstoffgewinnung und Warenproduktion.[1] Den Auftakt um 1750 machten die Textil- und die Eisenindustrie, gefolgt vom Bergbau, der chemischen Verarbeitung, dem Maschinenbau und der Kommunikationstechnik. Die Schwerindustrie mit dem Schiffs- und Eisenbahnbau sowie der Maschinenbau und nachfolgend die Elektroindustrie bildeten dann schon den Übergang zur Hochindustrialisierung in der zweiten Hälfte des 19. Jahrhunderts.[2] Bis heute werden immer neue Fragen aufgeworfen, wo, wann und wie sich denn „Industrie" zu einem so wirkmächtigen Faktor entwickeln konnte, so dass die Kriterien einer „Revolution", d. h. einer radikalen Umwälzung hauptsächlich ökonomisch-technischer Strukturen, erfüllt waren.[3]

← **Joan Planella i Rodriguez**, Das Arbeitsmädchen oder Die Weberin, 1882. Auch die katalonische Handelsstadt Barcelona wurde in der zweiten Hälfte des 19. Jahrhunderts von der Industrialisierung erfasst. In der Textilindustrie arbeiteten Kinder und Jugendliche. Das Bild wurde u. a. auf der Weltausstellung in Barcelona 1888 gezeigt.

Von Beginn an erhielt die Diskussion um Charakter und Umfang „Industrieller Revolution(en)" zusätzliche Dynamik durch ihre Einbettung in Entwicklungstheorien des modernen Industriekapitalismus, wie sie – das Vorbild der Französischen Revolution von 1789 vor Augen – vor allem in den Schriften von Karl Marx und Friedrich Engels vorgenommen wurde: Die „Industrielle Revolution" und insbesondere die Maschinisierung der Produktion sei eine notwendige Voraussetzung für die Durchsetzung kapitalistischer Produktionsformen. Einerseits sei ihre hohe Produktivitätsdynamik und gesteigerte Effektivität – gerade in einer zukünftigen sozialistischen Gesellschaft – notwendig. Dies führe aber unter den Bedingungen des Kapitalismus unweigerlich in eine krisengeschüttelte Phase mit finaler Selbstzerstörung. Die negativen Begleiterscheinungen der Maschinisierung seien konstitutive Bestandteile kapitalistischer Warenproduktion. Aufgrund ihres Entfremdungs- und Ausbeutungspotentials im Rahmen einer auf dem Privateigentum aufgebauten bürgerlichen Gesellschaft und den daraus resultierenden gesellschaftlichen Antagonismen sei eine politische Revolution unausweichlich, so lautete ein zentrales Argument, abgeleitet aus der Kritik von Friedrich Engels an den Industrieverhältnissen in England um die Mitte der 1840er Jahre. Karl Marx übernahm diese Argumentation während seiner Brüsseler Zeit und insbesondere nach seinem Besuch in Manchester im Sommer 1845.[4]

Die Frage nach den Auswirkungen der Maschinentechnik war damals gekoppelt an ein zunächst noch zu entwickelndes, schlüssiges Konzept, mit dem der „Faktor Technik" in ein ökonomisches und gesellschaftliches Bezugssystem eingebettet werden konnte. Manche Zeitgenossen, beeindruckt von spektakulären Innovationen wie der Dampfmaschine oder des maschinellen Spinnens und Webens, suchten unter der Überschrift „Industrielle Revolution" nach einer plausiblen Erklärung. In England wurden bereits in den 1830er Jahren tiefergehende technische Analysen „on machinery" publiziert. Auf dem Kontinent gab es in den 1870er und 1880er Jahren erste Ansätze einer „Philosophie der Technik".

Mit welchen Argumenten dieser länger anhaltenden Diskussion unter Technikern und Ökonomen hatte sich Engels auseinandergesetzt? Wie eingehend hat er sich mit den spezifischen Formen industriell-fabrikmäßiger Produktion, insbesondere der dabei angewandten Technik, befasst?

Ein Seitenblick auf Marx und dessen fragmentarische Maschinentheorie legt ein Technikverständnis frei, das sich deutlich von Engels unterschied. Engels argumentierte in seinen späteren Schriften durchaus entwicklungsoffen.

Es wird zu fragen sein, ob das Mensch-Maschine Verhältnis, das bei Engels und Marx zur Erzielung von Profit durch „Humankapital" als gestörter Antagonismus in Form „entfremdeter Arbeit" verstanden wurde, am Ende doch nur auf eine von Marx in eigenwilliger Weise verengte Interpretation von Hegels Aussagen zur Technik zurückzuführen ist.

Was passiert denn, wenn die Utopie wahr wird und durch Beseitigung der bürgerlichen Gesellschaft von Privateigentümern die Ausbeutungsverhältnisse aufgehoben sind? Wird sich dann der Mensch in Folge einer Rechtsänderung über Nacht im Einklang mit der Technik befinden, zumal sich diese – wie Marx selbst sagt – notwendigerweise weit komplexer entwickeln muss, um für eine vollumfänglich entfaltete Produktivität als Voraussetzung einer bedürfnisbefriedigten Gesellschaft zu sorgen? Mit Fischen, Jagen und Kritisieren alleine wird es auch im kommunistischen Paradies kaum sein Bewenden haben können, denn auch dort müssen die Betriebsmittel, sowohl Anlagen wie Maschinen und das dazu gehörige Fachwissen, in Gang gehalten werden.

Weiterhin stellt sich die Frage, ob es nicht zwischen etwa 1830 und 1890 alternative Konzepte zur Behebung nicht intendierter sozialer Folgewirkungen der Maschinenanwendung gegeben hat, die Marx und Engels trotz ihrer – von vielen behaupteten umfassenden – Auseinandersetzung mit historischen und zeitgenössischen ökonomischen und sozialen Theorien unbekannt geblieben sind.

In einer Gegenüberstellung mit der 1877 veröffentlichten Technikphilosophie des Geografen Ernst Kapp soll gezeigt werden, dass auch ganz andere Schlüsse aus den Problemstellungen einer Ökonomie im technischen Wandel gezogen wurden. So hatte Kapp – Aristoteles und Hegel reflektierend – auf der Basis seiner amerikanischen Praxiserfahrung eine anthropologische Technikphilosophie entwickelt. Selbst in Gesellschaften mit sozialer Ungleichheit bewirken technische Innovationen neue Produktionsstrukturen und damit durchaus auch neue Chancen für die Arbeiter. Zeitweise aus dem Lot geratene gesellschaftliche Strukturen könnten so repariert und auf höherem Niveau revitalisiert werden. Genau da, wo der Konflikt von Kapital und Arbeit seinen Ausgang genommen hat, nämlich beim kapitalintensiven Einsatz industrieller Großtechnik wie der Dampfmaschine, liege auch die Lösung in Form von dezentralisierten und kostengünstigen Antrieben, die Kleinbetriebe wieder wettbewerbsfähig machen, ja diesen sogar wirksames Innovationspotential eröffne. Damit wurde Kapp eine Art Vordenker für die kreative Nutzung jener technischen und betrieblichen Inventionen, die später Joseph Schumpeter (1883–1950) dem Unternehmer mit seinem Konzept der „schöpferischen Zerstörung" als Herausforderung eines sich ständig neu erfindenden Kapitalismus mit auf den Weg gegeben hat.

MENSCH UND MASCHINE IN FRIEDRICH ENGELS' FRÜHSCHRIFTEN

> „Die Geschichte der arbeitenden Klasse in England beginnt mit der letzten Hälfte des vorigen Jahrhunderts, mit der Erfindung der Dampfmaschine und den Maschinen zur Verarbeitung der Baumwolle. Diese Erfindungen gaben bekanntlich den Anstoß zu einer industriellen Revolution, einer Revolution, die zugleich die ganze bürgerliche Gesellschaft umwandelte und deren weltgeschichtliche Bedeutung erst jetzt anfängt erkannt zu werden."[5]

Mit dieser minimalistischen Reduzierung seiner Hauptthese leitete der gerade einmal 24 Jahre alte Barmer „Handlungskommis" im Jahre 1845 seine erste größere Schrift *Die Lage der arbeitenden Klasse in England. Nach eigner Anschauung und authentischen Quellen*[6] ein. In Folge der Nutzung von Dampfmaschinen und dem Einsatz autonom laufender Spinn- und Webmaschinen, also gewissen fortentwickelten Techniken, die zur Umwandlung des traditionellen Gewerbes in fabrikmäßige Produktion geführt hatten, werde „der Mensch, der Arbeiter, nur als ein Stück Kapital angesehen, dem der Fabrikant dafür, dass es ihm zur Benutzung sich hingibt,

Zinsen, unter dem Namen des Arbeitslohn, erstattet."[7] Dieses neue Abhängigkeitsverhältnis habe als „hauptsächlichstes Resultat" das Proletariat produziert und zugleich die gesamte bürgerliche Gesellschaft umgewandelt. Die „arbeitende Klasse" habe Englands Größe geschaffen und fordere nun ihren Anteil daran. Dieser werde ihr aber durch die dominierenden Fabrikherren in den vielfältigsten Formen verweigert. Engels verfolgte mit seiner empirischen Untersuchung das Ziel, die seit längerer Zeit ausgehend von Sismonde de Sismondi (1773–1842) über Charles Fourier (1772–1837) und Adolphe Blanqui (1798–1854) formulierte Kritik an der Nichtbeachtung der sozialen Frage durch die Autoren der klassischen nationalökonomischen Theorie in England mit Fakten zu untermauern. Dies sei inzwischen keine Frage mehr nur Englands, sondern ein zentrales Problem der gesamten „zivilisierten Welt".

Friedrich Engels: Die Lage der arbeitenden Klasse in England, Leipzig: Verlag Otto Wigand 1845.

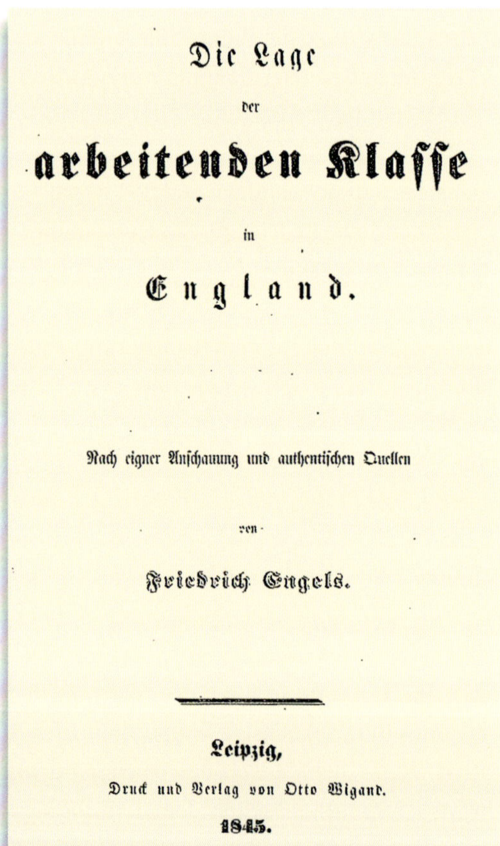

Die Lage der arbeitenden Klasse in England.

Nach eigner Anschauung und authentischen Quellen von Friedrich Engels.

Leipzig, Druck und Verlag von Otto Wigand. 1845.

Adolphe Blanqui, seit 1833 als Nachfolger des berühmten Ökonomen Jean Baptiste Say (1767–1832) Inhaber des „chaire d'economie industrielle du Conservatoire des arts et métiers" in Paris, hatte als erster in seinen 1837 veröffentlichten „cours d'économie industrielle"[8] nach ausführlicher Darlegung der Auswirkungen der Französischen Revolution auf die Liberalisierung der Gewerbetätigkeit im folgenden Kapitel „Von der wirthschaftlichen Revolution, welche in England durch die Entdeckungen von Watt's und Arkwright's bewirkt wurde, [...]" gesprochen:

> „Zwei künftighin unsterbliche Maschinen, die Dampfmaschine und die Spinnmaschine, stießen das alte Handelssystem um, und ließen fast zu gleicher Zeit materielle Erzeugnisse und sociale Fragen erscheinen, welche unsern Vätern unbekannt gewesen waren. Die kleinen Arbeiter wurden jetzt den großen Kapitalisten tributpflichtig; der Spinnrahmen ersetzte das Spinnrad, und der Dampfcylinder trat an die Stelle des Dienstes der Pferde."[9]

Aus heutiger Sicht wirkt die auf zwei Erfindungen zugespitzte These einer ökonomischen Revolution spektakulär. Tatsächlich war diese Engführung eher einer aus didaktischen Gründen aufgebauten Dramatik seiner Vorlesung

➔ **Spinning Jenny** – Eine Konstruktion von James Hargreaves (1720–1778) aus dem Jahr 1764. Mit diesem von Hand angetriebenem Spinnapparat konnten mehrere Spindeln zugleich betrieben werden. Die Produktivität wurde so erheblich gesteigert. Technologisch gesehen blieb es aber noch ein Handwerksgerät, da die Geschicklichkeit der Spinnerinnen entscheidend war.

➔ **Sir Richard Arkwright** (1732–1792), um 1783–1785, Entrepreneur und Gründer der ersten Maschinenspinnerei in Cromford bei Derby.

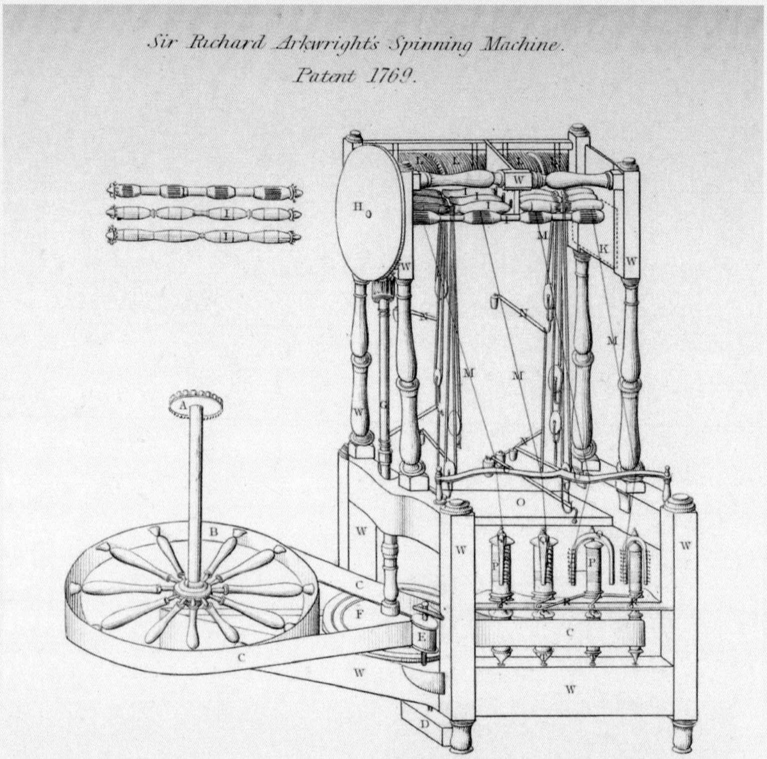

← **Sir Richard Arkwright's Spinning Machine** Patent um 1769, ca. 1830. In Arkwrights Fabrik wurden Baumwollfasern versponnen, die kürzer als Schafswollfasern sind. Da die Struktur der Faser nicht rund, sondern flach ist, kann sie beim Spinnen zum Faden zusammengedreht werden. Arkwright nutzte technische Entwicklungen anderer und setzte die sogenannte Waterframe als erste selbsttätige Maschine, angetrieben durch Wasserkraft und eingesetzt in spezialisierten Mühlen, den cotton mills, zielstrebig in die Praxis um. Mit Hilfe von drei hintereinander angeordneten Doppelrollen, die in unterschiedlicher Geschwindigkeit laufen und den durchlaufenden Faden zurichten, konnten reissfeste Baumwollfäden vorwiegend zur Nutzung als Kettfäden beim Weben, später auch als Nähgarn produziert werden. Arkwright hatte damit immensen wirtschaftlichen Erfolg.

↓ **Self-acting Spinning Mule,** um 1850, Rückansicht mit Umlagegetriebe hergestellt vom 1770 gegründeten Textilmaschinenunternehmen Platt Brothers in Werneth Oldham England, das zu Ende des 19. Jahrhunderts mit 12 000 Arbeitern weltweit der größte Hersteller war.

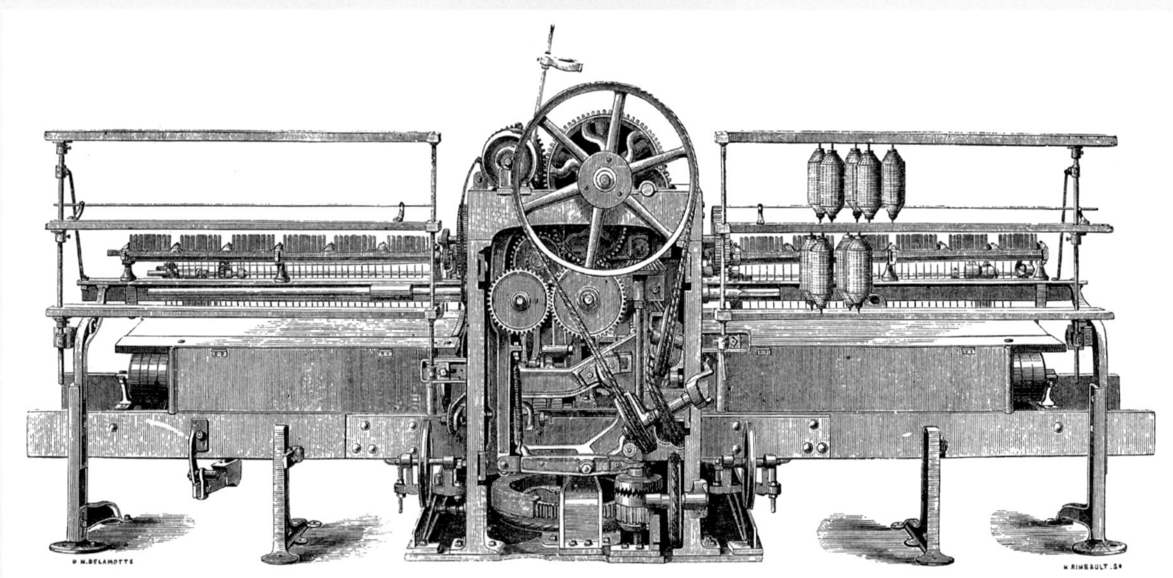

zur Theoriegeschichte der Politischen Ökonomie geschuldet. Während Blanqui pauschal die Folgen aus dem Maschineneinsatz für Beschäftigung, Entlohnung und Konkurrenz der Arbeiter allgemein als „sociale Frage“ bezeichnete, ging Friedrich Engels mit seiner empirischen Analyse auch der übrigen Branchen – im Fokus allerdings die Textilverarbeitung – auf konkrete Ursachenforschung. Als Abkömmling einer Textilfabrikantenfamilie mit den speziellen Geräten und Maschinen der Spinn- und Webtechnik vertraut, befasste er sich eingehend[10] mit deren speziellen technischen Entwicklungsschritten sowie ihren jeweiligen Wirkungen auf den Arbeitsprozess und die Arbeitsintensität.[11] Die drei Hebel der Industrie seien – so der Jungunternehmer Engels – die Teilung der

↑ **Samuel Crompton** (1753–1827), um 1880. Der Spinnereiarbeiter erfand zwischen 1772 und 1779 die Spinning Mule, eine Kombination aus der Spinning Jenny von Hargreaves und der Waterframe von Arkwright. Mit dieser Maschine konnte nahezu jeder Garntyp schnell gesponnen werden.

↓ **Spinnsaal mit Selfactor,** um 1820.

Arbeit, die Bedeutung der Wasser- und Dampfkraft sowie der „Mechanismus der Maschinerie". Industrielle Arbeit in Fabriken erfordere große Kapitalien und eine mit dem Maschinenbetrieb vertraute große Zahl von Arbeitern. Engels interessierte die Auswirkungen von erweitertem Maschineneinsatz auf Lohndumping sowie von verbesserter Technik auf eine stärkere Differenzierung von Arbeitsanforderungen, das Anwachsen geringerwertiger Arbeit, den Wegfall von Berufen, kurz: Er identifizierte einen Verdrängungseffekt insbesondere bei männlichen erwachsenen Arbeitern ohne angemessene Verteilung des durch erweiterten Maschineneinsatz bewirkten Nutzenzuwachses. Engels war in traditionell-patriarchalischen Strukturen relativ auskömmlicher dezentraler Manufakturarbeit im heimischen Verlagsbetrieb in Barmen aufgewachsen. 1842/43 wurde er Zeuge einer Entlassungswelle in Folge der Einführung des „self actors", einer leistungsfähigen Spinnmaschine mit automatischen Funktionen, sowohl im „Dependancebetrieb" Ermen & Engels, der Victoria Mill in Salford/Manchester, als auch bei den zahlreichen größeren Wettbewerbern in Lancashire wie etwa der Quarry Bank Mill der Familie Greg, mit der sein Vater Friedrich Engels senior in Beziehung stand. Verschärft wurden die Auswirkungen dieses Rationalisierungsschubs durch einen konjunkturellen Abschwung und eine durch die gleichzeitige Hungerkrise in Irland ausgelöste Einwanderungswelle ungelernter Arbeiter nach Lancashire, die zu Lohndumping und Entlassungen bis dahin noch gut bezahlter englischer Arbeiter geführt hatte. Allenfalls höher qualifizierte Feinspinner sowie erfahrene Maschinenführer konnten noch mit 30–40 Shilling pro Woche ihr Auskommen finden. Engels' Einschätzung dazu: „In einem geordneten sozialen Zustande wären solche Verbesserungen nur erfreulich; im Zustande des Krieges Aller gegen Alle reißen einzelne den Vorteil an sich und bringen dadurch die meisten um die Mittel der Existenz."[12] Er setzte sich auch mit dem Argument auseinander, die niedrigeren Produktpreise würden zu einer erhöhten Nachfrage und damit zur Ausweitung der Produktion mit zusätzlichen Arbeitsplätzen führen, so dass die Arbeiter schnell wieder in Lohn kämen.[13] Engels hielt dagegen, dass dies nur bei Produkten mit geringen Rohstoffpreisen zuträfe und dass die Zeitverzögerung des Nachfrageeffektes zu groß sei, als dass Arbeiter in der Lage wären, diese zu überbrücken. Die Lohnarbeit in den Fabrikstädten habe sie ihrer früheren landwirtschaftlichen Teilsubsistenz beraubt. Nun seien sie auf Gedeih und Verderb der volatilen Industriekonjunktur ausgeliefert.

An die Stelle theoretischer Mutmaßungen versuchte Engels seine Thesen mit konkreten Fakten zu untermauern. Er besuchte die viel beachteten Vorträge von John Watts, des Sekretärs des „Mecanic's Institute" in Manchester, und übernahm einige Argumente dessen Broschüre *Facts and Fictions*. Engels' Gewährsmann für die Sicht der Arbeiter auf die Dinge wurde der Führer der Chartistenbewegung in Manchester, James Leach, der einen Buchladen unweit vom Stadtkontor der Firma Ermen & Engels an St. Marys, einer Seitengasse von Deansgate in Manchester, betrieb. Er versorgte den jungen Kaufmann, der ihm durch sein grammatikalisch einwandfreies Englisch mit deutschem Akzent aufgefallen war, mit profundem Faktenwissen und detaillierten Statistiken über die Arbeitsbedingungen in den Fabriken, die Entwicklung von Arbeitslöhnen und Produktivität sowie die sozialen Folgen von technischen Innovationen. Leach konnte mit seinem Material immer wieder den von den Fabrikanten vorgelegten und vielfach manipulierten Statistiken schlagend entgegentreten. 1844 erschien dieses Fakten- und Zahlenwerk als *Stubborn Facts from the Factories* – gerade noch rechtzeitig vor Engels' Abreise aus Manchester, so dass er bei der Niederschrift der *Lage* in Barmen im Winter 1844/45 aus diesem Fundus schöpfen konnte. Weiterhin nutzte Engels die Berichte der Fabrikinspektoren über Verstöße der Fabrikanten gegen die Arbeitszeiten oder die unzulässige Beschäftigung von Kindern und Jugendlichen. Erschütternde Berichte schrieb der Armenarzt von Manchester, James Phillips Kay, insbesondere zu den Choleraepidemien im Slumviertel von Little Ireland. Ähnlich war auch Georg Weerth, Kaufmann in Bradford und enger Freund von Friedrich Engels, vorgegangen. Als Assistent des dortigen Armenarztes erhielt Weerth unmittelbare Anschauung von den unhygienischen Wohn- und Lebensumständen der Arbeiter und fasste diese Eindrücke in Reportagen. Auch Engels suchte die Armut an Ort und Stelle auf. Die Empörung, die in seinem Buch immer wieder aufflackert, scheint sich mit der Frau an seiner Seite aufgebaut zu haben, der 20-jährigen irischen Arbeiterin Mary Burns, die den stets elegant gekleideten Herrn Engels mit großer Wahrscheinlichkeit in die Schreckenswelt von Little Ireland hineingeführt hat, denn ohne sie wäre er dort kaum unbehelligt geblieben.

Fassen wir Engels' Befund zusammen, auch wenn sich das Ergebnis – wie er später freimütig einräumte[14] – als lückenhaft und dem jugendlichen Furor geschuldet in Teilen fehlerhaft herausstellte: Auf der Basis einer bis dahin einzigartigen Sammlung empirischer Daten entwickelte Engels erste Erklärungsansätze für das Einwirken tiefgreifender technischer Innovation auf eine bürgerliche Gesellschaft von konkurrierenden Privatinteressen und wachsender sozialen Ungleichheit. Nicht der technische Wandel selbst führe notwendigerweise zu sozialen Verwerfungen. Technischer Fortschritt sei vielmehr zu begrüßen, wenn dem auch eine gerechte Verteilung des Produktivitätsvorteils folge. Eine Ausschüttung an alle an der Produktion Beteiligten sei aber im herrschenden Zustand der „Auflösung der Menschheit in Monaden" durch „gefühllose Isolierung des einzelnen auf seine Privatinteressen" nicht vorgesehen. Vielmehr herrsche in England sozialer Krieg und „das Kapital ist die Waffe, mit der gekämpft wird". Dazu gehörten auch systembedingte Krisen, die in fünf- bis sechsjährigen Zyklen verliefen. Jene – nach Malthus „überzählige" – Bevölkerung Englands in kümmerlicher Existenz sei nichts anderes als eine „Reserve" von Arbeitern, die in Zeiten der Hochkonjunktur gebraucht werde. Drei Viertel des Zyklus sei diese Reserve aber ohne Arbeit und Brot. Der Arbeitsmarkt reagiere „ganz wie mit jedem anderen Handelsartikel".

Für Engels war technologischer Fortschritt in der Realität stets verbunden mit konkreten ökonomischen, politischen und sozialen Strukturen.[15] Dass diese Strukturen durch die Fortschritte der Technik beeinflusst und verändert würden und in Zukunft alle anderen Einflüsse dominieren werde, diese Vorstellung war von vorn herein Grundlage eines Konzeptes der „Industriellen Revolution" gewesen. Doch wo genau war der Hebel anzusetzen, um den Teufelskreis zunehmender sozialer Stratifikation durch ungerechte Verteilung des durch technischen Fortschritt erzielten Produktivitätszuwachses zu durchbrechen?

An dieser Stelle kam Marx ins Spiel, der sich aus philosophischen Gründen bereits seit etwa 1842 für das Ziel einer radikalen politischen und gesellschaftlichen Veränderung entschieden hatte. In der Vorstellungswelt jener Zeit, die Marx teilte, konnte dies nur eine Revolution nach dem klassischen Muster der Französischen Revolution von 1789 sein. „Les Trois Glorieuses", die Julirevolution in Paris 1830, hatte dieses Modell bestätigt und dem Bürgertum zur Macht verholfen. Jetzt könne die für eine Revolution nötige Energie nur noch von der neu entstandenen sozialen Klasse, dem „Proletariat", ausgehen, da die Lohnarbeiter „nichts als ihre Ketten" zu verlieren hätten. Als Journalist junghegelianischer Ausrichtung sah er sich selbst in der Rolle eines Analysten und Aufklärers über die inhumanen Folgen der kapitalistischen Warenproduktion sowie als Stratege beim Aufbau einer proletarischen Sammlungsbewegung auf internationaler Basis.[16] Engels bot sich ihm dabei als „Spannmann" an und konfrontierte Marx, seinen Meister in Sachen Theorie, im Sommer 1845 in Manchester erstmals mit der Funktionsweise moderner Textilfabriken und den Arbeits- und Lebensbedingungen der Arbeiter. Marx scheiterte im ersten Anlauf mit seinem verwegenen Plan, in wenigen Wochen eine Kritik der politischen Ökonomie formulieren zu können. Ein erster Teil seiner ökonomischen Analyse der kapitalistischen Produktionsweise, *Das Kapital*, Band 1, erschien erst zwei Jahrzehnte später und am Ende als Gesamtwerk auch unabgeschlossen. Es gab vielfältige Gründe dafür. Entscheidend war, dass es Marx nicht gelang, eine zunehmende Krisenhaftigkeit mit finalem Zusammenbruch der kapitalistischen Produktionsweise in Folge eines angenommenen tendenziellen Falls der Profitrate zu beweisen. Bis zu seinem Lebensende beschäftigte er sich mit der Frage, welche Einflussfaktoren dazu führten, dass der Kapitalismus Krisen stets überwinden konnte.

↓ **Karl Marx** (1818–1883), Mai 1861.

DER GESCHEITERTE VERSUCH EINER TECHNIKPHILOSOPHIE VON KARL MARX

Es ist merkwürdig, dass Marx an den konkreten Technologien in der Industrie, die sich – dem Vorbild England nacheifernd – seit den 1840er

Jahren auch auf dem Kontinent und den USA in einem nicht mehr zu übersehenden Innovationsprozess befanden, zunächst relativ wenig Interesse zeigte.[17] Denn eine Kritik an der klassischen politischen Ökonomie war ohne die Analyse der Wertschöpfung und der Produktivität bei der Herstellung von Waren nicht zu leisten. Das setzte eingehende Kenntnis der in der Industrie eingesetzten Maschinentechnik voraus, die sich Marx ohne handwerkliche oder technische Ausbildung und Vorkenntnisse, man könnte auch sagen als „blutiger Laie" auf dem Gebiet, zunächst mühsam aneignen musste. Marx schöpfte in den Jahren 1845/46 – in der englischen Sprache noch ungeübt – zunächst aus der französischen Übersetzung des vorwiegend auf die englische Textilindustrie der Zeit um 1820 bezogenen Überblicks von Andrew Ure, einem wegen seiner Borniertheit durchaus umstrittenen, konservativen Parteigänger der Fabrikanten, an dem sich Marx wie zuvor schon Engels mit bissiger Ironie und mit der für ihn typischen „Kritik im Handgemenge" abarbeiten konnte, ohne dabei in engerem Sinne technische Fragen behandeln zu müssen. Eine Art autodidaktisches Technikpropädeutikum absolvierte Marx mit der Lektüre von historischen Werken zur Mühlengeschichte oder zur Weiterentwicklung der Dampfmaschine durch James Watt (1769–1784) und Mathew Boulton (1728–1809).[18] Das wegweisende und weit verbreitete Buch von Charles Babbage, *On the economy of machinery and manufactures*, London 1832, benutzte Marx – allerdings nur kursorisch – in der französischen Ausgabe von 1834. Noch in den 1860er Jahren bezog sich Marx bei seinen Vorarbeiten für das *Kapital* auf diese Textvorlage.[19] Dass bereits 1833 eine deutsche Übersetzung, initiiert durch den Preußischen Gewerbeverein,

↑ **Andrew Ure** (1778–1857), Der Glasgower Arzt und Chemiker wurde 1805 Professor der Naturgeschichte und Chemie an der Andersonian Institution und befasste sich mit physikalischen Arbeiten sowie der Anwendung chemischer Prozesse in der Industrie. 1814 erfand er das Alkalimeter und wurde 1822 als Fellow in die Royal Society aufgenommen. Ab 1830 lebte er in London und publizierte u. a. die Studie On the cotton manufacture of Great Britain (1836) und das Übersichtswerk Dictionary of arts, manufactures and mines (1839), aus dessen deutscher Übersetzung Karl Marx u. a. sein technisches Wissen bezog.

vorlag, war und blieb ihm unbekannt. Anders ausgedrückt: Marx hatte keinerlei Kenntnis von den Analysen, die in Deutschland bereits seit den 1820er Jahren hinsichtlich der industriellen Entwicklung in England angestellt worden waren. Inspektionsreisen nach England sowie Beobachtungen der Technik- und Gewerbeausstellungen hatten ihren Niederschlag in den deutschsprachigen polytechnischen Fachjournalen gefunden, ebenso war die einschlägige englische Literatur zeitnah nach ihrem Erscheinen übersetzt und verbreitet worden.[20] Ein Besuch in der Klosterstrasse 36 in Berlin, dem Sitz des Gewerbevereins – entweder bei seinen Reisen nach Deutschland oder durch Beauftragte – hätte ihm viele Mühen und auch Abwege erspart.

↓ **Christian Peter Wilhelm Beuth** (1781–1853), um 1836; zwischen 1830 und 1845 war Beuth im Preußischen Ministerium für Handel und Gewerbe für das Gewerbeinstitut sowie für die Bauakademie verantwortlich. Als Vorsitzender des 1821 gegründeten Vereins zur Beförderung des Gewerbefleißes in Preußen entfaltete er umfassende Aktivitäten und bereiste England u. a. zusammen mit Karl Friedrich Schinkel. Beuth bemühte sich intensiv um einen Technologietransfer von England nach Preußen.

Dass sich Marx bei seinem Literaturstudium mit überholter Technik befasste, war ihm wohl auch deshalb nicht bewusst, weil er sich im Hinblick auf eine Kritik der politischen Ökonomie allein auf die ökonomischen und sozialen Auswirkungen der Fabriktechnologie fokussierte. Diese Auswirkungen konnte er zwar anhand des Überganges vom Manufaktur- zum Fabrikbetrieb beispielhaft beschreiben und damit seine These von einem intakten Produktionsverhältnis zuvor und einem gestörten Antagonismus seitdem vorbereiten. Doch die zu Marx' Zeiten verwendete Maschinentechnik war eine völlig andere als die hölzerne Konstruktion einer einfach wirkenden Dampfmaschine von John Smeaton aus dem Jahre 1770, die Marx zu Beginn der 1850er Jahre in seinen technologisch-historischen Exzerpten noch als „Wattsche Dampfmaschine" skizziert hatte, um daran die Funktionsweise einer Dampfmaschine zu ergründen.[21] Erst 1861 verstand Marx schließlich, dass in der Einführung der Dampfmaschine eine zwar in der Anfangsphase wichtige – für Engels 1845 noch die entscheidende – Grundlage der industriellen Revolution zu sehen war. Doch von der zentralen Bedeutung der Werkzeugmaschine für eine sich selbst reproduzierende und sowohl quantitativ wie qualitativ in neue Dimensionen vorstoßende industrielle Entwicklung hatte Marx zunächst nur eine diffuse Ahnung.[22] Für Techniker war diese Erkenntnis seit 1840 keine Neuigkeit mehr und auch in der Ökonomie war dieser Faktor inzwischen als wichtige Einflussgröße identifiziert worden. Tatsächlich hatte in den 1820er Jahren die Perfektionierung von Werkzeugmaschinen ausgehend von der automatischen Drehbank, des Slide-Rest, zum Bau leistungsfähiger Maschinen höherer Präzision und Güte mit einem gesteigerten Wirkungsgrad geführt.[23] Ein massenhafter Einsatz effizienter Antriebs- und Arbeitsmaschinen in Kombination mit völlig neuen Vertriebs- und Marketingstrategien, wie sie etwa amerikanische Hersteller seit den 1850er Jahren verfolgten, führte zu einer weiteren Intensivierung und Ausbreitung industrieller Produktionsweise. Dies lag auch an der Umorientierung der Warenproduzenten hin zu den konkreten Bedürfnissen und Möglichkeiten der Konsumenten, etwa durch neue Formen des Vertriebs, der Ersatzteilversorgung oder des Kreditkaufs. Es stand daher keineswegs der innere Zusammenbruch der kapitalistischen Ökonomie auf der Tagesordnung, auch wenn es ab und an zu konjunkturellen Schwankungen kam, die bei solch rasanten Entwicklungen eher zur Normalität als zur Ausnahme gehören. Tatsache war vielmehr bei einer mittel- und längerfristigen Betrachtung eine Verstetigung der Produktion aufgrund einer gigantischen Erweiterung des Marktes mit einer schier unstillbaren Nachfrage nach Produkten zum Gebrauch in Landwirtschaft, Haushalt, Verkehr und Kommunikation.

↑ **Charles Babbage** (1791–1871), um 1850. Der umtriebige Mathematiker und Erfnder war Lucasian Professor für Mathematik an der Universität Cambridge und Pionier der automatischen Rechenmaschine.

Hätte man um 1860 eine Kamera auf Marx in London gerichtet, ähnlich wie Nadar vom Ballon aus Paris fotografierte, dann wäre ein bizarres Bild entstanden: Der in der größten Stadt der damaligen Welt mit Hunderten von modernsten Industrieanlagen und berühmten Ingenieuren lebende Marx verbrachte Wochen und Monate an seinem Lesepult im Britischen Museum gebeugt über veralteter technischer Literatur, während er sich etwa mit dem nicht weit entfernt wohnenden Charles Babbage, der eine zwar eigenwillige doch durchaus soziable Persönlichkeit war, über Fragen moderner Maschinentechnik mühelos hätte austauschen können. Alle wichtigen Werkzeugmaschinen waren auf den Weltausstellungen 1851 und 1862 in London vorgestellt worden. Die grundlegenden Antriebs- und Verarbeitungstechniken waren ausgereift und der britische Maschinenbau stand auf seinem Höhepunkt.[24] Amerikanische und deutsche Produzenten waren im Begriff aufzuholen und traten bereits bei speziellen Produkten wie der Waffentechnik in einen direkten Wettbewerb, der von der Öffentlichkeit aufmerksam verfolgt wurde. Doch Marx hatte für die Weltausstellungen nur Spott übrig,[25] obwohl eine Besichtigung der dort vorgestellten

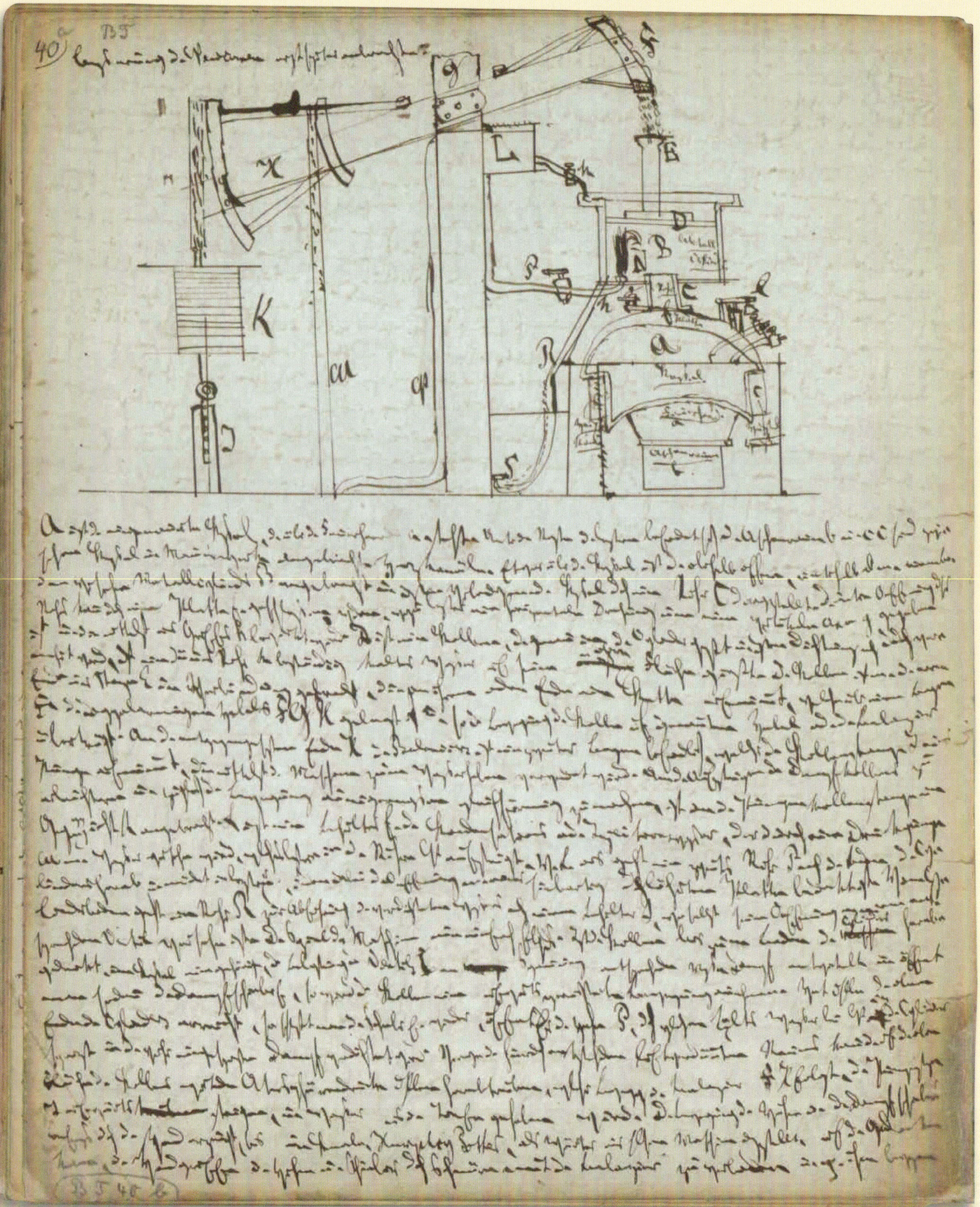

← **Karl Marx,** Skizze einer einfach wirkenden atmosphärischen Dampfmaschine nach Thomas Newcomen, um 1720, auf der Grundlage von Andrew Ure (1835), um 1851.

↓ **Karl Marx** eignet sich im Selbststudium Grundlagen zur Geschichte der Dampfmaschine an. 1851

Karl Marx, Die technologisch-historischen Exzerpte im Heft B 56 von 1851, hier: Exzerpt aus: Dr. Andrew Ure. Technisches Wörterbuch bearbeitet von K. Karmarsch u. Dr. F. Heeren, Prag 1843–44., Bd. 1, Dampfmaschine.

Auszug hier: Originalmanuskript in: IISG Marx Engels Archiv B 56, Digital B 51, Bl. 40a mit Handskizze.

Auf den Grundüberlegungen von Papin aufbauend entwickelten John Cawley und Thomas Newcomen eine Kolbenmaschine und erhielten gemeinsam mit Captain Savery 1705 ein Patent für eine erste atmosphärische Dampfmaschine. „Dse Maschine, m.d. Abändrung, daß d. Condensationswasser nicht v. außen aufgegossen, sodrn in d. Zylinder gespritzt wird, eine Vr //40//

(Beginn der abgebildeten Manuskriptseite)

besserung d. Newcomen erst später anbrachte: A ist d. eingemauerte Kessel, d. übr d. Feuerherde a steht. Untr d. Roste d. leztren befinden sich d. Aschenraum b u. cc sind zwischen Kessel u. Mauerwerk angebrachte Heizkanäle. Etwas übr d. Kessel ist d. obrhalb offene, untrhalb aber m. einem Boden vrsehne Metallcylindr B angebracht u. dssen Vrbindg m.d. Kessel dh ein Rohr C dargestellt. D. untre Oeffnung dss Rohrs kann dh eine Platte f geschlossen wden, wozu lezterer ein horizontale Drehung um die Vrtikale Axe g gegeben ist u. dse mittels eins Griffs h bewirkt wird. D ist ein Kolben, d. genau in d. Cylinder paßt u. dssen Dichtung noch ddh vermehrt wrd, daß einn dünnes Rohr k beständig kalts Wasser auf seine (äußere) /: oberre:/ Fläche gießt. D. Kolben ist m.d. einen Ende einr Stange E in Verbindung gebracht, die an ihrem adrn Ende eine Kette aufnimmt, welche übr einen Bogen F d. doppelarmigen Hebels FGH gelegt ist u. so d. Bewegung d. Kolbens auf genannten Hebel od. d. Balancirs überträgt. An d. entgegengeszten Ende H d. Balancirs ist ein zweiter Bogen befindlich, welchr d. Kolbenstange I einer Pumpe aufnimmt, die mittelst d. Maschine zum Wasserheben verwendet wird. Um d. Aufsteigen d. Dampfkolbens zu erleichtern u. zugleich d. Bewegung einigermassen gleichförmig zu machen, ist an d. Pumpenkolbenstange ein Gegengewicht K angebracht. L ist ein Behälter f.d. Kondensations od. Injectionswasser, der durch eine Druckpumpe M m. Wasser vrsehn wird, wlches leztre in d. Röhre N aufsteigt. Von L aus geht ein zweits Rohr P auf d. Boden d. Cylinders herab u. mündet in leztern, indem dabei d. Oeffnung m. einer siebartig dhlöcherten Platte bedeckt ist. Vom Cylinderboden geht ein Rohr R zur Abführung d. vrdichteten Wassers nh einem Behälter S, woselbst seine Oeffnung m. einem entsprechden Ventil versehn ist. D. Spiel d. Maschine nun einfach folgendes. Ist d. Kolben bis zum Boden d. (Maschine) /: Cylinders:/ herabgedrückt, im Kessel eine gehörige, d. Belastung d. Ventils I an (Menge) Spannung entsprechnede Masse Dampf entwickelt u. öffnet man sodann d. Dampfschieber f. , so wird d. Kolben eine aufwärts gerichtete Bewegung annehmen. Hat dslbe d. obere Ende d. Cylinders erreicht, so schließt man d. Schbr f wieder, öffnet dafür d.Hahn P, dh welchen kalts Wasser bei N (auf) /: in:/ d. Cylindr sprizt u.d. vorhr eingestoßne Dampf vrdichtet wrd. Vermöge d. hierdh entstehden luftverdünnten Raums kann d. auf d. obre Fläche d. Kolbens wirkende Atmosphärendruck dsleben herabtreiben, wlchr Bewegung d. Balanzirs FH folgt, d. Punmpstange I aufwärts (treibend) steigen, u. Wasser aus d. Tiefe gehoben wird. D. Bewegung d. Hähne u. d. Dampfschiebrs anfangs dh d. Hand erzeugt, bis ein Knabe, Humphry Potter, als Wärter einr slchen Maschine angestellt, auf d. Gdanken kam, d. Handgriffe d. Hähne u. Schieber dh Schnüre mit d. Balanzier zu verbinden u.v. ihm bewegen /41/

zu lassen. D. Newkomensche Maschine noch sehr unvollkommen. Bes. d. Condensation d. Dampfes im Zylinder d. Maschine ....“

Im Folgenden exzerpierte Marx zur Wattschen Dampfmaschine, bricht danach aber unvermittelt ab.

Die Transkription folgt der Edition von Hans-Peter Müller (Hg.): Karl Marx. Die technologisch-historischen Exzerpte, Frankfurt / Berlin / Wien 1981, S. 156ff.

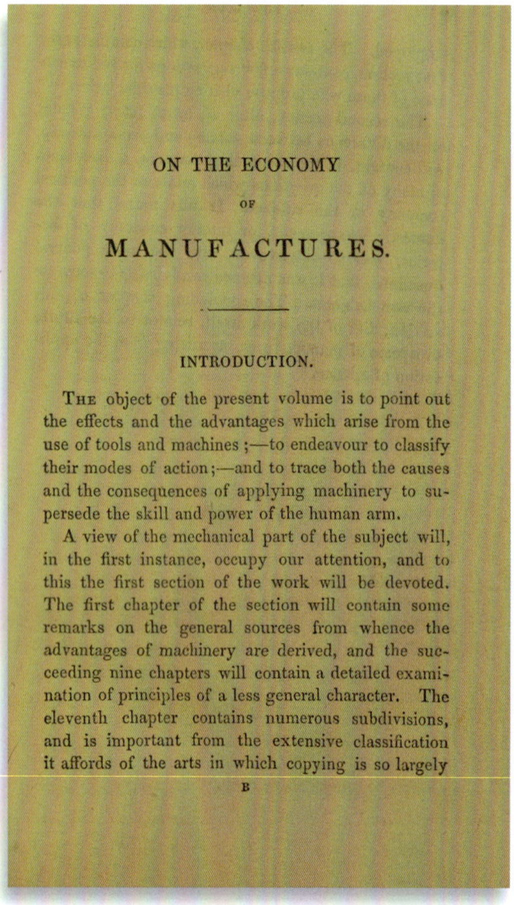
ON THE ECONOMY

OF

MANUFACTURES.

INTRODUCTION.

The object of the present volume is to point out the effects and the advantages which arise from the use of tools and machines ;—to endeavour to classify their modes of action ;—and to trace both the causes and the consequences of applying machinery to supersede the skill and power of the human arm.

A view of the mechanical part of the subject will, in the first instance, occupy our attention, and to this the first section of the work will be devoted. The first chapter of the section will contain some remarks on the general sources from whence the advantages of machinery are derived, and the succeeding nine chapters will contain a detailed examination of principles of a less general character. The eleventh chapter contains numerous subdivisions, and is important from the extensive classification it affords of the arts in which copying is so largely

B

↑ **Charles Babbage,** Einleitung zu On the economy of machinery and manufactures, 1832.

modernsten Technologieprodukte der Welt seine eigenen Studien zweifellos auf einen aktuellen Stand gebracht hätte.[26] Selbst ein Sonntagsspaziergang zu den Millwall Docks im Jahre 1858, wo der durch den Bau von Eisenbahnlinien und Brücken sowie des ersten Tunnels unter der Themse bekannte Ingenieur Isambard Kingdom Brunel (1806–1859) den Bau der „Great Eastern", des größten und innovativsten Schiffes der damaligen Welt leitete und die modernsten Konstruktionstechniken zum Einsatz kamen, hätte Marx zweifellos mehr konkretes technisches Wissen vermitteln können als Literaturzitate zur Geschichte vergangener Technikepochen, über die zwischenzeitlich gleich mehrere Innovationsschübe hinweggegangen waren.

Aber Marx war ein Theoretiker, ein „Bücherwurm", der sein Wissen selektiv aus Büchern anderer bezog[27] und erst Jahre später nach vergeblichen Mühen am Ende selbst zu der Einsicht gelangte, dass ihm die nötige Sicherheit fehle. Er hatte offensichtlich erhebliche Probleme bei der Abgrenzung des Werkzeuges von der Maschine, was hinsichtlich der Ausbreitung der kapitalistischen Produktionsweise, die er zu ergründen suchte, eine wichtige analytische Frage darstellte.[28] Im Januar 1863 schrieb er an Friedrich Engels:

> „Ich lege einiges in den Abschnitt über Maschinerie ein. Es sind da einige kuriose Fragen, die ich bei der ersten Bearbeitung ignorierte. Um darüber ins klare zu kommen, habe ich meine Hefte (Auszüge) über Technologie ganz nachgelesen. Höre dito einen praktischen (nur experimentalen) Kursus des Professor Willis (in Jermyn Street, das Institut für Geologie, wo auch Huxley seine Vorlesungen hielt) für Arbeiter. Es geht mir mit der Mechanik wie mit den Sprachen. Die mathematischen Gesetze verstehe ich, aber die einfachste technische Realität, wozu Anschauung gehört, ist mit schwerer wie der größte Knoten."[29]

Das Ergebnis seiner Versuche, den gordischen Knoten zu durchtrennen und die im industriellen Produktionsprozess seit den 1850er Jahren angewandte Technik zu verstehen, finden wir

Bau der Great Eastern, 1857. Der 1854 von der Werft Messrs Scott, Russel & Co. an den Millwall Docks, London, auf Kiel gelegte Schrauben/Raddampfer ‚Leviathan' war das größte Schiffsbauprojekt des 19. Jahrhunderts. Mit 211 Metern Länge, 25 Metern Breite, 32 000 Tonnen Verdrängung, 10 Dampfkesseln, zwei Dampfmaschinen mit zusammen 8300 PS Leistung, 12,5 Knoten Geschwindigkeit und einem Kohlenvorrat, der eine Weltumrundung ohne Nachbunkern erlaubte, war es eine Konstruktion der Superlative. 12 000 Arbeiter waren unter der Leitung von Isambard Brunel beteiligt. Allerdings kam es während des Baus immer wieder zu Verzögerungen, finanziellen Problemen und auch zu Unfällen, so dass man sich nach dem missglückten Stapellauf am 3. November 1857 zu einer Umbennung des Schiffs in ‚Great Eastern' entschloss. Auch das Leben von Brunell selbst war mit dem Schiff schicksalhaft verbunden: er erlitt am Tag vor der Jungfernfahrt des Schiffes einen Schlaganfall, von dem er sich nicht mehr erholte. Er starb wenige Tage später im Alter von 53 Jahren. Die Pechserie setzte sich weiter fort. Während der Jungfernfahrt kam es zu einer Kesselexplosion mit mehreren Toten. Im September 1861 riss bei einem Sturm eine Welle beide Schaufelräder ab. Am 27. August 1862 lief das Schiff vor Long Island, New York, auf ein unkartiertes Riff. Der Riss in der äußeren Schiffshaut war fast 30 Meter lang. Dank der Doppelwand konnte die ‚Great Eastern' aus eigener Kraft in den Hafen von New York einlaufen. 1867, nach Einsätzen als Kabelleger wieder als Passagierschiff auf der Atlantikroute, platzte in einem Sturm eine Ankerwinde und vier Matrosen wurden aufgespießt. Nach 30 Jahren wurde der Gigant unter den Schiffen abgewrackt.

Isambard Kingdom Brunel, November 1857.

im fünften Kapitel des ersten Bandes von Das Kapital.[30] Als Hegelianer verstand Marx die Arbeit als wechselwirksame Selbstproduktion des Menschen, als Bewegung und Einwirkung auf die Natur, die diese verändert und zugleich verändernd auf den Menschen zurückwirkt.[31] Das Arbeitsmittel, d. h. Werkzeuge und Maschinen, bezeichnete er „[...] als ein Ding oder ein Komplex von Dingen, die der Arbeiter zwischen sich und den Arbeitsgegenstand schiebt und die ihm als Leiter seiner Thätigkeit auf diesen Gegenstand dienen."[32] Er verwies auf Benjamin Franklins Formel des Menschen als „tool making animal". Doch die ideale Form selbstbestimmter Nutzung von Werkzeugen gelte nur bis zum Beginn der Arbeitsteilung, allenfalls in begrenztem Umfang bis in die Manufakturzeit hinein. Seit dem Aufkommen kapitalistischer Produktionsweise bestehe zwischen der Befreiungsfunktion der Arbeit, die Hegel noch idealistisch postuliert hatte, indem er das Mittel im Verhältnis zum Zweck als ein „Höheres" angesehen hat,[33] und den tatsächlichen gesellschaftlichen Verhältnissen ein Widerspruch. Denn das Produktionsprinzip selbst sei Ursache für die Perfektionierung der Arbeit durch Technikeinsatz. Technik steigere die Arbeitsproduktivität, also das Verhältnis von Arbeitseinsatz und Arbeitsergebnis. Die Technik ersetze die menschliche Arbeit durch Maschinen, werfe die freigesetzten Arbeiter auf eine „barbarische Arbeit zurück und macht den anderen Teil zur Maschine."[34] Marx inszenierte diesen Prozess in Form einer klassischen Tragödie als ein Kampf von Fleisch und Blut gegen Eisen: „Hier tritt auch die vergangne Arbeit – im Automaten und der von ihm bewegten Maschinerie – als scheinbar unabhängig von der Arbeit selbstthätig, statt ihr untergeordnet sie unterordnend auf, der eiserne Mann, gegen den Mann von Fleisch und Blut. Die Subsumtion seiner Arbeit unter das Capital – das Einsaugen seiner Arbeit durch das Capital – die im Begriff der capitalistischen Production liegt, erscheinen hier als technologisches Factum."[35] Daraus folge: „Mit der Maschinerie – und dem auf sie gegründeten mechanischen Atelier – erhält die Herrschaft der vergangenen Arbeit über die lebendige, nicht nur sociale, – in der Beziehung von Capitalist und Arbeiter ausgedrückte – sondern sozusagen technologische Wahrheit."[36] Marx lastete damit der inneren Logik der Maschinentechnik Mitverantwortung für die Entfremdung in der Arbeit an. Die Ambivalenz der Fabrikarbeit entwickelte er auf der Basis der „Philosophy of manufactures" von Andrew Ure, der zwar in der Fabrik eine neue Form der Kooperation sah, bei der Arbeiter die Maschinen überwachen, also Subjekt des Verfahrens bleiben. Tatsächlich jedoch gleiche die moderne Fabrik – so Marx den Gedanken von Andrew Ure aufnehmend – einem „[...] ungeheuren Automaten [...], so daß alle Organe einer Bewegungskraft untergeordnet sind, die sich von selbst bewegt."[37] Die Maschine selbst werde zum Subjekt und der Arbeiter zum Objekt. Der Mensch werde gezwungen, sich der inneren Logik der Maschine zu unterwerfen. Deshalb könne der Mensch in seinem Werk nur einen „fremden, über ihn mächtigen Gegenstand"[38] sehen und – nun sprang Marx vom Werkzeug unvermittelt zum Werk über – mehr noch, der Mensch vermag nicht mehr, seine eigene Tätigkeit als „sein Werk und seine Wirklichkeit" zu verstehen und Freude und Genuss daran zu empfinden. Nutznießer werde vielmehr in der bürgerlichen Gesellschaft der Eigentümer an Produktionsmitteln, indem er sich die produzierten Güter privat aneigne. Marx nutzte die doppelte Bedeutung von „fremd" als einerseits „etwas anderes seiend" und andererseits als „jemand anderem gehörend", um diesen Wechsel von der Technik in die Sphäre der Ökonomie zwar sprachlich geschickt, aber eben nur unter seinen eigenen Prämissen logisch bewerkstelligen zu können. Er umging damit den zentralen Punkt der Arbeit im Zusammenhang der Maschinentechnik. Alle weiteren Darlegungen, die sich zwar auf Technik beziehen, diese aber nicht mehr zum Gegenstand haben, kreisten nur noch um die Frage nach deren ökonomischen Darstellungsformen oder nebensächlichen Details wie etwa der innerbetrieblichen Anlagenverbuchung oder der jährlichen Abschreibung von Maschinen.[39] Engels diente Marx in Fragen der Betriebswirtschaft immer wieder als kompetenter Gewährsmann. Engels verfügte darüber hinaus aber durchaus auch über weitreichende technische Kenntnisse und praktische Erfahrungen im Bereich der textilverarbeitenden Maschinen und Anlagen. Auf diese technische Expertise griffen zwar sein Vater und seine Brüder im Zusammenhang mit dem Transfer von Technologie aus Manchester nach Engelskirchen[40] gerne zurück, Marx jedoch hielt das für überflüssig. Er war von seinem eigenen Technikprojekt überzeugt.

Zu Beginn des langen „Dreizehnten Kapitel Maschinerie und große Industrie" gliederte Marx die „Maschinerie"[41] in drei Typen: die „Bewegungsmaschine", der „Transmissionsmechanismus" und schließlich die „Werkzeugmaschine oder Arbeitsmaschine".[42] Bereits diese einfache, jedoch nicht sauber nach technischer Funktionalität, sondern wohl nach der in der Dampfkesselprüfstatistik[43] gebräuchlichen Klassifikation getroffenen Unterscheidung offenbarte gravierende terminologische Verständnisprobleme.[44] Die Erkenntnis eines qualitativen Unterschiedes von Arbeitsmaschine und Werkzeugmaschine hatte sich Marx damit selbst erschwert. Erst nach umständlichen Beschreibungen von Beispielen – man merkt diesen Ausführungen an, dass diese Lesefrüchte aus Lexika, Katalogen oder Zeitungsartikeln waren – konnte er ansatzweise die Schlüsselbedeutung der selbsttätig arbeitenden Werkzeugmaschinen für die Industrialisierung seit Anfang des 19. Jahrhunderts erfassen.[45] Mangels angemessener Terminologie gelang es ihm jedoch nicht, den auf Perfektionierung, Leistungssteigerung und Energieeffizienz hin strebenden Wirkungszusammenhang der Konstruktionen, insbesondere die analytische Zerlegung und kreative Neustrukturierung, in einem funktionalen Gesamtsystem der Maschine dem aktuellen Stand der Entwicklung entsprechend eindeutig nachzuvollziehen. Allein das Ergebnis konnte Marx in abstrakter Verallgemeinerung als „Natur" verklausulieren: „Der kooperative Charakter des Arbeitsprocesses wird jetzt also durch die Natur des Arbeitsmittels selbst diktierte technische Nothwendigkeit."[46] Auch für den Begriff des automatischen Betriebes blieb Marx eine technische Erklärung schuldig, denn er definierte das Objekt, den Automaten, mit seinem Pendant, dem Menschen, indem er den Automaten an den Grad menschlicher Einwirkung band.[47] An entscheidenden Stellen seiner Argumentation, an denen ihm die adäquate Terminologie und damit auch eine plausible Erklärung fehlte, sprang er unvermittelt über in die Begriffswelt der Metapher, in der er sich als Hegelianer und Kenner der antiken Mythologie zuhause fühlte. „Mit dem Arbeitswerkzeug geht auch die Virtuosität in seiner Führung vom

Henry Maudslay (1771–1831), 1827. Zunächst als einfacher Schmied und Werkzeugmacher im Marine Arsenal in Woolwich tätig, wurde er Kompagnion des erfahrenen Ingenieurs und Erfinders Joseph Bramah (1748–1814). 1797 machte sich Maudslay mit der Produktion von Werkzeugmaschinen selbstständig. Mausdlays Werkstatt wurde in doppelter Hinsicht zu einer ‚Kaderschmiede' der britischen Werkzeugindustrie: aus dem Betrieb gingen zahlreiche später berühmte Techniker wie Richard Roberts, David Napier, Joseph Withworth oder James Nasmyth hervor. Ebenso wie das von Mausdlay konstruierte Mikrometer, das geeichtes Maß bei jedem Messvorgang in der Firma bot und deshalb ‚the Lord Chancellor micrometer' genannt wurde, waren die von ihm konstruierten Werkzeugmaschinen sozusagen zu ‚Eltern der Maschinen' geworden und bildeten eine eigene Kategorie, die man heute als ‚Metamaschinen' bezeichnen könnte.

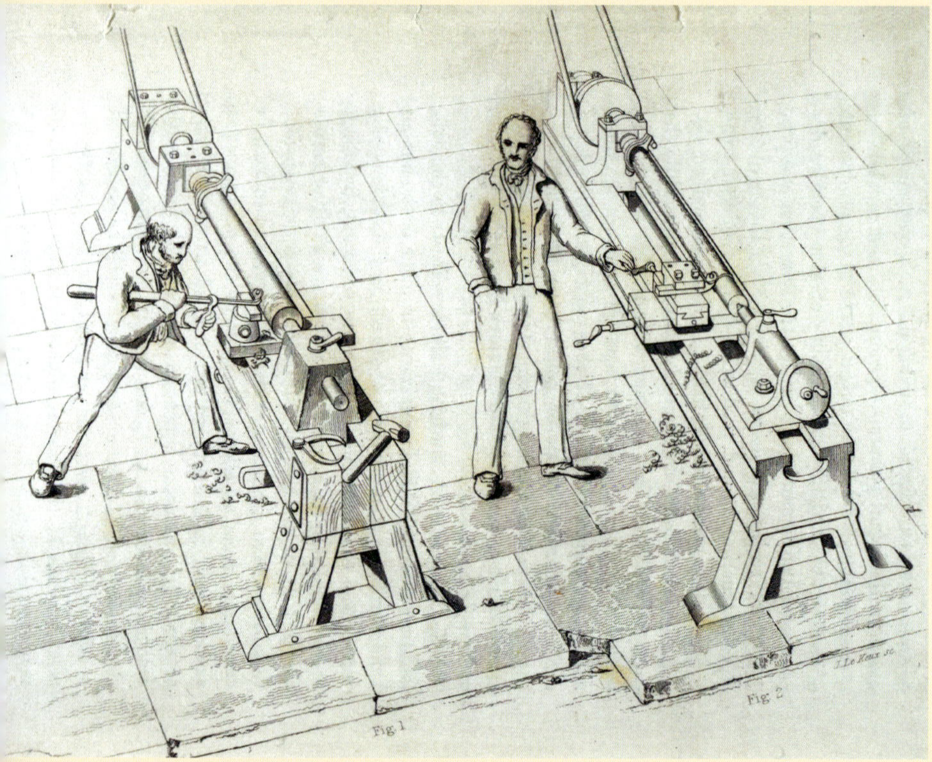

Die Einführung des Prinzips der automatischen Drehbank, beschrieben von James Nasmyth, 1841. 1791 hat der Amerikaner Sylvanin Brown die erste Supportdrehbank entwickelt, die auch für den Maschinenbau im größeren Stil eingesetzt werden konnte. 1798 patentierte schließlich der Amerikaner David Wilkinson sein Konzept einer Supportdrehbank. Henry Maudslay baute die erste aus Metall gefertigte Leitspindeldrehbank. Der leicht zu bedienende Kreuzsupport (rechts im Bild) führte die Schneidewerkzeuge präzise kontrollierbar an das zu bearbeitende Werkstück heran. Früher mussten die Schneiden per Hand geführt und gehalten werden (im Bild links), was notwendig zu Unregelmäßigkeiten und Maßabweichungen geführt hat. Werkzeugmaschinen und genaue Messinstrumente waren wiederum notwendig, um Werkstücke aus Eisen oder Stahl mit großer Präzision herzustellen, alle masshaltig und austauschbar. Diese Werkzeugmaschinen waren notwendig, um wiederum Arbeitsmaschinen in großer Zahl bauen und deren Ersatzteilversorgung sichern zu können. Erst unter diesen Voraussetzungen konnte sich die Maschinisierung in der Industrie wirksam und nachhaltig durchsetzen.

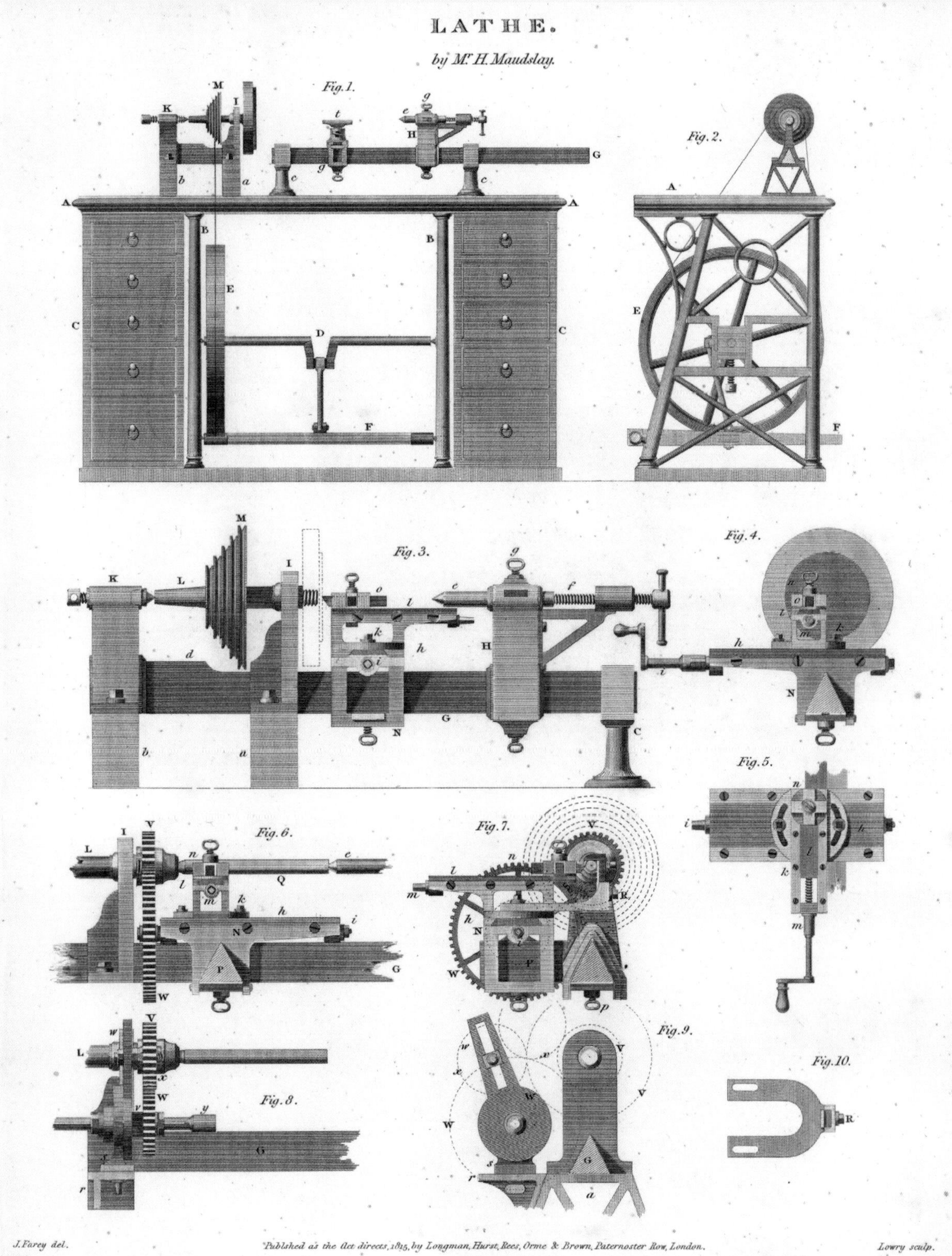

↑ **Henry Maudslay's** Schraubendrehbank, 1800.

↑ **Messrs. Maudslay,** Son and Field's Works, Lambeth, Montagewerkstatt, 1863.

← **James Nasmyth** (1808–1890), 1843–1847. Der Ingenieur arbeitete zunächst in Maudslay's Londoner Werkzeugmaschinenbetrieb, bevor er sich mit der Bridgewater Foundry at Patricroft, Greater Manchester 1836 selbstständig machte.

Arbeiter auf die Maschine über."[48] Marx hauchte den Maschinen eine Art autonome Technikseele ein, eine Vorstellung, die im 18. und 19. Jahrhundert durchaus verbreitet war und die er leicht aufrufen konnte. Die Maschine irritierte und faszinierte zugleich viele Zeitgenossen, schien sie sich doch von selbst zu bewegen und so den Eindruck von Lebendigkeit zu vermitteln. Doch Ähnlichkeit ergab noch lange keine Identität und Mechanistik war ebenso wenig bereits Maschinentheorie. Marx bediente sich der verbreiteten Unkenntnis – oder war es seine eigene Unsicherheit? – über die tatsächliche Funktionsweise von Maschinen. Er changierte zwischen den Welten tot oder lebendig und betrieb ein zusätzliches Vexierspiel, indem er gleich im nächsten Schritt einer „beseelten" Maschine die „eigene Seele" wieder entzog und zu einem „toten Mechanismus" degradierte: In der Maschinerie sei der Arbeiter „ein Theil der Theilmaschine" in einem „todten Mechanismus". Er diene der Maschine. Dem gegliederten Maschinensystem der Fabrik werde „Menschenmaterial einverleibt."[49] Fabrikarbeit werde zu „endloser Arbeitsqual" und „gleicht der Arbeit des Sisyphus."[50] Marx rang geradezu schmerzhaft um die logische Beziehung von Maschine, mit oder ohne Eigenleben, zu menschlicher Arbeit, tot oder lebendig.[51] Größere Einheiten von Einzelmaschinen, „[...] die ihre Bewegungen nur vermittels der Transmissionsmaschinerie von einem centralen Automaten empfangen" – und das waren alleine in England tausende von cotton mills – schienen sein technisches Verständnis zu überfordern. Er flüchtete sich in eine Metapher, die die technikkritische Literatur bis heute aufruft: „An die Stelle der einzelnen Maschine tritt hier ein mechanisches Ungeheuer, dessen Leib ganze Fabrikgebäude füllt und dessen dämonische Kraft, erst versteckt durch die fast feierlich gemeßne Bewegung seiner Riesenglieder, im fieberhaft tollen Wirbeltanz seiner zahllosen eigentlichen Arbeitsorgane ausbricht."[52] Die apokalyptischen Reiter des Mittelalters codierte Marx um in „cyclopische Maschinen"[53] oder „mechanische Ungeheuer", deren quasiorganische „Lebendigkeit" „fieberhafte" und „tolle" – im 19. Jahrhundert als Begriff für „verrückt" gebraucht – also pathologische Züge hatte. Die Maschinerie in der kapitalistischen Warenproduktion sei krank und beherrsche als Dämon den Menschen. Gesteigert im „automatischen Atelier" vertilge dieser Schurke am Ende den Menschen, da die Arbeit vollständig ersetzt wird und die Arbeiter ihr Auskommen verlieren. Doch gerade mit der Auslagerung zentraler Fragen der Technikphilosophie in den Bereich fiktionaler Dystrophie in Kombination mit einem pauschalisierten Entfremdungspostulat verstellte sich Marx die Möglichkeit, die sich in den 1860er und 1870er Jahren rasant verändernden Strukturen industrieller Technik adäquat zu analysieren.[54] Anders dagegen Friedrich Engels, der seit den 1870er Jahren, von seinen Berufspflichten befreit, ein gesteigertes Interesse an naturwissenschaftlichen und technischen Fragen entwickelte und dabei auch neue Perspektiven eröffnete. Eine Gegenüberstellung mit der Technikphilososophie von Ernst Kapp soll im Folgenden nicht nur den Stand der Überlegungen von Engels im zeitgenössischen Vergleich auf der Basis ähnlicher philosophischer Grundannahmen beschreiben, sondern Engels in den 1880er Jahren als durchaus die Zeichen der Zeit erkennenden und anpassungsfähigen Kommentator technischen Wandels vorstellen.

TECHNIK IN FRIEDRICH ENGELS' SPÄTEREN SCHRIFTEN IM VERGLEICH ZUR TECHNIKPHILOSOPHIE VON ERNST KAPP

Während in England bereits seit Beginn des 19. Jahrhunderts in vielerlei Form über „Machinery", „Manufactures" und „Engeneering" publiziert wurde,[55] erschien in Deutschland die erste, einzig dem Thema „Philosophie der Technik" gewidmete Publikation erst im Jahr 1877. Autor war der Geograph und Historiker Ernst Kapp, der nach dem Studium in Bonn von 1830 bis 1849 zunächst als Gymnasiallehrer in Minden unterrichtete und bereits 1845 mit seiner Studie *Vergleichende allgemeine Erdkunde* Grundlagen einer Anthropo- und Biogeographie gelegt hatte. Wegen seiner linkshegelianischen und demokratischen Haltung während der Revolution 1848, er gehörte einem konstitutionellen politischen Verein an, fiel Kapp bei seinem preußischen Dienstherrn in Ungnade. Er wanderte nach Texas aus, wo er im Kendall County eine Baumwollfarm betrieb. Als Freidenker und Gegner der Sklaverei kam es während des Sezessionskrieges zu Konflikten mit den Konföderierten in Texas, so dass Kapp 1865 mit seiner Familie nach Deutschland zurückkehrte und sich als Privatgelehrter in Düsseldorf niederließ.

↓ **Ernst Kapp** (1808–1896) zählt zu den Begründern der modernen Technikphilosophie.

Kapp ging es darum, „[…] die Entstehung und Vervollkommnung der aus der Hand des Menschen stammenden Artefacte als erste Bedingung seiner Entwicklung zum Selbstbewusstsein darzulegen."[56] Die emanzipative Leistung des Menschen beruhe auf seinem Freiheitsstreben, das sich in der Überwindung der Schranken, die die Natur ihm setzt, manifestiere sowie indem der Mensch seine Lebensbedingungen mit Hilfe des Werkzeuges und der technischen Erfindungen verbessere.[57] Die Begründung dafür läge in den Werkzeugen selbst:

> „Weil Werkzeuge und Maschinen weder auf den Bäumen wachsen noch als Göttergeschenke fertig vom Himmel herabfallen, sondern *‚weil wir sie selbst gemacht haben'*, tragen sie als Produkte dieses Selbst das deutliche Gepräge des bald unbewusst findenden, bald bewusst erfindenden Geistes. Daher ergeben sie in der Rückbeziehung

auf ihre Zeugungsstätte Erklärung und Aufschluss über die organische Tätigkeit selbst, welcher sie wie das Nachbild dem Vorbild ihre Entstehung verdanken, und müssen als eines der wichtigsten Momente gewürdigt werden sowohl für die Erkenntnislehre im Allgemeinen wie für die Entwicklung des Selbstbewusstseins im Besonderen."[58]

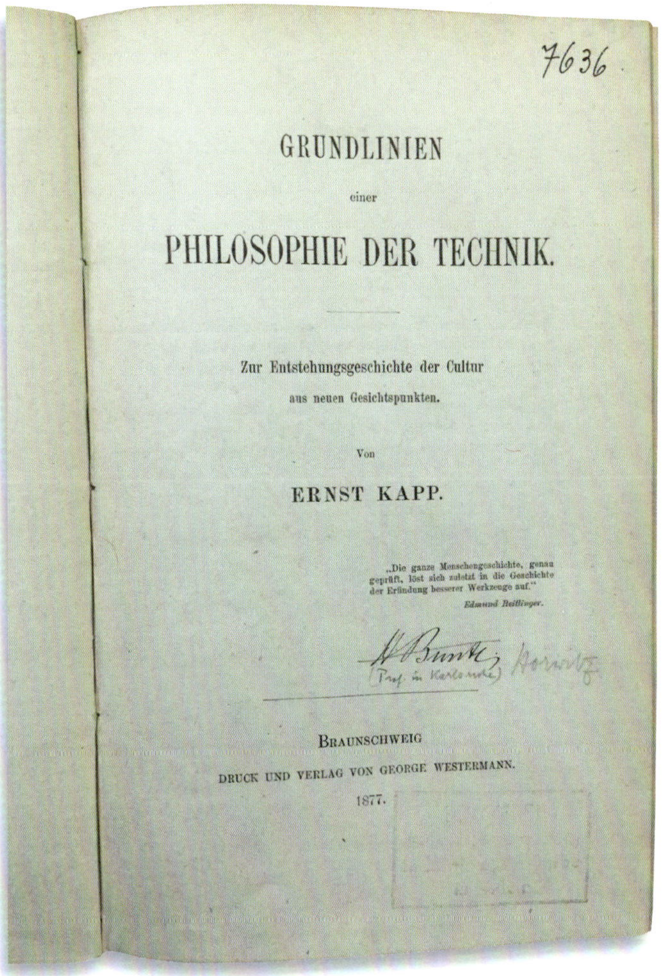

7636

GRUNDLINIEN

einer

PHILOSOPHIE DER TECHNIK.

Zur Entstehungsgeschichte der Cultur aus neuen Gesichtspunkten.

Von

ERNST KAPP.

„Die ganze Menschengeschichte, genau geprüft, löst sich zuletzt in die Geschichte der Erfindung besserer Werkzeuge auf."
Edmund Reitlinger.

BRAUNSCHWEIG

DRUCK UND VERLAG VON GEORGE WESTERMANN.

1877.

↑ **Grundlinien einer** Philosophie der Technik, Braunschweig 1877, Titelblatt.

Im Gegensatz zur Fortführung der Feuerbach'schen Kritik an Hegel hatte Marx – der Idealismus biete zur Vermittlung des Menschen mit der Wirklichkeit nur eine Scheinlösung, somit müsse die konkrete Wirklichkeit betrachtet werden – gerade in der Welt der Arbeit einen Ort der Selbstentfremdung des Menschen gesehen. Die im Rahmen kapitalistischer Warenproduktion benutzten Instrumente und Organisationsformen trügen ursächlich zur gesellschaftlichen Entfremdung bei. Nur durch Beseitigung dieser Fremdbestimmung könne Arbeit wieder zum Ort der Freiheit werden.

Im Unterschied zur Marx'schen Hegeldeutung, die auf den Antagonismus von Ideal und Realität abhob,[59] begriff Ernst Kapp die Auseinandersetzung des Menschen mit der Natur in einem breiter angelegten anthropologischen Sinne als Fortschritt und als Moment der Versöhnung des Menschen mit den harten Realitäten der Naturgewalten. Kapp verstand Werkzeuge und Maschinen im aristotelischen Sinne als Schöpfungen des Menschen (technai) in konkreter Auseinandersetzung mit der Natur (physis). Der dabei waltende Maßstab könne nur das Menschenmaß selbst sein, aus dem einfachen Grund, weil es keinen anderen gebe, an dem sich der Mensch orientieren kann. Anders ausgedrückt: Für Kapp musste Fortschritt und insbesondere technischer Fortschritt zum Menschen passen und dürfe nicht in eine zwar theoretisch ideal konstruierte, jedoch unerreichbare Utopie verlegt werden. Der dialektische Prozess vollziehe sich zwischen den Polen Arbeit und Gesellschaft. Werkzeug und Technik dienten der Vermittlung wie auch im reziproken Prozess der Selbsterkenntnis des Menschen.[60]

Sein anthropologisches Verständnis von Technik führte Kapp dazu, den Ursprung und den am Menschen orientierten Maßstab aller Werkzeuge – Aristoteles folgend – im leiblichen Organismus insbesondere in der Hand zu sehen. Diese sei als hochentwickeltes Werkzeug zugleich auch ein komplexes Wahrnehmungsorgan und diene als Vorbild für artifizielle Werkzeuge wie auch als Instrument für deren Anfertigung. Dabei wende der Mensch, bewusst wie auch unbewusst, eine sogenannte „Organprojektion" an. In kulturgeschichtlicher Betrachtung, angefangen von den ersten Werkzeugen bis hin zu komplexeren Apparaten, Instrumenten, ja selbst, auf Stufen höherer Komplexität, bei Geräten, Instrumenten und Maschinen untermauerte Kapp dieses Erklärungskonzept anhand zahlreicher Beispiele. Berühmt geworden ist sein Vergleich der „amerikanischen Axt", deren Konstruktion – die Physiologie des menschlichen Arm funktional reflektierend und projektiv im Werkzeug selbst weiterführend – eine zwei- bis dreifach gesteigerte Effizienz gegenüber der „deutschen Axt" aufweist.[61] Deutlich werde die Organprojektion auch an den an „Hand" und „Fuss" orientierten Zähl- und Gewichtssystemen, die selbst noch im Dezimalsystem wie ein Palimpsest erkennbar bleiben. Kapps Anthropogenese umfasste darüber hinaus den Transfer von Bauprinzipien der Natur, etwa die Ähnlichkeit der Zug- und Drucklinien der Spongiosa des oberen Teils des menschlichen Oberschenkelknochens mit konstruktiven Lösungen im Brückenbau oder die Parallelität der Morphologie von Nerven und Telegraphensträngen. Kapp war überzeugt: Der Fortschritt in der Erkenntnis der inneren Verwandtschaft von organischem Vorbild und mechanischem Nachbild ist Fortschritt im Selbstbewusstsein.[62] In höheren Entwicklungsstufen nehme die äußere Formähnlichkeit von Mensch und Werkzeug oder Maschine ab oder sei gar nicht mehr vorhanden. Dennoch bleibe die Projektion in Form von dem menschlichen Körper entnommenen Maßverhältnissen – „Inzahl" als das natürliche, „innere", menschliche Maß und „Anzahl" als das äußere Zählmaß – erhalten, ja erreiche sogar eine höhere Qualität, „[...] die um so reiner und geistig durchsichtiger sich darstellen, je weniger die Aufmerksamkeit durch zu große Treue plastischer Ausformung abgelenkt wird."[63] Das mehr und mehr aufgehäufte Erfahrungswissen führe zur Werkzeugherstellung für die Werkzeugherstellung und damit zum systematisch betriebenen Maschinenbau.[64] Kapp kritisierte eine grassierende Begriffsvermengung, indem „[...] gewissermaßen die Vorstellung des Organischen unwillkürlich und unvermerkt von dem Vorbild aus auf die mechanische Nachbildung mit hinüberspielt [...]".[65] Es sei „[...] eine auffallende Verwirrung der Begriffe ‚mechanisch' und ‚organisch' entstanden, und die Herstellung der für die Großindustrie und die Weltkommunikation nötigen Maschinerie nimmt einen solchen Aufwand der wissenschaftlichen Technik in Anspruch, dass sich, bei genauerer Betrachtung und Kenntnis, die Übertragung der bewegenden Kräfte der Wahrnehmung entzieht und Dampfmaschinen und Telegrafenapparate den Anschein selbsttätiger Bewegung annehmen."[66]

Kapp erläutert den fundamentalen Unterschied von Schein und tatsächlicher Wirksamkeit in der Werkzeugentwicklung am Beispiel der eisernen Hand des Götz von Berlichingen. Diese sei als Mangelkonstrukt nur ein „mechanisches Gestell" für einen individuellen Zweck, ohne Auswirkungen auf den technischen Fortschritt. Demgegenüber stehe der Hammer im reproduktiven Zusammenhang mit einer

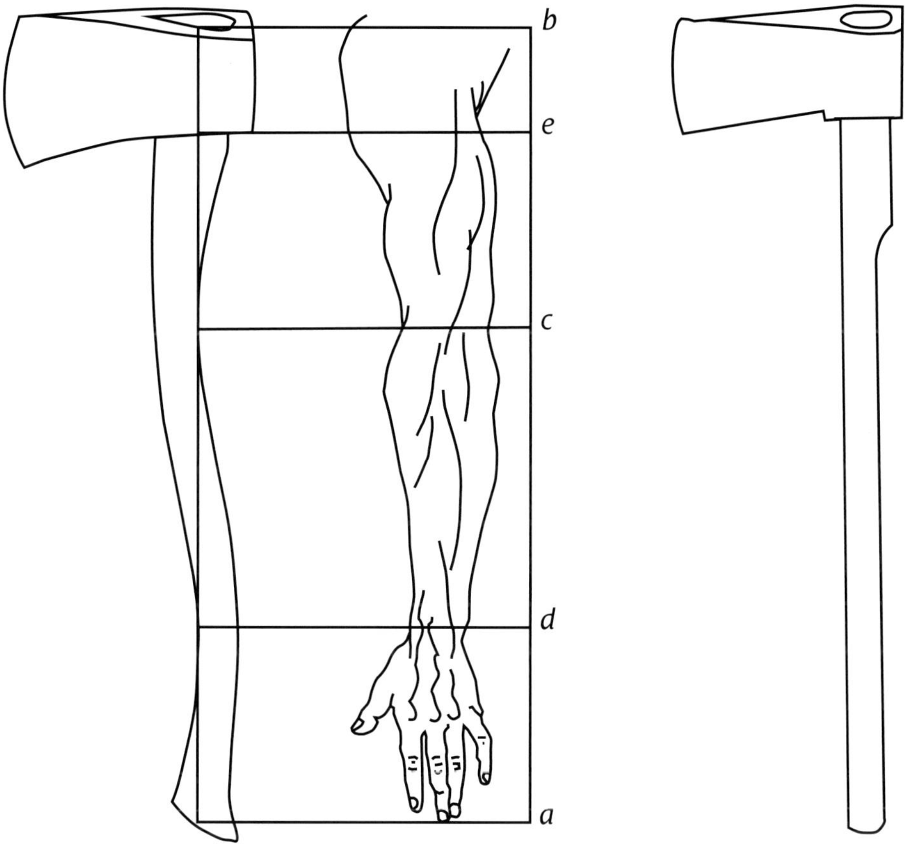

Die amerikanische Axt, der menschliche Arm und die deutsche Axt.

Die amerikanische Axt

Ich war einst Zeuge, wie ein alter Backwoodsman im westlichen Texas die *Philosophy of the Axe*, wie er es nannte, vordemonstrierte. Seine amerikanische Axt neben eine aus Deutschland stammende legend, deutete er die gröbsten Unterschiede aus. Hier der kerzengerade steife und störrige Stiel von auffallender Länge und einförmiger Dicke, dort das schlanke „*handle*" in gefälligem Wechsel doppelter Längsbiegung, hier ein Eisen in steif rechtwinkligem Ansatz, dort dasselbe mit leichter Einwärtsrichtung! Dann verweilte er mit besonderem Wohlgefallen bei letzterem. Sein schwieliger Finger überfuhr jene eigentümliche, auf den Backen des Eisens erkennbare Anschwellung, erklärte deren Vorzüge in Bezug sowohl auf den wuchtigen Einhieb wie auf die erleichterte Lockerung zum Rückschwung, machte aufmerksam auf die Beschaffenheit der zum *handle* verwendeten Holzart, des zähen Hikory, der in elastischer Schmiegsamkeit dem Prellschlag und der Verbellerung der Hand wehre. Das war Stoffes genug und ein gewiss recht handgreiflicher Anstoß zu weiterem Nachdenken für den neuen Ankömmling!

Ernst Kapp, Grundlinien einer Philosophie der Technik, S. 241

← **Franz Reuleaux** (1829–1905), 1879.

↓ **Theoretische Kinematik.** Grundzüge einer Theorie des Maschinenwesens von Prof. F. Reuleaux, Braunschweig 1875, Titelblatt.

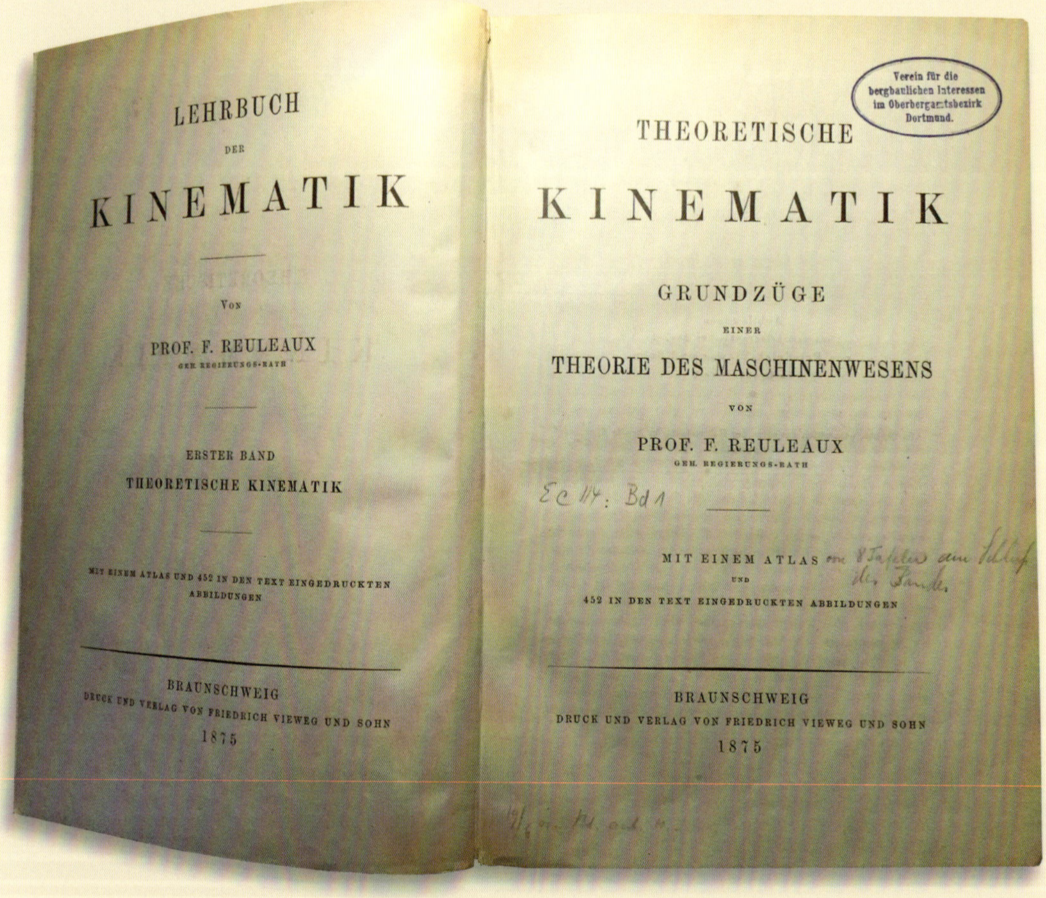

Folge von Werkzeugen. Ein solcher Hammer „[...] hilft neue Hämmer schmieden, ganze Hammerwerke errichten und Weltgeschichte machen." „Wie imposant nimmt sich das Analogon des organischen Gebildes als Werkzeug der ‚Werkzeugung' aus im Vergleich zu den unfruchtbaren Machwerken künstlicher Glieder und ganzer mit der Unheimlichkeit von Wachskabinettfiguren behafteten Automaten!"[67] Unter Verweis auf die Wechselwirkung der Naturkräfte nach den Studien von Hermann Helmholtz (1821–1894) sei eindeutig die Wirkung der Intelligenz in der Arbeit der Maschinen auf ihren Erbauer zurückzuführen. „Das Räderwerk der Uhr bringt also keine Arbeitskraft hervor, die ihm nicht mitgeteilt wäre, sondern vertheilt nur die mitgeteilte gleichmäßig auf längere Zeit."[68] Und auf den Philosophen Otto Liebmann (1840–1912) verweisend stellt Kapp klar: „Das Hegemonicon der Maschine gehört nicht zu ihr, residiert nicht in ihr; Heizer und Lokomotivführer sitzen auf ihr und lenken sie, wie der Reiter sein Ross."[69]

Die Dampfmaschine sei wegen ihrer vielseitigen Verwendungsmöglichkeit „die Maschine der Maschinen"[70]. „Viele Maschinenteile, ursprünglich isolierte Werkzeuge, sind in der Dampfmaschine äußerlich zu einer mechanischen Gesamtwirkung vereinigt." Ihre Komplexität beruhe auf einer langen Kette mechanischer Vervollkommnungspraxis.[71]

Werfen wir an dieser Stelle einen Blick auf Friedrich Engels, der – seit 1870 in London lebend – ohne Kenntnis der Veröffentlichungen von Ernst Kapp sich zur gleichen Zeit mit der Entstehung von Werkzeugen in der Frühgeschichte des Menschen befasste und ebenso wie Kapp die Hand als zentrales Medium identifizierte.[72] Engels ging mit anthropologischem Blick den Wurzeln des Menschen auf dem Weg hin zu seiner Vergesellschaftung nach[73] und sah in der Hebung des Nahrungsmittelangebotes, „[...] dass die Nahrung immer mannigfacher wurde und mit ihr die in den Körper eingehenden Stoffe, die chemischen Bedingungen der Menschwerdung. Das war aber alles noch keine Arbeit. Die Arbeit fängt an mit der Verfertigung von Werkzeugen. Und was sind die ältesten Werkzeuge, die wir vorfinden? [...] Werkzeuge der Jagd und des Fischfangs, erstere zugleich Waffen."[74] Es handele sich um einen reflexiven Prozess der Spezialisierung.[75]

> „So ist die Hand nicht nur das Organ der Arbeit, *sie ist auch ihr Produkt*. Nur durch Arbeit, durch Anpassung der dadurch erworbenen besondern Ausbildung der Muskeln, Bänder, und in längeren Zeiträumen auch der Knochen, und durch immer erneuerte Anwendung dieser vererbten Verfeinerung auf neue, stets verwickeltere Verrichtung hat die Menschenhand jenen hohen Grad von Vollkommenheit erhalten, auf dem sie Raffaelsche Gemälde, Thorvaldsensche Statuen, Paganinische Musik hervorzaubern konnte."[76]

Engels konstatierte eine Wechselbeziehung von Gehirn und Hand als Produkt der Erfahrung praktischer Nutzeffekte über die Zeit hinweg.[77] Allerdings käme es in diesem Prozess auch immer wieder zu „unbeabsichtigter Einwirkung von unkontrollierten Kräften", die „den gewollten Zweck nur ausnahmsweise, weit häufiger aber sein grades Gegenteil realisiert." Das, was Charles Darwin als „Kampf ums Dasein" im Tierreich beschrieben hatte und in der derzeit herrschenden freien Konkurrenz in der Ökonomie wiederzufinden sei, könne nicht Endzustand sein. „Erst eine bewußte Organisation der gesellschaftlichen Produktion, in der planmäßig produzirt und vertheilt wird, kann die Menschen ebenso in gesellschaftlicher Beziehung aus der übrigen Thierwelt herausheben wie dies die Produktion überhaupt für die Menschen in specifischer Beziehung gethan hat."[78] Mit anderen Worten: Noch in den 1870er Jahren sah Engels die Lösung für jenes technologisch herbeigeführte Dilemma primär in der Neuorganisation der Eigentumsstrukturen in der Ökonomie, also in einem technikfremden System der Steuerung ökonomischer Variablen und sozialpolitischer Einflussnahmen.

Kapp dagegen wollte die universelle Nutzung komplexer Maschinen und Apparate, die nun aufgrund ihres Entwicklungsniveaus möglich geworden sei, in ein technisch-soziales Gesamtsystem der Zukunft einbetten. Der elektromagnetische Telegraph, ein Paradebeispiel für die Organprojektion und physische Analogie zum menschlichen Nervensystem, stosse mit seiner Eigenschaft der machialen Sprachzeichen- und Gedankenvermittlung die Tür zu einer „universellen Telegraphik" auf. Grundsätzlich orientierte sich Ernst Kapp zur Beschreibung des Entwicklungsfortschritts in den Maschinenwissenschaften an Franz Reuleaux, dem Begründer der „Theoretischen Kinematik" und international anerkannten Ingenieur aus dem Rheinland.[79] Mit seiner Theorie schuf er erstmals eine eigenständige Grundlage für den Maschinenbau, ohne diese in der Mathematik oder Mechanik zu suchen wie etwa seine Kollegen an der École polytechnique in Paris.[80] Um den Grad der Perfektion von Maschinen zu bestimmen, hatte Reuleaux zunächst das Verhältnis von Bewegung und Kraft an den Knotenpunkten von Kinese, das aktive Bewegen, und Kinema, das passiv Bewegte, analysiert. Die Kraftübertragung könne einerseits durch eine kraftschlüssige Verbindung mit Hilfe einer unabgeschlossenen Umhüllungsform, etwa eines offenen Lagers, hergestellt werden, während andererseits eine paarschlüssige Verbindung, etwa mit Hilfe einer Mutter, die eine Schraube vollständig umfasst, eine erhöhte Zuverlässigkeit und Leistungsfähigkeit durch eine „kinematische Kette" erzielt wird. Der Fortschritt bestehe „[...] *in der abnehmenden Verwendung des Kraftschlusses bei zunehmender Ersetzung desselben durch den Paarschluss und den Schluss der dabei sich bildenden kinematischen Kette*".[81] Ausgehend vom Charles Babbages Versuch, zur Vereinfachung von Konstruktionsentwicklungen eine spezielle Zeichensprache zu entwickeln, analysierte Reuleaux die baulichen Elemente der Maschine und ordnete sie zunächst in starre Elemente, biegsame Elemente und Getriebe hinsichtlich ihrer Kraftschlüssigkeit. Die drei Baugruppen Rezeptor (Kraftantrieb), Transmission und Werkzeug, die bislang nach landläufiger, rein äußerlicher Betrachtung als Unterscheidung gemacht wurden – auch Marx hatte sie so getroffen – könnten zwar vorkommen, seien aber „zufällige Angehörigkeiten", die logisch gesehen nicht als wesentliche Teile zu bezeichnen seien. So ist etwa an einer Dampfmaschine ein Werkzeug nicht zu erkennen wie auch Maschinen ohne Werkzeugfunktion zumeist die Aufgabe der Ortsveränderung haben. Dagegen haben Maschinen, die über Werkzeuge verfügen wie Drehbank, Hobelmaschine oder Bandsäge, die Funktion der Formveränderung von Werkstoffen. Kraftmaschinen und Arbeitsmaschinen bilden demnach für Reuleaux die beiden Hauptgruppen der Maschine, die sich nicht grundsätzlich, sondern nur graduell unterscheiden. So gelingt ihm auch die präzise Definition einer Maschine, die den Menschen gleich zweifach in den Mittelpunkt stellt: als den Konstrukteur der Maschine nach einem bewussten Plan („so eingerichtet ist") und in seiner Rolle als rector agitandi („genöthigt werden") im Prozess der Nutzung der Naturkräfte, wie etwa thermo- oder hydromechanischer Kraft: „Eine Maschine ist eine Verbindung von widerstandsfähigen Körpern, welche so eingerichtet ist, dass mittels ihrer mechanische Naturkräfte genöthigt werden können, unter bestimmten Bewegungen zu wirken."[82]

Franz Reuleaux und mit ihm Ernst Kapp sahen nicht in der Maschine als solcher, sondern in der Leistungssteigerung der Dampfmaschinen mit den entsprechenden Anpassungen der Arbeitsmaschinen den Grund für eine Konzentration von „Massenarbeiten in kolossalen Fabrikgebäuden" mit ihren ambivalenten Folgen. Der Verbilligung von Konsumgütern stehe die Entwertung des Familienlebens, die Verteuerung der Lebensbedürfnisse und die „auffallende Abnahme der Handgeschicklichkeit" der Arbeiter gegenüber. Mit Verweis auf Reuleaux sah Kapp hier die Lösung der „Arbeiterfrage": *„So wird diese eine Kraftmaschine, die Dampfmaschine, die Mutter einer Legion von Arbeitsmaschinen, damit auch Herrin der Situation* [...] Reuleaux nennt die kleinen Motoren die wahren Kraftmaschinen des Volkes und versichert, dass die Luft- und Gasmaschinen, da sie jetzt schon beträchtlich billiger arbeiten, der Dampfmaschine erfolgreiche Konkurrenz machen können. Er rechnet sie zu den wichtigsten aller neueren Maschinen und findet in ihnen *die Keime zu einer völligen Umgestaltung eines Theiles der Industrie*."[83] In Fortführung dieses Gedankens formulierte Ernst Kapp: „Daraus ergibt sich, dass gerade da, von wo der Konflikt zwischen Kapital und Arbeit ausgegangen war, auch das Heilmittel liegt. Steht die Großmaschine unter der Garantie des Kapitals, so werden dagegen die kleinen Arbeitsmaschinen mit verhältnismäßig kleinen Kosten zu beschaffen sein. Es eröffnet sich die Aussicht, dass die Kleinmeister lohnend wieder aufleben und dass die Hausindustrie neue Nahrung wieder finden wird."[84] So die auf dem Verständnis eines techno-sozialen Gesamtsystems aufbauende Prognose Ernst Kapps.

Tatsächlich hatte die zentrale Dampfmaschine in der überwiegenden Zahl der Produktionsstätten um 1900 ausgedient. Mit einem Schlag wurden rund 40000 Dampfmaschinen in Deutschland unrentabel. Ihr Eisen wurde in den Stahlöfen zu hochwertigeren Neukonstruktionen verarbeitet. In den Energiezentralen wurden sie durch leistungsfähige Turbinen ersetzt, in den Produktionswerkstätten setzte sich der dezentral einsetzbare und ohne aufwendige Transmission und Getriebe anwendungsgerecht steuerbare Elektromotor durch, der günstig zu beschaffen war. Damit konnten sich mittlere und kleine Betriebe im Wettbewerb wieder behaupten und waren in der Lage, ihr in der Spezialisierung durchaus vorhandenes technologisches Entwicklungspotential zu mobilisieren und zu entfalten. Die für die deutsche Industrie insbesondere in Sachsen, in Baden oder im Rheinland so typische mittelständische Struktur formte sich aus und festigte sich.

Während nach Marx Geld und Kapital die Aufhebung der Raumdimension in die Zeitdimension leisteten, waren es bei Kapp das Werkzeug und das technische Artefakt wie etwa der Ozeandampfer oder das Automobil. Diese technisch vermittelte Zeitdimension führe nach Kapp über Kommunikation – zeitgenössisch mittels Telegraph – wieder zum Menschen zurück, so dass – auf diesen Fortschritten aufbauend – die Entwicklung stets auf ein höheres Niveau gehoben wird, ein prinzipiell endloser Vorgang. Diese Schritte seien zwar auch mit Veränderungen der Berufe und Tätigkeiten verbunden und erfordern Anpassungsleistungen, doch seien diese bei einer Wachstumsorientierung nach „Menschenmass" und Vernunft grundsätzlich in einer analogen Übereinstimmung von natürlichen Organismen und einem Staat, der die Interessen aller im Blick hat, lösbar.[85] Unter Rückgriff auf das aristotelische Verständnis von „Energie" als Einheit von Leib-Sinnlichem und Geistigem als Grundlage des Staates zog Kapp eine scharfe Trennungslinie zwischen einer exekutiv wie eine Maschine wirkenden Bürokratie und dem Staat als Interessen ausgleichender Gesamtorganismus. Dieser moderiere ein ausbalanciertes Beziehungsgeflecht von Bedürfnissen selbstverantwortlicher und zur Freiheitsfähigkeit herangereifter Individuen und der staatlichen Gemeinschaft. Er schafft den Rahmen und sorgt für die zur Realisierung dieser Freiheit notwendigen Bedingungen. Kapp formulierte damit die Grundüberlegungen zu einem organizistisch angelegten, auf technischen Fortschritt und individuelle Freiheit zielenden Verfassungsstaat nach dem „Prinzip Mensch", dem sich auch das Mensch-Maschine Verhältnis unterzuordnen habe.[86] Technik berge nicht das Zerwürfnis des Menschen, sondern seine Selbsterkenntnis.

Kehren wir unter dem Gesichtspunkt der gesellschaftlichen Folgen technischer Innovationen zurück zu Friedrich Engels, der sowohl die naturwissenschaftliche Forschung als auch deren praktische Umsetzung verfolgte. Angelegt war dieses Interesse bereits in seinen militärtheoretischen Beiträgen, in denen er immer wieder der Frage nach dem Einfluss industrieller Innovationen – etwa dem Bau von gepanzerten Turmschiffen oder dem gezogenen Lauf von Gewehren – und deren Auswirkungen auf Ausrüstung, strategischer und taktischer Führung sowie Logistik nachging. Als er nach dem Ausscheiden aus dem operativen Geschäft seines Unternehmens ab 1870 mehr Zeit für wissenschaftliche Studien hatte, widmete er sich stärker naturwissenschaftlichen Fragen.[87] Engels war tief beeindruckt von der rasanten Entwicklung der Elektrotechnik. Mit ihr schien der Weg auf einmal frei zu sein, um in die Welt nahezu unbegrenzter technischer Möglichkeiten vordringen zu können. Zwischen 1880 und 1910 wurde die Elektrizität in der Publizistik und auf großen Ausstellungen und Kongressen zu einem intensiv behandelten Thema. Sie wurde speicherbar, transportabel und scheinbar sauber, von grenzenloser Kraft und doch so fein dosierbar, dass jeder kleine Haushalt davon profitieren konnte. Voraussetzung waren allerdings komplexe Verteilungssysteme, die nur aufgebaut werden konnten, wenn Wissenschaft, Technik, Industrie, Kapital und Politik zusammenwirkten.

Die Innovationen im Bereich Schwachstromtechnik mit dem Morsetelegrafen ab 1835 waren in Deutschland anfangs noch recht bescheiden gewesen und beschränkten sich auf das Militär und den Eisenbahnverkehr. Dagegen hatte die Nutzung des Schwachstroms für die Nachrichtenübertragung für England und die USA eine weit größere Bedeutung. Kabel- und Telegrafengesellschaften hatten dort Hochkonjunktur. Man gab bis zu 25 % Dividende auf eingesetztes Kapital, was – begünstigt durch das britische Aktiengesetz – einen Run auf die Aktien auslöste. Selbst die gewagtesten Pläne, wenn sie nur elektrisch waren, wurden kritiklos akzeptiert und mit Kapital ausgestattet. In Frankreich sprach man von einer „L'Électromanie en Angleterre", die jedoch schon bald nach Konkursen und dem Electric Lightning Act von 1882 in Katerstimmung umschlug.

Die seit den 1880er Jahren einsetzende Elektrifizierung mit Starkstromtechnik war ein von Propagandafeldzügen begleiteter Prozess, weil die öffentliche Meinung im Konkurrenzkampf der Gleichstrom- und Wechselstromsysteme instrumentalisiert wurde.[88] Nach der Entdeckung des dynamo-elektrischen Systems durch Werner von Siemens (1816–1892) im Jahre 1866 wurde es innerhalb weniger Jahre möglich, eine industriell verwertbare Maschine zu bauen, die kontinuierlich Gleichstrom lieferte. Jetzt konnte man sehr helle Bogenlampen als potenzierten Mondschein einsetzen. Um 1880 gab es verschiedene Varianten spektakulärer Illuminationen öffentlicher Plätze in London, Paris oder Detroit. 1882 baute Thomas Edison (1847–1931) mit Blick auf Investoren in Manhatten, damals bereits Finanzdistrikt von New York, die erste Gleichstromversorgungsstation. Nachdem auf der Internationalen Elektrotechnischen Ausstellung 1882 in München der französische Physiker Marcel Deprez (1848–1908) die erste Versuchsstrecke zur Elektrizitätsübertragung zwischen München und Miesbach mittels Gleichstrom erfolgreich in Betrieb genommen hatte,[89] äußerte sich Friedrich Engels, der an den Versuchen regen Anteil nahm, zu den Auswirkungen dieses Praxistests:

> „In der Tat aber ist die Sache enorm revolutionär. Die Dampfmaschine lehrte uns Wärme in mechanische Bewegung zu verwandeln, in der Ausnutzung der Elektrizität aber wird uns der Weg eröffnet, alle Formen der Energie: Wärme, mechanische Bewegung, Elektrizität, Magnetismus, Licht, eine in die andre und wieder zurück zu verwandeln und industriell auszunutzen. Der Kreis ist geschlossen. Und Deprez' neueste Entdeckung, dass elektrische Ströme von sehr hoher Spannung mit verhältnismäßig geringem Kraftverlust durch einen einfachen Telegrafendraht auf bisher ungeträumte Entfernungen fortgepflanzt und am Endpunkt verwandt werden können – die Sache ist noch im Keim – befreit die Industrie definitiv von fast allen Lokalschranken, macht die Verwendung auch der abgelegensten Wasserkräfte möglich, und wenn sie auch am Anfang den Städten zugute kommen wird, muss sie schließlich der mächtigste Hebel werden zur Aufhebung des Gegensatzes von Stadt und Land. Dass aber damit auch die Produktivkräfte eine Ausdehnung bekommen, bei der sie der Leitung der Bourgeoisie mit gesteigerter Geschwindigkeit entwachsen, liegt auf der Hand […]"[90]

Engels sollte mit seiner Vorhersage der industriellen Verwendung der entlegensten Wasserkräfte grundsätzlich Recht behalten. Allerdings setzte sich in der Praxis das gegenüber dem Gleichstromsystem in bestimmten Anwendungsbereichen technisch überlegene Wechselstromsystem von Nikola Tesla (1856–1943), der anfangs für Edison gearbeitet hatte, durch. Zwei Jahrzehnte später wurde das Wasserkraftwerk an den Niagara Wasserfällen im Bundes-

↑ **Jean Veber** (1864–1928), Dynamis. Der für seine prägnanten sozialkritischen Karikaturen bekannte Künstler trieb mit seinem großformatigen Ölgemälde die Kritik an den Auswirkungen der modernen Technik auf die Spitze. Eine dämonisch wirkende Frau hat, rittlinks auf einem Dampfzylinder mit stampfendem Kolben sitzend, offensichtlich Freude daran, dass die erzeugte thermodynamische Energie Männer in durcheinander purzelnde Zwerge verwandelt. Hans Wettich, Die Maschine in der Karikatur, Berlin 1920, S. 1, gab dem Bild den Titel: Die Maschine, die Menschen verschlingt.

taat New York gebaut. Es lieferte große Energiemengen über weite Distanzen hinweg für die Bundesstaaten New York, Connecticut und Massachusetts, wo sich die Industriestandorte diversifizieren konnten. Eine breite industrielle Entwicklung mit einer Vielzahl mittelgroßer Unternehmungen mit innovativem Potential durchsetzte die Ostküstenstaaten.

Vorsichtig wirkt die Vorhersage von Engels, dass mit örtlich und zeitlich unabhängiger Verfügbarkeit der wichtigen Antriebskräfte zugleich auch die Produktivkräfte „der Leitung der Bourgeoisie entgleiten" würden. 1848 habe man das Entwicklungspotential der kapitalistischen Produktion unterschätzt. Inzwischen habe sich die „große Industrie [...] erst wirklich eingebürgert, aus Deutschland aber geradezu ein Industrieland ersten Ranges gemacht."[91] Immer neue Erfindungen hätten technologische Umwälzungen und Innovationen ausgelöst, ähnlich wie hundert Jahre zuvor die Dampfmaschine. Gesellschaftliche und politische Auseinandersetzungen würden nun neue Formen annehmen wie etwa der parlamentarische Weg, der durch Stimmenzuwachs der SPD im Reichstag möglich werde.[92]

In dieser Argumentation scheint eine gewisse Konvergenz der Verursachungsbegründung zwischen Friedrich Engels Vorhersage und der Prognose von Ernst Kapp auf. In einem entwickelten technologischen Gesamtsystem könnten Innovationen durchaus dazu führen, dass jene schroffen sozialen Antagonismen, wie sie in der ersten Phase der industriellen Revolution charakteristisch gewesen waren, auch ohne eine radikale politische Revolution quasi „technisch" entschärft und „parlamentarisch" eingebettet werden. Fortgeschrittene Technik, die durchaus nicht in jedem Fall – wie von Marx postuliert – zur Vernichtung von Arbeitsplätzen führe, könne durchaus eine neue Struktur industrieller Produktion begründen. Mit anderen Worten: Jene Vorstellung vom unauflösbaren Dilemma unbeabsichtigter negativer Folgen von an sich positiven technologischen Entwicklungen wurde von Engels zu Beginn der 1890er Jahre aufgeweicht und als Möglichkeit eines noch nicht genau absehbaren Wandels industrieller Produktion gedacht. Damit ist – durch die Hintertür – auch ein wesentlicher Baustein des von Marx postulierten Gesetzes des tendenziellen Falls der Profitrate ins Wanken geraten, das auf der Annahme beruhte, dass im Kapitalismus Rationalisierung immer mit dem die Arbeit verdrängenden Effekt der Technisierung und Automatisierung verbunden sei. Ein Ende des Kapitalismus als Technikfolge[93] erschien dem „Erfinder des Marxismus" – eine Rolle die Engels bis heute zugewiesen wird – in seinen letzten Lebensjahren als zunehmend unwahrscheinlich.

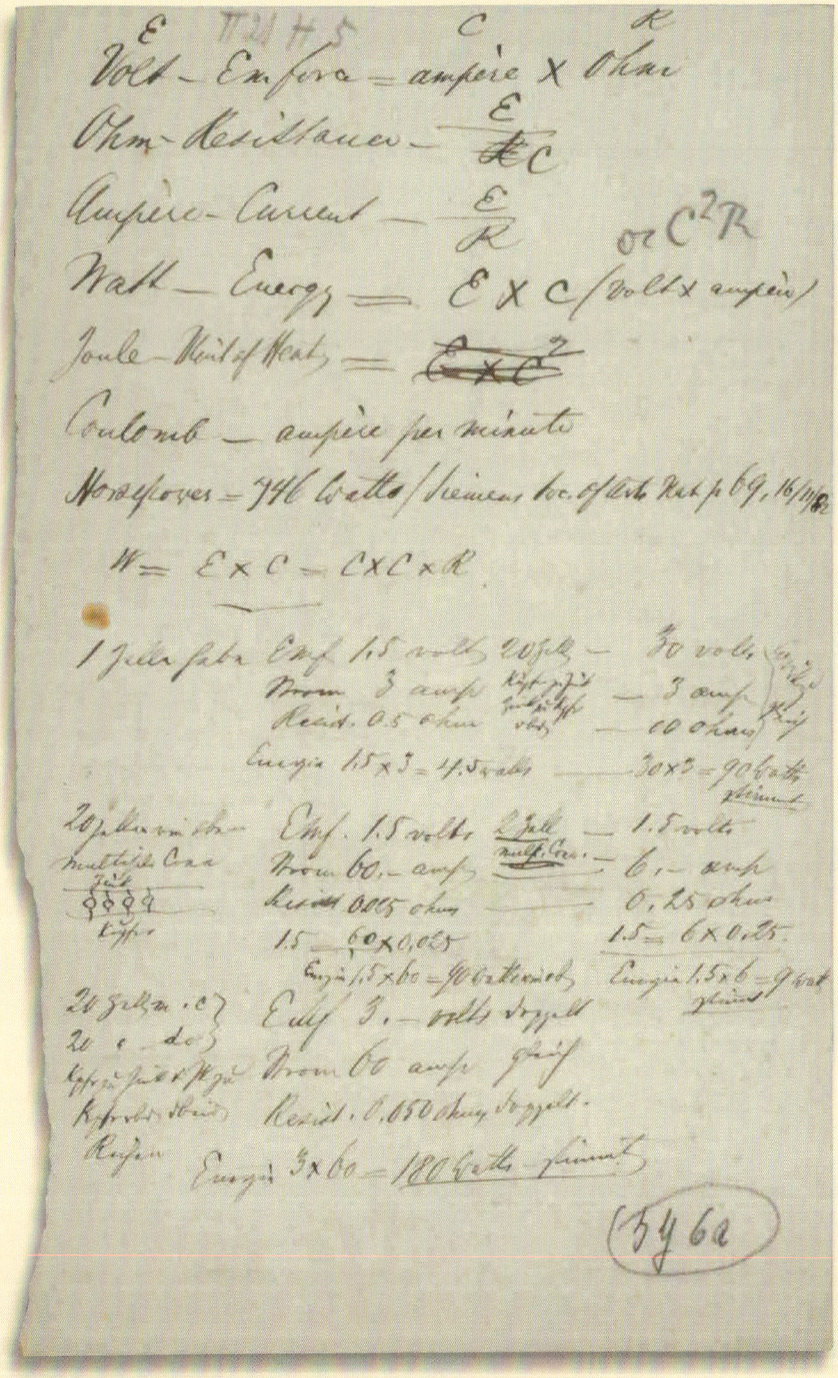

E C R
Volt – Em force – ampère x Ohm
Ohm – Resistance – E/C
Ampère – Current – E/R
Watt – Energy – E x C (volt x ampère) or C^2R
Joule – Unit of Heat –
Coulomb – ampère per minute
Horsepower – 746 Watts
W = E x C – C x C x R

Friedrich Engels, Notiz über elektrische Maßeinheiten, um 22./23. November 1882. Engels bezog sich auf den Vorschlag von Carl William Siemens vom 15. November 1882, neben der Bezeichnung Volt als Maß der elektromotorischen Kraft das Watt als neue Einheit für elektrische Energie in einer anderen Bewegungsform anzunehmen (siehe MEGA[2] IV/31, S. 612 ff. Apparat, S. 987–991). „Die Elektrizität hat mir einen kleinen Triumph bereitet. … Widerstand repräsentiert in der Elektricität dasselbe was in der mechanischen Bewegung Masse. Es zeigt sich also, daß in der elektrischen wie mechanischen Bewegung die quantitativ messbare Erscheinungsform dieser Bewegung – hier Geschwindigkeit, dort Stromstärke – wirkt, bei einfacher Übertragung ohne Formwechsel, als einfacher Faktor, in der ersten Potenz; dagegen bei Übertragung mit Formwechsel als Faktor im Quadrat. Es ist also ein allgemeines Naturgesetz der Bewegung, das ich zuerst formulirt habe. Jetzt muß es aber auch rasch mit der Naturdialektik zu Ende gehn.“ (Friedrich Engels an Karl Marx 23. November 1882, ibid. S. 987 f.)

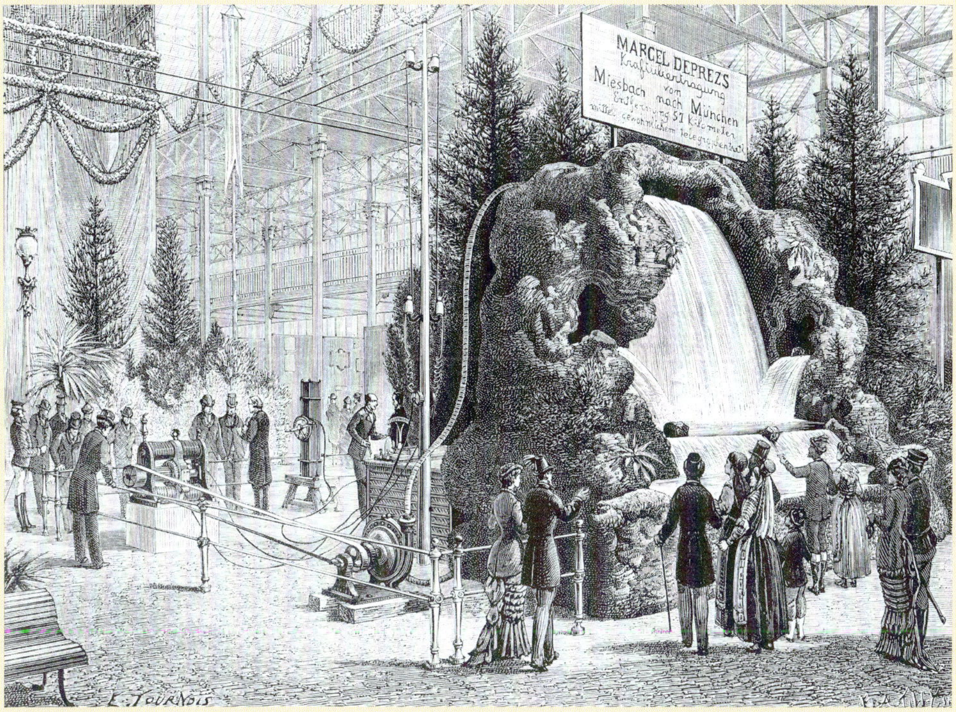

→ **Marcel Deprezs** Kraftübertragung von Miesbach nach München, Internationale Elektrizitätsausstellung, München 1882.

→ **Kraftübertragung Lauffen a. N. – Frankfurt a. M.** Die Internationale Elektrotechnische Ausstellung fand vom 16. Mai bis zum 19. Oktober 1891 auf dem Gelände der ehemaligen Westbahnhöfe in Frankfurt statt. Organisator und technischer Leiter der Ausstellung war der Ingenieur und spätere Gründer des Deutschen Museums in München Oskar von Miller (1855–1934). Bei der Ausstellung wurde mit der Drehstromübertragung Lauffen-Frankfurt erstmals die leistungsstarke Fernübertragung von Strom demonstriert, der im 176 km entfernten Lauffen erzeugt wurde. Aufgrund dieses erfolgreichen Feldversuchs setzte sich die Drehstromtechnik für den Aufbau elektrischer Übertragungsnetze weltweit durch.

↑ **Fritz Jacobsen,** Erste Zentralstation der Deutschen Edison Gesellschaft (später AEG) in Berlin-Mitte Markgrafenstrasse, 1885, 1928. Noch vor der Edisonzentrale in New York (1891), der Wechselstromanlege Tivoli bei Rom (1888) und der Drehstromanlage Lauffen-Heilbronn (1892) eröffnete die AEG das erste öffentliche Elektrizitätswerk in Deutschland. Sechs Dampfkessel erzeugten Dampf mit einem Druck von 10 atü für den Betrieb von sechs 150-PS-Kolbendampfmaschinen der Firma Borsig Berlin. Diese trieben zwölf Generatoren an, die Gleichstrom mit einer Spannung von 110 V erzeugten. Die Gesamtleistung des Kraftwerks betrug 540 kW.

↗ **Fritz Jacobsen,** Wechselstromanlage Köln Zugweg 1891, 1928. Angetrieben von liegenden Kolbendampfmaschinen produzierten vier Wechselstromgeneratoren Drehstrom. Mit dem Wechselstromsystem ließen sich höhere Spannungen erzeugen und die Übertragungsentfernungen erhöhen. Größere Anlagen konnten nun größere Areale mit Strom versorgen. Lizenznehmer für die Wechselstrompatente der Budapester Firma Ganz & Co war die Helios AG in Köln-Ehrenfeld, deren Lichtturm noch heute im Stadtviertel sichtbar ist.

→ **Fritz Jacobsen,** Erste Dreileiterzentrale für Akkumulatorenbetrieb in Barmen, 1928. In den Jahren 1885–1890 konkurrierten in Deutschland Wechselstrom- und Gleichstromsysteme. Nach dem Erfolg der Drehstromübertragung während der ‚Internationalen Elektrotechnischen Ausstellung' in Frankfurt 1891 setzte sich das Wechselstromsystem in Form des Drehstroms durch. Drei Jahre zuvor war noch eine Gleichstromzentrale in Barmen gebaut worden. Um die starken Stromschwankungen auszugleichen, wurden Akkumulatoren als Energiespeicher eingesetzt, die zugeschaltet oder aufgeladen werden konnten. Die Technik lieferte die Firma Schuckert & Co Nürnberg.

Fritz Jacobsen
Bremen

Fritz Jacobsen
Bremen

↑ **Werner von Siemens** (1816–1892), 1865. Mit der Entwicklung des ersten elektrischen Generators (1866) auf der Grundlage des von ihm wissenschaftlich begründeten dynamoelektrischen Prinzips gehörte Werner Siemens zu den Wegbereitern der Starkstromtechnik. Elektrische Energie, die jetzt in großem Umfang produziert werden konnte, ermöglichte die Verwendung des flexibel einzusetzenden Elektromotors, der gemeinsam mit den Verbrennungsmotoren die Dampfmaschine ablöste und die zweite industrielle Revolution einleitete.

→ **Werner von Siemens** (1816–1892) und Johann Georg Halske, 1855. Zusammen mit Johann Georg Halske gründete Werner Siemens am 12. Oktober 1847 die Telegraphen Bau-Anstalt von Siemens & Halske in Berlin, aus der die heutige Siemens AG hervorging. 1848 erhielt das junge Unternehmen einen politisch wichtigen Auftrag: die Telegraphenleitung von Berlin nach Frankfurt am Main, denn dort tagte die deutsche Nationalversammlung. Die Leitung wurde noch im Winter 1848/49 mit Geräten und Kabeln von Siemens & Halske gebaut. Das Unternehmen entwickelte sich innerhalb weniger Jahrzehnte von einer kleinen Werkstatt, die neben Telegraphen vor allem Eisenbahnläutwerke, Drahtisolierungen und Wassermesser herstellte, zu einem der weltweit größten Elektro- und Technologiekonzerne.

Photogravüre u. Druck Meisenbach Riffarth & Co. Berlin
BERLIN 1855
G. Schauer's Atelier für Photographie u. Lithographie, Berlin Gr. Friedrichstr. 188.

„THE GENERAL“ ALS ADMIRAL

FRIEDRICH ENGELS UND DIE DEBATTEN UM SEEKRIEG UND SEETAKTIK

KURT MÖSER

Friedrich Engels hatte als Einjährig-Freiwilliger seit Oktober 1841 bei der 12. Kompagnie der in Berlin stationierten Garde-Artillerie Brigade als Bombardier gedient und im Kampfeinsatz während der „Reichsverfassungscampagne“ in der Pfalz 1849 als Adjutant im Freikorps des aufständischen Oberst August Willich (1810–1878) erste Gefechtserfahrung sammeln können. „Zum Militär war er übrigens wie geschaffen: Helles Auge; rascher Überblick, rasches wägen auch der kleinsten Umstände, rascher Entschluss und unerschütterliche Kaltblütigkeit.“ So schätzte ihn Wilhelm Liebknecht (1826–1900) ein, der ab 1850 in England in engem Kontakt zu Friedrich Engels stand. In den 1850er Jahren legte sich Engels eine militärwissenschaftliche Fachbibliothek zu und bildete sich mit viel Fleiß als Autodidakt zum Militärexperten aus, „ ... damit wenigstens Einer vom ‚Zivil‘ ihnen theoretisch die Stange halten kann. Jedenfalls will ich's dahin bringen, daß solche Esel mich nicht niederschwatzen sollen.“[1] Er publizierte u. a. grundlegende Artikel zu militärischen Fachfragen in der *New American Cyclopaedia*[2] sowie Analysen militärischer Ereignisse für die internationale Presse und – anonym – für militärwissenschaftliche Fachzeitschriften. Er erwarb sich damit in der Fachwelt Anerkennung.[3] Seit seiner Vorhersage der Niederlage der französischen Armee bei Sedan im Krieg gegen Preußen am 1./2. September 1870 in der Londoner Abendzeitung Pall Mall Gazette, wurde Engels in der Familie Marx „the General“ genannt, wobei nach August Bebel, der 1880 Marx und Engels persönlich kennenlernte, „das Wort

← **Matrosen** der 1860 für die Royal Navy in Dienst gestellten hölzernen Segelbark ‚HMS Eclipse‘, die mit einer 200 PS Dampfmaschine und vier Armstrong Kanonen zum Landbeschuss ausgestattet war, jedoch nach Einsätzen in Australien und Neuseeland bereits 1867 ausgemustert werden musste.

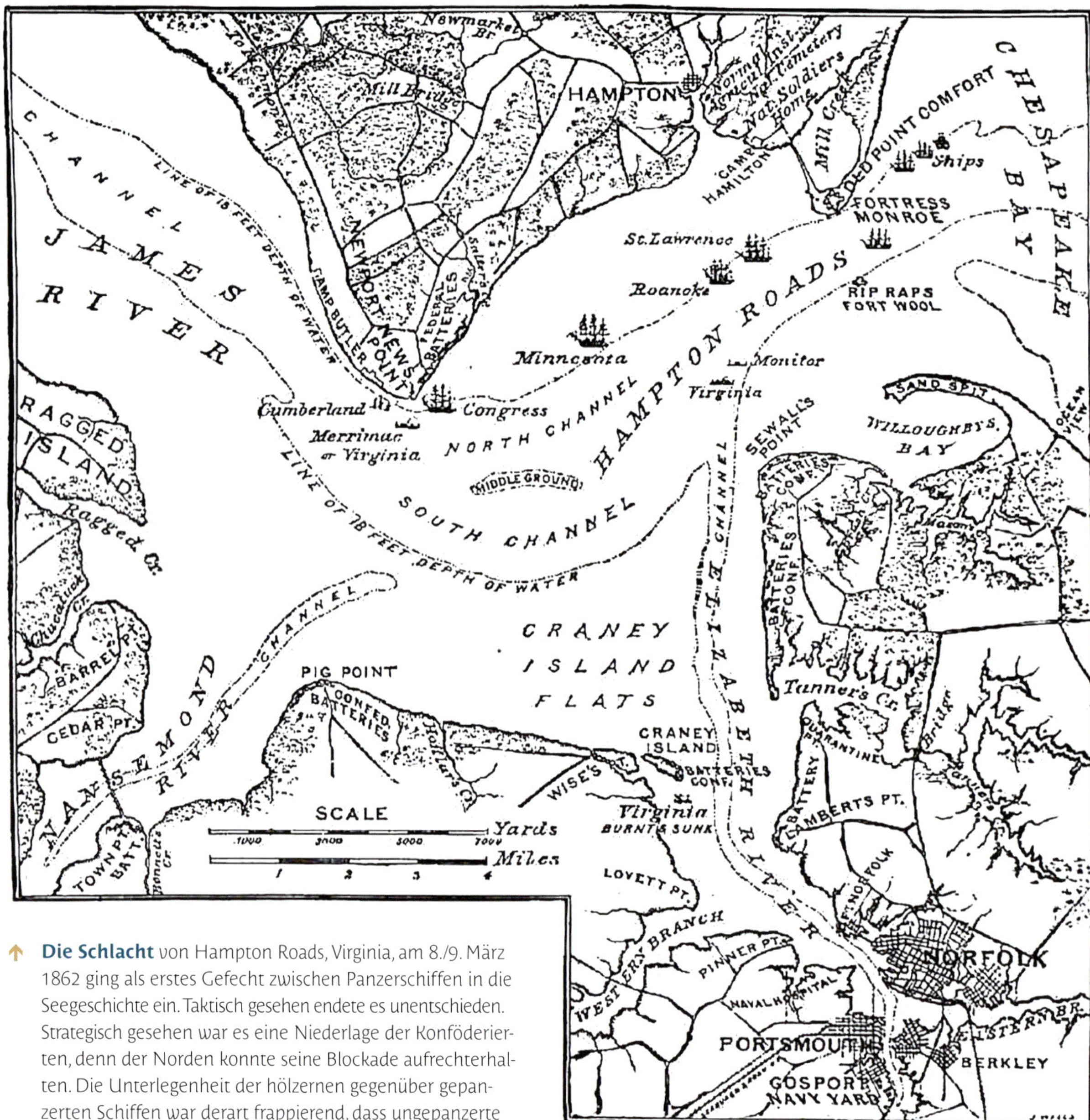

Die Schlacht von Hampton Roads, Virginia, am 8./9. März 1862 ging als erstes Gefecht zwischen Panzerschiffen in die Seegeschichte ein. Taktisch gesehen endete es unentschieden. Strategisch gesehen war es eine Niederlage der Konföderierten, denn der Norden konnte seine Blockade aufrechterhalten. Die Unterlegenheit der hölzernen gegenüber gepanzerten Schiffen war derart frappierend, dass ungepanzerte Schiffe seitdem als überholt galten. Es war das Ende des hölzernen Kriegsschiffes und der Beginn des dampfgetriebenen Panzerschiffs ohne Segeltakelage.

stets englisch ausgesprochen wurde: Dschenerälʺ.[4] Engels publizierte in verschiedenen Diskursformaten auch zu Marinefragen. Man kann ihn deshalb ebenso als „the Admiral" titulieren – zumal es, wie wir sehen werden, in jenen Jahren fachliche Überschneidungen in Bezug auf die Waffentechnik gegeben hat.

Engels' militärische Analysen fielen in eine Periode außerordentlicher Umbrüche auf praktisch allen Teilfeldern der Kriegführung und insbesondere im Seekrieg. Zwischen dem Jahrzehnt vor dem Krimkrieg (1853–1856) und den 1880er Jahren bestand eine Phase von Technologieoffenheit – und auch konzeptioneller Offenheit – auf den Gebieten Seestrategie und -taktik, Schiffbau, Antrieb und Bewaffnung. Typisch für solche Phasen sind Elemente des stabilen Alten zeitgleich mit unerprobten innovativen Elementen, problematischen Anpassungs- und Lernprozessen oder nicht konzeptionell integrierten Innovationsfeldern. Weit mehr als in einer typischerweise folgenden Phase der „Abschließung" begleiten Debatten diese offenen Prozesse. Diese Debatten wurden nicht nur von jenen geführt, die in die Entwicklung und Umsetzung der technisch-taktischen Entwicklungen direkt eingebunden waren, sondern auch von Politikern, Journalisten, Autoren sowie Fachexperten anderer Gebiete. Retrospektiv ist es nicht einfach, in die technisch-taktischen Debatten, Konzeptionen und deren Realisierung in Form konkreter Schiffsbauten der Kriegsmarinen zwischen 1850 und 1890 Schneisen zu schlagen. Nur die Anfangs- und vorläufigen Endpunkte sind klar: Das segelnde hölzerne Breitseitschiff – allenfalls ausgestattet mit Hilfsdampfmaschine für Hafen- und Gefechtsmanöver – mit glattrohrigen Vorderladerkanonen, Vollgeschosse verschießend, der 1840er Jahre als Anfangspunkt; und das ausschließlich dampfbetriebene eiserne Turmschiff mit gezogenen Hinterladerkanonen, panzerbrechende Sprenggranaten verschießend, als vorläufiger Endpunkt in den 1890er Jahren. Dazwischen gab es, technikhistorisch gesehen, durchaus verwirrende, nicht selten rekursive Neben- und breite Seitenpfade. Umso bemerkenswerter erscheint die Vorwegnahme jenes dramatischen Umbruches der Seekriegsführung durch Friedrich Engels zu einem sehr frühen Zeitpunkt im Zusammenhang mit einem in Europa zunächst wenig beachteten kleineren Seegefecht während des Sezessionskrieges (1861–1865): „Vor ungefähr dreiundeinhalb Monaten, am 8. März 1862, schloss die Seeschlacht zwischen dem „Merrimac" und den Fregatten „Cumberland" und „Congreß" in den Hampton-Roads die lange Ära der hölzernen Kriegsschiffe. Am 9. März 1862 eröffnete die Seeschlacht zwischen „Merrimac" und „Monitor" in denselben Wässern die Ära des Krieges zwischen eisenbepanzerten Schiffen."[5] Worauf stützte sich Friedrich Engels mit diesem grundsätzlichen und

↓ **Nach der Versenkung** der hölzernen Segelfregatte ‚Cumberland' am 8. März 1862 durch die ‚CSS Virginia' kämpften beide Panzerschiffe, ‚CSS Virginia' und ‚USS Monitor', am folgenden Tag mehrere Stunden zumeist auf kürzeste Distanz ohne wirksamen Treffer zu erzielen. Der wendigere ‚USS Monitor' konnte die ‚CSS Virginia' ausmanövrieren und ihrem Rammsporn entgehen.

weitreichenden Urteil? Wie ist seine Position in den zeitgenössischen Kontext der Debatten um die Seekriegsführung einzuordnen? Welche Folgerungen und Prognosen konnte Engels darauf aufbauen?

Die Phase der Marineentwicklung, die Engels seit Beginn der 1850er Jahre begleitete, ist vor allem durch eine Veränderung der technischen Ausstattung der Schiffe charakterisiert, ihrer Propulsion, Bewaffnung, Schutz und Bauweise. Aber das ist nicht alles: Taktik, Einsatzdoktrinen, die Organisation der Stützpunkte, Ausbildung, Wartungs- und Reparaturbedürfnisse und vieles mehr waren ebenso gründlichen Veränderungen unterworfen. Schiffe alleine waren nicht bestimmend. Sie sind vielmehr in ein militärisches Gesamtsystem eingebettet. Denn der Begriff der Revolutionen der militärischen Technik sind „only a shorthand way of referring to more sweeping changes that occured at the organizational and doctrinal level"[6], so der amerikanische Militärhistoriker Max Boot, der für eine zutreffende Beschreibung den von der NATO gebrauchten Begriff einer „Revolution in Military Affairs" (RMA) vorschlägt. Es geht dabei erstens um technische Entwicklungen, die zu einem funktionierenden Artefakt führen; zweitens um konkrete militärische Nutzungsanwendungen; drittens um die Integration in Organisationsstrukturen; viertens um die Entwicklung einer Doktrin militärischer Nutzung. Fünftens folgen konkrete Einsätze in kleinerem Rahmen ohne schlacht- oder kriegsentscheidende Wirkung im Rahmen traditionellerer Kriegführung. Sechstens wird das ausgeprägte neue technische Waffensystem großmaßstäblich militärisch wirksam. Ergänzen könnte man die Kategorien noch um den Faktor der Ausformulierung zukünftiger Potentiale neuer Militärtechnik.

PANZERSCHIFFE: ZWEI HERKUNFTSLINIEN

Die Entwicklung gepanzerter Schiffe war die direkte Konsequenz aus den immer wieder aufgetretenen Schwierigkeiten in einem See-Land-Gefecht. Die Franzosen bauten schon während des Krimkrieges in Eile drei gepanzerte „batteries flottantes", armiert mit 11 schwersten Geschützen, zum Beschuss der russischen Festung Kinburn im Oktober 1855. Diese aus konstruktiven Gründen kaum seetüchtigen Einzweck-Kampfmaschinen waren die Pioniere und Vorläufer der Panzerfahrzeuge der Union und Konföderierten und weiterhin Keimzelle des später so wichtig werdenden Panzerschiffs, das die Seekriegsführung bis zum Beginn des Zweiten Weltkrieges fundamental beeinflusst hat.

Die zweite Herkunftslinie war eine Folge der Einführung von Sprenggranaten statt volleiserner Kanonenkugeln. Die Bordwände der Linienschiffe, ihr „heart of oak" mit zwei Fuß dicken Lagen aus besonderem Eichenholz, schützten in der Regel gegen die üblichen 24- oder 36-Pfünderkugeln der Standardarmierung, nicht aber gegen die innovativen Explosivgeschosse des „Zeitalters der Bombenkanone".[7] Die letale Wirksamkeit der von Henri-Joseph Paixhans (1783–1854) entwickelten Sprenggranaten wurde zu Beginn des Krimkrieges, am 30. November 1853 bei einer eher untypischen Konfrontation demonstriert, als eine mit Paixhans-Geschützen ausgerüstete russische Flotte unter den osmanischen Holzschiffen das „Blutbad von Sinop" anrichtete.[8] Danach war bewiesen, dass Linienschiffe ohne Panzerung nicht mehr gegen die neuartige Schiffsartillerie überlebensfähig waren. Mit zwei Hochseepanzerschiffen, der französischen Dampffregatte „La Gloire" und der

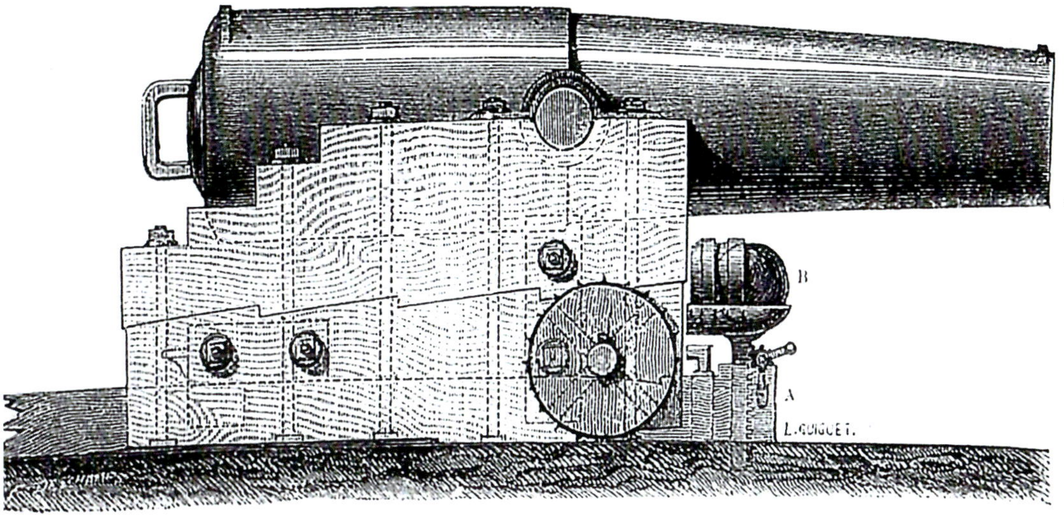

Der Ingenieur und Marineartillerist Henri Joseph Paixhans entwickelte 1822 die Bombenkanone – hier als Schiffsgeschütz.

britischen „HMS Warrior“, begann 1859/60 ein Neuansatz im Flottenbau und zugleich ein Wettrüsten.[9]

PANZER, GESCHÜTZTYPEN UND AUFSTELLUNGEN

Die Panzerung von Schiffen – sowohl von Holzrümpfen, wie in Frankreich, als auch solchen von Eisen, wie in Großbritannien – führte zu einem Wettlauf zwischen Angriff und Schutz, zwischen Geschoß und Panzer und setzte einen Reaktionsmechanismus in Gang. Die Sprenggranate, eine im Landkrieg äußerst wirksame Waffe, war gegen Panzerschiffe kaum wirksam, da sie auf dem Panzer zerplatzte, bevor die Granate eindringen und im Schiffsinneren schwere Explosionsschäden anrichten konnte. Schwere Vollgeschosse waren dagegen wirksamer und durchschlugen oder erschütterten bislang gebräuchliche Panzerplatten. Allerdings war das Gewicht der Munition sowie des entsprechenden Geschützes erheblich. Die Zahl der Geschütze war also begrenzt, um die Schiffsverdrängung nicht enorm anwachsen zu lassen und damit die See- und Manövriertüchtigkeit der Schiffe zu beeinträchtigen. Ein Kompromiss bot eine partielle Panzerung.

So entstand das neue Hochsee-Kriegsschiff, das weniger, dafür jedoch sehr schwere Geschütze trug, die nicht mehr entlang der gesamten Decks als Breitseitbatterie, sondern in einer „Zitadelle“ oder „Kasematte“ konzentriert und so positioniert waren, dass nach querab, vorn und achtern geschossen werden konnte. Nur diese Zitadelle war wie andere vitale Teile des Schiffs schwer gepanzert. Bug und Heck bekamen nur rudimentären Schutz, weil sie aufgrund der gewandelten Gefechtstaktik kaum

↑ **‚HMS Ironclad Warrior'**

↓ **Die 1350 Tonnen** verdrängende, mit 4,5-Zoll-Eisenplatten gepanzerte und 57 Meter lange ‚Rolf Krake' war weltweit eines der ersten modernen Turmschiffe. Sie wurde von Dänemark bei der britischen Werft Robert Napier & Sons in Glasgow im August 1862 in Auftrag gegeben. Dabei wurde die Planung durch die Erkenntnisse aus dem Krieg von 1848/51 beeinflusst, namentlich aus dem für Dänemark desaströs verlaufenen Gefecht bei Eckernförde, das die Anfälligkeit der dänischen Flotte gegen Beschuss von Land gezeigt hatte. Möglicherweise wurde auch bereits der Verlauf des Seegefechts zwischen der ‚USS Monitor' und der ‚CSS Virginia' am 9. März 1862 im amerikanischen Bürgerkrieg in die Planungen einbezogen.

noch bedroht waren. Neben den Zitadellen kamen zusätzlich zur Erzielung großer Bestreichungswinkel drehbare Türme mit ein oder zwei schweren Geschützen in Frage – was aber für Hochseeschiffe neue Probleme schuf.

Noch komplexer gestalteten sich die waffentechnischen Ausstattungsvarianten in Folge des Wandels der Geschütztechnik: Vorder- wie Hinterlader hatten ihre Protagonisten, gezogene oder glatte Rohre ihre Anwälte. Eine Vielzahl von Geschossformen, Verschlusskonstruktionen und – bei gezogenen Geschützen – eine sich schnell wandelnde Technologie der Züge und der Granatformen führten zu einem konkurrierenden Variantenreichtum ohne klar ersichtliche Überlegenheit. Mehr noch: Zukunftsträchtig erscheinende Auslegungen wurden mitunter wieder zurückgenommen und Innovationen damit abgeblockt. In der ex post Perspektive modernere Hinterlader machten in der Royal Navy dem älteren Typus der Vorderlader wieder Platz. Die Fronten der Befürworter und Gegner der Auslegungen der Parameter lagen oft quer. Die Urteile über Schiffe, die nach unterschiedlichen Konzepten gebaut wurden, wichen stark voneinander ab. Nicht einmal die britische Admiralität war sich einig. Zwischen 1860 und 1880 entstanden fast nur Einzelbauten, die oft schon bei ihrer Indienststellung obsolet waren.

KONFRONTATIONSTYPEN DER UMBRUCHSZEIT

Es lag auf der Hand, dass bei einer komplexen Schiffs- und Armierungstechnik auch die Fragen des operativen und taktischen Einsatzes völlig neu zu stellen waren. Setzte man weiter auf das „rangirte“ Gefecht von Hochseeschiffen oder wollte man eher die eigenen Küsten verteidigen? Wenn letzteres: Wie nahe ließ man gegnerische Schiffe an die Küstenstellungen herankommen? Was war die richtige Gefechtsentfernung? Die großen Flotten der Hauptseemächte waren um 1850 immer noch – das Vorbild der Napoleonischen Kriege überragte alles – auf eine kriegsentscheidende Konfrontation von Hochseeflotten ausgerichtet. Die Gefechtsform „segelndes Holzschiff gegen ein ebensolches Schiff“ war die Königsdisziplin der Admiräle. Aber Zweifel an dieser Taktik mehrten sich, neue Konzepte entstanden und die Erfahrungen in der Praxis führten zum Umdenken. Denn der hauptsächliche Konfrontationstyp des 19. Jahrhunderts wurde nach und nach der Kampf gegen Landbefestigungen. Dabei erwiesen sich die bislang gebräuchlichen Schiffstypen als untauglich. Für Seeschiffe waren die Konfrontationen mit Landpositionen in den meisten Fällen unglücklich ausgegangen: So etwa das Desaster der dänischen Flotte gegen eine einzige preußische Strandbatterie von 16 Geschützen bei Eckernförde im April 1849, bei der ein hölzernes Segelschiff gekapert wurde und das Linienschiff „Christian VIII.“ explodierte. Weiterhin der geringe Erfolg des 1862 in Glasgow gebauten neuen dänischen Turmschiffs „Rolf Krake“ gegen österreichisch-preußische Truppen bei der Belagerung der Düppeler Schanzen am 18. April 1864. Schließlich die erheblichen Verluste und geringen Wirkungen britischer und französischer Linienschiffe bei der Beschießung von Sewastopol, Odessa und Kronstadt während des Krimkieges.[10] Auch in einer Reihe von Gefechten zwischen Schiffen und Landbatterien im Sezessionskrieg hatten die sogenannten „Ironclads“ häufig Verluste ja sogar spektakuläre Misserfolge wie etwa die „USS Mound City“ in der „Battle of St. Charles“

am 17. Juni 1862 gegen eine konföderierte Uferbatterie. Selbst gepanzerte Schiffe boten keine Erfolgsgarantie gegen eine aus sicherer Stellung herausoperierende Landartillerie.

ERFAHRUNGEN UND LERNPROZESSE: ARTILLERISTISCHES

„Die Umwälzung der Artillerie, die durch das gezogene Geschütz jetzt hervorgerufen wird, scheint für die Seekriegführung weit bedeutender zu sein als irgend etwas, was durch Panzerschiffe erreicht werden kann."[11] Schlagendes Argument für die Offensivkraft der Geschütze war nach Engels bereits 1860 der Kostenfaktor, denn „ ... wir können wohl sagen, gezogene Artillerie zu erfinden, die schwer genug ist, Eisen- und Stahlplatten zu durchschlagen, und diese an Bord eines Schiffes aufzustellen, ist viel leichter, als Schiffe zu bauen, deren Metallpanzer stark genug ist, um dem Geschoß oder der Granate aus diesen Kanonen Stand zu halten."[12] Allerdings waren in dieser Umbruchsphase die Meinungen darüber geteilt, wie Artillerie den Panzer überwinden konnte. Sprenggranaten, die aus gezogenen Hinterladern verfeuert wurden, waren gegen Panzer wenig wirksam, da sie auf der Plattenoberfläche zerschellten, ohne zu durchdringen. Panzerbrechende Sprenggranaten mit Verzögerungszünder, die Sekundenbruchteile später, nach dem Eindringen in den Panzer, detonieren konnten, waren noch Zukunftsmusik. Deshalb forderte Engels in seiner Beurteilung des Gefechts im Wassaw Sound am 17. Juni 1863 zwischen der „CSS Atlanta" der Konföderierten und der gepanzerten „USS Weehawken" und der „USS Nahant" der Union, bei der fünf 350 Pfund Geschosse innerhalb weniger Minuten die Entscheidung zugunsten der Union herbeiführten, schwerste Vollkalibergeschosse, konkret: abgefeuert aus fünfzehnzölligen Vorderladern. Nun waren aber Vollkugeln von 40 cm auf Grund der damals niedrigen Mündungsgeschwindigkeit am Rohr (v_0) gar nicht primär auf das Durchdringen von Panzerplatten hin optimiert, sondern auf die Erzielung von schweren Erschütterungen, die das Loslösen der Platten und das Zertrümmern der Verbundstruktur des Schiffs herbeiführen sollten. Das war auch der Grund für die im Schiffsbau durchgängig verwandten Holzhinterlagen zur Absorption der Aufprallenergie. Dennoch kamen solche Wirkungen vor, wie es die Treffer auf der „CSS Virginia" während des Duells der Panzerschiffe bei Hampton Roads am 9. März 1862 zeigten. Großkalibrige Artillerie auch mit geringer Mündungsgeschwindigkeit konnte also durchaus effektiv sein.[13]

Die Frage ob Vorder- oder Hinterlader, „eine der am heißesten umstrittenen Fragen auf artilleristischem Gebiet überhaupt, vornehmlich aber auf dem der Schiffsartillerie"[14], komplizierte die Beurteilung der Seegeschütze noch mehr. Denn Vorderlader konnten nicht nur glattrohrig sein, sondern auch mit Zügen ausgestattet werden sowie Vollgeschosse und Granaten verschießen. Hinterlader dagegen, durchweg gezogen, verschossen in der Regel nur Granaten. Es gab nun hier, wie nicht selten in der Geschichte der Technik, keinen klaren Weg vom Alten zum Neuen. Denn nach der Einführung von „breech-loaders" wurde in der Royal Navy dann für ein Jahrzehnt doch wieder auf Vorderlader gesetzt. Das war auf die Erfahrungen des Sezessionskrieges zurückzuführen, hatte aber auch einen Grund in der noch unausgereiften Konstruktion der Hinterladern, die Unsicherheiten mit sich brachte. So gab es bei der Beschießung der japanischen Hafenstadt

Kagoshima am 15.–17. August 1863 durch die Royal Navy „bei 365 Salven der 21 Armstrong-Hinterlader 128, zum Teil tödliche Unfälle."[15] Deshalb war es wenig verwunderlich, dass als pragmatische Lösung zum bewährten Alten Rekurs genommen wurde. Dazu kamen Zweifel an der Leistungsfähigkeit des neuen Artillerietyps auf: tatsächlich erwies sich sogar der alte glatte 68-Pfünder der britischen Marine gegen Panzerplatten beim Testschießen effektiver als Armstrongs 110-Pfünder „rifle gun", so dass man es beim altbewährten, sicheren Vorderlader beließ[16] und zum alten Geschütztyp in Form der glatten „somerset gun" zurückkehrte.[17] So blieb auch Friedrich Engels' Haltung in dieser Frage in der Schwebe. Einerseits sah er in der Erschütterungstheorie eine künftig sich durchsetzende Möglichkeit, Panzer zu brechen; zum anderen bevorzugte er für den Einsatz gegen Panzerungen das modifizierte ältere System, weil er es zum damaligen Zeitpunkt noch als das wirksamere ansah.

ALTERNATIVEN: GESCHÜTZ-AUFSTELLUNGEN

Nicht ohne Grund erfuhr das erste Gefecht zwischen Panzerschiffen am 8./9. März 1862 in den Hampton Roads in der Fachwelt außerordentliche Aufmerksamkeit und wirkte als Katalysator in der Panzerschiffdebatte. Bevor die „CSS Virginia" der Konföderierten auf den „USS Monitor" stieß, hatte sie am Vortag einen großen Erfolg mit der Versenkung der Fregatte „Cumberland" errungen und demonstrierte der Welt die Überlegenheit eines relativ kleinen Panzerschiffs gegenüber einem hölzernen Großsegler. Zugleich waren beide Auslegungen, die das Panzerschiffsdesign der nächsten beiden Jahrzehnte bestimmen sollten, hier schon ausgeprägt, nämlich der Turmschiffstypus „USS Monitor" und der Kasemattschiffstypus „CSS Virginia". Die Validität beider Auslegungen wurde heftig debattiert und zwar nicht allein von artilleristischen Standpunkten, sondern auch unter dem Gesichtspunkt der Leistungsfähigkeit als kämpfendes Schiff. Engels' Position zur Frage künftiger Schiffsauslegungen war nicht durch die britischen Debatten geprägt, sondern durch die auf den ersten Blick periphere, aber im Grunde paradigmatische und deshalb weithin beachtete Kaperung der „CSS Atlanta", am 17. Juni 1863 im Wassaw Sound, bei dem ein Nordstaaten-Monitor den konföderierten Kasematt-„Ram" besiegte und enterte. In der Beurteilung der Konsequenzen, die aus den Erfahrungen aus dem Gefecht zu ziehen sind, stellte Engels fest: „Thurmschiffe mit schwerem Geschütz (10–15'' Kaliber) sind für die eigentliche defensive, sowie für Angriffsoperationen gegen benachbarte Küsten unverhältnismäßig die stärksten Schiffe."[18] Engels' Plädoyer für das Turmschiff mit ein oder zwei Kanonen von schwerstem Kaliber verbindet diesen Schiffstyp, wie die US Navy ihn baute und wie er sich bei der Niederringung der „CSS Atlanta" zu bewähren schien, mit einer genauen Funktionszuschreibung. Es ging nämlich speziell um den Einsatz in Flüssen oder Küstengewässern entweder als Blockadebrecher, also gegen eine Nahblockade aus verwundbaren hölzernen Schiffen, oder als Küstenbeschussbatterien. Letztere Funktion sah Engels – wie die spätere Forschung bestätigte[19] – als bestimmenden Auslöser für die Entwicklung von Schiffspanzerungen. Er erkannte und beschrieb in einem kühnen Transfer der amerikanischen Erfahrung auf die strategische Lage in der Ostsee: „Lernt Kanonen von amerikanischem Kaliber gießen und Thurmschiffe

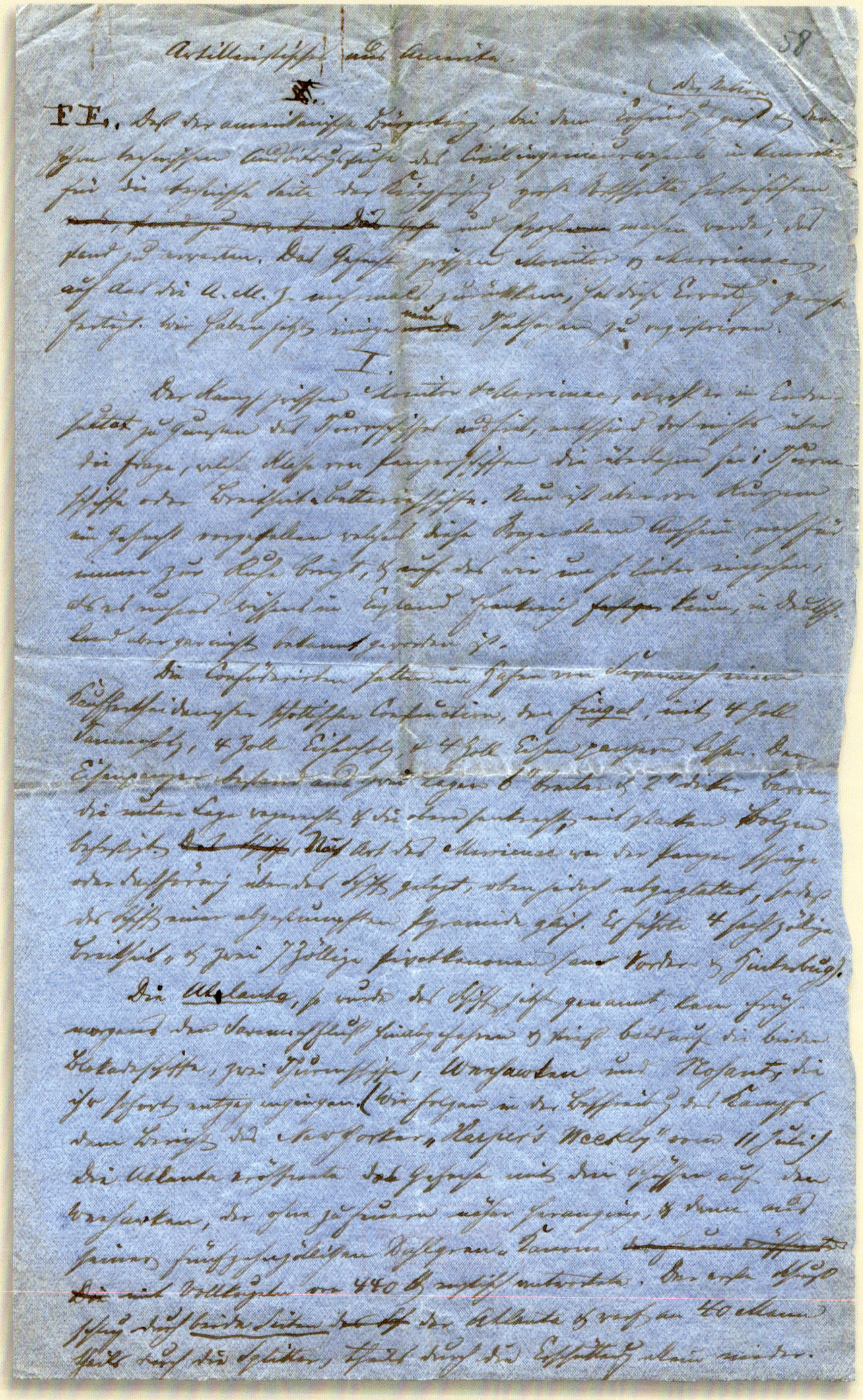

Friedrich Engels, Artilleristisches aus Amerika, Seite 1, handschriftliches Manuskript für die Allgemeine Militär Zeitung Darmstadt, geschrieben zwischen dem 18. und 26. September 1863.

FE. Daß der amerikanische Bürgerkrieg, bei dem Erfindungsgeist der Nation und der hohen technischen Ausbildungsstufe des Civilingenieurwesens in Amerika für die technische Seite der Kriegsführung große Fortschritte herbeiführen [...] und Epoche machen werde, das stand zu erwarten. Das Gefecht zwischen Monitor und Merrimac, auf das die A.M.Z. (Allgemeine Militär Zeitung) nochmals zurückkam, hat diese Erwartungen gerechtfertigt. Wir haben jetzt einige (andre) neue Tatsachen zu registriren.

I.

Der Kampf zwischen Monitor und Merrimac, obwohl er im Endresultat zu Gunsten des Thurmschiffes ausfiel, endschied doch nichts über die Frage, welche Klasse von Panzerschiffen die überlegene sei; Thurmschiffe oder Breitseit=Batterieschiffe. Nun ist aber vor Kurzem ein Gefecht vorgefallen, welches diese Frage allem Anschein nach für immer zur Ruhe bringt, und auf das wir um so lieber eingehen, als es unsers Wissen in England und Frankreich (fast gar) kaum, in Deutschland aber gar nicht bekannt geworden ist.

Die Conföderirten hatten im Hafen von Savannah einen Kauffartheidampfer schottischer Construction, den Fingal, mit 4 Zoll Tannenholz, 4 Zoll Eichenholz, und 4 Zoll Eisen panzern lassen. Der Eisenpanzer bestand aus zwei Lagen 6'' breiter und 2'' dicker Barren, die untere Lage wagerecht und die obere senkrecht, mit starken Bolzen befestigt. Nach Art des Merrimac war der Panzer schräge oder dachförmig über das Schiff gelegt, oben jedoch abgeplattet, sodaß das Schiff einer abgestumpften Pyramide glich. Es führte 4 sechszöllige Breitseit= und zwei 7zöllige Pivotkanonen (am Vorder- und Hinterbug).

Die Atlanta, so wurde das Schiff jetzt genannt, kam frühmorgens den Savannahfluß hinabgefahren und stieß bald auf die beiden Blokadeschiffe, zwei Thurmschiffe, Wee hawken und Nohant, die ihr sofort entgegengingen. (Wir folgen in der Beschreibung des Kampfes dem Bericht des New Yorker ‚Harper's Weekly' vom 11. Juli) Die Atlanta eröffnete das Gefecht mit drei Schüssen auf den Weehawken, der ohne zu feuern näher heranging, und dann aus seiner fünfzehnzölligen Dahlgreen=Kanone (das Feuer eröffnete. Die) mit Vollkugeln von 440 Pfund englisch antwortete. Der erste Schuß schlug durch beide Seiten der Atlanta und warf an 40 Mann theils durch Splitter, theils durch Erschütterung allein nieder.

Abstract für Seiten 2 und 3: Engels schildert im folgenden die Zerstörungen auf der Atlanta, die sich daraufhin ergab. Er habe vor kurzem im Hafen von Liverpool die englische Kanalflotte besichtigen können, die allerdings nun nach dem Gefechtserfolg eines Thurmschiffes mit schwerem Kaliber „... bereits alle verurtheilt und vollständig veraltet seien." Er schlägt eine dreistufige Gliederung der Schiffstypen einer Flotte vor: 1) Turmschiffe für den Küstenschutz, 2) Panzerschiffe mit Breitseitengeschützen für Operationen auf größere Entfernung und 3) Hölzerne Segler für die Bewegungstaktik auf offener See und längerer Dauer.

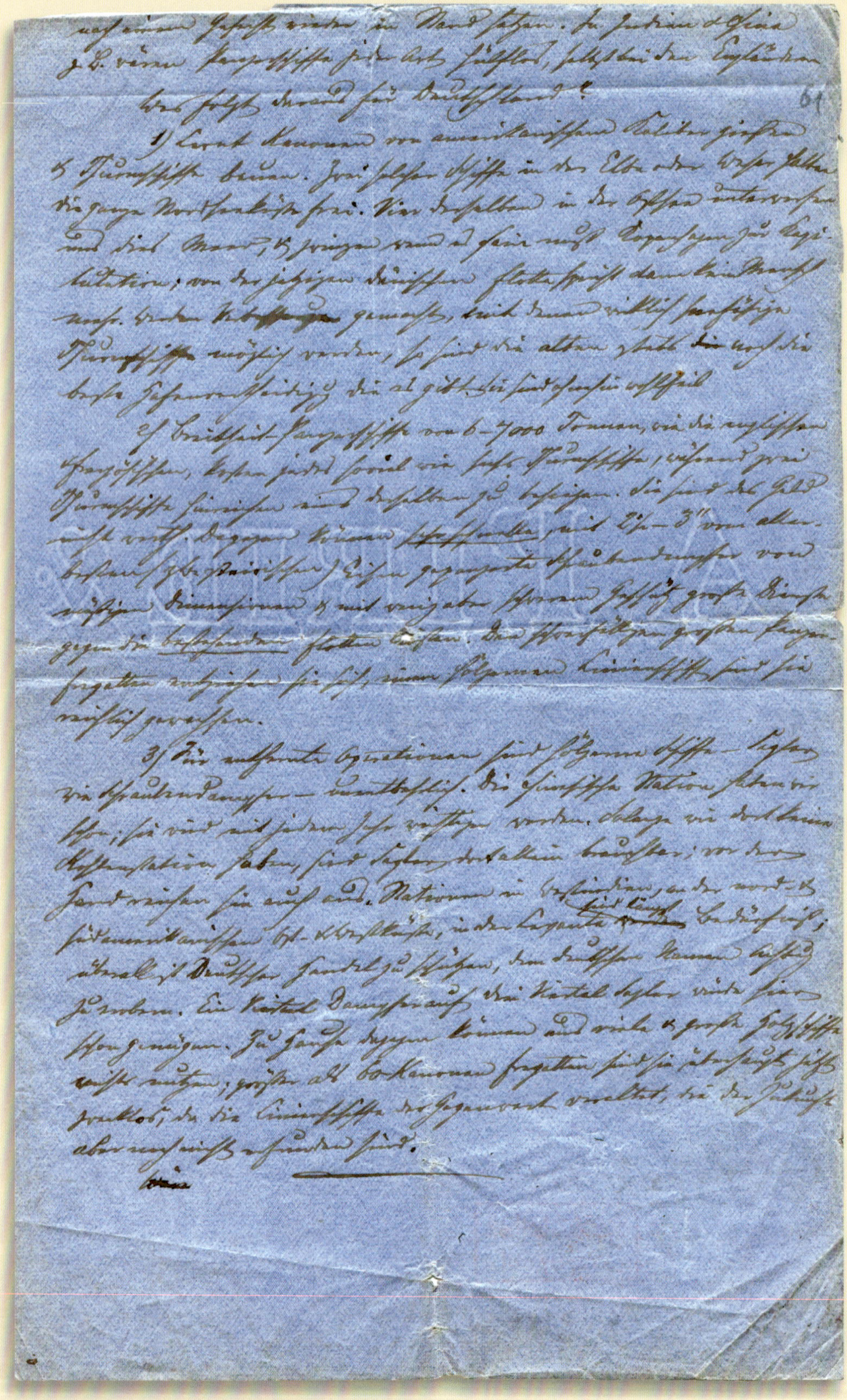

Friedrich Engels, Artilleristisches aus Amerika, Seite 4, handschriftliches Manuskript für die Allgemeine Militär Zeitung Darmstadt, geschrieben zwischen dem 18. und 26. September 1863.

… nach einem Gefecht wieder in Stand setzen. In Indien und China z. B. wären Panzerschiffe jeder Art hülflos, selbst bei den Engländern.

Was folgt daraus für Deutschland?

1) Lernt Kanonen vom amerikanischen Kaliber gießen und Thurmschiffe bauen. Zwei solcher Schiffe in der Elbe oder Weser halten die ganze Nordseeküste frei. Vier derselben in der Ostsee unterwerfen uns dies Meer und zwingen wenn es sein muß Kopenhagen zur Kapitulation; von der jetzigen dänischen Flotte spricht dann kein Mensch mehr. Werden Verbesserungen gemacht, mit denen wirklich seefähige Thurmschiffe möglich werden, so sind die alten stets noch die beste Hafenvertheidigung die es gibt. Sie sind ohnehin wohlfeil.

2) Breitseit-Panzerschiffe von 6–7000 Tonnen, wie die englischen und französischen, kosten jedes soviel wie sechs Thurmschiffe, während zwei Thurmschiffe hinreichen eins derselben zu besiegen. Sie sind das Geld nicht werth. Dagegen können sehr schnelle, mit 2 ½ - 3'' vom allerbesten (z. B. steirischen) Eisen gepanzerte Schraubendampfer von mäßigen Dimensionen und wenig aber schwerem Geschütz große Dienste gegen die bestehenden Flotten leisten. Den schwerfälligen großen Panzerfregatten entziehen sie sich, einem hölzernen Linienschiff sind sie reichlich gewachsen.

3) Für entfernte Operationen sind hölzerne Schiffe – Segler wie Schraubendampfer unentbehrlich. Die chinesische Station haben wir schon, sie wird mit jedem Jahr wichtiger werden. Solange wir dort keine Kohlenstation haben, sind Segler dort allein brauchbar; vor der Hand reichen sie auch aus. Stationen in Westindien, an der nord- und südamerikanischen Ost- und Westküste, in der Levante sind längst Bedürfnis; überall ist Deutscher Handel zu schützen, dem deutschen Namen Achtung zu erobern. Ein Viertel Dampfer auf drei Viertel Segler würde hier schon genügen. Zu Hause dagegen können uns viele und große Holzschiffe nichts nutzen; größer als 60 Kanonen Fregatten sind sie überhaupt jetzt zwecklos, da die Linienschiffe der Gegenwart veraltet, die der Zukunft aber noch nicht erfunden sind."

↑ **Transkript** zu Artilleristisches aus Amerika, Seite 4.

bauen. Zwei solcher Schiffe in der Elbe und der Weser halten die ganze Nordseeküste frei. Vier derselben in der Ostsee unterwerfen uns dies Meer, und zwingen wenn es sein muß Kopenhagen zur Kapitulation; von der jetzigen dänischen Flotte spricht dann kein Mensch mehr."[20] Dieser Vorschlag von Turmschiffen als „game changer", mit guten Chancen der Ausnutzung einer „revolution in military affairs" für unterlegene Mächte zeigt Engels als kreativ und in die Zukunft denkenden Strategen. Allerdings stand er mit seiner Prognose nicht alleine da. Das Ausnützen der Kampfstärke von Turmpanzerschiffen lag ab 1860 quasi in der Luft. Auch andere kleinere Seemächte sahen nun ihre Chance gekommen, mit den großen Flotten gleich zu ziehen. Dänemark und die Niederlande, sonst nicht unbedingt für eine rasche Übernahme von Marineinnovationen bekannt, gaben Turmschiffe in Auftrag: Dänemark 1862 den Dreimastschoner mit 700 PS Dampfmaschine „Rolf Krake" bei der schottischen Werft Robert Napier & Sons in Glasgow,[21] die Niederlande 1865, 1867 und 1868 die „Ramtorenschepen" „Prins Hendrik der Nederlanden",„Schorpioenen" und „Buffel" bei französischen und schottischen Werften.[22] Diese Küstenverteidiger waren das Resultat von Lehren aus den Panzerschifferfolgen während des Sezessionskrieges. Im Fall von Dänemark spielte wahrscheinlich auch die Verarbeitung der desaströsen Niederlage 1849 gegen zwei preußische Strandbatterien eine Rolle. Engels antizipierte mit seinem Vorschlag die Entwicklung und wurde kurz darauf durch den dänischen und weiterhin durch die niederländischen Bauten bestätigt.[23]

Zugleich sah Engels klar, dass die damaligen Turmpanzerschiffe wegen ihrer geringen Hochseetüchtigkeit Gefahren ausgesetzt waren. Dass er Kenntnis von zwei typischen und weithin kommentierten Seeunfällen hatte, in die Turmschiffe verwickelt waren, ist aufgrund seines einschlägigen Interesses anzunehmen. Der „USS Monitor" sank im Januar 1862 vor Cape Hatteras (Outer Banks) in stürmischer See – ein Ereignis, das die schlechten Seeeigenschaften der Panzerschiffe ebenso ins öffentliche Bewusstsein rief wie seine spektakuläre Teilnahme am Seegefecht in den Hampton Roads.[24] Ein Schwesterschiff der Passaic-Klasse, die „USS Nahant", entging knapp dem gleichen Schicksal. Weiterhin war dies der Untergang der „HMS Captain" auf ihrer Jungfernfahrt am 30. April 1870, einem besegelten, trotz seines niedrigen Freibords für den Hochsee-Einsatz vorgesehenen Doppelturmschiffs,[25] das von Kapitän Cowper Coles (1819–1870), einem Konkurrenten des „Monitor"-Erbauers John Ericsson (1803–1889), entworfen worden war. Diese Schiffskatastrophe diskreditierte das Konzept seegehender Turmschiffe zunächst, zumal auch der Konstrukteur selbst zusammen mit seinem Werk unterging.

In Großbritannien war zuvor bereits eine rege Debatte entbrannt zwischen den Befürwortern der vorgeblich zukunftsträchtigen Turmartillerie-Auslegung und der Admiralität, die Turmartillerie als noch nicht für Seeschiffe geeignet bewertete. Dagegen argumentierten manche Experten des Seekrieges, aber auch zivile Kommentatoren, die für innovativere Schiffe warben. Coles' Intervention wurde die bedeutsamste. Er propagierte seine Ideen für Hochsee-Turmschiffe mit Hilfe einer Pressekampagne gegen eine angeblich rückständige Admiralität und ihre obsoleten Schiffe, warb für einen Versuchsbau und setzte schließlich den Bau der „HMS Captain" gegen explizite Warnungen des Chefkonstrukteurs Edward Reed (1830–1906)

↑ **Das von John Ericsson** entworfene Panzerschiff der Union ‚USS Monitor' hatte einen einzigen drehbaren Panzerturm und war mit zwei 28 cm Dahlgren Geschützen bewaffnet. Es war für geschützte Gewässern ausgelegt und, im Baukastenprinzip vorgefertigt, schon nach vier Monaten einsatzbereit.

→ **USS Monitor** in James River, Virginia, 1862. Blick an Deck Steuerbordseite zum Bug auf den Geschützturm mit der Mündungsöffnung eines der beiden 11-Inch Dahlgren Kanonen. Besatzungsmitglieder im Turm oben und Beschädigungen unten, die im Kampf mit der ‚CSS Virginia' durch die schweren Geschütze der Konföderierten verursacht worden waren. Offiziere (vlnr): 3. Schiffsingenieur Robinson W. Hands, Kapitän zur See Louis N. Stodder, 2. Schiffsingenieur Albert B. Campbell (sitzend) und Leutnant zur See William Flye (mit Fernrohr).

↑ **USS Passaic,** 1862.

„Die Panzerschiffe … entfernen sich vom gewöhnlichen Begriff ‚Schiff' so weit, dass man sie richtiger als See-kriegs-Maschinen bezeichnen kann, in denen Alles nur mit Dampf bewegt wird. Die Schraubenmaschinen werden durch Dampf bewegt, eine separate Dampfmaschine setzt sie in oder ausser Bewegung; der Dampf ventilirt das Monstrum; der Dampf hebt den Anker; der Dampf steuert das Fahrzeug; der Dampf pumpt das Wasser aus; der Dampf ladet die Geschütze, der Dampf richtet sie; der Dampf besorgt die Aus- und Einladung! Diese wunderlichen Fahrzeuge sind reine Dampfgeschöpfe, und der einzige Mann, der es versteht, dieselben mit Sicherheit zu behandeln, gebrauchen, leiten, repariren etc., ist – der Ingenieur."

Rudolf Brommy / Heinrich von Littrow, Die Marine. Gemeinfassliche Darstellung des gesammten Seewesens, Wien / Pest / Leipzig 1878, Reprint Leipzig 1982, S. 333.

durch. Dies war der politische und kulturelle Rahmen[26] für die vielschichtigen Komponenten des „Captain"-Desasters vor Kap Finisterre mit fast 500 ertrunkenen Seeleuten, darunter Cole selbst.[27] So wurde bis in die späten 1880er Jahre, beeinflusst vor allem von den Konzepten, Entwürfen und Erfahrungen der Designer der Royal Navy unter Federführung von Edward Reed, die „box battery", eine Kasematt- oder Zitadellaufstellung, als einzig praktikable Lösung seegehender Schiffe gebaut.[28]

Wie schwer es den Zeitgenossen fiel, die Auslegungen von Schiffen zu planen, wird an vielen Urteilen deutlich, die unterschiedliche Prioritäten setzten, stark voneinander abwichen oder sich sogar widersprachen. Das war kaum verwunderlich angesichts der Komplexitäten jener „Kompromiss"-Schiffstypen, deren Komponenten letztlich kaum sinnvoll zu vereinen waren.[29] Jeder Schiffsneubau jener Umbruchsphase war eine materielle Prognose. Von der Planung bis zur Indienststellung neuer Schiffe dauerte es so lange, dass deren Auslegung bereits durch zwischenzeitliche technische Weiterentwicklungen der Artillerie und ihrer Aufstellung, des Panzerschutzes oder der Propulsion überholt waren. Die Technik war immer einen Schritt voraus.

Welche Position bezog nun Friedrich Engels vor diesem Hintergrund? Unter den technischen Voraussetzungen, die im Jahre 1863 bekannt waren und die er analysierte, urteilte Engels wohlbegründet: Sehr wenige, aber dafür schwerste Kanonen, die in der Lage waren, aus allen Positionen heraus Panzerungen zu zerstören, waren nur in Turmaufstellung möglich. Zudem konnten es nur Vorderlader sein. Denn Hinterladersysteme waren um die Mitte der 1860er Jahre nur für leichtere Geschossgewichte und geringere Kaliber technisch ausgereift. Sprenggranaten erwiesen sich als nicht genügend panzerbrechend und damit unwirksam gegen Panzerschiffe. Unter diesen rüstungstechnischen Voraussetzungen forderte Engels ein Zukunftsschiff, den „Super-Monitor": ein gepanzertes Turmschiff mit schwersten Vorderladern und zugleich guter Seefähigkeit. Mit diesem Konzept erwies sich Engels als fundierter Prognostiker, der aus den vielen möglichen technisch-taktischen Zukünften, die damals noch offen schienen, den Entwicklungsvektor richtig identifizierte, der später zum Einheitsschlachtschiff der 1890er Jahre führte.[30]

KONFRONTATIONSTYPEN: RAMMEN UND NAHGEFECHT

Eine weitere Kontroverse betraf die Frage der optimalen Gefechtsentfernung. Schiffsartilleristen der Zeit äußerten sich häufig skeptisch, was die Fähigkeit von Zerschmettern oder Durchdringen gegnerischer Schiffspanzer anbetraf, aber auch hinsichtlich der Treffsicherheit der neuen Artillerie insgesamt. Diese hing von Zielauffassungs- und konkreten Zielverfahren ab; von der ballistischen Leistung der Geschütze; von der Stabilität des Schiffs im Seegang, also von der Leistung als Geschützplattform; von den bevorzugten Gefechtsentfernungen; ebenso von der niedrigen Feuergeschwindigkeit der wenigen Geschütze an Bord.

Die Artillerietaktik war aber nicht zwangsläufig von den technischen Eigenschaften der Geschütze determiniert, sondern auch durch weichere Faktoren: Traditionen, Doktrinen oder gar Vorlieben der Gefechtsführenden. Die in der Tradition von Admiral Horatio Nelson (1758–1805) stehende allgemeine Vorliebe für extreme Nahgefechte führte fast unvermeid-

↓ **Nach der Eroberung** Norfolks und der Marinewerft Gosport hatten die Konföderierten die dort selbstversenkte Unions-Fregatte ‚USS Merrimack' gehoben und zum Panzerschiff ‚CSS Virginia' umgebaut sowie mit zehn Geschützen, eines vorne und achteraus und vier an jeder Seite, und zusätzlich mit einem eisernen Rammsporn ausgerüstet.

lich zum „Melee", in das sich ein „rangirtes Gefecht" auflösen musste, wenn die Kapitäne nach einer Verringerung der Distanz zum Gegner strebten. Die Seeschlacht bei Trafalgar am 21. Oktober 1805 war in dieser Hinsicht typisch. Allerdings war das Rammen eines Gegners mit hölzernen Segellinienschiffen nicht ungefährlich. Dazu war es, speziell bei Flaute, ineffizient. Der Dampfantrieb – „steam tactics" – änderte das weitgehend, weil nun Rammstöße im „Melee" durchschlagend wirken konnten.

Wie sehr konkrete Gefechte – und diese sind letztlich die relevanteste Prüfinstanz für den Erfolg einer Waffentechnologie – die Entscheidungen über technische Auslegungen und taktische Doktrinen beeinflussen sollten, war schon unter den Zeitgenossen umstritten.[31] Durchwegs wird die Seeschacht von Lissa am 20. Juli 1866 angeführt, die der österreichische Konteradmiral Wilhelm von Tegetthoff durch Anwendung der Rammtechnik siegreich entschied und in der Folge zu einer lange praktizierten Ausstattung der Schiffsneubauten mit Rammspornen führte. Im zeitgenössischen Kontext betrachtet war diese „Zwischentechnologie" angesichts der inkonklusiven Artilleriekonfrontationen von Panzerschiffen untereinander durchaus nicht unsinnig – auch Marinehistoriker sind eben gern rückwärtsgewandte Propheten.

Denn die enorme und rasche Sinkwirkung durch Rammstöße bei Zusammenstößen von Panzerschiffen in Friedenszeiten bestätigte die Richtigkeit der Rammtaktik. So wurde das Panzerschiff „SMS Großer Kurfürst" am 31. Mai 1878 vom deutschen Flaggschiff „SMS König Wilhelm" bei einer Übungsfahrt vor Folkestone im Ärmelkanal gerammt und versenkt, mit dem Verlust von 289 Mann. Ein weiterer spektakulärer Unfall ereignete sich, als das Schlachtschiff „HMS Camperdown" bei einem fehlerhaften Manöver des Admirals Georg Tyron am 22. Juni 1893 vor Tripolis die „HMS Victoria" rammte und versenkte, wobei 358 Besatzungsmitglieder ums Leben kamen. Rammen im Krieg wie im Frieden war offenkundig ein für das gerammte Schiff hochgefährlicher und schnell letal wirksamer Vorgang. 1878 hieß es noch, „ ... daß die Ramme die stärkste Offensivwaffe eines Schiffes ist und in künftigen Seekriegen die erste Rolle spielen wird."[32] Das Diktum des britischen Admirals Louis M. Goldsborough (1805–1877), „Das Schiff soll das Projektil, der Dampf das Pulver darstellen"[33] zeigt, dass das Rammen als Weiterdenken der Entwicklung überschwerer Geschütze zu interpretieren ist. Insofern ist das Rammen nicht nur als eine abseitige, kurzfristige oder irrige „Mode" nach der Rammschlacht von Lissa 1866 zu sehen, sondern eine seetaktische Antwort auf Limitationen der Artillerie – die mehr und größer waren als bloße Schwierigkeiten beim Überwinden des gegnerischen Panzers. Die Schwäche lag nämlich in der begrenzten Reichweite und der geringen Ladegeschwindigkeit. Je größer die Geschützkaliber und je schwerer die Granaten, desto langsamer war der Ladevorgang. In Anbetracht der problematischen Zielgenauigkeit jenseits der Kern- oder Pistolenschussweite hatte die langsam feuernde, panzerbrechende schwere Artillerie wenig Erfolgschancen. Rammen war zu jenem Zeitpunkt klar effizienter. Ex post ist es immer leicht, Irrwege zu konstatieren. Der Rekurs zu dieser älteren Technik ist nicht Konservatismus der Rüstungsverantwortlichen, sondern eine Antwort auf Defizite der – in der Rückschau – moderneren, zukunftsträchtigen Technik. Das Dilemma stark wirkungsgeminderter Sprenggranaten und Vollkugeln sogar gegen ältere

Holzschiffe – man berücksichtige etwa das Bestehen des hölzernen österreichischen Schraubenlinienschiffs „SMS Kaiser" gegen moderne Panzerschiffe bei Lissa – wurde erst durch panzerbrechende Granaten der 1890er Jahre durchbrochen. Bis dahin lieferte das Rammen einfach bessere Resultate.

KONFRONTATIONSTYPEN: DISTANZGEFECHT

Für Friedrich Engels stand die Frage der Rammtechnik in seinem Beitrag über das Gefecht im Wassaw Sound nicht im Vordergrund. Ihn interessierte das Aufeinandertreffen als Artilleriegefecht, nicht als komplexes Zusammenspiel von Artillerietaktik mit dem Manövrieren und der Gefechtsqualitäten der Fahrzeuge selbst. Er berichtete zwar, dass Rammschiffe ganz ohne Artillerie, nur mit Scharfschützen bemannt, eingesetzt wurden, kommentiert es aber nicht.[34]

Engels urteilte über Schiffe als Artillerieträger, weniger über Schiffe als Einheiten mit komplexen technisch-taktischen Eigenschaften. Er urteilte als Artillerist, der er war, nicht als Marinesachverständiger und kam zu dem Schluss: „Jedes gezogene Geschütz, das diesen Namen verdient, verbürgt eine solche Genauigkeit bei großen Schußweiten, daß die frühere Unzulänglichkeit des Schießens auf See auf solche Schußweiten wahrscheinlich bald der Vergangenheit angehören wird."[35] Das war eine hellsichtige Prognose, denn spätestens seit den 1880er Jahren beeinflussten die erhöhten Feuerdistanzen die Marinedoktrinen. Dazu kam, dass schnellere Schiffe und weitere Kampfentfernungen eine schnellere und windunabhängige Ausführung der Manöver erforderten: „Gezogene Geschütze müssen in hohem Maße solchen Nahgefechten ein Ende setzen, in denen Karronaden (gemeint waren kurze, schwere Geschütze geringer Reichweite, KM) nützlich sein konnten; das Manövrieren wird wieder das Übergewicht erhalten, und da die kämpfenden Schiffe durch die Dampfkraft jetzt von Wind und Strömung unabhängig sind, wird sich die Seekriegführung künftig viel mehr der Methode und den taktischen Bewegungen der Landschlachten nähern."[36] Das, was in der britischen Marine als „steam tactics"[37] bezeichnet wurde, das unabhängige Manövrieren und landkriegsähnliches Evolutionieren von Einheiten, die keine Segel mehr trugen, wurde von ihm zu Recht als der Beginn einer neuen taktischen Ära herausgestellt.[38] Seine Antizipation des Gefechtstyps der Zukunft war angesichts der strategischen, waffentechnischen und seetaktischen Komplexitäten und Verwirrungen der „hektischen" 1860er/70er Jahre[39] nicht selbstverständlich. Engels sah in Weiterführung seiner Überlegungen letztlich auch das Linienschiff voraus, das nach 1890 allerdings unter gewandelten technisch-taktischen Voraussetzungen, industriellen Möglichkeiten und veränderten Einsatzdoktrinen zum Standardtypus der Flotten wurde.

ERFAHRUNGEN UND LERNPROZESSE: PRÄZISIONSBEMÜHUNGEN UND KONTINGENZ

Worauf beruhten die Positionen zur Leistungsfähigkeit der konkurrierenden Systeme? Im Wettlauf zwischen Artillerie und Panzer wie im Bemühen, verlässliche Daten zum Leistungsvergleich von gezogenen und glattrohrigen Vorder- oder Hinterladern sowie über Ladungen und Geschoßauslegungen zu bekommen, spielten Schießversuche eine zentrale Rolle. Geschütz- und Panzerqualitäten wurden in zahlreichen, meistens öffentlich zugänglichen Versuchsreihen unter reproduzierbaren Bedingungen untersucht. Gerade in einer technologieoffenen Situation war diese Kultur der Schießversuche außerordentlich bedeutsam. Eine Fülle publizierter Berichte darüber stand Engels als Informationsquelle zur Verfügung. In seinem Beitrag für die *New York Tribune* „Über gezogene Kanonen"[40] reflektiert er 1860 die Versuche und insbesondere die problematischen, auf Konstruktions- und Fertigungsmängel zurückzuführenden Qualitäten der französischen Feldartillerie im Sardinischen Krieg von 1859. Engels beobachte schon seit Jahren die Fachdiskussion[41] und ließ es sich nicht nehmen, durch eigene Berechnungen die artilleristische Leistung von Geschütztypen zu verifizieren. Er nahm die Argumente einer ganzen Reihe von Militärs und Nicht-Militärs auf und untermauerte seine eigene Position klar mit genauer Quantifizierung von Panzerstärken und Arten, ballistischen Leistungen von Geschützen, Granat- und Ladungstypen und konkreten Durchschlagsleistungen. Dabei berücksichtigte er auch, dass Versuche unter Laborbedingungen von der Realität im militärischen Einsatz differieren konnten. In den Berichten über Schießversuche fehlten oft Informationen über den Aufbau und die Metallurgie von Panzern oder über die genauen Auftreffwinkel von Geschossen. Hinzu kamen die Kontingenzen von rollenden und schlingernden Schiffen als Artillerieplattform, die außerordentlich variablen Auftreffwinkel und nicht zuletzt die Erfahrung konkreter Gefechte, in denen die Geschützbedienungen gestresst waren, Fehler bei der Bemessung von Ladungen machten oder gar – wie jene italienische Artilleristen in der Schlacht bei Lissa – versehentlich Übungsgranaten verschossen. So lehrte die Realität als Gradmesser, dass sich selbst die alte hölzerne „SMS Kaiser" bei Lissa den italienischen Geschützen neuesten Typs erwehren konnte.

Engels setzte bei seinem Urteil über Panzerschiffe des Sezessionskrieges stillschweigend voraus, dass die Fahrzeuge einigermaßen ausgereift und kampffertig waren. So ist zu verstehen, dass er die Gefechte zwischen Turm- und Kasemattschiffen als Auseinandersetzungen zwischen den beiden Typen interpretieren konnte, mit anderen Worten als Gefechtstest der Bauauslegungen, nicht als deren konkreten Vertreter. Er konnte auf der Basis der ihm als Presseberichte vorliegenden und mitunter parteiischen Informationen, die er zu benutzen gezwungen war, wenig über die Kontingenzen der Gefechtsbedingungen wissen: über Untiefen, Strömungsverhältnisse, Eigenschaften wie Tiefgang, oder über den Ausbildungsstand der Besatzungen. Unberücksichtigte Faktoren beim Gefecht im „Wassaw Sound" am 17. Juni 1863 war das Auflaufen des konföderierten Panzerschiffs „CSS Atlanta" auf eine Sandbank,[42] die unzulängliche, bei Südstaaten-Ironclads übliche Panzerung mit gewalzten Eisenbahnschienen auf Holzhinterlage, vor allem aber der improvisierte, „jerry-built" Allgemeinzustand der „CSS Atlanta".[43] Den Gefechtsausgang als Urteil über „Systeme" von Panzerung und Bewaffnung anzunehmen, war mit großen Einschränkungen verbunden. Auch hier dachte und urteilte Engels als Artillerist und nicht als Seekriegsspezialist.

FRIEDRICH ENGELS UND DIE IDEEN DER JEUNE ÉCOLE

In der zweiten Hälfte des 19. Jahrhunderts entstanden zwei miteinander wenig kompatible seestrategische Schulen: Die erste Doktrin, die

Beschuss der ‚CSS Atlanta' (inks) durch ‚USS Weehawken' im Wassaw Sound, Georgia, 17. Juni 1863.

sogenannte „blue water school", zielte auf „Seemacht" und stellte Entscheidungsschlachten auf der hohen See als Ziel strategischen oder operativen Handeln in den Mittelpunkt. Die zweite Konzeption, die sogenannte „white water school", ging von einer Dominanz der Küstenverteidigung aus – also der Möglichkeit temporärer und lokaler Überlegenheit, kombiniert mit Blockade, Blockadebruch und getarnten Kaperschiffen, sogenannter „commerce raiders", gegen die gegnerische Handelsschifffahrt. Jene strebte meistens, aber nicht durchgängig auf den Bau hochseegängiger Schiffe mit der Idee „rangirter", die Entscheidung suchender Seeschlachten zwischen solchen Flotten. Die zweite Schule, allgemein als Potential unterlegener Flotten erkannt, baute auf Küstenbefestigungen, der so genannten „brick and mortar"-Taktik, Küstenschutz- und Küstenangriffsfahrzeuge sowie auf schnelle, ausdauernde Hochseekorvetten und -fregatten für Einzelmissionen. Doch die diese Taktik untermauernde Studie *The Influence of Sea Power upon History* des amerikanischen Konteradmirals Alfred Thayer Mahan (1840–1914), der als der „Clausewitz der See" in die Geschichte einging, erschien erst im Jahre 1890.[44] Auch die französische „jeune école"[45] mit der neuen Taktik des Kaperkriegs ist erst durch den französischen Vizeadmiral Philippe-Victor Touchard ab 1873, das heißt nach Engels' Artikeln zu Marinefragen, ausformuliert worden.

Diese zunächst eindeutig erscheinende Dichotomie der Konzepte stellte sich durch mehrere

Faktoren, Fragen und Entscheidungsalternativen komplizierter dar. Um nur einige zu nennen: Im Zeitraum der Panzerschiffe gab es keine einzige Entscheidungsschlacht auf hoher See.[46] Das traf auch für die berühmte Seeschlacht bei Lissa zu, denn diese Schlacht war, cum grano salis, seitens der Österreicher eine Küstenverteidigungsaktion. Und überhaupt welche Schiffe sollte man bauen? Wie weit war das Vorfeld? Wie weit vor der eigenen Küste wollte man in Aktion treten? Es entstanden Schiffe, die man als „brick-and-mortar-defence-ships", also Einheiten, die sich vorwiegend in eigenen Gewässern bewegten, bezeichnen könnte. Diese „Küstenverteidiger"-Typen waren zunächst die Option schwächerer Mächte mit komplexen geographischen Seeinteressen, typischerweise der Preußen vor 1870. Debattiert wurde der dafür geeignete Schiffstyp,[47] der, in Kombination mit und in Ergänzung zu den permanenten Befestigungen und den Strandbatterien, diese Verteidigung leisten sollte. Klassifizieren kann man sie nicht nur durch Bewaffnung und Panzerung, sondern vor allem durch ihre Einsatzgebiete. Die Schiffe rangierten von bloß defensiven Nahverteidigungsbooten, auch gepanzert und schwer bestückt, über Hafen- und Festungsverteidiger, die auch Offensivkapazitäten haben konnten, bis zu offensiveren, auch außerhalb geschützter Gewässer einsatzfähigen Fahrzeugen. In einer bezeichnenden Begriffsübertragung aus der Landkriegführung wurden diese Typen, vertreten durch die vier Schiffe der „Sachsen-Klasse" ab 1878, in Preußen „Ausfallkorvetten" genannt. Österreich-Ungarn blieb bei der schlichten Bezeichnung „Küstenverteidiger" für die drei Fahrzeuge der „Wien-Klasse". Der nächste Schritt war dann das hochseefähige Panzerschiff. Diese drei Funktionstypen erforderten unterschiedliche Strukturtypen, wobei das wichtigste Kriterium „Seefähigkeit" – ausdauernde Widerstandsfähigkeit auch unter schweren Wind- und Seebedingungen – war. Immer müssen aber in dieser Phase nicht nur die Doktrin, sondern stets auch die technischen Limitationen der Schiffe mitbedacht werden.[48]

KÜSTENSCHUTZ UND DIE VERTEIDIGUNG GROSSBRITANNIENS

In globaler marinehistorischer Sicht bildete die Bevorzugung der Küstensicherung die zentrale Aufgabe der Marinen. Sie blieb bis in der zweiten Hälfte des 19. Jahrhunderts hinein gültige Marinedoktrin, bevor sich die „blue water school" durchsetzen konnte – zumindest im seestrategischen Denken der Haupt-Marinemächte. Die Küstensicherung existierte auch bei einer bis dahin Hochseeflotten-orientierten Großmacht wie Großbritannien parallel zu Schlachtflottentheorie,[49] bekam aber selbst dort, verstärkt durch die Verarbeitung der Erfahrungen des Sezessionskrieges und des Krimkrieges, in den 1860er Jahren ein gewisses Übergewicht. Dazu stellten sich weitere Faktoren ein: die erhöhte Transportkapazität der Dampfschiffe für potentielle Invasionstruppen, ihre hohe Geschwindigkeit und Wetterunabhängigkeit. Das schien die langen Küstenlinie der britischen Insel viel verwundbarer für eine überraschende und massenhafte Invasion zu machen. Deshalb plante Großbritannien eine extensive Befestigung der Arsenale des Mutterlandes und eine Stärkung des Küstenschutzes.[50]

Dies galt auch für die zahlreichen überseeischen Stützpunkte des Vereinigten Königreiches.[51] Das hat mit der Aufwertung von Stützpunkten und Arsenalen in Folge der nötigen Logistik technisierter Flotten im Zeitalter der

„schwimmenden Maschinenhäuser“ zu tun.[52] Kohlestationen, technischer Support und Dockmöglichkeiten für die neuen Dampf- und Eisen-Schiffe erhielten eminente Bedeutung. Deren Unterhalt und Betrieb erforderten weitaus mehr professionelles Personal sowie extensive, quasi-industrielle Infrastrukturen für Bevorratung und Wartungsarbeiten.[53] Die „naval bases“ wurden zur Voraussetzung für globalen Einfluss im Zeitalter des Imperialismus. Infrastrukturerfordernisse, Marinepolitik und Imperialismus standen damit in einem durch den Einsatz von Dampf- und Panzerschiffen veränderten Wirkungszusammenhang.

Wo befand sich nun Engels' Position innerhalb dieser komplexen Matrix? Die Frage Küstenschutz oder Hochseeflotte interessierte ihn nur im Fall der Seerüstung Preußendeutschlands in der Ostsee. In dieser Hinsicht war klar, dass es zu einem reflektierten Küstenschutz auf der „nassen Wiese“ des Glacis von Kiel und Königberg kaum eine Alternative gab. Anders lag die Problemstellung bei den Antagonisten Großbritannien und Frankreich. In einer Phase extensiven qualitativen und quantitativen Wettrüstens mit Frankreich – die Indienststellung des ersten seegehenden Panzerschiffs, der Fregatte „La Gloire“, im August 1860 hatte bei der britischen Navy einen Schock ausgelöst und führte zum Bau der „HMS Warrior“, dem ersten seegehenden Volleisenschiff[54] als Komplementär – schienen Küstenbefestigungen zwingend erforderlich zu sein. Vor dem Hintergrund dieses Bedrohungsszenario sind Engels' Artikel von 1860[55] über die Verteidigung Englands im Falle einer Invasion einzuordnen. Interessanterweise ging es ihm bei seiner Erörterung nicht um eine Entscheidung für oder gegen eine der beiden Hauptalternativen. Er nahm stattdessen eine quer zur allgemeinen Diskussionsfront liegende Stellung ein. Sein Ausgangspunkt waren die Befestigungspläne der Flottenbasen und Arsenale. Engels setzte sich mit diesen Vorschlägen kritisch auseinander. Er kritisierte, dass der Ingenieurstab „förmlich in dieser Üppigkeit von Fortifikationen zu schwelgen“ schien. England sei „von einer Vegetation von Forts und Batterien bedroht, die so schnell wie Pilze aus der Erde wachsen und so üppig wie Schlingpflanzen in einem Tropenwalde wachsen.“ Das bedeutete aber nun keineswegs, dass er Anhänger der „blue water school“ war, wie diese Kritik nahezulegen scheint. Denn er akzeptierte das britische Eingeständnis, „daß seine hölzernen Mauern, seine Schiffe, es nicht länger schützen, und daß es zur nationalen Verteidigung Mittel für Festungsanlagen braucht.“[56] Kritik übte er aber an der Positionierung der Befestigungen. Statt die Marinehäfen und Arsenale aufwendig und teuer zu befestigen, wie dies vor allem die Vertreter der Marine projektierten, schlug er vor, London zur Festung zu machen. Analog zu Paris solle die Hauptstadt mit einem Befestigungsgürtel umgeben werden. Das werde zwar „komplizierter und kostspieliger“ als eine aufwendige Einzelbefestigung der Häfen. Darüber hinaus müsse London mit einer starken Armee verteidigt werden. „Woher aber soll diese starke Armee kommen, wenn Portsmouth, Plymouth, Chatham und Sheerness und vielleicht Pembroke in Festungen ersten Ranges von der Größe Cherbourgs, Genuas, Koblenz' oder Kölns verwandelt sind, die Garnisonen von 15000 bis 20000 Mann zu ihrer Verteidigung erfordern?“[57] Engels kam zu diesem Ergebnis, indem er auf die Diskrepanz der dazu notwendigen Truppenstärken im Vergleich zur tatsächlich geringeren Stärke der mobilisierbaren Einheiten der britischen Berufsarmee hinwies. Sein Fazit: „Man soll Werften auf alle Fälle in vernünftiger Weise befestigen, was für weniger als die Hälfte des Geldes geschehen kann, das jetzt dafür verschleudert werden soll; aber wenn man eine nationale Verteidigung wünscht, so mache man sich sofort daran, London zu befestigen."[58]

Mit seinem Vorschlag nahm Engels eine recht interessante Zwischenposition ein. Einerseits war seine Strategie der Küstenverteidigung zur Abwehr einer Invasion in Südengland eine Vorwegnahme der „brick and mortar school" sowie der späteren „jeune école", deren Konzepte ebenfalls auf Küstenbefestigungen setzten. Andererseits sah er – als „General" im Landkrieg sozialisiert und mit den Kompetenz- und Interessenschwerpunkten auf diesem Feld – die Optionen einer Invasionsarmee klarer als die Planer des britischen „Senior Service": Ein schneller Angriff auf das Herz des Empire schien ihm eine plausiblere Strategie als ein Angriff auf mehrere befestigte Häfen selbst wenn dadurch die Ausrüstungsplätze der britischen Flotte in der Hand des Verteidigers blieben. Engels' Argumentation berücksichtigte klugerweise beide Positionen, die der Marine und zugleich jene der Landstreitkräfte. Damit hatte er einen durchaus reflektierten Plan der Verteidigung des Vereinigten Königreichs vorgelegt. Somit ist der „General" weder als „Navalist" einzuordnen, auch wenn er einmalig einen „Super-Monitor" forderte, noch eindeutig als Vertreter der Marine mit ihrer „brick-and-mortar school". Er war vielmehr ein Vertreter der Landkriegsschule, der auf die besonderen Herausforderungen der Verteidigung der britischen Insel konzeptuell reagierte.

→ **Typen von Panzerschiffen** der wichtigsten Kriegsflotten, Meyers Großes Konversations-Lexikon, Band 15. Leipzig 1908.

„Das heutige Schlachtschiff ist ein riesiger gepanzerter Schraubendampfer von 8–9000 Tonnen Gehalt und 6–8000 Pferdekraft, mit Drehthürmen und 4, höchstens 6 sehr schweren Geschützen, und mit einem, unter der Wasserlinie in einer Ramme zum Niederrennen feindlicher Schiffe auslaufenden Bug; es ist eine einzige kolossale Maschine, auf der der Dampf nicht nur die schnelle Fortbewegung bewirkt, sondern auch die Steuerung, das Ankerwinden, die Drehung der Thürme, die Richtung und Ladung der Geschütze, das Auspumpen des Wassers, das Einnehmen und Herablassen der Boote – die selbst theilweise wieder Dampfkraft führen – u.s.w. Und so wenig ist der Wettkampf zwischen Panzerung und Geschützwirkung zum Abschluß gekommen, daß im Gegentheil ein Schiff heutzutage fast regelmaßig schon nicht mehr den Ansprüchen genügt, schon veraltet ist, ehe es vom Stapel gelassen wird. Das moderne Schlachtschiff ist nicht nur ein Produkt, sondern zugleich ein Probestück der modernen großen Industrie, eine schwimmende Fabrik – vornehmlich allerdings zur Erzeugung von Geldverschwendung."

Friedrich Engels, Herrn Eugen Dührings Umwälzung der Wissenschaft (Anti-Dühring), in: MEGA^2 I/27, S. 363.

Panzerschiffe II.
Typen von Panzerschiffen der wichtigsten Kriegsflotten.
Maßstab 1:1500.
Die Unterschriften geben an: Namen des Schiffes.
Jahreszahl des Stapellaufs.
Größe der Schiffe (Wasserverdrängung oder Deplacement) in Tonnen (T).
Länge in der Wasserlinie in Metern (m).
Schnelligkeit in Seemeilen (Sm) in der Stunde.
1. Deutschland. ‚Deutschland', 1904. 13,200 T., 122 m, 18 Sm.
2. Deutschland. ‚Braunschweig', 1902. 13,200 T., 122 m, 18 Sm.
3. Großbritannien. ‚Lord Nelson', 1905. 16,765 T., 125 m, 18 Sm.
4. Großbritannien. ‚King Edward VII', 1903. 16,612 T., 130 m, 18,5 Sm. (Siehe Tafel III.)
5. Frankreich. ‚Liberté', 1905. 14,868 T., 134 m, 18 Sm.
6. Rußland. ‚Imperator Paul I.', im Bau. 16,900 T., 130 m, 18 Sm.
7. Österreich-Ungarn. ‚Erzherzog Karl', 1903. 10,600 T., 118 m, 20 Sm.
8. Italien. ‚Vittorio Emanuele', 1904. 12,625 T., 133 m, 22 Sm.
9. Vereinigte Staaten. ‚Kansas', 1905. 16,256 T., 137 m, 18 Sm.
10. Vereinigte Staaten. ‚Idaho', 1905. 13,200 T., 114 m, 17 Sm.
11. Japan. ‚Mikasa', 1900. 15,362 T., 122 m, 18,5 Sm.
12. Japan. ‚Kashima', 1905. 16,660 T., 129 m, 18,5 Sm.
Bibliographisches Institut in Leipzig.

VON EISEN, STAHL UND KANONEN

← **John Wilkinson** (1728–1808), um 1790. Der Eisenhüttenfachmann baute 1747 seinen ersten Hochofen in Blackbarrow, Lancashire. 1774 meldete er ein Verfahren zum Gießen und Ausbohren von Kanonen zum Patent an. 1887 baute er – zur Belustigung Englands, aber auf Archimedes vertrauend – das erste eiserne Schiff.

→ **Henry Bessemer** (1813–1898). Der britische Erfinder und Industrielle hatte zunächst mit der Massenproduktion von Bronzepulver, das zum Vergolden eingesetzt werden konnte, ein Vermögen gemacht. Er war ein Vorläufer des ‚pile 'em high, sell 'em cheap' Geschäftsmodells. Seine bekannteste Erfindung in der Reihe seiner 129 Patente war der birnenförmige Bessemer Konverter aus dem Jahre 1855. Mit Hilfe von Hochdruckluft, die direkt in die flüssige Eisenschmelze geblasen wurde, konnte in Folge der entstehenden hohen Brenntemperatur der Kohlenstoffanteil soweit reduziert werden, dass qualitativ hochwertiger Stahl bei niedrigen Kosten produziert werden konnte. Der Preis einer Tonne fiel von 40 Pfund auf 6 Pfund. Mit den besten Konvertern konnten 30 Tonnen Stahl in einer halben Stunde produziert werden. Stahl konnte nun zu diversen Zwecken eingesetzt werden. Als Grundstoff für Munition, Kanonen und später auch Panzer führte dies zur Industrialisierung des Krieges.

← **Roheisenverhüttung** in England, um 1855. Bis zur Mitte des Jahrhunderts war die Puddeltechnik, die großes handwerkliches Geschick erforderte, verbreitet.

↑ **Sir Joseph Whitworth** (1803–1887). Der englische Ingenieur zählte zu den Pionieren der Präzisionsmessung. Aus einer kleinen Werkstatt baute er eine Werkzeugmaschinenfabrik auf, die Teile für Antriebsmaschinen und Dampfmaschinen herstellte. Im Zusammenhang mit der Produktion zunächst leichter und später auch schwerer Waffen entwickelte er Eisenbearbeitungstechniken zur Qualitätsverbesssung und zur Gewinnung widerstandsfähigen Stahls, dem ‚Whitworth steel'.

← **Stahlbereitung** mit einem Birnenapparat, nach einem 1855 von Sir Henry Bessemer erfundenen Verfahren.

← **Samuel Colt** (1814–1862), Daguerreotypie, um 1855. Nach einer Europareise im Jahr 1835 entwickelte Colonel Samuel Colt erste Prototypen von Gewehren und Handfeuerwaffen. 1836 erhielt er U.S. Patent No. 138 für seine Drehzylinder Pistole und gründete in Paterson New Jersey die Patent Arms Company. Dieses Unternehemn schlug zwar fehl, doch aufgrund des legendären Rufs seiner ‚six shooters' bei Colonel Jack Hays und den Texas Rangers erhlielt er einen Regierungsauftrag über 1000 Waffen zu $ 28000, die er zuächst in Whitneyville (CN) herstellte. Mit seinem Verkaufstalent und seiner Präsenz auf der Weltausstellung in London 1851 folgte Auftrag auf Auftrag. Größten Wert legte er auf die ständige Verbesserung der Produkte, deren Zuverlässigkeit legendär wurde. Er stieg in wenigen Jahren zu einem der erfolgreichsten Hersteller in den USA auf. Seine Devise: „… my arms are the best peacemakers."

← **Kavalleriesoldat** der Unionstruppen mit Colt's Dragoon Revolver, 1861–1865.

↑ **Colt's Patent** Fire Arms Manufacturing Company's factory, um 1856. Die mit den modernsten und differenziertesten Werkzeugmaschinen ausgestattete sowie großzügig ausgelegte Fabrik an der Pearlstreet in Hartford (CN) produzierte in hohen Stückzahlen leichte Gewehre und Revolver für Armee, Marine und Private. Der Erfolg lag in der Standardisierung und Fertigungspräzision, so dass Ersatzteile leicht austauschbar waren. Der Zuschnitt der Fabrik war streng funktional nach den Herstellungsabläufen in vier Geschossen gegliedert. Wahrzeichen war eine Kuppel in Zwiebelform und orientalischer Gestaltung auf dem Dach der Fabrik und eine Pferdeskulptur auf der Spitze in mythologischer Anspielung auf einen Hengst, der in der Schlacht einen Speer zerbricht. Samuel Colt starb unerwartet im Januar 1861. Im Februar 1864 zerstörte ein Feuer die Hälfte der Fabrik. Colt's Witwe Elizabeth ließ die Anlage in gleicher Ausstattung wiederaufbauen. 1901 verkaufte sie das Unternehmen an das New Yorker Bankhaus Armstrong & Schirmer.

↓ **Ames's Iron Works,** Falls Village, Connecticut, um 1850–1853. Die Hütte versorgte sowohl Eisenbahnunternehmen als auch die Colt Armory in den Anfangsjahren mit Roheisen.

↖ **Samuel Colt's** South Meadows Armory, um 1854; Revolver Rahmenspann Maschine, entworfen und patentiert von Samuel Colt 1854.

↑ **Samuel Colt's** South Meadows Armory, um 1854; Große Stanzmaschine gefertigt im Lowell Machine Shop of Lowell, Mass.

← **Samuel Colt's** South Meadows Armory, um 1854; Große Drehbank zum äußeren Beschneiden gezogener Gewehrläufe.

→ **Samuel Colt's** South Meadows Armory, um 1854; Maschine zur Fertigung gezogener Läufe.

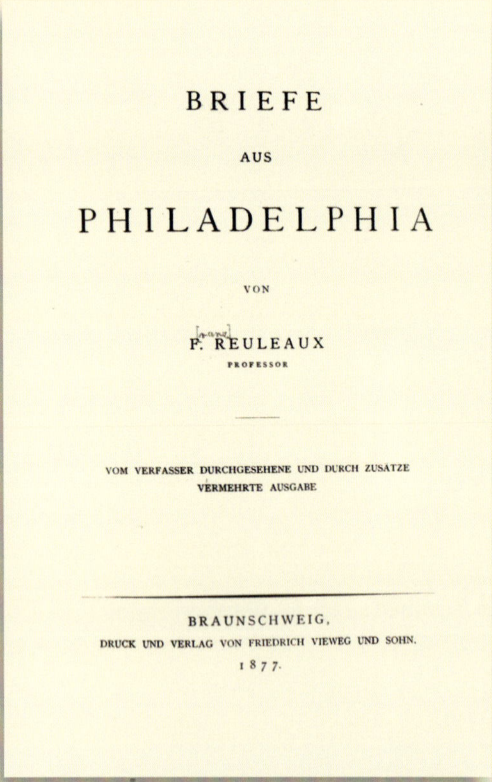

BRIEFE

AUS

PHILADELPHIA

VON

F. REULEAUX

PROFESSOR

VOM VERFASSER DURCHGESEHENE UND DURCH ZUSATZE VERMEHRTE AUSGABE

BRAUNSCHWEIG,

DRUCK UND VERLAG VON FRIEDRICH VIEWEG UND SOHN.

1877.

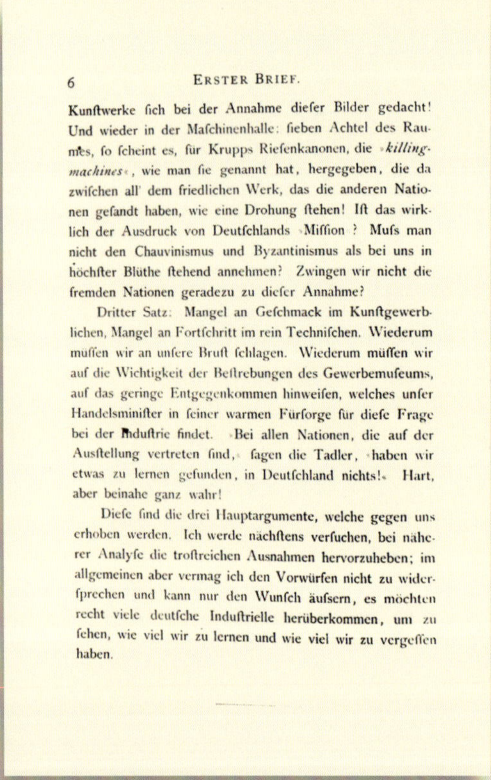

6 ERSTER BRIEF.

Kunſtwerke ſich bei der Annahme dieſer Bilder gedacht! Und wieder in der Maſchinenhalle: ſieben Achtel des Raumes, ſo ſcheint es, für Krupps Rieſenkanonen, die »*killing-machines*«, wie man ſie genannt hat, hergegeben, die da zwiſchen all' dem friedlichen Werk, das die anderen Nationen geſandt haben, wie eine Drohung ſtehen! Iſt das wirklich der Ausdruck von Deutſchlands »Miſſion«? Muſs man nicht den Chauvinismus und Byzantinismus als bei uns in höchſter Blüthe ſtehend annehmen? Zwingen wir nicht die fremden Nationen geradezu zu dieſer Annahme?

Dritter Satz: Mangel an Geſchmack im Kunſtgewerblichen, Mangel an Fortſchritt im rein Techniſchen. Wiederum müſſen wir an unſere Bruſt ſchlagen. Wiederum müſſen wir auf die Wichtigkeit der Beſtrebungen des Gewerbemuſeums, auf das geringe Entgegenkommen hinweiſen, welches unſer Handelsminiſter in ſeiner warmen Fürſorge für dieſe Frage bei der Induſtrie findet. »Bei allen Nationen, die auf der Ausſtellung vertreten ſind,« ſagen die Tadler, »haben wir etwas zu lernen gefunden, in Deutſchland nichts!« Hart, aber beinahe ganz wahr!

Dieſe ſind die drei Hauptargumente, welche gegen uns erhoben werden. Ich werde nächſtens verſuchen, bei näherer Analyſe die troſtreichen Ausnahmen hervorzuheben; im allgemeinen aber vermag ich den Vorwürfen nicht zu widerſprechen und kann nur den Wunſch äuſsern, es möchten recht viele deutſche Induſtrielle herüberkommen, um zu ſehen, wie viel wir zu lernen und wie viel wir zu vergeſſen haben.

← **Der renommierte Ingenieur Prof. Franz Reuleaux** übte in seinen Korrespondenzartikeln ‚Briefe aus Philadelphia' scharfe Kritik an der Präsentation der deutschen Industrieerzeugnisse während der Weltausstellung in Philadelphia 1876. Sein Diktum ‚billig und schlecht' führte zu heftigen Reaktionen in der deutschen Presse. Er sparte auch nicht mit Kritik an der provozierenden Aufstellung der ‚killing-machines' der Firma Friedr. Krupp Essen (siehe Abbildung links).

→ **Stand der Firma** Friedr. Krupp. Essen auf der Weltausstellung Philadelphia 1876.

FRIED. KRUPP.
ESSEN.
K

DER DAMPFHAMMER

↓ **Francois Bonhommé,** Dampfhammer in der Werkstatt von Indret beim Schmieden einer Kurbelwelle für die 60 PS Dampfmaschine einer Fregatte, 1865.

Wer hat den Dampfhammer erfunden?

Nach ersten Überlegungen von James Watt 1774 und W. Derewell 1806 hatte sich 1836 der Maschinenbauer Francois Cavé in Paris mit der Konstruktion einer Dampfmaschine befasst, die mittels direkter Kraftübertragung einen schweren Hammer betreiben konnte. Im Mai 1840 schlug der Ingenieur Francois Bourdon, Werkstattleiter in den Établissements Schneider in Le Creusot, seinem Chef Eugène Schneider vor, zum Schmieden größerer Werkstücke einen direkt durch einen Dampfzylinder betriebenen Hammer zu konstruieren. Zugleich ersuchte er die Kommanditisten des Unternehmens, die nötigen Ausgaben für den Bau eines 450 PS starken Hammers zur Verfügung zu stellen, was im März 1841 bewilligt wurde. Im Juli 1840 besuchte Francois Bourdon die Bridgewater Foundry von James Nasmyth-Gaskell in Patricroft, Salford bei Manchester, wo man zwar seit drei Jahren an einer Konstruktion experimentierte, bis dahin aber nur einen kleindimensionierten Hammer für Werkstattzwecke zustandegebracht hatte. Im April 1842 kam James Nasmyth nach Le Creusot, wo bereits seit 15 Monaten ein ausgereifter Dampfhammer zum Schmieden und Decoupieren von großen Kurbelwellen in Betrieb war. Nasmyth war über die erfolgreiche Realisierung des Hammers sehr erstaunt. Die zentrale Frage der in der Theorie einfachen Konstruktion war ihr Betrieb in der Praxis, konkret: die Beherrschung der statischen Lasten und der extremen Aufprallenergie durch das hohe Gewicht des Hammers in schneller Folge. Die von James Nasmyth, der sich selbst mit großer Publizität als der Erfinder des Dampfhammers in Szene setzte, als Beweis herangezogene Skizze in seinem Notizblock vom 24. November 1839, gab für diese entscheidenden Problemstellungen allerdings keinen konkreten Lösungshinweis. Die Skizze wie auch spätere Entwürfe gehen letztlich über bereits existierende Vorläufer nicht hinaus. In striktem Sinne sind weder Bourdon noch Nasmyth ‚Erfinder' des Dampfhammers; Bourdon ist wohl der Erste, dem der Betrieb in der Praxis gelungen ist. Als einer der wenigen Ingenieure des 19. Jahrhunderts, der eine Autobiographie geschrieben hat, auf die meist unkritisch Rekurs genommen wird, erscheint heute allerdings James Nasmyth – geradezu in Stein gemeißelt – als ‚der Finder des Dampfhammers'.

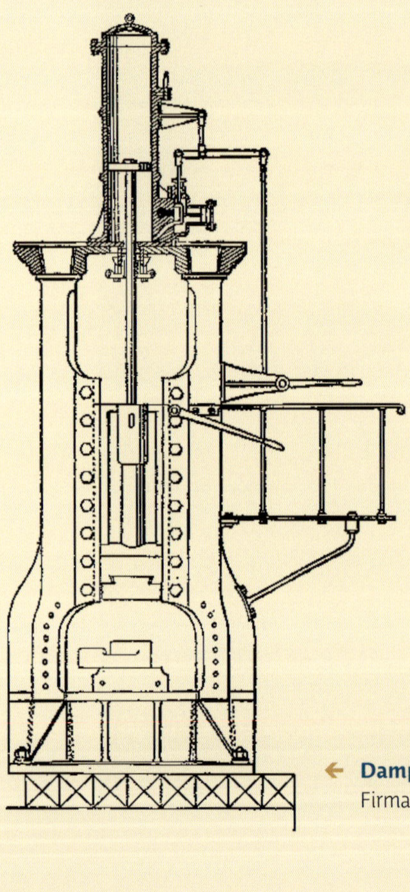

→ **Skizze** eines Dampfhammers im Notizbuch von James Nasmyth (1808–1890), 24. November 1839. Nasmyth ließ sich die Konstruktion 1842 patentieren.

← **Dampfhammer** der Firma Cavé Paris, 1848.

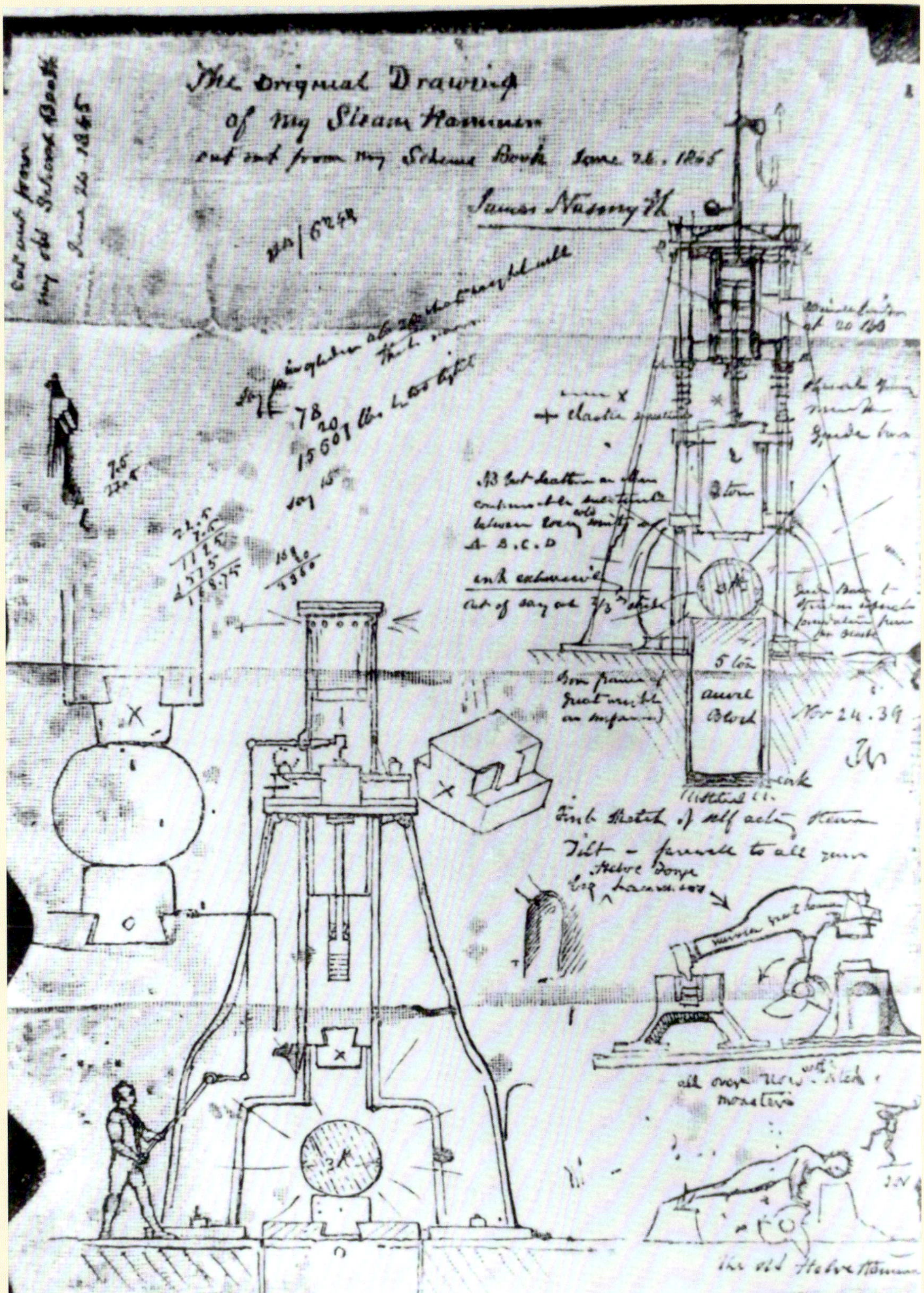
The Original Drawing
of my Steam Hammer
cut out from my Scheme Book June 26. 1845
James Nasmyth
3 ton
5 ton
Anvil
Block
Nov 24. 39
First Sketch of self acting Steam
Tilt
the old Helve Hammer

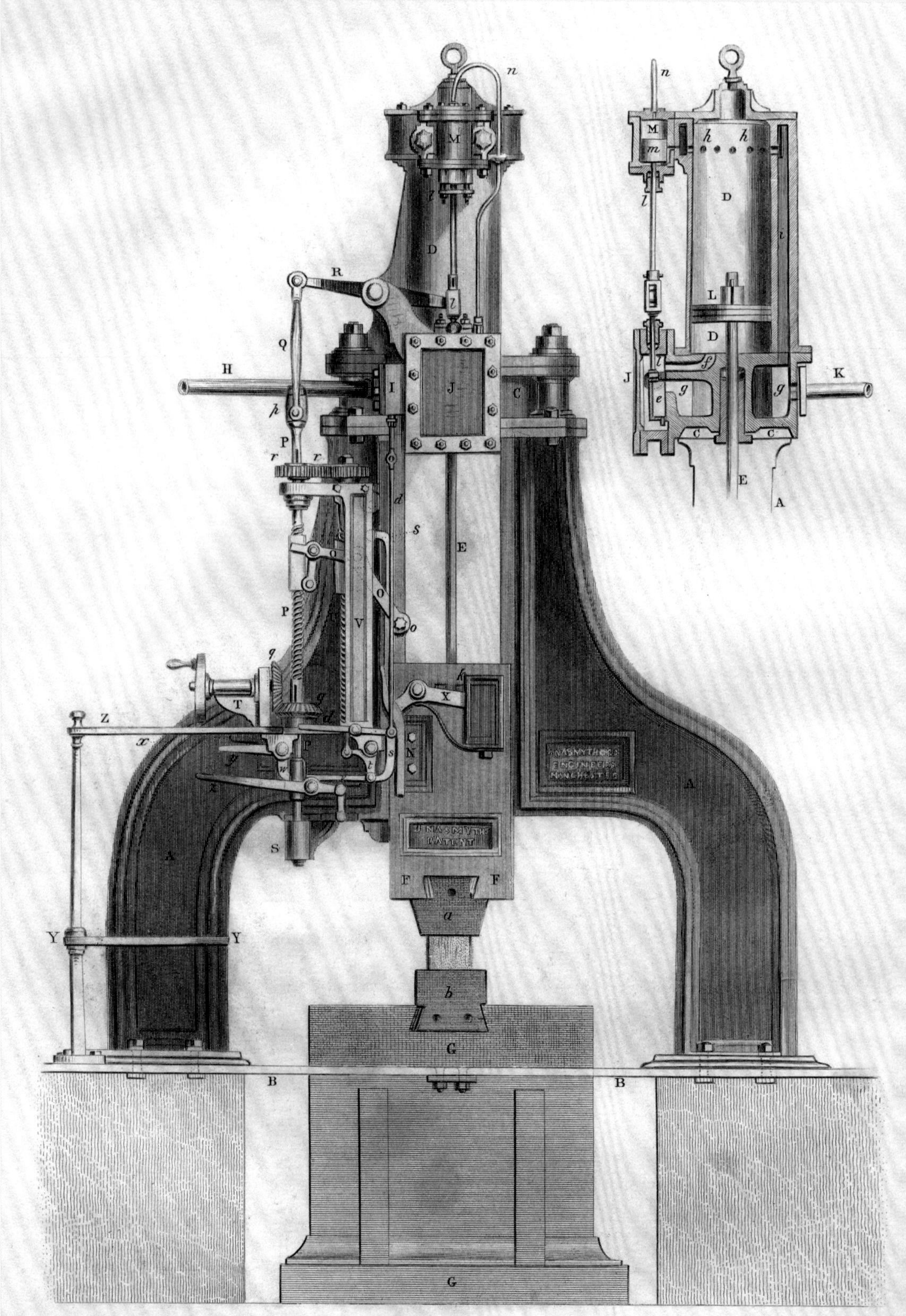

← **Nasmyth's patent** steam hammer, 1866.

↑ **Hundert Tonnen** Dampfhammer der Firma Schneider & Cie, Le Creusot, 1881.

↓ **Hundert Tonnen** Dampfhammer der Firma Schneider & Cie, Le Creusot, beim Schmieden einer Welle, 1881.

Moran

„DAS GELOBTE LAND"?

FRIEDRICH ENGELS, DIE VEREINIGTEN STAATEN UND DIE ZUKUNFT DES KAPITALISMUS

JAMES M. BROPHY

„Die Reise nach Amerika solltest Du unter allen Umständen mitmachen", ermunterte Friedrich Engels im Januar 1886 seinen Freund, den sozialdemokratischen Reichstagsabgeordneten August Bebel (1840–1913), er möge doch an der geplanten Informationsreise der Partei in die Vereinigten Staaten teilnehmen und „[…] die Gelegenheit nicht versäumen, das progressivste Land der Welt mit eigenen Augen sehn"[1], besonders deshalb, weil „[…] zum ersten Mal in Amerika eine wirkliche Arbeiterpartei entsteht."[2] Und überhaupt: „Das Leben in den deutschen Verhältnissen übt auf jeden, auch den besten, einen drückenden und beengenden Einfluss aus, ich weiß das aus eigner Erfahrung, man muß wenigstens von Zeit zu Zeit heraus."[3] Dieser Tipp war – auch wenn er unbeherzigt geblieben ist – durchaus keine flüchtige Bemerkung, sondern eher ein pointierter Hinweis darauf, dass sich Engels mit seinem Wissen um die Verhältnisse in den USA bereits auf eine jahrzehntelange Beschäftigung stützen konnte.

Seit den 1840er Jahren hatten Friedrich Engels und Karl Marx die Vereinigten Staaten ins Visier genommen. Beide sahen in der damals nach kontinentalen Maßstäben gemessen noch jungen Republik einen wichtigen Motor des globalen Kapitalismus, dessen Zukunft gerade erst begonnen hatte. Mit ihrem Interesse an Amerika hoben sie sich von vielen Ökonomen und Journalisten ihrer Zeit ab, die überwiegend

← **Edward Moran,** Commerce of Nations Rendering Homage to Liberty, 1875. Das monumentale Gemälde entstand im Auftrag des französischen Künstlers Frédéric Auguste Bartholdi. Dessen neoklassizistische Kolossalstatue der römischen Göttin Libertas ‚Liberty Enlightening the World', war ein Geschenk Frankreichs an die Vereinigten Staates von Amerika zu deren 100. Jahrestages ihrer Unabhängigkeit. Das Bild diente der Akquirierung von Spendengeldern zur Finanzierung der Anlage und des Sockels. Eine weitere Spendenkampagne veranstaltete Joseph Pulitzer mit seiner Zeitung ‚New York World'. Die Statue wurde schließlich in Frankreich vorgefertigt, in Einzelteile zerlegt und nach New York transportiert, wo sie auf Bedloe's Island 1886 eingeweiht wurde. Für Millionen von Einwanderern, die im nahe gelegenen Ellis Island amerikanischen Boden betraten, wurde sie zum Symbol der Freiheit in der Neuen Welt.

europazentriert dachten. Zwar war auch ihre Denktradition primär von der europäischen Moderne geprägt, doch verstanden beide die Industrialisierung stets als globales Phänomen. In diesem Deutungsrahmen war Amerika zweifellos ein Angelpunkt im transatlantischen Wirtschaftsaustausch der Industrienationen und in der ihrer Theorie nach gesetzmäßig eintretenden Umkehrwirkung sozialer Veränderungen zugleich ein Hebel für einen ihrer Auffassung nach bevorstehenden politischen Umbruch in Europa wie in den USA. Wenn sich die kapitalistische Ökonomie im „Land der unbegrenzten Möglichkeiten" zügellos und ohne den „Alp vergangener Generationen", der auf Europa laste, entwickeln könne, dann würden sich auch die inneren Widersprüche der kapitalistischen Warenproduktion zuspitzen, die soziale Frage umso drängender werden, die Arbeiterbewegung besonderen Zulauf erhalten und somit die Chancen für eine soziale und politische Umwälzung der Verhältnisse wachsen. Während Marx' Interesse an Amerika vor allem im Zuge der Wirtschafts- und Finanzkrise 1857–59 größer wurde, bot der Sezessionskrieg 1861–65 für Friedrich Engels den Anlass, sich intensiver mit der Ökonomie, der Politik sowie den Militaria in den Vereinigten Staaten zu befassen.

↓ **Friedrich Engels** in Brighton, 1877. Engels begab sich gerne auf Reisen, regelmäßig an die englische Küste nach Eastbourne oder Brighton, aber auch auf die irische Insel oder – wie 1888 – in die USA.

Beide wurden in jenen Jahren mit neuen, oftmals unerwarteten Entwicklungen konfrontiert. Ihre eigenen Theorien und Modelle eines ökonomischen und politischen Wandels neu zu überdenken und den realen Verhältnissen anzupassen, wurde zu einer ständigen Herausforderung. Denn die USA waren weder nur ein Rohstofflieferant noch allein eine Fortsetzung des europäischen Weges der Industrialisierung. Die Neue Welt mit ihren nie dagewesenen Freiheiten und Dimensionen nahm deshalb als große Ausnahme in der Entwicklung des globalen Kapitalismus eine Sonderstellung ein.[4] Solche Volten fielen Friedrich Engels als pragmatisch denkendem Journalisten sicherlich einfacher als Karl Marx, der es vorzog, angesichts der Unwägbarkeiten künftiger Entwicklungen in den USA eher seine eigene ökonomische Theorie „offen" zu halten als sich mit Prognosen festzulegen, die revidiert werden mussten, wenn sie nicht eintrafen. Beiden ge-

➔ **Welthandel** und Übersee-auswanderungen waren im 19. Jahrhundert mit hohem Risiko verbunden. In einem Orkan am 7./9. Januar 1839 gingen in der Irischen See vor Liverpool mehrere Schiffe unter, darunter (v.l.n.r.) das Dampf-frachtschiff ‚St. Andrew', der Dampfschlepper ‚Victoria', die US Frachtschiffe ‚Mountaneer', ‚Pennsylvania' aus New York, der US Drei-Mast Segler ‚Victoria' aus Charleston sowie das britische Auswandererschiff ‚Lockwoods'.

↓ **Fitz H. Lane,** Der Hafen von Boston, 1854.

→ **C. Parsons,** City of New York, 1856.

meinsam war allerdings eine fortdauernde Ungewissheit darüber, wie denn der Aufstieg Amerikas letztendlich in eine globale Theorie des Kapitalismus einzuordnen war. So formulierte Marx bereits 1847 in seiner Streitschrift gegen Proudhon: „Man streiche Nordamerika von der Weltkarte, und man hat die Anarchie, den völligen Verfall des Handels und der modernen Zivilisation."[5] Einerseits sahen Engels und Marx die USA durch ihre europäische Brille als kolossalen Anhang der europäischen Metropolen. Die übergroße Mehrheit der Einwanderer kam aus Europa ebenso wie die technisch-industriellen Grundlagen der amerikanischen Wirtschaft. In dieser Hinsicht glaubten sie, dass die amerikanische Industrialisierung eine klassenbewusste Arbeiterbewegung, ähnlich wie in den europäischen Ländern, nach sich ziehen würde. Andererseits erkannten sie klar und nüchtern die „europafremden" Strukturbedingungen des nordamerikanischen Staatenbundes: die alle bislang geläufigen Dimensionen sprengende Größe eines noch unentwickelten Kontinents sowie dessen reiche Bodenschätze, riesige Wälder, Weiden und fruchtbare Ackerflächen, die in ihrer Nutzbarkeit noch gar nicht ganz abgeschätzt werden konnten. Es gab kein Land auf der Welt, das so heftig vom Goldrausch erfasst und – kaum erholt – auch schon in die Eisenbahneuphorie taumelte, um sofort danach vom Elektrizitätsfieber geschüttelt zu werden, wie die USA. Die Begleiterscheinungen dieser Größe – etwa die uneingeschränkte Freizügigkeit, die sozialen Aufstiegschancen und ein tiefgeprägter Individualismus – verwischten die Trennlinien zwischen den sozialen Klassen, sieht man einmal von ethnischen Differenzen ab. Auch hatten die neuen US-Bürger auf ihrer Seereise nach Boston, Baltimore oder New York die Last der europäischen Ständegesellschaft und der streng gegliederten Bürokratie kurzerhand über Bord geworfen und konnten frei nach eigenen Vorstellungen mit ihrer Arbeit als Pioniere einer Gesellschaft orientiert am „pursuit of happiness" beginnen. Es hatte sich schlicht und einfach eine Gesellschaft in neuen Dimensionen und Kategorien herausgebildet, eine Einsicht, die Karl Marx zwar erahnte, jedoch nie in der Realität selbst erlebt hatte, wie es bei ihm ja stets nur – für sein Forscherleben geradezu paradigmatisch – die indirekte, aus Büchern gezogene „Kenntnis zweiter Hand" sowie die aus Literatur anderer gezogene und in Auseinandersetzung damit entwickelte Theorie gewesen war. Der Pragmatiker und Realist Friedrich Engels dagegen suchte von Anfang an und selbst noch in fortgeschrittenem Alter die reale Anschauung und konstatierte nach seiner Amerikareise im September und Oktober 1888: „Amerika hat mich sehr interessiert, man muss in der Tat dies Land mit eignen Augen gesehen haben, dessen Geschichte nicht hinter die Warenproduktion zurückreicht und das das gelobte Land der kapitalistischen Produktion ist."[6] Doch wie war dieses Urteil zu verstehen, das nach vier Jahrzehnten Informationen über Gewährsleute und Presseschauen am Ende in die eigene „recognition" des Schauplatzes – wie es der „General" in militärischer Diktion ausgedrückt hätte – einmündete? Eine Rückschau auf seine Frühschriften, auf seine Reiseeindrücke sowie auf eine Vielzahl von Briefen, insbesondere an Friedrich Adolf Sorge (1828–1906), dem ehemaligen Generalsekretär der Ersten Internationale und Begründer der „Socialist Labor Party of America", soll uns helfen, das Verhältnis von Friedrich Engels zu den USA zu rekonstruieren.

„RIESENSCHRITTE" UND BÜRGERKRIEG

Bereits nach wenigen Monaten praktischer Arbeit im Kontor des Familienunternehmens „Ermen & Engels" in der Textilmetropole Manchester, dem damaligen „workshop of the world", hatte Friedrich Engels bereits so viel über Handel und Industrie auf der anderen Seite des Atlantiks erfahren, dass er dort eine Entwicklung in „Riesenschritten" ausmachte. Mit seinen „[...] unermesslichen Kohlen- und Eisenlagern, mit einem beispiellosen Reichtum an Wasserkraft und schiffbaren Flüssen, besonders aber mit seiner energischen, tätigen Bevölkerung, gegen welche die Engländer noch phlegmatische Schlafmützen sind [...]" skizzierte der junge Textilkaufmann Engels im Jahre 1845 die ökonomische Potenz Amerikas. Mit Blick auf die wassergetriebenen Spinnereien und die in großem Stile mechanisierten Betriebe zur Baumwollverarbeitung in New England – etwa in Lowell und Lawrence (Massachusetts), in Manchester (New Hampshire) oder in Pawtucket (Rhode Island) – habe Amerika „in weniger als zehn Jahren eine Industrie geschaffen" mit einem Warenvolumen, das „die Engländer aus dem nord- und südamerikanischen Markt verdrängt hat und in China neben der englischen verkauft wird". Auf der Basis seiner Kenntnis der aktuellen Handels- und Börseninformationen, die am Standort Manchester kaum umfassender und präziser sein konnten, lautete seine Prognose: „Ist ein Land dazu begabt, das industrielle Monopol an sich zu reißen, so ist es Amerika".[7]

Den jungen Karl Marx interessierten eher soziale und politische Fragen der nordamerikanischen Republik. Da Thomas Paines *Droits de l'homme* in der Bibliothek seines Vaters lag, kann man vermuten, dass er den klassischen Text schon in seiner Jugend gelesen hat.[8] Eine Randbemerkung in „Zur Judenfrage" weist weiter darauf hin, dass Alexis de Tocquevilles *De la démocratie en Amérique* ihm durchaus bekannt war.[9] 1846 nahm Marx als Mitautor an einem „Zirkular" teil, welches sich gegen Hermann Kriege richtete. Dieser deutscher Redakteur in New York befürwortete die „Bodenfreiheit Bewegung" (free soil movement), und der Rundbrief wies Krieges Behauptung schroff zurück, dass die freie Verteilung von Land an Arbeiter eine kommunistische Reform sei.[10] Noch dazu erhielt Marx eine erste Vorstellung von jenen republikanischen Werten, ökonomischer Unabhängigkeit und politischer Freiheit des Individuums, wie sie in den USA angestrebt wurden. Für Handwerker und Arbeiter war die frühe Einführung des allgemeinen Stimmrechts von zentraler und in manchen Fällen sogar von ausschlaggebender Bedeutung. Als verfassungsgeschichtlich versiertem Juristen war es Karl Marx durchaus wichtig, dass neben den Freiheitsrechten auch die staatsbürgerlichen Rechte in Theorie und Realität zur Geltung kamen. Bereits 1845–46 notierte er: „Den Arbeitern liegt so viel am Staatsbürgerthum, d. h. dem *aktiven* Staatsbürgerthum, daß sie da, wo sie es *haben*, wie in Amerika, es gerade ‚verwerthen', und wo sie es nicht haben, es erwerben wollen."[11] Im Verlaufe des gesamten 19. Jahrhunderts spiegelten diese konstitutionell verankerten Rechte die grundlegenden Werte, den Charakter des öffentlichen Umgangs und das politische Verhalten der amerikanischen Arbeiter stets wider.[12]

Die Goldfunde in Kalifornien 1849 ließen auch Marx und Engels, die gerade im Begriff waren, die Nachwehen der gescheiterten Deutschen Revolution von 1848 zu verarbeiten, nicht unbeeindruckt. Sie nannten das Ereignis „das wichtigste Faktum, wichtiger noch als die Februarrevolution, daß grossartigere Resultate haben wird als selbst die Entdeckung Amerikas [...]. Zum zweiten Male bekommt der Welthandel eine neue Richtung. Was im Alterthum Tyrus, Karthago und Alexandria, im Mittelalter Genua und Venedig waren, was bisher London und Liverpool gewesen sind, die Emporien des Welthandels, das werden jetzt New-York und San Francisco, San Juan de Nicaragua und Leon, Chagres und Panama. Der Schwerpunkt des Weltverkehrs, im Mittelalter Italien, in der neueren Zeit England, ist jetzt die südliche Hälfte der nordamerikanischen Halbinsel. Die Industrie und der Handel des alten Europa müssen sich gewaltig anstrengen, wenn sie nicht in denselben Verfall gerathen wollen."[13]

Der Schluss von der Identifikation des gerade erwachenden gigantischen wirtschaftlichen Potenzials in einem noch unentwickelten Raum zwischen der Ost- und Westküste[14] bis zur Ankündigung einer neuen Epoche polyzentrischer Globalisierung drängte sich geradezu auf. Die Wirtschafts- und Finanzkrise von 1857–59 hatte in diesem Zusammenhang Marx' These über die Verlagerung der Produktivkräfte in die Neue Welt nur bestätigt. Die heiß gelaufene Spekulation mit Eisenbahnaktien hatte nicht nur die Wall Street in Turbulenzen gebracht, sondern initiierte darüber hinaus einen weltweiten Börsenkrach, was nichts Anderes bedeutete als dass die Konjunkturen beiderseits des Atlantiks synchron verliefen. Was Friedrich Engels bereits 1844 an der Börse in Manchester beobachtet hatte und Karl Marx zusammen mit ihm 1848 im *Manifest der Kommunistischen Partei* als dem Kapitalismus

← **Blick auf den Hafen** von San Franzisco, 1851

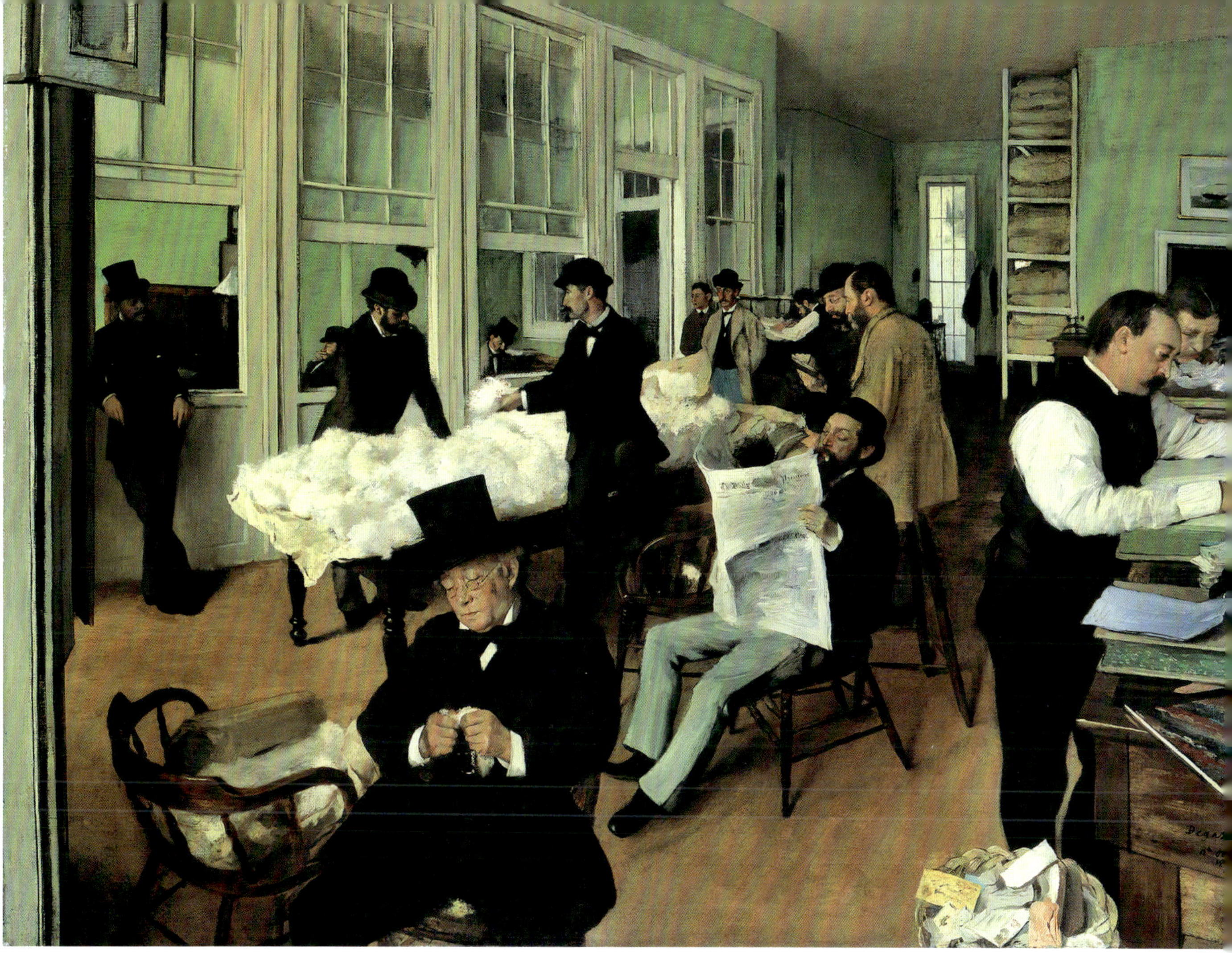

innewohnende Eigenschaft postulierte, entfaltete sich nun in Ohio und New York mit voller Wucht. Der systembedingte Konjunkturzyklus von Überproduktion und die nachfolgenden Abschwünge mit panikartigen Aktienverkäufen führte zu immensen Wertverlusten, ein ceterum censeo, das beide lebenslang mantraartig repetierten. Im Oktober 1857 sah sich Marx in seiner Theorie bestätigt und schrieb an Engels: „Die amerikanische Crise – von uns in der Novemberrevue 1850 als in New York ausbrechend vorhergesagt – ist beautiful".[15] Er war erfreut über den Nachweis seiner Prognose, dass die Vereinigten Staaten in Zukunft mit ihrer ökonomischen Potenz tonangebend für die weitere Entwicklung des krisenanfälligen Kapitalismus sein würden.

↑ **Edgar Degas** (1834–1917), Baumwollkontor in New Orleans 1873; Degas Brüder Achile und René waren Baumwollhändler in Louisiana, wo er sie 1872/73 besuchte. Sein Onkel M. Mousson studiert die Börsennachrichten, links von ihm stehen die Brüder am Warentisch, die Qualität des Rohstoffs prüfend.

Einzig die Sklaverei der südlichen Bundesstaaten stehe der vollen Entfaltung des Kapitalismus in Nordamerika im Wege. „In den Vereinigten Staaten von Nordamerika blieb jede selbstständige Arbeiterbewegung gelähmt, so lange die Sklaverei einen Theil der Republik verunstaltete. Die Arbeit in weisser Haut kann sich dort nicht emancipieren, wo sie in schwarzer gebrandmarkt wird"[16], schrieb Marx 1867 und prognostizierte: „Wie der amerikanische Unabhängigkeitskrieg des 18. Jahrhunderts die Sturmglocke für die europäische Mittelklasse läutete, so der amerikanischen Bürgerkrieg des 19. Jahrhunderts für die europäische Arbeiterklasse.“[17] Als „weltumwälzend“ bezeichnete Marx die am 22. September 1862 verkündete Emanzipationsakte des Präsidenten Abraham Lincoln, so dass der Konflikt nunmehr eine grundsätzliche sowie durchaus revolutionäre Dimension erhielt, indem er den konföderierten Staaten die materiellen Grundlagen ihrer Monokulturwirtschaft entzog.[18] In den ersten Jahren des Bürgerkrieges klagte Friedrich Engels allerdings immer wieder und vehement über die seiner Meinung nach zu gemäßigte Haltung der Union und bedauerte das Ausbleiben tatsächlich revolutionären Handelns: „Wäre nur ein Beweis, ein Anzeichen da, daß die Massen im Norden anfangen anzutreten wie in Frankreich 1792 und 1793, so wäre das alles sehr schön.“[19] Im Juli 1862, zwei Monate vor Lincolns Emanzipationsakte, schrieb er, „wenn der Norden nicht sofort revolutionär auftritt, kriegt er heillose Prügel und verdient sie – und so scheint es“.[20] „Es ist zu erbärmlich“, kommentierte Engels einige Wochen später, „und die Kerls im Süden, die wenigstens wissen, was sie wollen, kommen mir der schlappen Wirtschaft im Norden gegenüber wie Helden vor“.[21] „Ich muss sagen“, schrieb er einige Monate später, „ich kann mich für ein Volk nicht enthusiasmieren, das in einer so kolossalen Frage sich fortwährend von ¼ seiner eignen Bevölkerungszahl klopfen lässt und nach 18 Monaten Krieg weiter nichts erreicht hat als die Entdeckung, dass alle seine Generale Esel und seine Zivilbeamten Spitzbuben und Verräter sind“.[22] Sein Urteil im Februar 1863 war eindeutig:

↓ **Abraham Lincoln** (1809–1865), um 1860, war der 16. Präsident der Vereinigten Staaten.

> „Im Yankeeland sieht's faul aus […] (es) mehren sich die Zeichen moralischer Erschlaffung täglich, und die Unfähigkeit zu siegen wird täglich grosser. Das *Volk* ist beschissen, das ist das Pech, und es ist ein Glück, daß ein Friede eine physische Unmöglichkeit ist, sonst hätten sie längst

> einen gemacht, um nur wieder dem almighty dollar leben zu können."[23]

Angesichts der Entschlossenheit der Generäle der Konföderation zögerte Engels, einen Sieg der Union vorherzusagen. Erst Ende 1864 ließ sich Engels davon überzeugen, dass sich die militärische Lage zugunsten der Union verändert hatte und schrieb an Joseph Weydemeyer in St. Louis:

> „Euer Krieg drüben ist doch eins der großartigsten Dinger, die man erleben kann. Trotz der vielen Dummheiten, die in den nördlichen Armeen vorfallen (im Süden auch genug), wälzt sich die Woge der Eroberung doch langsam und sicher voran [...]".

Der Sieg der Union sei für ihn von welthistorischer Bedeutung. „Solch ein Volkskrieg auf beiden Seiten, ist noch nie dagewesen, seitdem grosse Staaten bestehn, und er wird jedenfalls der Zukunft von ganz Amerika auf Hunderte von Jahren hinaus die Richtung anweisen. Ist einmal mit der Sklaverei die grösste Fessel der politischen und sozialen Entwicklung der Vereinigten Staaten gesprengt, so muss das Land einen Aufschwung nehmen, der ihm binnen kürzester Frist eine ganz andre Stellung in der Weltgeschichte anweist, und die Armee und Flotte, die der Krieg ihm schafft, wird bald ihre Verwendung finden."[24]

Auch Marx musste zugeben, „[...] dass *niemals* eine solche Riesenumwälzung so rasch vorgegangen ist. Es wird den wohltätigsten Einfluß auf die ganze Welt haben".[25] Mit der Abschaffung des Sklavenhandels war für Marx nun auch der Weg frei für die Durchsetzung wahrer Lohnverhältnisse. Nun sei auch der amerikanische Arbeiter in der Lage, der Marx'schen Methode folgend das „Geheimnis" der Lohnarbeit zu entschlüsseln und die inneren Widersprüche einer kapitalistischen Warenproduktion sowie der Ausbeutung durch Lohnarbeit zu erkennen und zu reagieren. „Die besten Yankee Schriftsteller verkünden laut die hartnäckige Tatsache, daß der Krieg gegen die Sklaverei zwar die Ketten der Schwarzen gesprengt, aber andererseits die weißen Produzenten versklavt hat."[26] Und 1867: „Aber aus dem Tod der Sklaverei entsproß sofort ein neu verjüngtes Leben. Die erste Frucht des Bürgerkrieges ward die *Achtstundenagitation*, mit den Siebenmeilenstiefeln der Lokomotive vom atlantischen bis zum stillen Ozean ausschreitend, von Neuengland nach Kalifornien."[27] Trotz einer tiefsitzenden Skepsis gegenüber dem amerikanischen Wahlsystem blickte Marx dennoch mit Respekt auf Amerikas Wahlkultur.[28] Aus einfachen Leuten könnten hier durchaus Helden werden, wie seine Charakterisierung Abraham Lincolns nahelegte:

> „Lincoln ist nicht die Ausgeburt einer Volksrevolution. Das gewöhnliche Spiel des allgemeinen Stimmrechts, unbewußt der großen Geschicke, über die es zu entscheiden, warf ihn an die Spitze, ein Plebejer, der sich vom Steinklopfer bis zum Senator in Illinois hinaufgearbeitet, ohne intellektuellen Glanz, ohne besondere Größe des Charakters, ohne ausnahmsweise Bedeutung – eine Durchschnittsnatur von gutem Willen. Niemals hat die neue Welt einen größeren Sieg errungen als in dem Beweis, daß mit ihrer politischen und sozialen Organisation Durchschnittsnaturen von gutem Willen hinreichen, um das zu tun, wozu es in der alten Welt der Heroen bedürfen würde!"[29]

KAPITAL UND DER FREIHANDEL

Auf der Weltausstellung zu Philadelphia im Jahre 1876 feierten die USA nicht nur ihr hundertjähriges Jubiläum. Die groß angelegte Schau verkündete sowohl Kunden wie Konkurrenten den industriellen Aufstieg Amerikas. Seit 1869 verbanden die transkontinentalen Eisenbahnlinien den Atlantik mit dem Pazifik. Ein riesiger Binnenmarkt entstand. Während der drei Jahrzehnte zwischen dem Bürgerkrieg 1861–1865

↓ **Corliss Dampfmaschine** präsentiert zur Weltausstellung in Philadelphia 1876. Die gigantische Konstruktion mit effizienterer Energienutzung war 13,5 Meter hoch, wog 600 Tonnen und leistete 2500 PS. Für die USA, die gerade ihr hundertjähriges Gründungsjubiläum feierten, wurde diese Maschine zum Symbol ihrer industriellen Möglichkeiten und unternehmerischen Stärke. Nach der Ausstellung erwarb George Pullman die Maschine und setzte sie in seiner Waggonfabrik ein. 1908 wurde sie von einer Dampfturbine abgelöst und verschrottet.

und der Wirtschaftskrise 1894 hatten sich die industrielle Produktion und das Bruttosozialprodukt verdreifacht. Die Zahl der Fabrikationsanlagen wuchs in Kleinstädten um 159% an, in Großstädten sogar um 245%. Die USA hatten zwischenzeitlich mit ihrer Produktionsleistung zu den führenden Industriestaaten der Welt aufgeschlossen. Trotz der hohen Zuwanderung von Facharbeitern aus Europa konnte der Arbeitskräftebedarf der expandierenden Industrie nicht gedeckt werden. In der Periode der Hochindustrialisierung veränderten sich die Tarifbeziehungen und die Arbeitsrechte.[30] Arbeitskraft verteuerte sich. Ein extensiver Maschineneinsatz sollte diesen Kostenfaktor ausgleichen und die Profitrate weiterhin sicherstellen. In der Geschwindigkeit, mit der sich die Produktivkräfte seit den 1870er Jahren in den USA entwickelten, sah Marx eine Art Multiplikator, der die inneren Widersprüche des Kapitalismus mehr und mehr auf die Spitze treiben würde. 1878 bemerkte Marx: „Das interessanteste Feld für den Ökonom liegt jetzt zweifellos in den Vereinigten Staaten und vor allem in der Periode von 1873 (seit dem Krach im September) bis 1878 – der Periode der chronischen Krise. Umgestaltungen – deren Durchführung in England Jahrhunderte erforderte – wurden hier in wenigen Jahren vollzogen."[31] Die Konzentration des amerikanischen Kapitals sei „Ergebnis einer beispiellos raschen industriellen Entwicklung", die das Tempo des ökonomischen Fortschritts Englands weit übertreffe. Außerdem seien die Massen regsamer und hätten größere politische Mittel in den Händen.[32]

Daraus ergäben sich weitreichende Folgen vor allem in Bezug auf den Weltmarkt.[33] Aufgrund dieser Beobachtungen wollte es Marx genauer wissen. Er sammelte die statistischen Berichte der Bundesstaaten Ohio, Pennsylvania, New York, Massachusetts, New Jersey, Iowa und Kalifornien. In den staatlichen Büros der Arbeitsstatistik sah er ein Vorbild für Europa.[34] „Kalifornien ist mir sehr wichtig, weil nirgendwo sonst die Umwälzung durch kapitalistische Zentralisation in der schamlosesten Weise sich vollzogen hat – mit solcher Hast"[35], schrieb er 1880 an Friedrich Adolph Sorge mit der Bitte um inhaltsreiche Berichte über die ökonomischen Zustände dort. Mit der rapiden Umwandlung des nordamerikanischen Kontinents warf Marx die Frage auf, ob sich durch diese Entwicklungsdynamik die Zukunft des globalen Kapitalismus verändern werde. Die bis zur Mitte des 19. Jahrhunderts unbestritten zentrale Rolle Englands als Musterfall des Kapitalismus schien nunmehr von der Entwicklung in den USA abgelöst zu sein. Diese Tatsache blieb nicht ohne Folgen für die Arbeit an seinem eigenen Werk, dem *Kapital*. 1880 erklärte Marx einer New Yorker Zeitung, dass wegen der erstaunlichen Entwicklungen im Kreditsystem Amerikas das dritte Buch des *Kapitals* umgebaut werden müsse.[36] Trotz seines angeschlagenen Gesundheitszustandes kämpfte sich Marx Ende 1881 durch Berge statistischer Unterlagen aus den USA, da er darin Entwicklungen bestätigt gefunden habe, welche Ökonomen nicht übersehen dürfen.[37] Engels musste bei der Nachlasssichtung nach dem Tode von Marx 1883 feststellen, dass „diese Detailstudien" Marx „jahrelang aufgehalten haben". Der zweite Band „wäre längst gedruckt", schrieb Engels an Friedrich Sorge, wäre das „massenhafte amerikanische und russische Material" nicht gewesen.[38] Vieles deutet darauf hin, dass Marx am Ende in den USA den Modellfall zukünftiger kapitalistischer Entwicklung gesehen hat.[39]

Friedrich Engels war nicht weniger beeindruckt von der „kolossalen Geschwindigkeit", mit der sich „in Amerika die Konzentration der Kapitalien vollzieht".[40] 1882 bezeichnete Engels den Reeder und „railroad tycoon" Cornelius Vanderbilt (1794–1877), der etwa 300 Millionen Dollar innerhalb von dreißig Jahre angesammelt hatte, als den König amerikanischer Kapitalisten. Aber „die Zahl der amerikanischen Geldfürsten ist noch weit grösser"[41] und die Konzentration des Reichtums werde im Effekt die revolutionären Bedingungen begünstigen. Die Enteignungen von Boden zugunsten der Eisenbahn- und Bergbaugesellschaften sei Ursache für erhöhte Bodenpreise, die nur von Großbauern gezahlt werden können, so dass sich die zugewanderten Kleinbauern des Westens radikalisieren würden.[42] 1881 wies er Karl Kautsky auf die Tragweite dieser Tendenzen in vielen Ländern hin. Um Kautskys These der Übervölkerung Deutschlands zu begegnen, verwies Engels auf die erfolgreiche Mechanisierung der Agrarwirtschaft in den USA, „[...] wo die eben entstehende amerikanische Massenproduktion und *wirkliche* große Agrikultur uns unter der Wucht der produzierten Lebensmittel förmlich zu ersticken droht, da die Welt am Vorabend einer Umwälzung, die unter andern Folgen auch die haben muß, die Erde erst zu bevölkern, und die auch sicher in Europa eine starke Bevölkerungszunahme *notwendig braucht*."[43] Engels korrigierte mit dieser Gegenthese zugleich auch die Annahme Kautskys, dass sich die gesellschaftlichen Zustände Amerikas nicht sehr von den europäischen unterscheiden, „[...] so gilt das doch bloß, sobald Sie nur die großen Städte der Küste oder auch nur die äußeren Rechtsformen dieser Zustände ansehn. Die große Masse der amerikanischen Bevölkerung lebt sicher in Zuständen, die der Bevölkerungszunahme äußerst günstig sind. Der Einwanderungsstrom beweist es. Und doch braucht's

← **Die Produktion** von Landmaschinen entwickelte sich in den USA zu einer Schlüsselindustrie. Bereits 1834 erlangte Cyrus McCormick ein Patent für seine erste Erntemaschine. Nach konstruktiven Verbesserungen eröffnete er 1847 eine große Maschinenfabrik in Chicago. Sein ‚reaper' erhielt auf der Weltausstellung in London 1851 die Goldmedaille. Ein Bauer konnte mit dieser Maschine am Tag bis zu fünf Hektar Getreide abernten. Mit seinen Verkaufsstrategien (120 Dollar Festpreis, Raten- und Kreditkauf) sowie einer weit verzweigten Vertriebsorganisation mit Ersatzteilversorgung verkaufte McCormick 1860 über 4000 Maschinen. Seine Erfindung verlegte „the line of civilazation ... westward thirty miles each year", so das Urteil des Gouverneurs von New York William H. Seward.

mehr als 30 Jahre für Verdoppelung. Bangemachen gilt nicht."[44]

Mit der Urbarmachung der amerikanischen Prärie und der Mechanisierung der Agrarwirtschaft, etwa mit dem Reaper von Cyrus McCormick, begann eine neue Epoche, die nach Engels durch eine Triade von demographischem Zuwachs, beschleunigter Konzentration der Ka-

→ **Aus Samen** wachsen Früchte. Kapital ist das Ergebnis von Arbeit und Arbeit ist die Folge von Kapital.

pitalien und einer sich mehr und mehr politisierenden Arbeiterklasse gekennzeichnet. Durch die „kolossale Entwicklung des nordamerikanischen Ackerbaus", so schrieb Engels 1890, habe Amerika das große und kleine Grundeigentum in Europa erschüttert. Zugleich setze die USA ihre reichen Rohstoffreserven dazu ein, um gegenüber Europa ein Monopol aufzubauen. Solche Entwicklungen würden „in revolutionärer Richtung" auf Amerika zurückwirken. Die Bevölkerungsklasse der gemäßigten selbstständigen Farmer, auf denen „die Grundlage der ganzen politischen Ordnung Amerikas" fuße, löse sich unter dem Druck der Großbauern auf. Darüber hinaus bilde sich zum ersten Mal in den Industriezonen ein Proletariat in großer Zahl, hervorgerufen durch eine „fabelhafte Konzentration der Kapitale".[45] Solche Entwicklungen in Nordamerika hätten auch Rückwirkungen auf die Arbeiterbewegung in Europa, da die USA nicht mehr als Überlaufventil für Europa herhalten würden. „Auf diese Weise trägt der Auswandererstrom, den Europa jetzt jährlich nach Amerika entsendet, nur dazu bei, die kapitalistische Wirtschaft mit all ihren Folgen auf die Spitze zu treiben, so dass über kurz oder lang ein kolossaler Krach darüber unvermeidlich wird. Dann wird der Auswandererstrom stocken oder vielleicht gar seinen Lauf zurücknehmen, d. h. der Moment gekommen sein, wo der europäische, speziell der deutsche Arbeiter vor der Alternative steht: Hungertod oder Revolution!"[46]

Überzeugt von Amerikas Rolle als treibende Kraft der bevorstehenden Umwälzung hat Engels während der 1880er Jahre immer wieder gefordert, dass die USA ihre protektionistische Zollpolitik aufgeben sollten. Denn nach dem Bürgerkrieg hatte die US-Regierung unter Führung der Republikaner eine Reihe von Schutzzöllen eingeführt. Dagegen opponierten sowohl die exportorientierte Baumwollindustrie als auch demokratische Vertreter der Arbeiter, die argumentierten, Zölle hätten nicht nur Warenpreise verteuert, sondern auch unangemessen hohe Geldsummen in den Staatsschatz gespült.[47] Daran änderte auch der im November 1888 zum Präsidenten gewählte Republikaner Benjamin Harrison nichts, sondern erhöhte sogar im Tarif-Gesetz von 1890 die Abgaben auf viele Waren um 38 bis zu 50 %. Die Industriellen zeigten sich sehr zufrieden, lag doch ihr Durchschnittsprofit über 30 %.[48] Doch die Bereicherungspolitik war zu offensichtlich als dass die Wähler darüber hinweggingen. In der Zwischenwahl von 1890 verloren die Republikaner 93 Sitze im Abgeordnetenhaus. Die demokratische Mehrheit legte eindrucksvoll zu.[49]

Immer wieder galt es für Engels, die ökonomischen und politischen Veränderungen diesseits und jenseits des Atlantiks zu reflektieren und vor diesem Hintergrund die eigene Strategie neu zu justieren. Ein Schlaglicht auf dieses ständige Bemühen werfen seine Bemerkungen gegenüber der Übersetzerin und berühmten Sozialarbeiterin Florence Kelley-Wischnewetzky (1859–1932), der er erklärte, Amerika sei nicht in der Lage, das Erbe des englischen Monopols anzutreten. Die günstigsten Bedingungen, „die in England von 1848 bis 1870 bestanden, [könnten] nirgends reproduziert werden". Stattdessen setzte Engels auf eine fortschreitende Dynamik, verursacht durch den Konkurrenzdruck auf dem Weltmarkt.

> „Denn wenn drei Länder (sagen wir England, Amerika und Deutschland) unter

> verhältnismässig gleichen Bedingungen um den Besitz des *Weltmarkts* konkurrieren, dann gibt es keinen Ausweg als chronische Überproduktion, da jedes der drei Länder imstande ist, den gesamten Bedarf zu decken. Darum verfolge ich die Entwicklung der gegenwärtigen Krise mit grösserem Interesse als je zuvor, und darum glaube ich, daß sie in der geistigen und politischen Geschichte der amerikanischen und englischen Arbeiterklassen […] eine Epoche kennzeichen wird."[50]

Nicht als begeisterter Freihändler, sondern als überzeugter Sozialist befürwortete Engels einen ungehinderten Umlauf aller Waren im atlantischen Raum. Die Verzahnung britischer, amerikanischer und europäischer Märkte würde die Anfälligkeit und die Häufigkeit der Überproduktionskrisen erhöhen, das Tempo des Konjunkturzyklus beschleunigen, die Lage der internationalen Arbeiterklasse verschlechtern und damit die politischen Ziele des Proletariats deutlicher profilieren. Freihandel befeuere eine neue Revolutionsdynamik. 1893 malte sich Engels ein Wunschbild aus:

> „Während England sein Industriemonopol schnell verliert, nähern sich Frankreich und Deutschland dem industriellen Stand Englands, und Amerika ist drauf and dran, sie alle vom Weltmarkt, sowohl was Industrie- wie Agrarprodukte anlangt, zu vertreiben. Die Einführung einer wenigstens relativen Freihandelspolitik in Amerika wird den Ruin von Englands Industriemonopol bestimmt vollenden und zu gleicher Zeit den industriellen Exporthandel Deutschlands und Frankreichs zugrunde richten; dann muss die Krise kommen, tout ce qu'il y a de plus *fin de siècle*."[51]

Nach drei Jahren vergeblichem Warten auf die große Krise erhob er sie in den Status eines Zusammenbruchs in Permanenz: „Wenn ein großes Industrieland mit Monopolstellung alle zehn Jahre eine Krise hervorbrachte, wie wird das bei vier solchen Ländern werden? Uns kann's recht sein. Annähernd eine Krise alle 10/4 Jahre, d. h. also praktisch eine Krise ohne Ende."[52] Doch immer wieder musste Engels feststellen, dass neue Entwicklungen, diesmal im Jahre 1886, die technischen Innovationen im Bereich der Elektrizität, die den Weltmarkt weiter aufschlossen, eine globale Krise in noch weitere Ferne rücken ließen: „Außer der Zerstörung des englischen Weltmarktmonopols haben noch die neuen Kommunikationen das ihrige beigetragen, die 10-jährigen Industriezyklen zu durchbrechen: der elektrische Telegraph, die Eisenbahnen, der Suezkanal und die Verdrängung der Segelschiffe durch Dampfschiffe. Wird nun noch China erschlossen, so ist nicht nur das letzte Sicherheitsventil der Überproduktion verschlissen."[53]

An der These von der Unausweichlichkeit der Konkurrenz im Welthandel hielt Engels jedoch bis zu seinem Tod fest. Er blieb Optimist, was die Rückkehr Amerikas zum Freihandel anbetraf. Denn für einen Kaufmann, der jahrzehntelang internationalen Rohstoffhandel betrieb, hatte David Ricardos Theorie der komparativen Kostenvorteile den Rang eines ewig gültigen Gesetzes. Auch die amerikanischen Fabrikanten müssten schließlich dazu kommen, ihre eigenen Interessen zu erkennen: „Ökonomische Tatsachen sind stärker als Politik, ganz besonders, wenn die Politik so sehr mit Korruption durchsetzt ist wie in Amerika."[54]

← **Dieser Druck** aus dem Jahr 1886 war die meistverbreitete Illustration der Haymarket-Affäre. Das Bild vereinigt in einer Montage unzutreffender Weise gleichzeitig Samuel Fieldens Ansprache, die anschließende Bombenexplosion und den erst dadurch ausgelösten Schusswechsel.

ARBEITERBEWEGUNG

Friedrich Engels akzeptierte die Tatsache, dass sich die Organisationen der amerikanischen Arbeiterbewegung in Struktur und Strategie von den Arbeiterorganisationen Europas unterschieden. Am 1. Mai 1886 fanden die folgenreichen Haymarket Riots in Chicago statt. Ziel war die Arbeitszeitbegrenzung auf den Achtstundentag. Die Bewegung eskalierte nach Streik und Aussperrung in einem Betrieb sowie in Folge eines Bombenattentates und des anschließenden Polizeieinsatzes mit zahlreichen Toten. Rund 200000 Arbeiter traten in Pittsburgh, New York, Louisville, Milwaukee, St. Louis, Baltimore und anderen Orten in Streik unterstützt von den Dachorganisationen wie die „Knights of Labor" und – ab Dezember 1886 – die „American Federation of Labor".[55] 1886 hatten sich etwa 700000 Mitglieder den „Knights of Labor" angeschlossen. Zugleich war die „United Labor Party" in Gemeinderatswahlen erfolgreich. Für Engels war dies „ganz was Unerhörtes"[56] und das Wahlergebnis wertete er als „ungeheueren Fortschritt". Das amerikanische Proletariat sei unverkennbar in Bewegung.[57] „Ich wünschte nur Marx hätte das noch erleben können."[58] Er ordnete die Ereignisse auch gleich in Marx' Etappentheorie der Geschichte ein. Auf dem glücklichen Boden Amerikas, „wo keine feudalen Ruinen den Weg versperren, wo die Geschichte anfängt mit den im siebzehnten Jahrhundert schon herausgearbeiteten Elementen der modernen bürgerlichen Gesellschaft, hat die Arbeiterklasse diese beiden Stufen ihrer Entwicklung in nur zehn Monaten durchgemacht."[59] Mit „Riesenschritten" werde das „gelobte Land" Amerika ganze historische Epochen überspringen, wofür in Europa Generationen nötig seien.

Doch damit nicht genug. Die Massenstreiks unterminierten auch die Grundfeste der „Bourgeoisie der ganzen Welt". Der sicher geglaubte Hafen Amerika existiere nicht mehr. „Diese Illusion ist jetzt zerstört, das letzte Bourgeois-Paradies auf Erden verwandelt sich zusehends in ein Fegefeuer, und vor der Verwandlung in eine

→ **Die Arbeiterbewegung** in Amerika, Vorwort zur englischen Ausgabe der Lage der arbeitenden Klasse in England, Separatabdruck, 26. Januar 1887.

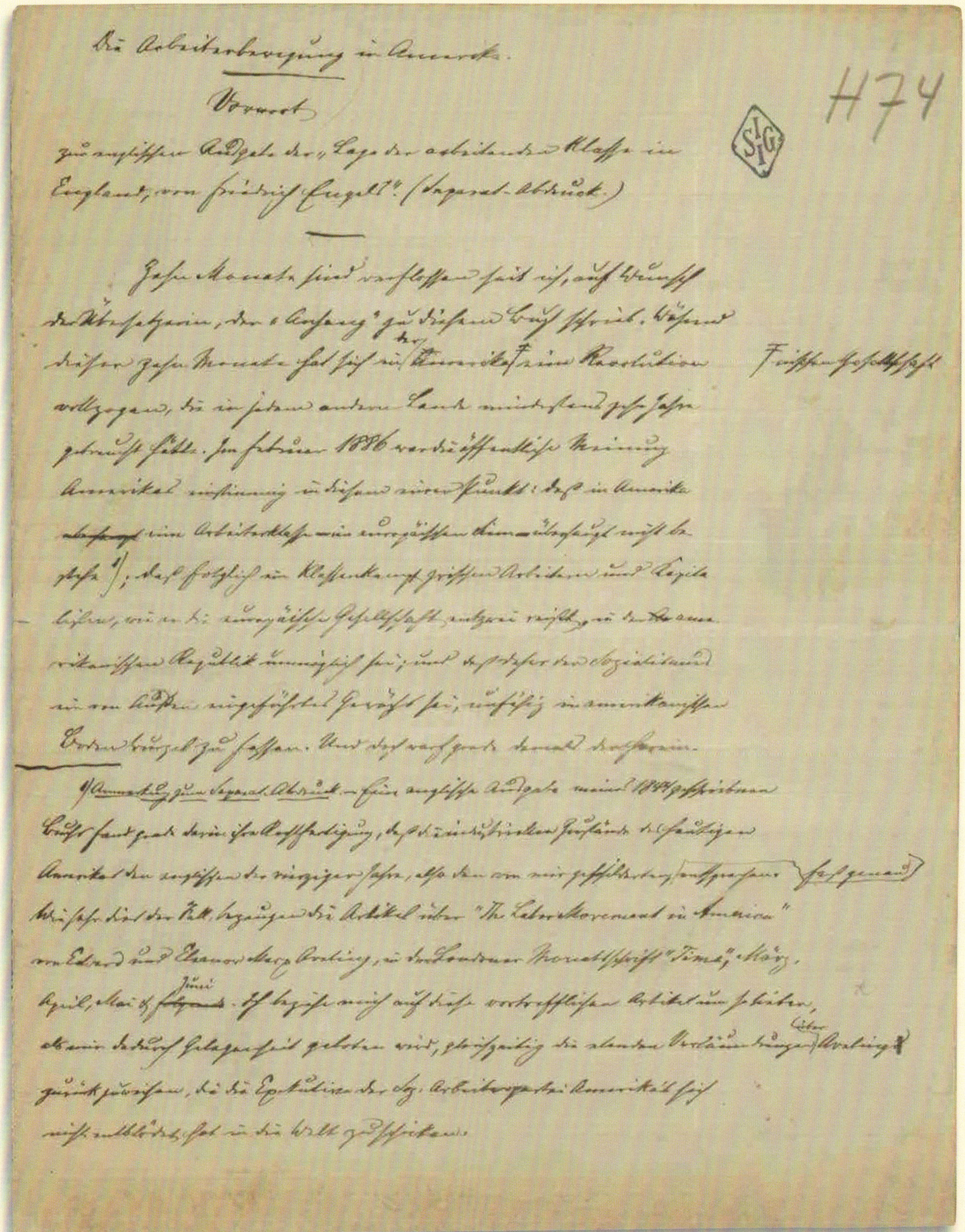

Die Arbeiterbewegung in Amerika.

Vorwort

zur englischen Ausgabe der „Lage der arbeitenden Klasse in England", von Friedrich Engels". (Separat-Abdruck)

Zehn Monate sind verflossen seit ich, auf Wunsch des Übersetzers, den „Anhang" zu diesem Buch schrieb. Während dieser zehn Monate hat sich in der amerikanischen Gesellschaft eine Revolution vollzogen, die in jedem andern Land mindestens zehn Jahre gebraucht hätte. Im Februar 1886 war die öffentliche Meinung Amerikas einstimmig in diesem einen Punkt: daß in Amerika eine Arbeiterklasse im europäischen Sinne überhaupt nicht bestehe *); daß folglich ein Klassenkampf zwischen Arbeitern und Kapitalisten, wie er die europäische Gesellschaft zerreißt, in der amerikanischen Republik unmöglich sei; und daß daher der Sozialismus ein vom Ausland eingeführtes Gewächs sei, unfähig in amerikanischem Boden Wurzel zu fassen. Und doch war gerade damals [illegible]

[illegible]

*) Anmerkung zum Separat-Abdruck. – Eine englische Ausgabe meines 1844 geschriebenen Buches fand gerade darin ihre Rechtfertigung, daß die industriellen Zustände des heutigen Amerikas denen Englands der vierziger Jahre, also den von mir geschilderten entsprechen [fast genau]. Wie sehr dies der Fall, bezeugen die Artikel über "The Labor Movement in America" von Edward und Eleanor Marx Aveling, in der Londoner Monatsschrift "Time", März, April, Mai und Juni. Ich begnüge mich auf diese vortrefflichen Artikel zu verweisen, da mir dadurch Gelegenheit geboten wird, gleichzeitig die elenden Verleumdungen [oder] Avelings zurückzuweisen, die die Exekutive der Soz. Arbeiterpartei Amerikas sich nicht entblödet hat in die Welt zu schicken.

Hölle, wie Europa, kann es nur bewahrt werden durch die stürmische Entwicklung des kaum flügge gewordenen amerikanischen Proletariats.“[60] Der Mythos einer scheinbar klassenlosen Gesellschaft sei entzaubert worden.

> „Daß England und besonders Amerika bisher keine Arbeiterbewegung hatten, war der große Trumpf der radikalen Republikaner überall, namentlich in Frankreich. Aber jetzt sind die Herren auf's Maul geschlagen: Am 2. November ist speziell dem Herrn Clemenceau die ganze Basis seiner Politik zusammengebrochen: Seht auf Amerika, war sein ewiges Sprüchlein; wo eine wirkliche Republik herrscht, da ist kein Elend und keine Arbeiterbewegung! Und ebenso geht's den Fortschrittlern und ‚Demokraten' in Deutschland und hier –, wo sie eben auch ihre eigne anfangende Bewegung erleben. Grade daß die Bewegung als Arbeiterbewegung so scharf akzentuiert und so plötzlich und gewaltsam emporgesprungen, das hat die Leute vollständig betäubt.“[61]

↓ **National Cotton** Mule Spinners Association of America.

Auch auf die konservativen Trade Unions in Großbritannien werde das Auswirkungen haben. Die englischen Arbeiter werden sich nun politisieren und den kontinentalen Sozialismus übernehmen und ein „gemeinsames Programm vieler Millionen von Arbeitern von Sibirien bis Kalifornien“[62] werde sie einen. Auf dem Höhepunkt seiner Euphorie erklärte er 1887: „ich glaube bombenfest daran, dass es jetzt drüben vorwärtsgeht und vielleicht rascher als bei uns“.[63] Zunächst hatte Engels allen Grund für seine Hochstimmung: Zwischen 1885 und 1890 fanden durchschnittlich 1000 Arbeitsniederlegungen pro Jahr statt; zu Beginn der 1890er Jahren sogar 1300.[64] Ab 1893 setzte dann aber Ernüchterung ein. Um die ausbleibende Radikalisierung der Arbeiterbewegung zu deuten, griff Engels auf bekannte Stereotype über die Besonderheiten amerikanischer Politik zurück. Den relativ großen Einfluss der Anarchisten in den USA – etwa im Haymarket Tumult 1886 – charakterisierte er als „Dummheit“, wie er ebenso konzedierte, dass sich die Demonstrationen für den Achtstundentag erst „im Trade-Union-Stadium“ befunden hätten; es sei nötig, über die Frage der „hohen Löhne und des kurzen Arbeitstages“ hinaus zugehen und ein „gemischtes“ Programm für die amerikanische Arbeiterbewegung zu entwickeln.[65]

Er mokierte sich sowohl über die religiöse Frömmelei als auch über den politischen Zank, der „zur Bildung von Sekten führt“.[66] Den Einfluss der deutschen Lassalleaner, Utopisten und Radikalen wie Karl Heinzen tat er als überlebtes Sektierertum ab, das ins Leere laufe.[67] Die deutschen Sozialisten seien die eigentlichen Köpfe der Bewegung. Sie verkörpern den Kern, „der die theoretische Einsicht in die Natur und den Gang der Gesamtbewegung behält und den Gärungsprozess in Gang hält und schliesslich wieder obenauf kommt“.[68]

Zugestehen musste er allerdings nach diesen Erfahrungen und wohl auch aufgrund seiner Erfahrungen auf seiner USA Reise 1888, dass die amerikanischen Verhältnisse doch nicht so lagen, wie er sie anfangs eingeschätzt hatte. Obwohl Amerika „ohne alle feudale Vergangenheit rein bürgerlich sich entwickelt hat“, gebe es dennoch „einen ganzen Haufen aus der Feudalzeit überkommene Ideologie“. Dieses Kulturgut schließe gemeines Recht, Religion und den Hang zum Sektentum ein, aber vor allem eine „Verachtung aller Theorie“ wie sie aus dem Angelsächsischen fortbestehe. Dieser allgemein verbreitete Pragmatismus hindere „die Leute über ihre eigenen *gesellschaftlichen* Interessen dadurch ins Klare zu kommen“. Bedauerlicherweise seien die amerikanischen Arbeiter „in ihrer jetzigen noch ganz bürgerlichen Denkstufe“ verhaftet.[69] „Stände hinter amerikanischer Energie und Lebensfülle europäische theoretische Klarheit“, schrieb Engels 1883, „die Sache wäre bei Euch in zehn Jahren abgemacht. Aber das ist nun einmal historisch unmöglich“.[70] 1886/87 war Engels optimistisch und sah solche Probleme als lösbar an. Theoreti-

Der ‚Homestead Strike‘ in Pennsylvania im Jahre 1892 zählte zu den wichtigsten Arbeitskämpfen der Streikwellen zwischen 1880 und 1900. Bereits 1882 und 1889 konnte sich die Gewerkschaft der Eisen- und Stahlarbeiter gegenüber der Carnegie Steel Company durchsetzen. Als 1886 der Siemens-Martins Ofen eingeführt wurde, zog dies Rationalisierungen verbunden mit Tarifsenkungen nach sich. In diesem Fall erlitt die Gewerkschaft eine Niederlage sowohl im Tarifstreit als auch in Bezug auf ihr Organisationsrecht.

sche Unkenntnis sei schließlich ein Phänomen in allen jungen Völkern. „Daß die Anglo-Amerikaner die Sache in *ihrer* Weise anfangen, mit Verachtung von Vernunft und Wissenschaft, ist nun einmal nicht anders zu erwarten, aber sie nähern sich doch. Und schliesslich werden sie auch ganz kommen."[71] Und kurz darauf: „Aber ich glaube bombenfest daran, daß es jetzt drüben vorwärts geht und vielleicht rascher als bei uns; trotzdem daß die Amerikaner vorderhand noch fast ausschließlich aus der Praxis lernen werden und nicht so sehr aus der Theorie."[72] Deshalb riet er der „Socialist Labor Party": „Es gibt keinen besseren Weg zur Klarheit theoretischer Erkenntnis, als durch die eignen Fehler lernen, durch Schaden klug werden".[73] Und 1887 gab Engels den Ratschlag: „Unsere Theorie ist eine Theorie, die sich entwickelt, kein Dogma, das man auswendig lernt und mechanisch wiederholt. Je weniger sie den Amerikanern von aussen eingepaukt wird und je mehr sie sie durch eigne Erfahrung – unter dem Beistand der Deutschen – erproben, desto tiefer geht sie ihnen in Fleisch und Blut über."[74] Engels' Strategie zielte darauf ab, amerikanischen Pragmatismus und europäische Theorie zu verzahnen. 1887 setzte sich Engels für die „Socialist Labor Party" ein, die „ausschliesslich aus eingewanderten Deutschen bestand". Obwohl die Partei „von fremder Wurzel kam, kam sie auch bewaffnet mit der Erfahrung, die sie in langjährigem Klassenkampf in Europa erworben, und mit einer Einsicht in die allgemeinen Bedingungen der Emanzipation der Arbeiterklasse, wie sie bei amerikanischen Arbeitern bis jetzt nur ausnahmsweise zu finden ist". Es sei ein Glück, fuhr er fort, „den intellektuellen und moralischen Gewinn des 40-jährigen Kampfs ihrer europäischen Klassengenossen sich anzueignen und zu benutzen, und so seinen eignen Sieg zu beschleunigen."[75] Doch auch Engels musste nolens volens konstatieren, dass amerikanische Arbeiter nicht geschult werden wollten. „Grade aus Gegensatz gegen das – noch feudale Verkleidung tragende – Mutterland bildete sich auch der amerikanische Arbeiter ein, die traditionell überlieferte bürgerliche Wirtschaft sei etwas von Natur und zu allen Zeiten Progressives und Überlegnes, ein Nonplusultra."[76] Trotz Verelendung – 40 % amerikanischer Arbeiter lebten in den 1880er Jahren in Armut[77] – waren sie für eine sozialistische Theorie nicht empfänglich. Engels bemühte Analogien aus dem Lebenszyklus des Menschen und charakterisierte die amerikanische Arbeiterbewegung im Vergleich zu den europäischen Arbeiterparteien als „praktisch allen voraus und theoretisch noch in den Windeln"[78] oder Amerika sei ein „‚jugendliches' Land, das immer noch nicht recht aus den Flegeljahren heraus will".[79] In bekannt gewandter Rhetorik verschob Engels die angestrebte Verbindung amerikanischer Arbeiterpolitik mit dem von ihm propagierten wissenschaftlichem Sozialismus auf künftige Zeiten.

Die Ursache für eine ausbleibende Umorientierung der Arbeiterbewegung in den USA lag vor allem in ihrer Strategie. Obwohl die amerikanischen Bau-, Gewerbe- und Fabrikarbeiter seit den 1860er Jahren militant, konsequent und erfolgreich das Mittel des Streiks genutzt hatten, um ihre Interessen durchzusetzen, blieb der Gegner in diesen Konflikten stets der Arbeitgeber und nicht der Staat. Während europäische Arbeiter in den staatlichen Institutionen und der Polizei ihre Widersacher sahen, weil diese mit ihrem Eingreifen in den Konflikt der sozialistischen Theorie nach als Agenten der Bourgeoisie aufgetreten waren, hielten die amerikanischen Lohnarbeiter die politische von der wirtschaftlichen Sphäre grundsätzlich getrennt. Die beeindruckenden Streikwellen zwischen 1876 und 1900 blieben weitgehend unpolitisiert – trotz der Schreckensbilder, die die Boulevardpresse zeichnete. Den Streikenden ging es um das tägliche Brot, ungerechtfertigte Entlassungen und um bessere Arbeitsverhältnisse. Etwa 60 % aller Streiks dieser Zeit bestand aus Lohnprotesten und ein Drittel der Streiks wurde ohne die Mitwirkung von Gewerkschaften ausgeführt.[80] Trotz organisatorischer Defizite hatten die Proteste Erfolg, denn die Gemeinden – einschließlich bürgerlicher Schichten – standen hinter den Streikenden. Man trat vereint auf gegen Exponenten des „big business" wie Jay Gould oder Andrew Carnegie. Diese Stoßrichtung unterschied sich deutlich von der in Deutschland oder in Frankreich.[81] Auf einen politischen Streik in den USA hoffte Engels vergeblich.

Eine Erklärung findet sich zum Teil in den spezifischen staatsbürgerlichen Rechten des ar beitenden Jedermanns. So stand den amerikanischen Arbeitern in den dezentralisierten, föderativen politischen Strukturen Amerikas das Stimmrecht zur Verfügung, so dass ihr Einfluss in städtischen und regionalen Wahlen relativ groß war. Gewerkschaften und Arbeitervereine bildeten in den Städten und Gemeinden zusammen politische Netzwerke, sogenannte „political machines", und haben immer wieder mit Erfolg auf die Besetzung der Bürgermeisterämter und Stadträte sowie des Sheriffs, des „police chief", und der Richter der Städte und Counties Einfluss genommen. Auf der nationalen Ebene bildeten diverse soziale Gruppen und Schichten eine Gemengelage in Form der beiden großen Sammlungsbewegungen, der Demokratischen und der Republikanischen Partei, die seit dem Bürgerkrieg das Repräsentantenhaus mit ihren Abgeordneten besetzten. Das bedeutete nicht, dass es keine anarchistichen, syndikalischen, sozialistischen und linkspopulistischen Einflüsse auf die Arbeiterschaft gegeben hat.[82] Doch es blieb bei Einzelaktionen ohne nachhaltige Wirkung. Der Hauptgegner bestand in der übermäßigen Gier herausragender Tycoone des „big business" als Ursache ihrer eigenen Notlage,

Mary G. Harris (1837–1930), auch ‚Mother Jones' genannt, im Jahre 1903 zu Beginn ihres ‚Children's Crusade' von Philadelphia nach Oyster Bay, New York, dem Landsitz des amerikanischen Präsidenten Theodor Roosevelt. Ihr Ziel war es, auf die Arbeitsbedingungen von Kindern und Jugendlichen in der Textilindustrie aufmerksam zu machen. Der aus Irland stammenden charismatischen Rednerin gelang es, Tausende von Arbeitern für Gewerkschaften, etwa die ‚Knights of Labor' und die ‚United Mine Workers', anzuwerben. 1902 wurde Mary Harris vom Staatsanwalt vor Gericht als ‚die gefährlichste Frau Amerikas' bezeichnet. 1905 war sie Mitgründerin der ‚International Workers of the World', einer Vereinigung mit sozialistischen und anarchistischen Verbindungen.

← **Streikende verlassen** die Seidenwebereien in Passaic, New Jersey, zu einem fünfmonatigen Ausstand im Jahre 1913. Zwischen 1909 und 1913 fanden eine Reihe von Streiks in den Textilbranchen auf der Ostküste statt. Nach einem erfolgreichen Streik in Lawrence, Massachusetts, legten auch die Seidenweber zu Passaic ihre Arbeit nieder, um den Achtstundentag und bessere Löhne durchzusetzen. Im Zuge der fortschreitenden Mechanisierung in den großen Textilbetrieben ersetzten die Fabrikbesitzer gelernte männliche Weber durch ungelernte Frauen und Kinder, um die Produktionskosten zu senken. Auch kleinere Betriebe konnten nicht mehr Schritt halten. Trotz der heterogenen ethnischen Sozialstruktur der Textilarbeiter organisierten die ‚International Workers of the World' (IWW) einen regionalen Generalstreik aller Textilbranchen, der allerdings am Ende scheiterte. Unter großen Opfern hatten sich die Arbeiter an die neuen Markt- und Produktionsbedingungen anzupassen.

← **Streikende Arbeiter** vor der Raffinerie der Standard Oil Company in Bayonne, New Jersey, Juli 1915. Wegen zu geringer Lohntarife und schlechter Behandlung der Arbeiter traten rund 1000 Arbeiter, zumeist polnischer Herkunft, in den Streik. Das Unternehmen des Wirtschaftsmagnaten John D. Rockefeller reagierte darauf, indem es Streikbrecher und Hunderte von Sicherheitsleute anstellte. Diese ‚Privatarmee' patrouillierte auch durch die Straßen der Stadt. Am 20. Juli eskalierte die Konfrontation in einem Krawall. Die ‚American Federation of Labor' und die ‚International Workers of the World' unterstützten die Streikenden. Am Ende des Arbeitskampfes waren fünf Tote und zahlreiche Verletzte zu beklagen. Die Arbeiter konnten bessere Löhne durchsetzen und erhielten nach einem zusätzlichen Streik 1916 Vorsorgeleistungen für Unfall, Krankheit und Tod.

← **Eugene Francis Kinkhead,** Sheriff von Hudson County, New Jersey, spricht zu Streikenden der Raffinerie in Bayonne, New Jersey, 24. Juli 1915.

weniger in den politischen Beschränkungen der amerikanischen Verfassung, so dass weder die ohnehin nur rudimentär vorhandene Bürokratie, noch die Polizei – abgesehen von einzelnen Ausschreitungen und Übergriffen – zum Feindbild wurde.

Ebenso wichtig war die damit verbundene Frage des Klassenbewusstseins im europäischen Verständnis. Die verflochtene Identität zwischen Arbeitgebern und Angestellten blieb ein zentrales Element der sozialen Dynamik im 19. Jahrhundert. 1867 wies Edwin L. Godkin, der angesehene Redakteur der *Nation*, auf die unscharfe Trennlinie zwischen Arbeiter und Kapitalist hin: „Die meist erfolgreichen Arbeitgeber fingen selber als Arbeiter an, und Arbeiter hoffen ebenso darauf [...] Chef zu werden. Darüber hinaus gibt es wenige Bräuche, Verhaltensweisen oder Traditionen, die einen Arbeiter von seinem Chef trennen. Als Mitglied eines ‚Standes' betrachtet er sich nicht. Streiks sind also mehr eine Geschäftssache und weniger eine emotionsgeladene Anschauung, wie in Europa."[83] Diese Mentalität schlug tiefe Wurzeln in der „Produzenten-Ideologie" der frühen Republik, als sich Bauern, Handwerker und andere „Produzenten" als Rückgrat der Nation betrachteten. Seit dem amerikanischen Unabhängigkeitskrieg hoben Thomas Paine, Thomas Jefferson und die Whig Party die „Yeoman Produzenten" als den amerikanischen Weg in eine erfolgreiche Zukunft hervor. Diese bescheidenen vorindustriellen Arbeiter galten als die Träger der demokratischen Werte der jungen Republik; sie verkörperten die treibende Kraft, die den althergebrachten Begriff der individuellen Freiheit weiter entwickeln könnten. Solche staatsbürgerlichen Ideale sahen keinen Widerspruch darin, Eigentum und Gleichheit miteinander zu verbinden.[84] Diese Anschauung hielt im 19. Jahrhundert an.

Ein sehr wichtiger Unterschied zu den spezifischen Strukturen der Arbeiterbewegung in Europa lag im lange fortwirkenden rassistischen Erbe der Sklaverei. In den Bundesstaaten der Konföderation – und durchaus auch in die nördlichen Bundesstaaten – gab es bei weißen Arbeitern eher Verständnis oder Gemeinsamkeiten mit den Arbeitergebern als mit der schwarzen Arbeiterschaft. Der Versuch, nach dem Bürgerkrieg die schwarze Arbeiterschaft als Mitglieder aufzunehmen, scheiterte an kulturellen und ökonomischen Gründen. Die Mehrheit schwarzer Arbeiter waren als einfache Arbeiter ohne eine handwerkliche Ausbildung bei Handwerkervereinen nicht willkommen. Die Einstellung unter weißen Handwerkern, dass schwarze Gewerkschaftsmitglieder ihre Lohntarife senken würden, hielt sich hartnäckig. In den 1870er und 1880er Jahren gab es Differenzen zwischen einer geschlossenen kollektiven Vertretung der meist europäisch ausgebildeten Facharbeiter, den „trade unions", und den offenen Gewerkschaften einfacher Tagelöhner und Fabrikarbeiter, den „labor unions". Als Samuel Gompers 1886 die „American Federation of Labor" gründete, hatten ausgebildete Facharbeiter schließlich einen effektiven Dachverband für ihre wirtschaftlichen Interessen gefunden. Aber man schloss sowohl politische Themen als auch Arbeiter ohne Ausbildung aus. In ähnlicher Weise verliefen ethnische und religiöse Identitäten quer durch soziale Klassen und Schichten und unterminierten so eine übergreifende Arbeitersolidarität. Typische Spaltungen waren etwa Katholiken gegen Protestanten, Nordeuropäer gegen Einwanderer aus dem Mittelmeerraum und chinesische und mexikanische Tagelöhner gegenüber weißen Siedlern in den westlichen Territorien.[85]

Mit der Zersplitterung der amerikanischen Arbeiterbewegung haben sich Marx, Engels und Sorge während der 1870er Jahren beschäftigt. Bei der Umbildung der amerikanischen Fraktion der „International Workingmen's Association" (1864–1876) sahen sie die Werbung irischer Arbeiter sowie von Facharbeitern aus den nordöstlichen Bundesstaaten als strategisch wichtiger an als die Durchführung des breiten Reformprogramms der amerikanischen Sozialisten, das sich primär auf die Gleichberechtigung von Frauen und schwarzen Amerikanern berief. Überzeugt von der Richtigkeit ihres „wissenschaftlichen Sozialismus" lehnten Marx und Sorge die Gleichheitsideale amerikanischer Radikaler ab, obwohl viele Elemente des marxistischen Entwicklungsmodells mit dieser Reformtradition vereinbar gewesen wären. Auf dem Kongress in Den Haag im Jahre 1872 hat die Erste Internationale nicht nur Bakunins Anarchisten ausgeschlossen, sondern sich auch von Sektion 12 – der sogenannten „Yankee Internationalen" – distanziert. Auf diese Weise hatte Sorge als Generalsekretär der Internationalen die polarisierende Komponente der amerikanischen Arbeiterschaft taktisch akzeptiert und fortgeschrieben.[86] Nach dem Tode von Marx behielt Engels diesen Kurs bei.

Wenige Monate vor seinem Tod im Jahre 1895 räumte Engels ein:

> „Der temporäre Niedergang der Bewegung in Amerika ist mir schon seit einiger Zeit aufgefallen, und die deutschen Sozialisten werden ihn nicht aufhalten. Amerika ist das *jüngste*, aber auch das *älteste* Land der Welt. Ganz wie Ihr drüben die altfränkischsten Möbelformen neben ganz eignen erfundnen, in Boston Droschken, wie ich sie in London zuletzt 1838 sah, im Gebirg stage coaches aus dem 17. Jahrhundert habt, neben den Pullman Cars, gradeso erhaltet Ihr auch alle in Europa abgelegten geistigen Kleider. Alles, was hier sich überlebt, kann in Amerika noch 1–2 Generationen fortleben. [...] Das kommt einerseits daher, daß Amerika jetzt erst anfängt, über der Sorge für die materielle Produktion und Bereicherung Zeit zu bekommen für die freie geistige Arbeit und die dazu nötige Vorbildung; andererseits aber auch von der Zwiespältigkeit der amerikanischen Entwicklung, die einerseits noch mit der *ersten* Aufgabe beschäftigt ist: der Urbarmachung der enormen wildliegenden Bodenfläche, andrerseits aber auch schon gezwungen ist, um den ersten Rang in der industriellen Produktion mitzukonkurrieren. Daher die ups and downs der Bewegung, je nachdem der Verstand des industriellen Arbeiters oder der des urbarmachenden Bauern das Übergewicht in den Durchschnittsköpfen erhält. In ein paar Jahren kommt's wieder anders, und dann wird ein großer Fortschritt zu konstatieren sein. Die Entwicklung der angelsächsischen Race mit ihrer altgermanischen Freiheit ist eben eine ganz eigentümliche, langsame, zickzackförmige (hier in England kleine, bei Euch kollossale Zickzacks), ein Lavieren gegen den Wind, aber vorwärts geht's darum doch."[87]

Engels benutzte zwar Allgemeinplätze aus dem Baukasten des wissenschaftlichen Sozialismus: „Es ist die Revolutionierung aller hergebrachten Verhältnisse durch die *sich entwickelnde* Industrie, die auch die Köpfe revolutioniert."[88]

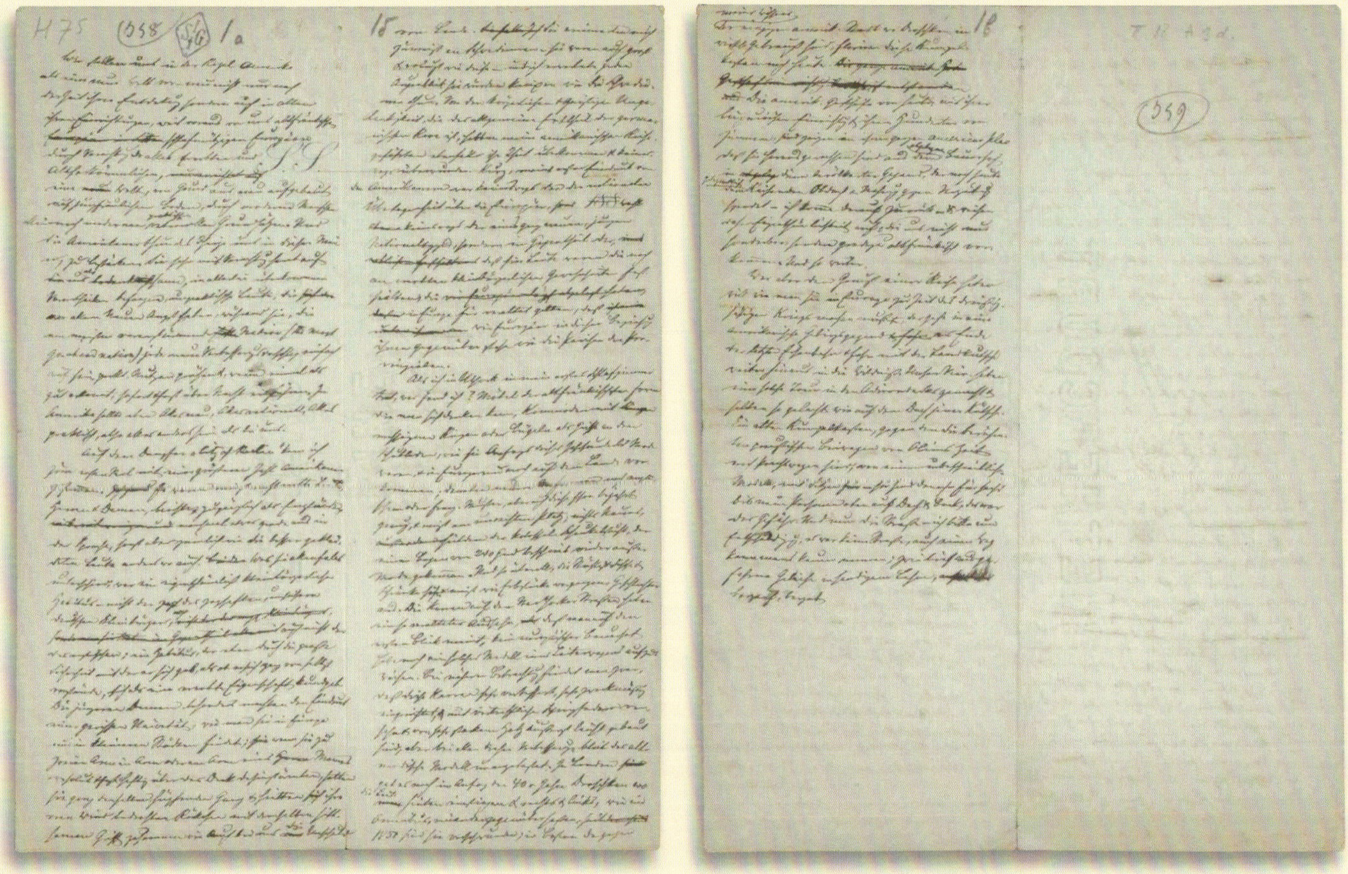

Friedrich Engels, Über die USA 1888, „Ganz wie Ihr drüben die altfränkischsten Möbelformen neben ganz eignen erfundnen …".

Doch letztlich blieb ihm nur noch übrig, seinen alten Freund Friedrich Adolph Sorge ad calendas graecas zu vertrösten. „*Wenn* der Zeitpunkt erreicht ist, wird's drüben kolossal rasch und energisch gehn, aber bis dahin kann's noch etwas dauern, Wunder geschehn nirgends."[89] Mit dieser ausweichenden Formulierung sowie mit subjektiven Eindrücken und kulturhistorischen Rückgriffen überspielte Friedrich Engels sein offensichtliches Defizit, eine klare und mit Fakten begründete Prognose abzugeben. Mit seinem hartnäckigen Festhalten an der Vorstellung eines drastischen Zusammenbruchs der kapitalistischen Produktion sowie an den europäischen Leitbildern als Modell für eine amerikanische Arbeiterbewegung lief Engels in eine Sackgasse. Ein junges Land zog an einem alten Herrn vorbei. Aber solche Phänomene sind bekanntlich nicht auf die Vergangenheit beschränkt.

DIE VERWANDLUNG DER WELT

FRIEDRICH ENGELS UND DIE ENTWICKLUNG DER PRODUKTIVKRÄFTE IN DER ZWEITEN HÄLFTE DES 19. JAHRHUNDERTS

WERNER PLUMPE

AUFBRUCH IN DIE MODERNE

Das 19. Jahrhundert war das Jahrhundert der „Verwandlung der Welt".[1] Diese Verwandlung war zugleich ein umfassender wie ein globaler Prozess, an dessen Ende in den Zentren des Wandels kaum ein Stein auf dem anderen geblieben war. In seinem Kern finden sich wirtschaftliche Veränderungen: Ausgehend von Großbritannien eroberten moderne Produktionsverfahren die Welt, die sie zugleich dadurch änderten, dass sich die Bedingungen der Produktion ebenso wandelten wie die Fülle der Produkte und Dienstleistungen in einem bisher unvorstellbaren Ausmaß zunahm. Die Steigerung der agrarischen und der industriellen Produktivität war auch Ursache und Bedingung nicht nur des Bevölkerungswachstums und umfassender Migrationsprozesse; hierdurch erst wurde die Bildung städtischer, namentlich industrieller Zentren möglich, die zuvor völlig unbekannt waren. Diese Produktivitätssteigerungen waren dabei an technische Neuerungen, an Innovationen gebunden, die das Antlitz der Welt radikal änderten; sie machten sie gleichermaßen kleiner, überschaubarer, transparenter. Dauerte eine Seereise von Amsterdam nach Südostasien im 17. Jahrhundert noch zwei Jahre, so konnte nun Jules Verne 1873 mit dem Buch *In achtzig Tagen um die Welt* einen Bestseller platzieren, der auf seine Leser alles andere als weltfremd wirkte.[2] Die Telegraphenkabel, die seit den 1850er Jahren die Weltteile miteinander verbanden, beschleunigten überdies die Kommunikation in einem bis dahin unvorstellbaren Ausmaß. Nicht nur Aktienkurse und Wirtschaftsnachrichten waren nun global in kurzer Zeit verfügbar und erhöhten damit die Komplexität ökonomischer Handlungsketten um ein

← **Paul Friedrich Meyerheim,** Eisenbahnbrücke über den Rhein, bei Ehrenbreitstein, 1875.

↑ **Karte** der wichtigsten Telegraphenverbindungen und Post-Dampfschifffahrtsrouten der Welt, Prag 1875.

ARCTIQUE
Sibérie
EMPIRE RUSSE
EUROPE
RUSSIE
ASIE
Mongolie
Mandchourie
EMPIRE CHINOIS
Turkestan
Tibet
Chine
JAPON
Arabie
Nubie
Egypte
Siam
OCÉAN PACIFIQUE
MER DES INDES
AUSTRALIE
KARTE
der wichtigsten
Telegrafenleitungen und Post-Dampfschifffahrtrouten
der Welt.
Prag 1875.
K. K.
POST-MUSEUM
J. No.

Vielfaches; auch allgemeine Nachrichten verbreiteten sich nun fast in Echtzeit und ermöglichten reale Zeitgenossenschaft, etwas, das es zuvor praktisch nicht geben konnte.[3] Es ging nicht nur um eine „Verwandlung der Welt“, es handelte sich um nichts weniger als, um einen Titel von Christopher Bayly zu zitieren, um die *Geburt der modernen Welt*.[4]

Dass ihre Welt sich in einem fundamentalen Umbruch befand, war den Zeitgenossen nicht nur klar; sie ahnten auch, dass dieser Umbruch vor allem mit der modernen Technik und deren wirtschaftlicher Nutzung zusammenhing. Der „technische Fortschritt“ trat in eine zentrale Stellung ein; an seinem Potential schien die Zukunft der Menschheit zumindest in ihren materiellen Existenzbedingungen zu hängen, die nun nicht mehr als gottgegeben erschienen, sondern offenkundig veränderbar waren und eben auch verändert wurden, und zwar keineswegs nur im Bereich der gesellschaftlichen Oberschichten, die ohnehin bereits im „Überfluss“ gelebt hatten. Der Wandel war viel einschneidender:

> „Die Erzeugnisse aller jener Betriebe (also der modernen Wirtschaft, W. P.) aber kommen keineswegs den Reichen allein, sondern allen zu Gute. Dinge, die ehemals kaum zu erschwingen waren, sind jetzt wohlfeil und in Menge zu haben, und auch das Leben der niedrigsten Klasse hat an Bequemlichkeit viel gewonnen. Im Mittelalter erborgte einst ein König von England von einem seiner Großen ein Paar seidene Strümpfe, um damit angethan dem französischen Gesandten Audienz zu ertheilen, heut zu Tage hat jeder Handlungsdiener dergleichen. Vor fünfzig Jahren trugen die Damen eben solche kattunene Kleider, wie heut zu Tage die Mägde. Wenn das Maschinenwesen seine Fortschritte in demselben Maaße noch eine Zeit hindurch weiter führt; so kann es dahin kommen, daß die Anstrengung der Menschenkräfte beinahe ganz erspart wird; wie die eines großen Theils der Pferdekräfte schon jetzt. Dann freilich ließe sich an eine gewisse Allgemeinheit der Geisteskultur des Menschengeschlechts denken, welche hingegen so lange unmöglich ist, als ein großer Theil desselben schwerer körperlicher Arbeit obliegen muß.“[5]

Diese Beobachtung Schopenhauers wurde nur kurze Zeit nach dem *Kommunistischen Manifest* von Karl Marx und Friedrich Engels[6] angestellt, das im Grunde ganz ähnliche Aussagen traf. Die moderne Wirtschaft war der Katalysator eines umfassenden Änderungsprozesses mit letztlich befreienden Perspektiven; ein Ende des materiellen Elends und des mit schwerer körperlicher Arbeit verbundenen Leids erschien plötzlich nicht nur möglich, sondern wahrscheinlich, das „Reich der Freiheit“ mehr als unbegründete Hoffnung oder gar Illusion. Im Gegensatz zu Arthur Schopenhauer und vielen anderen zeitgenössischen Beobachtern, die vor allem von der Warenfülle und den sich verändernden bürgerlichen Konsumgewohnheiten der Zeit[7] fasziniert waren, sahen aber nicht nur Marx und Engels, sondern auch andere aufmerksame Zeitgenossen einen eigentümlichen Gegensatz zwischen den zunehmenden Konsumchancen und dem „Elend“ der arbeitenden Klassen, deren Arbeit diese Überfülle materieller Güter erst ermöglichte.[8] Weit davon entfernt, eine geschlossene Vorstellung der modernen Gesellschaft und ihrer sozialen Formationen zu be-

sitzen, waren sich viele Beobachter gleichwohl sicher, nicht nur einfach etwas Neues, sondern die Entstehung bislang ungeahnter sozialer Gegensätze zu erleben, die mit der Nutzung der modernen Technik untrennbar verknüpft schienen.[9] Und diese neue soziale Frage, der Gegensatz von Kapital und Arbeit schien von kaum zu kalkulierender Dynamik, sie gewann von Anfang an auch politische Brisanz.[10]

↑ **Andreas Achenbach,** Die ‚Neusser Hütte' in Heerdt, 1860/1867. Trotz seines sehr kleinen Formates entwickelt das Bild einen dramatischen Eindruck von der gewaltigen Dynamik, die von der Eisenhütte ausgeht. Ähnlich einer Lokomotive erzeugt der Rauch vor dem Hintergrund ansonsten idyllischer Rheinauen den Eindruck kaum zu bändigender Naturkräfte.

Der neue Gegensatz von zunehmendem Reichtum und zugleich explodierender Armut erschien dabei nicht nur den Vertretern der entstehenden Arbeiterbewegung als alles andere als ein bloßes Zeitphänomen; er wurde zum strukturellen Kennzeichen der neuen Wirtschaftsordnung, die von Großbritannien aus nach und nach die Welt eroberte. Die ganz Europa erfassende Armutskrise der 1830er und 1840er Jahre war für viele Beobachter daher nicht nur ein konjunkturelles und durch die Unbilden der Witterung bedingtes Ausnahmeereignis, das man aus der Vergangenheit gut kannte. Sie wurde zum Kennzeichen der neuen Wirtschaft schlechthin erklärt, die insofern nicht reformierbar war, sondern ganz in Frage gestellt werden musste, sollte die Massenarmut überwunden werden. Hunger und Elend ballten sich ja besonders gut sichtbar in den explosionsartig entstehenden industriellen Massenquartieren, die geradezu zum Sinnbild der modernen Wirtschaft wurden. Engels' *Lage der arbeitenden Klasse in England* mit den düsteren Schilderungen des Lebens in den Slums der irischen Arbeitsmigranten in Manchester[11] war beileibe nicht die einzige Skandalchronik der Zeit. Horrorreportagen zu den Lebensbedingungen in den teilweise extrem verdichteten Städten der 1840er Jahre wurden fast zu einer Art literarischen Genres, perfekt bedient von Charles Dickens[12] oder Eugene Sue[13], deren Werke vor allem das bürgerliche Lesepublikum erreichten. Das war ohnehin dran gewöhnt, die sozialen Probleme der Gegenwart als Folge der moralischen Verkommenheit der höheren Schichten, namentlich der Gruppe der Fabrikanten, literarisch präsentiert zu bekommen;[14] auch Friedrich Engels hatte ja noch unter dem Pseudonym Friedrich Oswald in seinen *Briefen aus dem Wuppertal* kurzerhand verkündet, die Elberfelder pietistischen Unternehmer störe es kaum, arme Fabrikkinder zugrunde gehen zu lassen, solange sie nur ihrer bigotten Frömmelei huldigten.[15]

Rein phänomenal schien das schließlich fast unwiderlegbar: Die moderne Wirtschaft war nicht nur an eine breite Verelendung gebunden, sie brachte sie durch ihr eigenes Verhalten zwangsläufig hervor. Die pure Kopfzahl der armen Unterschichten explodierte regelrecht;[16] eine öffentliche Fürsorge, die dem Massenelend Herr hätte werden können, gab es nicht, da die besitzenden Bürger das nicht bezahlen wollten. Und die wenigen „bürgerlichen" Reformversuche erschienen hilflos, ja verlogen, änderten sie doch an der verzweifelten Lage der Unterschichten wenig.[17] Die Lage der schlesischen Weber war dadurch ebenso wenig zu verbessern wie alles entsprechende Gerede das irische Massensterben infolge schlechter Ernten und verbreiteter Pflanzenkrankheiten verhindert hatte. Nur die Auswanderung schien Linderung zu bringen, doch die Lebensbedingungen der nach England emigrierten irischen Arbeiterbevölkerung verschlechterten sich noch. Allein die Überseewanderung nach Amerika gab Hoffnung, und sie wurde daher auch zu einer Art Beweis dafür, dass in Europa ohne gründliche soziale Veränderungen das Schicksal der arbeitenden Klassen und der armen Menschen sich nicht ändern würde. Die Aussicht auf eine grundlegende politische Umwälzung, in deren Ergebnis sich die Gleichgültigkeit der Oberschichten gegenüber dem Los der armen Menschen änderte oder die Oberschicht selbst in Frage gestellt wurde, gewann in den 1840er Jahren daher immer größeren Zulauf. Angesichts der politischen Reaktion und des Massenelends schien, als sich in der Mitte der 1840er Jahre auch noch die konjunkturellen und klimatischen Bedingungen verschlechterten, eine revolutionäre Umwälzung unausweichlich.[18]

PAUPERISMUS UND GRÜNDERZEIT

Die Revolution von 1848 erwies sich in den Augen ihrer Protagonisten dann allerdings als veritabler Fehlschlag, von ihren politischen und sozialen Zielen wurde so gut wie nichts erreicht. Die revolutionären Hoffnungen und Illusionen zerschellten an den Beharrungskräften des Herkömmlichen, scheiterten vor allem aber an ihrer mangelnden Popularität in weiten Teilen der Bevölkerung, für die eine aktive Unterstützung der Revolution offenkundig nicht in Frage kam. Dass die revolutionären Hoffnungen so rasch zerstoben, hatte indes eine weitere Ursache. Kurz nach der Revolution setzte ein wirtschaftlicher Aufschwung ein, der, wenn auch mit Unterbrechungen, die kommenden zwanzig Jahre anhalten und als sogenannte Gründerzeit in die

Geschichte eingehen sollte.[19] Im industriellen Aufschwung, der durch umfangreiche Goldfunde in Australien und Kalifornien zusätzlich befeuert wurde, verdüsterten sich zugleich auch die Erwartungen, eine erneute Wirtschaftskrise werde eine neue revolutionäre Situation herbeiführen, was Friedrich Engels ahnte: „Die australische Goldscheiße wird hoffentlich die Handelskrise nicht aufhalten. Jedenfalls creiert sie momentan einen neuen, großentheils fictiven Markt“, konstatierte Engels gegenüber Marx im September 1851.[20] Und auch die von den USA ausgehende erste Weltwirtschaftskrise von 1857 erwies sich als enttäuschend; sie war bestenfalls eine kurze Unterbrechung im Rahmen eines langandauernden Aufschwungs,[21] in dem die moderne Industrie auch außerhalb der Textilindustrie zum Massenphänomen wurde, ja mit der Entstehung von chemischen und elektrotechnischen Unternehmen und der globalen Durchsetzung der neuen Transporttechniken (Eisenbahn, Dampfschiff) eine ganz neue Dimension der modernen Wirtschaft sichtbar wurde. Eine Art „zweiter industrieller Revolution“ zeichnete sich ab; die Textilindustrie, der Leitsektor der ersten Industrialisierungsphase verlor mehr und mehr an Bedeutung. Nicht

↓ **Carl Eduard Biermann,** Borsig's Maschinenbau-Anstalt zu Berlin, 1847.

VON RICHARD TREVITHICK BIS ROBERT STEPHENSON

Aus der Frühzeit der Eisenbahn in England

← **John Linnell,** Richard Trevithick (1771–1833), 1816. Dem im Schatten von Kupferminen in Cornwall aufgewachsenen Erfinder – Vater und Onkel waren Ingenieure – gelang als erstem, mit Hilfe zylindrisch konstruierter Kessel Hochdruckdampf für fahrbare Dampfmaschinen zu nutzen. 1804 baute er die erste Dampflokomotive für einen 15 Kilometer Transportweg der Penydarren Foundry in Wales, die Wagen mit zehn Tonnen Eisen ziehen konnte. 1808 führte er seine ‚Catch Me Who Can' Lokomotive in London hinter einen Holzzaun gegen Eintrittgeld dem Publikum vor, bis die Gleise dem Gewicht nicht mehr standhielten. Doch sein Hochdrucksystem schien noch zu gefährlich zu sein, so dass er sich entschloss, in Peru Silberminen zu mechanisieren. Unruhen führten zum Scheitern des Projekts. Trevithick gelangte nach abenteuerlicher Durchquerung des Amazonas und mit Hilfe von Robert Stephenson zurück nach England, wo man ihn für verschollen gehalten hatte. Er starb verarmt und nahezu vergessen in Dartford, London.

→ **Samuel Bellin** nach einem Ölgemäde von John Lucas, Georg Stephenson (1781–1848), um 1830. Anfangs für die Wartung von stationären Dampfmaschinen in Kohleminen verantwortlich eignete er sich genügend Fachkenntnisse an, dass er 1813 mit der Konstruktion seiner ersten Dampflokomotive ‚Blücher', für die Killingworth Mine in Tyne and Wear beauftragt wurde. Als Konstrukteur der Stockton & Darlington Railway (1825) und der Liverpool & Manchester Railway (1829) wurde er bekannt. Er beriet zahlreiche Eisenbahngesellschaften in England sowie 1835 die Belgischen Staatsbahnen.

Terence Tenison Cuneo, ‚The Opening of the Stockton & Darlington Railway', 1825 (1949). Von George Stephenson (1781–1848) als Chefingenieur konstruiert verband diese erste öffentliche Eisenbahnstrecke Kohlengruben in West Durham mit den Docks von Darlington am Fluss Tees. Am 27. September 1825 wurden zahlreiche Besucher Zeuge wie Stephenson vom Steuerstand der ‚Locomotion' aus, einer Lokomotive, die Robert Stephenson & Co für die Strecke gebaut hatte, 36 Wagen zum Bahnhof von Stockton dirigierte.

Skizze der 1831 rekonstruierten Lokomotive ‚Rocket', 1836. Konstrukteure waren Robert Stephenson (1803–1859) und sein Vater George Stephenson (1781–1848), die Gewinner des Versuchswettbewerbs ‚Rainhill Trials' im Jahre 1829. Die Prüfung diente der Ermittlung der leistungsfähigsten Lokomotive für den Einsatz bei der Liverpool & Manchester Railway Gesellschaft. Die ‚Rocket' war dort von 1829 bis 1836 im Einsatz und fuhr weitere vier Jahre für die Midgeholme Colliery Railway Gesellschaft im County Durham. Heute dient ein Exemplar dem Museum of Science and Industry in Manchester als Vorführobjekt.

La Voie Ferrée De Manchester et Liverpool, Paris um 1837. Die Wagen der 1. Klasse wurden von der Lokomotive ‚Jupiter' und die Wagen der 2. Klasse von der Lokomotive ‚Northern Star' gezogen.

LOCOMOTIVE ENGINE
CONSTRUCTED BY MESS.rs R. STEPHENSON & Co.
NEWCASTLE UPON TYNE.
CYLINDER 8 in DIAMETER. STROKE 17 in
1829.
ROCKET.

Train de voiture de Première Classe avec malles
Voitures découvertes de Deuxième Classe sur
LA VOIE FERRÉE DE MANCHESTER ET LIVERPOOL
Paris d'après DUPERRY Se vend à la Madeleine N.o 16

Stephenson's Rocket, Detail.

Wylds' Railway Map, 1844. A new map of Great Britain; particularly shewing the Inland Navigation, by the Canals, and principal rivers, With the Railways, Finished and in Progress, and the principal & secondary stations.

Ijzeren-Spoorweg van London naar Greenwich. Eisenbahnstrecke zwischen London Bridge and Greenwich, fertiggestellt 1838. Die erstmals für den Passagierbetrieb konzipierte Strecke ist der Beginn des öffentlichen Nahverkehrs in London.

A NEW MAP OF
GREAT BRITAIN;
PARTICULARLY SHEWING THE
INLAND NAVIGATION,
BY THE CANALS, AND
PRINCIPAL RIVERS.
1844
IRISH SEA
NORTH SEA
ST GEORGE'S CHANNEL
BRITISH CHANNEL
PART OF IRELAND
PART OF FRANCE
SCOTLAND
WALES
EXPLANATION

mehr mit ihr verband sich jetzt der industrielle Fortschritt, der stattdessen immer stärker von der Transformation (natur-)wissenschaftlicher Erkenntnisse in industrielle Massenproduktion getragen wurde.[22] Dadurch nahmen zwar auch jene Industriezweige weiter an Bedeutung zu, die Energie und Werkstoffe lieferten, also vor allem Bergbau und Eisen- und Stahlindustrie. Und die damit verbundene Entstehung neuer, großer Industriebezirke beflügelte zugleich das Baugewerbe, das immer mehr Menschen Beschäftigung gab. Die Schlagzeilen bestimmten jetzt aber vor allem die neuen Industrien, die elektrotechnische, die chemische Industrie, der Maschinenbau oder die Herstellung feinmechanischer und optischer Instrumente. Ganz neue Namen tauchten auf, die Farbstoffhersteller wie BASF oder Bayer, die Lieferanten von Strom und elektrisch betriebenen Einrichtungen wie Siemens und später die AEG, die Maschinenbauer wie Borsig oder der wie Phönix aus der Asche aufsteigende Instrumentenbauer Carl Zeiss in Jena.[23]

Mit dieser neuen Dimension der Industrialisierung verschwand auch sukzessive der Pauperismus; die vor- und frühindustrielle Massenarmut ging mit der anhaltenden Auswanderung, vor allem der rasch wachsenden Zahl der Industriearbeitsplätze langsam ihrem Ende entgegen. Nicht, dass das Los der jetzt massenhaft auftretenden Industriearbeiterschaft idyllisch gewesen wäre;[24] aber es setzte doch eine langsame Besserung der Situation ein, konterkariert zwar weiterhin durch die prekären Lebensverhältnisse in den industriellen Ballungsräumen, aber auch hier begann ein Prozess der städtischen Erneuerung, ja der kommunalen Wohlfahrtsstaatlichkeit, der von kleinen Anfängen ausgehend immer umfangreicher wurde.[25] Die reine Verstädterung wandelte sich nach und nach in einen Prozess der Urbanisierung, der Entstehung und Konsolidierung städtischer Lebensverhältnisse mit einer mehr oder minder umfassenden Struktur der kommunalen Daseinsfürsorge; auch die Armenfürsorge wandelte sich grundlegend.[26] Die moderne Stadt verlor sukzessive ihren Charakter als Kombination aus vormodernem Zentrum und proletarischem Slum, an dessen Stelle eine ganz eigene (groß-)städtische Welt trat, die sehr schnell an sich attraktiv wurde.[27]

So änderte der Kapitalismus sein Antlitz in wenigen Jahren grundlegend, was auch der Mehrzahl der Zeitgenossen nicht entging; denn auch die einstige revolutionäre Stimmung verflog und machte einem umfassenden „Realismus" Platz, der nicht unbedingt die alten demokratischen und liberalen, gelegentlich auch die sozialistischen Ideale verriet, sie aber nun in Akzeptanz der gegebenen sozialen Strukturen verfolgte, die offenkundig sehr viel flexibler waren, als sie in der Armutskrise des Vormärz erschienen waren. Bürgerliche „Realpolitik" trat an die Stelle der älteren revolutionären Träume;[28] in Kombination mit den stark wachsenden technischen Handlungsmöglichkeiten etablierte sich nach und nach, um mit Hermann Lübbe zu sprechen, eine Art „sozialpragmatischer Eudämonismus"[29], der seinen deutlichsten Ausdruck vielleicht in der Bismarck'schen Sozialpolitik und dem diese begründenden bzw. begleitenden deutschen Kathedersozialismus fand, der einer Art sozial eingehegtem Kapitalismus das Wort redete.[30] Auch wenn das in den Augen der entstehenden Arbeiterbewegung wenig am Elend des Proletariates änderte, war es doch ein Fehler, diesen Wandel der Wirtschaft und der damit verbundenen sozialen Verhältnisse zu unterschätzen. Friedrich Engels aber hielt an seinen Auffassungen aus der Zeit um 1848 geradezu erbittert fest. 1872 hatte er bezüglich der Feststellungen des *Kommunistischen Manifests* betont: „Wie sehr sich auch die Verhältnisse in den letzten fünfundzwanzig Jahren geändert haben, die in diesem ‚Manifest' entwickelten allgemeinen Grundsätze behalten im ganzen und großen auch heute noch ihre volle Richtigkeit."[31] Und als er Mitte der 1880er Jahre die vergangenen vierzig Jahre wirtschaftlicher Entwicklung Englands, die er aus eigener Erfahrung überblicken konnte, resümierte, kam er zu einem verheerenden Urteil. Zwar habe sich für manche Arbeitergruppen die Lage gebessert, „aber was die große Masse der Arbeiter betrifft, so steht das Niveau des Elends und der Existenzunsicherheit für sie heute eben so niedrig, wenn nicht niedriger, als je."[32] Erst nach der Jahrhundertwende, mit dem sog. Revisionismus-Streit der ersten Jahrzehnte des 20. Jahrhunderts, konnte sich die deutsche Sozialdemokratie, die stets auf Engels gehört hatte, diesen Herausfor derungen nicht mehr entziehen, Herausforderungen, die Friedrich Engels nicht gesehen oder für so unbedeutend gehalten hatte, dass sie sein programmatisches Verständnis der kapitalistischen Welt nicht wirklich erreichten. Er blieb insofern ein Kind der ersten Hälfte des 19. Jahrhunderts, das neue Eindrücke zum Teil aggressiv abwehrte. Der Wandel zur „Realpolitik", den er u. a. in den deutschen Emigrantenkreisen der 1850er/1860er Jahre unmittelbar mitbekam, war für Engels kein Zeichen sich ändernder Verhältnisse, sondern mangelnder kognitiver Fähigkeiten und charakterlicher Schwächen. Dass der Kapitalismus zu größeren Änderungen fähig sein könnte, ja, dass die Produktivkräfte, denen er zum Durchbruch verholfen hatte, noch keineswegs an unüberwindbare Entwicklungsschranken stießen, mochte er nicht wahrhaben. Mit diesem eigentümlichen Pessimismus gilt es sich im Folgenden zu beschäftigen.

EINE REBELLISCHE NATUR

Gerade im Fall von Friedrich Engels fällt die nur geringe Bereitschaft auf, mit der sich wandelnden Zeit auch die eigenen Positionen anzupassen bzw. weiterzuentwickeln. Denn eigentlich traute er dem, was er später mit Karl Marx gemeinsam die Entwicklung der Produktivkräfte nennen sollte, eine erhebliche, fast naturgesetzliche Dynamik zu. Die offenkundigen sozialen Probleme, mit denen deren Nutzung verbunden war, waren für ihn auch keine Folge der neuen Techniken; dass sie zerstörerische Wirkungen auf alte gewerbliche Praktiken haben konnte, nahm er als Preis des Fortschritts offenkundig hin, obwohl ihm der Untergang der alten Arbeitswelt als Folge der neuen industriellen Verfahrensweisen völlig klar war. Nicht die Technik war für das soziale Elend der Arbeiterschaft verantwortlich, sondern die soziale Form ihrer Nutzung. Diese galt es zu ändern, und das hieß eben auch, gegen das herrschende juste milieu der Fabrikanten und ihrer Verbündeten in aller Entschiedenheit vorzugehen, deren „Bereicherungssucht" zugleich Ausdruck der modernen Produktionsverhältnisse wie ihrer moralischen Verkommenheit war. Wenn die Produktivkräfte mithin nicht zu einem Segen der Menschheit wurden, ja an ihrer Weiterentwicklung gehindert wurden, dann war das diesen Blockaden zu verdanken. Engels war mithin nicht pessimistisch hinsichtlich der Möglichkeiten zukünftiger technologischer Entwicklung; er traute nur den gegebenen Verhältnissen nicht zu, hierfür der geeignete Rahmen zu sein. Und

da er dieses Misstrauen doppelt begründete, nämlich zugleich systematisch und moralisch, sah er auch kaum Chancen, unter den gegebenen Verhältnissen eine Änderung zu erreichen. Im Kapitalismus, so war er fest überzeugt, war die Technik in einer Sackgasse angekommen. Folgerichtig identifizierte er in den kommenden Jahren und Jahrzehnten die „Bourgeoisie" auch stets als die dominante Gruppe der manchesterliberalen Baumwollindustriellen seiner ersten englischen Jahre; die schlimme Situation der Arbeiterschaft von Manchester Mitte der 1840er Jahre war für ihn auch nicht Ergebnis einer Ausnahmesituation. Nein, so sah die Welt, wenn sie nach kapitalistischen Grundsätzen, nach den moralischen Prinzipien der Baumwollindustriellen organisiert war, prinzipiell aus. Dahinter steckte eine tiefere Auffassung, die viel mit seiner pietistischen Herkunftsprägung zu tun hatte, nämlich die Welt als sündigen Ort zu begreifen, der gleichwohl bei richtigem Verhalten besserungsfähig war.

Weil Engels freilich die moralische Empörung, schon der eigenen religiösen Prägungen und ihrer Grenzen wegen, aber nicht hinreichend erschien, um sich in der Welt zurecht zu finden, hatte er frühzeitig nach weitergehenden Erklärungen gesucht, um die Sündhaftigkeit der Welt zu begreifen und trotzdem in ihr zurechtzukommen. Engels kam aus einer Fabrikantenfamilie und wurde von Anfang an auf eine Berufstätigkeit im elterlichen Textilbetrieb vorbereitet, obwohl er als Schüler starke literarische Neigungen an den Tag legte, die er auch während seiner Kaufmannslehre und der sich anschließenden Militärzeit aufrechterhielt, ja weiter pflegte. Den Abbruch seiner Gymnasialzeit ohne Abitur (als Einjährig-Freiwilliger) und den damit verbundenen Verzicht auf ein Universitätsstudium empfand er wohl sein Leben lang als großen Verlust, den er durch umso intensiver betriebene Eigenstudien zu ersetzen suchte, aber, das war ihm klar, so kaum ersetzen konnte. Er empfand diesen Mangel umso stärker, da er seit den späten 1830er Jahren auf der Suche nach einer Alternative zur immer weniger akzeptierten pietistischen Welt des Wuppertales suchte, in der er zunächst ganz naiv-gläubig groß geworden war. Seiner Zeit und der Faszination durch die literarischen Texte des „Jungen Deutschland" folgend konnte eine Alternative, die zugleich welterschließend wie handlungsleitend sein sollte, allerdings nicht einfach willkürlich gewählt werden, sie musste beides, gut begründet und literarisch anspruchsvoll, sein, was den jungen Engels fast manisch seinerzeit einflussreiche Schriften, namentlich von David Friedrich Strauß, Daniel Schleiermacher und schließlich Georg Friedrich Wilhelm Hegel „verschlingen" ließ. Das brachte ihn während seiner Berliner Militärzeit zu Beginn der 1840er Jahre schließlich auch dazu, Anschluss an die Kreise der Berliner Junghegelianer zu suchen.[33] Der eigenen Unzulänglichkeit blieb er sich dabei nicht nur während der Bremer Ausbildung zum Außenhandelskaufmann bewusst; in den Berliner akademischen Kreisen, in denen er sich frühzeitig und vorlaut, freilich dilettantisch, in philosophische Debatten u. a. über Schellings Philosophie gestürzt hatte, fiel seine „Ungebildetheit" nur umso stärker auf.

Obwohl ihn seine rebellische Natur, die schon der Vater bei dem noch pubertierenden

← **Ludwig Dettman,**
Goldener Sonntag, 1893.

→ **Augustus Edwin Mulready**
Uncared for 187

There is a great deal of money made here ...

„Ich ging einmal mit einem solchen Bourgeois nach Manchester hinein und sprach mit ihm von der schlechten, ungesunden Bauart, von dem scheußlichen Zustande der Arbeiterviertel, und erklärte, nie eine so schlecht gebaute Stadt gesehen zu haben. Der Mann hörte das alles ruhig an, und an der Ecke, wo er mich verließ, sagte er: and yet, there is a great deal of money made here – und doch wird hier enorm viel Geld verdient – guten Morgen, Herr! Es ist dem englischen Bourgeois durchaus gleichgültig, ob seine Arbeiter verhungern oder nicht, wenn er nur Geld verdient. Alle Lebensverhältnisse werden nach dem Gelderwerb gemessen, und was kein Geld abwirft, das ist dummes Zeug, unpraktisch, unrealistisch."

Friedrich Engels, Die Lage der arbeitenden Klasse in England. Nach eigner Anschauung und authentischen Quellen, 1. Aufl. 184 in: MEGA[1] I/4, Berlin 1932, S. 261

Kinde festgestellt hatte, keinem Kampf aus dem Weg gehen ließ, brachten ihn das Wissen um die eigenen Unzulänglichkeiten und die Grenzen der autodidaktischen Bildung schließlich dazu, zeitweilig zu verstummen und auf die zuvor in großer Zahl veröffentlichten Polemiken zu verzichten. So ließ er Arnold Ruge, der mit den *Hallischen Jahrbücher für deutsche Wissenschaft und Kunst* das wichtigste junghegelianische Organ herausgab, im Juli 1842 wissen, dass er den Entschluss gefasst habe, „für einige Zeit aller literarischen Thätigkeit zu entsagen und dafür desto mehr zu studieren. Die Gründe dafür liegen auf der Hand. Ich bin jung und Autodidakt in der Philosophie." Seine Grenzen sah er klar; er habe genug gelernt, um sich eine feste Auffassung zu bilden. „Aber nicht genug, um mit Erfolg und gehörig für sie wirken zu können. Man wird um so mehr Anforderungen an mich machen, als ich ‚philosophischer Musterreiter' bin, und mir nicht durch ein Doktordiplom das Recht zu philosophieren erkauft habe." Wenn er wieder an die Öffentlichkeit gehe, wolle er den Anforderungen genügen. Jetzt, kurz vor dem Ende der Militärzeit, der damit verbundenen Rückkehr ins Wuppertal und der Aufnahme einer kaufmännischen Tätigkeit im elterlichen Unternehmen, zog Engels Bilanz: „Meine bisherige literarische Thätigkeit, subjektiv genommen, bestand aus lauter Versuchen, deren Erfolg mich lehren sollte, ob meine natürlichen Anlagen mir eine fruchtbare Wirksamkeit für den Fortschritt, eine lebendige Theilnahme an der Bewegung des Jahrhunderts gestatteten. Ich kann mit dem Erfolg zufrieden sein, und halte es nun für meine Pflicht, durch ein Studium, das ich mit doppelter Lust fortsetze, mir auch Das immer mehr anzueignen, was Einem nicht angeboren wird."[34]

Der Widerwillen gegen alles Autodidaktische, zu dem er jedoch keinerlei Alternative hatte, hatte insofern einen paradoxen Grundzug, doch er blieb Engels auch in den kommenden Jahren erhalten, ja dürfte ihn für seine gesamten späteren Arbeiten stets mit einem gewissen Selbstmisstrauen versehen haben, denn er blieb bis zu seinen späten Arbeiten der Dilettant, dem jede Expertise im strengen Sinne fehlte. „Das Autodidaktenwesen ist ... überall Unsinn", erklärte er Anfang der 1850er Jahre programmatisch gegenüber Joseph Weydemeyer, nur wenn man die „Dinge" systematisch betreibe, komme man zu etwas „Ordentlichem".[35] Dass er sein Schweigen erst unterbrach, nachdem ihm Moses Heß die Tür zum Kommunismus aufgestoßen hatte und seine englischen Erfahrungen, er setzte in Manchester die Ausbildung zum Außenhandels-

NOW ON VIEW
THE
TRIUMPH
OF
CHRISTIANITY
BY GUSTAVE DORE
THE EYES'
SPECTACLES
TO SUIT
ALL
SIGHTS
FOREIGN AID
SOCIETY
PICTURES
OPERA

kaufmann fort, ihm ein ganz neues Themenfeld, nämlich das der wirtschaftlichen Krise und der sozialen Frage eröffnet hatten, ist bezeichnend, denn nun verband sich der politische Gestaltungswille mit einer Art Expertentum aus eigener Anschauung, eine Kombination, die namentlich das Buch über die „Arbeitende Klasse in England" maßgeblich prägte.[36] Hier findet sich eine bis zur Unversöhnlichkeit zugespitzte Polemik, ein Ton, der fast wörtlich die *Briefe aus dem Wuppertal* aufgriff, die Engels noch unter Pseudonym und stark von religiösen Gerechtigkeitsvorstellungen geprägt, Jahre zuvor veröffentlicht hatte: „Es ist dem englischen Bourgeois durchaus gleichgültig, ob seine Arbeiter verhungern oder nicht, wenn er nur Geld verdient."[37] Seine Radikalität kam in dem Urteil zum Ausdruck, das er generell fällte: „Mir ist nie eine so tief demoralisierte, eine so unheilbar durch den Eigennutz verderbte, innerlich zerfressene und für allen Fortschritt unfähig gemachte Klasse vorgekommen wie die englische Bourgeoisie."[38]

Engels dürfte allerdings auch klar gewesen sein, dass diese geradezu Krummacher'sche Rhetorik[39] nicht ausreichen würde, eine andere Welt zugleich als wissenschaftlich möglich und politisch erreichbar zu konstruieren. Hierzu bedurfte es programmatischer Grundlagenarbeit, die der zur politischen Aktion drängende Engels sich selbst nur sehr bedingt zutraute. Und es war gerade die von Engels später immer wieder verächtlich gemachte Tätigkeit als erfolgreicher Industriekaufmann, die es ihm ermöglichte, Hilfe zu finden. Denn die Rolle, ja Aufgabe, das eigene politische Programm wissenschaftlich zwingend zu begründen, hatte Engels schon seit ihren ersten Begegnungen dem ihm scheinbar theoretisch und intellektuell so überlegenen Karl Marx zugedacht, der ja gerade auf dem Feld der Theorie kein Dilettant war, im Gegenteil als promovierter Philosoph von ungeheurer Verstandesschärfe alle Voraussetzungen besaß, die eigene Position zwingend theoretisch darzulegen. Dieser so scharfsinnige wie lebensuntüchtige Mensch wiederum konnte ohne Engels' Hilfe nicht über die Runden kommen, und Engels gab diese durch seine wirtschaftlichen Erfolge in Manchester möglichen Hilfen umso lieber, je mehr ihm Marx Hoffnung machte, den schließlich gemeinsam favorisierten Kommunismus zwingend begründen zu können. Das Tauziehen um Marx' ökonomische Texte, in dem Engels drängte, Marx zauderte, aber zugleich, um seinen Mäzen nicht vor den Kopf zu stoßen, laufend neue Versprechen abgab, ist insofern ein einziges Lehrstück.[40]

SOZIALER PROTEST UND KOMMUNISTISCHE GRUNDSÄTZE

Was war es aber nun, das Karl Marx begründen sollte? Engels' kommunistische Überzeugungen nach den Gesprächen mit Moses Heß waren ziemlich vage geblieben, und auch die Auseinandersetzungen in den ersten kommunistischen Vereinigungen, namentlich im Bund der Gerechten, ließen auf kein klares Programm schließen. Sollte es um eine moralische Erneuerung gehen, sollte die Arbeit neu verteilt und besser organisiert werden, welche Rolle spielten Privateigentum und wirtschaftliche Konkurrenz und wie könnte eine wirtschaftlich gerechte Welt aussehen und auf welche Weise erreicht werden? Die englischen Erfahrungen, die Engels aus eigener Anschauung und durch Gespräche mit Gewerkschaftern, Chartisten und Arbeitern gewann, waren hier alles andere als klar; eine Fundamentalopposition gegen das bestehende Gesellschaftssystem war programmatisch mit diesen Erfahrungen jedenfalls nicht verbunden. Die englischen Arbeitervertreter wollten zumeist mitgestalten, strebten nach politischer Partizipation als Mittel zur Verbesserung der materiellen Lage der Arbeiter. Von einer radikalen Ablehnung des bestehenden Gesellschaftssystems war wenig zu spüren, obgleich die sozialen Verhältnisse insbesondere in London und in den industriell verdichteten Bezirken der Midlands und Nordenglands himmelschreiend schlecht waren; vor allem die Lage der irischen Arbeitsmigranten, zu denen Friedrich Engels persönlichen Zugang hatte, spottete jeder Beschreibung. Doch die englische Arbeiterschaft, so glaubte Engels beobachten zu können, war zu wenig theoretisch gebildet, um ihre eigene Lage mehr als nur pragmatisch begreifen zu können; seine Hoffnung lag in der deutschen Philosophie, die sich ja im Linkshegelianismus zugleich als Gesellschaftsdiagnose wie als historischer Entwurf konstituiert hatte.[41]

Während er die englische Arbeiterbewegung wegen ihres fortgeschrittenen politischen Charakters bewunderte, blieb er gleichwohl überzeugt, dass nur eine grundlegende philosophische Programmatik den Kampf für die Verbesserung der Lage der Arbeiter wirklich anleiten könne, ja den Entwurf einer anderen Gesellschaft ermögliche.[42] Immerhin: Die Richtung, in der sich diese Programmatik entfalten sollte, war ihm bereits frühzeitig klar, und zwar anhand der sozialen Situation in England, die er von einem fundamentalen Gegensatz gekennzeichnet sah: „Denn die Industrie bereichert zwar ein Land, aber sie schafft auch eine Klasse von Nichtbesitzenden, von absolut Armen, die von der Hand in den Mund lebt, die sich reißend vermehrt, eine Klasse, die nachher nicht wieder abzuschaffen ist, weil sie nie stabilen Besitz erwerben kann. Und der dritte Theil, fast die Hälfte aller Engländer, gehört dieser Klasse an."[43] Dieser Klasse, das hatte er zuvor eingeräumt, ging es eigentlich gar nicht so schlecht, verglichen mit ihren Leidensgenossen auf dem Kontinent:

> „Wenn der englische Arbeiter beschäftigt ist, ist er auch zufrieden. Und er kann es auch sein, wenigstens der Baumwollenarbeiter; wenn er sein Loos mit dem seiner Schicksalsgenossen in Deutschland und Frankreich vergleicht. Dort hat der Arbeiter knapp genug, um von Kartoffeln und Brod leben zu können; glücklich, wer einmal die Woche Fleisch bekommt. Hier ißt er täglich sein Rindfleisch, und bekommt für sein Geld einen kräftigern Braten, als der reichste in Deutschland. Zweimal des Tages hat er Thee, und behält immer noch Geld genug übrig, um Mittags ein Glas Porter und Abends brandy and water trinken zu können. Das ist die Lebensart der meisten Arbeiter in Manchester bei einer täglich zwölfstündigen Arbeit."[44]

Die Möglichkeiten einer angemessenen Lebensführung waren für Engels unter den gegebenen technologischen Bedingungen der modernen Industrie also durchaus gegeben, nur waren sie eben alles andere als stabil. Und so fragte er, nachdem er die günstige Lage resümiert hatte: „Aber wie lange dauert das! Bei der geringsten Schwankung im Handel werden Tausende von Arbeitern brodlos; ihre geringen Ersparnisse sind bald verzehrt, und dann steht der Hungertod vor ihnen. Und eine solche Krisis", schrieb er im Spätherbst 1842, „muß in ein paar Jahren wieder eintreten. Dieselbe vermehrte Produktion, die jetzt den ‚paupers' Arbeit verschafft, und die auf den chinesischen Markt spekuliert, muß eine Unmasse Waaren und eine Stockung des Absatzes hervorbringen, in deren Gefolge wieder eine allgemeine Brodlosigkeit der Arbeiter ist."[45] Lediglich in guten Zeiten konnten es die Arbeiter zu einer gewissen Sicherheit bringen; im Grunde aber ließ der Kapitalismus ihnen wenig Chancen:

> „Es kommt zuletzt darauf Alles hinaus, daß England sich mit seiner Industrie nicht nur eine große Klasse von Besitzlosen, sondern auch unter dieser eine immer nicht unbedeutende Klasse von Brodlosen auf den Hals geladen hat, die es nicht los werden kann. Diese Leute müssen sehen, wie sie sich durchschlagen; der Staat gibt sie auf, ja stößt sie von sich. Wer kann es ihnen verübeln, wenn die Männer sich auf den Straßenraub oder Einbruch, die Weiber auf den Diebstahl und die Prostitution werfen? Aber der Staat kümmert sich nicht darum, ob der Hunger bitter oder süß ist, sondern sperrt sie in seine Gefängnisse oder deportirt sie in die Verbrecher-Kolonieen, und wenn er sie freiläßt, so hat er das zufriedenstellende Resultat, aus Brodlosen Sittenlose gemacht zu haben."[46]

Die Fragen, die sich Engels nach dieser „Diagnose" zwangsläufig stellen musste, waren nun auch der Schlüssel für seine weitere Entwicklung. Warum, wenn eigentlich genügend Güter existierten, kam es wiederkehrend zu Krisen und Armut? Reichte es aus, hiergegen zu rebellieren? Oder musste nicht eine andere Art des Protestes, der politischen Bewegung gefunden werden, die die Übel der Gegenwart nicht nur lindern, sondern radikal beseitigen konnte? Einen ersten Versuch, die Misere der Gegenwart aufzuklären und einen Ausweg zu bahnen, unternahm Engels bereits 1844 mit seinem Text *Umrisse zu einer Kritik der Nationalökonomie*.[47] In dieser Schrift machte er die soziale Organisation der Wirtschaft für ihre Krisenhaftigkeit und die Verelendung der Arbeiterschaft systematisch verantwortlich. Privateigentum einerseits, Konkurrenz andererseits führten keineswegs, wie die bürgerliche Nationalökonomie behaupte, zu einer gleichgewichtigen wirtschaftlichen Entwicklung, sondern dienten um den Preis der Krisen und sozialen Katastrophen allein der Bereicherungssucht der Bourgeoisie. Ihre „Bereicherungssucht", ihre bereits zitierte moralische Verkommenheit sei daher auch nichts, was durch moralische Appelle hätte geändert werden können. Es bliebe nur die radikale Umwälzung, und gerade deren theoretische Begründung hätte daher höchste Priorität.

Mit Karl Marx, der Engels' ökonomische Schrift begierig aufgriff, war er in diesem Punkt offensichtlich einer Auffassung. Marx übernahm die Aufgabe, das ökonomische Programm des Kommunismus auszuarbeiten, auch bereitwillig und schloss bereits 1844 mit dem Darmstädter Verleger Leske einen Verlagsvertrag über die Abfertigung einer umfangreichen Schrift zur politischen Ökonomie der Gegenwart. Weil Marx zunächst über Ankündigungen nicht hinauskam, wurde aus der von Engels erhofften Programmschrift vorerst nichts,[48] die doch angesichts der sich zuspitzenden wirtschaftlichen Situation in Europa in der zweiten Hälfte der 1840er immer dringlicher wurde. Die aktuellen Ereignisse drängten die theoretischen Arbeiten dann ohnehin in den Hintergrund. Zwar legten Marx und Engels Ende 1847/Anfang 1848 mit dem *Kommunistischen Ma-*

nifest noch einen ersten Programmentwurf für eine künftige kommunistische Partei vor, in dem ihre geschichtstheoretischen Annahmen klar formuliert waren; von einer differenzierten Betrachtung der kapitalistischen Ökonomie aber war das alles weit entfernt.

TECHNISCHER FORTSCHRITT UND REVOLUTIONSERWARTUNG

Die Revolution von 1848 und ihre Nachwehen ließen auch die ökonomischen Studien bis zum Beginn der 1850er Jahre in den Hintergrund treten. Engels selbst, der seit Beginn der 1850er Jahre als Industriekaufmann in Manchester tätig war, beschränkte sich in den kommenden Jahren fast ausschließlich auf kürzere journalistische Arbeiten zumeist militärischen Zuschnitts, während Marx lange brauchte, um im Londoner Exil seine ökonomischen Studien wiederaufzunehmen und voranzutreiben. So war fürs erste das Manifest, obwohl es bald in der Versenkung verschwand, der einzige einschlägige Text zur Bedeutung der Produktivkräfte für die gesellschaftliche Entwicklung der Zeit. Marx, dessen Feder das Manifest nach Engels' wiederholten Bekundungen vornehmlich zu verdanken war, hatte darin die älteren Engels'schen Anregungen auf den Punkt gebracht, wonach der historische Prozess eine Art Doppelbewegung aus ökonomischem Wandel einerseits, getragen vom Fortschritt der Produktivkräfte, und dem politischen und sozialen Streit um dessen Organisation andererseits war, es sich also um eine Geschichte der Klassenkämpfe handele, deren Struktur und Intensität eng mit dem jeweiligen Stand der Produktivkräfte verbunden sei. Da diese Art der Produktion, nach dem Willen und Interesse des Kapitals, aber keine harmlose Veranstaltung war, sondern gerade Ausdruck der Dominanz des Privateigentums und seiner Verwertungsinteressen, war der Widerspruch von Produktivkräften und Produktionsverhältnissen auch nicht reformierbar oder durch Gestaltung zu entschärfen, sondern drängte im Hegelschen Sinne auf seine revolutionäre „Aufhebung", eine Rolle, die dem Proletariat zufiel, das zugleich Produkt des privaten Kapitals wie dessen entschiedener Todfeind war.[49]

Wenn auch wortreich, ja literarisch bemerkenswert pointiert beschrieben, blieb die Entwicklung der Produktivkräfte, die später zum Angelpunkt der gesamten ökonomischen Entwicklungsvorstellung von Karl Marx und Friedrich Engels werden sollte, eigentümlich blass. Sie vollzog sich fast wie ein naturgesetzlicher Prozess; später sollte Marx das kanonisch so zusammenfassen:

> „In der gesellschaftlichen Produktion ihres Lebens gehen die Menschen bestimmte, nothwendige, von ihrem Willen unabhängige Verhältnisse ein, Produktionsverhältnisse, die einer bestimmten Entwicklungsstufe ihrer materiellen Produktivkräfte entsprechen. ... Auf einer gewissen Stufe ihrer Entwicklung gerathen die materiellen Produktivkräfte der Gesellschaft in Widerspruch mit den vorhandenen Produktionsverhältnissen, oder was nur ein juristischer Ausdruck dafür ist, mit den Eigenthumsverhältnissen, innerhalb deren sie sich bisher bewegt hatten. Aus Entwicklungsformen der Produktivkräfte schlagen diese Verhältnisse in Fesseln derselben um. Es tritt dann eine Epoche socialer Revolution ein."[50]

Der Zeitpunkt eines scharfen Gegensatzes zwischen Produktionsverhältnissen und Produktiv-

kräften schien Marx und Engels bereits in den 1840er Jahren gegeben, doch die Revolution war im Ergebnis eine einzige Enttäuschung. Ihre Vorstellung, die Zeit sei wegen des Gegensatzes von Produktivkräften und Produktionsverhältnissen reif für eine grundlegende Änderung, gaben sie allerdings auch im Lichte des wirtschaftlichen Aufschwungs der Gründerzeit nicht auf. Die gesamte erste Hälfte der 1850er Jahre hofften sie weiterhin, eine der notorischen Krisen der kapitalistischen Wirtschaft würde in eine soziale Revolution münden, wurden aber jedes Mal schnell wieder ernüchtert. Dabei gab es in der Marx'schen *Einleitung zur Kritik der Politischen Ökonomie* durchaus einen Satz, der hätte aufhorchen lassen können: „Eine Gesellschaftsformation geht nie unter, bevor alle Produktivkräfte entwickelt sind, für die sie weit genug ist, und neue höhere Produktionsverhältnisse treten nie an die Stelle, bevor die materiellen Existenzbedingungen derselben im Schooß der alten Gesellschaft selbst ausgebrütet worden sind."[51] Was nun, wenn die Möglichkeit der Entwicklung der Produktivkräfte noch gar nicht an die Grenzen der Produktionsverhältnisse stieß?

Diesem naheliegenden Gedanken wollten aber weder Marx noch Engels Raum geben. Sie interpretierten vielmehr die sozialen Kämpfe ihrer Zeit im Paradigma der revolutionären Krisen und sahen folgerichtig in der Pariser Kommune des Frühjahres 1871 eine erste Realisierung kommunistischer Strukturen, ein klares Zeichen für die Möglichkeit der Überwindung der kapitalistischen Verhältnisse, womit eben auch ein vernichtendes Urteil über die Chance technologischer Veränderungen in der gegebenen Ordnung gefällt war. Das dürfte auch der Grund dafür sein, warum in den Texten der folgenden Jahre die offenkundigen technologischen Veränderungen eine so geringe Rolle spielten: Es konnte sie ja gar nicht geben. Es ist in der Tat erstaunlich, wie wenig der Gedanke der Entfaltung der Produktivkräfte in ihren Texten jener Zeit überhaupt eine Rolle spielte. Nach ihrer Apotheose im *Kommunistischen Manifest* zur weltverändernden Kraft schlechthin blieben die technologischen Wandlungen der in den 1850er Jahren einsetzenden Gründerzeit faktisch unbeachtet. Zwar spielten die weltwirtschaftlichen Änderungen jener Jahre in der Tagespublizistik von Marx und Engels und auch in ihrem Briefwechsel gelegentlich eine Rolle; der technologische Wandel jener Zeit aber ging an ihnen wohl auch deshalb vorbei, weil sie die moderne Wirtschaft letztlich in einer Sackgasse angekommen sahen. Kurz vor Schluss seines Lebens mag Engels geahnt haben, dass das nicht der Fall sein könnte,[52] doch in allen Texten zuvor waren für ihn die Baumwollindustrie und die sie ermöglichenden Fortschritte in der Eisenwirtschaft das Maß aller Dinge. Vom quantitativen Volumen her war das nicht einmal falsch, denn das Textilgewerbe umfasste in der Mitte des Jahrhunderts namentlich in dem führenden textilindustriellen Land der Welt, Großbritannien, etwa die Hälfte aller industriell beschäftigten Personen; die Baumwollindustrie war auch vom Umsatz und von den Produktionsmengen her vermeintlich das Maß aller Dinge, doch war ihre Entwicklungsdynamik bereits seit den 1850er Jahren gebrochen und neue Industrien übernahmen ihre bisherige Pionierfunktion.[53]

← **Paul Friedrich Meyerheim,** Radherstellung in der Lokomotivfabrik Borsig, 1873

Die Überschätzung der Baumwollindustrie war dabei kein Fehler von Friedrich Engels, der ja selbst aus der Branche kam; das war durchaus populär und ist es in gewisser Hinsicht bis in die Gegenwart.[54] Für Engels aber markierte sie, wenn man so will, die Bruchkante einer technologischen Entwicklung, die unter kapitalistischen Bedingungen nicht überschritten werden konnte: „Baumwolle und Eisen" seien „die beiden wichtigsten Rohstoffe unserer Zeit. Die Nation, die in der Fabrikation von Baumwoll- und Eisenwaren führend ist, marschiert an der Spitze der Industrienationen überhaupt. Und weil und solange das für England zutrifft, deshalb und solange wird England die erste Industrienation der Welt sein."[55]

DER KAPITALISMUS ALS SACKGASSE

Das war Anfang der 1880er Jahre seine feste Überzeugung; für neuere technologische Entwicklungen hatte er kein Auge, obwohl seit den 1870er Jahren in vielen Produktionsgebieten neue Industrien und neue technologische Anwendungen zum Tragen kamen, nur eben nicht vorrangig in Großbritannien selbst. Dort behielt die Textilindustrie ihre Vorherrschaft, und auch die Eisen- und Stahlindustrie der Insel blieb eine dominante Größe, vom Kohlenbergbau, der in England traditionell eine große Bedeutung hatte, noch ganz abgesehen. Wandel erwartete Engels offenkundig weniger von technischen Innovationen als von Verschiebungen in der internationalen Konkurrenz und von den Folgen des immer härteren Wettbewerbs für die kapitalistischen Unternehmen. Aufmerksam registrierte Engels die Gewichtsverluste der englischen Industrie. Die Dynamik der Märkte war ihm klar, ebenso die Tatsache, dass auf dem Kontinent und in Übersee eine leistungsfähige Industrie heranwuchs: „Man kann die Augen nicht länger vor der Tatsache verschließen, daß Englands Industriemonopol rasch dahinschwindet."[56] In den USA würde sich eine neue industrielle Führungsregion herausbilden, die für Großbritannien bedrohlich sei. Engels war offenkundig von der Begrenztheit der Märkte unter kapitalistischem Vorzeichen überzeugt und sah daher im regionalen Wandel ein sich gegenseitiges Bedingen von Auf- und Abstiegsprozessen; den industriellen Wandel begriff er als eine Art Nullsummenspiel:

> „Zweifelsohne wird die heutige Generation noch erleben, daß amerikanische Baumwollwaren in Indien und China mit englischen konkurrieren und auf diesen beiden führenden Märkten allmählich Boden gewinnen und daß amerikanische Maschinen und Metallwaren mit den englischen Fabrikaten in allen Teilen der Welt, England einbegriffen, konkurrieren; dieselbe unerbittliche Notwendigkeit, die die flämischen Manufakturen nach Holland und die holländischen nach England brachte, wird binnen kurzem das Zentrum der Weltindustrie von England nach den Vereinigten Staaten verlegen. Und auf dem eingeschränkten Betätigungsfeld, das England dann noch verbleibt, wird es in mehreren Staaten Europas bedrohliche Konkurrenten finden."[57]

Hierin lag für Engels auch die systembedingte Tendenz zur Selbstzerstörung. Denn während die Bourgeoisie aus Bereicherungsinteresse die Produktion schrankenlos ausdehne, würden die Märkte keineswegs im gleichen Tempo mitwachsen, ja die Ausbeutung der Arbeiterschaft behindere deren Expansion, sodass der

Konkurrenzkampf innerhalb der Bourgeoisie immer härtere Züge annehmen werde, Züge immerhin, so hoffte er, die der Arbeiterklasse schließlich auch alle Illusionen über den Charakter des gegenwärtigen Wirtschaftssystems nehmen würden:

> „Was aber soll aus den ‚Händen' werden, wenn Englands riesiger Ausfuhrhandel einmal anfängt, mit jedem Jahr mehr zusammenzuschrumpfen, anstatt sich auszudehnen? Wenn die Verlagerung des Eisenschiffbaus von der Themse an den Clyde genügte, das ganze Londoner Eastend zu chronischer Verelendung zu verurteilen, was wird dann erst die tatsächliche Verlagerung seines gesamten Stapelhandels auf die andere Seite des Atlantischen Ozeans für England bedeuten?"[58]

Immerhin ein Gutes könnte der industrielle Niedergang allerdings bewirken; das Band zwischen der englischen Bourgeoisie und dem Proletariat, das bisher noch durch das industrielle Monopol des Landes stabilisiert worden sei, könne zerreißen:

> „Ist dieses Monopol einmal zerstört, so wird die britische Arbeiterklasse gezwungen sein, ihre Interessen, ihre eigene Befreiung, selbst in die Hand zu nehmen und mit dem Lohnsystem Schluß zu machen. Wir wollen hoffen, daß sie so lange nicht wartet."[59]

Es wäre nun völlig falsch anzunehmen, Engels sei generell ein technologischer Pessimist gewesen, auch wenn seine Zukunftsvorstellungen insgesamt wohl nicht sehr euphorisch waren. Dort, wo er sich neben dem Baumwollgewerbe in der Technik gut auskannte, dem Militärwesen, das er seit Beginn der 1850er Jahre intensiv studiert hatte, sah er nach dem deutsch-französischen Krieg auch kaum noch Entwicklungsmöglichkeiten; das sei alles ausgereizt. Anders als Karl Marx, der bereits in den 1870er Jahren immer weniger die Strukturwandlungen des Kapitalismus zur Kenntnis genommen hatte, verfolgte er auch noch in den 1880er und frühen 1890er Jahren das ökonomische Geschehen; Wandel nahm er aber vorrangig auf der Ebene der Unternehmensorganisation und des Finanzierungsgeschehens wahr, wobei ihn die Aktiengesellschaften und die Funktionsweise der Börsen besonders interessierten, namentlich die Trennung von Eigentum und Kontrolle bei den großen Aktiengesellschaften, auch Spekulationen über die zukünftige Bedeutung des Privateigentums anstellen ließen.[60] Die dort zum Einsatz kommende moderne Technik, das war ihm schon bewusst, hatte ihre negativen Seiten, namentlich verdrängte die moderne Fabrikarbeit viele frühere Beschäftigungsgelegenheiten, wie er in seiner Studie über die Lage der arbeitenden Klasse festgestellt hatte.[61] Aber das lag für ihn letztlich nicht an der modernen Technik, sondern an der sozialen Art ihrer Nutzung, die eben der Bereicherungssucht der Bourgeoisie geschuldet war. Die Technik selbst war insofern unschuldig; ihre Entwicklung keine spezifische Erscheinung der kapitalistischen Verhältnisse. Hier, in der Vorstellung einer Art naturgesetzmäßigen Entfaltung der menschlichen Produktivität, findet sich ein für das 19. Jahrhundert überaus typischer, geradezu naiver Technikglaube, der auch im Zentrum des bereits genannten „sozialen Eudämonismus" stand, den Engels eben nur deshalb ablehnte, weil der den restriktiven Charakter der Produktionsverhält-

Das französische Pendant zur Firma Krupp in Essen war das Établissement Schneider in Le Creusot en Bourgogne. Seit 1837 produzierte das als Kommanditgesellschaft gegründete Familienunternehmen zunächst Lokomotiven und Dampfschiffe in großer Fertigungstiefe. Von der Roheisenschmelze, über die Eisen- und Stahlformung und Härtung selbst übergroßer Teile, den Bau von Dampfmaschinen für unterschiedliche Einsatzbereiche sowie von Brückenteilen bis zur Endmontage fertiger Einheiten. Die Schmelze verfügte seit 1846 über ein Hochleistungsgebläse, seit 1867 über einen Siemens-Martin Ofen, seit 1870 über Bessemer Birnen und seit 1880 über einen Thomas Ofen. 1876 wurde ein 100 Tonnen Dampfhammer zum Schmieden größter Werkstücke wie Kurbelwellen für Schiffsdampfmaschinen in Betrieb genommen. Eine Forschungs- und Experimentalabteilung sorgte für Qualitätssicherung und die Entwicklung verbesserter Werkstoffe. 1895 erweiterte man das Produktsortiment mit elektrotechnischen Teilen und begann 1897 mit der Fertigung großkalibriger Kanonen. Noch heute werden am Standort durch die Firma Industeel/ArcelorMittal Drehachsgestelle und Laufräder für den französischen Hochgeschwindigkeitszug TGV hergestellt.

← **Montagehalle** für Räder und Wellen der Firma Schneider & Cie, Le Creusot, 1881.

← **Bessemer-Birne** in der Firma Schneider & Cie, Le Creusot, 1881.

→ **Zerreißprüfung** von Probestücken im Versuchslabor der Firma Schneider & Cie, Le Creusot, 1881.

→ **Qualitätsprüfung** von Probestücken im Versuchslabor der Firma Schneider & Cie, Le Creusot, 1881.

→ **Montagearbeiter** mit Werkstücken der Firma Schneider & Cie, Le Creusot, 1881.

nisse für die Entwicklung der Technik bestritt. Für Engels war vielmehr klar, dass die Produktivkräfte der Gegenwart bereits an die soziale Schranke der Kapitalverwertung stießen, ihre Weiterentwicklung mithin davon abhing, ob es gelang, diese zu durchbrechen. Darin war er mit Marx, dessen ökonomische Manuskripte er nach dessen Tod zu weiteren Bänden des *Kapital* ausarbeitete, auch völlig einig, hätte alles andere doch den potentiell revolutionären Charakter der Gegenwart in Frage gestellt. Marx hatte, ich zitierte es bereits, geradezu verkündet, dass eine „Gesellschaftsformation nie" untergehe, „bevor alle Produktivkräfte entwickelt sind, für die sie weit genug ist".[62] Hätte Engels, was in diesem Rahmen ja durchaus möglich und bei genauer Betrachtung des technologischen Wandels der Zeit sogar wahrscheinlich ist, zugestanden, dass es durchaus noch Entwicklungspotential unter den gegebenen Verhältnissen gab, dann hätte er zwangsläufig die Frage aufwerfen müssen, ob die Bedingungen für einen revolutionären Wandel der Gesellschaft bereits erreicht seien. Aber gerade hier gab es kaum Spielraum.

DER SOZIALISMUS ALS AUSWEG

Für Engels waren, kurz gesagt, die Tage des Kapitalismus gezählt. So wenig Engels eine Stabilisierung des Kapitalismus durch die Verbesserung der Lage der Arbeiterschaft für möglich hielt, so wenig war er aufgrund seiner ökonomischen Widersprüche überlebensfähig. In einer für ihn typischen Polemik hatte er Ende der 1870er Jahre mit Eugen Dühring „abgerechnet", dessen Einfluss in der deutschen Sozialdemokratie begrenzt und dem eine klare sozialistische Programmatik entgegengestellt werden sollte.[63] Anfang der 1880er Jahre gelang Engels schließlich auch die programmatische Zusammenfassung dieser Position, namentlich im Zuge der polemischen Auseinandersetzung mit den Positionen von Eugen Dühring. Diese *Anti-Dühring* betitelte Polemik, deren Kern vor allen Dingen in einer Auseinandersetzung mit wichtigen naturwissenschaftlichen Fragen der Zeit bestand, war vor allem eine Klarstellung der Positionen von Marx und ihm, die er gegen die Auffassung von Eugen Dühring durch ihre präzise Zusammenfassung verteidigte. Ein Teil dieses Textes wurde unter dem Namen *Die Entwicklung des Sozialismus von der Utopie zur Wissenschaft* zur Programmschrift des späteren Marxismus schlechthin;[64] hier sind auch die Vorstellungen zur Entwicklung der Produktivkräfte klar zusammengefasst. Die schmale Veröffentlichung war von Anfang an als „Propagandabroschüre" angelegt, die in deutlichen Worten die Grundsätze des „wissenschaftlichen Sozialismus" niederlegte. Der moderne Sozialismus, so Engels in dieser Schrift, sei „nichts als der Gedankenreflex dieses tatsächlichen Konflikts", nämlich des Konflikts von Produktivkräften und Produktionsverhältnissen. „Die neuen Produktionskräfte sind der bürgerlichen Form ihrer Ausnutzung bereits über den Kopf gewachsen", der Konflikt, dessen Ursachen Engels deutlich machen will, offenkundig.[65] Im Kern des Kapitalismus sah Engels den Widerspruch von gesellschaftlicher Produktion und privater Aneignung der Produkte, wobei die gesellschaftliche Produktion für ihn das eigentliche Kennzeichen der Gegenwart war. „Der Widerspruch zwischen gesellschaftlicher Produktion und kapitalistischer Aneignung reproduzirt sich *als Gegensatz zwischen der Organisation der Produktion in der einzelnen Fabrik und der Anarchie der Produktion* in der ganzen Gesellschaft."[66]

Robert Köhler, Der Streik, 1886 auf der Frühjahrsausstellung der National Academy of Design in New York erstmals präsentiert löste es vor dem Hintergrund der Massenstreikbewegung in den USA zum 1. Mai mit rund 350 000 Arbeitern in über 11 000 Unternehmen ein enormes Echo in der Öffentlichkeit aus. Das Gemälde wurde zu einer Ikone der Arbeiterbewegung.

Die Orientierung der Produktion am privaten Nutzen des Kapitals verlange deren Verbilligung, d. h. Steigerung der Leistungsfähigkeit des eingesetzten Kapitals, doch Vermehrung und Vervollkommnung der Maschinenarbeit bedeute gleichzeitig „Überflüssigmachung von Menschenarbeit." Daher komme es, „daß das Arbeitsmittel dem Arbeiter fortwährend das Lebensmittel aus der Hand schlägt, daß das eigne Produkt des Arbeiters sich verwandelt in ein Werkzeug zur Knechtung des Arbeiters."[67] Nur helfe die Herabdrückung der Arbeiterklasse dem Kapital wenig, denn der Absatz der Produkte gerate ins Stocken: „So kommt es, daß die Ueberarbeitung der Einen die Voraussetzung wird für die Beschäftigungslosigkeit der Andern und daß die große Industrie, die den ganzen Erdkreis nach neuen Konsumenten abjagt, zu Hause die Konsumtion der Massen auf ein Hungerminimum beschränkt und sich damit den eignen innern Markt untergräbt."[68] Da gab es für Engels auch keinen Ausweg: „Die Akkumulation von Reichthum auf dem einen Pol ist also zugleich Akkumulation von Elend, Arbeitsqual, Sklaverei, Unwissenheit, Bestialisirung und moralischer Degradation auf dem Gegenpol."[69]

Hier sah Engels den Kern der zyklischen Krisen des Kapitalismus, denn die Ausdehnung der Produktion stoße immer wieder an die Grenzen des Konsums, der Kapitalismus erzeuge so einen „fehlerhaften Kreislauf". Das treibe den Kapitalismus seinem Ende entgegen: „Der gesammte Mechanismus der kapitalistischen Produktionsweise versagt unter dem Druck der von ihr selbst erzeugten Produktivkräfte."[70] Nun sah er unter dem Druck der Krisen und der Konkurrenz, wiederum in Anlehnung an Marx' These von der Konzentration und Zentralisation des Kapitals, eine sich abzeichnende Tendenz zur Aufhebung der „privaten Aneignung" bereits unter den gegebenen Bedingungen. Die Monopolisierung führe dazu, dass sich einzelne Industriezweige „in eine einzige große Aktiengesellschaft" verwandelten, dass „die inländische Konkurrenz ... dem inländischen Monopol dieser einen Gesellschaft Platz" mache, wodurch die „planlose Produktion der kapitalistischen Gesellschaft vor der planmäßigen Produktion der hereinbrechenden sozialistischen Gesellschaft" kapituliere.[71] Zwar sah Engels in der Verstaatlichung der Monopole und Trusts noch nicht den Sozialismus, aber eine wichtige Vorstufe zu ihm. Die „volle Entfaltung der modernen Produktivkräfte" jedenfalls fege den Kapitalismus hinweg, das sei mittlerweile klar. „In jeder Krise erstickt die Gesellschaft unter der Wucht ihrer eignen, für sie unverwendbaren Produktivkräfte und Produkte, und steht hülflos vor dem absurden Widerspruch, daß die Produzenten nichts zu konsumiren haben, weil es an Konsumenten fehlt."[72] Und gelinge es, die kapitalistische Produktionsweise zu überwinden, dann sei auch die Entwicklung der Produktivkräfte frei: „Ihre Befreiung aus diesen Banden ist die einzige Vorbedingung einer ununterbrochenen, stets rascher fortschreitenden Entwicklung der Produktivkräfte und damit einer praktisch schrankenlosen Steigerung der Produktion selbst."[73]

FAZIT: TECHNIKGLAUBE UND FORTSCHRITTSHOFFNUNG

Engels hatte mit dem *Anti-Dühring* und der hieraus ausgekoppelten Sozialismus-Schrift eine klare Vorstellung von der Dialektik von Produktivkräften und Produktionsverhältnissen vorgelegt, die er zudem mit einer Reihe von einzelnen Studien, die später als *Dialektik der Natur* veröffentlicht wurden, naturwissenschaftlich untermauerte. Bei allem Dilettantismus und aller fachlichen Beschränktheit zeigte sich hierin, dass Engels den naturwissenschaftlichen Fortschritt der Zeit aufmerksam verfolgte, auch wenn er dessen wirtschaftliche, genauer dessen industrielle Implikationen nicht erkannte. Der Sozialismus sollte im Einklang mit der Wissenschaft der Zeit stehen; so wie er an Marx' Grab diesen mit Darwin gleich stellte: Der eine habe die Gesetze der natürlichen Evolution, der andere die der gesellschaftlichen Entwicklung erkannt.[74] Und dazu gehörte eben auch die Vorstellung von der beschränkenden Kraft der Produktionsverhältnisse gegenüber den Produktivkräften, deren Dynamik schließlich eine revolutionäre Lösung ermögliche, ja erzwinge. Was Engels dabei weitgehend verkannte, waren die Möglichkeiten, die noch unter den gegebenen Verhältnissen existierten. Diese Verkennung der inneren Expansionsmöglichkeiten einer kapitalistischen Ordnung übernahm ein Teil der späteren marxistischen Programmatiker, die den zügellosen Kampf um die Absatzmärkte als Treibmittel des Imperialismus ansahen, der für sie wiederum die letzte Stufe in der Entwicklung des Kapitalismus markierte.[75] Und obwohl sie mit dem Weltkrieg ein fast unschlagbares empirisches Argument auf ihrer Seite vermuteten, sollten sie doch Unrecht behalten.

Weder war die Verelendung der Arbeiterschaft ein zentrales, dauerhaftes Kennzeichen des Kapitalismus, noch erwiesen sich die Begrenztheit der Märkte und die schrankenlose Ausdehnung der Produktion als ein letales Kennzeichen. Zwar kam es wiederholt (bis in die Gegenwart) zu zyklischen Krisen, doch waren sie kein Untergangszeichen des Kapitalismus, sondern Schwankungen um einen ansteigenden Trend, der vor allem von relativ kontinuierlich wachsenden Produktivitätsfortschritten getragen wurde. Weder waren die Konzentrationserscheinungen des letzten Drittels des 19. Jahrhunderts, wie Engels vermutete, Zeichen einer zwangsläufigen Monopolisierung und Vertrustung; die Masse der Großkonzerne jener Zeit ist im Laufe der Zeit im Zuge tiefgreifender technologischer Brüche untergegangen. Noch waren gravierende technologische Engpässe das Schicksal des Kapitalismus. Hätte Engels nur ein wenig mehr über den britischen Tellerrand geschaut, so hätte er bereits in den 1880er Jahren den technischen Aufschwung ganz neuer Industriezweige erkennen können, deren Schwerpunkt auf der anderen Seite des Atlantiks bzw. auf dem europäischen Kontinent lag, die völlig neue Entwicklungsperspektiven für den Kapitalismus markierten. Mit Fragen der Elektrizität setzte sich Engels durchaus auseinander,[76] doch verkannte er die ökonomischen Potentiale dieses naturwissenschaftlichen Fortschritts ebenso, wie seine kurzen Bemerkungen zum Stand der organischen Chemie zeigen, dass er von dieser aufstrebenden Wissenschaft zumindest in industriell-pragmatischer Hinsicht keine rechte Vorstellung hatte. Seine Konzeption der Produktivkräfte blieb daher so naiv wie rigide: naiv, weil er eine Art gesetzmäßigen Automatismus ihrer Entfaltung unterstellte, rigide, weil er die Fesseln der Produktionsverhältnisse, wie sie sich für ihn seit den 1840er Jahren gezeigt hatten, für unveränderlich hielt.

Gleichwohl waren Engels' diesbezügliche Überlegungen überaus folgenreich, bestimmten sie doch noch das Selbstbild des realen Sozialismus, der nicht müde wurde, gerade die Befreiung der Technologie aus den Zwängen der kapitalistischen Verwertung für sich zu beanspruchen. Dieses Selbstbild ist bekanntlich grandios gescheitert; spätestens seit den 1960er Jahren vermochte es der reale Sozialismus nicht mehr, mit der kapitalistischen Konkurrenz technologisch Schritt zu halten. Aber noch in einer ganz anderen Hinsicht ist Engels' Vorstellung der Produktivkraftentwicklung kritisiert worden, eine Auffassung, die in der gegenwärtigen populären Wachstumskritik immer noch einflussreich ist. Es war Max Horkheimer, der in den Vorstudien zur „negativen Dialektik" mit der Vorstellung einer Art „unschuldigen" Produktivkraftentwicklung gründlich brach.[77] Die kapitalistischen Produktionsverhältnisse sind, so Horkheimer, eben nicht unbedingt nur eine Art äußere Fessel einer an sich neutralen Entfaltung der Produktivkräfte, nein Form und Struktur der Produktivkräfte sind vielmehr Ausdruck einer womöglich zerstörerischen kapitalistischen Eskalation, ihre moderne Entwicklung mithin keineswegs der zu befreiende Weg in das „Reich der Freiheit", sondern selbst das Gefängnis, aus dem es unter Umständen kaum einen Ausweg gibt. Das, so könnte man hinzufügen, naive „Substanz-Subjekt-Sein" der Produktivkräfte bei Engels, das war gerade Horkheimers Kritik, werde ihrer realen Bedeutung nicht gerecht. Wie weit der Vorwurf zutrifft, kann hier dahingestellt bleiben. Entscheidend ist wohl, dass Engels bezüglich der modernen Technik ein Kind des 19. Jahrhunderts war, das auf den sozial besser organisierten technischen Fortschritt als Mittel zur Befreiung der Menschheit setzte.

A PENNY POLITICAL PICTURE FOR THE PEOPLE,

WITH A FEW WORDS UPON PARLIAMENTARY REFORM.

BY THEIR OLD FRIEND, GEORGE CRUIKSHANK

9779 A/6

Published by *W. Tweedie, 337, Strand.*

DIE REVOLUTIONIERUNG DER ARBEIT

FRIEDRICH ENGELS UND DER WANDEL DER ARBEITSVERHÄLTNISSE IN MANCHESTER UND LONDON

MARGRIT SCHULTE BEERBÜHL

EINLEITUNG

Im November 1842 verließ Friedrich Engels Barmen, um in Manchester seine Ausbildung zum Kaufmann in der Spinnerei von Ermen & Engels, in der sein Vater Mitinhaber war, zu vollenden. Viele auswärtige Besucher, die Manchester besuchten, schockierte das Aussehen der Stadt. Sie war der Prototyp einer rasch expandierenden modernen Industriestadt mit allen positiven wie negativen Folgen. Das Ausmaß des Elends, dem Engels in den Slumvierteln von Manchester begegnete, veranlasste ihn bekanntlich zu seiner berühmten Schrift: *Die Lage der arbeitenden Klasse in England*.

Erste negative soziale Folgen der beginnenden Industrialisierung zeigten sich dabei auch in Engels Heimatstadt, allerdings nicht in dem Ausmaß wie in Manchester. Schon drei Jahre bevor er nach Manchester ging, schrieb er über die erschreckenden Arbeitsbedingungen in den bergischen Textilfabriken:

> „in niedrigen Räumen, wo die Leute mehr Kohlendampf und Staub einatmen als Sauerstoff und das meistens schon von ihrem sechsten Jahre an, ist grade dazu gemacht, ihnen alle Kraft und Lebenslust zu rauben. Die Weber, die einzelne Stühle in ihren Häusern haben, sitzen vom Morgen bis in die Nacht gebückt dabei und lassen sich vom heißen Ofen das Rückenmark ausdörren.“[1]

← **George Cruikshank,** The British Bee Hive, 1840, reprint 1867. Cruikshank stellte die große Zahl der Berufe in ihrer strengen Separierung und hierarchischen sozialen Gliederung in Form eines Bienenkorbes dar. Dieses Bild assoziierte Bernhard Mandevilles Bienenfabel mit dem später von Karl Marx aufgegriffenen ‚Mandeville Paradoxon‘: Private Vices – Publick Benefits. Der Bienenkorb und die Bienen waren im 19. Jahrhundert verbreitete Allegorien für industriellen Fleiß, Kooperation und Wohlstand.

Wer sich Elberfeld und Barmen näherte oder sie hinter sich ließ, ahnte noch nicht den Anblick des kommenden Industriezeitalters oder vergaß ihn schon bald. Engels fand seinen Heimatort eingebettet in „eine ziemlich anmutige“ Gegend, „die nicht sehr hohen, bald sanft steigenden, bald schroffen Berge, über und über waldig, treten keck in die grünen Wiesen hinein.“[2]

Der Reisende, der sich Manchester näherte, sah dagegen lange vorher die düsteren Vorboten der Industriestadt. Schon von der Ferne, so schrieb der investigative Journalist Angus Bethune Reach (1821–1856) „the tall chimneys begin to figure conspicuously in the landscape; the country loses its fresh rurality of appearance, grass looks brown and dry, and foliage stunted and smutty. The roads, and even the footpaths across the fields, are black.“[3] Je näher er kam, desto dichter wurde der Rauch. Große Textilfabriken, Gießereien, Chemiebetriebe, Brauereien und Zuckerfabriken reihten sich dicht an dicht neben Wohnhäusern. Schon 1808 bemerkte ein Zeitgenosse, „the town is abominably filthy ... the Steam Engine is pestiferous, the Dyehouses noisesome and offensive, and the water of the river as black as ink.“[4] Dabei verursachten auch im Wuppertal einige Betriebe eine erhebliche Umweltverschmutzung, hier war die Wupper nicht schwarz, sondern rot gefärbt von den Abwässern der vielen Türkischrotfärbereien, die sich entlang des Flusses angesiedelt hatten.[5]

Engels berühmte Schrift wirft einen ganzheitlichen Blick auf die Arbeits- und Lebensverhältnisse in England zu Beginn der 1840er Jahre. Dies kann und soll im Rahmen dieses Beitrags nicht geleistet werden, vielmehr werden nur einige wenige Aspekte aufgegriffen. Dies geschieht aus einer zweihundert Jahre späteren Sicht vor dem Hintergrund neuerer Forschungen und konzentriert sich auf die Arbeitsbedingungen in Manchester und London. Denn Manchester war die Stadt, in der Engels seinen Unterhalt verdiente, als Wohnort bevorzugte er London, dort verbrachte er die letzten Jahrzehnte seines Lebens. Die beiden Städte offenbaren die Vielschichtigkeit der Arbeitsverhältnisse im Zeitalter der Industrialisierung, die Engels unmittelbar und hautnah erlebte.

Der Beitrag gliedert sich in zwei Teile. Der erste Teil beginnt mit einem kurzen Überblick über die Arbeitsverhältnisse in der jungen Baumwollindustrie von Manchester. In diesem Zusammenhang wird etwas ausführlicher auf die jüngere Debatte über Frauenarbeit und die Frage der Lohn- bzw. Geschlechtsdiskriminierung eingegangen. Der nachfolgende Abschnitt in diesem Teil beschäftigt sich mit den Iren in Manchester bzw. Großbritannien, denn Engels hat sich bekanntlich intensiv mit Irland und irischen Migranten auseinandergesetzt, wobei nicht allein theoretische Aspekte, sondern auch persönliche Beziehungen ihn dazu bewegten. Es sind außerdem in den letzten Jahrzehnten eine Reihe neuer Publikationen erschienen, die ein facettenreicheres Bild der Iren in Großbritannien vermitteln. Sie waren nicht die einzigen Einwanderer, denen die einheimische Bevölkerung mit Vorbehalten und Fremdenfeindlichkeit begegnete. England war im 19. Jahrhundert ein Einwanderungsland, obwohl es im Schatten der Amerika-Auswanderung stand. Die reiche und liberale Weltmacht lockte viele Europäer aus wirtschaftlichen und politischen Motiven an. So erlebte das Land nach der Masseneinwanderung der Iren in der ersten Hälfte des Jahrhunderts in der zweiten Hälfte eine Masseneinwanderung von mittellosen osteuropäischen Juden, die zu zahlreichen fremdenfeindlichen Übergriffen Anlass gab und die britische Regierung schließlich dazu brachte, 1905 das erste moderne Einwanderungsgesetz in der Geschichte des Landes zu verabschieden. Im Schatten dieser Massenmigrationen kamen viele mittellose Migranten auch aus anderen Ländern, u. a. Deutsche und Italiener.

Der zweite Teil befasst sich mit den Arbeitsverhältnissen in London. Die Wirtschaftsstrukturen der Hauptstadt unterschieden sich deutlich von denen in Manchester. Als Engels London zum ersten Mal betrat, zählte die Stadt bereits über 2 Millionen Einwohner. Sie war die größte Stadt der damaligen Welt, der führende Finanz- und Handelsplatz der Weltwirtschaft und übte auf Migranten, die auf der Suche nach einem besseren Leben waren, eine ungeheure Attraktivität aus. Dabei galt die Gewerbestruktur der Hauptstadt als relativ rückständig gegenüber den jungen Fabrikstädten im Norden und in den Midlands. Unzählige mittlere und kleinere Gewerbe produzierten sowohl für den Luxusbedarf der wirtschaftlichen und politischen Oberschicht des Landes, als auch für die breite Masse der mittleren und der unteren Bevölkerungsschichten in der rasant expandierenden Hauptstadt. Hier boten sich den an- und ungelernten Einwanderern zahlreiche Arbeitschancen. Ausgehend von einigen Anmerkungen Engels in seiner *Lage der arbeitenden Klasse* wird in diesem Teil auf die Veränderungen in ausgewählten Londoner Gewerbezweigen eingegangen.

DIE BAUMWOLLSTADT MANCHESTER

Manchester war der Hort der Industrialisierung. Der Aufstieg war unmittelbar mit der Baumwolle verbunden. Die Erfindungen des „Waterframe" durch Richard Arkwright, der „Spinning Mule" durch Samuel Crompton sowie des mechanischen Webstuhls (Power Loom) und der Kämmmaschine durch Edmund Cartwright läuteten im späten 18. Jahrhundert das Maschinen- und Fabrikzeitalter im Textilgewerbe ein.

Um 1815 arbeiteten bereits 44 % der gewerblichen Bevölkerung von Manchester in Baumwollfabriken mit mehr als 500 Beschäftigten. Diese Firmen machten aber insgesamt nur 7,8 % aller Firmen in und um Manchester aus.[6] Die Zahl der Baumwollspinnmaschinen stieg von 82 im Jahre 1816 auf 185 bis 1841.[7] Spätestens 1830 war das Handspinnen durch Frauen und Kinder in Heimarbeit – von einigen Randregionen abgesehen – der Industriearbeit gewichen.

Der Prozess der Mechanisierung gestaltete sich im Textilgewerbe keineswegs einheitlich. Er hing zum einen von der Stoffart ab. Je nach Gewebe, ob Baumwolle, Wolle, Kammwolle, Leinen oder Seide, setzte die Mechanisierung zu sehr unterschiedlichen Zeitpunkten ein. Der Einsatz von Maschinen beeinflusste zunächst auch nur einzelne Produktionsschritte bzw. -zweige, jedoch nicht den gesamten Produktionsprozess. Zum anderen vollzogen sich die technologischen Veränderungen sowohl zwischen den Städten als auch zwischen Stadt und Land zeitlich sehr unterschiedlich. In Manchester breitete sich die Industrialisierung früher und schneller aus als etwa in den alten Textilzentren von East Anglia oder Yorkshire. Jede Region hatte zudem ihre spezifischen wirtschaftsstrukturellen Eigenarten und Praktiken, die den Grad und Zeitpunkt der Mechanisierung beeinflussten. Die zeitliche Ungleichheit der Mechanisierung des Textilgewerbes ließ Verlag und Heimarbeit sowie Fabrikarbeit lange nebeneinander existieren. So standen 1842 den

Maschinenwebern noch 250 000 Handweber im Textilgewerbe gegenüber. Die Maschinen vermochten die Handweber auch deshalb nur sehr langsam zu verdrängen, weil für feinere und hochwertige Gewebe der Handwebstuhl immer noch unersetzlich blieb.[8]

Hans J. Teuteberg zufolge verzögerte die Überbesetzung des Handwerks die schnelle Durchsetzung der Mechanisierung. Sie verlängerte und verschärfte das Elend der Handweber.[9] Die Überbesetzung des Gewerbes ist sicherlich ein Grund, der durch die massenhafte Einwanderung der Iren in den „hungry forties" verstärkt wurde. Das lange Überleben der Handweberei und die wachsende Armut der Handweber führt Duncan Bythell nicht ausschließlich auf die Überbesetzung im Handwerk zurück. Als hauptsächliche Ursache betrachtet er die extremen konjunkturellen Schwankungen in Baumwollgewerbe. Als Folge des rasanten Wachstums der Baumwollproduktion und der Spekulation wechselten extrem hohe Nachfragespitzen mit scharfen Konjunktureinbrüchen. In Boomjahren, wie den frühen 1820er Jahren und 1834–36, boten sich für die Handweber wiederholt aussichtsreiche Verdienstchancen, da sich Unternehmer gezwungen sahen auf sie zurückzugreifen, weil sie die Nachfrage nicht mit den eigenen Arbeitskräften decken konnten.[10] Hierdurch hielt sich die Handweberei, doch wurden die Weber ins Prekariat gedrückt, da sie bei Konjunktureinbrüchen als erste arbeitslos wurden.[11] Diese Wechsellagen sind von Georg Weerth, der zur gleichen Zeit wie Engels sich in England aufhielt, eindringlich beschrieben worden. „Die Arbeiter mögen sich daher drehen und wenden, wie sie wollen – nach einer kurzen Zeit der Prosperität geraten sie stets wieder in ihr Elend hinein, in ein Elend, welches, wie es nach jeder Handelskrise z. B. der Fall ist, [...] Tausende in der Blüte des Lebens hinwegrafft."[12]

Die Arbeitsverhältnisse befanden sich in der Industrialisierungsphase in einem kontinuierlichen Wandel. Technologische Erfindungen und Verbesserungen der Textilmaschinen trugen nicht allein zur Vergrößerung der Fabriken bei, sondern veränderten die Betriebsstruktur und Organisation und damit auch die Arbeitsbedingungen. So arbeiteten an den Jenny-Spinnmaschinen auch Frauen; mit der Einführung der Mule wurde die Arbeit zur Männerarbeit, denn ihre Bedienung erforderte eine erhebliche physische Kraft. Das änderte sich erneut nach 1830, als die „self-acting mule" eingeführt wurde, deren Bedienung nicht mehr so viel Kraft verlangte. 1856 arbeiteten an den selbsttätigen Mules zu 80 % Frauen.[13]

Außer dem Wandel der Beschäftigtenstruktur erweiterten und vergrößerten die Spinnfabriken ihre Produktionssegmente, indem sie das Spinnen, Weben, Färben und die Endfertigungsprozesse unter einem Dach vereinten oder auch die Produktion verschiedener Garn- und Stoffqualitäten integrierten. So wurde unter den Spinnfabriken abhängig vom Feinheitsgrad des Garns unterschieden zwischen „fine spinning mills", die hochwertige Garne etwa für Spitze herstellten, „coarse spinning mills", die gröberes Garn und Fabriken, „medium mills", die verschiedene mittlere Garnqualitäten produzierten. In größeren Betrieben wurden beide integriert, wie in der Firma Ermen & Engels: Sie stellte 1840 mehrere Garnqualitäten her, sowohl einfaches als auch hochwertigeres Garn. Nach einer Eingabe von Friedrich Engels sen. an das preußische Finanzministerium produzierte die Firma in Manchester „baumwollene

Näh- und Strickgarne von anerkannt ausgezeichneter Güte" und einfache Garne, die nur für den Eigenbedarf zum Doublieren produziert wurden.[14] Inwieweit sie die groben Garne ausschließlich für den Eigenbedarf produzierte, muss mangels fehlender Quellen dahingestellt bleiben. Nach Aussagen eines Spinnfabrikanten aus Manchester wurden die groben Garne für die Herstellung einfacher Stoffe verwandt, die in den Export, vor allem in außereuropäische Regionen gingen.[15]

Abhängig von der Garnqualität und der Größe der Maschinen existierten zahlreiche Lohnstufen. So erhielten Spinner abhängig von der Spindelzahl einer Mule höhere oder niedrigere Löhne. So verdiente ein Spinner, der zuvor an einer Mule mit 712 Spindeln gearbeitet hatte und die Woche zwischen 28 und 30s [s = Schilling) erhielt, bei einer kleineren Mule mit 528 Spindeln nur 25s die Woche.[16] Da die Tendenz der Fabrikanten zu immer größeren Mules ging, sahen sich die Spinner an den kleineren Spinnmaschinen Lohnsenkungen ausgesetzt. Lohnunterschiede existierten ferner zwischen Spinnern in den „coarse spinning mills", die die niedrigsten Löhne erhielten, sowie den Spinnern in den „fine spinning mills", die die hochwertigen Garne herstellten und höhere Löhne erhielten.[17] Überlieferte Lohnangaben variieren sehr stark. Engels nennt in seiner *Lage der arbeitenden Klasse* für Feinspinner einen Wochenlohn von 30s bis 40s und für Grobspinner zwischen 14s und 16 ½ s.[18] Deutlich niedrigere Löhne beziffert der bereits genannte Journalist Angus Bethune Reach (1821–1856), der Ende der 1840er Jahre mehrere Spinnfabriken in Lancashire besuchte, um die Arbeitsbedingungen zu erforschen. Er nennt als Durchschnittslohn in einer „fine spinning mill" 11s 3¾ d [d = alte Abkürzung für Pence] die Woche und in einer „coarse spinning mill" 10s 6d.[19]

In vielen Unternehmen, wie in den Kattunfabriken oder den Seidenwebereien, wurden keine Wochenlöhne, sondern Stücklöhne gezahlt. Angaben zu Wochenlöhnen der Stücklohnarbeiter sind im Allgemeinen auf der Basis der Vollbeschäftigung errechnet und nur als Indikatoren zu betrachten. So lag, nach Angus Reach, der Wochenlohn für erwachsene Kattundrucker bei Vollbeschäftigung zwischen 16s bis 35s. Nur die wenigsten arbeiteten jedoch die volle Arbeitszeit, so dass sie teilweise deutlich weniger in der Woche verdienten. Frauen und Jugendliche bzw. Kinder erhielten deutlich weniger. In der Kattundruckerei verdienten Jugendliche nur fünf Schillinge die Woche bei einem 12-Stunden Arbeitstag. Sie machten Reachs Beschreibung zufolge die ermüdendste, lästigste und stupideste Arbeit, denn sie mussten den ganzen Tag das Rad drehen, das die Zylinder im Färbebottich in Bewegung hielt.[20] Zwei Jungen, die in einer Spinnfabrik und einer Weberei arbeiteten, verdienten jeweils 5s 6d die Woche bei einer Arbeitszeit von zehn Stunden pro Tag.[21] In der Färberei verdiente ein 16-jähriger Junge 6s 6d die Woche. Als Reach seine Recherchen in den Fabriken von Manchester und Umgebung Ende der 1840er machte, war zwar der 10-Stundentag gerade eingeführt worden, doch galt das Gesetz nicht für Kattundrucker oder Heimarbeiter.

Das Arbeitszeitgesetz von 1847 schrieb für Frauen und Jugendliche zwischen 13 und 18 Jahren eine Arbeitszeit von zehn Stunden an Werktagen und acht Stunden an Samstagen vor. Es wurde jedoch häufig umgangen. So waren die Kinder, die Reach interviewte, teilweise jünger als 13 Jahre und viele arbeiteten zwölf Stunden und länger. In anderen Berufen verdienten sie teilweise noch weniger. So arbeitete ein 11-jähriger Junge in einer Gießerei von sieben Uhr morgens bis acht oder neun Uhr abends für 2s 6d die Woche.

FRAUENARBEIT

Die Mechanisierung veränderte das Geschlechterverhältnis in der Textilproduktion. Solange Textilien in Heimarbeit hergestellt wurden, saßen Frauen an den Spinnrädern, Männer jedoch nicht. Die Einführung der Jenny Spinnmaschine und des Waterframes verursachte zunächst noch keine auffällige Geschlechterverschiebung, sondern erst die oben erwähnte Mule. Am Handwebstuhl hatten traditionell beide Geschlechter gearbeitet, wobei die Zahl der männlichen Weber höher war als die der weiblichen. Das Verhältnis änderte sich mit der Industrialisierung. Sowohl in der Handweberei als auch der Maschinenweberei nahm die Zahl der Frauen zu. In den Fabriken der 1830er und 1840er Jahre machten Frauen im Durchschnitt zwischen 50 % und 70 % der Belegschaft aus.[22] In manchen Fabriken, beispielsweise in der Seidenfabrik von Courtauld lag er mit 89 % deutlich höher,[23] so auch in der Spinnfabrik von Ermen & Engels. 1861 beschäftigte Ermen & Engels knapp 78 % Frauen, d. h. 525 weibliche, aber nur 150 männliche Arbeitskräfte.[24]

Obwohl in den Textilfabriken Frauen in der überwiegenden Mehrheit arbeiteten, ist in der Forschung umstritten, ob die Frauenarbeit durch die Industrialisierung zunahm. Ebenso umstritten ist, inwieweit die Fabrikarbeit repräsentativ für die Frauenarbeit war. Nicola Verdon jedenfalls vertritt die Auffassung, dass die Fabrikarbeit untypisch und wenig repräsentativ für die weibliche Erwerbsbevölkerung des 19. Jahrhunderts war. Die Mehrheit, so hält sie fest, arbeitete weiterhin im Haus, im Dienstleistungsgewerbe und in kleinen Werkstätten, den „sweated shops", die durch prekäre Arbeitsbedingungen und Hungerlöhne geprägt waren.[25] Eric Richards nimmt an, dass bezahlte Arbeit für Frauen im 18. Jahrhundert in höherem Umfang verfügbar war als im 19. Jahrhundert und geht entsprechend von einem Rückgang weiblicher Lohnarbeit aus.[26] H. M. Boot andererseits verweist auf eine steigende Nachfrage nach Frauen in der Industrie. Sie nahm u. a. durch die gesetzlichen Einschränkungen der Kinderarbeit im Laufe des Jahrhunderts zu.[27] Inwieweit die Lohnarbeit von Frauen zu- oder abnahm, kann an dieser Stelle nicht geklärt werden. Gleichwohl ist festzuhalten, dass die lohnarbeitende Frau durch die Industrialisierung sichtbarer wurde als in den vorherigen Jahrhunderten, da die Auflösung der traditionellen Familienökonomie sie zwang, ihre Lohntätigkeit außerhalb des Hauses zu suchen.

Zeitgenössische Angaben zu den Wochenlöhnen der Frauen sowie auch die ältere wissenschaftliche Literatur verweisen auf klare Lohnunterschiede von Frauen und Männern. Im Schnitt erhielten Frauen etwa einen um ein Drittel bis 50 % niedrigeren Lohn. Auf entsprechende Lohnunterschiede zwischen Männern und Frauen in den Textilfabriken weist auch Engels in seiner *Lage der arbeitenden Klasse* hin.[28] Seine Angaben decken sich mit denen von Angus Reach, nach dem in den Fabriken in Macclesfield und in Ashton-under-Lyne Frauen, die als „throwster" und „doubler" arbeiteten, zwischen 8s und 9s die Woche erhielten, während die Männer bei gleicher Arbeit zwischen 14s und 15s die Woche verdienten.[29] Angesichts der Debatten um die heute immer noch existie-

London: A Pilgrimage. With illustrations by Gustave Doré, London 1872. Zusammen mit dem Journalisten Blanchard Jerrold (1826–1884) zeichnete Gustave Doré (1832–1883) ein illustriertes Bild von den Sonnen- und Schattenseite der britischen Metropole. Er besuchte die Orte der Reichen wie auch jene Winkel, in denen die obdachlosen Armen Zuflucht suchten. Nicht jedem gefiel diese ungeschminkte Dokumentation der extremen Gegensätze in der damals größten Stadt der Welt.

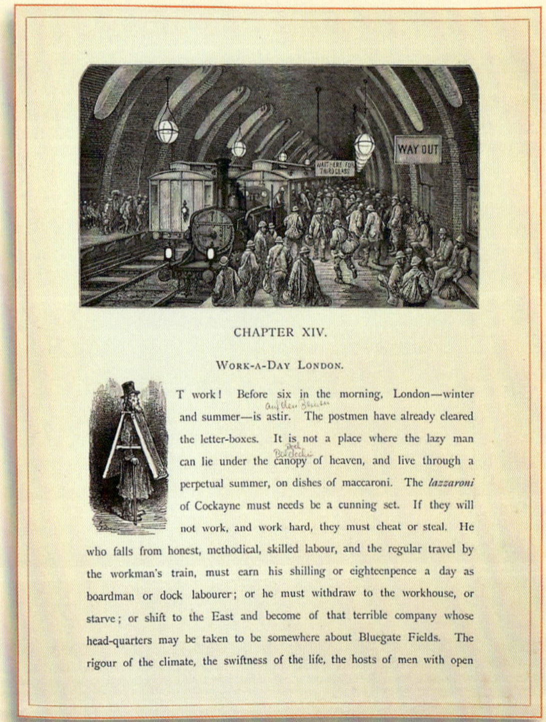

CHAPTER XIV.

WORK-A-DAY LONDON.

T work! Before six in the morning, London—winter and summer—is astir. The postmen have already cleared the letter-boxes. It is not a place where the lazy man can lie under the canopy of heaven, and live through a perpetual summer, on dishes of maccaroni. The *lazzaroni* of Cockayne must needs be a cunning set. If they will not work, and work hard, they must cheat or steal. He who falls from honest, methodical, skilled labour, and the regular travel by the workman's train, must earn his shilling or eighteenpence a day as boardman or dock labourer; or he must withdraw to the workhouse, or starve; or shift to the East and become of that terrible company whose head-quarters may be taken to be somewhere about Bluegate Fields. The rigour of the climate, the swiftness of the life, the hosts of men with open

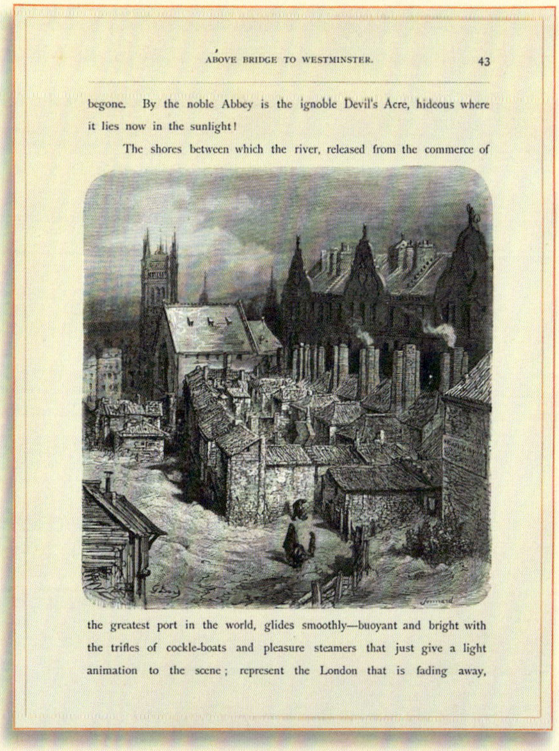

ABOVE BRIDGE TO WESTMINSTER. 43

begone. By the noble Abbey is the ignoble Devil's Acre, hideous where it lies now in the sunlight!

The shores between which the river, released from the commerce of

the greatest port in the world, glides smoothly—buoyant and bright with the trifles of cockle-boats and pleasure steamers that just give a light animation to the scene; represent the London that is fading away, rende Lohndiskriminierung von Frauen für die gleiche Arbeit hat die jüngere Forschung sich der Frage der Lohn- und Geschlechtsdiskriminierung und ihren Ursachen in der Industrialisierung zugewandt. Die Auseinandersetzung hat zwar bisher zu keinem einheitlichen Ergebnis geführt, gleichwohl hat sie auf einige weniger beachtete Aspekte aufmerksam gemacht. Es wurde u. a. danach gefragt, ob und inwieweit die Lohnunterschiede zwischen Frauen und Männern möglicherweise unterschiedliche Tätigkeiten und variierende Arbeitszeiten reflektieren.

Die Parlamentsberichte, die sich mit der Lage der Textilarbeiter befassen, sowie der Census von 1841 und 1851 enthalten umfangreiche Daten über Löhne, die die bekannten Lohndifferenzen zwischen beiden Geschlechtern bestätigen, doch lassen sich keine bzw. keine eindeutigen Beweise in diesen Akten finden, dass Frauen die gleiche Arbeit wie Männer verrichteten.[30] Joyce Burnette und Paul Minoletti schließen in ihren Untersuchungen nicht ganz aus, dass Frauen, sofern sie die gleiche Arbeit wie Männer ausführten, die gleiche Entlohnung erhielten.[31] Allerdings können beide hierfür keine eindeutigen Belege finden. Gleichwohl gehen beide Autoren von einer Geschlechtsdiskriminierung aus. Sie ergab sich insofern, als Frauen in die gering- und unqualifizierte Lohnarbeit gedrängt und von den höher qualifizierten und besser bezahlten Beschäftigungen in der Textilindustrie weitgehend ausgeschlossen wurden. Hinweise auf unterschiedliche Tätigkeitsbereiche von Frauen und Männern finden sich auch in Engels *Lage der arbeitenden Klasse*. Die Männer – hält Engels fest – arbeiteten in den Fabriken als Maschinisten, Schreiner oder Aufseher, während „die eigentliche Arbeit […] von Weibern und Kindern getan“ wird.[32] Eine Lohnliste der Courtauldschen Seidenfabrik in Halstead (Essex) vermittelt einen detaillierten Einblick in die unterschiedlichen Tätigkeiten. Die Männer in der Courtauldschen Fabrik arbeiteten vorwiegend als Mechaniker und Aufseher, während die große Mehrheit der Frauen mit der eigentlichen Textilherstellung befasst war und hier deutlich geringere Löhne erhielt.[33] Nach der Lohnliste arbeiteten Frauen zwar auch als Aufseherinnen, allerdings zu deutlich geringeren Löhnen. Minoletti, der sich mit der Tätigkeit von Frauen als Aufseherinnen näher befasst hat, verweist darauf, dass sie nur als Aufseherinnen über ihr eigenes Geschlecht sowie über Kinder und Jugendliche eingesetzt wurden und deshalb niedrigere Löhne erhielten. Den Hauptgrund, weshalb Frauen so gut wie nie die besser bezahlten Arbeiten als Aufseher in den Textilfabriken ausübten, sieht Minoletti in der vorherrschenden Geschlechterideologie, der Abneigung gegen weibliche Autorität über Männer.[34]

Ferner hielten neben physischen Unterschieden geringere Ausbildungschancen und die Politik der Gewerkschaften Frauen von den besser bezahlten Tätigkeiten fern. Viele Gewerkschaften, so auch die der Mule-Spinner oder der Schneider, schlossen Frauen nicht nur von der Mitgliedschaft aus, sondern versuchten sie von den besser bezahlten Arbeiten auszuschließen. Die Politik der Gewerkschaften ergab sich jedoch weniger aus einem Geschlechtsvorbehalt, denn sie richtete sich ebenso gegen Iren und alle anderen, die ihre mühsam errungenen Lohnvereinbarungen mit den Arbeitgebern zu gefährden drohten.[35]

Die Frage, inwieweit Lohnunterschiede durch differierende Arbeitszeiten hervorgerufen wurden, griff die jüngere Forschung ebenfalls auf. Die festen Arbeitszeiten in den Fabriken machten es für verheiratete Frauen schwerer, Beruf und Familie zu vereinbaren. In der Heim- und Verlagsarbeit konnten sie die Arbeit flexibel an die Familienbedürfnisse anpassen. Wie sah es bei den Fabrikarbeiterinnen aus, die zehn Stunden und mehr in den Fabriken arbeiteten? Hier verweisen Burnette sowie Boot auf altersspezifische Unterschiede. Der Frauenanteil unter den Fabrikarbeiterinnen über 21 Jahre war gegenüber den jüngeren zwischen 13 und 20 Jahre deutlich geringer. In den Baumwollfabriken sank der Anteil der über 21-jährigen gegenüber den Jüngeren von 65 % auf 52,2 %, bei den Flachs- und Seidenfabriken von 77,3 % auf 59,5 % bzw. von 84,3 % auf 71,3 %.[36] Mädchen unter 13 Jahre erhielten in den von Burnette untersuchten Fabriken sogar die gleichen Löhne wie Jungen. Ab dem Alter von 16 Jahren ging die Lohnschere zwischen Männern und Frauen auseinander.[37] Der altersspezifische Arbeitszeitrhythmus der Frauen änderte sich auch in der zweiten Hälfte des 19. Jahrhunderts nur wenig. Boot weist anhand einer Datenanalyse für den Zeitraum von 1833 bis 1906 nach, dass der Lohnunterschied zwischen beiden Geschlechtern am höchsten in der Altersstufe bei den über 20-jährigen war, während vor dem 20. Lebensjahr und in späteren Lebensaltern die Unterschiede deutlich geringer waren.[38] Allerdings reduzierten sich die Lohnunterschiede zwischen den Geschlechtern in der zweiten Hälfte des 19. Jahrhunderts leicht, da die Löhne der Frauen stärker stiegen als die der Männer.

In der Landwirtschaft reflektieren die niedrigeren Löhne der Frauen, nach Burnette, gleichfalls kürzere Arbeitszeiten. Sie waren zwischen einem Drittel und der Hälfte niedriger als die der Männer, doch Frauen arbeiteten außerhalb der Erntezeit deutlich weniger als Männer. Während die Männer im Allgemeinen auch im Winter sechs Tage die Woche beschäftigt waren, arbeiteten Frauen außerhalb der Erntezeit im Durchschnitt nur vier Tage.[39] Die geringeren Arbeitszeiten spiegelten sich hier in einer entsprechend geringeren Entlohnung wider. Burnette bemerkt außerdem, dass Frauen in der Landwirtschaft, wenn Männer nicht zur Verfügung standen, offensichtlich genauso viel oder noch mehr als Männer verdienten.[40] Lohnunterschiede, so beide Autoren, waren somit in vielen Fällen auch bei den Fabrikarbeitern geringer als sie auf den ersten Blick auf Lohnlisten erscheinen. Burnette führt die Lohnunterschiede vor allem auf die geringere Produktivität der Frauen zurück, da sie weniger Stunden arbeiteten, um Familie und Arbeit zu verbinden.[41]

In der englischen Literatur wird zwar gerne Friedrich Engels Bemerkung aus den 1880er Jahren zitiert, demzufolge Fabrikarbeit für Frauen eine emanzipatorische Funktion besaß, da sie ihnen ein von Männern unabhängiges Einkommen verlieh.[42] In seiner *Lage der arbeitenden Klasse* vertrat er jedoch noch die Ansicht, dass die Frauenarbeit in den Fabriken eine „Umkehrung der bestehenden sozialen Ordnung [...] mit den verderblichsten Folgen“ bedeute.[43] Gesellschaftliche Vorbehalte gegen die Fabrikarbeit von Frauen, wie sie Engels stellvertretend für viele Zeitgenossen äußerte,[44] schränkten ihre Arbeitsmöglichkeiten ebenfalls ein, dabei war Lohnarbeit für verheiratete und unverheiratete oft eine ökonomische Notwendigkeit. Mit dem wirtschaftlichen Aufschwung und dem Anstieg der Löhne in der Textilindustrie nach 1860 konstatiert Burnette einen Rückzug von verheirateten Frauen aus der Fabrikarbeit, wo immer die Löhne der Männer es ihnen erlaubten.[45] Außerhalb der Fabrikabeit wurden Frauen jedoch zunehmend in die Randökonomien der „sweated trades“ abgedrängt, wie unten noch weiter ausgeführt wird.

DIE IREN

Engels hat sich bekanntlich intensiv mit Irland und den Iren in Manchester befasst. Sein Interesse wurde auch durch seine Lebensgefährtin Mary Burns und ihre Schwester Lizzy geweckt. Die beiden Schwestern entstammten einer irischen Familie, die mit vielen anderen Iren auf der Suche nach Arbeit ihre Heimat verlassen hatte. Er lernte sie vermutlich in der Spinnfabrik seines Vaters Ermen & Engels in Manchester kennen.[46] Ob sie als Baumwollspinnerinnen in der Fabrik arbeiteten, ist nicht mehr mit Sicherheit festzustellen.[47]

Die Einwanderung von Iren war kein neues Phänomen, das erst mit der Industrialisierung und den Hungerjahren begann. Iren gingen seit alters her als saisonale Erntehelfer in den Sommermonaten nach England. Das Lohngefälle zwischen ihrer Heimat und dem Ernteland machte ihre saisonale Arbeit in der Fremde attraktiv.[48] Dies endete auch nicht mit der Industrialisierung, sondern nahm im 19. Jahrhundert noch zu, um die wachsende Nachfrage nach agrarischen Produkten der rasch wachsenden Bevölkerung zu befriedigen. Sinkende Fahrpreise seit den 1820er Jahren auf den Fähren zwischen Irland und England erhöhten sogar die Attraktivität der saisonalen Arbeit auf den englischen Landgütern.[49] Es gab, nach Donald MacRaild, in England so gut wie keine agrarische Region, die nicht auf die regelmäßige Versorgung mit irischen Saisonarbeitern angewiesen war.[50] Irische Saisonarbeiter dominierten auch das Ziegel- und Kalkgewerbe bei Liverpool. Sie kamen im Frühjahr, um den Sommer über in den Kalk- und Lehmgruben zu arbeiten und kehrten dann zum Winter hin in die Heimat zurück.[51]

Die irische Einwanderung nach England und Schottland gewann nach dem Ende der Napoleonischen Kriege eine neue Dimension. Hierzu trug bereits die Kartoffelmissernte von 1821 bei. Die irischen Einwanderer kamen vor allem aus den agrarischen Gebieten ihrer Heimat und verfügten nur über geringe oder keine Qualifikationen. Sie waren, wie Engels in seiner *Lage der arbeitenden Klasse* schreibt, vor allem in jenen Berufen zu finden

> „wo es eine einfache, weniger exakte Arbeit gilt, wo es mehr auf Stärke als auf Geschicklichkeit ankommt […] Daher sind auch diese Arbeitszweige vor allen von Irländern überlaufen: die Handweber, Maurergesellen, Lastträger und Jobbers und dergleichen zählen Massen von Irländern.“[52]

Manchester erlebte die erste Einwanderungswelle von Iren bereits um die Wende zum 19. Jahrhundert, als es der Stadt an Handwebern mangelte. [53] Ein beträchtlicher Teil von ihnen waren zu dem Zeitpunkt noch gelernte Handwerker. Erst in den 1820er Jahren nahm die Zahl der ungelernten Iren erheblich zu.[54] Sie übernahmen vorwiegend die niedrigsten und schlecht bezahlten Arbeiten in den Blas- und Kardierräumen der Baumwollfabriken in Lancashire, nur eine absolute Minderheit arbeitete als Spinner. Anders sah die Situation in Schottland aus: Dort arbeiteten sie auch in den höher be-

→ **George Cruikshank,** The tax on property, ie. the costs of being rich, 1835–1843.

zahlten Abteilungen der Spinnfabriken, da die Schotten nur ungern in die Fabrik gingen. In der englischen Seidenindustrie von Cheshire und Macclesfield war der Anteil der gelernten irischen Seidenweber ebenfalls höher.[55]

Mit dem Einsetzen der Hungerjahre entwickelte sich die irische Einwanderung zu einem Massenphänomen. In Manchester stieg die Zahl der Iren von knapp 33 500 im Jahr 1841 auf über 52 500 im Jahr 1851. Noch höhere Zahlen wies Liverpool auf. Sie stiegen von über 49 640 auf über 83 800. Die Hafenstadt erwarb den Ruf „Hauptstadt von Irland" zu sein.[56] Manchester weckte bei ausländischen Besuchern einen ähnlichen Eindruck. Für Jakob Venedey, der Engels in Manchester besuchte, war „das Leben in den Straßen [von Manchester] fast mehr irländisch als englisch".[57] Die Angaben über den prozentualen Anteil der Iren an der Einwohnerzahl von Manchester schwanken. Während Mervyn A. Busteed und Rob I. Hodgson für das Jahr 1841 einen Anteil von 12,5 % an der Gesamteinwohnerzahl von Manchester annehmen, geht Donald M. MacRaild nur von 8,5 % aus. Sowohl in absoluten Zahlen als auch prozentual wiesen London, Liverpool und Glasgow deutlich höhere Zahlen auf als Manchester.[58]

Der überwiegende Teil der irischen Neuankömmlinge war arm. Sie fanden Unterschlupf in den Slumvierteln der Städte, wo sie in schmutzigen und feuchten Wohnungen und Kellern lebten. Die katastrophalen Wohnungsverhältnisse in den Slumvierteln waren aber nicht allein der Armut geschuldet. Angesichts der rasch wachsenden Einwohnerzahlen und der Massenimmigration kamen die Städte mit der hohen Wohnraumnachfrage nicht zurecht. Freiflächen und Hinterhöfe wurden zugebaut, Wohnungen und Häuser in kleinere Wohneinheiten geteilt sowie Keller in Wohnungen für die steigende Zahl der Bedürftigen umgewandelt. Besonders akut war die Lage während der Hungerjahre in Liverpool. Allein 1847 kamen in Liverpool um die 300 000 Iren an, von denen zwar die Hälfte nach Amerika und Kanada weiterzog. Von den

Thomas Carlyle (1795–1881), 1867. In seinem Buch ‚Past and Present' (1841) setzte er sich leidenschaftlich mit der Verlogenheit der modernen Gesellschaft auseinander. Friedrich Engels hielt diese Schrift für die einzige lesenswerte Schrift jenes Jahres in England.

in Liverpool verbliebenen 150 000 Iren wurden 100 000 als arm bezeichnet. Die Zahl der Neuankommenden blieb auch in den nachfolgenden Jahren hoch. Bis 1853 landeten in Liverpool zwischen 68 000 und 80 000 Iren pro Jahr, von denen mehr als ein Drittel arm war. Die Unterbringung dieser hohen Zahl stellte die Stadt vor kaum lösbare Probleme. Feuchte Kellerwohnungen und andere Slumbehausungen blieben oft die einzige Lösung.[59]

Armut und Wohnungsnot führten in vielen großen Städten Englands zur sozialen Segregation. In Manchester entstanden drei irische Armenviertel: „Little Ireland" nahe der Oxford Road, Ancoats im Norden der City und die Irish Town hinter dem Victoria Bahnhof in Manchester.[60] „Little Ireland" war für Friedrich Engels „der abscheulichste Fleck" der Stadt.[61] Die Konzentration der Iren in ihren Vierteln verglich Jakob Venedey mit einer „Art Kaserne". Andere Autoren wiesen den irischen Vierteln Ghetto-Charakter zu.[62] Jüngere Untersuchungen stehen der Charakterisierung als Ghetto jedoch kritisch gegenüber. Iren waren durchaus auch in anderen Stadtteilen zu finden und in den irischen Vierteln lebten englische, schottische und walisische Arbeiter. Zwischen den Gruppen gab es Graham Davis und F. J. Williams zufolge erhebliche Interaktionen.[63]

Die Masseneinwanderung der Iren schürte die ohnehin vorhandene Fremdenfeindlichkeit und Vorbehalte der englischen Bevölkerung, die die katholischen Iren als zwar hart arbeitend aber unvernünftig, wild und zur Trunkenheit neigend, als „less civilised population" und „kind of substratum" betrachtete.[64] Die englische Arbeiterschaft sah in ihnen eine unliebsame Konkurrenz um Arbeitsplätze, die die etablierten Löhne und Arbeitsbedingungen unterwanderten und als Streikbrecher fungierten. In seiner *Lage der arbeitenden Klasse* wiederholt Engels diese zeitgenössischen Stigmatisierungen der Iren, wenn er sie als „roh, trunksüchtig" und „liederlich" bezeichnet, die den englischen Arbeitern die Arbeitsplätze wegnahmen.[65]

Die Frage, ob und inwieweit die Iren den Engländern die Arbeitsplätze streitig machten, bedarf einer genaueren Analyse. In einer Fallstudie hat der amerikanische Soziologe Robert Boyd am Beispiel der verarmten ost- und südosteuropäischen Einwanderer, die im amerikanischen Einzelhandel vordrangen, aufgezeigt, dass diese nicht grundsätzlich eine wirtschaftliche Konkurrenz zu den etablierten einheimischen kleinen Ladenbesitzern bildeten, sondern Nischen besetzten oder als Zuarbeiter für die Einheimischen tätig waren.[66] In den aussterbenden Berufen, wie den Handwebern, trugen die Iren sicherlich zur Überbesetzung der Handwerke bei und verstärkten die Konkurrenz. In anderen britischen Gewerbezweigen war dies jedoch nicht unbedingt der Fall. MacRaild hat am Beispiel der irischen Saisonarbeiter in Schottland aufgezeigt, dass sie lange Zeit keine Konkurrenz für die einheimischen schottischen *cottagers* darstellten. Erst im Zuge der Einhegungen seit etwa 1800 und der Abschaffung des schottischen Clan-Systems, die viele Kleinbauern von ihrem Land vertrieben, entwickelte sich eine Konkurrenzsituation zwischen den Iren und den besitzlosen und arbeitslos gewordenen *cottagers*, die in die Lohnarbeit drängten.[67]

In anderen Gewerben ist ebenfalls weniger von einer Konkurrenzsituation als von Zuarbeit und Nischenbesetzung auszugehen. Der Aussage des Unternehmers Samuel Holmes vor

BALLOON BUILDINGS
No. 73
An Airy Bed Room to Let NB No heavy person need apply
No. 7
GAS OFFICE
Half a Room to Let
NEW BRIDGE STREET
Wanted Standing Room
A HOUSE TO LET in the Under Ground Buildings Enquire at 3 Tunnel Square
Wanted a place to Sleep in
Wanted AIR room
Any person giving information where a bit of ground can be had to build on will be handsomely rewarded
Take Notice NO Lodings To Let here
Buttress Buildings
SUSPENSION VILLAS
WATER LANE
ACADEMY
THE GLOBE
BOAT STREET

dem Parlamentarischen Untersuchungsausschuss von 1836 zufolge arbeiteten Iren als „bricklayers' labourers, plasterers' labourers" bzw. „masons' labourers"[68], somit als Zuarbeiter. In anderen Gewerben, beispielsweise der Gerberei, erledigten die Iren einfache und schlecht bezahlte Arbeiten, die die Engländer mieden. In der Gerberei hatte sich bis 1850 eine weitgehende Arbeitsteilung durchgesetzt, die eine Disqualifikation einzelner Arbeitsschritte nach sich zog. So existierten in der Gerberei drei Arbeitsschritte, die von unterschiedlichen Personen, dem beam-man, yard-oder job-man und shed-man ausgeführt wurden, von denen nur der shed-man eine gewisse Qualifikation benötigte. Der beam-man befreite das Fell von Haaren und Fleisch und bereitete es für den Gerbprozess vor, der zweite, der yard-man, bereitete die Gerbgrube (den Äscher) vor, legte das Fell in die Gerbgrube und bewegte die Haut mit Hilfe einer langen Stange durch die Gerbflüssigkeit. Danach kam die gegerbte Tierhaut zum shed-man. Die unqualifizierte Arbeit des yard-man wurde fast ausschließlich von Iren gemacht.[69] Sie erhielten auch die niedrigsten Löhne. In der Gerberei konkurrierten die Iren nicht mit den Briten, sondern übernahmen die einfachste und stupideste Arbeit. Beispiele finden sich auch in anderen Gewerbezweigen, dass ungelernte Migranten Arbeiten übernahmen, die die Engländer ablehnten oder mieden, weil die Arbeit als schmutzig oder verrufen galt oder besonders schwer und schlecht bezahlt war, wie beispielsweise in der Zuckerraffinerie. Die Zuckersieder leisteten in den Siedereien saisonbedingt überlange Arbeitszeiten unter extremen Hitzebedingungen bei gleichzeitig ausgesprochen niedrigen Löhnen. So bemerkte der schottische Zuckerfabrikant Thomas Fairie aus Greenock

> „The Scotch will not work in sugar-houses; the heat drives them away in the first fortnight. If it was not for the Irish, we should be forced to give up trade; and the same applies to every sugar-house in town. This is a well-known fact. Germans would be our only resource, and we could not readily get them."[70]

Während in Greenock die Iren die Arbeit in den Zuckersiedereien weitgehend monopolisierten und Deutsche nur vereinzelt anzutreffen waren, arbeiteten in den Siedereien in Liverpool zahlreiche deutsche Einwanderer, in den Londoner Siedereien monopolisierten sie sogar das Gewerbe. Es handelte sich bei den deutschen Zuckersiedern ebenfalls um ungelernte Arbeitskräfte, die vorwiegend aus den agrarischen Regionen des Elbe-Weser-Dreiecks und Hessens stammten.[71]

Eine sichtbare Erscheinung waren die Iren auch im Baugewerbe, im Straßen, Kanal- und Schienenbau oder in den Docks, wo sie die schwersten Tätigkeiten ausführten und diese teilweise monopolisierten. Hoch war auch ihre Zahl unter den Hausierern oder kleinen Straßenhändlern.[72] Allerdings konkurrierten sie in diesen beiden zuletzt genannten Tätigkeiten mit anderen mittellosen Immigranten, insbesondere den aus Osteuropa eingewanderten Juden.

← **George Cruikshank,** A Malthusian view of an overcrowded London of the future, 1851.

George Cruikshank, London Going out of Town or ‚The March of Bricks and Mortar', 1829.

LONDON UND DAS EAST END

London besaß eine geradezu magnetische Anziehungskraft für Einwanderer aller gesellschaftlichen Schichten, für Wirtschaftsmigranten wie für die politischen Flüchtlinge Europas, die nach den gescheiterten Revolutionen hier Asyl fanden. Die große Mehrheit der Einwanderer, Iren wie Festlandeuropäer, blieb in der Hauptstadt hängen.

So verdiente Engels zwar in Manchester sein Geld, doch mochte er die Stadt nicht. Ihn zog es, wie Marx, in die Hauptstadt, in der er die letzten Jahrzehnte seines Lebens verbrachte. Als Engels sie zum ersten Mal betrat, hatte sie schon die 2 Millionen Einwohner-Grenze überschritten und gegen Ende des Jahrhunderts lebten mehr als 6 Millionen dort.[73] Sie war eine unregierbare Stadt, ein „infernal wen" also ein infernalisches Geschwulst, wie Francis Sheppard sie bezeichnete.[74] Größenmäßig war sie für auswärtige Besucher ein Monster, denn es gab keine größere Stadt auf der Welt. Weerth sprach vom „Städteungeheuer London".[75] Sie war anziehend und abstoßend zugleich. Friedrich Engels beschreibt sie in seiner *Lage der arbeitenden Klasse* als „großartig" und „massenhaft", eine Stadt, in der „man stundenlang wandern kann ohne auch nur an den

Anfang des Endes zu gelangen", eine Stadt „in der man nicht zur Besinnung kommt".[76] Die Menschenmassen auf den Straßen besaßen für ihn aber „etwas Widerliches", schockiert war er über „die brutale Gleichgültigkeit", „die gefühllose Isolierung jedes einzelnen auf seine Privatinteressen". Es herrschte „sozialer Krieg, der Krieg aller gegen alle". Erschreckend fand Engels die unmittelbare Nachbarschaft von extremem Reichtum und bitterster Armut. In London gab es Stadtteile, deren Schmutz und Elend für Angus Reach bei weitem größer waren als in den ärmsten Vierteln von Manchester.[77]

Sie war eine zweigeteilte Stadt, im West End lebten Adel und das wohlhabende Bürgertum und im Osten, dem East End, die Armen. Die geographische Trennung von arm und reich vergrößerte sich mit dem Fortschreiten des Jahrhunderts und spiegelte die sich im Laufe der Zeit verschärfenden sozialen Gegensätze wider.

Das schlechteste und ärmste Viertel, das von Engels ausführlich beschrieben wurde, war St. Giles im East End. „Die Häuser", so schreibt er „sind bewohnt vom Keller bis hart unters Dach, schmutzig von außen und innen, und sehen aus, daß kein Mensch drin wohnen möchte."[78] In diesem Viertel lebten vor allem Iren. Hier stieg zwischen 1841 und 1851 die durchschnittliche Einwohnerdichte eines Hauses von 24 auf 46 Personen. Einige Unterkünfte beherbergten sogar bis zu 100 Personen.[79] Die Wohnungssituation verschlechterte sich in den Armenvierteln seit der Mitte des Jahrhunderts durch den Ausbau der Straßen und der Eisenbahnen, in deren Folge ganze Straßenzüge im East End niedergerissen wurden.[80] Der Wohnraum für die Armen und kleinen Gewerbetreibenden wurde knapp und teuer. Nach der Untersuchung von Gareth Stedman Jones verdoppelten sich die Mieten zwischen 1844 und 1887, die Löhne, etwa der Schuhmacher, stiegen jedoch nur um ca. 20 %.[81]

Die Wohnraumsituation verschlechterte sich außerdem durch die Masseneinwanderung von mittellosen osteuropäischen Juden und, wenn auch in geringerer Zahl, von Italienern. Das East End entwickelte sich insgesamt zum Sammelbecken für mittellose Immigranten, die, um zu überleben, jede sich ihnen anbietende Arbeit übernahmen. Deutsche Einwanderer standen im Allgemeinen nicht im Blickfeld der Armutsmigration. Gleichwohl lebten über 50 % der deutschen in London lebenden Einwanderer in den Armutsvierteln des East Ends. Sie arbeiteten in den Zuckerraffinerien, im Metzger, Bäcker- oder Schneidergewerbe.[82]

Gegenüber den neuen Industriegebieten galt die Gewerbestruktur der Hauptstadt lange Zeit als relativ rückständig.[83] Sie war keine Industriestadt im modernen Sinne, sondern übersät mit einer Vielzahl von klein und mittelständischen Betrieben und Werkstätten, die einerseits für den Luxusbedarf der wirtschaftlichen und politischen Elite produzierten und andererseits für den Massenbedarf der rasch expandierenden Mittel- und Unterschichten. Die Vorstellung, nach der die Industrialisierung gleichsam an London vorbeigegangen war, ist inzwischen revidiert worden. Vielmehr fand in London eine andere Art der Industrialisierung statt, die durch die hohe Saisonalität der Nachfrage geprägt war. Diese machte hohe Investitionen in große Industrieunternehmen unrentabel. Die geradezu proto-industriell erscheinende Gewerbestruktur der Hauptstadt war in weiten Bereichen hoch effizient und produktiv, weil Händler und Unternehmer auf die häufigen Modeänderungen und konjunkturellen Schwankungen schneller und flexibler reagieren konnten als die Fabrik.[84] Neu entwickelte Maschinen wurden durchaus eingesetzt, jedoch nur solche, die, wie die Nähmaschine, nur einen geringen Kapitaleinsatz benötigten.

Kennzeichen der Gewerbestruktur Londons waren die Großhändler und Warenhausbesitzer auf der einen Seite, die ihre Aufträge an kleine pseudo-selbstständige Meister und ihre Arbeitskräfte ausgaben. Effizienz erhielt diese proto-industrielle Struktur durch die ausgeprägte Aufteilung des Produktionsprozesses in kleinteilige Arbeitsschritte, die eine Vereinfachung und Beschleunigung der Fertigung bedeuteten. Traditionelle Handwerksarbeit wurde auf diese Weise entqualifiziert, denn für viele einzelne Arbeitsschritte konnten billigere und ungelernte Arbeitskräfte, vor allem Frauen, Jugendliche und ungelernte Immigranten eingestellt werden. Die intensive Arbeitsteilung kann im Prinzip als die Vorwegnahme der Fließbandarbeit, bzw. als manuelle Fließbandarbeit, charakterisiert werden.

Einen einzigartigen Einblick in die Arbeitsverhältnisse des East Ends bieten die Reportagen von Henry Mayhew, die er 1849–50 im Morning Chronicle veröffentlichte, sowie sein dreibändiges Werk *London, Labour and the Poor*, indem er sich vor allem mit den „outcast poor“, den „Ausgestoßenen“ der Gesellschaft, den Straßenverkäufern, Wanderhändlern, Straßenkünstlern, Prostituierten und vielen anderen befasste. Mayhew kann als ein „englischer Friedrich Engels“ betrachtet werden. Er lehnte sich gegen die viktorianischen Tugenden und Moralvorstellungen seiner bürgerlichen Herkunft und seiner Zeit auf und prangerte die Auswüchse des frühen Kapitalismus auf das Schärfste an. Im Unterschied zu Engels war er jedoch kein Sozialist, denn er wollte das Privatkapital erhalten.[85] Mayhew begann seine Untersuchungen im East End im Auftrag des Morning Chronicle, da das öffentliche Interesse an der sozialen Lage der Armen, der hohen Arbeitslosigkeit in weiten Teilen Englands und dem Chartismus Ende der 1840er Jahre hoch war.[86]

Die Segregation der Stadt spiegelte sich auch in der Gewerbestruktur und den Arbeitsverhältnissen wider. Im Westen der Stadt arbeiteten die Handwerker im sogenannten „fair trade“. Sie produzierten für den Luxusbedarf der Wohlhabenden und waren gewerkschaftlich organisiert. Im Osten breiteten sich der „cheap“ oder „slop trade“ bzw. die „sweated trades“ aus, in denen überlange Arbeitszeiten und Hungerlöhne den Arbeitsalltag kennzeichneten. Dies soll hier am Beispiel der Seidenweber beschrieben werden.

SEIDENWEBER VON SPITALFIELDS

Sie galten Anfang des Jahrhunderts als die Aristokratie unter den hauptstädtischen Textilhandwerkern. Ihr Handwerk war durch ein Importverbot vor der Konkurrenz ausländischer Seide geschützt. 1773 hatten sie außerdem nach jahrelangen Unruhen und Gewalt ein Lohngesetz durchgesetzt, dass den Arbeitgebern unter Strafe verbot, Löhne unter einem von den städtischen Behörden festgelegten Minimum zu senken. Dem Arbeitgeber war außerdem untersagt Arbeitsauftrage außerhalb Londons zu vergeben.[87] Dieses Gesetz schloss die Seidenindustrie in Coventry ein. Es wurde 1824 aufgehoben.

Eine Verschlechterung ihrer Lage setzte bereits mit dem Ende der Napoleonischen Kriege 1815 ein, auch bedingt durch den Aufstieg der

Seidenindustrie in Macclesfield und East Anglia. Arbeitgeber in Macclesfield setzten als erste neue Arbeitsstrukturen durch. Sie gingen dazu über sogenannte „half-apprentices" zu beschäftigen, die an keine Ausbildungszeiten und -vorschriften gebunden waren.[88] Zur Senkung der Lohnkosten gaben die Fabrikanten Aufträge unter Umgehung der Meister direkt an Gesellen, die ihrerseits ‚Halb-Lehrlinge' anheuerten, welche den größten Teil des Webens übernahmen, aber nur einen halben Gesellenlohn erhielten. Sie konnten jeder Zeit entlassen werden, wenn es nicht genügend Arbeit gab.

Die ersten mechanischen Webstühle für Seidenwaren wurden in Lancashire eingeführt. Sie eigneten sich allerdings zunächst nur für die Herstellung einfacher Seidenstoffe. Insgesamt vollzog sich die Mechanisierung des Seidengewerbes nur sehr langsam. In Coventry, wo vor allem Seidenbänder hergestellt wurden, erfolgte die Mechanisierung verstärkt erst in den 1840er Jahren. 1835 standen im Seidengewerbe 1750 mechanische Webstühle immer noch 40 000 Handwebstühlen gegenüber.[89]

Das Londoner Seidenhandwerk blieb weitgehend kleingewerblich organisiert, da es für den gehobenen Bedarf produzierte. Von 10 500 Handwebstühlen waren 97 % im Besitz von Familien mit nicht mehr als jeweils bis zu fünf Webstühlen.[90] 1857 gab es in Spitalfields gerade einmal elf Fabriken.

Ein Lohnstreik der Seidenweber am Ende der Napoleonischen Kriege gegen Lohnkürzungen endete mit einer Niederlage und der Kürzung ihrer Stücklöhne um 25 %. Zur weiteren Verschlechterung trugen in den 1820er Jahren, außer der Abschaffung des Lohngesetzes 1824, die Aufhebung des Importverbots für Seide 1829 und eine Senkung der Zolltarife bei. Von dieser Zeit an hatten sie gegen die Konkurrenz hochwertiger französischer Seidenstoffe zu kämpfen. Die schwere Rezession Anfang der 1830er ließ die Arbeitslosigkeit unter den Webern akut steigen. Im Winter von 1831 standen in Spitalfields und Macclesfield ein Drittel aller Webstühle und in Coventry sogar zwei Drittel still.[91] Es wird geschätzt, dass in den 1830er Jahren zeitweise bis zu 30 000 Seidenweber arbeitslos waren.[92] Zur katastrophalen Lage der Seidenweber bemerkte Engels, sie hätten „seit geraumer Zeit periodisch im größten Elend gelebt."[93]

Londoner Seidenweber klagten Mayhew gegenüber, dass ihre Löhne seit der Aufhebung des Lohngesetzes 1824 um mehr als 50 % gesunken seien, gleichzeitig sei die Arbeitszeit aber um ein Drittel länger geworden.[94] Um nicht zu verhungern, verdingten sich viele Seidenweber in Phasen der Arbeitslosigkeit als Gelegenheitsarbeiter in den Londoner Docks und halfen als Träger oder beim Beladen und Entladen der Schiffe.[95] Angesichts der sich dramatisch verschlechternden Arbeitsbedingungen gingen die Seidenband- und Kreppweber im Lande zu einer neuen Form der Selbsthilfe über. Sie errichteten „cottage factories", um am technologischen Fortschritt teilzunehmen. Es handelte sich bei den „cottage factories" um Zusammenschlüsse von kleinen Werkstätten, die sich zur Deckung des Energiebedarfs ihrer Webstühle eine Dampfmaschine teilten.[96]

In Lancashire und East Anglia überlebten kleine selbstständige Seidenhandweber nur deshalb noch lange, weil sie eine ‚Reservearmee' für die Fabrikbesitzer bildeten, die bei kurzfristigen Nachfragespitzen auf sie zurückgriffen.[97] Der endgültige Niedergang des englischen Seidengewerbes setzte nach der vollständigen Aufhebung der Importzölle 1860 ein. Auf die Gesetzesänderung antworteten die englischen Seidenfabrikanten unmittelbar mit Lohnsenkungen. Der darauffolgende zweimonatige Streik der Seidenweber endete mit einer Niederlage. Die zollfreie Einfuhr von hochwertigen Seidenstoffen aus Frankreich traf die Seidenweber von Spitalfields besonders hart.[98] Bis zum Ersten Weltkrieg war die Seidenherstellung in England ausgestorben. Das Seidengewerbe war nicht der einzige untergehende Wirtschaftszweig. Das Schuhmacherhandwerk und der Schiffsbau verlagerten sich in die nördlichen Grafschaften und die englische Zuckerraffinerie brach unter der Konkurrenz des preiswerten deutschen Rübenzuckers, der den englischen Markt überschwemmte, ein.[99]

STRASSENVOLK: „THE OUTCAST POOR"

Zum Straßenbild Londons gehörte auch die Masse der Gelegenheitsarbeiter, der Hausierer, der Diebe, Prostituierten oder der Straßenverkäufer, die ein ärmliches Dasein fristeten. Ein kennzeichnendes Element dieses Armenheeres waren die teilweise subtilen sozialen Differenzierungen. Die Schuhmacher, Schneider, Seidenweber und viele andere, die in den „slop trades" auf redliche Weise ihren Lebensunterhalt zu verdienen suchten, galten als „respectable poor". Ihnen standen die „outcast poor", die Ausgestoßenen, gegenüber, die mehr oder weniger auf und von der Straße lebten und mit den niedrigsten und schmutzigsten Arbeiten, wie dem Einsammeln von Unrat bzw. Wertstoffen aller Art, ihren Lebensunterhalt fristeten.

Zu ihnen gehörten auch die zahlreichen „costermongers" bzw. Straßenhändler und -verkäufer. Engels nennt sie die „Überflüssigen", die das East End sowie die Londoner Märkte bevölkerten und für einen Penny oder weniger Lebensmittel und viele kleine Alltagsdinge den vorbeikommenden Passanten anboten. Die meisten verlegten sich, so Engels, auf das Hökern, den Verkauf von Obst, Gemüsen und sonstigen kleinen Waren, wie Hosenträger, Bleistifte, Taschenmesser etc.[100] Das auf den Straßen in Körben angebotene Gemüse und Obst war – so Engels – „natürlich alles schlecht und kaum genießbar".[101]

Die „costermongers" bzw. Straßenverkäufer versorgten die breite Bevölkerung der mittleren und unteren Schichten mit billigen Nahrungsmitteln und Waren aller Art. Unter den Obst- und Gemüseverkäufern sowie den Last- und Gepäckträgern bildeten die Iren um die Mitte des Jahrhunderts ein auffälliges Erscheinungsbild. Mayhew schätzte die Zahl der Iren, die sich durch Straßenverkauf und andere Gelegenheitsarbeiten ihr Geld verdienten, auf mehr als 10 000.[102] Wie überall wurden sie von den Einheimischen als Eindringlinge und Bedrohung ihres Lebensstandards betrachtet, da sie bereit waren, unter den üblichen Preisen und Löhnen zu arbeiten. „I found", so bemerkte Mayhew, „among the English costermongers a general dislike of the Irish. "[103]

Viele irische Männer verdienten aber nur gelegentlich mit dem Verkauf von Gemüse, Obst oder Fisch oder als Lastträger ihren Lebensunterhalt, wenn sie am Bau oder in den Docks keine Arbeit als Tagelöhner fanden. Dagegen hing der Lebensunterhalt vieler irischer Frauen und Mädchen vom Gemüse, Obst- und Lebensmittelverkauf auf der Straße ab. Sie waren nach Meinung von Mayhew nicht einmal in der Lage, die einfachsten Näh- oder Haushaltsarbeiten wie waschen oder bügeln zu erledigen: „there seems to remain to them but one thing to do [...]

‚to sell for a ha'pinny the three apples which cost a faruthing' [sic].“ [104] Beide Geschlechter, so bemerkt er, seien zwar sehr eloquent und besäßen auch eine schnelle Auffassungsgabe, doch würden die Straßenverkäufer selten zu Wohlstand kommen, da sie ihre Tätigkeit auf schnell verkäufliche Waren, wie Äpfel, Nüsse oder Orangen beschränkten.[105] Hart war Georg Weerths Urteil: „leider weiß ein Irländer nie Haus zu halten, er lebt nur dem Augenblick, und ein folgender Tag ist ihm durchaus gleichgültig [...] Die Irländer vertrinken, was sie in die Hände bekommen.“[106]

Wie in den meisten Londoner Gewerben gab es auch unter den „outcasts“ eine soziale Differenzierung zwischen den regulären und den irregulären Straßenverkäufern. Gerade in den untersten Schichten existierten feine Unterschiede und subtile Hierarchien. Beispielsweise existierten unter den Straßenreinigern mehrere Hierarchien, deren Ansehen und Verdienste entsprechend variierten. Die Straßenfeger unterschieden sich von den Hundekotsuchern, die wiederum von den Schlammsuchern und diese von den Hundekotsammlern und Schlammsammlern. Daneben existierte auch die Konkurrenz der Gelegenheitssammler, wie die der Gerbergesellen, die Hundekot sammelten und an Gerbereien verkauften.[107]

Die „costermongers“ unterschieden gleichfalls zwischen regulären und irregulären Obst- und Gemüseverkäufern. Die Iren arbeiteten mehrheitlich im irregulären Straßenverkauf, nur wenigen gelang es, in die Reihen der regulären Straßenhändler aufzusteigen. Unterhalb der Schicht der „costermongers“ standen die „refuse-sellers“. Es waren im Allgemeinen Frauen und Mädchen, die unverkäufliches Obst und Gemüse erwarben, um es in ihren eigenen sozialen Schichten zu verkaufen. Selbst unter den „Abfallkäufern“ existierten feine Unterschiede zwischen den regulären Abfallverkäufern und den Gelegenheitsverkäufern.[108] Die regulären Abfallverkäuferinnen verdienten zwischen 4d und im allerbesten Fall bis zu 1s pro Tag. Allerdings reichte ein Verdienst von 6d kaum für das Nötigste aus, weil die Einnahmen sehr unregelmäßig waren. An manchen Tagen, so berichtete eine Apfelverkäuferin Mayhew, habe sie nichts zu essen. Ähnlich sah auch die Lage bei den Blumenverkäuferinnen auf der Straße aus.[109]

Kinderarbeit war gerade unter den Straßenverkäufern sehr verbreitet.[110] Die Ärmsten unter ihnen waren die Waisenkinder, waren die Mädchen im Alter von 11 bis 15 Jahren, die auf der Straße Blumen verkauften und in Elendsunterkünften sich Zimmer und Bett mit mehreren teilten.[111] Unter den Straßenjungen fand Mayhew einige, die durchaus so viel wie die Erwachsenen verdienten.[112]

Vor der massenhaften Ankunft der Iren in den 1840er Jahren hatten Juden den Straßenverkauf von Orangen in London betrieben. Sie okkupierten lange Zeit mit dem Orangenverkauf eine Nische, die von den einheimischen Straßenverkäufern gemieden wurde. Anders als die Iren betrieben bei den Juden nur Jugendliche bis zu einem Alter von ca. 21 Jahren den Orangenverkauf, um danach in den Großhandel einzusteigen. Mayhew zufolge waren die jüdischen Jugendlichen sehr geschickte Verkäufer, die an Postkutschenstationen und anderen profitablen Plätzen ihre Waren anboten. Neben Orangen boten sie seit der Krise der 1820er Jahre vermehrt andere Kleinwaren wie Rasierklingen, Spangen, Siegelwachs u. a. an. Sie wurden durch die einströmenden Iren aus diesem Hökergewerbe verdrängt.[113]

DIE OSTEUROPÄISCHEN JUDEN

England hatte schon im späten 18. Jahrhundert eine Einwanderungswelle von mittellosen jüdischen Einwanderern aus Osteuropa im Zuge der polnischen Teilungen erlebt. Ihre sichtbare Anwesenheit auf Londons Straßen durch ihre traditionelle Kleidung und ihre Bettelei hatte zeitweise zu heftigen fremdenfeindlichen Übergriffen geführt. Sie waren in der ersten Hälfte des 19. Jahrhunderts nicht ganz von den Straßen des Londoner East Ends verschwunden, doch hatte ihre Zahl deutlich abgenommen. Viele von ihnen hatten sich ein Jahrhundert später in die bürgerliche Mittelschicht integriert. Nach Mayhews Informationen waren es nicht mehr als ca. 500 bis 600 in London gegenüber höheren Zahlen in früheren Zeiten.[114] Gleichwohl gab es immer noch viele Juden, die in den prekären Gewerbesektoren des „slop trade" als Pfandleiher, Zigarrenmacher oder als Wanderhändler arbeiteten oder mit gestohlenen Waren handelten. Die Straßenjuden und Altkleiderverkäufer, die Mayhew interviewte, gehörten jedoch nicht zu den ärmsten. Sie verdienten mehr als die Iren und als mancher englische Handarbeiter.[115] Viele hatten sich auch erscheinungsmäßig angepasst, indem sie ihre traditionelle Kleidung und ihre Bärte abgelegt hatten.

Seit den 1860er Jahren setzte eine neue Masseneinwanderung von Juden aus Polen und Russland ein, die Engels noch miterlebte. Sie erreichte in den letzten beiden Jahrzehnten des Jahrhunderts ihren Höhepunkt und sorgte erneut für erhebliche soziale Unruhe und fremdenfeindliche Übergriffen. Es wird geschätzt, dass in den 1880er Jahren zeitweise zwischen 5000 und 6000 pro Jahr nach England kamen.[116] Die Mehrheit der Immigranten blieb in London. Nach Schätzungen lebten zwischen 1881 und 1901 ca. 60 % von ihnen in London und Umgebung. Die zweitgrößte jüdische Gemeinde entstand in Manchester mit 12 %, gefolgt von Leeds neben kleineren Gemeinden in Liverpool, Birmingham oder Glasgow.[117] Nach Bill Williams empfand die integrierte jüdische Gemeinde die neuankommenden Juden aus Osteuropa als Bedrohung ihrer Werte und ihres anglo-jüdischen Image, da sie eine andere Kultur mitbrachten, die Zahl der Kleinkriminellen und Hausierer vergrößerten sowie durch ihre Armut zu einer Belastung der jüdischen Synagogengemeinden wurden.[118]

Die Massenimmigration der Juden trug zu einem Verdrängungswettbewerb unter den Armen im East End bei, denen sich einheimische Handarbeiter, Iren, Deutsche und andere Nationalitäten in den untergehenden Gewerbezweigen ausgesetzt sahen. Die Einwanderung der Juden verursachte einen ethnischen Wandel des East Ends. Ursprünglich deutsche Viertel im East End erhielten, nach Panikos Panayi, einen jüdischen Charakter.[119]

Die Mehrheit von ihnen war nicht nur arm, sondern auch ungelernt. Ihre Ankunft in London ließ die „sweated trades" im East End anschwellen. Viele von ihnen fanden im Schneider- und Schuhmachergewerbe ein geringes Einkommen. Einige Bereiche, wie die Herstellung von Frauenmänteln, entwickelten sich zu typischen Handwerken der jüdischen Immigranten. Hungerlöhne, überlange Arbeitszeiten und extreme saisonale Schwankungen durch den raschen Wandel der Mode prägten ihre Lage. Es wird geschätzt, dass die Löhne zwischen 14s und 21s die Woche lagen, wobei Frauen deutlich weniger verdienten. Nach den Berechnungen von Charles Booth lag das Existenzminimum für eine mittlere Familie in den 1890er Jahren bei 18s bis 21s.[120] Selbst diejenigen, die zwischen 21s und 30s die Woche verdienten, gerieten auf Grund der Saisonalität vieler Gewerbe oft an den Rand des Existenzminimums.[121] Die neu ankommenden Immigranten hatten jedoch keine andere Wahl als die schlecht bezahltesten Arbeiten zu übernehmen.

Nähmaschinen hatten nicht nur bei den Schuhmachern Einzug gehalten, sondern auch im Schneiderhandwerk. Sie verlangten keine großen Investitionen, zumal sie auf Raten gekauft werden konnten. Sie vermehrten die Schicht der kleinen quasi-selbstständigen Meister, die trotz harter Arbeit oft am Existenzminimum lebten und ihren Angestellten nur niedrigste Löhne zahlten. Hierdurch schwollen nicht nur die Reihen der „sweaters" an, sondern sie verschärften zugleich die Konkurrenz untereinander.[122] Weerth betrachtete die Konkurrenz der Armen untereinander als das schlimmste Unglück.[123]

Auf der anderen Seite konnte es geschickten kleinen Meistern durchaus gelingen, die Armutsgrenze hinter sich zu lassen, wenn sie Nischen fanden. Obwohl den Iren der Einwanderungsgeneration nachgesagt wurde, dass sie keine sozialen Aufstiegsambitionen besaßen, gelang es der nachfolgenden Generation offensichtlich durchaus, in die Ränge der Mittelschicht aufzusteigen.[124]

FAZIT

Engels lebte in der Epoche eines tiefgreifenden Wandels, die nicht allein die Arbeitsverhältnisse umgestaltete, sondern viele Bereiche des täglichen Lebens, auf die hier nicht eingegangen werden konnte. Das Alltagsleben wurde durch die Vielzahl technischer Veränderungen revolutioniert. Eisenbahnen, Dampfschifffahrt und Telegraphie revolutionierten das Raum- und Zeitverständnis. Zeitgenossen, wie Heinrich Heine und William Fardely, empfanden diese Veränderungen, als „Vernichtung von Raum und Zeit".[125] Die Beziehungen der Gesellschaftsschichten nach dem Zusammenbruch der alten Ständeordnung mussten gleichfalls neu definiert werden. Dies erfolgte, wie es Engels, Weerth und andere sahen, durch den „Krieg aller gegen alle". Nicht weniger dramatisch war der Wandel der Arbeitsverhältnisse, die Engels zum Verfassen seiner *Lage der arbeitenden Klasse* und Marx und Engels letztlich zu ihrer Prognose einer proletarischen Revolution veranlassten. Denn die Schere zwischen Reichtum und Armut in der Weltmacht Großbritannien klaffte extrem sichtbar auseinander.

Die Mechanisierung vieler Produktionsprozesse sowie der Übergang zur Fabrikarbeit und zu modernen Betriebsformen lösten traditionelle Arbeitsverhältnisse auf, neue soziale Arbeitsbeziehungen mussten erst erkämpft werden.[126] Die Mechanisierung vollzog sich zudem in einem sehr ungleichmäßigen und ungleichzeitigen Prozess. Während in Manchester im Baumwollgewerbe die Mechanisierung schon sehr früh einsetzte, erfolgte sie in anderen Orten und in anderen Gewerbezweigen erst später. Auf der Verliererseite standen die heim- und handarbeitenden Weber, Spinner und Frauen. Viele wurden in den Niedriglohnsektor der ungelernten Tagelöhner gedrängt, für die eine wachsende Nachfrage entstand. Das Elend vieler Handarbeiter wurde verlängert und verschärft durch extreme Konjunkturschwankungen, verursacht durch Spekulation, Überproduktion und ausländische, aber auch einheimische Konkurrenz.

Ein weiterer Faktor, der zur Überbesetzung und zur Ausweitung der prekären Arbeitsbedingungen mit überlangen Arbeitszeiten und Hungerlöhnen führte, war die irische Masseneinwanderung seit den 1820er Jahren, die den Arbeitsmarkt zusätzlich belastete. Allerdings wurden die Immigranten nicht in allen Fällen zu Arbeitsplatzkonkurrenten, sondern fanden auch Unterschlupf in Nischen, die von den Einheimischen nicht besetzt wurden. Dort arbeiteten sie als Zuarbeiter für höher qualifizierte Handwerker oder übernahmen Arbeiten im Baugewerbe und vielen anderen Wirtschaftszweigen. Für Donald MacRaild stellten die Iren in der Phase der Industrialisierung die wichtigste Immigrantengruppe dar, da sie einen erheblichen Anteil am Ausbau der Infrastruktur hatten. Sie waren für ihn „at the frontier of industrial expansion: hewing canals, laying railways and blasting docks".[127]

In London fand, wie gezeigt wurde, eine andere Art der Industrialisierung statt. Die Nachfragestruktur der Hauptstadt unterschied sich von vielen anderen Städten, zum einen wuchs der Bedarf an hochwertigen Luxusartikeln, die noch nicht industriell herstellt werden konnten, zum anderen stieg auch der Bedarf an preisgünstigen Massenwaren und einer preisgünstigen Versorgung mit Artikeln des täglichen Bedarfs für die rasant wachsende Bevölkerung der Stadt. Obwohl sich die Hauptstadt nicht zum Vorreiter der Fabrikindustrie entwickelte, weil hier die Grundstückskosten, Löhne und Energiekosten zu hoch waren, waren die Entwicklungen nicht weniger dramatisch. Fertigungsprozesse wurden in einfache Arbeitsschritte unterteilt, für die keine oder nur eine geringe Qualifikation notwendig war, so dass in Massen produziert werden konnte. Es entwickelten sich „economies of scale", die nicht auf Maschinen, sondern auf manueller Fließbandarbeit beruhten.

Ihre weltwirtschaftliche Bedeutung und ihre Größe machten die Hauptstadt zu einem Magnet für Migranten aller Art, politische Flüchtlinge wie Wirtschaftsmigranten. Die Masseneinwanderung von Iren, Juden und anderen mittellosen Einwanderern ließen die Randökonomien der „sweated trades" anschwellen. Für Migranten ergaben sich jedoch wirtschaftliche Aussichten in den prekären Randökonomien, die ihnen die Heimat nicht bot. Konkurrenzsituationen entstanden in mehrfacher Hinsicht in London. Zum einen gerieten die hochqualifizierten Handwerker des West Ends in Konkurrenz mit den Handarbeitern in den „sweated trades" des East Ends und mit dem Ausland, in deren Folge ihre Löhne und Arbeitsbedingungen sich verschlechterten. Sie waren nicht die einzigen Verlierer. In den „sweated trades" des East Ends konkurrierten Einheimische und Einwanderer miteinander um Arbeitsplätze und einen notdürftigen Lebensunterhalt. Neben diesen beiden Konkurrenten sahen sich viele Londoner Gewerbe einer weiteren einheimischen Konkurrenz in den nördlichen Grafschaften und den Midlands gegenüber, da dort die Produktions- und Lohnkosten erheblich niedriger waren als in der Hauptstadt. Es gab jedoch nicht nur Verlierer. Zum einen boten sich in dem expandierenden Dienstleistungs- und Finanzsektor neue Arbeitschancen und zum anderen konnten selbst in den von Niedergang betroffenen Gewerbezweigen geschickte Kleinmeister und Kleinhändler zu einem bescheidenen Wohlstand kommen.[128]

↑ **Ford M. Brown,** Work, 1852/1865. Das großformatige Gemälde in Pathosform mit Rundbogen und biblischen Inschriften gibt ein Panorama der englischen Gesellschaft in Form einer Realallegorie. Im Mittelpunkt dieses narrativen Bildes stehen kraftvoll tätige Erdarbeiter als wahre Helden und produktive Klasse der Gesellschaft. Um sie herum in unterschiedlichsten Facetten und Anspielungen typische Vertreter aus proletarischen, kleinbürgerlichen, intellektuellen und wohlhabenden Schichten sowie einigen für die britische Gesellschaft typischen Sonderlingen wie etwa der Wildkräutersammler links oder die wohlmeinenden Damen mit ihren Traktaten zur moralischen Besserung der Welt. Die zweite Person auf der rechten Seite ist der Schriftsteller Thomas Carlyle, der einen romantisierenden Sozialismus propagierte, daneben Frederick D. Maurice. Ford Maddox Brown gehörte zur Arts and Crafts Bewegung, die moderne Maschinen als Wurzel allen Übels ansah. Die biblischen Zitate: Haben auch nicht umsonst das Brot genommen von jemand, sondern mit Arbeit und Mühe Tag und Nacht haben wir gewirkt. Ich muß wirken solange es Tag ist; es kommt die Nacht, da niemand wirken kann. Siehest du einen Mann bebend in seinem Geschäft, der wird vor den Königen stehen. Im Schweiße deines Angesichts sollst du dein Brot essen.

R.J.R.
schein
Banknote
Metalliques
Russische Obligationen
Anweisung
Staatsp
e Bank
Preußische Kassen-Anweis
Oesterreichis
Französisch
Hannöveris
Regno d'Itali
A. Achenbach fct
1848.

DAS ÖKONOMISCHE DENKEN SEINER ZEIT

FRIEDRICH ENGELS UND DAS SPANNUNGSFELD ZWISCHEN SCHÖPFUNG UND ZERSTÖRUNG

HANS FRAMBACH

EINLEITUNG

Friedrich Engels war ein Ökonom, zunächst ganz im Sinne seiner Ausbildung zum Handelsgehilfen im väterlichen Unternehmen, zunehmend aber auch als scharfer Kritiker der vorherrschenden ökonomischen Lehre. Aus seiner Funktion als Kritiker sollte er später, gemeinsam mit Karl Marx, die Grundlegung einer eigenen Gesellschaftstheorie erschaffen, in der die Ökonomie einen eigenen und bedeutenden Bereich einnimmt. Engels war kein studierter Ökonom, sondern Autodidakt. Er verfügte in seinen jungen Jahren, in denen er die für das Engels-Marx'sche Theoriegebäude so zentralen Werke verfasst hatte – die *Umrisse zu einer Kritik der Nationalökonomie* (1844) und *Die Lage der arbeitenden Klasse in England* (1845) –, über lediglich eingeschränkte Kenntnisse der ökonomischen Theorie.

Aus der Perspektive der Geschichte des ökonomischen Denkens wird kritisch hinterfragt, inwieweit Engels' Aussagen zum damaligen Stand wissenschaftlich fundiert waren, er existierende Ansätze und Denkweisen zur Kenntnis nahm, das zur Kenntnis Genommene selektiv erfasste und interessengesteuert verwendete, bei der Auswahl des konkreten Untersuchungsobjektes mit Vorbehalten vorging, sich auf Quellen stützend, die seiner Meinung, aber nicht immer dem Erkenntnisstand der Wissenschaft, entsprachen. Was den englischen Zweig der klassischen Nationalökonomik, namentlich Adam Smith, David Ricardo und Thomas Malthus und darüber hinausgehend den Franzosen Jean Baptiste Say, anbetrifft, also jenen Teil der ökonomischen Theorie, den Engels nahezu ausschließlich zum Gegenstand seiner Kritik machte – und den er, wie jegliche Theorie der

← **Andreas Achenbach,** Apotheose und Anbetung des Götzen unserer Zeit, 1848.

damaligen Zeit, mit Ausnahme der sozialistischen Theorien freilich, als Vulgärökonomie abtat –, so liegen bereits beachtenswerte Einschätzungen vor.[1]

Um zu viele Wiederholungen und Überschneidungen mit der bestehenden Literatur zu vermeiden, beschäftigt sich der vorliegende Beitrag in erster Linie mit von Engels vernachlässigten ökonomischen Lehren, die, insbesondere in der Zeit, als er die Eckpfeiler seiner ökonomischen Denkweise ausbildete (die Jahre bis 1845), durchaus ihren Stellenwert aufwiesen und auf die Engels Zugriff hätte haben können. Für ein Mitglied der „Schumpeter School of Business and Economics" der Universität Wuppertal, aus deren ursprünglicher Tagungsidee „Technik – Arbeit – Kapital. Friedrich Engels und die Multidimensionalität des ökonomischen und gesellschaftlichen Wandels im 19. Jahrhundert" der vorliegende Band hervorging, ist die Nachfrage gewissermaßen obligatorisch, inwieweit die in der ökonomischen Theorie vor allem durch Joseph A. Schumpeter (1883–1950) verbreitete Metapher der schöpferischen Zerstörung ihrem Inhalt nach auch im ökonomischen Denken Friedrich Engels' vorfindlich ist.

Was also war der Stand der ökonomischen Lehre in der ersten Hälfte des 19. Jahrhunderts, unter welchen Umständen fand sie statt und welche Entwicklungslinien existierten?

DER STAND DER ÖKONOMISCHEN THEORIEBILDUNG ZU BEGINN DES 19. JAHRHUNDERTS

Zu Beginn des 19. Jahrhunderts steht Europa unter den Zeichen einer Reihe großer Umwälzungen der gesellschaftlichen und politischen Systeme, Entwicklungen, die auch die ökonomische Theorie nicht unbeeinflusst lassen. Für die deutschen Territorien seien etwa die von Hardenberg unter dem Diktum „Revolution von oben" gekennzeichneten Modernisierungsprozesse genannt, die den Reformen nach Preußens Niederlage gegen Napoleon im Jahre 1806 folgen und auch nach dem Untergang des Napoleonischen Reiches fortgesetzt werden.[2] Die eingeschlagenen Wege sind umfassend und betreffen viele Bereiche wie die öffentliche Verwaltung, die Regierung, das Militär, die Organisation der Landwirtschaft, der Städte, des Steuer- und Zollwesens, den Handel, das Bildungswesen und natürlich die ökonomische Theorie und Lehre. Zwei Entwicklungslinien sind zu beobachten:

Zum einen sind die großen politischen und gesellschaftlichen Wandlungsprozesse erkennbar. Deren Höhepunkte sind die im Zuge der Französischen Revolution sich ausbreitenden Freiheitsbestrebungen, deren ökonomische Auswirkungen in der Entfesselung der physischen und geistigen Produktionspotenziale sichtbar werden. Diese finden innerhalb der ökonomischen Lehre, von England herkommend, ihre wohl berühmteste Beschreibung in Adam Smith's *Wealth of Nations* (1776). Smith stellt die Bedeutung der wirtschaftlichen Entwicklung für eine Nation in den Vordergrund und fasst die nach dem Untergang der Epoche des Merkantilismus infolge gefallener Eingrenzungen und Beschränkungen sichtbar gewordenen positi-

➔ **Jacques-Louis David,** Bonaparte beim Überschreiten der Alpen am Großen Sankt Bernhard, 1800/1801.

BONAPARTE
KAROLVS . MAGNVS

ven Entwicklungen in seinem Werk in einzigartiger Weise zusammen und führt darüber hinaus Mechanismen über das Zustandekommen der neuen Art und Dimension wirtschaftlicher Leistungsfähigkeit, des Reichtums einer Nation, an. Ausschlaggebend sind der Niedergang alter Beschränkungen und der Gewinn neuer Freiheiten. So werden für eine prosperierende wirtschaftliche Entwicklung Faktoren ausgemacht, wie die freie Berufswahl und -ausübung, die Befreiung des Grund und Bodens von Lasten, die Gewinnung von Anbau- und Weideflächen, die Ausrichtung der Landwirtschaft an Effizienzkriterien, die neuen Erfindungen in der Industrie, die Verbesserung und Erweiterung des Verkehrswesens, die Ausweitung des Handels und der Gewerbe, der die Produktivität fördernde Konkurrenzgedanke, eine von ihm beobachtete zunehmende Stabilität der Lebensmittelpreise oder der Rückgang von Perioden wirtschaftlicher Unterversorgung.

Zum anderen findet in weiten Teilen der ökonomischen Ausbildung und Lehre eine intensive Auseinandersetzung mit Fragen der Verwaltung, Führung und Finanzierung der öffentlichen Haushalte statt. Die Organisation der Volkswirtschaften unterliegt einem

↓ **Jean-Baptiste Mauzaisse,** Napoléon schreibt den Code Civil.

regelrechten Paradigmenwechsel, der sich über Jahrzehnte vollzieht und seinen Anfang im Anschluss an die insbesondere in der zweiten Hälfte des 18. Jahrhunderts gewachsene Kritik an der Finanzierung der Staatshaushalte nimmt und in den beiden letzten Dekaden geradezu einen Höhepunkt in der öffentlichen Diskussion erreicht. Ausgangspunkt ist die Forderung, dass die im 18. Jahrhundert in aller Regel noch in Form von Höfen organisierten Staatshaushalte zwar notwendigerweise durch die Öffentlichkeit zu finanzieren sind, die nationalen Einkünfte jedoch keinesfalls länger als deren Eigentum zu betrachten seien. An dieser Stelle sei lediglich das Stichwort der „Zivilliste"[3] angeführt.[4] Damit einher geht nicht nur die Kontrolle der Höfe durch eine staatliche Budgetdisziplin, sondern auch die Überführung privater Besitzungen in staatliche, natürlich bei angemessener materieller Absicherung des regierenden Adels.[5] Nunmehr gilt das Grundprinzip, die Berechnung der Staatseinnahmen aus der Größenordnung abzuleiten, die der Staat zur Erfüllung seiner Aufgaben benötigt.

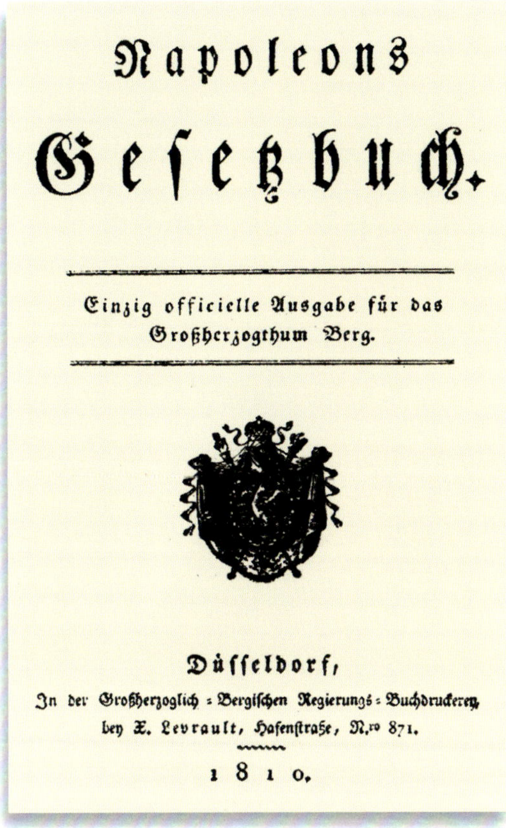
Napoleons Gesetzbuch.

Einzig officielle Ausgabe für das Großherzogthum Berg.

Düsseldorf,
In der Großherzoglich = Bergischen Regierungs = Buchdruckerey,
bey X. Levrault, Hafenstraße, N.ro 871.
1810.

Napoleons Gesetzbuch. Einzig offizielle Ausgabe für das Großherzogtum Berg, Düsseldorf 1810.

Dem Prinzip nach war die Grundform der modernen Finanzwissenschaft entstanden und damit eine Neupositionierung von Finanzpolitik und Finanzverwaltung, deren Kernaufgabe im Aufstellen einer an politischen Zielen ausgerichteten Budgetplanung bestand. Auf deutschem Terrain ist diese Entwicklung zu Beginn des 19. Jahrhunderts deutlich erkennbar, etwa in den Napoleonischen Satellitenstaaten, dem „Großherzogtum Berg" (1806–1813) – hierzu gehört auch Barmen, wo zum Jahresbeginn 1810 der *Code civil* in Kraft tritt und alle bisherigen Gesetze und Verordnungen ersetzt, die zum Teil noch auf traditionellen lokalen Gewohnheitsrechten aus dem Mittelalter beruhen –, dem „Königreich Westfalen" (1807–1813) und dem „Großherzogtum Frankfurt" (1810–1813), aber ebenso in einigen anderen Staaten des Rheinbundes (1806–1813). Nach dem Wiener Kongress (Barmen wird der preußischen Provinz Jülich-Kleve-Berg zugeordnet) geht die „Zivilliste" als ein Element des Staatsrechts in den deutschen Staaten ein. Mit dem Modernisierungsprozess der öffentlichen Finanzen vollzieht sich ein Wandel der ökonomischen Theoriebildung, der jedoch, was die an den Universitäten vermittelten und damit für die Verwaltungspraxis relevanten ökonomischen

Johann Friedrich August Tischbein, Gottlieb Hufeland (1760–1817), Rechtswissenschaftler, Senatspräsident und Bürgermeister von Danzig, 1798.

Friedrich List (1789–1846), Volkswirt, 1845.

Lehrinhalte anbetrifft, noch für viele Jahre Elemente des späten Kameralismus enthält. Gewiss war die alte Unterteilung der Kameralwissenschaften in Polizei, Handlungs- and Finanzwissenschaft[6] überkommen und der Kameralismus im weiteren Sinne, seine Aufteilung in Staatswissenschaft, Staatswirtschaft, Politische Ökonomie oder Nationalökonomie, inhaltlich selbst in Veränderung begriffen, wozu glühende Verehrer der Smith'schen Lehre einen nicht unerheblichen Beitrag geleistet hatten. So trat Gottlieb Hufeland (1760–1817) dafür ein, den durch Ludwig Heinrich v. Jakob (1759–1827) in seinem 1805 erschienenen Werk *Grundsätze der National-Oekonomie oder Theorie des National-Reichthums* geprägten Begriff der „National-Oeconomie" oder „National-Wirthschaftlehre" durch den der „Volkswirthschaft" zu ersetzen, um hierdurch den Unterschied zur Staatswirtschaft deutlicher zutage treten zu lassen.[7] Noch im selben Jahr verwendete Friedrich Julius Heinrich Reichsgraf v. Soden (1754–1831) den Begriff der Nationalökonomie in seinem Werk *Die Nazional-Oekonomie.* Engels, der mit Ausnahme von Friedrich List (1789–1846) ausschließlich auf englische, schottische und französische Wissenschaftler rekurriert, verwendet überraschenderweise durch die gesamten *Umrisse* hindurch die allein im deutschen Sprachraum geläufige Bezeichnung des Faches „Nationalökonomie" anstelle von „Politischer Ökonomie".[8] Offensichtlich ist ihm der Begriff der Nationalökonomie geläufig, jedoch wird keiner der einschlägigen Autoren von Engels genannt.

In Deutschland jedenfalls war der Kameralismus in der Regierungs- und Verwaltungspraxis von noch immer großem Einfluss,[9] wenngleich seine Inhalte, in der Theorie der öffentlichen Haushalte zwar weiterhin vermittelt, jedoch zunehmend durch solche der sich stark ausbreitenden Nationalökonomik aus den Lehrplänen der Universitäten verdrängt wurden.[10] Daraus ist aber keinesfalls der Untergang des Kameralismus als eine Folge des aufkommenden Liberalismus und des Auftretens sich entwickelnder Theorien nach dem Vorbild der klassischen Nationalökonomik zu folgern und die Politische Ökonomie auf die englische klassische Nationalökonomik zu reduzieren oder gar *Wealth of Nations* generell als das Initial der Politischen Ökonomie zu betrachten, so wie es insbesondere von Wilhelm Roscher (1817–1894) und später selbst von Autoren wie Joseph A. Schumpeter vertreten wurde.[11] Diese, auch in der heutigen Zeit noch gängigen Interpretationen, gelten als überholt. Sie beruhen auf verzerrten frühen Rezeptionen des *Wealth of Nations,* auf Nachlässigkeiten und selektiver Auswahl in dessen früher Wiedergabe.[12]

Am Rande sei noch auf große Übereinstimmungen zwischen Kameralisten und klassischen Nationalökonomen hingewiesen, etwa in Fragen zu Prinzipien der Förderung der allgemeinen Glückseligkeit oder Faktoren, die den Reichtum einer Nation beeinflussen,[13] ohne jedoch die fundamentalen Differenzen zu Fragen von Wert- und Preisentstehung sowie den Freihandel, also jene Aspekte, die in Engels' Interesse standen, zu relativieren.[14] Der Kameralismus verlor gegenüber der klassischen Nationalökonomik sicherlich auch deshalb an Bedeutung, weil er zunehmend als eine zusammengewürfelte Kollektion von ökonomischen Grundsätzen aus der Ökonomik, Verwaltung und Verwaltungspraxis wahrgenommen wurde[15] und keine einheitliche theoretische Basis aufwies. Ebenso wurden bisherige Inhalte von der sich weiter ausdifferenzierenden Rechtswissenschaft übernommen.[16]

Viele dieser Aspekte nicht berücksichtigt zu haben, die teilweise erst die moderne Ideengeschichte aufzudecken vermochte, ist Engels gewiss nicht vorzuwerfen. Was ihm allerdings bereits hätte auffallen können, war der auch damals nur bedingte faktische Einfluss der ökonomischen Theorie auf die tatsächlichen Wirtschaftsabläufe und die Politik der Regierungen und vor allem, dass es sich bei Ökonomen, Unternehmern und Regierenden in der Regel um verschiedene Personen mit unterschiedlichen Interessenlagen handelte. Insbesondere bei den deutschen Vertretern der klassischen Nationalökonomik waren gegenüber *Wealth of Nations* kritische Töne zu vernehmen. So

↓ **Karl Heinrich Rau** (1792–1870), Nationalökonom, 1870.

zeigten sich die deutschen Vertreter zwar hinsichtlich der dort beschriebenen Ideen der Freiheitsausübung entsprechend der Handlungsmöglichkeiten der Individuen inspiriert, doch äußerten sie Bedenken an der Ausübung eines ungezügelten Konkurrenzprozesses. Karl Heinrich Rau (1792–1870) begriff den Reichtum der Nationen und vor allem seine Verteilung als Voraussetzung für Gerechtigkeit und damit als Grundlage der Sittlichkeit und ordnete aus diesem Gedanken dem Staat die Rolle der „Wohlstandssorge" zu,[17] wie dies auch vorher von Soden[18] bemerkt wurde. Georg Friedrich Sartorius (1765–1828) sprach sich in seinem *Handbuch der Staatswirthschaft* von 1796 für das Ideal der Ausübung einer vollkommenen Freiheit aus. In Anbetracht der realen Zustände räumte aber auch Sartorius eine faktische Einschränkung des uneingeschränkten Konkurrenzprinzips unter Berücksichtigung einer Vielzahl von Aufgaben des Staates ein.[19] Ähnlich auch Heinrich Luden (1778–1847) in seinem *Handbuch der Staatsweisheit oder der Politik* von 1811.[20]

ERSTE BEMERKUNGEN ZU ENGELS' WAHRNEHMUNG VON ÖKONOMISCHER THEORIE

Die deutschen Vertreter der klassischen Nationalökonomik nimmt Engels nicht zur Kenntnis. Er bezieht seine Kritik nur auf die „englische Klassik". Seine *Umrisse* beginnt er mit der Feststellung, dass die Nationalökonomie als natürliche Folge der Ausdehnung des Handels und mit ihr „an die Stelle des einfachen, unwissenschaftlichen Schachers ein ausgebildetes System des erlaubten Betrugs, eine komplette Bereicherungswirtschaft" getreten sei.[21] Diese recht eigentümliche Sichtweise von ökonomischer Theorie mag der Perspektive eines Kaufmanns entspringen, der tatsächlich nur eines anstrebt: Geschäfte mit allen Mitteln zu machen. Engels Erfahrungen mit den Fabrikanten, Kaufleuten und Schacherern, die er selbst kennt, mit denen er aufgewachsen ist und die ihm in ihrem moralisch sicherlich nicht zu billigenden Verhalten mehr oder minder täglich in seiner Arbeit begegnen, tragen zweifellos zur Erklärung seiner Sicht bei.

Engels hat in der Kindheit Kontakt mit den Kindern der Bandweber, Tuchfärber, Maschinenarbeiter und anderer Handwerker. Er erlebt das Umfeld und die Lebensumstände der Arbeiterklasse. Die Bedeutung sich verschlechternder Wirtschaftsentwicklung auf Arbeits- und Lebensbedingungen der Handwerker und Fabrikarbeiter und ihrer Familien sind ihm seit Jugend an bewusst. Er beschreibt die zunehmende Zahl dem Alkohol verfallener Arbeiter und den damit einhergehenden Lebenswandel, die wachsende Anzahl durch die Stadt ziehender Arbeitssuchender und der Armenfürsorge anheimfallender Menschen, die Schwere der täglichen Arbeit, die ätzenden Ausdünstungen und Gerüche, die von den Bleichplätzen und rauchenden Fabriken in für die Gesundheit abträglicher Weise ausgehen.[22] Diese und ähnliche Eindrücke gehen nicht spurlos an Friedrich Engels vorbei.

Im Alter von 17 Jahren verlässt Friedrich, entgegen seinem Wunsch, das Gymnasium, um im Familienunternehmen eine Ausbildung zu beginnen. Über ein Jahr lang wird er in die Grundlagen der Herstellung und Verarbeitung von Leinen und Baumwolle, das Spinnen und Weben sowie in das Bleichen und Färben eingeführt. 1838 begleitet Friedrich seinen Vater auf eine Geschäftsreise nach England. Bei der Rückreise setzt Vater Engels seinen Sohn in

Bremen ab. Er soll dort eine weitere Station seiner Handelslehre im Kontor des Handelshauses des Leinenexporteurs und sächsischen Konsuls Heinrich Leupold antreten.[23] In Bremen macht Friedrich Erfahrungen im Exportgeschäft, dem Handel mit Währungen und Einfuhrzöllen und gewinnt Einsichten in die Mechanismen des internationalen Handels. Es ist eine Zeit langweiliger Routine des Bestreitens von Handelskorrespondenz, einer Tätigkeit, der er nichts abzugewinnen vermag. Unter dem Pseudonym „Friedrich Oswald" wird er schriftstellerisch tätig und veröffentlicht im gesellschaftskritisch eingestellten „Telegraph für Deutschland" verschiedene Berichte und Beiträge. Besonderes Aufsehen erregen die sogenannten *Briefe aus dem Wuppertal*, in denen der 19-Jährige in unverblümter Ausdrucksweise die realen Zustände des Lebens der Arbeiter beschreibt, mit allen Niederheiten und Widrigkeiten, von denen die arbeitende Bevölkerung umgeben ist. Von einer Einordnung der Zustände im Rahmen existierender Sozialtheorien oder auch politischer und ökonomischer Theorien ist der junge Engels freilich noch weit entfernt.

Hingegen tritt jedoch das Aufbegehren des Sohns gegen die Generation des Vaters deutlich zutage.[24] Engels, aus der Handelsstadt von internationalem Rang, Bremen, lässt sich in überheblichem Tonfall über die schäbigen Kirchen und halbfertigen städtischen Bauten in Elberfeld und Barmen aus. Ferner über die Menschen, zwischen denen er groß geworden ist, ihre planmäßige Lebensführung, die Beschäftigung mit Zahlen und Konten tagsüber, die geselligen Abende. Ihn plagt das Gefühl, dass Generationen ihre Lebensführung an die jeweils nächste Generation unkritisch weitergeben und von dieser unreflektiert übernommen wird. All dieses klagt Engels an.[25] Offenbar ein junger Mann, der sich gegen die Generation der Eltern auflehnt und gegen den sicherlich auch heuchlerische Züge tragenden Pietismus, in dem er aufwuchs. Gegen die Bigotterie der Fabrikanten, die sich als auserwählt sahen und den im Elend Lebenden kein Mitleid entgegenzubringen wussten, sondern sich im eigenen ausbeuterischen Tun noch gerechtfertigt fühlten.

Vor dem Hintergrund dieser kurzen biografischen Skizzierung wird Engels' Sichtweise von der Funktionsweise von Ökonomie und seiner Akteure klarer und sein Bild von Nationalökonomie als Erscheinungsform eines „ausgebildeten System[s] des erlaubten Betrugs kompletter Bereicherungswirtschaft" zumindest in gewisser Weise nachvollziehbar, ebenso seine Verwechslung der großen ökonomischen Denker wie Smith, Ricardo oder Malthus mit den ihm im Sinn stehenden Kaufleuten. Für eine tiefergehende Differenzierung der Rolle von Beobachtern und Akteuren, ökonomischen Denkern und Geschäftsleuten fehlen dem jungen Engels noch Hintergrundwissen und Erfahrung. Somit kann eine angemessene Einschätzung oder gar Würdigung jener Ökonomen, die sich darum bemühten, die Komplexität wirtschaftlicher Abläufe zu erfassen, zu strukturieren und so zu ordnen, dass eine bessere Versorgung eines Landes und damit das Wohlbefinden der Menschen gesteigert wird, seitens Engels zwangsläufig nicht erfolgen. Darüber hinaus liegt Engels in mancherlei inhaltlicher Einschätzung der großen Klassiker falsch.[26] So gesteht er etwa Adam Smith großzügig zu, die Kritik an der ausschließlichen Fokussierung des Merkantilismus auf die einseitige Steigerung der Handelsbilanz erkannt zu haben, verbunden mit der

Kritik an den zutiefst eingeschränkten Rechten der Menschen. Den Fortschritt allerdings, der, wie Engels es ausdrückt, mit dem auf Adam Smith's *Wealth of Nations* gegründeten System der Handelsfreiheit erreicht worden sei, als letztlich darin bestehend zu bezeichnen, „damit die wahren Folgen des Privateigenthums an's Licht treten konnten"[27], trägt gewiss anmaßende Züge in sich. Dass viele Punkte der Kritik am Merkantilismus bereits in der physiokratischen Literatur und selbst in späteren Epochen des Kameralismus durchaus anzutreffen sind, weiß Engels schlichtweg nicht.

Der Hauptvorwurf, den Engels gegen die Klassiker richtet, ist das aus seiner Sicht unterbleibende Hinterfragen der Berechtigung des Privateigentums. Durch diesen Mangel, also dem Fortbestehen und Ausbau eines auf Privateigentum gründenden Wirtschaftssystems, müsse zwangläufig die Monopolbildung und, in letzter Konsequenz, die Aufhebung des Privateigentums entstehen, und zwar ebenso, „wie die Theologie entweder zum blinden Glauben zurück, oder zur freien Philosophie vorwärtsgehen muss".[28] M. a. W.: Den wirklichen Fortschritt der klassischen Nationalökonomie gegenüber dem Merkantilismus erkennt Engels einzig darin, die faktischen Folgen einer auf Privateigentum gründenden Ökonomie – und das sind bei ihm ausschließlich die negativen Seiten des Kapitalismus – unbeabsichtigt explizit zu machen. Bereits an dieser Stelle ist deutlich, wie weit Engels davon entfernt ist, die Breite des ökonomischen Denkens der klassischen Nationalökonomen, einschließlich der kritischen Stimmen aus ihren eigenen Reihen, einzuschätzen. Ihm gilt die klassische Nationalökonomik, insbesondere deren englische Ausprägung, als ausschließlicher Stein des Anstoßes.

↓ **Johann Gottlieb Fichte** (1762–1814), Philosoph, 1808.

KRITISCHE EINSCHÄTZUNGEN DER KLASSISCHEN NATIONALÖKONOMIK IN DER DAMALIGEN ZEIT

Greift man nur die von Engels gegen die Nationalökonomik vorgebrachten Vorwürfe bezüglich ungezügelter Konkurrenz, Mangel an Sittlichkeit etc. und deren Auswirkungen auf die Arbeiter heraus, so hätte er, wenn die eigentlichen Motive der Engländer und insbesondere die Vorbehalte der deutschen Vertreter der klassischen Nationalökonomik schon nicht aufgegriffen werden, weitere Hinweise im deutschen Idealismus, der romantischen und der historischen Schule der Nationalökonomie antreffen können. Gleichzeitig zum sich ausbreitenden wirtschaftlichen Liberalismus werden bereits im deutschen Idealismus negative Auswirkungen der freien Wirtschaftsweise scharfsinnig antizipiert. So fordert etwa Johann Gottlieb Fichte (1762–1814) in *Der geschloßne Handelsstaat*, dass der Mensch frei und in einer maximal über die Natur gebietenden Weise tätig sein soll, dabei Arbeit jedoch keinesfalls in Plackerei oder freudloses Abmühen verfallen dürfe,[29] ein Zustand also, der kaum mit dem realen Leben eines Industriearbeiters in Einklang gebracht werden kann. Hegel erkennt in der Wirkung des steigenden Grades der Arbeitsteilung auf ein Individuum dessen zunehmende Unfähigkeit der Befriedigung aller übrigen Bedürfnisse,[30] wiewohl er in den Ausführungen zu seinem Arbeitsbegriff bereits in Teilen die negativen Folgen der Industrialisierung vorwegnimmt.[31]

Vehement wird sowohl die Ausrichtung des ökonomischen Denkens an materialistischen Prinzipien als auch die im Zuge von Konkurrenz und steigender Arbeitsteilung zunehmende Ökonomisierung der menschlichen Arbeit im Allgemeinen von Vertretern der romantischen Schule wie Friedrich v. Schlegel (1772–1829), Adam Müller (1779–1829) und Franz Xaver v. Baader (1765–1841) abgelehnt. Wenngleich sie mit Smith und seinen Nachfolgern hinsichtlich der Gewährung wirtschaftlicher Freiheiten und dem Erzielen großer Produktivitätssteigerungen durchaus übereinstimmen, kritisieren sie scharf die dort nur unzureichende Beachtung der Verschlechterung der Lebensverhältnisse der Arbeiter und die ungleiche Verteilung der erwirtschafteten Profite.[32] Müller moniert an der klassischen Nationalökonomik bereits 1809 in seinen *Elementen der Staatskunst* die dortige Übergewichtung des Tauschwertgedankens, die einseitige Ausrichtung am Eigennutzprinzip, die Vernachlässigung „geistiger“ und immaterieller Einflüsse als wesentliche Quelle

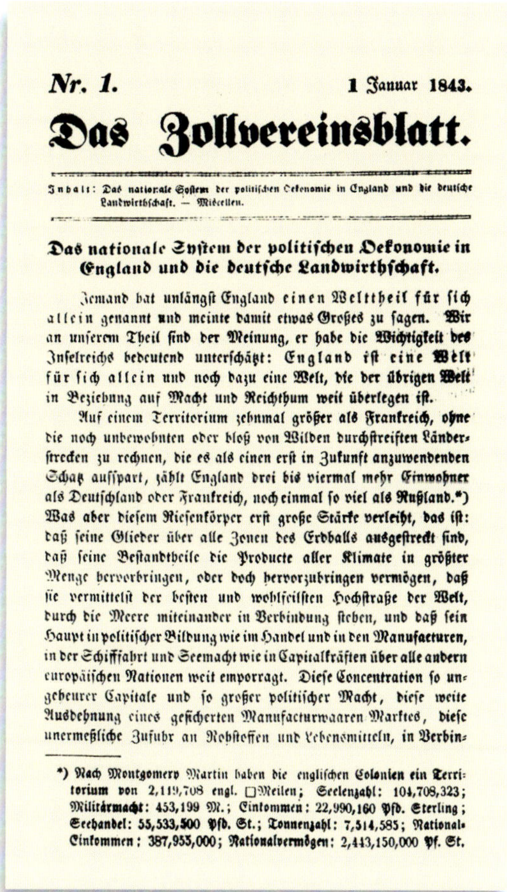
Nr. 1. 1 Januar 1843.

Das Zollvereinsblatt.

Inhalt: Das nationale System der politischen Oekonomie in England und die deutsche Landwirthschaft. — Miscellen.

Das nationale System der politischen Oekonomie in England und die deutsche Landwirthschaft.

Jemand hat unlängst England einen Welttheil für sich allein genannt und meinte damit etwas Großes zu sagen. Wir an unserem Theil sind der Meinung, er habe die Wichtigkeit des Inselreichs bedeutend unterschätzt: England ist eine Welt für sich allein und noch dazu eine Welt, die der übrigen Welt in Beziehung auf Macht und Reichthum weit überlegen ist.

Auf einem Territorium zehnmal größer als Frankreich, ohne die noch unbewohnten oder bloß von Wilden durchstreiften Länderstrecken zu rechnen, die es als einen erst in Zukunft anzuwendenden Schatz aufspart, zählt England drei bis viermal mehr Einwohner als Deutschland oder Frankreich, noch einmal so viel als Rußland.*) Was aber diesem Riesenkörper erst große Stärke verleiht, das ist: daß seine Glieder über alle Zonen des Erdballs ausgestreckt sind, daß seine Bestandtheile die Producte aller Klimate in größter Menge hervorbringen, oder doch hervorzubringen vermögen, daß sie vermittelst der besten und wohlfeilsten Hochstraße der Welt, durch die Meere miteinander in Verbindung stehen, und daß sein Haupt in politischer Bildung wie im Handel und in den Manufacturen, in der Schiffahrt und Seemacht wie in Capitalkräften über alle andern europäischen Nationen weit emporragt. Diese Concentration so ungeheurer Capitale und so großer politischer Macht, diese weite Ausdehnung eines gesicherten Manufacturwaaren Marktes, diese unermeßliche Zufuhr an Rohstoffen und Lebensmitteln, in Verbin-

*) Nach Montgomery Martin haben die englischen Colonien ein Territorium von 2,119,708 engl. □Meilen; Seelenzahl: 104,708,323; Militärmacht: 453,199 M.; Einkommen: 22,990,160 Pfd. Sterling; Seehandel: 55,533,500 Pfd. St.; Tonnenzahl: 7,514,585; National-Einkommen: 387,955,000; Nationalvermögen: 2,443,150,000 Pf. St.

↑ **Das Zollvereinsblatt**, herausgegeben von Friedrich List, Nr. 1, 1843.

des Fortschritts und der Wohlstandsproduktion und tritt für eine „ethisch-organische“ Auffassung der Volkswirtschaftslehre ein, die das Gemeinwesen, den Staat, der Einzelwirtschaft überzuordnen habe.[33] Friedrich List (1789–1846) nimmt ausführlich Stellung zur Smith'schen Unterscheidung produktiver und unproduktiver Tätigkeiten und wendet sich gegen dessen Fokussierung auf die Erzeugung materieller Werte. List begreift die Leistungen der Menschen als in hohem Maße abhängig vom Zustand der Gesellschaft, der insbesondere den Stand von Kunst und Wissenschaft ebenso einschließt wie die Förderung geistiger Fähigkeiten, die bestehende Rechtssicherheit, die Produktion der öffentlichen Ordnung, die vorhandene Eigentumsordnung, den Stand der Moral und das Ausmaß herrschender Freiheitsrechte. In diesen Faktoren, die insgesamt das ausmachen, was List als „produktive Kräfte" bezeichnet, bestehe das wirkliche Potenzial der Erhöhung des Reichtums einer Nation.[34]

Alle genannten Bereiche der ökonomischen Theoriebildung, insbesondere die Kritik, wie sie von deutscher Seite an der klassischen Nationalökonomik vorgetragen wird, sind verbreitet, frei zugänglich und teilweise sogar Standardliteratur der ökonomischen Ausbildung. Dennoch finden sie in Engels' Überlegungen keinen Anklang. Seine Kritik setzt an spezifischen Punkten der Politischen Ökonomik an, vor allem an ihrer unzureichenden Erklärungskraft fundamentaler gesellschaftlicher und ökonomischer Probleme, wie der ungleichen Verteilung der Einkommen und Vermögen. Fundamentale Probleme der die kapitalistische Produktionsweise nutzenden Länder gibt es zuhauf. Es sind die Schattenseiten der ökonomischen Entwicklung des 19. Jahrhunderts, die sich in der Zentralisierung von Industriebereichen und der Zerstörung kleinbetrieblicher Strukturen, der Einflussnahme mächtiger Wirtschaftsakteure auf die Regierungspolitik, der stark zunehmenden Steigerung der Vermögensungleichheit, dem wachsenden Konkurrenzkampf aller am Produktionsprozess beteiligten Gruppierungen und der Verelendung ganzer Massen von Arbeitern manifestieren. Kritiker dieser Entwicklungen existieren zahlreich.

Eine weitere, der klassischen Nationalökonomik kritisch gegenüberstehende ökonomische Schule, die großen Einfluss auf das ökonomische Denken im 19. Jahrhundert ausübt, ist die historische Schule. Die Veröffentlichung ihrer zentralen Schriften findet allerdings erst ab Ende der 1840er Jahre statt, zu einer Zeit, als Engels wesentliche Bestandteile seines Verständnisses von ökonomischer Theorie bereits grundgelegt hat. Trotz der zeitlichen Parallelität von Engels' Wirken und den Aktivitäten der älteren und jüngeren historischen Schule, werden diese von ihm entweder nicht wahrgenommen oder ignoriert. Er hat seinen Blick ganz auf die klassische Nationalökonomik englischer Prägung gerichtet und nimmt außer der aus sozialistischer Richtung stammenden kritischen Literatur wenig andere wahr. Auch verbringt er die meiste Zeit in England, wo der Bekanntheitsgrad der historischen Schule zwar vorhanden, doch nicht übermäßig ausgeprägt ist. Jedenfalls hätte Engels, die Kritik an der Klassik anbetreffend, auf ein regelrechtes Füllhorn an Argumenten zurückgreifen können. So monieren die Vertreter der historischen Schule an der englischen Klassik die Vernachlässigung der Mehrdimensionalität des gesellschaftlichen und ökonomischen Wandels in Form der unzureichenden Berücksichtigung des Menschen als soziales Wesen und Produkt der Geschichte.[35] Bruno Hildebrand (1812–1878) spricht sich u. a. gegen die Fokussierung der Klassiker auf die Verfolgung des Privatinteresses aller im Konkurrenzkampf Agierender aus, da die ohnehin „Schwächsten" immer als die Verlierer hervorgingen. Theoretisch werde eben dies durch die klassische Nationalökonomik gerechtfertigt, etwa daran zu erkennen, dass ökonomische Erscheinungsformen wie Börsenspiel, Agiotage-

und Differenzgeschäfte zu allgemein verbreiteten Erwerbsmitteln geworden seien.[36]

Selbst im zeitgenössischen Brockhaus wird gegenüber den „Selbstheilungskräften des Marktes" kritisch angemerkt, dass die unbeschränkte und organisatorische Freiheit der Arbeit zur modernen Gefahr der Zentralisation von Kapital, Geist und Arbeit mit den negativen sozialen Strukturproblemen geführt habe. Infolgedessen sei das freie System grundsätzlich beizubehalten, jedoch bedürfe es erheblicher Unterstützungsmaßnahmen.[37] Hermann W. Wagener (1815–1889) erblickt als eine Folge ungezügelten wirtschaftlichen Liberalismus ein Brechen moralischer Schranken des Lebens in Form der Begünstigung und Legitimierung reiner Vermögensmehrung, des Strebens nach künstlichen Bedürfnissen bei Preisgabe höherer Lebenszwecke, wobei die überwältigende Zahl der Menschen in unwürdige Arbeitsverhältnisse gedrängt werde.[38] Ähnlich auch Friedrich Albert Lange (1828–1875), der angesichts der extremen Missstande die Vorstellung einer prästabilierten Harmonie als abwegig erachtet und die Behandlung der Verteilungsfrage an erste Stelle rückt.[39]

An die Lösung der Verteilungsfrage knüpft Gustav Schmoller (1838–1917) gar die Zukunft der gesamten Kultur moderner Staaten.[40] Und in dem Aufsatz über *Die Arbeiterfrage* stellt er im Jahr 1864 die beiden gegenüberliegenden Seiten des Kapitalismus pointiert dar.[41] Die Lösung der Arbeiterfrage sieht er im Wesentlichen mit der Durchsetzung sozialer Reformen bzw. der Einführung dazu notwendiger Institutionen erreichbar, deren Aufgabe es sei, soziale Härten zu vermeiden oder abzumildern.[42] Dazu müsse sich jedoch zuerst die Erkenntnis in einer breiten Öffentlichkeit durchsetzen, dass materiell unterversorgte Menschen nicht nur ökonomisch wenig leisten, sondern auch ihre Nachkommen durch Armut und Arbeitslosigkeit in das soziale Elend führen, was letztlich den sozialen Frieden der Gesellschaft gefährde.[43] Besonders dem Staat wird zur Lösung der sozialen Frage eine bedeutende Rolle zugemessen, die ihm Interventionen in das wirtschaftliche Geschehen erlauben muss, gleichzeitig jedoch die wirtschaftliche Leistungsfähigkeit des Markprinzips zu beachten habe. Damit strebte Schmoller bereits frühzeitig einen Mittelweg zwischen den Extremen eines reinen Marktprinzips und dem strengen Interventionismus an.[44]

Friedrich Albert Lange (1828–1875), Sozialpolitiker.

Wilhelm Roschers fünfbändiges Werk *System der Volkswirtschaft*, das in den Jahren 1854 bis 1894 erscheint, ist über Jahrzehnte das dominierende Lehrbuch der Volkswirtschaftslehre, das sich nicht nur durch die Darstellung und Relativierung der Lehren der englischen Klassiker auszeichnet, sondern diese um eine historische Betrachtungsweise und vielerlei Beispiele ergänzt. In diesem Standardwerk deutscher Nationalökonomik versucht Roscher nicht nur, grundlegende Einsichten in die Zusammenhänge von kultureller Entwicklung und Arbeitsteilung zu vermitteln, er weist auch auf die Gefahren einseitiger, im Rahmen fortschreitender Arbeitsteilung ausgeübter Tätigkeit hin und auf die Notwendigkeit der Beachtung moralischer Grenzen.[45] Roschers Werk findet sich auch später bei Engels nicht erwähnt, was allerdings kaum verwundern kann, da Roscher von Marx vielfach kritisiert[46] und in die Reihe der Vulgärökonomen gestellt wird.[47]

Genügend Stimmen und Argumente also, die sich gegen die englische Klassik richteten und im deutschsprachigen Raum gewiss die am stärksten verbreitete Lehrmeinung repräsentierten, an die Engels hätte anknüpfen können.

↓ **Gustav Schmoller** (1838–1917), um 1905.

WEITERE BEMERKUNGEN ZU ENGELS' WAHRNEHMUNG VON ÖKONOMISCHER THEORIE

In seinen *Umrissen* wendet er sich den Grundkategorien der Nationalökonomik zu. Angefangen bei dem Privateigentum als der „Hauptkategorie des Ökonomen"[48], über den Nationalreichtum, den Handel und Wert, Arbeit, aber auch das Kapital, bis hin zu Produktionskosten und der Konkurrenz. Zunächst irritiert Engels die Verwendung des Begriffs „Nationalreichtum", der für ihn in der Verwendung der Ökonomen überhaupt keinen Sinn mache, solange Privateigentum überhaupt bestehe.[49] Engels spielt darauf an, dass der auf im privaten Besitz befindlicher Gegenstände aufbauende „Reichtum einer Nation" eben der Reichtum der Privaten und nicht der Reichtum der Nation sei. Entsprechend rät er, anstelle von Nationalökonomie von Privatökonomie zu sprechen[50] – ein Vorschlag, dem aus heutiger Sicht wohl jeder Marktwirtschaftler im Sinne einer auf Privateigentum fußenden ökonomischen Theorie zustimmen würde.

Der Handel ist ein weiterer von Engels auf Basis des Privateigentums abgehandelter ökonomischer Grundbegriff. Die Bedeutung des Handels als elementarer Bestandteil der Wohlstandsvorsorge einer Nation wird von Engels allerdings nicht behandelt. Handel wird nur wahrgenommen als ein feindseliger Konflikt von „Menschen mit absolut entgegengesetzten Interessen", die sich im Rahmen von Kauf und Verkauf gegenseitig zu übervorteilen suchen.[51] Er schätzt durchaus Smiths Leistung, die Vorteile des Handels herausgearbeitet zu haben, einschließlich der sich hieraus ergebenden humanitären Note. Allerdings handele es sich bei dieser „Humanität des Handels" um eine Weiterentwicklung des im Mittelalter herrschenden Faustrechts und platten Straßenraubs, um die wahren hinter dem Handel stehenden ehrlosen Motive wie Gier und Habsucht unter dem Deckmantel von Freundschaft und gegenseitiger Vorteilhaftigkeit zu verschleiern. Natürlich haben regionale Grenzen und die durch sie bedingten Hindernisse des Warenverkehrs durch den zugenommenen Handel an Bedeutung verloren – eine Entwicklung, die im Zuge des modernen Globalisierungsprozesses zweifellos ihren Höhepunkt erreicht hat. In diesem Zusammenhang unterstellt Engels der klassischen Nationalökonomik, zur Auflösung der Nationalitäten und damit zur Feindschaft zwischen den Ländern – zur Verwandlung der „Menschheit in eine Horde reißender Thiere" – nichts anderes sei Konkurrenz – beigetragen zu haben.[52] Dass zur Entstehungs- und Verbreitungszeit der klassischen Nationalökonomie die Wirtschaftslehre in erster Linie darum bemüht ist, der erlebten Kleinstaaterei endlich ein Ende zu bereiten und Einheiten (Nationen) zu bilden, die ein nicht reglementiertes Agieren in Gestalt von freier Berufswahl, Gewerbefreiheit, Handelsfreiheit etc. ermöglichen, und dies vor allem mit dem Ziel, das Lebensniveau der Menschen zu erhöhen, wird von Engels nicht wahrgenommen. Darüber hinaus analysiert Heinz D. Kurz,[53] wie Engels Smith und andere klassische Nationalökonomen für Ansichten kritisiert, die diese gar nicht vertreten, sondern vielmehr abgelehnt haben. Engels, so scheint es, überträgt sein Bild vom rücksichtlos handelnden Unternehmer auf die Vertreter der klassischen Nationalökonomik. Ihnen wirft er vor, die Theorie aufgestellt zu haben, mit der die Schrecken des Kapitalismus entstanden sind. Verwunderlich wirkt dabei, dass Engels offenbar nie zur Kenntnis genommen hat, dass die Theorie der Realität gefolgt ist. Die ökonomische Theorie hat im Wesentlichen bereits vorhandene Strukturen beschrieben und theoretisch aufgearbeitet. So entdeckte z. B. Smith seine Prinzipien der Arbeitsteilung, indem er beschrieb, was in den Manufakturen vonstattenging.

Eine weitere von Engels analysierte ökonomische Grundkategorie ist der Wert. Engels unterscheidet einen abstrakten oder realen Wert und den Tauschwert.[54] In der klassischen und späteren neoklassischen Nationalökonomik wird allgemein (mit durchaus verschiedenen Bedeutungen) – und in Abweichung von Engels' Verständnis – von Gebrauchs- und Tauschwert gesprochen, wobei es sich bei letzterem um den am Markt vorfindlichen Preis handelt. Die Wertlehre stellte in der ökonomischen Theorie eine nahezu „eigenständige Disziplin" dar. In fast jedem Werk der Vorklassik, Klassik und Neoklassik befinden sich mehr oder minder ausführliche Abhandlungen über die Frage, was Wert ist und wie er zustande kommt. Endgültig gelöst wird der scheinbare Widerspruch zwischen den Tausch- und Gebrauchswerten, das sog. Wertparadoxon, mit der Einführung der Infini-

↑ **Carl Menger** (1840–1921), Nationalökonom, Mitbegründer der Grenznutzentheorie, um 1880.

tesimalrechnung in die Wirtschaftstheorie und damit der Denkweise des Marginalismus, im Wesentlichen zu Beginn der siebziger Jahre des 19. Jahrhunderts durch die Arbeiten von William Stanley Jevons (1835–1882), Carl Menger (1840–1921) und Léon Walras (1834–1910) – als Vorläufer können auch etwa Johann Heinrich von Thünen (1783–1850) oder Hermann Heinrich Gossen (1810–1858) angeführt werden.

Engels führt einzelne und meist aus dem Zusammenhang herausgelöste Gedanken über den Wert an, wie sie von klassischen Nationalökonomen wie Ricardo, McCulloch und Say angestellt wurden. Er selbst erkennt „die einzig gerechte Basis des Tausches" im Verhältnis von Produktionskosten zur Brauchbarkeit,[55] die aber nicht erreichbar sei, da niemand über die Höhe der Brauchbarkeit entscheiden könne. Anders ausgedrückt: Produktionskosten und Brauchbarkeit können nicht in Beziehung zueinander gesetzt werden – man kann Äpfel nicht mit Birnen vergleichen. Aus dieser Unvergleichbarkeit heraus, so mutmaßt Engels, seien zur Bestimmung des Wertes die Produktionskosten herangezogen worden, die aber, ihrerseits „durch die Konkurrenz von vorn herein verdreht", auch nicht in Frage kämen.[56] Er schlägt daher vor, den Tauschwert eines Gutes, den Preis also, durch den Begriff „Handelswert" zu ersetzen, um diesen dann vom Gebrauchs- bzw. Realwert zu unterscheiden – eine Unterscheidung, der wohl niemand widersprechen würde. Den Grund, warum dies nicht erfolge, sieht Engels in der Berechnung der vorherrschenden Ökonomen. Sie würden zu verschleiern suchen, dass der Preis mit dem Wert zusammenhinge und wüssten, dass andernfalls „die Unsittlichkeit des Handels zu klar ans Licht komme".[57] Engels' Unterstellung der vermeintlichen Niedertracht der Wirtschaftstheoretiker, ihre Theorie derart zu konstruieren, um die zugrundeliegenden unlauteren Motive verdecken zu wollen, ist wohl mindestens naiv.

Abgesehen davon, dass es ihm selbst nicht gelingt, ein brauchbares Konstrukt von Wert vorzulegen, mag zu seiner Entlastung angeführt werden, dass in den 1840er Jahren, als sich Engels mit der Wertfrage auseinandersetzt, die Begriffsbildung über die Wertfrage auch innerhalb der ökonomischen Theorie noch lange nicht abgeschlossen ist. Die ein halbes Jahrhundert später getroffene und bis heute gültige Unterscheidung von Produktionskosten als objektive oder reale Werte – im Gegensatz zu der Vorstellung einzelner Individuen von der jeweiligen Brauchbarkeit eines Gutes – und Preisen als Tauschwerte, die als Ausdruck vor allem der Bedeutung/Brauchbarkeit gelten, die Individuen einem Gut entsprechend ihrer Präferenzen entgegenbringen, kann Engels noch nicht bekannt sein. Angesichts der damals bestehenden Begriffsvielfalt und unterschiedlichen Verwendung von Begriffen, denen natürlich durchaus abweichende Inhalte zugemessen wurden, zieht der junge Engels jedenfalls den negativen Schluss: „So steht aber Alles in der Oekonomie auf dem Kopf."[58]

Engels zieht in seinen Ausführungen über die Wertentstehung auch gegen die seit der klassischen Nationalökonomik verbreitete Aufteilung der Produktionsfaktoren in Boden, Kapital und Arbeit und deren Rolle bei der Kostenbestimmung von Gütern zu Felde, wobei er insbesondere zwei Aspekte bemerkt: 1. Kapital ist als aufgespeicherte Arbeit nichts anderes als Arbeit, 2. die Wissenschaft als Ausdruck des menschlichen Erfindungsgeistes wird nicht ausreichend berücksichtigt.[59] In der Tat, in den frühen Werken der klassischen Nationalökonomik tauchen etwa in der Unterscheidung von produktiver und unproduktiver Arbeit seltsam anmutende Klassifikationen und Beispiele von geistiger Arbeit als unproduktiv auf, die Beispiele wie die Erfindungsabgabe, Regierungsarbeit, medizinische, militärische und künstlerische Tätigkeiten einschließen.[60] Diese Auffassungen dürften allerdings bereits ab den 1830er Jahren kaum mehr als anekdotischen Wert gehabt haben. So gehen diesbezüglich Klassiker wie John Baptiste Say (1767–1832) (im *Traité d'économie politique*, 1803) oder John Stuart Mill (1806–1873) (in den *Principles of Economics* von 1848) mit Smith hart ins Gericht und liefern hier Klarstellung, indem sie beispielsweise auf die große Bedeutung von Erfindungsgeist und geistiger Arbeit auf den Reichtum einer Nation hinweisen, mithin auf Vieles, was später unter den Begriff des Humankapitals subsumiert wird.[61] Wie dem auch sei, wenn der junge Engels sich zum „wissenden" Richter über die Ökonomen erhebt, so verkennt er, dass Smith auch der Arbeit von Erfindern und anderen als unproduktiv klassifizierten Tätigkeiten niemals deren Nützlichkeit abgesprochen hat, im Gegenteil, er hat sie hoch geschätzt.

↓ **Jean Baptiste Say** (1767–1832), Ökonom.

Eine weitere von Engels den klassischen Nationalökonomen unterstellte Aussage besteht darin, dass all das, was nicht monopolisiert werden kann, keinerlei Wert aufweise.[62] Dieser Schluss entbehrt nicht einer gewissen Folgerichtigkeit, da Engels Monopolisierung faktisch mit Privatisierung gleichsetzt und somit – ganz im Sinne der klassischen Überzeugung – nur ein privates Gut auch einen Preis aufweisen kann. Engels erkennt durchaus den erheblichen Einfluss, der vom Privateigentum auf die Preisbildung von Gütern ausgeht. Er verkennt allerdings, dass dies auch beim Gemeineigentum der Fall ist, da auch hier Preise vorhanden sind, notgedrungen vorhanden sein müssen, welche allerdings nicht durch den Mechanismus von Angebot und Nachfrage, sondern durch Bestimmung durch eine zentrale Stelle entstehen. Engels unterliegt einer häufig auftretenden Verwechselung, indem er sämtliche Güter, die einer Eigentumsform zuordenbar sind, wie Güter des Privateigentums behandelt und diese mit freien Gütern wie Luft, die natürlich keinen Preis aufweisen, vergleicht. So entsteht der Eindruck, dass alle Güter, die sich nicht im Privateigentum befinden, keinen Preis aufweisen. Der Trugschluss liegt in der gedanklichen Gleichsetzung von Gemein- oder Kollektiveigentum mit freien Gütern. Gemeineigentum ist jedoch kein freies Gut, da es knapp ist und ebenso wie private Güter einen Preis aufweist. Lediglich das Zustandekommen des Preises geschieht im Vergleich zu Privatgütern durch einen anderen Mechanismus.

Bei seiner Analyse des Grundzinses vergleicht Engels verschiedene Definitionen von Smith und Ricardo und definiert den Grundzins als das Verhältnis der Ertragsfähigkeit des Bodens (gemeint ist, was Menschen aus dem Boden potenziell herausholen können) mit der Konkurrenz (zu welchen Bedingungen Menschen bereit sind, Land zu verpachten bzw. zu pachten).[63] Engels hat bei seinen Überlegungen offenkundig den Großgrundbesitz im Sinn, dessen Eigentümer den Boden verpachten, diesen durch die Pächter kultivierbar machen und pflegen lassen und somit von der Wertsteigerung des Bodens immer weiter profitieren, ohne (außer der Verpachtung, für die sie noch den Zins erhalten) dafür etwas getan zu haben. In einer Nebenpassage führt Engels aus, dass es ihm nicht darum gehe, das Recht, das Produkt seiner Arbeit einbehalten zu dürfen (um etwa sich und seine Familie ernähren zu können) und den Grundsatz, dass keiner da ernten soll, wo er nicht gesät hat (was die Vererbung von Eigentum ausschließe), zu thematisieren, bemerkt jedoch, dass die Umsetzung dieser scheinbar offenkundigen wie selbstverständlichen Prinzipien Resultat des Privateigentums sei. Will man also demjenigen, der arbeitet und sät, das Recht auf das ihm natürlich zustehende Ergebnis seiner Tätigkeit zukommen lassen, so muss schlichtweg das Privateigentum abgeschafft werden.[64] Und so kommt Engels auf das Privateigentum als den Ursprung allen Übels und dessen Abschaffung als Lösungsweg zu sprechen.[65] Engels verkennt die Bedeutung des Privateigentums für die Bereitstellung einer auskömmlichen Versorgung der Bevölkerung. Er verkennt, dass Menschen, solange sie ausreichend entlohnt und versorgt werden, nicht gegen das Privateigentum aufbegehren, es sich vielleicht sogar wünschen. Hier mag ein wesentlicher Grund liegen, warum sich (zumindest bis zum heutigen Tag) der Sozialismus mit einem zentral gelenkten Wirtschaftssystem nicht durchgesetzt hat. Die

Weltrevolution des Proletariats ist ausgeblieben. Was Engels jedoch durchaus erahnt und anmahnt, ist die völlig ungleiche und immer ungleichmäßiger sich entwickelnde Verteilung von Grundbesitz und Kapitalvermögen – ein Problem, von dessen Lösung wir heutzutage weiter entfernt sind als jemals zuvor.

Engels beklagt die von den Ökonomen vorgenommene Separierung von Kapital und Arbeit, die für ihn eine Einheit darstellen: Kapital ist aufgespeicherte Arbeit und eine Trennung unmöglich.[66] Die faktisch aber vorgenommene Verteilung der aus den Produktionsfaktoren Arbeit, Boden und Kapital erzielten Einkünfte könne aufgrund eines nicht existenten „inhärenten Maßes" nicht adäquat erfolgen, so dass diese Funktion von der „Konkurrenz oder [dem] raffinirte[n] Recht des Stärkeren"[67] durchgeführt werde. Eine nachvollziehbare Begründung bleibt Engels schuldig, dafür aber nicht die Lösung: „Wenn wir das Privateigenthum fallen lassen, so fallen alle diese unnatürlichen Spaltungen."[68]

Eine weitere der den Ökonomen vorgeworfenen „Unsittlichkeiten" entsteht aus der dem Privateigentum folgenden Trennung von Kapital und Arbeit und der hieraus resultierenden Aufteilung der Faktorentlohnung, insbesondere die Aufteilung von Kapitalverzinsung und „eigentlichem Gewinn" im Fall „des Zinsenverleihens, des Empfangens ohne Arbeit, für das blosse Borgen".[69] Auch hier ist Engels weit davon entfernt, die Frage der (wie es später genannt wird) Zurechenbarkeit der von den jeweiligen Produktionsfaktoren erbrachten Faktorleistungen und damit die ihnen zustehenden Entlohnungen zu beantworten. Engels erkennt, dass die Grundproblematik in der Unterschiedlichkeit der Produktionsfaktoren Boden, Kapital und Arbeit bzw. ihrer schwierigen Vergleichbarkeit liegt. Marx wird später auf Basis der von Ricardo getroffenen Überlegungen zur Arbeitswertlehre den vergeblichen Versuch unternehmen, eine für alle Produktionsfaktoren einheitliche (Arbeits)Wertbasis zu schaffen, welche der junge Engels, ohne dies näher auszuführen, bereits einfordert. Doch sieht er nicht, dass in der ökonomischen Praxis, und von der ökonomischen Theorie zweifellos noch unvollständig beschrieben, das Zusammenwirken der drei Produktionsfaktoren offenbar gelingt – und sicherlich kommt der Institution des Marktes zu diesem Gelingen eine entscheidende Bedeutung zu. Engels zeigt an dieser Stelle keine Lösung auf. Sich der Leistungsfähigkeit des Konkurrenzmechanismus verweigernd, deutet er lediglich auf die Konkurrenz als „raffiniertes Recht des Stärkeren" hin.[70] Er greift damit gezielt die negativen Elemente der Preisentstehung heraus. Im Wege der Generalisierung präsentiert er sie dann als allgemeine Erscheinungsform der Ökonomie. Erneut fordert er: Fällt das Privateigentum, so fallen auch die unnatürlichen Unterschiede in der Entlohnung von Boden, Kapital und Arbeit.[71]

Die Konkurrenz selbst begreift Engels auch als eine Folge des Privateigentums, die „gleiche Interessen verfeinde" und „die Unsittlichkeit des bisherigen Zustandes der Menschen vollende […]".[72] Auch hier bleibt die bereits seit den alten Griechen bekannte Unterscheidung zwischen den positiven und negativen Wirkungen der Konkurrenz, die von den klassischen Nationalökonomen durchaus behandelt wird, unberücksichtigt. Engels überzeichnet das zerstörerische Moment der Konkurrenz. Dass Konkurrenz zwischen Menschen auch jenseits von Eigentum möglich ist, Wettbewerb durch den Anreiz von Teamgeist und leistungsorientierter Motivation auch positiven Einfluss auf das Miteinander nehmen kann, lässt er außer Betracht.

Der Konkurrenz stellt Engels das Monopol gegenüber. Das Bestreben jedes einzelnen, eben auch des kleinen Akteurs am Markt, groß zu werden und die Stellung des Monopolisten anzustreben – eine ökonomische Grundeinsicht im Übrigen –, „entlarvt" Engels als „hohlen Gegensatz", als „Widerspruch der Konkurrenz".[73] Jeder sei bestrebt alles zu besitzen, aber das Interesse aller sei es, dass jeder gleichviel besitzt. Folglich wünsche sich jeder das Monopol, während aus Gesamtinteresse das Monopol aufzulösen sei.[74] Ungeachtet der Tatsache, dass Engels hinsichtlich dieser Erkenntnis eine Quelle schuldig bleibt, greift er auch hier nur Teilaspekte einer umfassenden und grundsätzlichen ökonomischen Diskussion heraus. Monopole können unter gewissen Bedingungen sogar sinnvoll sein, etwa hinsichtlich Ressourceneffizienz und Kostenersparnis, und sich im Rahmen gesetzlicher Kontrollmechanismen zum Teil wohlfahrtssteigernd auswirken, mithin dem Einzel- und Gesamtinteresse dienen. Eine Eigenschaft, die sich die heutige Wirtschaftspolitik beispielsweise unter dem Stichwort „temporärer Monopole" zunutze macht.

Treffend beschreibt Engels den Prozess von Preisschwankungen im Rahmen der Anpassung von Angebot und Nachfrage, also Preissteigerungen bei Nachfrage- und Preissenkungen bei Vorliegen von Angebotsüberschüssen.[75] Er zieht allerdings den abwegigen Schluss, dass man nie zu einem Ziel komme und aller Fortschritt ausgeschlossen sei, zudem die Erklärung großer Wirtschaftskrisen nicht erfasst werde.[76] Bei aller lesenswerten Ironie in seinen Ausführungen, wirft Engels den Ökonomen vor, eine Theorie über die in der Wirtschaft vorherrschenden Mechanismen aufzustellen, anstatt die vorfindliche ökonomische Realität zu behandeln. So schlägt er vor, eine (Überproduktions) Krise damit zu umgehen, dass die Produzenten unter Kenntnis dessen, was und wieviel die Konsumenten bedürfen, ihre Produktion organisierten und verteilten: „so wäre die Schwankung der Konkurrenz und ihre Neigung zur Krisis unmöglich."[77] Dies gipfelt in der Aussage: „Produzirt mit Bewusstsein, als Menschen, nicht als zersplitterte Atome ohne Gattungsbewusstsein, und Ihr seid über alle diese künstlichen und unhaltbaren Gegensätze hinaus. Solange Ihr aber fortfahrt, auf die jetzige unbewußte, gedankenlose, der Herrschaft des Zufalls überlassene Art zu produziren, so lange bleiben Handelskrisen ..."[78], die letztlich Krisen immer größeren Ausmaßes nach sich ziehen und „endlich eine soziale Revolution herbeiführen, wie sie sich die Schulweisheit der Oekonomen nicht träumen lässt."[79]

Die Vorstellung entlang eines Gattungsbewusstseins und nicht am Einzelinteresse orientierter Produzenten scheint problematisch und allenfalls als Interessenvertretung auf Verbands- oder Branchenebene denkbar. Als naheliegender darf wohl eher ein gemeinsames strategisches Verhalten, etwa in Form von Preisabsprachen u. Ä., unterstellt werden. Es verwundert, dass Engels an die Unternehmer appelliert und als den eigentlichen Feind die Ökonomen ausmacht, als wenn diese die Praxis bestimmten. Seine ansonsten so schlechte Meinung von den Unternehmern, welche ausschließlich unter der Prämisse der Umsatz- und Gewinnmaximierung, wohl kaum aber im Namen der ökonomischen Krisenvermeidung

Francois Marie Charles Fourier (1772–1837), um 1835.

Projekt eines Phalanstère auf der Basis von Fourier, 1846.

oder gar einer sozialen Revolution, handeln würden, fehlt an dieser Stelle.

Engels kann insofern beigepflichtet werden, wenn er das Handeln „mit Bewusstsein und im Interesse aller"[80], also ein Handeln jenseits von Wettbewerb, fußend auf einem Bewusstsein jedes einzelnen, als ein für alle besseres Dasein bezeichnet. Das Problem besteht allerdings darin, dass ein solches altruistisches, auf das Gemeinwohl gerichtete Bewusstsein die Ausnahme darstellt und die von Engels vorgeschlagene Lösung der Abschaffung von Konkurrenz und Privateigentum keine realistische Perspektive bietet, sondern tendenziell das Gegenteil befeuert – Hunger und Elend.

Engels vermischt Argumentationsebenen. Er moralisiert, appelliert, utopisiert und legt damit ein Wunschdenken an den Tag, das an der Realität vorbeigeht. Der große Fragenkomplex um die Bestimmung ökonomischer Werte wird plötzlich auf die Ebene sittlicher Werte getragen – „dasselbe [ökonomische] System, das auf den Werth soviel Gewicht zu legen scheint, das der Abstraktion des Werthes im Gelde die Ehre einer besondern Existenz gibt – dies selbe System zerstört durch die Konkurrenz allen inhärenten Werth".[81] Engels fragt: „wo bleibt in diesem Strudel die Möglichkeit eines auf sittlicher Grundlage beruhenden Austausches?"[82] und sieht als einzigen Ausweg die soziale Revolution.

Die Börsenspekulation bildet für Engels den „Kulminationspunkt der Unsittlichkeit"[83] – 30 Jahre später wird er damit selber höchst erfolgreich sein. Ihm ist durchaus zuzustimmen, wenn er die Habgier von Spekulanten und die Heuchelei mancher sogenannten soliden Kaufleute anprangert. Doch kapriziert sich Engels auch hier lediglich auf die negative Seite. Den durchaus sinnvollen Gehalt der Börse, Geschäfte abzusichern, die ein einzelner kaum alleine zu tragen in der Lage wäre, sowie Risiken zu verteilen, um letztlich den Wohlstand zu mehren, wird mit keiner Silbe erwähnt. Damit zielt er auf das Verhältnis von Konsum- und Produktionskraft ab, welches zu bestimmen jedoch der Gemeinde (verstanden als eine organisierte, corporierte Gemeinschaft) obliege.[84] Er verweist diesbezüglich auf die Schriften der englischen Sozialisten und vor allem auf Charles Fouriers (1772–1837) Kritik an der kapitalistischen Unterdrückung menschlicher Freiheitsbestrebungen sowie dessen negative Wahrnehmung des Handels (Betrug, Bereicherungswirtschaft etc.).[85] Bereits 1808 hatte Fourier in seinem Hauptwerk *Theorie der vier Bewegungen und der allgemeinen Bestimmungen* heftige Kritik an der vorherrschenden ökonomischen Denkweise und Praxis geübt und diese in späteren Werken wiederholt und weitergeführt.[86] Viele der von Fourier verwendeten Begriffe werden von Engels übernommen, ebenso wie seine Haltung zum Handel. So titulierte Fourier den freien Handel z. B. als Mechanismus der „freien Lüge", als eine „unter der Maske der Gesetzlichkeit organisierte und legitimierte Räuberwirtschaft", die Handeltreibenden als die „lügnerischste Klasse" oder die ökonomischen Konzepte von Handelsbilanz und Gleichgewicht als „kommerzielle Zungendrescherei".[87]

In der Tat, Engels hat ein Grundproblem der Ökonomie aufgeworfen, die Frage nämlich nach dem, „was für wen wie produziert werden sollte" bzw. nach den Lenkungs, Steuerungs- und Allokationsmechanismen in einer Volkswirtschaft, die er mit der sozialen Revolution bzw. der Festlegung durch ein Steuerungsorgan (der Gemeinde) beantwortet, was sich aber in der

Praxis (zumindest bisher) als undurchführbar herausgestellt hat.

Engels stützt seine ökonomische Analyse auf die für ihn sichtbare wirtschaftliche Lage Englands. Bedeutend ist ihm einerseits die ungeheure Produktionskraft, die die Herstellung riesiger Gütermengen ermöglicht, aber andererseits große Bevölkerungskreise in Not und Elend belässt. Parallel dazu nimmt er eine ökonomische Theorie wahr, die sich am Grundsätzlichen abarbeitet, jedoch keine Lösungen für die aktuellen Probleme anbietet. Die Bevölkerungstheorie, die in erster Linie den traurigen Ist-Zustand beschreibt, wird von Engels als unsinnig abgestempelt[88] und ihr teilweise blanker Zynismus vorgeworfen. So wird Thomas R. Malthus (1766–1834) dahingehend interpretiert, zu fordern, dass im Falle von Überbevölkerung die Menschen „auf die eine oder die andere Weise aus dem Wege geschafft, entweder gewaltsam getödtet werden oder verhungern [müssen; H.F.].“[89] Die Unsittlichkeit der Ökonomen sei hier, mit der Bevölkerungstheorie, auf die Spitze getrieben und bilde den „Schlusstein des liberalen Systems der Handelsfreiheit, dessen Sturz den des gesamten Gebäudes nach sich zieht“.[90] und als dessen Ursache die Konkurrenz – die ja dem Privateigentum folgt – angeführt wird. Wieder erscheint Engels' ausschließlicher Fokus auf die Schattenseiten des liberalistischen Wirtschaftssystems gerichtet. Das, was an Produktionsleistung, an Erhöhung des durchschnittlichen Pro-Kopf-Konsums erreicht wird, und zwar genau als Ergebnis dessen, was Engels als Konkurrenz bezeichnet, bleibt unerwähnt.

Malthus wird in außergewöhnlich scharfer Form kritisiert. Dies kommt besonders in den von Engels im März und Juni 1843 in verschiedenen Ausgaben der Zeitschrift „Schweizerischer Republikaner“ veröffentlichten Artikeln zur politischen, wirtschaftlichen und gesellschaftlichen Lage in England und Irland, bekannt als *Briefe aus London*[91], zum Ausdruck. Engels zeigt sich noch in der Rolle des Beobachters, der in scharfem Ton die gesellschaftlichen Zustände anprangert und Partei für die Arbeitnehmerschaft und die dortigen sozialistischen Zielvorstellungen ergreift:

> „Die Handelsfreiheit Adam Smith's ist in die wahnsinnige Konsequenz der Malthus'schen Bevölkerungstheorie hineingetrieben worden und hat nichts produzirt als eine neue zivilisirtere Gestalt des alten Monopolsystems, die in den heutigen Tory's ihre Vertreter findet und die den Malthus'schen Unsinn mit Erfolg bekämpft hat – aber zuletzt doch wieder auf Malthus'sche Konsequenzen getrieben wird. Inkonsequenz und Heuchelei auf allen Seiten, während die schlagenden ökonomischen Traktate der Sozialisten und zum Theil auch der Chartisten mit Verachtung bei Seite gelegt werden und nur unter den niedern Ständen Leser finden.“[92]

Was ist der Kern von Malthus' Bevölkerungstheorie, die Engels in solche Erregung versetzt? Malthus ist ein Pessimist, der eine Begrenzung der wachsenden Bevölkerung ausschließlich in einer Begrenzung der zur Verfügung stehenden Nahrungsmitteln zu erkennen vermag. Gemäß seinem Bevölkerungsgesetz führe ein ansteigender Wohlstand zu steigendem Bevölkerungswachstum. Die Bevölkerung wachse schneller (von geometrischer Progression ist die Rede) als die zum Unterhalt der steigenden

Bevölkerungszahlen notwendigen Unterhaltsmittel, welche sich nur in arithmetischer Progression entwickelten. Einem Anwachsen der Bevölkerung werde durch die Menge der Unterhaltsmittel Einhalt geboten. Die Bevölkerung, und mit ihr die Zahl der Arbeitskräfte, nehme überall dort zu, wo eine Vermehrung der Unterhaltsmittel durch intensivere Bodenbebauung, Einfuhr von Bodenerzeugnissen oder Änderungen in der Verteilung der Güter möglich sei. Sobald diese Voraussetzungen nicht mehr gegeben seien, stoße der Bevölkerungszuwachs auf sogenannte Hemmnisse. Dabei könne es sich beispielsweise um schlechte Wohnverhältnisse, Krankheiten, Hungersnöte, Kriege oder spätes Heiratsalter, mit der Folge einer sinkenden Bevölkerungszahl, handeln. In den im Verhältnis zu den vorhandenen Unterhaltsmitteln zu hohen Bevölkerungszahlen sieht Malthus die Ursache für die Armut. Malthus erachtet es als gegeben, dass die Bevölkerung eines Landes nicht über das Maß der Nahrungsmittel, die es hervorzubringen oder zu erwerben in der Lage ist, hinauswachsen kann.[93]

Vor allem in zweierlei Hinsicht ist Malthus' Bevölkerungsgesetz Gegenstand heftiger Kritik. Zum einen der fragwürdige Zusammenhang des arithmetischen und geometrischen Progressionsverhaltens bei der Steigerung von Nahrungsmitteln und Bevölkerungszahl, noch dazu als eine axiomatische Beziehung herausgestellt. Zum zweiten die Forderung, das relative Verhältnis zwischen Arbeitslohn und Lebensmittelpreisen weitestgehend durch die Vermeidung von Überbevölkerung zu erreichen – nur so könne die Lage der unteren Gesellschaftsschichten wirklich verbessert werden[94] – und dies in Verbindung mit einer unglücklichen, durchaus menschenverachtende Züge zur Schau stellenden Formulierung. Eine solche taucht in späteren Auflagen des *Essay on the Principle of Population* allerdings nicht mehr auf. Dennoch bildet sie Kritikern fortan Grundlage, seine Lehren konsequent zu hinterfragen. So zitiert Jérôme-Adolphe Blanqui (1798–1854) die betreffende Passage von Malthus mit den Worten:

> „Ein Mensch, sagte er, der in einer schon okkupierten Welt geboren wird, wenn seine Familie nicht die Mittel hat, ihn zu ernähren oder wenn die Gesellschaft seine Arbeit nicht nötig hat, dieser Mensch hat nicht das mindeste Recht, irgend einen Teil von Nahrung zu verlangen, und er ist wirklich zu viel auf der Erde. Bei dem großen Gastmahle der Natur ist durchaus kein Gedecke für ihn gelegt. Die Natur gebietet ihm abzutreten, und sie säumt nicht, selbst diesen Befehl zur Ausführung zu bringen."[95]

Vernachlässigt man einmal die Prosa und konzentriert sich auf die Kernaussage von Malthus, so tritt der Versuch zutage, eine Beschreibung der Wirklichkeit durch das Aufzeigen statistischer Zusammenhänge über das Bevölkerungswachstum in verschiedensten Staaten und Regionen der Welt zu geben. Es verhält sich keinesfalls so, wie Engels zu suggerieren versucht, dass Malthus' „Theorie" sozusagen ursächlich für das Leid der Menschen ist („Malthus'sche Konsequenzen")[96]. Vermutlich ist Engels die Kritik, die Blanqui und andere Autoren an den klassischen Nationalökonomen übten, hochwillkommen, scheint sie doch seine Sichtweise und Vermutungen über die wirklichen Abläufe zu bestätigen. In jedem Fall geht von diesen Kritikern ein erheblicher Einfluss auf Engels aus.

ENGELS' BEZUGS-GRÖSSEN

Im Frühjahr des Jahres 1841 verlässt Engels den von ihm als langweilig und bieder empfundenen Bremer Geschäftsalltag und kehrt nach Barmen in den elterlichen Betrieb zurück. Dort ist die Situation nicht besser und er beschließt im September, Militärdienst als Einjährig-Freiwilliger bei der Königlich-Preußischen-Garde-Artillerie in Berlin zu leisten. Engels ist Offiziersanwärter, verfügt über genügend Geld, um außerhalb der Kaserne zu wohnen. Er entdeckt seine Leidenschaft für die Kriegsführung und legt den Grundstein für seine Karriere als Artillerieexperte. Er findet ausreichend Gelegenheit für Besuche von Lesezimmern und Kneipen, in denen philosophische Fragen diskutiert werden. Er schließt sich einer Gruppe Intellektueller mit radikalen Ansichten an, zu denen Persönlichkeiten wie die Leitfiguren der Berliner Junghegelianer, Bruno Bauer und Max Stirner, aber ebenso Bruno Bauers Brüder, Edgar und Egbert,[97] Karl Friedrich Köppen oder auch Arnold Ruge angehören. Sie nennen sich die „Freien" und propagieren nicht selten im Rahmen ausschweifender Trinkgelage ihre Verachtung für Moral, Religion und bürgerlichen Anstand. Bruno Bauer etwa spricht von „Bierliteraten"[98] und ein Weggefährte und zeitweise naher Freund von Engels, der Gründer der Allgemeinen Deutschen Arbeiterverbrüderung, Stephan Born (1824–1898), von einem „Kreis lärmender Persönlichkeiten".[99]

Engels belegt als Gasthörer Philosophievorlesungen an der Friedrich-Wilhelms-Universität u. a. des Hegel-Kritikers Friedrich Wilhelm Joseph Schelling (1775–1854), der noch im Alter von 66 Jahren an die Berliner Universität berufen wird, um letztlich den „Folgen des Hegelschen Denkens" entgegenzuwirken.[100]

↑ **Joseph Karl Stieler,**
Friedrich Wilhelm Joseph von Schelling (1775–1854), Philosoph, 1835.

Mit Überzeugungen, die die Freiheit des Geistes über alles setzen und das Christentum als Schranke des Fortschritts begreifen, torpedieren die Junghegelianer Fundamente des preußischen Staates.[101] Hielt man unter Friedrich Wilhelm III. noch an Hegels Vorstellungen eines freien, liberalen und vernünftigen Staates fest, wenngleich seit 1819 begonnen wurde, Pressefreiheit und andere Freiheitsrechte einzuschränken, tritt mit der Übernahme des Throns durch Friedrich Wilhelm IV. im Jahr 1840 wieder ein Richtungswechsel zum alten Konservatismus und dem Bekenntnis zu alten monarchischen Prinzipen ein und damit auch die Aufkündigung zum Denken Hegels. Engels kommt zufällig, aber genau zum richtigen Zeitpunkt nach Berlin, zu einem Höhepunkt der Sichtbarkeit der praktischen Relevanz von Philosophie. Kritische Schriften wie die des

Hegel Schülers Ludwig Feuerbach (1804–1872) *Das Wesen des Christentums* (1841) erscheinen, in denen mit der Religion aufgeräumt und damit begonnen wird, den Idealismus in Gestalt des Materialismus sozusagen vom Kopf auf die Füße zu stellen.

Im Oktober 1842 hat Engels seinen Militärdienst beendet. Er kehrt nach Barmen zurück. Dem Vater missfallen die atheistischen und gesellschaftskritischen Ansichten des Sohns und er hofft, ihn durch viel Arbeit in der Firma auf den Pfad der Tugend zurückführen zu können.[102] Er sendet den Sohn nach Manchester. Dort soll er im elterlichen Betrieb, der Firma Ermen & Engels, die Interessen der Familie sichern, die englischen Handelsmethoden kennenlernen und diese später in der Fabrik in Engelskirchen anwenden. Auf dem Weg nach England sucht Engels am 16. November 1842 das Büro der Rheinischen Zeitung in Köln auf. Dort trifft er den erst vier Wochen zuvor (am 15. Oktober 1842) zum leitenden Redakteur ernannten Karl Marx. Es ist ihre erste Begegnung, die zunächst noch sehr verhalten und von gegenseitiger Vorsicht geprägt verläuft, da sich Engels den Berliner „Freien“ zuordnet, deren schlechter Ruf Marx’ politischem Fortkommen im Weg steht.[103]

↓ **Ludwig Feuerbach** (1804–1872), Philosoph.

↓ **Moses Hess** (1812–1875), um 1870.

Bereits zuvor hat Engels Kontakt zu Moses Heß (1812–1875) aufgenommen, einem der frühen Sozialisten in Deutschland und Mitbegründer der Rheinischen Zeitung – „the first Communist of the party".[104] Heß erblickt, wie andere Vertreter des Sozialismus auch, die Lösung der sozialen Krise in Deutschland in einer kommunistischen Zukunft, welche es durch einen radikalen Umbruch zu erreichen gilt. In seinem Buch *Die europäische Triarchie* von 1841 und der Schrift *Sozialismus und Kommunismus* von 1842 hat Heß diese Gedanken vorgestellt und die gesellschaftlichen Probleme auf die Zerstörung der mittelalterlichen Institutionen und das Umsichgreifen von Egoismus zurückgeführt.[105] „Das Prinzip der Neuzeit, die absolute Einheit alle[n] Lebens, welches sich in Deutschland als abstrakter Idealismus, in Frankreich als abstrakter Communismus manifestirt"[106], werde mehr und mehr begriffen. Ein Jahr später, im November 1843, wird sich Engels in zwei Artikeln in „The New Moral World", in denen er sich über die „Fortschritte der Sozialreform auf dem Kontinent" Gedanken macht, genau zu der ein Jahr zuvor in Deutschland festgestellten Situation äußern, und insbesondere in Referenz zu Marx, Heß und Ruge schreiben:

> „Thus, philosophical Communism may be considered for ever established in Germany, notwithstanding the efforts of the governments to keep it down. ... And this is the part we have to perform now. Our party has to prove that either all the philosophical efforts of the German nation, from Kant to Hegel, have been useless – worse than useless; or, that they must end in Communism; that the Germans must either reject their great philosophers, whose names they hold up as the glory of their nation, or that they must adopt Communism. And this *will* be proved; [...]."[107]

In England angekommen, verfolgt Engels intensiv das dortige politische und wirtschaftliche Geschehen. Schriften über und Beschreibungen zur Lage der Industrie in England und die Verhältnisse der dortigen Arbeiterschaft werden von ihm geradezu verschlungen. Er sichtet Berichte von Fabrikinspektoren über Verstöße der Fabrikanten gegen die Arbeitszeiten oder die unzulässige Beschäftigung von Kindern und Jugendlichen sowie Reportagen wie die des Armenarztes von Manchester, James Phillips Kay, zu Choleraepidemien im Slumviertel.[108] Er beobachtet aufmerksam die englische sozialistische Arbeiterbewegung und nimmt an vielen ihrer Veranstaltungen teil. Rasch verfasst Engels mehrere Artikel über die Wirtschaft und Innenpolitik, in denen er eine Beschreibung der seiner Meinung für den zwangsläufigen Eintritt der sozialen Revolution vorliegenden Gründe liefert.[109] Demnach erschaffe die Industrie eine Klasse von absolut Armen, die nicht wieder abgeschafft werden könne, weil sie vom Erwerb stabilen Besitzes ausgeschlossen sei. Jede wirtschaftliche Krise löse in dieser Klasse, der fast die Hälfte aller Engländer angehöre, eine humanitäre Katastrophe aus, so dass eine Revolution gar nicht ausbleiben könne. Zuvor aber müsse sich diese Klasse ihrer Situation und ihrer Macht bewusst werden. Sobald dies eingetreten sei, werde die soziale Revolution in Form einer gewaltsamen Umwälzung stattfinden, „die Scheu vor dem Hungertode [...] dann stärker sein als die Scheu vor dem Gesetz."[110]

Aus der Art seiner Beschreibungen der in Manchester vorgefundenen Zustände und seiner durchaus profunden Auseinandersetzung erschließt sich Engels großes Talent für die sozialwissenschaftliche Analyse. Zu tiefergehenden Einsichten in ökonomische Prozesse gelangte er sicherlich durch seine praktischen Erfahrungen im Unternehmen bzw. seiner intensiven Beschäftigung im internationalen Warenverkehr. Woher aber stammen seine theoretischen Einsichten?

Es deutet einiges darauf hin, dass sich Engels in seiner Kritik an den englischen Klassikern an Positionen der im Jahr 1842 erschienen Schrift *The Facts and Fictions of Political Economy* des in Robert Owens (1771–1858) Denktradition stehenden Redners John Watts (1818–1887) anlehnt. Wesentliche Elemente von Engels' theoretischem Basiswissen über ökonomische Theorie tauchen hier auf. Watts war ehemaliger stellvertretender Sekretär des Mechanics' Institute in Coventry und kam im Juli 1841 nach Manchester. Hier hielt er viele Reden. Insbesondere durch seine Sonntags-Vorlesungen wurde er Engels bekannt.[111] Watts' Analyse von Grundeigentum, Pachtzins, Konkurrenz, Lohnbildung, Verelendung, Arbeit und Kapital deckt den gleichen Gegenstandsbereich wie Engels *Umrisse* ab, auch dient ihm Watts' Text als Literaturgrundlage für die Diskussion von Malthus und der Bevölkerungstheorie. In keiner der von Engels vor Juni 1843 verfassten Beiträge sind ähnliche Argumentationslinien zu finden und sowohl bei Watts als auch Engels liegt Robert Owens Kritik an der Politischen Ökonomik vor.[112] Die Einsicht etwa, dass mit der Nationalökonomie „an die Stelle des einfachen, unwissenschaftlichen Schachers ein ausgebildetes System des erlaubten Betrugs, eine komplette Bereicherungswissenschaft" getreten sei, die „das Gepräge der ekelhaftesten Selbstsucht auf der Stirne" trage,[113] deckt sich mit Watts Äußerungen über „das böse Wesen" von Geschäften. Für Watts ist die Politische Ökonomik ohnehin nur eine Wissenschaft, die aufgebaut wurde, um sich mit den Besonderheiten der Verfälschung zu beschäftigen.[114] Entsprechend finden sich Auffassungen, wie die Entstehung des Reichtums alleine durch Arbeit, die Rückführung des kapitalistischen Wertesystems auf Gewalt und Betrug, die ungleiche und ungerechte Verteilung der Produktionsmittel, die Profitgier der Kapitalisten, die Ablehnung von

↓ **Robert Owen** (1771–1858), Britischer Philanthrop und Sozialist, Gründer der Kooperativen New Lanark Mills, Schottland (1799) und New Harmony, Indiana, USA (1825).

Konkurrenz und Handel u. Ä., und mannigfaltige Kritik an klassischen Nationalökonomen wie Malthus, McCulloch oder Mill.[115] Vor allem äußert sich Engels ausgesprochen begeistert über Watts' Ansichten über Nationalökonomie und Religion.[116]

Zum Punkt der zunehmenden Verarmung und Proletarisierung großer Bevölkerungsanteile macht Engels Anleihen bei französischen Vertretern des Sozialismus wie Jean Charles Léonard Simonde de Sismondi (1773–1842) und Louis Blanc (1813–1882), der seine Kritik der Politischen Ökonomie an Sismondis *Principes de l'économie politique, ou de la richesse dans ses rapports avec la population* von 1819 orientiert.[117] Blanc hatte seine Ideen über die Organisation der Arbeit erstmalig 1839 in einer Reihe von Aufsätzen in der von ihm gegründeten Zeitschrift „Revue du Progrès politique, social et littéraire" ausgebreitet und unter dem Titel *Organisation du travail* veröffentlicht.[118] Thematisiert wird die zunehmende Trennung von arm und reich, Besitzenden und Nicht-Besitzenden, Ausbeutern und Ausgebeuteten, die vernichtenden Wirkungen der Konkurrenz auf die Lebensbedingungen der Arbeiter über den Lohndruck, sowie die soziale Reform als Ausweg aus den daraus erwachsenden Problemen.[119] Blanc hatte in der Gründung von Sozialwerkstätten (Arbeiter-Produktivgenossenschaften) ein wirksames Mittel ausgemacht, die durch Konkurrenz entstandenen Folgen der Ausbeutung zu beseitigen und die Gesellschaft nach den sozialistischen Grundsätzen von Gleichheit und Gerechtigkeit aufzubauen. Der Staat als „oberster Leiter der Produktion" habe für die Vernichtung der Konkurrenz zu sorgen, indem er durch die Produktivgesellschaften selbst am Konkurrenzprozess teilnimmt.[120] Da sich die Produktivgenossenschaften durch einen viel höheren Grad des gemeinschaftlichen Lebens auszeichnen würden als Privatunternehmen – und dadurch überlegen seien –, sei die Privatindustrie gezwungen, sich nach dem Vorbild der Produktivgenossenschaften (unter der Leitung des Staates) zu organisieren.[121] Allerdings schließt Blanc an die gegebenen Besitzverhältnisse an und lässt Privateigentum an Konsumgütern und Erbrecht bestehen. Engels geht in seiner Kritik an der Politischen Ökonomik analytischer und systematischer als Blanc vor, übernimmt aber dessen kämpferische Rhetorik.[122]

↑ **Jean Charles Léonard Simonde de Sismondi** (1773–1842), Historiker und Ökonom, um 1820.

Weniger kämpferisch in der Rhetorik, aber stärker anarchistisch orientiert ist Pierre-Joseph Proudhons (1809–1865) Schrift *Was ist*

Eigentum? von 1840, in der er die Beantwortung selbiger Frage in der Aussage kulminieren lässt, dass es sich beim Eigentum um Diebstahl handelt: „Was ist Eigentum? (‚Qu'est ce que la propriété?') [...]: – ‚La propriété c'est le vol', Eigentum ist Diebstahl".[123] Proudhon kritisiert nicht nur die klassische Nationalökonomik, sondern auch die verschiedenen Richtungen des Sozialismus, da sie, ebenso wie der Kommunismus, der Freiheit des Arbeiters entgegenstünden. Er verurteilt jede staatliche Organisation, weil sie ein Herrschafts- und Unterdrückungsverhältnis voraussetze. Der bestehenden Gesellschaftsordnung wirft Proudhon vor, zuzulassen, dass Einkommen ohne Arbeit erworben werden können, obwohl allein die Arbeit produktiv sei. An die Stelle der staatlichen Zwangsgesetzgebung setzt Proudhon eine Organisation der ökonomischen Kräfte in Form von zwischen den einzelnen Bürgern, einzelnen gesellschaftlichen Gruppen, Vereinen und Korporationen geschlossenen Verträgen. Ordnung entstehe aus der freien Tätigkeit aller, indem der Tätigkeitsbereich jedes Individuums durch die natürliche Arbeitsteilung, freie Berufswahl usw. bestimmt sei. Es gibt keine Regierung, keine Parteien, keine Autorität, sondern ausschließlich absolute Freiheit der Menschen und des Bürgers.[124] Diese Idee von Arbeitsausübung innerhalb vollkommener Freiheit wird von kaum jemandem deutlicher zum Ausdruck gebracht als von Fourier und könne, so Moses Heß, im Kommunismus tatsächlich umgesetzt werden.[125]

Heß glaubt, im kapitalistischen System die Hauptursache der Verhinderung der eigentlichen Freiheitsausübung und der modernen Entmenschlichung zu erkennen, so dass, wünscht man Freiheit, dem kapitalistischen System die Grundlage, und das ist das Privateigentum, entzogen werden müsse: „Jeder Besitz, der nicht ein allgemein menschlicher, ein allgemeines Gut ist, kann meine persönliche Freiheit nicht fördern – ja, nur dasjenige ist wahrhaft mein eignes, unverletzliches Eigenthum, welches zugleich ein allgemeines Gut ist."[126] Seien Privateigentum und Kapitalismus erst abgeschafft, könnten auch Egoismus und Wettbewerb überwunden und eine neue, auf Freiheit und menschlichem Miteinander beruhende (kommunistische) Gesellschaft geschaffen werden.[127] Dieser Sichtweise schließt sich Engels an, wenn er zu dem Schluss kommt, dass eine durchgreifende Revolution der sozialen Verhältnisse auf der Grundlage des Gemeineigentums unvermeidlich sei und es keinen stärkeren Beweis als den geben könne, dass der Kommunismus aus den Voraussetzungen, wie sie den allgemeinen Bedingungen der modernen Zivilisation zugrunde liegen, notwendigerweise folgen muss.[128] Engels' Beobachtungen der Arbeiterlage in den Industrievierteln Manchesters bestärkten ihn in der Einsicht, dass sich der Mensch im Kapitalismus von sich selbst entferne. Durch Konkurrenz werde er auf das Tiefste erniedrigt und durch Privateigentum und Geld zur Ware degradiert.[129] Der Mensch werde dadurch in seinem Wesen vergegenständlicht, zum Objekt. Die Politische Ökonomik, indem sie dieses Objekt zum Untersuchungsgegenstand macht, verwandelt ihn wieder in ein (nunmehr vergegenständlichtes) Subjekt.

Jedenfalls ist es die Lage der Arbeiterschaft in Manchester, die Engels in seinen von Moses Heß übernommenen frühsozialistischen Überlegungen bestärkt. Hier findet er den Nachweis für die praktische Relevanz kommunistischer Ideen und die Überzeugung der sozialen Revolution als Ausweg. In *Die Lage der arbeitenden*

Klasse Englands schreibt Engels: „Die Revolution *muß* kommen, es ist jetzt schon zu spät, um eine friedliche L[ö]sung der Sache herbeizuführen."[130]

Den letzten Endes gescheiterten Versuchen der frühen Sozialisten, später von Marx und Engels als „utopische Sozialisten" bezeichnet und von ihnen letztlich als wenig praxistauglich abgetan[131] – also Saint-Simons Idee von Brüderlichkeit und moralischer Erneuerung, Fouriers „Phalanstère" und Owens niemals verwirklichte genossenschaftlich konzipierte Kolonie „New Harmony" –, stellen sie ihre Theorie des „wissenschaftlichen Sozialismus" gegenüber. Bezogen auf die drei frühen Sozialisten schreibt Engels im Jahr 1882 rückblickend: „Dem unreifen Stand der kapitalistischen Produktion, der unreifen Klassenlage, entsprachen unreife Theorien. [...] Diese neuen sozialen Systeme waren von vornherein zur Utopie verdammt; je weiter sie in ihren Einzelheiten ausgearbeitet wurden, desto mehr mußten sie in reine Phantasterei verlaufen."[132]

Schließlich ist noch die Frage zu behandeln, warum die Schriften Lorenz v. Steins (1815–1890) und insbesondere sein bereits 1842 veröffentlichtes Buch *Der Sozialismus und Kommunismus des heutigen Frankreich*, von dem ein großer Einfluss auf die Verbreitung des Sozialismus in Deutschland ausging, von Engels kaum wahrgenommen werden. Gewiss ist die Begründung mit Wilhelm Roschers Bonmot, der Sozialismus sei dem deutschen Publikum wie ein „Märchen aus weiter Ferne" erschienen, schwerlich ausreichend.[133] Steins Schriften sind für Engels von allenfalls nachgeordneter Bedeutung, lassen sie sich doch kaum mit seinen Überzeugungen in Übereinstimmung bringen. In verschiedenen von Marx und Engels in den Jahren 1845–1846 verfassten Texten wird Stein häufig als jemand erwähnt, aus dessen Werk einige deutsche Sozialisten ihr Wissen zogen. Stein, dem Vorwurf ausgesetzt, die französischen Sozialisten teilweise nur oberflächlich und auch mit einigen Fehlern wiedergegeben zu haben,[134] wird jedoch zugutegehalten, wenigstens den Versuch unternommen zu haben, „den Zusammenhang der sozialistischen Literatur mit der wirklichen Entwicklung der französischen Gesellschaft darzustellen".[135] Auch in Engels' Nachwort zu Fouriers *Ein Fragment über den Handel* kommt Steins Darstellung der französischen Sozialisten als „unsaubere Quelle"[136] denkbar schlecht weg, und im Vorwort stellt er

↓ **Lorenz von Stein** (1815–1890), Jurist, Nationalökonom und Soziologe.

ironisch fest, dass „die mageren Auszüge des Herrn Stein [vollkommen] genügen […], um diesen brillanten Sieg der deutschen Theorie über die lahmen Versuche des Auslandes zustande zu bringen."[137]

Worin liegen die Gründe, warum einer der bekanntesten frühen Vertreter sozialistischen Gedankenguts in Deutschland bei Engels kaum Beachtung findet? Zunächst wird *Sozialismus und Kommunismus* erst 1842 veröffentlicht. Folglich nachdem Engels bereits eine „gefestigte" Grundvorstellung von Sozialismus und Kommunismus hat. Zudem gibt Stein die französischen Sozialisten nur auszugsweise und damit lückenhaft wieder, weshalb er von Engels nicht besonders geschätzt wird; schließlich liest Engels die Literatur im Original. Obwohl Stein Arbeit höher als das Kapital wertet, propagiert er weder eine Revolution noch eine Utopie, sondern „nur" eine soziale Reform,[138] was den Vorstellungen Engels widerspricht. Auch strebt Stein die Durchsetzung der sozialen Reform in einer Hinführung zu einer Harmonie der Interessen an und nicht in einer Aufhebung der (als naturgemäß unterschiedlich gegebenen) sozialen Klassen. Die Sicherstellung der Freiheit, die sich für Stein aus der Realisierung von Individualität und Selbstbestimmung ergibt (was den Erwerb von Kapital und Eigentum einschließt), gilt ihm als leitendes Prinzip.[139] Schließlich geht bei Stein der Sozialismus als eindeutigen Sieger aus dem Vergleich von Sozialismus und Kommunismus hervor, doch dies auch nur im Sinne einer zweitbesten Lösung, da das Eigentum (auf das Individualität und Freiheit hinzielen) im Sozialismus aufzuheben sei.[140]

Stein, der auch dem Bürgertum eine gute Seite abzugewinnen vermag und aufgrund der vielfach im Proletariat vorhandenen Sittenlosigkeit diesem eine gewisse Mitschuld an der eigenen Lage zuweist, spielt kritisch auf Engels' *Umrisse einer Kritik der Nationalökonomie* an. Allerdings hält er dieser „entschiedensten Moralschrift (Diatribe) gegen den Bürgerstand, die je in Deutschland erschienen ist", es als Verdienst zugute, „in einem großen Bilde einmal die äußerste Grenze gezeigt zu haben, bei der der rücksichtslose Gebrauch der Menschen in der Industrie anlangen kann."[141]

SCHÖPFUNG UND ZERSTÖRUNG BEI ENGELS, DEM THEORETIKER

In seiner Bremer Zeit ist bei Engels ein deutlicher Wandel und eine Manifestierung seiner Anschauungen sichtbar. Er beginnt sein kreatives Potenzial zu entfalten, ausgedrückt im Aufbäumen gegen die festgefahrenen Strukturen der ihn umgebenden Firmenwelt, die dortigen starren Tagesabläufe und die an ihn gerichtete Erwartungshaltung des Vaters. Protest gegen die aus seiner Sicht bestehenden Missstände in Staat und Gesellschaft verdeutlicht sich in ersten literarischen und journalistischen Aktivitäten, wie in *Cola di Rienzi* von 1840/41, einer melodramatischen Laiendichtung, die möglicherweise als Libretto für eine Oper angedacht war, journalistischen Sachberichten und Beschreibungen, zeitgeschichtlichen Stellungnahmen mit ironischem Tonfall bis hin zu gesellschaftlichen Analysen mit teilweise wissenschaftlichem Anspruch.[142] Der junge Engels beschäftigt sich mit kritischer Theologie, setzt sich mit Friedrich Schleiermachers Erlösungstheologie auseinander (intuitive Religion des Herzens soll mit modernen Anforderungen der Vernunft vereinbar sein) und gelangt mit David

Friedrich Strauss' (1808–1874) Buch *Das Leben Jesu, kritisch bearbeitet* (1835/36) zu der Überzeugung, dass „Wenn man 18 Jahre alt wird, Strauss, die Rationalisten und die ‚Kirchen-Zeitung' kennenlernt, so muß man entweder alles ohne Gedanken lesen oder anfangen, an seinem Wuppertaler Glauben zu zweifeln. Ich begreife nicht, wie die orthodoxen Prediger so orthodox sein können, da sich doch offenbare Widersprüche in der Bibel finden."[143] Engels ringt mit sich um den Glauben. Er liest, denkt nach, setzt sich mit sich und anderen auseinander, zweifelt. Er versucht seinen persönlichen Glauben zu finden. Engels befindet sich in einem Wechselbad der Gefühle. Bereits wenige Wochen nach dem Brief an Friedrich Graeber schreibt er im Juli 1839: „[...] ich fühle es, ich werde nicht verlorengehen, ich werde zu Gott kommen, zu dem sich mein ganzes Herz sehnt."[144] Und im Oktober, nach weiterer intensiver Auseinandersetzung mit dem Glauben, heißt es in einem Brief an Friedrich Graebers Bruder Wilhelm, den er mit „Guillermo" anspricht:

> „Ja, Guillermo, jacta est alea, ich bin Straußianer, ich, ein armseliger Poete, verkrieche mich unter die Fittiche des genialen David Friedrich Strauß. Hör' einmal, was das für ein Kerl ist! Da liegen die vier Evangelien, kraus und bunt wie das Chaos; die Mystik liegt davor und betet's an – siehe, da tritt David Strauß ein, wie ein junger Gott, trägt das Chaos heraus ans Tageslicht und – Adios Glauben! es ist so löcherig wie ein Schwamm. Hier und da sieht er zuviel Mythen, aber nur in Kleinigkeiten, und sonst ist er durchweg genial. Wenn Ihr den Strauß widerlegen könnt – eh bien, dann werd' ich wieder Pietist."[145]

Über Strauss, der das Christentum lediglich dem neuen, dem wissenschaftlichen Zeitalter anpassen, es jedoch keineswegs abschaffen wollte,[146] gelangt Friedrich Engels zur hegelschen Philosophie. Im Selbststudium beginnt Engels sich in Hegels Schriften mit dem ihm eigenen Enthusiasmus einzuarbeiten und dessen Gedanken zu Geschichte, Geist und Freiheit zu übernehmen. Insbesondere solche hegelschen Überlegungen beeindrucken ihn zutiefst, denen zufolge der Mensch die Vernunft mit Gott teilt und der religiöse Glaube durch Wissen und Kultiviertheit und Funktionen der Kirche durch die in Universitäten und Schulen vermittelte Bildung ersetzt wird. Vom christlichen Glauben kehrt sich Engels vollständig ab. Er wendet sich der materialistisch-atheistischen Philosophie Feuerbachs zu.

Spannt man den Bogen von Engels' Entwicklungsprozess während seiner Bremer Zeit zu den danach erworbenen Kenntnissen über sozialistische Theorien und seinen Erfahrungen in Manchester, so tritt das Ausmaß seines persönlichen und geistigen Wandels, den er durchlaufen hat, voll zu Tage. Engels hat seinen (christlichen) Glauben verloren. Aus einer eigenen gewonnenen Sicht auf die Welt drängt es ihn nunmehr die herrschenden Zustände zu verändern. Aus dem Prozess des Lernens und Reflektierens ist ein Aufbegehren gegen das Bestehende entstanden, das in Ansätzen mündet, Bestehendes aufzubrechen, das Vorhandene zu überkommen und Neues zu generieren. Dieses „Neue" findet sich deutlich artikuliert in den *Umrissen* und der *Lage der arbeitenden Klasse*. Es ist die Kritik am Bestehenden, verbunden mit ersten Hinweisen auf das, was kommen soll. Sein in diesen Schriften enthaltener Entwurf eines theoretischen Kommunismus hat durch seine Erlebnisse und Beobachtungen in Manchester eine empirische Grundlage erhalten. Der kommunistischen Theorie ist der Weg geebnet, das ideologische Gerüst des wissenschaftlichen Sozialismus entworfen. Viele Elemente dessen, was später den Marxismus ausmachen soll – die gesellschaftliche Bedeutung der Produktivkräfte, die Klassenteilung, die instabile Natur des Industriekapitalismus, die Beschreibung der Politischen Ökonomie als Ideologie der Bourgeoisie, die Unvermeidlichkeit der sozialistischen Revolution –, sind in ihren Grundzügen angelegt.[147] Bereits wenig später wird das „Neue" in den frühen, von Engels und Marx gemeinsam verfassten Werken, der 1845 erschienenen Schrift *Die heilige Familie oder Kritik der kritischen Kritik, gegen Bruno Bauer und Konsorten* und dem *Manifest der kommunistischen Partei*, von 1848, deutlich zum Ausdruck kommen. In *Die heilige Familie* verarbeiten Marx und Engels ihre Eindrücke und Erfahrungen aus Manchester und Paris sowie die Distanzierung von der junghegelianischen Schule. Sie wollen dem aus ihrer Sicht für die tatsächlichen Lebensverhältnisse der Arbeiter wirkungslosen Philosophieren hegelscher und junghegelscher Provenienz ein Ende setzen und praktische Schlussfolgerungen ziehen, indem sie ihrem Ansatz eine materialistische Basis zugrunde legen, die proletarische Revolution als unabdingbar ansehen und die Aufhebung des Privateigentums wie die Installierung einer Gütergemeinschaft als unverrückbare Ziele einfordern.[148]

SCHÖPFUNG UND ZERSTÖRUNG IN DER ÖKONOMISCHEN THEORIE UND DARÜBER HINAUS

Aus der Kritik am Bestehenden heraus Handlungsalternativen für eine bessere Gesellschaft zu entwickeln und Versuche deren praktischer Umsetzung, sind gewiss keine Erfindung von Friedrich Engels, sondern Konstituenzien aller politischen Utopien, angefangen bei Thomas Morus' (1478–1535) *Utopia* von 1516. Gleichwohl tritt im Verlauf des 19. Jahrhunderts die Idee von der Umwälzung des Bestehenden und der Erschaffung von Neuem in Gestalt der vor allem in Intellektuellenkreisen häufig anzutreffenden Metapher der schöpferischen Zerstörung in Erscheinung. Der Prozess der schöpferischen Zerstörung, in der ökonomischen Theorie durch Joseph A. Schumpeter bekannt gemacht, und ihm als argumentativer Nukleus der Erklärung der Ursache von wirtschaftlicher Entwicklung dienend, spiegelt sicherlich im hohen Maße die in Zeiten des 19. Jahrhunderts herrschende Aufbruchsstimmung in Technik, Organisation und Wissenschaft wider, welche in den Entwicklungen im Eisenbahnwesen, Bergbau, Wärme- und Elektrizitätslehre, Biologie und Chemie sichtbar wird. Heutzutage kommt die Idee der schöpferischen Zerstörung in Ansätzen wie Clayton Christensens Theorie der disruptiven Innovation zum Tragen.[149]

Die Idee der schöpferischen Zerstörung, das Aufbrechen und der Untergang alter Strukturen und deren Überkommen durch Neues, wird von Schumpeter in *Capitalism, Socialism, and Democracy* 1942 als „creative destruction" eingeführt,[150] findet sich jedoch als grundlegende Idee bereits in seinem als bahnbrechend für die damalige Wirtschaftstheorie und später die evolutorische Ökonomik geltenden Werk *Theorie der wirtschaftlichen Entwicklung* von 1912.[151] In der Metapher der schöpferischen Zerstörung ist Schumpeters eigenes Verständnis von Wirtschaftswissenschaft deutlich erkennbar, denn für ihn ist der Gegenstand der Wirtschaftswissenschaft selbst ein historisch einmaliger Prozess, „ein Prozess, in dessen Verlauf der Mensch in seinem Streben, wirtschaftliche Phänomene zu verstehen, analytische Gebäude in nimmer endender Folge aufbaut, ausbaut und niederreißt."[152]

Mit Schumpeter erfährt die schöpferische Zerstörung ihren Durchbruch, zumindest in der ökonomischen Theorie, obgleich Werner Sombart (1863–1941) die Idee in seinem Werk *Krieg und Kapitalismus* (1913) als Voraussetzung für die immense wirtschaftliche Entwicklung im 19. Jahrhundert vorher verwendet.[153] Ihrem Inhalt nach aber findet sich die schöpferische Zerstörung bereits in der ökonomischen Theorie des 19. Jahrhunderts im allgegenwärtigen Begriff der Produktivkräfte, wie er vor allem bei Friedrich List (1789–1846) verwendet wird. Reinert und Reinert[154] bemerken hierzu, dass dem Begriff der Schöpfungskraft – durchaus im Sinne der schöpferischen Zerstörung und der Steigerung der Produktivkräfte als Schlüssel zur Entstehung des Reichtums einer Nation zu verstehen – unter den deutschen Ökonomen jener Zeit eine ungefähr ähnliche Bedeutung zukomme wie der Zunahme der Konkurrenzfähigkeit auf die Steigerung des Sozialproduktes in der heutigen Zeit.

Joseph Alois Schumpeter (1883–1950), Nationalökonom, um 1920.

Werner Sombart (1863–1941) Soziologe und Ökonom, um 1930.

Die Metapher der schöpferischen Zerstörung ist keine Erfindung der Ökonomen. Sie erlangt vor allem Berühmtheit durch Friedrich Nietzsches (1844–1900) Werk *Also sprach Zarathustra*. Einige Beispiele: „Den, der zerbricht ihre Tafeln der Werte, den Brecher, den Verbrecher – das aber ist der Schaffende“[155]; „Immer vernichtet, wer ein Schöpfer sein muß“[156]; „Verbrennen mußt du dich wollen in deiner eignen Flamme: wie wolltest du neu werden, wenn du nicht erst Asche geworden bist!“[157]; „Und wer ein Schöpfer sein muß ... wahrlich, der muß ein Vernichter erst sein und Werte zerbrechen“[158]; „im Jasagen ist Verneinen und Vernichten Bedingung.“[159]

Nietzsche ist einer der prägendsten Schlüsselfiguren dieser Epoche und nach dessen Tod im Jahr 1900 tritt ein regelrechter Nietzschekult ein, der insbesondere auch die gesellschaftliche Elite in seinen Bann zieht. Seine Philosophie bildet sich im Zeitraum von 1890 bis 1914 geradezu zu einer allgemeinen Weltanschauung heraus,[160] die auch auf große Ökonomen wirkt. So war Sombart stark durch Nietzsche beeinflusst,[161] und von Schumpeter ist bekannt, dass er ein gründlicher Kenner der Elitetheorien des ausgehenden 19. Jahrhunderts war und es vermochte, Texte von Nietzsche frei zu rezitieren.[162] Nietzsche, selbst nicht unbedingt dem Kapitalismus zugetan – „Der Verkehr mit der Wissenschaft, wenn er [...] nach dem Grundsatze »je mehr desto besser« nur immer mehr entfesselt wird, ist gewiß für die Gelehrten ebenso schädlich, wie der ökonomische Lehrsatz des laisser faire für die Sittlichkeit ganzer Völker“[163] –, ließ sich sowohl von der Philosophie Arthur Schopenhauers (1788–1860) als auch dem Hinduismus, in welchem der Prozess von Schöpfung und Zerstörung eine zentrale Rolle spielt, stark beeinflussen.

Die Idee der Geburt des Neuen und der Zerstörung des Vorausgegangenen findet sich in der ägyptischen Mythologie in Gestalt des göttlichen Vogels *Benu*, im antiken Griechenland des Herodot als *Phoenix*, der am Ende seines Lebenszyklus verbrennt, um aus dem verwesenden Leib oder aus seiner Asche wieder neu zu entstehen, in der Spätantike als Symbol der Unsterblichkeit, und den mittelalterlichen Christen galt er als Zeichen der Auferstehung. Der Hinduismus bietet mit seiner Idee von der Unendlichkeit des Lebenszyklus eine besonders reichhaltige Beschreibung des Prozesses von Schöpfung und Zerstörung, indem die Hauptgötter *Brahma*, der Schöpfer, *Vishnu*, der Bewahrer, und *Shiva*, der Zerstörer, den immer wiederkehrenden Zyklus von Leben und Untergang darstellen. Die Idee der schöpferischen Zerstörung ist jedenfalls den intellektuellen Kreisen der zweiten Hälfte des 19. Jahrhunderts nicht unbekannt.[164]

Durch Johann Gottfried Herder (1744–1803) wird der indische Mythos der kreativen Zerstörung in die deutsche Philosophie getragen. In seinem Hauptwerk *Ideen zur Philosophie der Geschichte der Menschheit* (1784–1791) finden sich ebenso Beschreibungen über die Notwendigkeit der Zerstörung, um Neues hervorzubringen, wie bei seinem Freund Johann Wolfgang v. Goethe (1749–1832). Und über seinen „Lehrmeister“ Schopenhauer, genauer, über den Weg des Orientalisten Friedrich Majer (1772–1818), selbst ein Schüler Herders, erreicht der Mythos Nietzsche. Aber auch ein Einfluss Johann Christian Friedrich Hölderlins (1770–1843) auf Nietzsche – er ist einer seiner Lieblingsdichter – im Sinne der Wahrnehmung des Zusammenspiels von Schöpfung und Zerstörung gemäß der dionysischen Metaphorik des Horaz, ist auszumachen.[165] Dionysos verbindet Freude und Schmerz, Leben und Tod, da das eine aus dem Gegenteil des anderen entsteht. Hölderlin betrachtet die politische Entwicklung seiner Zeit, an erster Stelle die Französische Revolution, im Licht der schöpferischen Zerstörung, indem die Geburt einer neuer Welt aus der alten heraus entsteht.[166] In der französischen Revolution ist für Hölderlin ein Auflösungsprozess initiiert, der einerseits den Untergang des Vaterlandes bedeutet, auf der anderen Seite den Neuanfang darstellt.[167] Zum Ausdruck kommt das stete Werden im Vergehen in dem immerwährenden schöpferischen Vorgang des Lebens, wie auch der gleichnamige Aufsatz „Das Werden im Vergehen" anzeigt.

> „Das untergehende Vaterland, Natur und Menschen, [...], eine besondere ideal gewordene Welt, [wird] sich insofern auflösen, damit aus ihr und aus dem überbleibenden Geschlechte und den überbleibenden Kräften der Natur, [...], eine neue Welt entsteht. *Dieser Untergang oder Übergang des Vaterlandes* fühlt sich in den Gliedern der bestehenden Welt so, daß in eben dem Momente und Grade, worin sich das Bestehende auflöst, auch das Neueintretende, Jugendliche, Mögliche sich fühlt."[168]

Obgleich ein geradezu wissenschaftlich vorgehender Dichter wie Goethe im Barmen des Gymnasiasten Friedrich Engels' als gottlos verpönt ist,[169] wächst Friedrich doch mit seinen Werken und denen von Romantikern wie Herder, Schiller, Hölderlin, Schlegel, Klopstock, Wieland, Uhland, Novalis und der Grimm Brüder auf und wird zum Bewunderer, ja sogar selbst zum Dichter des deutschen National- und Heldengeistes.[170] Engels ist jedoch ein an den faktischen Lebensverhältnissen orientierter Geist, der trotz seines Faibles für deutschnationale Heldenprosa die Realität, das beobachtbare Greifbare zu seinem Untersuchungsobjekt macht, was spätestens 1839 in den *Briefe[n] aus dem Wuppertal* deutlich ist. Hier legt er Zeugnis davon ab, wie er die Welt verklärter Beschreibungen des romantischen Ideals einer Nation ablehnt, wenn er die Zustände in den Straßen von Barmen lebensnah darstellt und das soziale Elend dem Leser greifbar werden lässt.[171] Und selbst für die Literatur fordert Engels in Besprechungen deutscher Volkbücher, die er in verschiedenen Ausgaben des *Telegraph* im November 1839 als Friedrich Oswald vornimmt, eine Orientierung an der Gegenwart (dem dortigen „Ringen nach Freiheit", dem „sich entwickelnden Konstitutionalismus", dem „Sträuben gegen den Druck der Aristokratie" etc. ...): „Von selbst versteht es sich aber, daß Gebräuche früherer Zeiten, deren Ausübung jetzt Unsinn oder gar Unrecht wäre, dem Volksbuche fremd bleiben müssen."[172]

Deutlich wird das Konzept der schöpferischen Zerstörung im *Manifest* im Gedanken der revolutionären Umwälzung. So gehe es nicht nur darum, den Kapitalismus über den Weg der Revolution zu überwinden, vielmehr unterliege der Wandel der unterschiedlichen Gesellschaftsstufen von der primitiven Gesellschaft hin zum Sozialismus selbst einem Prozess von Schöpfung und Zerstörung. Ausgiebig wird die Herrschaftsübernahme der Bourgeoisie beschrieben, die der Zerstörung aller „feudalen, patriarchalischen, idyllischen Verhältnisse" vorausgegangen ist; und die Proletarier haben sich zwecks Eroberung der gesellschaftlichen Produktivkräfte eine andere Aneignungsweise zuzulegen bzw. die alte abzuschaffen, damit aber auch ihre „bisherigen Privatsicherheiten und Privatversicherungen" zu zerstören.[173]

SCHÖPFUNG UND ZERSTÖRUNG BEI ENGELS, DEM AKTIVISTEN

Engels betätigt sich allerdings nicht nur als Theoretiker und Literat. Er unternimmt verschiedene Aktivitäten zur Durchsetzung seiner Ideale. So will er im Revolutionsjahr 1848 etwa Marx im Bemühen unterstützt haben, die *Neue Rheinische Zeitung* zum Veröffentlichungsorgan der proletarischen Bewegung zu machen. Er reist nach Barmen, um dort (vergeblich) Investoren für die Zeitung zu gewinnen, schreibt über die gerade in der Frankfurter Paulskirche gewählte Nationalversammlung und flieht unter der Anklage des Hochverrats nach Belgien, von wo er direkt nach Frankreich abgeschoben wird. Im Mai 1849 tritt Engels als kämpfender Revolutionär in Elberfeld auf und berät dort in Fragen der militärischen Abwehr vor preußischen Truppen. Nachdem er aus der Verteidigung eine kommunistische Sache machen will, wird er zum Verlassen der Stadt aufgefordert. Sein Weg führt ihn weiter nach Süddeutschland, dort nimmt er an Gefechten der badischen Revolutionsarmee gegen preußische Truppen teil. Der dortige Einsatz bringt ihm den Ruf des mutigen und kampferprobten Revolutionärs ein. Er flieht wieder in die Schweiz. Für die proletarische Sache bleibt er journalistisch stets aktiv. Nach dem endgültigen Scheitern der Revolution setzt sich Engels, wie auch Marx, nach England ab, wo er im Bund der Kommunisten aktiv wird.[174]

Das Revolutionsjahr 1848 hat nicht den für die europäischen Staaten erhofften Systemwechsel bewirkt und selbst das aufgrund seiner für die Ausgangslage einer Revolution einst so „ideal" erschienene Manchester ist nunmehr eine Vorzeigestadt geworden, die 1851 sogar von Königin Victoria besucht wird. Eine Zeit der Hochkonjunktur ist angebrochen, der sog. „große viktorianische Boom", der bis in die Mitte der 1870er Jahre anhält und einen Anstieg der allgemeinen Lebensqualität der Bevölkerung verursacht, unbeeinflusst von den kleineren Wirtschaftskrisen von 1857 und 1866. Insbesondere die Stahl- und die Baumwollindustrie expandieren. Die erste Weltausstellung 1851 in London unterstreicht die Führungsrolle des Britischen Empires.

Engels verbleibt fast zwei Jahrzehnte im Unternehmen Ermen & Engels und wirkt dort außerordentlich erfolgreich. Seine Einkommenssituation verbessert sich und ermöglicht es ihm einen seiner nunmehr hochgeachteten gesellschaftlichen Stellung entsprechenden Lebensstandard zu führen und darüber hinaus die Familie Marx tatkräftig zu unterstützen. Ende Juni 1869 lässt Engels sich von Gottfried Ermen auszahlen. Er steigt aus dem Unternehmen aus, um fortan als Rentier forschend und organisatorisch im Kampf für das Proletariat tätig zu sein. Im Sommer 1870 wechselt Engels mit seiner Lebensgefährtin Lizzy Burns den Wohnsitz nach London, wird dort in den Generalrat der im Jahr 1864 gegründeten Internationalen Arbeiter-Assoziation, der sog. „Internationale", gewählt, wo er als einer ihrer Korrespondierenden Sekretäre erheblich dazu beiträgt, die verschiedenen Bewegungen der Linken zu koordinieren.[175] Intensiv widmet er sich dem Studium naturwissenschaftlicher Schriften. Nach Marx' Tod im März 1883 macht sich Engels daran, dessen geistige Hinterlassenschaften zu systematisieren, weiterzuentwickeln und zu verbreiten. Die Bedeutung des Marxismus als politische Philosophie ist sicherlich in hohem Maße dem Wirken Engels' zu verdanken.

Engels ist ein erfolgreicher Unternehmer geworden, der auch an der Börse ein beachtliches Vermögen erwirbt. Den Vorwurf, seinen materiellen Wohlstand aus genau der in seinen Schriften so beklagten Ausbeutung des Proletariats zu ziehen, lässt er nicht gelten. Er erachtet solche Argumentation gar als kleinbürgerlich. Die Börse ändere „nur die Verteilung des den Arbeitern bereits gestohlenen Mehrwerts", da der Prozess der Konzentration des Kapitals durch die Börse beschleunigt werde,[176] sozusagen der Kapitalismus umso schneller zu Fall gebracht würde (zumindest entlang der von Engels unterstellten Funktionslogik des Kapitalismus).

Die Schöpfungs-Zerstörungs-Logik erreicht in dieser Denkart einen Höhepunkt: Das Übel (der Kapitalismus) wird forciert, indem es (durch unternehmerische und spekulative Tätigkeiten) nach Kräften unterstützt wird, mit dem Ziel, es zu vernichten. Dies ist der Prozess der Zerstörung, um schnellstmöglich die Voraussetzungen für den Neuanfang, die Schöpfung in Form des Sozialismus, zu schaffen.

In der Schrift *Herrn Eugen Dührings Umwälzung der Wissenschaft* (1878) und verschiedenen naturwissenschaftlichen Stellungnahmen und Notizen der *Dialektik der Natur* (1873–1882) erläutert und interpretiert Engels die von Marx grundgelegte materialistische Auffassung geschichtlicher Abläufe im Sinne der Verallgemeinerung seiner spezifischen Wahrnehmung von naturgesetzlichen Abläufen. Das übergeordnete Ziel seiner Bemühungen liege im Aufzeigen der Parallelität, mit der, angesichts der sowohl in der Natur als auch in der Gesellschaft stattfindenden Komplexität von Veränderungen, der Wandel in beiden Bereichen gemäß einem gleichen dialektischen Bewegungsgesetz ablaufe. „Es ist also die Geschichte der Natur wie der menschlichen Gesellschaft, aus der die Gesetze der Dialektik abstrahiert werden. Sie sind eben nichts andres als die allgemeinsten Gesetze dieser beiden Phasen der geschichtlichen Entwicklung sowie des Denkens selbst."[177]

Fortschritte der Weltgeschichte ließen sich bereits aus ihrer Materie selbst bestimmen, Geschichte sich also begrifflich durch die Entfaltung ihrer Naturbestimmungen, durch die Evolution der Natur und vom Tier zum Menschen erklären. Engels setzt die „Geschichte der menschlichen Natur" strukturell gleich mit der „Geschichte der Gesellschaft" und unterstellt beiden eine Entwicklung gemäß des identischen (dialektischen) Prinzips (Determinismus). Dieser Entwicklung gemäß müsse auch die Politik als eine zwangsläufige Folge der Naturgeschichte in Erscheinung treten. Als Hauptgesetze dieser Entwicklung(en) nennt Engels die von Hegel „in seiner idealistischen Weise als bloße Denkgesetze entwickelt[en]" „allgemeinsten Gesetze":[178]

1. Das Gesetz des Umschlagens von Quantität und Qualität und umgekehrt. Im Anschluss an eine Kumulierung quantitativer Veränderungen über einen längeren Zeitraum folgt eine sprunghafte qualitative Veränderung.
2. Das Gesetz von der gegenseitigen Durchdringung der polaren Gegensätze. Hierbei handelt es sich um die Einheit und den Widerstreit von natürlichen und sozialen Prozessen inhärenten Gegensätzen. Aus dem Widerspruch zwischen Extremen entsteht Entwicklung, aus der eine neue Lösung her-

vorgeht (aus These und Antithese folgt die Synthese). Offensichtlich tritt hier das Prinzip von Zerstörung und Schöpfung zutage, dass sich Altes auflösen muss, um Neues entstehen zu lassen.

3. Das Gesetz von der Entwicklung durch den Widerspruch bzw. der Negation der Negation. Durch Entwicklung wird Bestehendes abgelöst (negiert), allerdings nicht vollständig. Die positiven Elemente werden soweit es geht bewahrt.

Das Prinzip der schöpferischen Zerstörung liegt generell diesen Denkgesetzen zugrunde. Engels nennt im *Anti-Dühring* eine Reihe von veranschaulichenden Beispielen, in denen unweigerlich der Prozess von Schöpfung und Zerstörung anzutreffen ist. So vergehe ein Gerstenkorn, wenn es als Saatgut in den Boden eingebracht wird – es wird negiert – und an seine Stelle trete die aus ihm entstandene Pflanze, die Negation des Korns. Schmetterlinge entwickelten sich aus einem Ei durch die Negation des Eis (beim Schlüpfen wird das Ei zerstört), machten ihre Verwandlung bis zur Geschlechtsreife durch, begatteten sich und würden nach Vollendung des Gattungsprozesses und der Eiablage wieder negiert, indem sie sterben.[179] Das gleiche Prinzip finde sich in der Mathematik: „Nehmen wir eine beliebige algebraische Größe, also a. Negieren wir sie, so haben wir –a (minus a). Negieren wir diese Negation, indem wir –a mit –a multiplizieren, so haben wir $+a^2$, d. h. die ursprüngliche positive Große, aber auf einer höher[e]n Stufe, nämlich auf der zweiten Potenz."[180] Weitere Beispiele ließen sich anführen.

Insbesondere das letzte Drittel des 19. Jahrhunderts ist bekannt für die verschiedenen Entdeckungen und Fortschritte in den Naturwissenschaften und der Technik. Die Entwicklung der sogenannten klassischen Physik (Physik vor der Quantenphysik und Relativitätstheorie) erreicht ihren Höhepunkt und versetzt, gemeinsam mit den Entdeckungen in den Bereichen der Chemie und Biologie, die Wissenschaft in einen regelrechten Fortschrittsrausch. Das Interesse der Gesellschaft an Naturwissenschaft und Technik ist immens und Vortragsreihen, öffentliche Experimente, Fortbildungsveranstaltungen etc. finden auf nahezu jedem Niveau für alle Interessenslagen statt. An einem Intellektuellen wie Engels geht diese Entwicklung, mit Ausnahme der in der ökonomischen Theorie sich vollziehenden „marginalistischen Revolution", nicht vorüber (Engels spricht von „the rotten vulgarized economics of Jevons"[181]; oder abschätzig auch von der „Jevons-Mengerschen Gebrauchswerths- und Grenznutzentheorie"[182]). Engels verfolgt die Entwicklungen, so gut es ihm möglich ist. Er unterhält intensiven Kontakt zu naturwissenschaftlichen Größen seiner Zeit und liest Schriften wie die des Geologen Charles Lyell, des Evolutionstheoretikers Thomas Huxley oder Charles Darwins *Über den Ursprung der Arten* von 1859. Engels ist jedoch kein Befürworter des Darwinismus. Er hält „Die ganze darwinistische Lehre vom Kampf ums Dasein" für nichts anderes als eine einfache „Übertragung der Hobbesschen Lehre vom bellum omnium contra omnes [Krieg aller gegen alle]", die Übertragung des Konkurrenzprinzips und „der Malthusschen Bevölkerungstheorie aus der Gesellschaft in die belebte Natur" für äußerst fraglich und den Versuch als überaus naiv, aus der Rückübertragung dieser Lehren von der Naturgeschichte in die Geschichte der Gesellschaft allgemeine Naturgesetze ableiten zu können.[183]

Die Übertragung jedweder Verhaltensmuster zwischen Tier und Mensch scheitere bereits daran, dass es sich beim „sog. struggle for existence [Kampf ums Dasein] [...] nicht mehr um reine Existenzmittel, sondern um Genuß- und Entwicklungsmittel dreht".[184] Unter der kapitalistischen Produktionsweise entstünde eine derartige Masse an produzierten Gütern, die deshalb nicht mehr konsumiert werden könne, weil den Menschen der Zugang dazu „künstlich und gewaltsam versperrt" werde, so dass „alle 10 Jahre eine Krisis das Gleichgewicht wiederherstellt durch Vernichtung nicht allein der produzierten Lebens-, Genuß- und Entwicklungsmittel, sondern auch eines großen Teils der Produktivkräfte selbst".[185] Der kapitalistischen Produktionsweise ist folglich ein eigener zyklischer Zerstörung-Schöpfungsmechanismus inhärent, der immer wieder in die Krise, jedoch auch zu ihrer Überwindung führt.[186] Die bei diesem zyklischen Prozess Benachteiligten seien immer die Arbeiter, die eigentlichen Produzenten. Die Lösung besteht für Engels im Ausbrechen aus diesem Zyklus und damit in der Aufhebung der vernichtenden und zerstörenden Wirkung der kapitalistischen Gesellschaftsordnung, „indem die Leitung der gesellschaftlichen Produktion und Verteilung der dazu unfähig gewordenen herrschenden Kapitalistenklasse abgenommen und der produzierenden Masse übertragen wird – und das ist die sozialistische Revolution."[187] Durch die Revolution würden alle Klassenunterschiede und -gegensätze aufgehoben und das Eingreifen der Staatsgewalt in gesellschaftliche Verhältnisse zunehmend überflüssig. Der darwinistische Lebenskampf werde zu Ende sein und durch eine planmäßige bewusste Organisation der gesellschaftlichen Produktion ersetzt.

Die Idee der schöpferischen Zerstörung ist auch in gängigen Interpretationen von Marx' Erklärung von Wandel entlang seiner nach dem Widerspruch von Produktivkräften und Produktionsverhältnissen sich entwickelnden Gesellschaftsstufen (Urgesellschaft, Sklavenhaltergesellschaft, Feudalismus, Kapitalismus, Sozialismus) erkennbar. Eine Epoche setze dabei den Untergang der vorherigen voraus. Vor der Generierung des Neuen steht also das Überkommen des Alten. Dabei mag die gesellschaftskritische Handlungsaufforderung hineinspielen, die Marx in seiner Schrift *Zur Kritik der Hegelschen Rechtsphilosophie* pointiert in dem Satz zum Ausdruck brachte, dass der „*Mensch* [als] *das höchste Wesen für den Menschen*" gehalten sei, alle Verhältnisse umzuwerfen, in denen er sich als ein „erniedrigtes, ein geknechtetes, ein verlassenes, ein verächtliches Wesen" wiederfindet,[188] also notwendigerweise das zum Umsturz bringt, was ihn erniedrigt und daraus folgend eine bessere Situation ermöglicht.

ZUSAMMENFASSENDE BEMERKUNGEN UND EINSCHÄTZUNGEN

Im Mittelpunkt des Beitrags stehen zwei Fragenkomplexe:

1. Die Einordnung von Friedrich Engels' ökonomischem Denken in die ökonomische Theorie der Zeit, als er seine frühen Schriften verfasste, unterteilt in einen Überblick der vorhandenen Lehrmeinungen und deren Rezeption und Nicht-Rezeption durch Engels.
2. Übereinstimmungen in Engels' ökonomischem Denken mit der Metapher der schöpferischen Zerstörung.

In seiner Kritik der ökonomischen Theorie bezieht sich Engels im Wesentlichen auf Kernaussagen der klassischen Nationalökonomie.

Für ihn ist sie mitverantwortlich für das Elend, in dem sich die Arbeiterklasse befindet. Angesichts der damals bereits bestehenden Vielfalt von an der klassischen Nationalökonomik geübten Kritik, konzentriert sich Engels lediglich auf sozialistische und sozialreformerische Positionen. Andere, durchaus mannigfaltig vorhandene ökonomische Denkweisen, die seinem Blickwinkel der Kritik möglicherweise unterstützende Argumente geliefert hätten, nimmt er nicht zur Kenntnis. Es ist die Wiedergabe der Politischen Ökonomik durch Größen wie den Philosophen und Schriftsteller Moses Heß und den Sozialreformer John Watts, die einen großen Einfluss auf Engels' Wahrnehmung von ökonomischer Theorie nimmt. Durch sie wird Engels' Blick auf die französischen Frühsozialisten und die Ideen der Abschaffung von Konkurrenz und Privateigentum sowie die Transformation des Gesellschafts- und Wirtschaftssystems im Zuge einer sozialen Revolution gelenkt. In Auseinandersetzung mit der Vielzahl frühsozialistischer Vorschläge und durch die Anlehnung an den dialektischen Idealismus Hegels entwickeln Marx und Engels die materialistische Geschichtsauffassung und liefern eine wissenschaftliche Theorie vom gesellschaftlichen und ökonomischen Wandel. Produktion und Tausch bilden darin die Grundlage einer jeglichen Gesellschaftsordnung, und zwar in der Weise, „daß in jeder geschichtlich auftretenden Gesellschaft die Verteilung der Produkte, und mit ihr die soziale Gliederung in Klassen oder Stände, sich danach richtet, was und wie produziert und wie das Produzierte ausgetauscht wird. Hiernach sind die letzten Ursachen aller gesellschaftlichen Veränderungen und politischen Umwälzungen zu suchen nicht in den Köpfen der Menschen, in ihrer zunehmenden Einsicht in die ewige Wahrheit und Gerechtigkeit, sondern in Veränderungen der Produktions- und Austauschweise; sie sind zu suchen nicht in der *Philosophie*, sondern in der Ökonomie der betreffenden Epoche."[189] Aus dem Widerspruch von Produktivkräften und Produktionsverhältnissen entstehe Wandel, eine neue Stufe der gesellschaftlichen und wirtschaftlichen Entwicklung, eine neue Epoche, indem die vorangegangene Stufe abgelöst werde.

Es ist Engels' Vertrauen in das stete Voranschreiten des technischen Fortschritts, das zu der durchaus realistischen Annahme von sich immer verändernden Produktivkräften führt und somit eine Grundbedingung für die Theorie vom Wandel bildet. Auch darin findet sich die im 19. Jahrhundert verbreitete, das Produktivitätsdenken und die Schöpfungskraft reflektierende Metapher der schöpferischen Zerstörung. Sie ist aber ebenso anhand vieler Beispiele in weiteren Bereichen von Friedrich Engels' Denken nachweisbar und tritt schlussendlich auch in der Entwicklung seiner Person zutage: Aus dem das deutsche Heldenethos bewundernden Jugendlichen wird ein seine Welt und die eigenen Anschauungen reflektierender Theoretiker, der sich vom Christen zum Atheisten wandelt, sich zunächst philosophische und dann Grundkenntnisse der ökonomischen Theorie sozialistischer Prägung aneignet und versucht, diese umzusetzen, indem er eine eigene Theorie entwirft und journalistisch, politisch und anderweitig aktiv ist. Er kritisiert das Bestehende, will es umstürzen und Neues an seine Stellen setzen – Zerstörung und Schöpfung. Engels gelingt es durchaus, Schwachstellen des vorherrschenden ökonomischen Systems aufzudecken, indem er z. B. beim vorherrschenden Konkurrenzsystem die unverhältnismäßige Machtverteilung von Grund- und Kapitalbesitzern gegenüber der Arbeiterschaft, mithin das Verteilungsproblem anspricht, welches zu lösen, selbst die Ökonomie heutzutage noch außerstande ist. Jedoch geht Engels' Vorschlag der Aufhebung des Privateigentums an der Realität vorbei. Der Kapitalismus wurde nicht vom Sozialismus abgelöst, er hat sich zu einem Erfolgsmodell mit sozialem Gesicht gewandelt. Konkurrenz wurde zur mächtigen Triebfeder von Produktion, auskömmlichen Pro-Kopf-Einkommen und Konsum. Der überwiegende Teil der Bevölkerung in den Dienstleistungs- und Industriestaaten lebt auf einem, zumindest die Konsumstandards anbetreffend, zufriedenstellenden Niveau. Der Umbau des Systems, seine Anpassung an vorhandene Schwächen, und nicht seine Abschaffung, sind zur großen Herausforderung geworden. Die Staaten versuchen in ihren Ordnungs- und Wettbewerbspolitiken die Konkurrenzmechanismen zu stärken und die Wirtschaftsmacht, wie sie in Form von Monopolisierungstendenzen zum Ausdruck kommt, zu beschränken. Ob die hohen Konsumstandards der westlichen Welt allerdings bei einer steigenden Weltbevölkerung im globalen Maßstab umgesetzt werden können, scheint angesichts begrenzter Ressourcen mehr als fraglich. Insofern mag Engels mit seiner (auf John Watts gestützten und in Zusammenhang mit der Wiederlegung von Aussagen zu Malthus' Bevölkerungstheorie getroffenen) Aussage irren, es sei eine „wahnsinnige Behauptung, dass die Erde nicht die Kraft habe die Menschen zu ernähren".[190]

Der junge Engels war jemand, der von einer Idee getrieben war, visionär, durchaus emotional und moralisierend, intuitiv, impulsgesteuert, aus der Situation heraus einem natürlichen Gerechtigkeitsempfinden folgend. Er war sicherlich nicht der Typus des vorsichtig agierenden, mit hoher Ambiguitätstoleranz ausgestatteten Denkers. Immer wieder wurde und wird – bei aller Wertschätzung für sein Talent, Originalität, Scharfsinn – bemerkt, dass Engels in seiner Kritik der Politischen Ökonomik die normative und analytische Ebene nach Belieben wechselte, er manche Zusammenhänge nicht verstand, ihm Kenntnisse fehlten, er überheblich urteilte. Auch hat er Ökonomen für Aussagen kritisiert, die sie gar nicht getätigt oder sogar abgelehnt haben, manchmal unhaltbare Schlüsse gezogen, Fakten für seine Argumentation willkürlich und selektiv herausgegriffen.[191] Bei der Vielzahl seiner Interessen, Kenntnisse und Aktivitäten konnte es sicherlich nicht ausbleiben, dass er Wissen selektiv auswählte, was in späteren Jahren vor allem am Beispiel seiner intensiven Beschäftigung mit den Naturwissenschaften deutlich wird. In jedem Fall war Engels als Kritiker der bestehenden gesellschaftlichen Zustände ein kreativer Geist, im steten Bemühen, möglichst viel Wissen zu verarbeiten und vor allem nutzbar zu machen, in die Tat umzusetzen – ein „zerstörender Schöpfer".

DER FRIEDRICH, DER FRIEDRICH, …

ENGELS, MARX UND DIE KRITIK DER POLITISCHEN ÖKONOMIE*

HEINZ D. KURZ

EINFÜHRUNG

Ohne Engels kein Marx, wie wir ihn kennen. Ohne Marx kein Engels, wie wir ihn kennen. In seiner Marx-Biographie argumentiert Gareth Stedman Jones, dass Engels nach Marx' Tod im Jahr 1883 und der Sichtung von dessen literarischem Nachlass Auffassungsunterschiede zwischen ihnen, von denen er in Unkenntnis von Marx' Arbeiten in den 1870er Jahren bis dahin nichts oder nur wenig wusste, zu überdecken versuchte.[1] Er habe zum Entstehen der Vorstellung einer von beiden unverbrüchlich geteilten Theorie des „Marxismus" beigetragen, welche die Sicht des reifen Marx bis zu einem gewissen Grad verfälschte. Statt einer *unité de doctrine* begegnen wir, so Stedman Jones, vor allem in dreierlei Hinsicht gravierenden Meinungsunterschieden. Diese betreffen die Frage nach dem Zusammenbruch des Kapitalismus, die Bedeutung der Lehre Darwins für die Wissenschaft und die Frage nach den vorkapitalistischen Dorfgemeinschaften als primitive, nicht auf Privateigentum basierende gesellschaftliche Organisationsformen. In letzter Instanz ging es um die für beide Köpfe grundlegende Frage nach einem richtigen Verständnis der menschlichen Natur und Geschichte.

Stedman Jones hatte zur Zeit, als er sein Buch schrieb, noch keine Kenntnis des gesamten Materials, das in der Zweiten Abteilung der Marx Engels Gesamtausgabe (MEGA) Zeugnis von Engels' editorischer Arbeit und seinen Eingriffen in den Text anlässlich der Herausgabe der Bände II und III des *Kapitals* ablegt.[2] Hätte er es gekannt, sein Urteil wäre möglicherweise noch kritischer ausgefallen.[3] Aber, so ist zu fragen, nimmt Engels erst nach 1883 einen fragwürdigen Einfluss auf die Rezeption von Marx und dessen Werk oder tut er dies schon zu „Old

← **Friedrich Engels,** 1845.

Moor's" Lebzeiten? Wenn diese Frage bejaht werden sollte, ergibt sich eine weitere: Wieso widersetzt sich Marx diesem Einfluss nicht?[4]

Tatsache ist, dass Marx erst über Engels zur Politischen Ökonomie kommt. Genauer: Die gemäß Marx „geniale Skizze"[5] einer Kritik dieses Wissenszweigs durch einen 23-jährigen Kaufmann ohne Abitur und Studium wirkt wie ein Stellwerk und gibt dem Leben und Wirken des um zweieinhalb Jahre Älteren sowohl intellektuell als auch politisch eine neue Orientierung.[6] Es ist natürlich nicht auszuschließen, dass Marx auch ohne den Anstoß durch Engels' *Umrisse* (1844) schließlich den Schwenk von der Philosophie zur Politischen Ökonomie vollzogen hätte. Aber hätte er in diesem Fall einen Weg genommen, der dem tatsächlich beschrittenen, stark von der Engels'schen Skizze geprägten, geähnelt hätte? Engels' Einfluss auf Marx geht weit über die Weckung seines Interesses an einem Fachgebiet hinaus, und Marx lässt diesen ohne erkennbaren Widerstand zu.

Der Aufsatz ist wie folgt gegliedert. Abschnitt 2 behandelt die Vorgeschichte von Engels' Essay, seiner Ausbildung zum Handelsgehilfen und dann Kaufmann sowie seinen frühen Versuchen, sich hinsichtlich einer wissenschaftlich fundierten Kritik der bestehenden Verhältnisse kundig zu machen. Abschnitt 3 befasst sich mit Engels' Essay und seinem Verhältnis zu Marx. Abschnitt 4 erörtert auffallende Eigentümlichkeiten seiner Abhandlung. Abschnitt 5 geht kritisch auf seine gegen die Nationalökonomie gerichteten Hauptvorwürfe ein und verdeutlicht einige seiner Missverständnisse der Lehren der klassischen Ökonomen. Abschnitt 6 enthält abschließende Bemerkungen.

ZUR VORGESCHICHTE DER *UMRISSE*

Der in der Schule für humanistische Ideen entflammte Friedrich gerät zunehmend in Konflikt mit seinem dem Pietismus zuneigenden Vater, einem Baumwollfabrikanten. Dieser nimmt den begabten Jüngling wider dessen Willen ein Jahr vor dem Abitur aus der Schule und beschäftigt ihn als Handelsgehilfen im Kontor seiner eigenen Unternehmung in Barmen. Nach der Ausbildung zum Kaufmann in Bremen komplettiert der junge Engels in der Zeit von November 1842 bis August 1844 seine Kenntnisse in Manchester in einer Baumwollspinnerei, deren Miteigentümer sein Vater ist. Er kennt jetzt das moderne Fabriksystem und den Handel von der Pike auf und weiß um das Geschäftsgebaren seiner Betreiber. Seine sich bis zum Hass steigernde Verachtung für den Handel und die Frömmelei seiner Vertreter bricht sich im Essay unverhohlen Bahn. Engels ist schon zu seiner Bremer und dann Barmer Zeit auf der Suche nach Arbeiten, die sich analytisch-kritisch mit den empörenden sozioökonomischen Verhältnissen auseinandersetzen und wird schnell fündig. Insbesondere Charles Fouriers (1772–1837) Angriff auf den Handel und Pierre-Joseph Proudhons (1809–1865) Verortung des Grundübels der modernen Gesellschaft in der Institution des Privateigentums faszinieren ihn. Philosophisches und ökonomisches Wissen eignet er sich im Wesentlichen im Selbststudium oder durch den Besuch von Vorträgen wie denen von John Watts (1818–1887) an, die dieser sonntags in der von Robert Owen (1771–1858) gestifteten, der Fortbildung der Arbeiterschaft gewidmeten „Hall of Science" in Manchester hält.[7] In seiner auch heute noch lesenswerten, urteilssicheren Biographie nennt Gustav Mayer Engels nicht ohne Grund einen „führerlosen Autodidakten".[8]

Vor seinem Wechsel nach England besucht Engels im Frühsommer des Jahres 1842 Moses Hess in Köln und wandelt sich vom Radikalen zum Kommunisten. In Manchester nimmt er Kontakt zu Sozialisten und Chartisten auf, liest deren Schriften und studiert bei Besuchen von Fabriken und Wohnvierteln der Arbeiterschaft die Lage der arbeitenden Klasse in England. Seine Schrift gleichen Titels, ein Pionierwerk der empirischen Sozialforschung, erscheint nach seiner Rückkehr nach Barmen.[9] Bei seiner Ankunft in England ist Engels bereits einigermaßen vertraut mit Arbeiten französischer Frühsozialisten, insbesondere Henri de Saint-Simon (1760–1825), Fourier, Proudhon und Louis Blanc (1811–1882). Außer Fourier wird im Essay jedoch keiner der Genannten namentlich erwähnt, aber etliche Ausführungen Engels' weisen deutliche Bezüge zu ihren Ideen auf. Zu nennen sind beispielhaft Saint-Simons Hohelied auf die Wissenschaft und die Ablösung der Religion durch sie; Fouriers Qualifikation des Handels und des Bank- und Finanzwesens als unproduktiv, räuberisch und unmoralisch; Proudhons Verdammung des Privateigentums als „Diebstahl" sowie seine Kritik der Werttheorie der klassischen Ökonomen Adam Smith und David Ricardo; und Blancs Attacke auf die Konkurrenz sowie sein Plädoyer für ein Recht auf Arbeit, eine genossenschaftlich organisierte Wirtschaft und die Abschaffung von Märkten und die auf diesen geregelten Preise. Alle diese Momente kehren im Essay wieder.[10] In England liest er Schriften von Robert Owen und dessen Anhängern. Den Nachweis, dass bessere Arbeitsbedingungen und höhere Löhne die Produktivität nicht nur nicht hemmen, sondern gegebenenfalls sogar fördern können, hatte Owen in seiner Baumwollspinnerei im schottischen New Lanark eindrucksvoll erbracht.[11] Die Schlussfolgerung aus diesem Befund lag für einige Beobachter auf der Hand: Das sozioökonomische System konnte erfolgreich reformiert werden, ohne seine Grundlage – das Privateigentum – in Frage zu stellen. Mit Proudhon (1840) war Engels nicht dieser Ansicht; ein radikaler Schnitt war nötig. Die in „Reformlabors" wie demjenigen Owens gesammelten Erfahrungen bestärkten die Vorstellung, eine „sittliche" Gesellschaftsordnung, wie sie Engels vorschwebte, sei den herrschenden Verhältnissen nicht nur moralisch, sondern auch ökonomisch überlegen. Warum noch warten, wo eine bessere Welt doch greifbar nah war?

Voller Optimismus rechnet Engels mit dem baldigen Anbruch einer neuen Zeit. Selbst kleinere soziale Unruhen deutet er als untrügliche Vorboten des nahenden Umsturzes. Wie ist die Entwicklung dorthin zu beschleunigen? Indem, gibt sich Engels überzeugt, die Doktrin der seiner Überzeugung nach wirkungsmächtigsten Apologeten der herrschenden Verhältnisse ad absurdum geführt wird. Dies aber seien die Nationalökonomen – gemeint sind vor allem die englischen klassischen politischen Ökonomen von Smith bis Ricardo sowie einige ihrer Epigonen, sodann Thomas Robert Malthus und in Frankreich Jean-Baptiste Say. Sie rechtfertigten angeblich nicht nur die aktuelle Lage und mit ihr Not und Elend der Arbeiterklasse – tatsächlich seien sie durch ihr Eintreten für Privateigentum, Konkurrenz und Markt sogar hierfür verantwortlich. Im Essay will Engels die Unhaltbarkeit dieser Lehre schlüssig nachweisen und damit ein bedeutendes Hindernis auf dem Weg zur neuen Gesellschaft aus dem Weg räumen. Er will der fraglichen Lehre einen tödlichen Schlag versetzen und damit das Tor zu einer neuen Zeit aufstoßen. Später sollte von der von ihm und Marx entwickelten Sicht der Dinge als von einer neuen Wissenschaft die Rede sein – dem „wissenschaftlichen Sozialismus".

ENGELS' ESSAY UND MARX

Engels' Kritik der Nationalökonomie, deren Wirkung auf Marx und das Verhältnis der beiden weisen einige Besonderheiten auf, die kurz erwähnt werden sollen.[12]

Erstens, ein junger Nichtakademiker beeindruckt nachhaltig einen älteren promovierten Philosophen mit einer Arbeit über die Ursachen von Elend und Not der Arbeiterschaft. Er wirft jedoch nicht nur einem ganzen Wissenschaftszweig vor, keine zutreffende Diagnose der Situation vorzulegen. Er zeiht darüber hinaus ihre Vertreter der „Heuchelei", weil sie beim Versuch, ihr Unvermögen zu vertuschen, zu platten Apologeten der herrschenden Verhältnisse degeneriert seien. Er, Engels, will leisten, was sie nicht leisten konnten oder wollten – die Entwicklung einer soliden Diagnose der Verhältnisse sowie, darauf aufbauend, einer erfolgreichen Therapie. Er schickt sich an, zumindest ansatzweise *die* zentrale Schicksalsfrage der Menschheit zu beantworten – die Frage nach den Bedingungen „der Versöhnung der Menschheit mit der Natur und mit sich selbst."[13] Darf einem, der derart Großes im Schilde führt, ein mangelndes Differenzierungsvermögen und ätzende Polemik vorgeworfen werden? Das Ziel ist die Revolution, die Umgestaltung der sozialen und politischen Verhältnisse, und Engels wiegt sich in der Gewissheit, auf der Schwelle zu ihr zu stehen.

Auch Marx' Schriften aus den 1840ern kennzeichnet ein stark polemischer Grundton, wie er in der gesamten kritischen Literatur der damaligen Zeit und gerade auch in Emigrantenkreisen verbreitet ist. Erst das Zerstieben der Hoffnung auf einen unmittelbar bevorstehenden Umsturz nach der Niederschlagung der Deutschen Revolution von 1848/49 verlangt nach einer tiefer gehenden Analyse der Lage, nach einer differenzierten Auseinandersetzung mit der Politischen Ökonomie und einer genauen Untersuchung von „Anatomie" und „Bewegungsgesetz" der „bürgerlichen Gesellschaft". Mit Engels' Polemik im Essay ist es offenbar nicht getan. Weit mehr ist vonnöten, um das große Ziel der grundlegenden Veränderung der gesellschaftlichen Verhältnisse, das die beiden Autoren immer im Blick haben, zu erreichen. *Das Kapital* schließlich soll den Untergang des Kapitalismus nicht nur als wünschenswert, sondern als unausweichlich beweisen – mittels der Kraft der Wissenschaft, des „wissenschaftlichen Sozialismus".

Zweitens, nach der Veröffentlichung seines Essays überlässt Engels erstaunlicherweise das Terrain der Politischen Ökonomie zunehmend Marx, einem Neuling hierauf. Hätte man nicht erwarten müssen, dass ihm, dem so viel Anerkennung seitens des Älteren zuteil wird, auf Grund seines Informationsvorsprungs die Aufgabe der weiteren Entwicklung seiner Ideen oblegen gewesen wäre, tatkräftig unterstützt von Marx? Tatsächlich geschieht jedoch etwas Anderes: Marx stürzt sich schon bald mit aller Macht in die Politische Ökonomie, während Engels zunächst in die Rolle eines engen Mitarbeiters und später in diejenige eines Zaungastes schlüpft. Einige wenige Stationen seien erwähnt, um den Gang der Dinge zu skizzieren.[14]

In jenen 1845/46 verfassten Texten, die posthum als *Deutsche Ideologie* bekannt werden sollten, dürfte etliches zu ökonomischen Fragen aus Engels' Feder stammen. Wir wissen auch, dass die beiden während der ersten Weltwirtschaftskrise 1857/58 über die Vorgänge und ihre Deutung in engem Kontakt stehen. Und selbst in Engels' *Anti-Dühring* aus dem Jahr 1877/78 findet sich noch ein umfängliches Kapitel zur Ökonomie.[15] Um die Mitte der 1860er Jahre nehmen schriftliche Zeugnisse der Diskussion der beiden über Fragen der Politischen Ökonomie jedoch ab. Zwar dokumentieren Briefe von Marx aus den Jahren 1867 und 1868 noch dessen Wunsch, sich hierüber auszutauschen. Aber größere schriftliche Spuren hinterlässt der Wunsch nicht. Über die Gespräche der beiden anlässlich der Besuche Marx' bei Engels in Manchester sowie während ihrer fast täglichen Spaziergänge nach Engels' Übersiedlung nach London im Jahr 1869 wissen wir wenig. Größere Abdrücke in den Werken der beiden hinterlassen sie nicht. Die hier vertretene These von der schwindenden Bedeutung wirtschaftstheoretischer Themen im intellektuellen Austausch zwischen den beiden findet u. a. eine gewisse Bestätigung in der bemerkenswerten Tatsache, dass Engels den ersten Band des *Kapitals* erst liest, als dieser bereits im Druck ist – zu spät für eine inhaltliche Auseinandersetzung.[16] Engels belässt es daher bei redaktionellen Anmerkungen. Er veröffentlicht jedoch etwas ungewöhnlich anonym Rezensionen, in denen er den Band bewirbt.

Im Lauf seines Lebens verschieben sich die Schwerpunkte von Engels' Interessen – weg von der Politischen Ökonomie, hin zu anderen Wissensgebieten. Spiegelverkehrt hierzu ändern sich die Schwerpunkte bei Marx. Zwar bleibt die Schnittmenge der vor allem politisch motivierten Interessen der beiden groß, wie ihr Briefwechsel belegt, aber Engels wendet sich zunehmend auch Feldern zu, die parallel dazu bei Marx relativ zur Politischen Ökonomie an Bedeutung verlieren. Er befasst sich unter anderem intensiv mit materialistischen Strömungen in der Geschichte der Philosophie, alt und neu. Darüber hinaus interessiert er sich für allgemeine Geschichte und besonders für strategische und taktische Fragen in der Militärgeschichte, sodann mit Naturwissenschaften, Technikgeschichte und vielem anderen mehr. Marx teilt verschiedene von Engels' Interessen,

↓ **Emil Dreyer,** Karl Marx, um 1920.

aber er tut dies mit wechselnder Intensität. Die Arbeit am *Kapital* verlangt eine Konzentration seiner Kräfte und verbietet das freizügige und unbeschwerte Flanieren im faszinierenden Garten der Wissenschaften. Erst nach der Veröffentlichung des ersten Bandes des *Kapitals* greift Marx wiederholt weit aus, wovon seine zahlreichen Exzerpthefte und die darin dokumentierten umfänglichen Befassungen mit mehreren Fachgebieten zeugen. Er tut dies aber vor allem mit der Absicht, Wissenslücken zu schließen, die den Fortschritt der Arbeit an seinem *magnum opus* behindern. So befasst er sich mit Mathematik zum Beispiel nicht, wie gelegentlich behauptet, zur Entspannung, sondern um sich das nötige formale Rüstzeug für seine Arbeit über Krisen und zyklische wirtschaftliche Entwicklung anzueignen. Und die Auseinandersetzung mit Justus von Liebigs Bodenerschöpfungstheorie begründet sich sowohl mit Hinblick auf sein Gesetz vom tendenziellen Fall der Profitrate als auch den Perspektiven des Sozialismus nach Überwindung des Kapitalismus. Ohne Übertreibung kann gesagt werden, dass es nach 1844 zu einer merklichen Verschiebung der jeweiligen fachlichen Domänen von Marx und Engels kommt.

Drittens, der bald nach 1844 zu beobachtende Rückzug Engels' ins zweite Glied in Sachen Politischer Ökonomie zeigt sich auch in Folgendem. Er unterstützt Marx zwar tatkräftig finanziell und anderweitig in dessen Bemühungen und drängt ihn immer wieder zur Beschleunigung seiner Arbeit. In der Korrespondenz der beiden aber ebben gründliche inhaltliche Diskussionen über Fragen der Politischen Ökonomie und der Kritik daran, wie bereits erwähnt, allmählich ab und kommen schließlich fast ganz zum Erliegen. Dabei entgeht Engels gewiss nicht, wie sehr Marx anfangs von zentralen Aussagen im Essay profitiert und wie einige davon in dessen Werk wiederkehren – unbeschadet deutlicher Korrekturen im Detail, gerade auch was die Einschätzung der Leistungen der klassischen Ökonomen anbelangt. Es darf wohl angenommen werden, dass ihm dies innere Genugtuung gewesen sein wird und er sich nicht ohne eine gewisse Berechtigung als stiller Teilhaber des im Entstehen begriffenen Werks empfunden haben dürfte. Marx trat zwar als alleiniger Autor des *Kapitals* in Erscheinung, aber Engels konnte mit Fug und Recht der Auffassung sein, in bedeutenden Hinsichten durch ihn zu sprechen. Dies erklärt vielleicht auch, warum er sich als Herausgeber der Bände II und III des *Kapitals* zu Eingriffen in den Text befugt sah, die Herausgebern streng genommen nicht zustehen.

Viertens, in Nacharbeit zu Engels' Schrift studiert Marx die Werke der darin genannten Autoren und muss im Lauf der Zeit erkennen, dass zahlreiche Aussagen und Urteile Engels' über sie nicht haltbar und einige grob irreführend sind. Er sieht sich gezwungen, diese zu berichtigen und tut dies vor allem in dem 1861–1863 verfassten Manuskript „Zur Kritik der politischen Oekonomie".[17] Karl Kautsky sollte dessen theoriegeschichtlichen Teile 1905–1910 als *Theorien über den Mehrwert* herausbringen. Während seiner Beschäftigung und Wiederbeschäftigung mit den klassischen Ökonomen ist Marx nicht völlig bewusst, was die Korrektur der Engels'schen Urteile hinsichtlich der Haltbarkeit seiner eigenen Konstruktion bedeutet. Erst allmählich reift sein diesbezügliches Verständnis, aber in mancherlei Beziehung gelingt es ihm bis zum Schluss seines Lebens nicht, völlige Klarheit zu erlangen. Angesichts der außerordentlichen Schwierigkeit der von ihm und davor den klassischen Ökonomen behandelten Probleme ist dies nicht wirklich überraschend. Wie dem auch sei, Marx kommt nicht um den Schluss herum, dass Engels' jugendliche Unbekümmertheit und sein hochmütiger Umgang mit bedeutenden klassischen Ökonomen, allen voran David Ricardo, ein in wesentlichen Bezügen unzutreffendes Bild von deren Lehren und Erkenntnissen zeichnet. Während für Engels alle Ökonomen „Heuchler" sind, unterscheidet Marx in *Zur Kritik der politischen Oekonomie* zwischen „klassischen bürgerlichen Ökonomen" und „Vulgärökonomen".[18] Ersteren zollt er merkliche Hochachtung, weil sie beim Studium der „Physiologie der bürgerlichen Gesellschaft" bedeutende Einsichten erzielt hätten. Letztere hingegen straft er mit Verachtung, da sie sich nur auf der „Oberfläche der Phänomene" herumgetrieben hätten. Der implizite Vorwurf an Engels lautet, dieser kenne den Unterschied nicht und vermenge die beiden, mit dem Ergebnis, dass er es versäumt habe, von den klassischen Ökonomen zu lernen.

Fünftens, was aber genau kann man von diesen lernen, und untergräbt das Gelernte gegebenenfalls bedeutende Postulate und Sätze in Engels' „genialer Skizze", die Marx zunächst die Orientierung in unbekanntem Gelände erleichtert? Sollte dies der Fall sein, wird nolens volens auch Marx' eigenes Unterfangen davon berührt werden. Und wie sollte er, Marx, in diesem Fall dem Gönner, engen Freund und Kampfgefährten kommunizieren, dass wichtige, ehemals von beiden geteilte Positionen nicht aufrechtzuerhalten sind? Marx war Engels in vielerlei Hinsicht verpflichtet. Wäre es ganz und gar verwunderlich, sollte er zögern, Engels über die missliche Lage zu informieren, die ihn daran hindert, sein monumentales Projekt zum Abschluss zu bringen? Ist es nicht vielmehr verständlich, dass der Cunctator in diesem Fall allmählich verstummt, nichts mehr von sich hören lässt oder ausweichend antwortet, seine Karten jedenfalls nicht aufdeckt. Engels sollte nicht wissen, dass er, Marx, sich festgebissen hatte, ihn Zweifel ob der Tragfähigkeit wichtiger Säulen seiner sozialtheoretischen Konstruktion beschlichen, ihm die Diskrepanz zwischen dem, was er wusste, und jenem, was er hätte wissen müssen, um die aufgeworfenen großen Fragen schlüssig zu beantworten, immer mehr deutlich wurde. Und hätte es sich für Engels geziemt, das beredte Schweigen seines Freundes zu stören, wäre dies nicht vielmehr ein Verstoß gegen die Sittlichkeit gewesen? Meiner Deutung nach ist die abflauende Korrespondenz der beiden Freunde in Sachen Kritik der Politischen Ökonomie und Vollendung des *Kapitals* in den späteren Phasen von Marx' Leben in nicht geringem Maße den genannten Umständen geschuldet.

Sechstens, tatsächlich weiß Engels offenbar recht wenig über den genauen Stand von Marx' Arbeiten am *Kapital*, als dieser 1883 stirbt. Als Verwalter des Marx'schen Nachlasses sichtet er das umfängliche, ja überwältigende literarische Erbe mit dem Ziel der Vorbereitung einer Edition der Bände II und III des *Kapitals* – einer Herkulesaufgabe, die jedoch nicht mittels einer pfiffigen Idee zu bewältigen ist, sondern Jahre hingebungsvoller Plackerei verlangt. Dabei stößt Engels bei der Lektüre von Marx' Vorarbeiten, Notizen und Manuskripten auf Aussagen und Überlegungen, die ihn irritieren müssen. Bei Antritt seiner gewaltigen Arbeit konnte er noch davon ausgehen, Marx und er würden nach wie vor in allen bedeutenden Belangen im Kern die gleiche Auffassung vertreten. Dies betraf insbesondere das „Gesetz" vom Fall der allgemeinen Profitrate, zu dem Engels sich von Marx hatte bekehren lassen, nachdem es in den *Umrissen* noch keinerlei Rolle gespielt hatte. Bei diesem Gesetz handelte es sich Marx zufolge um das *thema probandum* des sich „wissenschaftlich" nennenden Sozialismus, weil sein Beweis selbst den Bourgeois von der Vergänglichkeit der kapitalistischen Produktionsweise überzeugen musste: „Es zeigt sich hier in *rein ökonomischer Weise*, d. h. vom Bourgeoisstandpunkt, innerhalb der ‚Grenzen des capitalistischen Verstands', vom Standpunkt der capitalistischen Production selbst, ihre Schranke, *ihre Relativität*, daß sie keine *absolute*, sondern nur eine historische und einer gewissen beschränkten Entwicklungsepoche der materiellen Productionsbedingungen entsprechende *Productionsweise* ist."[19] Das Gesetz, so Marx, „ist vom historischen Standpunkt aus das wichtigste Gesetz. Es ist ein Gesetz, das trotz seiner Einfachheit bisher nie begriffen und noch weniger bewußt ausgesprochen worden ist."[20] Nach dem Tod des Freundes muss Engels zu seiner Überraschung erkennen, dass diesen Zweifel ob der Haltbarkeit des Gesetzes geplagt hatten. Wenn dieses, verstanden als Kulminationspunkt der Lehre, jedoch nicht tragen sollte, was verbleibt dann von der Lehre? Insbesondere: Was setzt die ersehnte bessere Gesellschaft ins Leben, wenn es der „naturgeschichtliche" Prozess, auf den Marx vertraut hatte, nicht mehr tut? Und wie soll sich der Nachlassverwalter und enge politische Weggefährte angesichts von Marx' Unsicherheit und Schwanken verhalten? Muss er den Leser hiervon in Kenntnis setzen oder darf er darauf vertrauen, dass Marx bei weiterer Befassung mit dem Thema schon noch der Nachweis der Gültigkeit des Gesetzes gelungen wäre? Und darf er in der Edition an entscheidender Stelle, ohne den Leser darüber zu informieren, einen Satz einflechten, der den Anschein erweckt, als habe Marx die dem Gesetz widersprechenden Überlegungen als bloße Gedankenspiele ohne größere Bedeutung abgetan? Wie wir heute wissen, beantwortet Engels die letzte Frage indirekt mit ja, wenn er an entsprechender Stelle im dritten Band des *Kapitals* einfügt: „Aber in der Wirklichkeit wird die Profitrate, wie bereits gesehen, auf die Dauer fallen."[21]

Wir wenden uns jetzt einigen Eigentümlichkeiten des Essays zu, bevor wir uns dann im darauf folgenden Abschnitt kritisch mit Engels' Hauptvorwürfen gegenüber der Nationalökonomie auseinander setzen.

EIGENTÜMLICHKEITEN DES ESSAYS

Engels' Schrift weist mehrere in enger Verbindung miteinander stehende Besonderheiten auf, die es verdienen hervorgehoben zu werden. Eine knappe summarische Darstellung muss genügen.

Erstens, Engels Angriff gilt, wie bereits erwähnt, „den" Ökonomen. Von wenigen Ausnahmen abgesehen, sieht er von zum Teil gravierenden Auffassungsunterschieden unter ihnen ab.[22] Ihm sind alle eins. Seine Attacke richtet sich gegen das Fach, das er mit dem deutschen Begriff der „Nationalökonomie" und nicht dem englischen der Politischen Ökonomie bezeichnet. Dabei spielen in seiner Schrift deutsche Ökonomen keine Rolle, sieht man von einer kurzen Erwähnung von Friedrich Lists Kritik an Adam Smiths Parteinahme zugunsten des Freihandels ab. Engels bezeichnet das Fach auch als „komplette Bereicherungswissenschaft", entstanden „aus dem gegenseitigen Neid und der Habgier der Kaufleute"; es trage „das Gepräge der ekelhaftesten Selbstsucht auf der Stirne".[23]

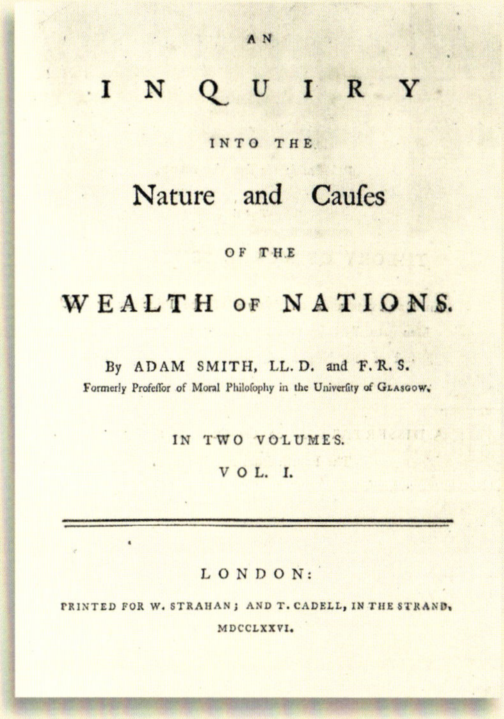

AN

INQUIRY

INTO THE

Nature and Caufes

OF THE

WEALTH OF NATIONS.

By ADAM SMITH, LL. D. and F. R. S.
Formerly Profeffor of Moral Philofophy in the Univerfity of GLASGOW.

IN TWO VOLUMES.

VOL. I.

LONDON:

PRINTED FOR W. STRAHAN; AND T. CADELL, IN THE STRAND.
MDCCLXXVI.

Adam Smith (1723–1790), 1795, Professor für Moralphilosophie und Ökonomie.

Adam Smith, Inquiry / Erstausgabe 1776.

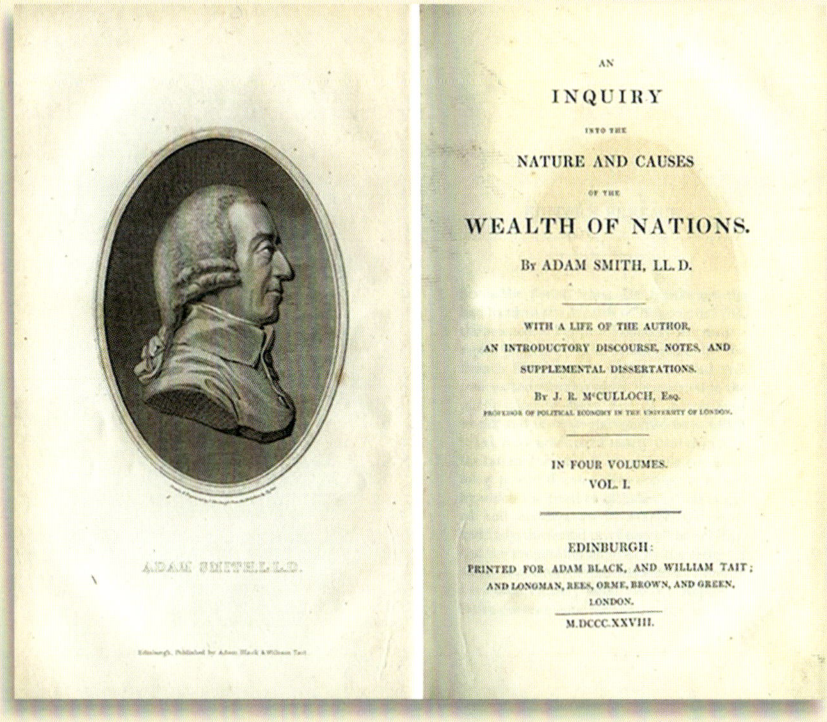

AN

INQUIRY

INTO THE

NATURE AND CAUSES

OF THE

WEALTH OF NATIONS.

BY ADAM SMITH, LL. D.

WITH A LIFE OF THE AUTHOR,
AN INTRODUCTORY DISCOURSE, NOTES, AND
SUPPLEMENTAL DISSERTATIONS.

BY J. R. M'CULLOCH, Esq.
PROFESSOR OF POLITICAL ECONOMY IN THE UNIVERSITY OF LONDON.

IN FOUR VOLUMES.
VOL. I.

EDINBURGH:
PRINTED FOR ADAM BLACK, AND WILLIAM TAIT;
AND LONGMAN, REES, ORME, BROWN, AND GREEN,
LONDON.
M.DCCC.XXVIII.

Adam Smith, Wealth of Nations in der von McCulloch besorgten Ausgabe, 1828.

John Ramsay McCulloch (1789–1864,) schottischer Nationalökonom, 1828 Professor an der Universität London. Seine These, „In seinem Naturzustand ist der Stoff stets von Wert entblößt.", kommentierte Karl Marx: „Man sehe, wie hoch selbst ein MacCulloch über dem Fetischismus deutscher Denker steht, die den Stoff und noch ein halbes Dutzend anderer Allotria für Elemente des Wertes erklären", (Karl Marx, Ökonomische Schriften und Manuskripte 1858–1861, in: MEGA² II/2, S. 114, Fn. 1.).

Seine Vertreter, allesamt „Heuchler", legitimierten den Handel als „legalen Betrug" und seien damit beschäftigt, die „Anwendung unsittlicher Mittel zur Durchsetzung eines unsittlichen Zwecks" als ethisch unbedenklich und ökonomisch überlegen umzudeuten.[24] Alles an dieser Wissenschaft missbilligt Engels, selbst ihr Name sei irreführend, da es unter den Bedingungen des Privateigentums nicht um den National-, sondern nur um den Privatreichtum gehen könne. Die Wissenschaft aber hinterfrage die Institution des Privateigentums nicht, sondern behandele sie wie eine von der Natur vorgegebene Sache. Dabei sei sie eine von Menschen gemachte Institution und könne auch wieder abgeschafft werden.

Mutmaßlich leitet Engels den Begriff der „Bereicherungswissenschaft" von Adam Smiths Definition des Fachs in Buch IV des *Wealth of Nations* bzw. McCullochs Befassung damit in dessen Einführung zu seiner Smith-Ausgabe[25] oder in McCullochs *Discourse* aus dem Jahre 1824[26] ab. Dort definiert Smith: „Politische Ökonomie, als Teil der Kunst des Staatsmannes oder Gesetzgebers verstanden, [...] setzt sich zum Ziel, sowohl die Bevölkerung als auch den Herrscher reicher zu machen."[27] Hier klingt die berühmte Formel von Smiths Glasgower Lehrer Francis Hutcheson (1694–1746) an, der als Ziel der Staatskunst „das größte Glück der größten Zahl" genannt hatte. Engels verengt diese Definition auf das selbstsüchtige Streben der Einzelnen nach materiellem Reichtum und unterschlägt die von Smith angesprochene große ordnungs- und allgemein politische Aufgabe. Diese besteht vor allem auch darin, die dunklen, die Gesellschaft schädigenden Seiten der Selbstsucht einzudämmen und das Eigeninteresse in Bahnen zu lenken, in denen es sich nicht nur individuell, sondern auch kollektiv vorteilhaft auswirkt. Bemerkenswerterweise kommt nichts von alledem bei Engels vor. Weder das Ziel der Mehrung des öffentlichen Reichtums noch die Rolle von Staatsmann und Gesetzgeber spielen bei ihm eine Rolle.

Zweitens, Engels projiziert alles, was ihm an den Vertretern der besitzenden Klassen missfällt, auf die Nationalökonomen. Er setzt gewissermaßen die Beobachter in eins mit den Beobachteten, insinuiert eine Personalunion zwischen ihnen. Erstere regen seiner Auffassung nach jedenfalls in Wort und Schrift Letztere dazu an, mit ihren Handlungen zu täuschen und zu betrügen. Den Ökonomen sei nicht zu trauen – ihr ganzes Tun diene der Rechtfertigung der unsittlichen Verhältnisse.

Es ist fraglich, dass sich Engels des Unterschieds von positiver und normativer Ökonomik im Klaren ist oder ob er ihn einfach ablehnt.[28] Erstere trachtet danach die Verhältnisse, so wie sie sind, zu analysieren und die Gesetze ausfindig zu machen, denen ihre Reproduktion und Veränderung gehorchen. Letztere fragt danach, wie die Verhältnisse idealerweise sein sollten und wie man vom Ist- zum Sollzustand kommt. Die klassischen Ökonomen sind in einem ersten Schritt darum bemüht, die bestehenden Verhältnisse und die ihnen innewohnende Dynamik zu verstehen. In einem zweiten Schritt fragen sie, wie die Verhältnisse durch ordnungs-, wirtschafts- und sonstige politische Maßnahmen verbessert werden können. Engels sieht in ihren Werken keinen Beitrag zur positiven Ökonomik, sondern nur den Versuch der Verschleierung der Verhältnisse als sittlich. Jede emanzipatorische Bewegung werde so von Beginn an als unmöglich und utopisch denunziert.

Drittens, die Apologie der Verhältnisse durch die Ökonomen, haben wir gehört, wurzelt Engels zufolge in der impliziten Rechtfertigung der Institution des Privateigentums. Obgleich sie sich an einer expliziten Rechtfertigung versucht haben, zusammengebracht hätten sie diese nicht. Dabei hätten sie einer solchen bitter bedurft, leiten sie doch alle sonstigen sozioökonomischen Phänomene und Beziehungen in der modernen Gesellschaft vom Privateigentum ab. Dies betrifft insbesondere die Konkurrenz, begriffen als Rivalität von Trägern einander widersprechender Interessen, und die Institution des Marktes als Hauptort der Austragung ihrer Konflikte. Eine Kritik des Privateigentums ist damit zugleich eine Kritik von Konkurrenz, Markt, Lohnarbeit und Fabriksystem.

Aber im Essay bleibt es nicht bei einer derartigen Kritik. Vielmehr entwickelt Engels darin auch die Vorstellung von der unausweichlichen Selbsttransformation der privateigentümlichen Gesellschaft bis hin zu deren Umsturz. Der „totalen Umgestaltung der sozialen Verhältnisse“[29] fallen das Privateigentum und dessen Derivate zum Opfer – die Welt reinigt sich gewissermaßen aus sich selbst heraus von der Sünde. Die von Engels erwartete realhistorische Entwicklung entzieht der Nationalökonomie vollends

↓ **„Pyramide a renverser“** … „Eine Pyramide, die umgestürzt werden muß“.

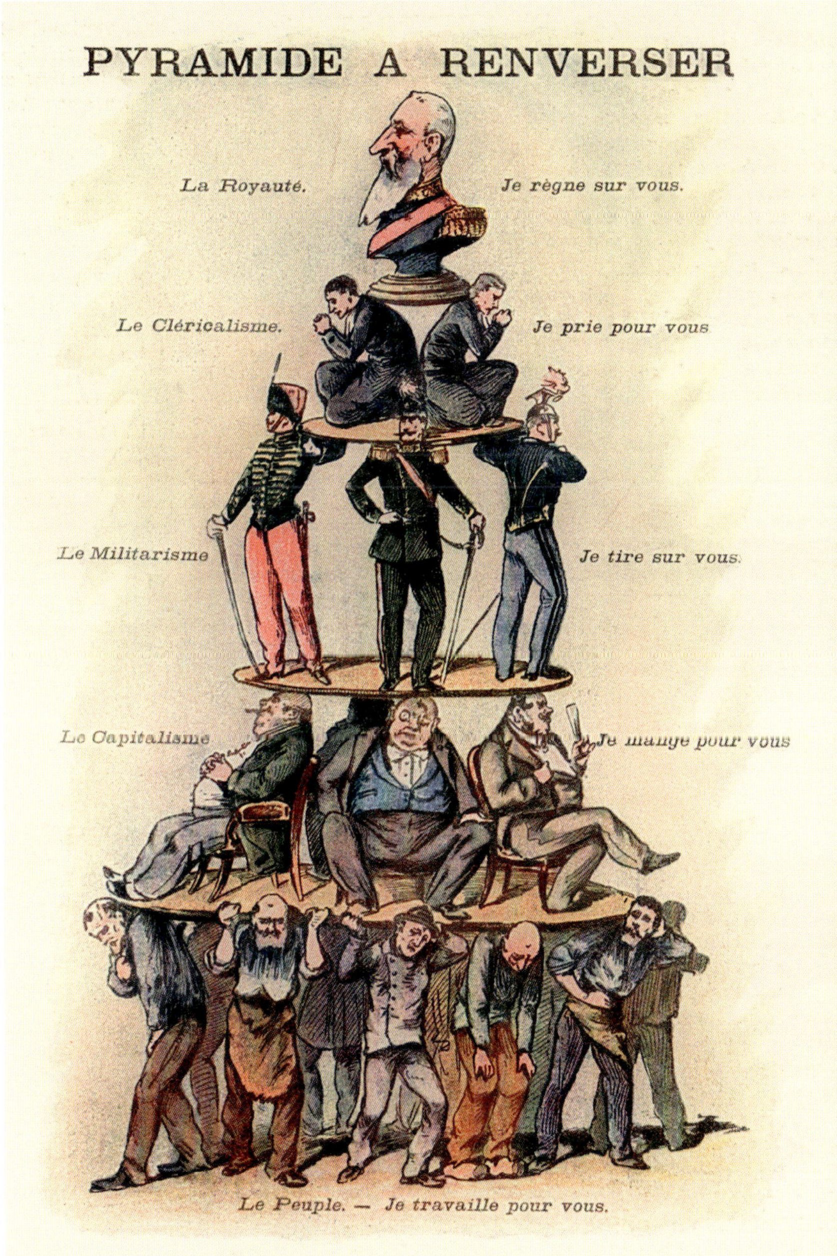

„Eine Pyramide, die umgestürzt werden muß“
Flugblatt der belgischen Zeitung »La Presse socialiste«

↑ **David Ricardo** (1772–1823), Börsenmakler und Ökonom, 1839.

ihre rationale, auf dem ewigwährenden Fortbestand des Privateigentums beruhende Grundlage. Engels argumentiert wie folgt: Der gesellschaftliche Antagonismus nimmt im Lauf der Zeit notwendigerweise immer weiter zu und führt zu einer immer größeren Spaltung der Gesellschaft mit einer kleinen, ständig reicher werdenden besitzenden Klasse auf der einen und einer großen, ständig weiter verelendenden Klasse von Paupers auf der anderen Seite. Der wachsende Gegensatz zwischen Besitzenden und Besitzlosen werde durch periodisch wiederkehrende, sich verstärkende Handelskrisen sowie arbeitssparenden technischen Fortschritt und Arbeitslosigkeit weiter zugespitzt.[30]

Dieser Prozess ebne dem gesellschaftlichen Umsturz den Weg. Die „soziale Revolution“[31] ermögliche schließlich die Rückkehr zu einer sittlichen Sozialordnung. Eine solcher habe in frühen Stammes- und Gentilgesellschaften geherrscht. Wie und in welcher Ausgestaltung die Rückkehr zu einer derartigen Ordnung angesichts einer stark gewachsenen Bevölkerung, eines gewaltig gestiegenen Produktionsvolumens und eines viel tiefer gegliederten Systems der nationalen und internationalen Arbeitsteilung erfolgen kann, lässt Engels offen. Ihm ist bewusst, dass das, was gegebenenfalls für relativ kleine „Gemeinden“ galt, nicht ohne weiteres auf große, sich industrialisierende Gesellschaften übertragen werden kann. Aber er spart das Thema erstaunlicherweise aus und gibt sich – aus weiter unten zu behandelnden Gründen – zuversichtlich, dass es schon bald zum Umsturz kommen wird.

Viertens, die „Heuchelei“ der Ökonomen besteht Engels zufolge, genauer betrachtet, in Folgendem. Sie begännen ihre Analyse mit dem Versprechen, den „wahren“ oder „intrinsischen Wert“ der Waren bestimmen zu wollen, zeigten sich dann aber außerstande, dies zu tun und verwickelten sich in Widersprüche. Während Ökonomen wie Ricardo den Wert als von den Produktionskosten bestimmt begriffen, verwiesen Ökonomen wie Say auf die „Brauchbarkeit“ der Waren. Der Streit zwischen den beiden Auffassungen sei nie endgültig entschieden worden. Dabei, so Engels, sei klar, dass der *wahre Wert* einer Sache nur unter Absehung von menschlichen Institutionen wie dem Privateigentum bestimmt werden könne, da diese Einfluss auf die Austauschverhältnisse der Dinge, ihre relativen *Preise*, nähmen, welche von den durch die Werte gebildeten Relationen abwichen. Die Werte könnten also nur für eine Gesellschaft ohne von Menschen gemachte Institutionen ermittelt werden.[32] In ihr aber gelte offensichtlich: „*Der Werth ist das Verhältnis der Produktionskosten zur Brauchbarkeit*."[33] Was sich auf den ersten Blick wie die Kreuzung der Auffassungen von Ricardo und Say ausnimmt, ist es jedoch nicht, weil die Genannten die Institution des Privateigentums als gegeben unterstellt hatten. Engels setzt daher erläuternd hinzu: „Die Produktionskosten zweier Dinge gleichgesetzt, wird die Brauchbarkeit das entscheidende Moment sein, um ihren vergleichungsmäßigen Werth zu bestimmen. *Diese Basis ist die einzig gerechte Basis des Tausches*."[34] Der intrinsische Wert einer Sache erfüllt Engels zufolge demnach eine Gerechtigkeitsmaxime. Es geht ihm im vorliegenden Zusammenhang um eine *normative* und nicht um eine positive Bestimmung des Werts. In der nicht auf Privateigentum gegründeten Gesellschaft, betont er unmissverständlich, gebe es „Tausch, wie er jetzt existirt", nicht mehr. Er setzt hinzu: „Die praktische Anwendung des Werthbegriffs wird sich dann immer mehr auf die Entscheidung über die Produktion beschränken, und da ist seine eigentliche Sphäre."[35]

In einer solchen Gesellschaft werde der Wert direkt über die Konfrontation der Produktionsmöglichkeiten mit den Bedarfen und Wünschen der Gesellschaftsmitglieder entschieden, nicht über marktvermittelte Transaktionen unter Herausbildung von Preisen. Wie man sich den angesprochenen Prozess der Allokation der verfügbaren Ressourcen auf alternative Zwecke konkret vorzustellen habe, darüber sagt Engels nichts Genaues. Es handelt sich seiner Vorstellung nach jedoch um einen Prozess, der gänzlich ohne die institutionellen Leitplanken der aktuellen Gesellschaft und somit ohne Märkte auskommt.

Fünftens, bekanntlich ist die Nationalökonomie aus der Moralphilosophie herausgewachsen und hat sich von dieser allmählich emanzipiert. Ethische Aspekte seien damit, wie unter anderem John Watts (1842) beklagt hatte, immer mehr aus dem Blickfeld geraten. Die Ökonomen, so Engels, hätten sich selbst und anderen dies aber nie eingestanden, son-

↓ **Ricardo,** Principles.

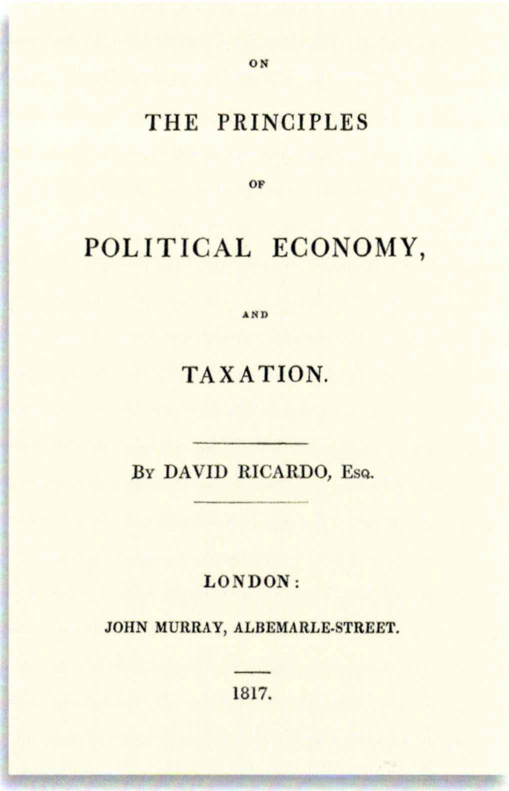
ON

THE PRINCIPLES

OF

POLITICAL ECONOMY,

AND

TAXATION.

BY DAVID RICARDO, ESQ.

LONDON:

JOHN MURRAY, ALBEMARLE-STREET.

1817.

Thomas Malthus (1766–1834), 1833. Der britische Nationalökonom und Sozialphilosoph war ab 1806 Professor für Geschichte und politische Ökonomie am Haileybury College. Kontrovers diskutiert wurde seine Bevölkerungstheorie, die er mit An Essay on the Principle of Population (1798) und mit Principles of Economics (1820) entwickelte.

dern so getan, als befassten sie sich weiterhin damit. Ihre Unterscheidung zwischen *Gebrauchswert* – Engels spricht kurioserweise von „abstraktem Wert", ein Begriff, der sich in den Schriften der zitierten Autoren meines Wissens nicht findet – und *Tauschwert* zeuge hiervon. Der Gebrauchswert steht für den „wahren" oder „intrinsischen", institutionell nicht kontaminierten Wert, während der Tauschwert den unter privateigentümlichen Bedingungen sich ergebenden Preis meint. Die Dichotomie von Wert und Preis sollte bei Marx wiederkehren. Da den Ökonomen aber die Bestimmung des intrinsischen Werts nicht gelingen wollte, hätten sie sich klammheimlich einer ganz anderen Bestimmung, nämlich der von Tauschwerten alias Preisen zugewandt und so getan, als handele es sich um ein und dieselbe Sache. Mittels dieses Schwenks hätten sie unter der Hand den unsittlichen Verhältnissen der auf Privateigentum gegründeten Gesellschaft das Siegel der Sittlichkeit verliehen und damit einen formidablen Schwindel inszeniert.

Engels schickt sich an den Schwindel aufzudecken. Die Bestimmung der Tauschwerte alias Preise setze Märkte voraus und mit ihnen eine mehr oder weniger intensive Konkurrenz sowie Privateigentum. Die Preise aber könnten die Unsittlichkeit der Umstände, denen sie entspringen, nicht verleugnen. Wie Adam Smith festgestellt hatte, seien die Preise gleich der Summe der in der Erzeugung der Produkte direkt und indirekt gezahlten Einkommen – der Löhne, Profite und Renten. Profite und Renten aber seien Besitzeinkommen pur, ihre Quelle ökonomische Macht, Betrug, Übervorteilung – Marx wird von „Ausbeutung" und „Exploitation" sprechen. Den theoretischen Ansätzen von Ricardo und Say sei bei aller Unterschiedlichkeit eines gemein: die Unterstellung von Märkten und Konkurrenz und damit von unsittlichen Verhältnissen. Wie sollte so jemals der wahre Wert der Dinge bestimmt werden können? Je weiter die Nationalökonomie voranschritt, desto raffinierter wurden die Versuche, ihr Versagen zu vertuschen und die bestehenden Verhältnisse zu rechtfertigen. Es habe

Fortschritte im Fach gegeben – gewiss. Diese bestanden indes im Wesentlichen nur in einer immer größer werdenden Entfernung „von der Ehrlichkeit. Mit jedem Fortschritt der Zeit steigert sich nothwendig die Sophisterei, um die Oekonomie auf der Höhe der Zeit zu erhalten. Darum ist z. B. *Ricardo* schuldiger als *Adam Smith* und *MacCulloch* und *Mill* schuldiger als *Ricardo*."[36]

Der Wert sollte Engels zufolge die Fundamentalkategorie der Nationalökonomie sein, der Preis eine hiervon abgeleitete Kategorie, in der die jeweils geltenden institutionellen Verhältnisse zum Ausdruck kommen. Aber unfähig, den Wert zu bestimmen, nehme der Ökonom die Produktionskosten für den Fall, in dem Nachfrage und Zufuhr zufällig einander gleich sind, als Surrogat für den Wert und spreche vom „Realwerth", obgleich es sich nur um einen besonderen Preis handele. Damit verdrehe er die Verhältnisse vollkommen: „So steht aber Alles in der Oekonomie auf dem Kopf; der Werth, der das Ursprüngliche, die Quelle des Preises ist, wird von diesem, seinem eigenen Produkt, abhängig gemacht."[37] Die Lehre der Ökonomen gleiche einem Narrenhaus.

Sechstens, den Vogel in der „trostlosen Wissenschaft" (*dismal science*), wie sie der viktorianische Historiker Thomas Carlyle nennen sollte, habe Thomas Robert Malthus mit seiner Bevölkerungstheorie abgeschossen. Statt „die Ursache des Elends, der Armuth, des Verbrechens"[38] in Privateigentum, Konkurrenz und Interessensgegensätzen zu suchen, mache er die Armen und Elenden für ihr Schicksal selbst verantwortlich. Dies aber sei nicht nur der Gipfel der Frivolität, sondern auch blanker Unsinn. Es handele sich um eine „infame, niederträchtige Doktrin", eine „scheußliche Blasphemie gegen die Natur und Menschheit"; sie treibe „die Unsittlichkeit des Oekonomen auf ihre höchste Spitze", sei „der Schlußstein des liberalen Systems der Handelsfreiheit".[39]

↓ **Thomas Robert Malthus,** Principle of Population. In vielfachen Auflagen und Ausgaben gedruckt, hier 1906. Malthus These, „The power of population is indefinitely greater than the power in the earth to produce subsistence for man", sorgte bis in das 20. Jahrhundert hinein für Diskussionsstoff.

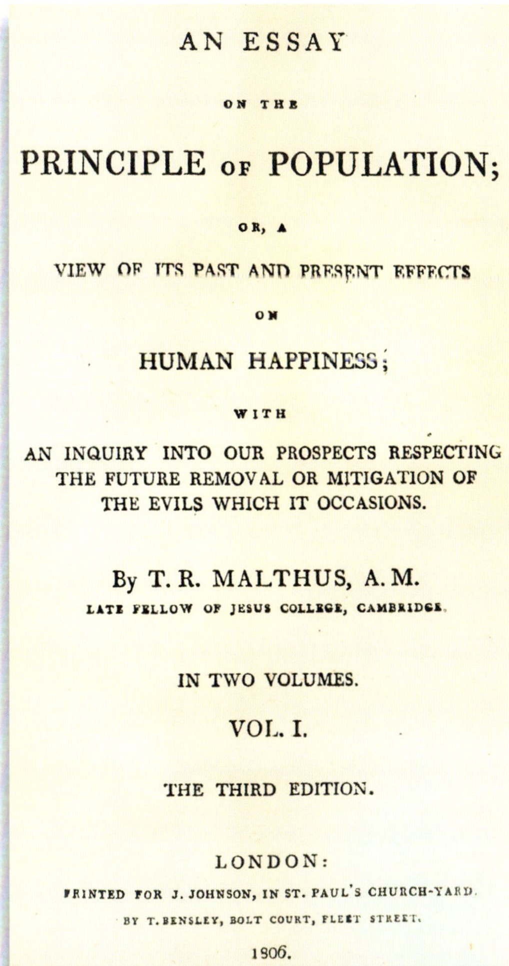

AN ESSAY

ON THE

PRINCIPLE OF POPULATION;

OR, A

VIEW OF ITS PAST AND PRESENT EFFECTS

ON

HUMAN HAPPINESS;

WITH

AN INQUIRY INTO OUR PROSPECTS RESPECTING THE FUTURE REMOVAL OR MITIGATION OF THE EVILS WHICH IT OCCASIONS.

By T. R. MALTHUS, A. M.

LATE FELLOW OF JESUS COLLEGE, CAMBRIDGE.

IN TWO VOLUMES.

VOL. I.

THE THIRD EDITION.

LONDON:

PRINTED FOR J. JOHNSON, IN ST. PAUL'S CHURCH-YARD.

BY T. BENSLEY, BOLT COURT, FLEET STREET.

1806.

Kein allgemeiner Mangel an Unterhaltsmitteln zur Ernährung einer wachsenden Bevölkerung sei das Problem, wie Malthus behauptet hatte. Bereits das Nebeneinander von Armut und Elend einerseits und Reichtum und Überfluss andererseits strafe seine Sicht Lügen. „Die der Menschheit zu Gebote stehende Produktionskraft ist unermeßlich,"[40] ist Engels überzeugt. Das Problem sei die wachsende Ungleichheit der Verteilung der Früchte. In der privateigentümlichen Gesellschaft bedingten Reichtum und Armut einander. „Die Bevölkerung ist nur da zu groß, wo die Produktionskraft überhaupt zu groß ist."[41] Malthus unterschätze vollkommen die von den Wissenschaften ermöglichte anhaltende Steigerung der Arbeitsproduktivität. Die Rate des technischen Fortschritts, gibt sich Engels überzeugt, übertreffe das Bevölkerungswachstum: „Die Wissenschaft aber vermehrt sich mindestens wie die Bevölkerung [...] in geometrischer Progression – und was ist der Wissenschaft unmöglich?"[42] Der apokalyptische Reiter Malthus folge einem Hirngespinst.

Wir kommen nun zu Engels' Hauptvorwürfen an die Ökonomen. Vorauszuschicken ist, dass Engels' Essay 68 Jahre nach Adam Smiths *Wealth of Nations* und 27 Jahre nach David Ricardos *Principles* erscheint. Engels verfügt daher über Erfahrungen mit der Industriellen Revolution, den Formen des technischen und organisatorischen Wandels, dem Auftreten industrieller Zyklen und Krisen und vielem mehr, die diese nicht haben konnten. Das Erfahrungsobjekt ist sein Erkenntnisobjekt.

ZUR KRITIK AN ENGELS' ESSAY

Stedman Jones schreibt: „What was novel and arresting about Engels' ‚Outlines' was its attempt to develop a systematic criticism of the categories of political economy."[43] Gelingt Engels dieses Vorhaben? Diesbezüglich weichen die Urteile in der Literatur voneinander ab. Während Stedman Jones die Frage zurückhaltend positiv beantwortet, lesen wir bei Tribe: „Engels brings clarity into all these confusions by proposing that value is the relationship between the cost of production and utility." Weiter heißt es, Engels „presents a robust and systematic critique of political economy."[44] Bedauerlicherweise vergisst Tribe sein Urteil zu begründen. Wir werden im Folgenden sehen, dass es sich nicht halten lässt. Dies bedeutet nicht, dass Engels' Essay keine interessanten Überlegungen enthält oder bedeutenden Fragen aufwirft. Aber alleine die Vorstellung, ein 23-jähriger „führerloser Autodidakt" sei imstande, eine „robuste und systematische" Kritik einer ganzen Wissenschaft zu entwickeln, ist kühn, wenn nicht verwegen.

Ist Engels' Deutung der Lehren „der" Ökonomen und seine Kritik daran zutreffend? Was sind seine gröbsten Missverständnisse und Fehlinterpretationen? Vermengt er die unterschiedlichen Auffassungen verschiedener Autoren? Inwieweit weicht seine Sicht der Dinge von der in der von ihm konsultierten Literatur anzutreffenden ab? Fragen dieser Art wenden wir uns jetzt zu. Wir tun dies, indem wir Engels' Kritik in einige wenige, in enger Verbindung miteinander stehende Hauptvorwürfe zusammenfassen und auf ihre Stichhaltigkeit hin überprüfen.[45]

Privateigentum

Den *ersten* Vorwurf haben wir bereits verschiedentlich kennen gelernt. Er lautet, die Ökonomen hätten sich nie wirklich der Frage nach der Existenzberechtigung der Institution des Privateigentums gestellt. Die zentrale Rolle, die dieser Frage in Engels' Studie zukommt, spiegelt den Einfluss der Kritik Proudhons am Privateigentum wider und stellt die vielleicht wichtigste Abweichung Engels' von der Position der Anhänger Robert Owens dar.[46] Aber sein pauschaler Vorwurf lässt sich nicht halten. Das Thema des Privateigentums beschäftigt Philosophen und Ökonomen seit alters her. In jüngerer Vergangenheit ist vor allem zu erinnern an die Beiträge von Thomas Hobbes und John Locke. Aber auch der von Engels scharf attackierte Adam Smith befasst sich damit in seiner Theorie der verschiedenen Stadien, die von der Gesellschaft im Verlauf ihrer Entwicklung durchlaufen werden – vom „frühen und rohen" Stadium bis hin zum „kommerziellen". Im erstgenannten seien Grund und Boden noch nicht privat angeeignet und der Einsatz produzierter Produktionsmittel vernachlässigbar. Was immer man von dieser und anderen geschichtsphilosophischen Spekulationen halten mag, die genannten Autoren stellen sich der aufgeworfenen Frage. Einer weit verbreiteten Sichtweise zufolge sei eine notwendige, wenngleich nicht hinreichende Bedingung für die Einführung von Privateigentum die Verknappung gewisser natürlicher Ressourcen, wie Grund, Boden und Wasser. Das sich ergebende Verteilungsproblem führe zur Einführung von Eigentums- und Nutzungsrechten.

Engels zufolge verbessern sich aufgrund der exorbitanten Fortschritte in den Naturwissenschaften laufend die Voraussetzungen für die erfolgreiche Etablierung einer sittlichen Gesellschaft. Die dadurch ermöglichten Innovationen bewirkten eine gewaltige Steigerung der gesellschaftlichen Produktivkraft. Diese lasse die Probleme der Güterknappheit und mit ihr der Verteilungsgerechtigkeit verblassen und untergrabe den in privateigentümlichen Gesellschaften fest verankerten Besitzindividualismus. In einer Gesellschaft, die keinen nennenswerten materiellen Beschränkungen mehr unterliegt, habe das Privateigentum nichts mehr verloren.[47] Ironischerweise bestätigt Engels mit seinem Argument von der Aufhebung des Privateigentums implizit die auf die Verknappung gewisser natürlicher Ressourcen abstellende Begründung.[48]

Pierre-Joseph Proudhon (1809–1865), um 1855.

Konkurrenz

Der *zweite*, eng damit in Verbindung stehende Vorwurf Engels' lautet, die Ökonomen hätten ein völlig falsches Bild von der Konkurrenz. Da diese aus dem Privateigentum erwachse, hafte ihr die gleiche Unsittlichkeit und Widersprüchlichkeit an. Sie befeuere Selbstsucht und Gier, sei die Ursache schwankender Preise und von Handelskrisen und bewirke gar einen „bewußtlosen Zustande der Menschheit“[49]: „So geht es in Einem fort, nie ein gesunder Zustand, sondern eine stete Abwechslung von Irritation und Erschlaffung, die allen Fortschritt ausschließt, ein ewiges Schwanken, ohne je zum Ziel zu kommen.“[50] Dieses Auf und Ab, dieses „Gesetz mit seiner steten Ausgleichung, wo, was hier verloren, dort wieder gewonnen wird, findet der [liberale] Oekonom wunderschön.“[51] Dessen Lob der Konkurrenz und Anfeindung des Monopols basiere jedoch auf einem schweren Denkfehler: „Der Gegensatz der *Konkurrenz* ist das *Monopol*. Das Monopol war das Feldgeschrei der Merkantilisten, die Konkurrenz der Schlachtruf der liberalen Oekonomen.“[52] Der Gegensatz aber sei „ein durchaus hohler“: Da das Privateigentum das „Monopol des Eigenthums“ zur Grundlage habe, „*muß*“ jeder Konkurrierende danach trachten, „das Monopol für sich gegen alle Andern zu haben“ – „kurz, die Konkurrenz geht in das Monopol über.“[53] Die „Heuchelei der Liberalen“ bestehe darin, „die kleinen Monopole anzugreifen und das Grundmonopol bestehen zu lassen.“[54]

Den klassischen Ökonomen war bewusst, dass eigeninteressierte Akteure danach trachten, sich Monopolpositionen zu sichern.[55] Das Merkantilsystem – Hauptangriffsziel Smiths in Buch IV des *Wealth of Nations*[56] – war ihm zufolge nichts anderes als ein System von Monopolen und Privilegien. In einer berühmten Formulierung spricht er vom „üblen Monopoldenken“ (*the wretched spirit of monopoly*)[57], das niemals ruhe, sondern immer und überall auf der Lauer liege, um Vormachtstellungen zu ergattern, Konkurrenten aus dem Feld zu schlagen und sich Monopolrenten zu sichern. Die „Wissenschaft des Gesetzgebers und Staatsmannes“, zu der Smith die Politische Ökonomie zählt, habe die bedeutende Aufgabe, ordnungs- und wettbewerbspolitische Instrumente und Strategien zu entwickeln, mittels derer der Monopolgeist gebändigt und existierende Zusammenballungen von wirtschaftlicher Macht aufgelöst oder wirksam kontrolliert werden.[58]

Gibt es jenseits des Problems der wirtschaftlichen Macht und ihres Einflusses auf die Einkommensverteilung weitere Gründe, weshalb Ökonomen von Richard Cantillon (1680–1734) über Anne Robert Jacques Turgot (1727–1781) bis hin zu Smith und Ricardo freie Konkurrenz – von wenigen Ausnahmen abgesehen – als anzustrebendes Ideal propagieren? Konkurrenz bedeutet Rivalität, freie Konkurrenz die Abwesenheit nennenswerter Hemmnisse des Markteintritts und -austritts. Eine bedeutende Wirkung der Konkurrenz, so Smith, besteht darin, die Marktteilnehmer zu disziplinieren und dem ökonomischen System Zusammenhalt und Ordnung zu verleihen. Das Monopol, schreibt er, sei „ein großer Feind guten Wirtschaftens, das sich niemals anders allgemein etablieren lässt denn als Folge jenes freien und allgemeinen Wettbewerbs, der einen jeden zwingt, sich im Interesse der Selbsterhaltung darauf einzulassen.“[59] John Stuart Mill sollte die klassische Sicht in seinen 1848 veröffentlichten *Principles* wie folgt zusammenfassen:

„Nur durch das Prinzip der Konkurrenz kann die Politische Ökonomie beanspruchen, den Charakter einer Wissenschaft zu besitzen. Insoweit Grundrenten, Profite, Löhne und Preise durch die Konkurrenz bestimmt werden, können ihnen Gesetze zugewiesen werden. Angenommen, die Konkurrenz sei ihr ausschließlicher Regulator, dann können Grundsätze von großer Allgemeinheit und Genauigkeit niedergelegt werden, von denen sie reguliert werden."[60]

↑ **John Stuart Mill** (1806–1873), britischer Ökonom und Philosoph, 1870.

Bei Marx stoßen wir auf ein deutliches Echo der klassischen Position. „Die Konkurrenz", schreibt er, „herrscht jedem individuellen Kapitalisten die immanenten Gesetze der kapitalistischen Produktionsweise als äußere Zwangsgesetze auf. Sie zwingt ihn, sein Kapital fortwährend auszudehnen, um es zu erhalten, und ausdehnen kann er es nur vermittelst progressiver Akkumulation."[61]

Die Konkurrenz sorgt jedoch nicht nur dafür, dass aus einem gegebenen Satz produktionstechnischer Alternativen die kostenminimierenden ausgewählt werden. Dies ist ihre *zentripetale* Wirkung. Sie induziert auch, wie Autoren von Smith bis Marx wussten, die Entwicklung neuer kostensparender Produktionsverfahren und neuer Güter und deren Einschleusung in das System. Diese werfen das System aus alten Bahnen und beinhalten einen Prozess der „schöpferischen Zerstörung", wie Schumpeter treffend sagen sollte. Sein Begriff findet sich zwar nicht wörtlich, wohl aber der Sache nach bei den genannten Autoren. Dies ist die *zentrifugale* Wirkung der Konkurrenz. Innovationen bedeuten Störung des Gleichgewichts, Umbau des Produktionsapparates und Krise; sie verlangen dem System merkliche Anpassungsleistungen ab. Die Imitation der erfolgreichen Innovatoren verallgemeinert schließlich das Neue, die zentripetale Kraft der Konkurrenz macht sich bemerkbar und zwingt das System in neue Bahnen.

Engels sieht, wenn überhaupt, nur die zentrifugale Wirkung der Konkurrenz. Ihre das System ordnende Kraft, die sich in der Herausbildung einer allgemeinen Profitrate und der diese stützenden Produktionspreise zeigt, entgeht ihm. Marx sollte sich diesbezüglich nicht an ihm, sondern an den klassischen Ökonomen und insbesondere Ricardo orientieren.

„Wahrer" Wert vs. Preis

Der *dritte* Vorwurf lautet, die Ökonomen seien nicht nur daran gescheitert, den „wahren" Wert der Dinge zu bestimmen, sondern auch den Preis unter Konkurrenzbedingungen. Auch dieser Vorwurf lässt sich nicht halten.[62] Zwar ist die von Adam Smith und dann von Ricardo vorgelegte Wert- und Verteilungstheorie nicht ohne Mängel und lose Enden, aber Engels sieht diese nicht. Er sieht auch nicht, dass sich unter dem Einfluss der Genannten und anderer klassischer Autoren allmählich eine Theorie herausbildet, mittels derer man sowohl den Wert in einer profitlosen als auch den Preis in einer durch eine tendenziell uniforme Profitrate gekennzeichneten Gesellschaft bestimmen kann. Bemerkenswerterweise erwähnt Engels in seinem Essay das von den klassischen Ökonomen – und später Marx – herausgestrichene und für ihre Lehre zentrale Konzept einer *allgemeinen Profitrate* kein einziges Mal. Man fragt sich, wie intensiv er die inkriminierten Autoren gelesen hat.

In einem Anhang zum vorliegenden Aufsatz wird die klassische Wert- und Verteilungstheorie für den einfachsten Fall eines Produktionssystems mit konstanten Skalenerträgen bei ausschließlich Einzelproduktion, d. h. unter Absehung von fixem Kapital, knappen natürlichen Ressourcen und Kuppelproduktion, und homogener Arbeit formalisiert. Das Folgende, so ist zu hoffen, ist auch ohne Kenntnis des Anhangs nachvollziehbar; dieser erleichtert dem Leser mit gewissen mathematischen Kenntnissen aber vielleicht das Verständnis.

In der frühen arbeitsteiligen, nicht auf Privateigentum basierenden Gesellschaft, schreibt Smith, gebe es weder Grundrente noch Profit. In ihr könne nur ein Umstand eine Regel zur Bemessung der Werte von Produkten abgeben – „das Verhältnis zwischen den zur Beschaffung verschiedener Gegenstände nötigen Arbeitsmengen".[63] Es gelte die Arbeitsmengentheorie des Werts. Angesichts der Heterogenität der Arbeit sei jedoch der Tatsache Rechnung zu tragen, dass die Gesellschaft unterschiedlichen Arten von Arbeit unterschiedliche Bedeutung und damit wertstiftenden Charakter beimisst. Erst wenn die Skala bekannt ist, nach der dies geschieht, seien verschiedene Arten von Arbeit miteinander vergleichbar und könnten addiert werden. Dies sei die Voraussetzung dafür, die Werte der Produkte festzustellen.[64] Wie verschiedene Arten von Arbeit in der sittlichen Gesellschaft bewertet werden (sollen), sagt Engels nicht. Wir finden im Essay jedoch eine Aussage, die auf die Arbeitswertregel hinauszulaufen scheint: „Die *Arbeit*", schreibt er, „die Hauptsache bei der Produktion, die ‚Quelle des Reichthums'", sei in einer Gesellschaft ohne Privateigentum „ihr eigner Lohn, und die wahre Bedeutung des früher veräußerten Arbeitslohnes kommt an den Tag: die Bedeutung der Arbeit für die Bestimmung der Produktionskosten einer Sache."[65] In einer solchen Gesellschaft, so können wir Engels vermutlich deuten, steht dem Arbeiter das gesamte Produkt seiner Arbeit zu. Was das bedeutet, ist aber alles andere als eine ausgemachte Sache und ohne Kenntnis der gesellschaftlichen Institutionen und Bewertungen verschiedener Arbeiten nicht zu entscheiden. Gibt es z. B. einen Medizinmann, und wenn ja, was gebührt ihm? Von diesen glaubt Engels aber absehen zu können.[66]

Wie aber steht es mit der Bestimmung der relativen Preise in der privateigentümlichen Ordnung? Auch hier hätten die Ökonomen nichts zustande gebracht, sondern nur „Verwirrung"[67] gestiftet – ja, sie hätten nicht einmal begriffen, dass sie bei ihrem Unterfangen von Konkurrenz ausgehen mussten, um der Sache auf die Spur zu kommen.

Auch Engels' diesbezügliche Kritik weist mehrere herbe Missverständnisse auf. Zunächst ignoriert er die klassische Unterscheidung von „aktuellen" oder „Marktpreisen" einerseits und „natürlichen" oder „Produktionspreisen" andererseits. Während letztere die systematischen und dauerhaften Einflüsse auf das Preissystem ausdrücken und unter Bedingungen freier Konkurrenz eine über alle Anlagesphären des Kapitals hinweg tendenziell einheitliche Profitrate beinhalten, reflektieren erstere auch alle akzidentellen und temporären Einflüsse, wie z. B. den Einfluss von Wetterkapriolen in der Landwirtschaft. Die Determinanten der natürlichen Preise sind dabei zum einen die zum Einsatz kommenden kostenminimierenden Produktionsverfahren sowie zum anderen die Höhe der Reallöhne als Ausdruck der Verteilung ökonomischer Macht unter den verschiedenen gesellschaftlichen Klassen.[68] Die natürlichen Preise ändern sich nur dann, wenn Technik oder Reallöhne sich ändern. Die Marktpreise hingegen hängen auch von Nachfrage und Zufuhr ab. Sie gravitieren im Laufe der Zeit um ihre natürlichen Niveaus als Ausdruck der vor allem durch Profitabilitätsunterschiede zwischen den verschiedenen Branchen ausgelösten Kapitalbewegungen. Nur über die natürlichen Niveaus der Preise, so die Überzeugung der klassischen Ökonomen, die insoweit von den frühen marginalistischen Autoren geteilt werden sollte, ließen sich verallgemeinerungsfähige theoretische Aussagen treffen, nicht aber über die Marktpreise.

Engels ignoriert die Unterscheidung der beiden Kategorien von Preisen. Ihn ergreift heiliges Entsetzen angesichts der zu beobachtenden Fluktuation der (Markt-) Preise: „Die ewige Schwankung der Preise, wie sie durch das Konkurrenzverhältnis geschaffen wird, entzieht dem Handel vollends die letzte Spur von Sittlichkeit. Von Werth ist keine Rede mehr." Er geht noch einen Schritt weiter und behauptet: „dies selbe System zerstört durch die Konkurrenz allen inhärenten Werth, und verändert das Werthverhältnis aller Dinge gegeneinander täglich und stündlich."[69]

Wieso Schwankungen der Marktpreise den „wahren Wert" einer Sache zerstören, wird nicht erklärt. In der Klassik affizieren derartige Schwankungen nicht die natürlichen Preise und auch nicht jene im Fall einer profitlosen Gesellschaft. Wie wir sehen werden, ist Engels der Auffassung, dass der (Markt-) Preis einer Ware über wechselseitige Anpassungen von Nachfrage und Zufuhr zu einem den Markt räumenden Niveau tendiert. Das Konzept eines tiefer verankerten Attraktors der Marktpreise, wie wir ihm in der klassischen Theorie der natürlichen Preise und der Vorstellung einer Ordnung erzeugenden Kraft der Konkurrenz begegnen, fehlt bei Engels, wie gesehen, vollkommen. Dies erklärt vermutlich auch seinen Eindruck, die moderne Ökonomie treibe ohnmächtig dahin, ihr fehle Anker und haltender Grund.

Die klassischen Ökonomen verstehen unter Marktpreis jenen Preis, der aktuell auf dem Markt gilt und diesen typischerweise räumt. Die temporäre Markträumung und die Verwirklichung einer tendenziell einheitlichen Profitrate sind allerdings nicht ein und dasselbe. Der Grund für Marktpreisänderungen sind nicht nur, aber vor allem (wahrgenommene) Profitraten- und Lohndifferenziale. Diese lösen Wanderungen von Kapital und Arbeit zwischen Wirtschaftszweigen aus, die sich in einer (Mengen- und)

Marktpreisdynamik niederschlagen – einer, wie Smith meint, „Gravitation“ der Marktpreise hin zu ihren natürlichen Niveaus bzw. ihrer „Oszillation“ um diese.[70] Bei Engels ist hierüber nichts zu finden.

Preisschwankungen

Der *vierte* Vorwurf schließt unmittelbar an den gerade gehörten an und besagt, dass fluktuierende Preise nolens volens der Unsittlichkeit Vorschub leisteten: „Jeder muß Spekulant werden, d. h. ernten, wo er nicht gesäet hat, durch den Verlust Anderer sich zu bereichern, auf das Unglück Andrer kalkulieren“[71]. Smith hatte von der „kommerziellen Gesellschaft“ gesprochen, in der ein jeder zum Händler werde und auf interdependenten Märkten agiere. Engels zufolge müsste richtigerweise von einer „Gesellschaft von Spekulanten“ gesprochen werden.

Die Ursache von Preisschwankungen verortet er interessanterweise in einem Informationsproblem der Akteure.[72] In der privateigentümlichen Sozialordnung sind die Pläne der Produzenten und der Konsumenten nicht ex ante koordiniert, sondern diese müssen sich in Unkenntnis zukünftiger Zustände der Welt Erwartungen über diese bilden. Engels bestätigt sodann, ohne sich dessen anscheinend bewusst zu sein, die von Smith und dessen Nachfolgern vertretene, im Konzept der Gravitation zum Ausdruck kommende Auffassung, wonach Gütermärkte auf das Informationsproblem typischerweise mittels negativer Rückkopplungsprozesse in Bezug auf Mengen und Preise reagieren. Während aber bei Smith die langfristige Tendenz der Preise hin zu ihren „natürlichen“ Niveaus im Zentrum steht, geht es bei Engels um die kurzfristige Tendenz zu markträumenden Niveaus. Engels spricht diesbezüglich von einem „reinen Naturgesetz“.[73] Es verschafft sich Geltung ganz ohne bewusstes menschliches Zutun und ist – in klassischer Diktion – das nichtintendierte Resultat eigeninteressierter menschlicher Handlungen. Wenn jedoch die auf Spekulationen beruhenden Handlungen der Akteure Engels zufolge, wie gesehen, eine die Lage stabilisierende Wirkung haben, warum hat er dann nur Verachtung für sie übrig? Bereits Smith gab sich überzeugt, dass Spekulationen bestimmte Märkte zu stabilisieren imstande seien.[74] Entkleidet man den Essay seiner Kampfrhetorik, so zeigt sich, dass Engels in der einen oder anderen Hinsicht und anscheinend ohne es zu wissen Positionen vertritt, die denen der klassischen Ökonomen nicht unähnlich sind.

Die knappen Bemerkungen, die Engels über die sittliche Gesellschaft zu Papier bringt, zeugen von seiner naiven Überzeugung, dass in dieser unter den Menschen nur noch Eintracht und Harmonie herrschen, Informations- und Koordinationsprobleme keine nennenswerte Rolle mehr spielen und die Verteilungsfrage abhandengekommen ist. Sein gut gemeinter Appell: „Produzirt mit Bewußtsein, als Menschen, nicht als zersplitterte Atome ohne Gattungsbewußtsein“[75] dürfte nicht ausreichen, um sich der bedeutenden Frage nach der institutionellen Ausgestaltung der Gesellschaft entziehen zu können. Unsicherheit und Ungewissheit sind ein genuines Element der *condition humaine* und damit von keiner Art von Gesellschaft jemals vollständig aus der Welt zu schaffen.[76]

Engels lebt in einer Zeit, in der die Erfahrungen mit dem real existierenden Kapitalismus und der sich immer schärfer stellenden Sozialen Frage dazu aufriefen, sich über eine bessere Welt den Kopf zu zerbrechen. Andererseits gibt es noch keine nennenswerten Erfahrungen mit alternativen Sozialordnungen, zumal dem real existierenden Sozialismus. Gibt es da irgendeinen Grund, nicht optimistisch in die Zukunft zu blicken und auf das Prinzip Hoffnung zu setzen?

Instabilität des Systems

Der *fünfte* Vorwurf lautet, die Ökonomen hätten die Stabilität einzelner Märkte mit der globalen Stabilität des gesamten Systems verwechselt. Tatsächlich, so Engels, erzeuge das „Gesetz", dem das System folgt – Marx sollte von „Bewegungsgesetz" sprechen – schließlich die „Revolution".[77] Auf dem Weg dorthin komme es zu sich immer weiter verschärfenden „Handelskrisen". Anders als von den Ökonomen unterstellt, sei eine allgemeine Warenschwemme bzw. Überproduktion nicht nur möglich, sondern es komme zu ihr „ebenso regelmäßig" wie ehedem zu großen Seuchen.[78] Engels erkennt früh das zyklische Muster der modernen wirtschaftlichen Entwicklung mit Auf- und Abschwüngen, später „Konjunkturen" genannt, während viele Ökonomen noch für längere Zeit in Termini von Entwicklung und Krise denken. „Periodische Revolutionen" von Technik und Organisation bewirkten wirtschaftliche Zyklen, die ebenfalls einem „Naturgesetz" folgten, „das auf der Bewußtlosigkeit der Betheiligten beruht."[79]

Engels hat mit seinem Vorwurf in Bezug auf zahlreiche Ökonomen Recht, die nicht die vom geschwind wachsenden Manufaktursektor ausgehenden industriellen Zyklen erkennen und die Möglichkeit eines Mangels an gesamtwirtschaftlicher Nachfrage verneinen. Interessanterweise hätte er im von ihm besonders verachteten Thomas Robert Malthus einen Mitstreiter finden können, denn dieser hatte in einer berühmten Kontroverse mit Ricardo die Auffassung vertreten, eine allgemeine Überproduktion sei in reichen Gesellschaften mit hoher Spartätigkeit und dem dadurch verursachten Nachfrageausfall ein wiederkehrendes Moment. Da Malthus jedoch ebenso wie Ricardo der Überzeugung war, dass jedem Akt der Ersparnis zügig ein gleich großer Akt der Investition folgen werde, zieh Ricardo Malthus zurecht der logischen Inkonsistenz. Malthus' Sicht der Dinge stand demnach zwar mit den zu beobachtenden Tatsachen im Einklang, erklärte diese aber nicht schlüssig, während es sich bei Ricardos Sicht diesbezüglich genau umgekehrt verhielt. Auch Engels drückt aus, was die Erfahrung nahelegt, aber eine überzeugende Begründung hierfür liefert er nicht.[80]

Engels erweist sich neuerlich als sehr naiv, wenn er verneint, dass es in der sittlichen Gesellschaft Krisen und Zyklen geben könne.[81] In seinem schier grenzenlosen Fortschrittsoptimismus, auf den wir gleich noch näher eingehen werden, huldigt er der Idee der Beherrschbarkeit der Natur und Planbarkeit und Kontrolle aller Lebensumstände. Er sieht das Zeitalter einer von der „Herrschaft des Zufalls" befreiten Sozialordnung geschwind heraufziehen.

Wissenschaft und gesellschaftliche Produktionskraft

Der *sechste* Vorwurf besagt, dass die Ökonomen und insbesondere Malthus und dessen Anhänger die Rolle der neues, ökonomisch nutzbares Wissen produzierenden Natur- und Technikwissenschaften völlig unterschätzten und so zu einer gänzlich verkehrten Einschätzung der aktuellen Lage und der sich ergebenden Möglichkeiten gelangten. Not und Elend der großen Masse der Bevölkerung, so Malthus, müssten hingenommen werden, weil eine wachsende

Zahl von Menschen auf sinkende Ertragszuwächse in der Landwirtschaft stoße. Nicht das privateigentümliche System sei für die Misere verantwortlich, sondern der ungebremste Vermehrungsdrang der ärmeren Schichten.

Wie, wendet Engels voller Zorn ein, vertrage sich diese Behauptung mit dem offenkundigen „Widerspruch von Reichthum und Elend zu derselben Zeit"[82]? Die Produktionskraft wachse dank der Wissenschaft „unermeßlich" – Engels nennt ein Dutzend bedeutender Wissenschaftler und deren Erfindungen –, die „Ertragsfähigkeit des Bodens" werde ins „Unendliche" gesteigert. Die Bevölkerungstheorie sei, wie bereits gehört, eine „infame, niederträchtige Doktrin", eine „scheußliche Blasphemie gegen die Natur und Menschheit".[83] Nicht das Fortpflanzungsverhalten der Arbeiterklasse, sondern die Konkurrenz sei „die Ursache des Elends, der Armuth, des Verbrechens".[84] Dies aber könne der Ökonom nicht zugeben, da er ansonsten der Grundfesten seiner gesamten Doktrin verlustig ginge.

Malthus' verdiene allenfalls insofern Lob, als man durch ihn „auf die Produktionskraft der Erde und der Menschheit aufmerksam geworden" sei und mit ihnen auf „die stärksten ökonomischen Argumente für eine soziale Umgestaltung".[85] Diese Umgestaltung könne „auf der Stelle" vorgenommen werden und sei Gewähr dafür, dass über die „Bildung der Massen" die „moralische Beschränkung des Fortpflanzungstriebes" ermöglicht werde. Die „Erniedrigung der Menschheit", die den Menschen „zu einer Ware gemacht hat", werde damit beendet. Die „Aufhebung des Privateigentums, der Konkurrenz und der entgegengesetzten Interessen"[86] sei der Generalschlüssel zu gesellschaftlichen Verbesserungen jedweder Art.

Engels bestreitet nicht, dass auch unter Konkurrenzverhältnissen technische Fortschritte verwirklicht werden. Aber der Preis hierfür sei für die Arbeiterschaft hoch und bestehe in deren Elend. Die „Hülfe der Wissenschaft", ist Engels darüber hinaus überzeugt, sei „unter den jetzigen Verhältnissen gegen die Arbeit gerichtet."[87] Technischer Fortschritt unter privateigentümlichen Verhältnissen bewirke massenhafte Entlassungen und sinkende Löhne. Er erhöhe zwar die gesellschaftliche Produktivkraft, hiervon profitierten indes nur die Besitzenden – der gesellschaftliche Antagonismus spitze sich laufend zu. Nur in der sittlichen Gesellschaft würde die „unermeßliche Produktionsfähigkeit" – „mit Bewußtsein und im Interesse aller gehandhabt" – allen zum Vorteil gereichen und „die der Menschheit zufallende Arbeit bald auf ein Minimum verringern."[88]

Engels ist ein Fortschrittsoptimist ohnegleichen. Er singt ein Hohelied auf die Erfindungen von Richard Arkwright, Claude-Luis Berthollet, Edmont Cartwright, Samuel Crompton, Humphry Davy, James Hargreaves, Justus von Liebig und James Watt. Während das Denken von Malthus und dessen Anhängern von kleinbürgerlicher Ängstlichkeit geprägt sei und um abneh-

→ **Sir Humphry Davy** (1778–1829) Britischer Chemiker, der ab 1807 eine Serie von Elementen wie Potasche, Soda, Kalzium, Strontium, Barium, Magnesium, Brom sowie die Elementarstruktur von Chloriden entdeckte. Im Zuge seiner Studien eröffnete er das neue Forschungsfeld der Elektrochemie. Er wurde Präsident der Royal Society und Mitglied weiterer Wissenschaftsgesellschaften. Seine „größte Erfindung" sei sein Assistent Michael Faraday, der später ein berühmter Physiker wurde.

mende Ertragszuwächse in der Landwirtschaft und das alles beherrschende Phänomen der Knappheit kreise, erzeuge das sozioökonomische System aus sich heraus einen immer breiter werdenden Strom an neuem, ökonomisch nutzbarem Wissen.

Diese Sicht der Dinge übt auf Marx eine gewaltige Faszination aus und durchzieht dessen Schriften. Die gesellschaftliche Produktivkraft entwickele sich „treibhausmäßig"[89], steigere die Arbeitsproduktivität in „geometrischer" Reihe[90]. Nur dadurch werde der Sozialismus überhaupt erst möglich: „Die Entwicklung der Productivkräfte der gesellschaftlichen Arbeit ist die historische Aufgabe und Berechtigung des Capitals. Eben damit schafft es unbewußt die materiellen Bedingungen einer höheren Productionsweise."[91]

Engels' Kritik an der Blindheit der Ökonomen gegenüber der Wucht des technischen und organisatorischen Fortschritts trifft zahlreiche darunter nicht zu Unrecht. Aber sein Urteil ist wieder maßlos. Autoren wie Charles Babbage (1791–1871), der mit seinem 1832 veröffentlichen Buch *On the Economy of Machinery and Manufactures* eine in zahlreiche Sprachen übersetzte und breite Wirkung entfaltende Studie des Maschinen- und Fabrikzeitalters vorgelegt hatte, kennt er anscheinend nicht. Ricardos Kritik an der Lehre der automatischen Wiederbeschäftigung der entlassenen Arbeiter im Kapitel „Über die Maschinerie" in der dritten Auflage der *Grundsätze* findet bei ihm keine Beachtung.[92] Er erwähnt auch nicht die von Ricardo identifizierte spezielle Form des technischen Fortschritts, die den Arbeitern besonders schadet.[93] Sie sollte Marx schließlich im *Kapital* seinem Gesetz vom tendenziellen Fall der Profitrate in Gestalt einer steigenden „organischen Zusammensetzung des Kapitals" zugrunde legen.[94]

Engels beschreibt, was er sieht oder zu sehen glaubt. Analytisch bietet er wenig bis nichts zur Erklärung des Gesehenen. Dies ist nicht weiter überraschend. Aber der junge Barmer scheint zu glauben, es verhielte sich anders. Er hält sich viel zugute und den Ökonomen nichts. Seine Abrechnung mit ihnen beinhaltet in letzter Instanz interessanterweise auch eine solche mit dem Christentum. Malthus' „wahnsinnige Be-

↓ **Michael Faraday** (1791–1867) Englischer Chemiker und Physiker. 1813 wurde er Laborassistent von Humphry Davy und folgte ihm 1833 auf den Lehrstuhl für Chemie.

→ **Justus von Liebig** (1803–1873), 1856.

↓ **Justus Liebigs** chemisches Laboratorium auf dem Seltersberg in Gießen, 1842.

Heinrich Kley, Die Kruppschen Teufel, 1914.

hauptung", die Erde habe „nicht die Kraft die Menschheit zu ernähren", sei „die höchste Spitze der christlichen Oekonomie – und daß unsre Oekonomie wesentlich christlich ist, hätte ich bei jedem Satz, bei jeder Kategorie beweisen können und werde es seiner Zeit auch thun; die Malthus'sche Theorie ist nur der ökonomische Ausdruck für das religiöse Dogma von dem Widerspruch des Geistes und der Natur und der daraus folgenden Verdorbenheit Beider."[95] All dies aber sei nur Lug und Trug und errichte einen Schutzwall zugunsten des Fortbestands der unsittlichen Verhältnisse. Auf die Dauer sei die „totale Umgestaltung der sozialen Verhältnisse, eine Verschmelzung der entgegengesetzten Interessen, eine Aufhebung des Privateigenthums" jedoch nicht zu verhindern.[96]

ABSCHLIESSENDE BEMERKUNGEN

Engels' Essay ist trotz aller daran im Vorhergehenden geübten Kritik ein faszinierendes Dokument. Mit kühnem Strich geißelt er die herrschenden Verhältnisse, attackiert die Nationalökonomie, die diese angeblich rechtfertigt, und entwirft die Umrisse einer zukünftigen Gesellschaft, in der alles besser werden soll. Wie kaum ein anderer Zeitgenosse ist er mit seinen Betrachtungen über Wissenschaft, Technik und Arbeit am Puls der Zeit. Sein Essay hallt wider vom Dröhnen des ersten Maschinenzeitalters, vom Stampfen der mechanischen Hämmer, vom Lärm in den Betriebsstätten. Das Neue versklavt die Menschen in der privateigentümlichen Sozialordnung mittels des Fabriksystems auf neue Weise, aber die gewaltige Steigerung der gesellschaftlichen Produktivkraft verheißt eine bessere Zukunft in sittlichen Verhältnissen.

Inhalt und Diktion des Essays atmen messianischen Geist. Die Vertreter der falschen Lehre – die Nationalökonomen – sollen sozusagen aus dem Tempel gejagt werden. Engels' Angriff auf „die" Ökonomen landet den einen oder anderen Treffer, aber nicht alles, worauf er zielt, existiert. Die klassische Politische Ökonomie von Adam Smith bis David Ricardo missversteht er wiederholt oder schreibt ihr Auffassungen zu, die sie nie vertreten hat. Den Luxus der Differenzierung zwischen verschiedenen Autoren und Doktrinen leistet er sich nicht, allzu sehr ist er von der globalen Richtig- und Wichtigkeit seiner Kritik überzeugt. Seine Ausführungen über die zukünftige Gesellschaft bleiben blass. Das Informationsproblem spricht er zwar an, aber er unterschätzt dessen Tragweite für die Organisation einer Gesellschaft ohne Markt. Die Vorstellung, die sittliche Gesellschaft könne ohne gewisse von Menschen gemachte Institutionen auskommen, ist wunderlich. Die Nationalökonomie ist für ihn lediglich eine mit allen Mitteln zu bekämpfende Irrlehre. Er übersieht dabei vollkommen, dass sie auch einen Schatz an Überlegungen bereithält, die einem bei der Errichtung einer besseren Gesellschaft helfen können. Nicht umsonst begreift Adam Smith die Politische Ökonomie als bedeutenden Teil einer „science of the legislator", einer Wissenschaft des Gesetzgebers oder Staatsmannes, die eine sozialtheoretisch fundierte Ordnungs- und allgemeine Wirtschaftspolitik begründen kann. Marx sollte Engels in dieser Hinsicht bedauerlicherweise weitgehend folgen. *Das Kapital* ist kein Handbuch des Sozialrevolutionärs. Hätten die beiden doch nur ein solches hinterlassen! Angesichts der Autorität, die ihnen in der sozialistischen Bewegung zuwachsen sollte, wären sie imstande gewesen, den Gang der Dinge und das Verhalten ihrer führenden Repräsentanten zu beeinflussen.

REPARATURFALL *KAPITAL*?

FRIEDRICH ENGELS UND DIE HERAUSGABE DER BÄNDE 2 UND 3 DES *KAPITAL* VON KARL MARX

REGINA ROTH

EINFÜHRUNG

Als Exekutor des „literarischen Nachlasses" von Karl Marx sichtete Friedrich Engels im Frühjahr 1883 dessen Manuskripte im Londoner Haus 41 Maitland Park Road zusammen mit Helene Demuth, die seit 40 Jahren den Marx'schen Haushalt geführt hatte und die nach einigem Suchen mehrere Bündel mit Manuskripten für die ausstehenden Bücher 2 und 3 von *Das Kapital* auffinden konnte. Engels war begeistert über die „Revolution", die Marx über 20 Jahre im Kopf für sich behalten habe, lobte die weitgehende Ausarbeitung der Manuskripte für Buch 3 und hob die Art, wie hier die kompliziertesten Fragen auf einfache Weise beantwortet würden, hervor: Es seien „ganz brilliante Sachen", die zu einer „Umwälzung der alten Oekonomie" führen würden, die „wirklich unerhört" sei.[1] Vor allem bot dieses 3. Buch für Engels die Grundlage dafür, dass die ökonomischen Generalfragen endlich wieder in den Vordergrund der politischen Diskussion in der Öffentlichkeit treten würden.[2] Daher war er bestrebt, die Fortsetzung des *Kapital* so schnell wie möglich herauszugeben. Nicht zuletzt sah er in dieser Aufgabe die beste Möglichkeit, Marx ein „Denkmal" („monument to the memory") zu setzen und dessen nachhaltige Bedeutung zu bezeugen und zu fördern.[3]

Doch so einfach wie im ersten Augenblick der Entdeckerfreude von Engels angenommen

← **Friedrich Engels,** London 1888. Er tritt uns als ‚typischer Engels' gegenüber: aufrechte Haltung selbst in fortgeschrittenem Alter, den offenen Blick in die Ferne gerichtet, gepflegte, solide Kleidung eines Geschäftsmanns mit Weste, Taschenuhr, Gehrock und Hut. Kurzer Haarschnitt, sein grau melierter Bart ist etwas gestutzt, steht aber immer noch in Kontrast zu den weichen Gesichtszügen und zur klaren Augenpartie. Die drei Buchbände deuten die Aufgabe an, der er sich gerade widmete: die Herausgabe des dritten Bandes des Kapitals von Karl Marx.

erwies sich die Herausgabe der beiden Bücher für das Jahrzehnte währende Projekt einer „Kritik der politischen Ökonomie" von Marx bei näherer Betrachtung dann doch nicht. Da war zum einen das „Unfertige" der Schriften von Marx, ein fast chronischer Befund, für den Marx mit seinen ständigen Korrekturen und Umdispositionen selbst gesorgt hatte, wie sich aufgrund der disparaten Manuskriptlage herausstellte. Zum anderen wirkten äußere Gründe hinderlich wie etwa die Augenschwäche von Engels, die seine Arbeitsfähigkeit immer wieder stark einschränkten. Die lange Bearbeitungszeit bis kurz vor seinem Tode 1895 lässt vermuten, dass Engels möglicherweise im Geheimen Zweifel daran aufkamen, ob ein dritter Band, für den nur ein „äußerst lückenhafter, erster Entwurf"[4] vorlag, überhaupt fertigzustellen sei. So ist zu fragen, welchen Stellenwert die Herausgabe des *Kapital* im gesamten Schaffen und Wirken von Engels in seinem letzten Lebensjahrzehnt beanspruchte. Antworten auf diese Fragen zum Kernverständnis der zentralen Schrift von Karl Marx – immerhin war es sein „Lebenswerk", aus dem sich seine geschichtsmächtige Wirkung vor allem im 20. Jahrhundert speiste – finden wir, wenn überhaupt, dann heutzutage nur noch in den überlieferten Originalmanuskripten. Denn zu stark haben spätere Textausgaben – bewusst wie unbewusst – „Vereindeutigungen" an den Texten vorgenommen. Es gilt also, wie bei der Entzifferung eines Palimpsest einer mittelalterlichen Urkunde unter Quarzlicht, jene Textschichten „freizulegen", die uns Erkenntnis geben über die Entstehungsstufen und die Komposition der Manuskripte durch Marx selbst sowie seine späteren Herausgeber, allen voran Friedrich Engels. Nur so kann die daran anschließende philologische historisch-kritische Textinterpretation und Textkontextualisierung auf eine verlässliche Textüberlieferung aufbauen, ohne dass diese Methoden auf Mutmaßungen angewiesen wären.

↓ **Karl Marx,** carte de visite, um 1868.

DER „UNFERTIGE" MARX

Karl Marx selbst veröffentlichte zu Lebzeiten nur Buch 1 als Band 1 seines großen Werkes der „Kritik der politischen Ökonomie" zum Produktionsprozess des Kapitals. Engels blieb die

Aufgabe, die fehlenden Bücher 2 und 3 zu liefern, möglichst bald nach dem Tod von Marx. Für das 2. Buch des Kapitals konnte Engels seine Absichten weitgehend realisieren. Im Nachlass von Marx fand er ein gutes Dutzend Manuskripte, die sich, in unterschiedlicher Länge und differierendem Ausarbeitungsgrad, mit den drei Kapiteln oder Abschnitten beschäftigen, in denen Marx bereits seit dem ersten Entwurf von 1864 sein Buch über den Zirkulationsprozess des Kapital abhandeln wollte: 1. den Kreislaufprozess des Kapitals, 2. den Umschlag des Kapitals und 3. den Reproduktionsprozess des Kapitals.[5] Das Hauptproblem war zu entscheiden, welche der verschiedenen Ausarbeitungen „die letzte vorhandne Redaktion, unter Vergleichung der frühern"[6] war, von den Überleitungen zwischen den ausgewählten Teilen und der Textredaktion einmal abgesehen.

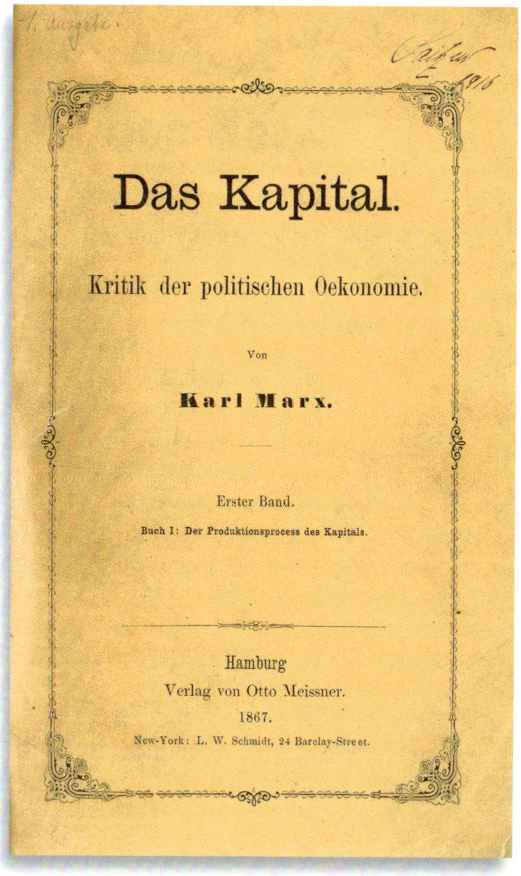

Karl Marx, Das Kapital, Hamburg, 1867.

In den Manuskripten zum 2. Buch gab es auch gravierende Lücken, insbesondere im letzten der drei Abschnitte. Dort sollte, das hatte Marx bereits 1864 festgehalten,[7] nicht nur die einfache, sondern auch die erweiterte Reproduktion des Kapitals analysiert werden. Denn nur unter dieser Bedingung fände Akkumulation statt, die er im 1. Buch als zentrales Element für die kapitalistische Produktion, als „Moses und die Propheten"[8], charakterisiert hatte. Wie in einem Brennglas zeigen sich hier die Probleme der Marx'schen Arbeitsweise: Das Phänomen der erweiterten Reproduktion des Kapitals versuchte Marx, auch mit Hilfe von Zahlenbeispielen, zu analysieren. Dabei verrechnete er sich und erhielt im Ergebnis eine steigende organische Zusammensetzung des Kapitals im Fortschritt seines Akkumulationsprozesses, also einen höheren Einsatz von variablem gegenüber konstantem Kapital, „was dem Gang der Kapit[alistischen] Production widerspricht", wie er sein Resultat kommentierte.[9] Doch er fand den Fehler nicht,[10] brach seine Überlegungen ab und fing mit einem neuen Beispiel an, nur um sich bald darauf anderen Fragen zuzuwenden, einem Bericht in einem Fabrikreport und einem Zitat aus einem kürzlich erschienenen Buch über die Urgeschichte Europas von James Geikie.[11] Das ursprüngliche Problem blieb ungelöst in der Schwebe und wurde auf später verschoben.

Was folgt aus diesem Befund? Marx arbeitete assoziativ, er war wenig planvoll in seiner

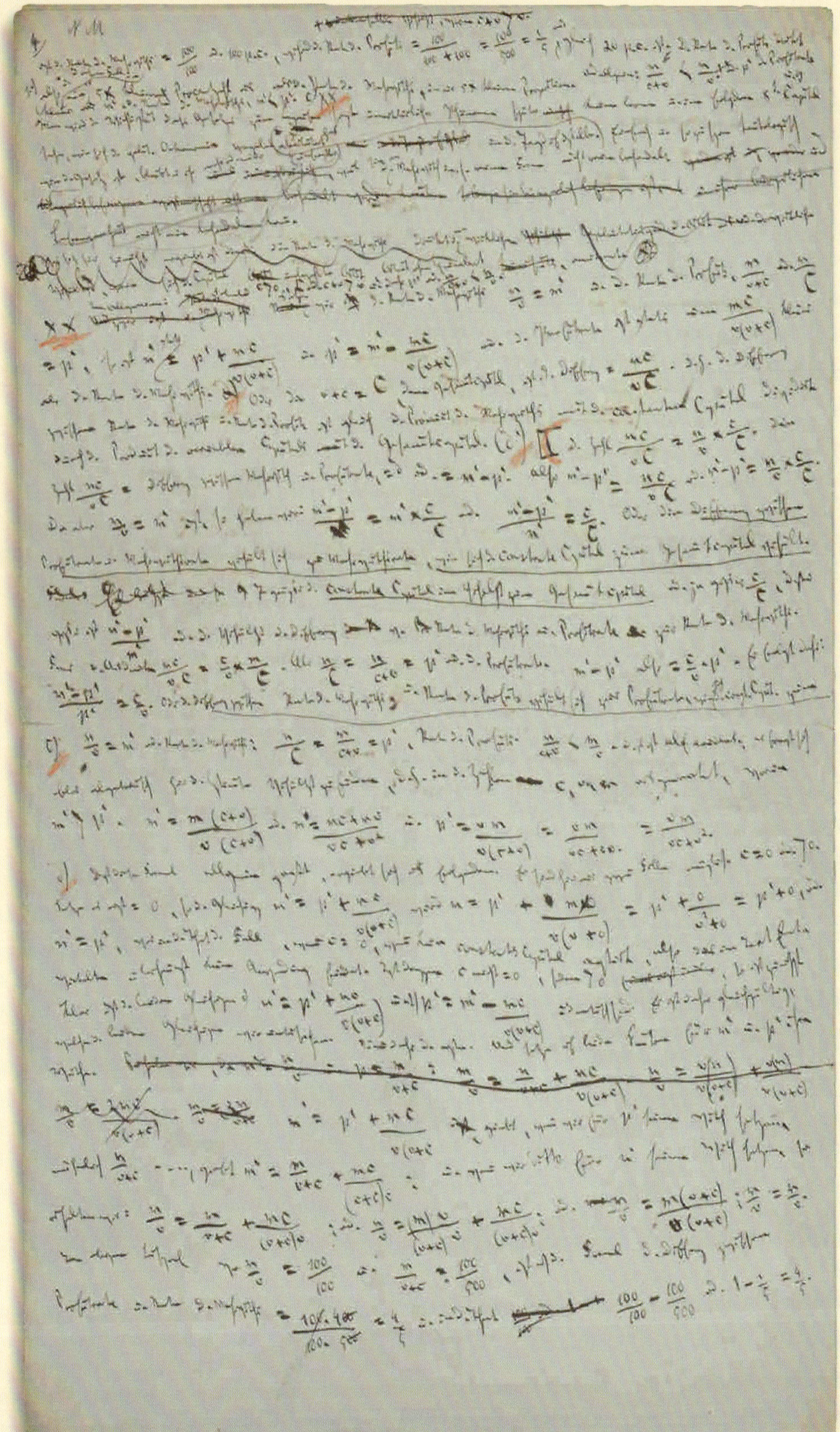

← **Die Sisyphosarbeit der Redaktion für die Manuskripte von Das Kapital (1)**

Dies ist eine Manuskriptseite aus dem Nachlass von Karl Marx und Friedrich Engels. Sie stammt aus dem Entwurf für das 3. Buch des ‚Kapital' von Karl Marx, den er 1864/65 verfasste. Er begann mit der ‚Verwandlung von Mehrwert in Profit' und definierte als neue Kategorie die Profitrate. Sie gibt das Verhältnis von Mehrwert und gesamtem Kapital an im Unterschied zu der Mehrwertrate, die das Verhältnis von Mehrwert und variablem Kapital beschreibt. Nachdem Marx sein Manuskript anfangs sehr ordentlich gegliedert hatte, mit abgestuften Überschriften und einem frei gelassenen Raum für Fußnoten, begann er schon auf der vierten Seite mit Überlegungen zum Verhältnis von Mehrwert- und Profitrate, und setzte sie in den Fußnoten „c)", „d)" und „d')" über zwei Dutzend Seiten fort. Ohne zu einer Lösung zu gelangen, kehrte Marx zum Haupttext zurück. Engels oblag die Aufgabe, aus dem 575 Manuskriptseiten umfassenden Entwurf und weiteren späteren Manuskripten einen druck- und lesbaren Text zu machen. Das tat er in mehreren Arbeitsschritten ab Februar 1885: Zuerst markierte er mit Rotstift in Marx' Manuskript wichtige, umzustellende oder auszulassende Passagen, ebenso Fußnotenzeichen zur Orientierung im Text. Dann diktierte er den Text einem Sekretär, den er dafür engagiert hatte, weil er seit 1883 immer wieder an einer Rückenkrankheit litt und nur zwei Stunden am Tag sitzen durfte. Das Ergebnis dieses Diktats sehen wir auf Seite 362.

(IISG Amsterdam ARCH 860, A 80a, S. 4; der entzifferte Text ist nachzulesen in: MEGA² II/4.2, S. 13/14.)

Vorgehensweise. Er erarbeitete sich seine Themen nicht konsequent zielgerichtet; vielmehr schweiften seine Gedanken immer wieder ab. Er hielt sie zwar oft in eckigen Klammern fest, damit sie ihm nicht verloren gingen. Doch eine Verschiebung „ad calendas graecas" führt nicht automatisch zur Beantwortung von Fragen. Das war einem kritischen Geist wie Marx selbst durchaus bewusst. Schon 1858 schrieb er über sein erstes ökonomisches Manuskript: „Der Teufel ist nähmlich, daß in dem Mscpt (was gedruckt ein dicker Band wäre) alles wie Kraut u. Rüben durcheinandergeht, vieles was erst für viel spätere Theile bestimmt ist."[12] Die Marx'sche Vorgehensweise zeigt sich etwa in jenem letzten überlieferten Manuskript zum *Kapital*, von Engels als „Manuskript VIII" bezeichnet: Marx verfasste es in mehreren Arbeitsphasen zwischen 1877 und 1881. An der eben genannten Stelle schob Marx nach etlichen Zahlenbeispielen und Überlegungen zu den Mechanismen der Reproduktion in eckigen Klammern eine „Glosse über die Arbeiter als ‚rationelle Konsumenten' ein", die er mit „By the by" eröffnete.[13] Oder er hielt ein Desiderat seiner Analyse fest, ohne dass er sich dann konkret damit beschäftigte. Auch das lässt sich an Manuskript VIII zeigen. Erst hier griff Marx nämlich das Thema auf, die Produktion auf erweiterter Stufenleiter, die er 1864 im ersten Manuskript zum 2. Buch als zu bearbeiten notiert hatte.[14] Und selbst dann – um 1880 – ging er das Thema nicht explizit an, sondern leitete es ein mit „Anticipirt", was in etwa „vorweggenommen" bedeutet.[15] Das passt zum Charakter dieses letzten überlieferten Manuskripts, das weniger eine ausgearbeitete Analyse bietet, sondern überwiegend als Materialsammlung bezeichnet werden muss. Dies nicht nur, weil Marx eine solche Sammlung von ökonomischen Ausführungen und Erklärungen nicht für das 2. Buch des *Kapital*, sondern für die Zuarbeiten von Engels' sogenanntem *Anti-Dühring*, der Auseinandersetzung mit dem deutschen Nationalökonomen Eugen Dühring begonnen hatte. Auch nachdem Marx sie seinen Texten zum 2. Buch und hier dem dritten Kapitel zugeordnet hatte, blieb es eine Sammlung von Überlegungen, d. h. Marx beschrieb die Seiten vollständig, ohne Platz für Fußnoten zu lassen, er setzte kaum Überschriften, und neue Gedanken oder Themen wurden, wenn überhaupt, durch einen Trennstrich markiert.[16] Die Auswertung für eine konsistente Analyse einer wachsenden Wirtschaft fand nicht statt.

Die wenig zielgerichtete und unstrukturierte Arbeitsweise von Marx zeigt sich auch im 3. Buch. Auf der S. 356 abgebildeten Manuskriptseite haben wir bereits gesehen, dass Marx die Frage nach dem algebraisch bestimmten Verhältnis von Mehrwert- und Profitrate gleich zu Beginn des ersten Kapitels aufwarf und in einer langen Fußnote diskutierte. Dass auch Engels den Fortgang von Marx' Überlegungen im ersten Abschnitt für unsystematisch hielt, lässt die Auslassung der ersten 70 Seiten[17] bei der Aufarbeitung der Manuskripte für die Herausgabe vermuten. Auch ein von 1875 stammendes Manuskript zu Mehrwert- und Profitrate[18] brachte Engels nicht weiter, weshalb er es zunächst beiseitelegte, wie auch vier Anfänge für das 3. Buch von wenigen Seiten von 1867/68.[19]

Ganz deutlich werden derartige Defizite im 5. Abschnitt, in dem Geld und Kredit als Mechanismus zur Bereitstellung von Kapital für Investitionen behandelt werden. Nicht nur auf den zahlreichen Seiten, die Marx später dort einlegte und mit *Die Confusion* (MEGA² II/4.2, S. 561–583, 597–646) betitelte, stellte er viele Fragen und Aussagen von Experten in den Anhörungen aus den Parlamentsberichten über die Krisen 1848 und 1857 sowie über die Geldpolitik der englischen Regierung zusammen. Marx selbst hatte diesen Abschnitt seines Manuskripts in einem Brief von 1868, der Engels wahrscheinlich zur Orientierung gedient hat, als „das chapter über den Kredit" bezeichnet[20] und damit die Bedeutung betont, die er dem Kredit insgesamt für die Funktionsweise der kapitalistischen Produktion zumaß. Doch Klarheit darüber konnte Marx nicht anbieten, denn gerade dieser Teil des Manuskripts sollte Engels, der für seine Fähigkeit, eine Sache ohne Umschweife auf den Punkt zu bringen, bekannt war, besonders viel Arbeit machen und viel Zeit kosten. Erwähnenswert ist in diesem Zusammenhang zudem ein Hinweis auf die Vereinigten Staaten von Amerika, deren Entwicklung in Kredit- und Geldfragen Marx besonders interessierte, wie er 1880 in einem Interview mitteilte.[21] Zugleich ist festzuhalten, dass Marx in den folgenden Jahren zwar viele Studien zu diesem Thema betrieb und etliche Exzerpte zu Geld, Banken und Krediten anfertigte, aber weder den Text dieses Manuskripts überarbeitete noch eine separate Ausarbeitung oder auch nur eine eigene Materialsammlung dazu erstellte.[22] Ähnliches lässt sich für den 6. Abschnitt, worin es um die Grundrente als verwandelter Mehrwert geht, diagnostizieren. Hier hinterließ Marx zwar ein umfangreiches und relativ ausgearbeitetes Kapitel.[23] Doch zugleich stellte er auf den letzten Seiten des Textes eine andere Gliederung des Abschnitts zusammen, ohne dass er das Manuskript selbst entsprechend umgeändert oder bearbeitet hätte.[24] Überliefert sind lediglich zahlreiche Studien aus seinem letzten Lebensjahrzehnt, mit einem Schwerpunkt auf dem Zusammenhang von Grundrente und Grundeigentumsverhältnissen.[25] Zuletzt konnte der abschließend gedachte 7. Abschnitt über die „Revenuen und ihre Quellen" angesichts der Lückenhaftigkeit der vorangegangenen Ausarbeitung nur vorläufig sein und war noch nicht einmal durchgehend paginiert. Er endete mit einem enttäuschenden Kapitel über „Die Klassen" von nur einer Seite.[26] Summa summarum der Einzelbefunde: Alles war „in statu nascendi" stecken geblieben. Marx lieferte zahlreiche Interpretationsansätze und Überlegungen, blieb aber am Ende ein wissenschaftlich belastbares Ergebnis schuldig.

DER „REDAKTEUR" ENGELS

Die Ordnung des Nachlasses von Marx nahm viel Zeit in Anspruch. Erst Anfang 1884 konnte Engels übersehen, welche Manuskripte in welcher Entstehungsstufe zum *Kapital* überliefert waren.[27] Ende März 1884 entschied er sich, zuerst das 2. Buch zu veröffentlichen,[28] für das er ein gutes Dutzend Manuskripte aus verschiedenen Arbeitsphasen von Marx vorgefunden hatte. Er hoffte, das 2. Buch 1884 und das 3. Buch 1885 erscheinen lassen zu können.[29] Die aktive Bearbeitung begann Ende Juni 1884 mit der Entzifferung der Manuskripte zum 2. Buch, die sich bis in den Oktober 1884 hinzog. Dessen Vorwort datierte Engels auf den 5. Mai 1885, den Geburtstag von Marx, doch war die Redaktion bereits im Februar beendet; danach folgte die Durchsicht der Korrekturbogen.[30] Ende Februar 1885 begann Engels mit der Entzifferung des „Hauptmanuskripts" für das 3. Buch bzw. mit dem, was davon diktierbar war.[31] Da Engels seit mindestens Herbst 1883 immer wieder an einer Rückenkrankheit litt und nur zwei Stunden am Tag sitzen durfte, beschäftigte er einen aus Leipzig emigrierten Schriftsetzer, Oscar Eisengarten. Er fertigte, in einer gut lesbaren Handschrift, die Redaktionsmanuskripte für das 2. und 3. Buch an.[32]

So erzählen diese Manuskriptseiten auch von Emigrationsschicksalen im 19. Jahrhundert. Viele Ausgewiesene oder politisch Verfolgte sammelten sich in Großbritannien, wo sie, wie Engels treffend bemerkte, nicht mehr ausgewiesen werden konnten.[33] Engels kam im Oktober 1890 nach Manchester, wo er als Vertreter seiner väterlichen Firma – erst als leitender Angestellter, dann als Teilhaber – agierte. Er übte sich damit in einem schwierigen Spagat: Auf der einen Seite war er täglich als „Cotton Lord" aktiv, mit all den Wirkungen, die er 1845 noch in seiner *Lage der arbeitenden Klasse in England* in den schwärzesten Farben geschildert hatte, auf der anderen Seite stand sein Engagement für eine totale Umwälzung der Gesellschaft in Europa, das sich nicht zuletzt in der finanziellen Unterstützung der Familie Marx äußerte. 1845 hatte er das Problem beschrieben: „[D]er Schacher ist zu scheußlich, Barmen ist zu scheußlich, die Zeitverschwendung ist zu scheußlich und besonders ist es zu scheußlich, nicht nur Bourgeois sondern sogar Fabrikant, aktiv gegen das Proletariat auftretender Bourgeois zu bleiben."[34] Erst 1869 verabschiedete er sich, mit erheblichen Zusagen zur Sicherung seiner wirtschaftlichen Unabhängigkeit, von der Firma in Manchester und zog ein Jahr später nach London, in die Nachbarschaft von Marx. Den Tag seiner „Erlösung von diesem hündischen Commerce" feierte er kräftig.[35] Seine finanzielle Vorsorge funktionierte sehr gut, und sie kam wiederum nicht nur ihm, seiner Lebensgefährtin Lizzy Burns und der Familie Marx, sondern auch vielen Emigranten zugute. Einer davon war besagter Oscar Eisengarten, der als Mitglied der Sozialdemokratischen Arbeiterpartei in Leipzig im Rahmen des Sozialistengesetzes im Mai 1882 ausgewiesen worden und in London gelandet war.[36]

Ende Juli 1885 berichtete Engels, dass er mit der Übertragung des 3. Buches in eine lesbare Rohfassung bzw. einer, wie er für das 2. Buch berichtet hatte, provisorischen Redaktion in der Hauptsache fertig sei.[37] Eine große Hürde war damit genommen, war Engels doch nach eigener Einschätzung der einzige, der die Handschrift von Marx mit ihren vielen Kürzeln und Varianten entziffern konnte.[38] Der jetzt lesbare Text könne „schlimmstenfalls" so gedruckt werden, „wenn ich auch inzwischen flöten ginge. Solange das nicht geschehn, hatte ich keine Ruh noch Rast."[39] Indizien für seine weitere Arbeit am 3. Buch finden sich im Herbst 1885. Da Engels die ersten 70 Seiten des „Hauptmanuskripts" oder „Ms. I" beim Diktat übersprungen hatte, kümmerte er sich nun um diesen Anfang. Er sichtete die vier überlieferten späteren Anfänge, zwei davon sonderte er aus und schrieb darauf „Nicht benutzt", und die beiden anderen charakterisierte er als „Ms. II" und „Ms. III". Während Marx in „Ms. I" mit der Profitrate begonnen hatte, eröffnete er seine Analyse in den folgenden Ansätzen mit der Kategorie des Kostpreises.[40] Engels stellte aus allen drei Entwürfen einen Text zusammen, der mit der S. 362 abgebildeten Manuskriptseite begann.

Erst im Herbst 1888, nach der Rückkehr von seiner Amerika-Reise,[41] nahm Engels die Redaktionsarbeit wieder auf. Zuvor hatte er, seit Ende März 1886, mit der Durchsicht und Korrektur der englischen Übersetzung des 1. Bandes des *Kapital* begonnen, die der Baumwollfabrikant und Anwalt Samuel Moore und der Arzt Edward Aveling angefertigt hatten und für die Eleanor Marx Aveling zahlreiche Zitate aus englischen Originalquellen im British Museum überprüft hatte.[42] Seit Anfang 1887 belasteten Engels immer wieder gesundheitliche Probleme. Eine Augenkrankheit schränkte die täglich verfügbare Zeit für Lese- und Schreibarbeiten stark ein.[43]

Im März 1888 beauftragte Engels Samuel Moore, der auch Mathematik studiert hatte, damit, das letzte größere Manuskript, das Marx für das 1. Kapitel geschrieben hatte und von dem bereits die Rede war, zu begutachten. Es handelt sich um einen 125-seitigen Text in einem Heft, den Marx im Mai 1875 zu schreiben begonnen hatte, um nochmals sein bereits 1864 angesprochenes Thema des Verhältnisses von Mehrwert- und Profitrate näher zu beleuchten.[44] Engels hatte auch hier eine Reihe von Markierungen mit Rotstift angebracht für eventuell zu verwendende Passagen. Er hatte schnell festgestellt, dass es sich keineswegs um eine neue Fassung für das 3. Buch handelt, sondern vielmehr um einen Versuch, die Bestimmungsfaktoren der Profitrate anhand von algebraischen Formeln und Zahlenbeispielen herauszuarbeiten. Es zeigt zum einen das wiederholte Bemühen von Marx, diese Frage zu klären, zum anderen aber auch sein Scheitern. Samuel Moore stellte zu Recht fest, dass Marx immer wieder endlose Zahlenbeispiele heranzog, um seine Aussagen zu bestätigen, obwohl sich diese in wenigen Zeilen aus Umformungen der allgemeinen Definitionen, die er zu Beginn notiert hatte, hätten verifizieren lassen.[45] Engels übernahm daher auch nur wenige Passagen aus diesem umfangreichen Manuskript, zumal es kaum inhaltliche Bestimmungen und keine neuen Aspekte enthielt.[46] Zuvor fertigte er Konspekte zu diesem Manuskript und zu den übersprungenen ersten 70 Seiten des „Hauptmanuskripts“ von 1864/65 an, mit deren Hilfe er beide Versionen verglich und potenziell zu übernehmende Passagen identifizierte. Dazu erfasste Engels die Inhalte der Marx'schen Texte in der linken Spalte und notierte in der rechten Spalte Bemerkungen für die weitere Verwendung.[47] Schließlich beendete Engels Anfang 1889 die Arbeit am 1. Kapitel von Marx. Er machte daraus einen Abschnitt, der seinerseits sieben Kapitel enthielt, beginnend mit den schwierigen Kapiteln 1 bis 3, die Engels aus den eben beschriebenen Manuskripten zusammenstellte, und in denen er eine im Vergleich zu Marx knappe und relativ gut strukturierte Präsentation der Bestimmungsfaktoren von Mehrwert- und Profitrate bot. Zu Kapitel 4 hatte Marx nur die Überschrift „Wirkung des Umschlags auf die Profitrate“ notiert, sodass Engels es selbst verfassen musste. Von Marx ei nigermaßen ausgearbeitet waren Kapitel 5 und 6; Kapitel 7 bestand aus „Nachträgen“.[48]

Was folgt aus diesen Einzelbefunden? Engels hat auf die Texte der Kapitel 1 bis 4 stark strukturierend eingewirkt. Für die Frage nach dem Verhältnis von Mehrwert- und Profitrate, die Marx so lange und immer wieder beschäftigt hat, identifizierte er mögliche Einflussfaktoren und stellte ihre Kombinationen systematisch vor. An das Ende seines dritten Kapitels setzte Engels eine Zusammenfassung, worin er „zwei Hauptfaktoren“ für die Bestimmung der Profitrate identifizierte und deren Entwicklungsmöglichkeiten skizzierte. Engels hat damit nicht nur als Herausgeber, sondern faktisch als Autor gewirkt.[49]

Die übrigen Inhalte der Abschnitte 2 bis 4 ließen sich aus dem „Hauptmanuskript“ überarbeiten. Trotz der raschen Fertigstellung lassen sich gerade hier deutliche Eingriffe des Herausgebers feststellen. Dazu gehört der bekannte dritte Abschnitt zum „Gesetz des tendenziellen Falls der Profitrate“, der im Wesentlichen von Engels strukturiert wurde. Er verschob damit die Akzente, ohne direkt neue Interpretationen anzubieten. In gewissen Grenzen stellte er Eindeutigkeiten her, die in den Vorlagen von Marx so nicht vorhanden waren. Engels entwarf aus Gründen der Übersichtlichkeit Kapitelüberschriften, oft auf der Grundlage von Marx'schen Formulierungen, gelegentlich jedoch auch ohne solche, z. B. „Entfaltung der innern Widersprüche des Gesetzes“ für das 15. Kapitel.[50] Ebenso findet sich hier die oft zitierte Stelle von einem möglichen Zusammenbruch der kapitalistischen Produktion durch das Wirken von Zentralisierungsprozessen, die in dieser Begrifflichkeit von Engels stammt. Die Positionierung am Ende eines Punktes „Allgemeines“ betonte die Aussage zusätzlich.[51] Ebenfalls auf Engels geht die explizite Formulierung einer bis heute heftige Diskussionen befeuernde These zurück, wonach „in Wirklichkeit [...] die Profitrate [...] auf die Dauer fallen“ werde.[52] Im Frühjahr 1889, vier Jahre nach Marx' Tod, war etwa ein Drittel des 3. Buches zusammengestellt und redigiert.[53]

Die weitere Bearbeitung geriet danach in eine tiefe Krise. Ursache dafür war der 5. Abschnitt über Zins, Profit, Geld und Kredit. Er war ein sehr fragmentarischer Teil des 3. Buchs, was sicherlich auch an der komplizierten Materie und an der Interdependenz der vielen hier zu behandelnden Faktoren lag. Genauer gesagt: Es blieb unklar, welche Faktoren als wesentliche und grundsätzliche jetzt zu berücksichti-

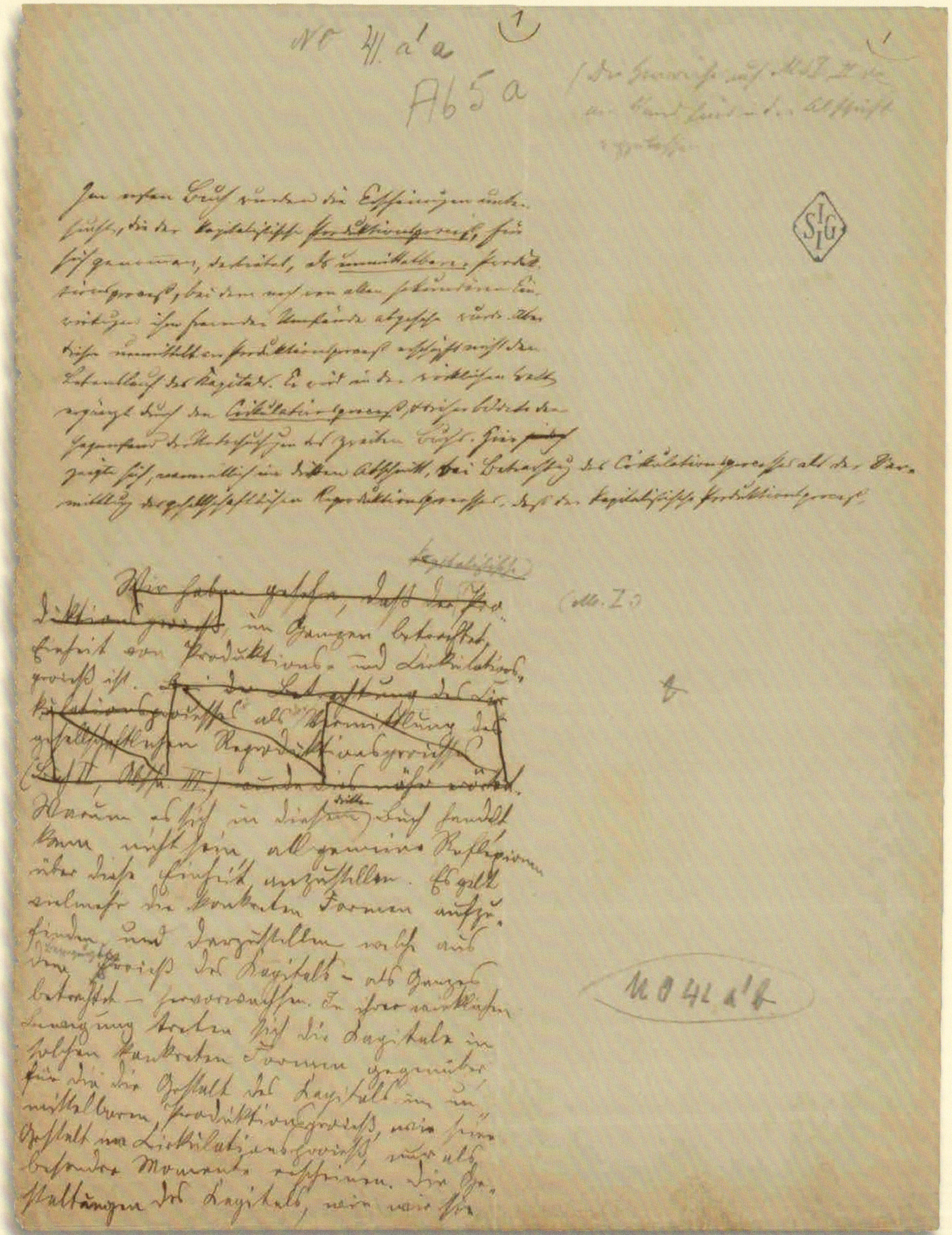

gen waren, und welche man später behandeln konnte, und wie genau diese Faktoren auf das Gesamtsystem wirkten, kurz, es war noch viel Forschung zu leisten; keineswegs genügte es, nur Ergebnisse vorzustellen. Marx hatte zu Beginn der Beschäftigung mit „Credit. Fictives Kapital" noch bemerkt, dass die „Analyse des Creditwesens und der Instrumente, die es sich schafft, wie des Creditgeldes u.s.w.," ausserhalb seines Plans liege.[54] Doch wurde ihm bereits während der Abfassung klar, dass sich eine Untersuchung ohne Kreditinstrumente schwierig gestalten würde. Denn gerade der Kredit und seine vielfältigen Formen innerhalb der kapitalistischen Produktion bestimmten die Entwicklungsmöglichkeiten dieses Systems, waren also zentral für dessen Funktionsweise, und sollten daher Gegenstand seiner

← Die Sisyphosarbeit der Redaktion für die Manuskripte von Das Kapital (2)

Dies ist eine weitere Manuskriptseite aus dem Nachlass von Friedrich Engels und Karl Marx. Sie enthält den Anfang für das 3. Buch des ‚Kapital' von Marx in der Überarbeitung durch Engels. Marx hatte 1864/65 einen Entwurf von 575 Seiten dafür geschrieben (siehe Abbildung S. 356) und 1867/68 andere Anfänge entworfen. Das umfangreiche Manuskript bezeichnete Engels als „Hauptmanuskript" oder „Ms. I" (für Manuskript I), zwei der weiteren Anfänge benannte Engels als „Ms. II" und „Ms. III". Der Anfang von Ms. I war wenig strukturiert und enthielt viel erst noch auszuwertende Materialien und Ansätze für eine Darstellung. Da Marx später sein 3. Buch nicht mit der Profitrate, sondern mit einer anderen Kategorie, dem Kostpreis, eröffnete, verglich Engels 1885 die verschiedenen Fassungen und stellte eine neue Version zusammen. Davon sehen wir hier die erste Seite. Wie ging Engels konkret vor? Zuerst sah er alle Fassungen durch und markierte mit Rotstift wichtige, umzustellende oder auszulassende Passagen, ebenso Fußnotenzeichen zur Orientierung im Text. Weil er seit 1883 immer wieder an einer Rückenkrankheit litt und nur zwei Stunden am Tag sitzen durfte, engagierte er einen Sekretär. Es handelte sich um Oscar Eisengarten, einen 1883 aufgrund von Repressalien durch das Sozialistengesetz nach London emigrierten Schriftsetzer aus Leipzig. Engels diktierte ihm Passagen aus den Marxschen Manuskripten, die Eisengarten auf die linke Hälfte der Seite in Reinschrift notierte. Die rechte Hälfte der Seite war für Korrekturen, Ergänzungen und Hinweise auf die benutzten Manuskripte durch Engels vorgesehen, hier z. B. der Hinweis mit Bleistift, dass der Text aus „(Ms. I)" stammte oder die Mitteilung für die Druckvorlage: „(Die Hinweise auf Ms I, II etc am Rand sind in der Abschrift wegzulassen)". Die Streichung von Textteilen am Anfang und deren Ersetzung durch eine neue Fassung erfolgte wahrscheinlich erst 1889, als Engels sich wieder mit dem Entwurf beschäftigte und den ganzen ersten Abschnitt redigierte. Die neue Fassung schrieb Engels in die freigelassene obere Hälfte der Seite.

Engels hatte Eisengarten bereits im Sommer 1884 engagiert, als er mit der Arbeit am 2. Buch des ‚Kapital' begann. Er schrieb an Karl Kautsky am 21. Juni 1884: „[I]ch engagierte Eisengarten, um ihm das Ms. zu diktieren, und schanze mit ihm seit Anfang der Woche von 10 bis 5 täglich, wobei ich auf dem Sofa liegend mich sichtlich (dummes Wort, es ist nichts zu sehn, blos zu fühlen) erhole, aber natürlich langsam. Die Sache geht über Erwarten gut, E[isengarten] ist intelligent und fleißig und tut die Sache mit Lust, besonders, da er grade die III. Auflage I. Bd [des ‚Kapital'] durchochst. Nun aber sind die Ms. großenteils derart, daß ich jeden Abend das Diktierte durcharbeiten muß, um nur eine provisorisch haltbare Redaktion festzustellen." (MEW Bd. 36, S. 164.)

Daher liegen die überlieferten Redaktionsmanuskripte in der gut lesbaren Handschrift von Oscar Eisengarten vor – sowohl vom 2. Buch (MEGA² II/12) als auch die hier abgedruckte Seite aus der sog. ‚Urfassung' des Anfangs vom 3. Buch (MEGA² II/14) –, ergänzt um Bemerkungen und Korrekturen in der Handschrift von Friedrich Engels.

(IISG Amsterdam ARCH 860, H 82, Bl. 1; der entzifferte Text ist nachzulesen in MEGA² II/14, S. 172/173.)

Analyse werden. Dies zeigt sich in seinen nachfolgenden Überlegungen und in der umfangreichen Materialsammlung, die große Teile dieses Abschnitts ausmacht, insbesondere die eingelegten Seiten mit der Überschrift *Die Confusion*. Auch im Text selbst finden sich zahlreiche Exzerpte aus Parlamentsberichten und Tabellen, die noch unausgewertet waren. Das führte dazu, dass Engels ein Adjektiv in das Zitat vom Beginn des 25. Kapitels der Druckfassung einfügte, so dass er eine „eingehende Analyse" für außerhalb des Planes liegend beschrieb.[55] Marx selbst hatte, wie bereits erwähnt, in den Jahren nach der Veröffentlichung des 1. Bandes 1867 die Akzente im Hinblick gerade auf dieses Thema verschoben und sowohl eine erhebliche Ausweitung des Kreditabschnitts wie eine Berücksichtigung der Entwicklungen in den USA angekündigt.

Engels brauchte vier Anläufe, um diesen Abschnitt schließlich in eine druckbare Fassung zu bringen, jeweils mit nahezu einem Jahr Unterbrechung: November 1889,[56] Oktober 1890, November 1891, Oktober 1892 bis März 1893. Da die meisten Unterlagen zu seiner redaktionellen Arbeit überliefert sind, wissen wir, wie Engels Lücken und Defizite in der Vorlage zu „reparieren" gedachte. Er verschaffte sich zunächst mit Konspekten zu Marx' Manuskript einen Überblick über Argumentation und Gedankenführung („Leihen" 1889, „Geldkapital" 1890, „Kredit und fiktives Kapital" 1891; MEGA² II/14, S. 228–261), um damit eine Gliederung und eine „Erste Ordnung" für den Text zu gewinnen. Damit ließ sich das Material nicht vollständig unterbringen. Daher überlegte Engels, Marx' zahlreiche Exzerpte auszuwerten und in neue Ordnungen zu überführen. Zuerst mit einer thematischen Gliederung („Zweite Ordnung", MEGA² II/14, S. 267–273) im Dezember 1891, dann, im darauffolgenden Winter 1892, mit einer Unterscheidung zwischen Aussagen Anderer und Kommentaren von Marx („Aufgliederung des Materials *Die Confusion* nach Marx-Text und Quellen", MEGA² II/14, S. 279–291). Doch keine Neuorganisation ließ sich zufriedenstellend umsetzen. So versuchte Engels es Ende 1892 mit einer weiteren thematischen Zusammenstellung, in die er die von Marx identifizierten Kommentare einfügte („Dritte Ordnung", MEGA² II/14, S. 292–304). Aus der Exzerptsammlung *Die Confusion* entstanden auf diesem Weg drei Kapitel (Kap. 33 bis 35). Insgesamt lassen sich in diesem Abschnitt die umfangreichsten Eingriffe von Engels nachweisen. Umstellungen, Umformulierungen und die Abfassung von Überleitungen waren vielfach notwendig, um einen halbwegs stringenten und lesbaren Text herzustellen.[57] Doch war das nicht eigentlich eine Sache des Autors?

Im Vorwort schilderte Engels seine Not und seine Versuche, den Abschnitt „durch Ausfüllung der Lücken und Ausarbeitung der nur angedeuteten Bruchstücke zu vervollständigen", damit er „wenigstens annähernd" das bot, „was der Verfasser zu geben beabsichtigt hatte". Ernüchtert resümierte er: „Mir blieb nichts übrig, als die Sache in gewisser Beziehung über's Knie zu brechen, mich auf möglichste Ordnung des Vorhandenen zu beschränken, nur die nothdürftigsten Ergänzungen zu machen."[58] Mit anderen Worten: Engels lieferte die erste Interpretation dieses fragmentarischen Teils der Marx'schen Überlieferung zu Geld und Kredit.[59]

Über die Redaktion des 6. und schließlich des kurzen 7. Abschnitts sind die wenigsten Informationen überliefert. Obwohl auch der 6. Abschnitt überarbeitungsbedürftig war, bot er doch mehr Ausarbeitungen und immerhin schon eine Vorlage von Marx für eine neue Gliederung. Damit befasste sich Engels in der ersten Jahreshälfte von 1893, mit dem letzten Abschnitt gegen Ende dieses Jahres; zugleich begann er mit der Schlussredaktion. Druck und Korrekturen erforderten weitere Monate, so dass der fertige Band schließlich Anfang Dezember 1894 erschien.[60]

ÜBER *DAS KAPITAL* HINAUS

Engels hatte dieser Redaktionsarbeit zunächst größte Priorität eingeräumt. Er wollte zweifellos das literarische Vermächtnis von Marx publik machen und ihm auf diese Weise „ein Denkmal errichten". Dass Engels mit dieser eingehenden Beschäftigung mit Fragen der politischen Ökonomie – seine eigenen Versuche dazu lagen viele Jahrzehnte zurück – wieder schlagkräftig wurde in der aktuellen Diskussion dieser Fragen, war ein willkommener Begleiteffekt.[61] Doch angesichts der langen Dauer der Bearbeitung lässt sich fragen, was von der Priorität nach Abschluss der Entzifferung des 3. Buch im Sommer 1885 blieb.

Obwohl es Engels wichtig war, „einen lesbaren, notfalls auch in dieser Form druckbaren Text herzustellen"[62], widmete er sich auch anderen Themen und gab ihnen zeitweise den Vorzug. Dazu gehörten historische Entwicklungen, etwa die Frühgeschichte der Sozialdemokratie, dann deutsche Geschichte in Zeiten von Reformation und Bauernkrieg oder zeitgenössische Entwicklungen mit und durch Otto von Bismarck, wobei er ein besonderes Augenmerk auf Revolutionen legte. Aber auch übergreifende geschichtliche Prozesse wie die Entstehung von Zivilisationen, Formen und Rolle des Eigentums sowie wie die Stellung von Frauen bzw. die Machtverteilung zwischen den Geschlechtern nahm er in den Blick. Ein weiteres Interessensgebiet bildete die Geschichte von Arbeitern und deren Organisationen, eingebettet in die Entwicklung der kapitalistischen Produktion. Zunehmende Bedeutung bei seiner journalistischen Arbeit erhielten Stellungnahmen zu politischen Ereignissen und Entwicklungen, in Großbritannien, Frankreich, den USA, vor allem aber in Deutschland. Dies führte Engels auch zu seinem Einsatz für die Gründung der sog. Zweiten Internationalen, einem europäischen Zusammenschluss von Arbeiterorganisationen 1889. Und schließlich verwandte Engels einige Energien auf Auseinandersetzungen um die Rolle und Bedeutung von Marx.

Der Großteil dieser Beschäftigungen kristallisierte sich zum einen in publizistischen Arbeiten (Artikeln in Zeitungen und Zeitschriften oder Broschüren), zum anderen in zahlreichen Neuauflagen von Texten, die Marx, Engels oder beide zusammen geschrieben hatten. In den wenigsten Fällen änderte er die alten Texte; meist konzentrierte er sich darauf, neue Vorworte zu verfassen, in denen er die Änderungen seit dem Erscheinen und die aktuelle Bedeutung skizzierte. Meist gab es konkrete politische Entwicklungen, zu denen Engels damit Stellung bezog. Nicht zu vergessen ist der umfangreiche Briefwechsel, in dem Engels nicht nur mit Sozialisten unterschiedlichster Prägung aus ganz Europa und den Vereinigten Staaten in Kontakt stand. So lässt sich feststellen, dass Engels nach dem Tod von Marx zwar ankündigte, dass er sich nicht von zeitintensiven tagespolitischen Kämpfen vereinnahmen lassen wolle, sondern insbesondere in der theoretischen Arbeit seine Hauptaufgabe sehe,[63] doch nahmen im folgenden Jahrzehnt genau diese aktuellen politischen Auseinandersetzungen einen großen Raum in Engels' Aktivitäten ein. Engels war zu sehr politischer Journalist, als dass er im Alter die für ihn charakteristische Meinungsfreude hätte unterdrücken können. Und er genoss sicherlich, dass seine Ansichten und Stellungnahmen gefragt waren, vor allem bei der nachwachsenden Politikergeneration, wie etwa Eduard Bernstein und Karl Kautsky.[64]

Das Jahr 1883 war von der Ordnung des Nachlasses von Marx und von der Herausgabe der noch von Marx begonnenen 3. Auflage des 1. Bandes des *Kapital* bestimmt. Sie erschien im Dezember 1883.[65] Bevor Engels im Juni 1884 mit der Entzifferung und Bearbeitung der Marx'schen *Kapital*-Manuskripte für das 2. und 3. Buch begann, entstand, zwischen Januar und Mai 1884, eine Broschüre von knapp 150 Seiten mit dem Titel *Der Ursprung der Familie*. Engels hatte in Marx' Nachlass ausführliche Exzerpte aus dem Werk *Ancient Society or Researches in the Lines of Human Progress from Savagery through Barbarism to Civilization* von Henry Lewis Morgan (1877) gefunden, die ihn fesselten. Sie inspirierten ihn zu einer Fußnote in der 3. Auflage des 1. Bandes des *Kapital*. Marx hatte gemutmaßt, dass eine Arbeitsteilung sich bereits in den Anfängen der Zivilisation zunächst zwischen Familien, dann zwischen Stämmen entwickelt hätte. Engels merkte nun an, dass Marx „sehr gründliche Studien der menschlichen Urzustände" getrieben habe, die ihm zeigten, dass „der Stamm die naturwüchsige Form der [...] Vergesellschaftung war", aus der sich dann verschiedene Formen der Familie entwickelt hätten.[66] Engels faszinierte die These, dass in der Urzeit menschliche Gemeinschaften kommunistisch gewesen seien und erst die Entstehung des Privateigentums sowohl die Familien als auch die moderne Klassengesellschaft und ihre Widersprüche zwischen Bourgeoisie und Proletariat hervorgebracht hätte. Zugleich sei dadurch auch die Stellung der Frauen geklärt: Sie hätten in den Stämmen eine geachtete und gleichberechtigte Position innegehabt und seien erst durch Privateigentum und Familie zu Sklavinnen des Mannes degradiert worden.[67]

Engels entwarf einen Text, möglicherweise bereits anhand der Marx'schen Exzerpte, spätestens aber, als er das Buch von Morgan erhalten hatte.[68] Um die Ideen von Morgan bekannt zu machen, überlegte er zunächst, eine Rezension zu schreiben und so die Zensur des Sozialistengesetzes zu umgehen. Darin wollte er die Exzerpte von Marx verwenden.[69] Doch dann beschloss er, den Text zu einer Broschüre auszuweiten. Zur Begründung schrieb er an Karl Kautsky, für dessen in Stuttgart erscheinende Zeitschrift „Die Neue Zeit" er zunächst einen Beitrag vorgesehen hatte, dass eine bloß referierende Darstellung nicht möglich sei: „Das Schlusskapitel über das Privateigenthum als Quelle der Klassengegensätze sowie als Hebel der Sprengung der alten Gemeinwesen, kann ich platterdings nicht so abfassen, daß sie unter das Soz[ialisten]gesetz sich fügen." Außerdem habe der Text besondere Wichtigkeit „[f]ür unsre Gesamtanschauung".[70] Daher nahm Engels im Juli 1884 das Angebot von Hermann Schlüter und der Volksbuchhandlung in Zürich an, die Broschüre dort drucken zu lassen. Sie erschien Anfang Oktober 1884.[71]

Ebenfalls im Frühjahr 1884 begann Engels ein weiteres Projekt, neben und zum Teil ergänzend zu seiner Arbeit an den Marx'schen *Kapital*-Manuskripten. Ausgangspunkt dafür waren aktuelle Diskussionen innerhalb der deutschen Sozialdemokratie Anfang der 1880er Jahre über sozialistische Ideen von Johann Karl Rodbertus – Ferdinand Lassalle galt als sein Schüler –

neben oder statt der Theorien von Marx.[72] Belebt wurde diese Debatte durch die posthume Veröffentlichung und Rezeption von Rodbertus' Briefen und Schriften in nationalökonomischen Kreisen. Darunter war auch eine Schrift des angehenden Nationalökonomen und späteren Sozialpolitikers Georg Adler von 1884 mit dem Titel *Rodbertus, der Begründer des wissenschaftlichen Sozialismus*.[73] Engels identifizierte hier einen Konkurrenten, gegen den er zu Felde ziehen musste: Bereits im Februar 1884 schrieb er, er wolle „den Mythus von Rodbertus auflösen", denn dieser sei in Deutschland und sogar in den USA so „kolportiert worden, daß dem Ding ein Ende gemacht werden muß".[74]

Zur Platzierung dieser Auseinandersetzung nutzte er Vorworte zu Schriften von Marx, zum einen eine Übersetzung der Marx'schen *Misère de la philosophie* von 1847 ins Deutsche, mit der sich Eduard Bernstein und Karl Kautsky seit Herbst 1883 befassten; er schrieb die Vorrede im Oktober 1884, und sie erschien als Vorabdruck in der „Neuen Zeit" im Januar 1885.[75] Zum anderen wählte er das Vorwort zum 2. Buch des *Kapital*, das Engels als 2. Band veröffentlichte; er datierte es auf den 5. Mai 1885, den Geburtstag von Marx.[76] Auch in der 3. Auflage des ersten Bandes des *Kapital* 1883 hatte Engels bereits „qualifizierend" gewirkt, indem er eine relativ positive Würdigung von Rodbertus durch Marx abschwächte.[77] Engels bereitete sich intensiv auf eine Auseinandersetzung über die Bedeutung von Rodbertus vor. Er beschaffte sich seine Schriften, angefangen mit den frühen von Ende der 1830er Jahre bis hin zu den posthum erschienenen Publikationen.[78] Ebenso erhielt er eine 1883 in den USA erschienene Schrift von Theodore Ely, *French and German Socialism in Modern Times* von Friedrich Adolph Sorge. Dazu ist ein Exzerpt von Engels überliefert, das er mit „Rodbertus als ‚Gründer' des wiss. Sozialismus" überschrieb.[79]

Auch wenn Engels meinte, dass er im Vorwort des *Kapital* „würdevoll thun" müsse, während er in der Vorrede zur *Misère* „freier von der Leber weg sprechen" könne, gerieten beide Darlegungen recht polemisch.[80] Aufhänger für beide Vorworte war die Zurückweisung eines Plagiatsvorwurfs, wonach Rodbertus sich von Marx ohne Nachweis genutzt sah, insbesondere dass er bereits vor Marx eine Mehrwerttheorie entwickelt habe und Marx diese verwendet habe, ohne ihn zu zitieren.[81] Ein Plagiatsvorwurf war ein von den Zeitgenossen, nicht zuletzt von Marx selbst genutztes Verfahren, um die Seriosität von Gegnern in Frage zu stellen und damit ihre Argumentation zu diskreditieren, ohne sich sachlich mit ihr auseinanderzusetzen.[82] Engels setzte seine im Februar 1884 entwickelte Beweisführung gegen solche Behauptungen um: „Ich werde nachweisen 1) daß wir 1850 nicht im Falle waren von Hrn R[odbertus] irgend etwas zu lernen, 2) daß wir ihn gar nicht kannten, 3) daß seine großen Entdeckungen bereits 1848 Gemeinplätze waren, 4) daß seine specifischen Heilmittel zur sozialistischen Kur bereits in der Misère kritisirt sind, ehe R. sie entdeckt hatte."[83] Engels unterstützte damit eine von Karl Kautsky in der „Neuen Zeit" geführte Diskussion mit Anhängern von Rodbertus, die bereits Mitte der 1870er Jahre in Erscheinung getreten waren.[84] Interessant ist in diesem Zusammenhang ein Brief von Rudolph Meyer an Engels vom März 1884. Meyer war einer der Nationalökonomen, die in Rodbertus einen Vordenker von Marx sahen, und den Engels für eine Quelle des von ihm als „Rodb[ertus]-Kultus"[85] bezeichneten Phänomens hielt. Gegenüber

Engels, mit dem er in gelegentlichem Kontakt stand, entschuldigte sich Meyer für sein fehlerhaftes Urteil über die Rezeption von Rodbertus durch Marx und erklärte, wie er dazu gekommen war. Er akzeptiere jedoch, so Meyer, gerne die genauere Kenntnis von Engels und wolle die entsprechende Stelle in einer Übersetzung seiner Schrift über den Emanzipationskampf ändern.[86]

Eine weitere größere Arbeit kündigte sich für Engels um die Jahreswende 1884/85 an. Die amerikanische Übersetzerin und Sozialreformerin Florence Kelley Wischnewetzky fragte ihn um sein Einverständnis für eine Übersetzung der *Lage der arbeitenden Klasse* ins Englische und die Suche nach einem Verlag in den USA. Sie fände es, schrieb sie in einem Brief an Engels am 5. Dezember 1884, „most important that the best of the German socialist literature should be made accessible to my countrymen in the near future". Engels war zwar skeptisch, ob sich ein Verlag finden würde, erklärte sich aber bereit, ein Vorwort zu schreiben, in dem er die wichtigsten Änderungen seit 1845 skizzieren würde. Ebenso wollte er die Übersetzung des insgesamt unveränderten Textes von 1845 durchsehen und korrigieren.[87] Engels hielt einen Vergleich zwischen der englischen Situation damals und der aktuellen amerikanischen Lage durchaus für legitim („might have its interest"), denn die Entwicklung der Industrie und insbesondere eines Proletariats korrespondiere in Amerika seiner Ansicht nach sehr stark mit dem „English status of 1844".[88] Mit dieser Tendenz argumentierte Engels dann auch in einem Artikel, den er im Frühjahr und Sommer 1885 in einer amerikanischen[89] und einer deutschen Zeitschrift[90] veröffentlichte. Dieser Text ging in die später erscheinende Übersetzung ein, nun als Hauptteil eines „Appendix". Da sich die Publikation verzögerte, verfasste Engels im Januar 1887 ein neues Vorwort, das er im Mai 1887 auf Deutsch publizierte.[91] Auch hier ging Engels auf aktuelle Entwicklungen ein. Er empfahl den verschiedenen Arbeiterorganisationen, die sich, mit unterschiedlich starker Anhängerschaft, in den USA gebildet hatten, in Anlehnung an das *Kommunistische Manifest* von 1848,[92] ein Zusammengehen zur Bildung einer „National Labor Army".[93] Dieser Versuch ging jedoch an der amerikanischen Realität vorbei. Der weitaus größte Zusammenschluss, die „Knights of Labor", war ein spezifisch amerikanischer Verbund von Gewerkschaften, der den Tarifkämpfen Priorität einräumte und keine Partei des politischen Sozialismus war.[94]

Engels hatte 1845 das Szenario einer bald eintretenden revolutionären Situation heraufbeschworen, in der sich das Proletariat gegen die Kapitalisten erheben und die gesellschaftliche Ordnung umstürzen würden. Das Ausbleiben eines solchen Umsturzes hinterfragte Engels 1887 nicht; er schrieb den damaligen Furor lediglich seinem jugendlichen Ungestüm zu. Ihn habe viel mehr überrascht, „wie viele" seiner Vorhersagen doch eingetroffen seien. Er erwähnte die regelmäßige Wiederkehr von Krisen und die dadurch bedingten Unterbrechungen der wirtschaftlichen Entwicklung sowie die Ablösung der englischen Vorherrschaft durch Deutschland und die USA. Beide Prozesse hatte er in der *Lage* bereits in den Blick genommen. Auch den Arbeitskampf in den USA um die Reduzierung des regulären Arbeitstags von 8 auf 10 Stunden rechnete er zu den Wirkungen wirtschaftlicher Gesetze. Diese habe Marx in seinem ersten Band des *Kapital* eingehend analysiert. In diesem Zusammenhang betonte Engels, dass weiterhin die Kapitalisten sich den von den Arbeitern geschaffenen Mehrwert aneigneten und nur eine Minderheit von Arbeitern, bestehend aus Fabrikarbeitern und Gewerkschaftern, von den technischen und wirtschaftlichen Errungenschaften profitiert hätten. Während diese Minderheit – Engels bezeichnete sie als Arbeiteraristokratie[95] – Verbesserungen ihres Lebensstandards genössen, lebte die große Mehrheit der Arbeiter nach wie vor in höchster Unsicherheit.[96]

Engels investierte viel – auch Durchsicht und Korrektur der Übersetzung nahmen Zeit in Anspruch[97] –, um den über 40 Jahre alten Text erneut in die Diskussion einzuführen und über Vorworte und begleitende Artikel die Aktualität der darin verhandelten Themen zu betonen. Dies war ein Verfahren, das Engels häufig anwandte, vor allem bei Texten von Marx.[98] Im Fall der *Lage* blieb es nicht bei der amerikanischen Übersetzung. 1891 initiierte der englische Verlag Swan Sonnenschein eine erneute Ausgabe des amerikanischen Textes in London,[99] und 1892 folgte eine 2. deutsche Auflage. Für eine deutsche Wiederveröffentlichung hatte es vielfach Anfragen aus sozialdemokratischen Kreisen gegeben, zuletzt Mitte der 1880er Jahre. Doch dürfte weniger die Arbeitsbelastung durch die Marx'schen Manuskripte hinderlich gewesen sein – sie hatte der Bearbeitung der amerikanischen Ausgabe 1885–87 nicht im Wege gestanden – als möglicherweise das bis 1890 geltende Sozialistengesetz und seine gravierenden Beschränkungen der politischen Arbeit.[100] Engels knüpfte auch hier an aktuelle Entwicklungen an. Insbesondere in der Entstehung neuer Gewerkschaften und einer Arbeiterpartei in Großbritannien sah Engels neue Hoffnung für Veränderungen in Gesellschaft und Wirtschaft, weiter

↑ **Wahlversammlung** der SPD in München, 1890.

genährt durch die Ergebnisse der englischen Parlamentswahlen im Sommer. Engels formulierte die Erwartung, dass der „Aberglaube an die ‚große liberale Partei', der die englischen Arbeiter fast vierzig Jahre beherrscht hat", gebrochen sei.[101] 1863 hatte er eine Wiederauflage der *Lage der arbeitenden Klasse* noch abgelehnt, denn der Moment sei „nicht geeignet wo alle revolutionäre Energie aus dem engl. Proletariat so gut wie vollständig verduftet ist & das engl. Proletariat sich mit der Herrschaft der Bourgeoisie vollständig einverstanden erklärt."[102] Doch auch hier ging seine Erwartung, wie schon 1845, an der britischen Realität vorbei.

Revolutionen interessierten Engels auch aus historischer Perspektive. Im Zuge von Überlegungen im Frühjahr 1884 für eine Neuauflage seiner Broschüre über den „Bauernkrieg", 1850 entstanden und 1870 bzw. 1874 neu aufgelegt, kündigte Engels mehrfach an, er müsse dazu den Text stark umarbeiten: „Meinen Bauernkrieg arbeite ich ganz um. Wird Angelpunkt der ganzen deutschen Geschichte.“ Dieses Vorhaben führte Engels nicht zu Ende, obwohl er es immer wieder auf seine Agenda setzte, zuletzt im März 1895.[103] Überliefert sind zwei Manuskripte. Ende 1884 verfasste er zum einen eine Skizze mit Gliederungspunkten für seine neue Darstellung, *Zum Bauernkrieg* (MEGA² I/30, S. 41 f.), zum anderen eine Ausarbeitung *Über den Verfall des Feudalismus und das Aufkommen der Bourgeoisie* (MEGA² I/30, S. 43–53). Engels betrachtete die Reformation als „Revol[ution] No. 1. der B[ourgeoisie], worin Bauernkr[ieg] die krit[ische] Episode.“ Diese Revolution sei „viel europäischer als die engl[ische] und viel rascher europ[äisch] [...] als die franz[ösische]“. In seiner Ausarbeitung verfolgte er den insbesondere von den Städten ausgehenden Weg in die bürgerliche Gesellschaft in der frühen Neuzeit.[104]

Auch wenn der Titel seiner seit 1887 in Arbeit befindlichen Broschüre *Die Rolle der Gewalt in der Geschichte* eine übergreifende Studie verhieß, handelte es sich in Wirklichkeit um eine Abrechnung mit der „Gewaltspraxis von Blut und Eisen“ in der Politik Fürst Otto von Bismarcks der vergangenen 30 Jahre: „Wir werden daraus klar ersehen weßhalb die Politik von Blut und Eisen Erfolg haben mußte und weßhalb sie schließlich zu Grunde gehn muß.“[105] Engels trieb eine Reihe von Studien zu diesem Thema und hinterließ mehrere Zusammenstellungen, kam jedoch über einen „ersten“, ihm „gar nicht zusagenden Entwurf“ nicht hinaus.[106]

So reihen sich auch bei Engels auf halber Strecke stecken gebliebene Projektentwürfe aneinander, die jeder für sich genommen vermutlich ein halbes Forscherleben ausgefüllt hätten. Anspruch und Wirklichkeit fielen auseinander, so dass man sich fragen kann, ob jene ständigen Ankündigungen nicht eher dazu dienten, einen eigenen Einfluss über seine Publizistik und seine Korrespondenz darüber im sozialistischen Netzwerk weiterhin zu behaupten. Immerhin bestand die Gefahr, als weit entfernt lebender Exilant schnell aus dem inneren Zirkel der Sozialdemokratischen Partei herauszufallen.

Vor diesem Hintergrund dürfte sein Einsatz für die Gründung der II. Internationale zu sehen sein. Sein Hauptmotiv war die Durchsetzung marxistischer Vorstellungen gegenüber den als „Possibilisten“ bezeichneten französischen Sozialisten, die 1889 die Initiative zu einem internationalen Zusammenschluss von Arbeiterorganisationen ergriffen hatten. Ihr Name zeigte an, dass sie die Möglichkeit nicht ausschlossen, mit Hilfe von Wahlen und sozialen Reformen eine Verbesserung der Lage der Arbeiter und Mitsprache an politischen Entscheidungen zu gewinnen. Engels trat zwar auf keinem Kongress als Redner auf, redigierte aber Flugschriften und nahm Einfluss auf Organisations- und Verfahrensfragen für den neuen losen Verbund der beteiligten sozialistischen europäischen Bewegungen, der sich in Kongressen 1889 und 1891 etablierte. Zudem veranlasste und formte er mit einem ausgedehnten Briefwechsel die Zusammenarbeit zwischen dem französischen „Parti Ouvrier“ und den deutschen Sozialdemokraten. Die Ausrichtung der neuen Internationale wurde entscheidend durch Engels’ Engagement geprägt.[107]

Auch in nationalen Arbeiterbewegungen engagierte sich Engels. Am einflussreichsten war er in der deutschen Sozialdemokratie, wie sein Briefwechsel mit August Bebel, Eduard

Bernstein, Karl Kautsky und Wilhelm Liebknecht belegen und was gut dokumentiert ist. Er bezog Stellung in innerparteilichen Auseinandersetzungen, z. B. 1884 oder zwischen 1890 und 1892, seien es Forderungen der Opposition nach mehr Demokratie oder mehr Revolution oder die Diskussionen um das neue Parteiprogramm nach dem Ende des Sozialistengesetzes auf dem Parteitag in Erfurt 1891. Einfluss nahm er auch auf die Politik des französischen „Parti Ouvrier", in dem Marx' Schwiegersohn, Paul Lafargue, eine führende Rolle spielte. Wenig Kontakte hatte Engels dagegen zu amerikanischen oder britischen Organisationen, kaum zu Gewerkschaften, und zu Parteien vorwiegend über Eleanor Marx Aveling. Die Strategie der britischen Arbeiterbewegung differierte zu stark von der kontinentaleuropäischen.[108]

RESÜMEE

Nach dem Tod von Marx wuchs Engels eine Führungsrolle in der Gestaltung der europäischen sozialistischen Bewegungen zu. Stand zunächst die Herausgabe der ausstehenden Bücher von Marx' opus magnum *Das Kapital* aus den nachgelassenen Papieren im Mittelpunkt, rückten bald andere Aktivitäten in den Vordergrund. Der erste Teil der Herausgabe, die Zusammenstellung mehrerer Manuskripte für das 2. Buch, ließ sich noch relativ zeitnah bewältigen; es erschien 1885 als Band 2. Die Arbeit am, auch von Engels als wichtigerem Teil betrachteten 3. Buch zog sich dagegen stark in die Länge, vor allem aufgrund des fragmentarischen Zustandes des von Marx hinterlassenen Entwurfs. Zweifel an den grundlegenden Ideen und der Analyse der kapitalistischen Produktion von Marx ließ dies bei Engels jedoch nicht aufkommen. Vielmehr hielt er fest an der Vorstellung, dass diese Wirtschaftsweise und ebenso die dadurch geprägte Gesellschaftsordnung keine Zukunft hatten. Er verlagerte seine Aktivitäten auf andere frühere Texte, verfasst von Marx, von ihm oder von ihnen beiden und bereitete eine erhebliche Zahl von Neuauflagen und Übersetzungen vor. Er verfasste Vorworte, ging darin auf aktuelle politische Entwicklungen oder Auseinandersetzungen um den „richtigen" Weg ein und bezog Stellung.

Engels machte damit seinen Anspruch auf Deutungshoheit geltend, über die grundsätzliche Ausrichtung der sozialistischen Bewegung ebenso wie über tagespolitische Fragen. Zwei Äußerungen von Engels aus den „Jahren nach Marx" sind jedoch bemerkenswert. Zum einen sein Eintreten für die parlamentarische Demokratie, und sei es auch nur als Vorstufe zu einer Übernahme der Macht durch das Proletariat, sowie sein Votum für innerparteiliche Demokratie und Diskussionsfreiheit, insbesondere nach dem Ende des Sozialistengesetzes.[109] Doch auch zu diesen zentralen Punkten hinterließ er eine deutungsoffene Formel. So betonte er mehrfach, dass weder er noch Marx für Dogmen taugten: „Our theory is not a dogma but the exposition of a process of evolution".[110] Und in Reaktion auf eine Stellungnahme des Nationalökonomen Werner Sombart zum Erscheinen von Band 3 des *Kapital* ergänzte er 1895 seine Position: „Aber die ganze Auffassungsweise von Marx ist nicht eine Doktrin, sondern eine Methode. Sie gibt keine fertigen Dogmen, sondern Anhaltspunkte zu weiterer Untersuchung und die Methode *für* diese Untersuchung."[111] Und so bleibt die weltweit geführte Diskussion um den richtigen Weg aus dem Kapitalismus offen.

ARBEIT UND UNTERNEHMEN

HISTORISCHE UND AKTUELLE TENDENZEN

NORBERT KOUBEK

Bei der Suche nach dem Stellenwert der Aussagen von Friedrich Engels in der Gegenwart und erkennbaren Zukunft stehen in Verbindung mit dem Konzept des vorliegenden Buches vor allem zwei Begriffe zur Verfügung. Dies ist als dominante Kategorie die Arbeit mit ihren historischen und aktuellen Tendenzen, worauf in diesem Buch bereits im ersten Absatz des Vorwortes mit einem Engels-Zitat hingewiesen wurde, wenn es heißt: „Die Arbeit ist die Quelle alles Reichthums, sagen die politischen Oekonomen. Sie ist dies – neben der Natur, die ihr den Stoff liefert, den sie in Reichthum verwandelt. Aber sie ist noch unendlich mehr als dies. Sie ist die erste Grundbedingung alles menschlichen Lebens, und zwar in einem solchen Grade, daß wir in gewissem Sinn sagen müssen: sie hat den Menschen selbst geschaffen."[1]

Fragt man nach den prägenden institutionellen Bedingungen, unter denen der Arbeitsprozess zu Lebzeiten von Engels stattfand, gegenwärtig vorherrscht und in erkennbarer Zukunft zu erwarten ist, so sind es zweitens die Unternehmen in ihren jeweiligen historischen Ausprägungen. Beide Kategorien stehen in einem engen Verhältnis, und ihre wechselseitigen Beziehungen werden in dem zu betrachtenden Zeitraum vom Wirtschafts- und Gesellschaftsmodell des Kapitalismus geprägt.

← **Frederick Winslow Taylor** (1856–1915). Mit seinem Buch The Principles of Scientific Management (1911) stellt er die These auf, Management, Arbeit und Unternehmen mit einer rein wissenschaftlichen Herangehensweise optimieren zu können, um dadurch soziale Probleme zu lösen sowie ‚Wohlstand für alle' zu erreichen. Als wesentliche Komponenten gelten: die Trennung von ausführender und planender Arbeit (Arbeitsvorbereitung), Zeitstudien zur Ablaufverbesserung und Ermittlung von Vorgabezeiten, Differential-Lohnsystem, Vorgaben des täglichen Arbeitspensums und Funktionsmeistersystem. Scientific Management bezieht sich hauptsächlich auf noch eher handwerklich orientierte Massenproduktionsstrukturen (Werkstattfertigung) im Übergang von Manufaktur- zur Fabrikarbeit und weniger auf Strukturen, in denen der Arbeitstakt durch Maschinen bestimmt wird.

AUSGANGSPUNKTE BEI FRIEDRICH ENGELS (1820–1895)

Beginnen wir mit dem Arbeitsbegriff. Unter den zahlreichen Definitionen in verschiedenen Wissenschaften erscheint in dem hier vorliegenden Zusammenhang folgende synoptische Beschreibung als besonders aussagekräftig: Arbeit ist die Auseinandersetzung des Menschen mit der Natur zum Zweck der eigenen Lebenssicherung und zur Gestaltung der Gesellschaft. Dieser Ansatz gilt zu allen Zeiten, allerdings unter verschiedenen Bedingungen und Erscheinungsformen. Der Blick wird dabei erstens auf das Individuum und die Gesellschaft, zweitens auf die unauflöslichen Zusammenhänge mit der Natur und ihren Ressourcen und drittens auf die dabei zum Einsatz kommenden Werkzeuge, Technologien und Arbeitsmittel gelegt.

Friedrich Engels hat sich mit diesen Merkmalen in allen Perioden seines Lebens intensiv auseinandergesetzt und ist dabei durchaus zu unterschiedlichen Bewertungen gekommen. Dies gilt insbesondere für seine seit 1873 erstellten und hier im Mittelpunkt stehenden Textentwürfe, die zum großen Teil erst nach seinem Tod veröffentlicht wurden. Zwischen 1873 und 1883 entstehen die später unter dem Titel *Dialektik der Natur* publizierten Manuskripte mit dem in unserem Zusammenhang besonders interessanten Abschnitt „Anteil der Arbeit an der Menschwerdung der Affen".[2] Von den verschiedenen Perspektiven soll hier nur der evolutorische Ansatz aufgegriffen und in das Zeitalter der Industrialisierung übertragen werden, das in den westlichen Staaten ab Ende des 18. Jahrhunderts zunehmend die Arbeits- und Lebensverhältnisse prägt.

Dabei befasst sich Engels in den ersten Jahrzehnten seines praktischen und wissenschaftlichen Arbeitens selbständig und in Verbindung mit Karl Marx mit den extrem belastenden Verhältnissen der industriellen Arbeit in der sich entwickelnden kapitalistischen Wirtschaft und Gesellschaft. Dies führt zu den bekannten revolutionären Schlussfolgerungen mit dem stark von Engels beeinflussten programmatischen Zentraltext des 1848 veröffentlichten Kommunistischen Manifestes. Es folgen Jahrzehnte der engen Zusammenarbeit mit Karl Marx bei der intellektuellen und politischen Durchdringung des neu entstehenden Zeitalters.

In den beiden letzten Jahrzehnten seines Schaffens öffnet Engels sich aufgrund seiner persönlichen Lebenserfahrungen und der Auswertung der gesellschaftlichen, wirtschaftlichen und technologischen Veränderungen dem Prinzip der evolutorischen Veränderungen. Dies wird auch erkennbar in seinen Kooperationen mit sozialistischen Organisationen allgemein und seiner programmatischen Einschätzung der 1875 in Deutschland gegründeten „Sozialistischen Arbeiterpartei (SAP)", die 1890 und damit noch zu Lebzeiten von Engels in „Sozialdemokratische Partei Deutschlands (SPD)" umbenannt wird. In diesem Zeitraum setzt er sich besonders ausführlich mit dem Entwurf zu dem neuen Parteiprogramm auseinander, das 1891 als „Erfurter Programm" verabschiedet wird, und zwar einschließlich der Übernahme seiner zahlreichen Anregungen und Vorschläge.[3]

Aber auch zu anderen Entwicklungen der Arbeiterbewegung äußert sich Engels mit zum Teil neuer Perspektive, z. B. in dem Vorwort zur ersten amerikanischen Ausgabe des bereits 1845 erschienenen Buches *Die Lage der arbeitenden Klasse in England*.[4] Für diese in den USA geplante Veröffentlichung verfasst er den mehrseitigen Artikel „England 1845 und 1885", in dem er seine persönliche und die gesellschaftliche englische Entwicklung in den vergangenen 40 Jahre darstellt.[5] Aus diesen Texten wird erkennbar, wie Engels die Veränderungen im Arbeits- und Produktionsprozess wahrnimmt und daraus anstelle oder zumindest neben der ursprünglich geforderten revolutionären Umgestaltung von Wirtschaft und Gesellschaft einen evolutorischen Weg in Betracht zieht. In den von ihm wahrgenommenen Übergängen von personenbezogenen Unternehmen mit überschaubaren Größenordnungen des Arbeits-, Maschinen- und Kapitaleinsatzes zu Großunternehmen und Konzernen mit zahlreichen Standorten, einer hohen Zahl von Arbeitern und Angestellten sowie zahlreichen Eigentümern als Aktionäre bzw. Gesellschafter zeichnet sich gleichzeitig die Entwicklung des Kapitalismus in den folgenden Jahrzehnten bis zur Gegenwart ab. Dabei gibt es aber gerade in Deutschland bis heute eine beachtliche Gleichzeitigkeit von kleinen und mittelgroßen Familienunternehmen einerseits und Konzernen andererseits. Die gegenwärtig starke Welle von weltweit personenbezogenen Neugründungen im Zusammenhang mit den durch Innovationen bedingten Strukturänderungen sichert diese zweigleisige Struktur.

125 JAHRE KAPITALISMUS NACH FRIEDRICH ENGELS (1895–2020): NEUE ARBEITSFORMEN UND UNTERNEHMENSSTRUKTUREN

An dieser Stelle soll keine allgemeine Historiographie des Kapitalismus vorgestellt werden, sondern es werden markante Veränderungen in der Arbeitswelt und der damit verbundenen Unternehmen skizziert. Dabei entstehen bei Auswertung der theoretischen Literatur und der Erfahrungen in der Praxis verschiedene Modelle, die jeweils über einen Zeitraum von mehreren Jahrzehnten in den westlich dominierten parlamentarischen Gesellschaften umgesetzt werden und sich zum Teil mit Veränderungen auch in staatssozialistischen bzw. autoritären Gesellschaften wiederfinden.

Im Folgenden sollen mehrere dieser Modelle in ihren historischen Verläufen kurz skizziert werden. Dabei sind die Regelungen nach Art, Umfang und zeitlicher Abfolge in den einzelnen Ländern nicht einheitlich, mit der Konsequenz, dass auch die Interessen der verschiedenen Personen, Gruppen, Institutionen und Klassen unterschiedlich berücksichtigt werden. Es entstehen auf diese Weise verschiedene Varianten des Kapitalismus, mit zum Teil erheblichen Abweichungen von dem Ausgangsmodell, von dem Friedrich Engels Mitte des 19. Jahrhunderts geprägt wird. Besonders hervorzuheben sind die Einbeziehung von wissenschaftlichen Erkenntnissen verschiedener Arbeitsformen und Unternehmensstrukturen, die institutionelle Beteiligung der Beschäftigten an den Informations-, Planungs- und Umsetzungsprozessen in den Betrieben und Unternehmen bis hin zu Mitbestimmungsrechten, der Abbau von Hierarchien hin zu stärker dezentralen, teamorientierten Organisationen sowie der Aufbau von integrierten unternehmensübergreifenden Arbeitsabläufen, verbunden mit Unternehmensnetzwerken, Unternehmenszielen und Virtuellen Organisationen.

Taylorismus und Fließbandproduktion

Im Zusammenhang mit der Erhöhung der Produktionsmenge, der steigenden Nachfrage nach bestimmten standardisierten Produkten und der wachsenden Zahl der Beschäftigten in den Fabriken kommt es Ende des 19. und Anfang des 20. Jahrhunderts vor allem in den USA zu wissenschaftlich gestützten Untersuchungen über die Effizienz von menschlicher Arbeit in der industriellen Produktion und deren Steigerungsmöglichkeiten. Dabei führt vor allem der amerikanische Ingenieur Frederic W. Taylor umfangreiche Studien durch und veröffentlicht 1911 seine Ergebnisse und Vorschläge in dem Buch *The Principles of Scientific Management*.[6] Diese als Taylorismus bezeichnete Reorganisation wird wenige Jahre später von Henry Ford in der amerikanischen Automobilindustrie durch die Einführung der Fließbandproduktion nochmals verstärkt.[7]

↓ **Henry Ford** mit seinem ersten Automobil aus dem Jahre 1892.

Das Welt- und Menschenbild von Taylor ist geprägt von der Vorstellung, dass die Menschen vor allem nach materiellem Wohlstand streben, wobei das hierfür erforderliche Produktangebot durch eine entsprechende Steigerung im Arbeitsprozess entsteht. Über die Einführung der wissenschaftlichen Betriebsführung sollen die Voraussetzungen geschaffen werden, alle Arbeitsabläufe durch eine hochentwickelte Arbeitsteilung zu optimieren. Hierdurch können gleichzeitig die Produktionsmengen erhöht, die Gewinne und Löhne gesteigert sowie die Preise gesenkt werden.

Parallel zu den Veränderungen im Bereich des Einsatzes von menschlicher Arbeit findet ein Wandel in der Unternehmensorganisation statt. Dabei entspricht der tayloristische Arbeitsablauf einer durchgängig hierarchischen Organisationsstruktur, in welcher alle dispositiven und planerischen Aufgaben zentral von der Leitung festgelegt und umgesetzt werden. Als Anreizsystem ist eine deutliche Erhöhung der Entlohnung für die betroffenen Personen vorgesehen, wodurch diese erkennbar an dem gestiegenen finanziellen Erfolg beteiligt werden. Dies soll auch zu einem Verzicht auf Streikmaßnahmen und sozialistische Forderungen in den Betrieben, Unternehmen und der Gesellschaft beitragen.[8]

Neben den zahlreichen positiven Wirkungen zeigen sich jedoch auch erhebliche Nachteile. Die Arbeitsabläufe werden in immer kleinere Teilstücke zerlegt, die Arbeitsmotivation stützt sich weitestgehend auf die finanziellen Anreize durch höhere Löhne, der soziale Verbund im Arbeitsprozess ist hochgradig eingeschränkt und in der Organisationsstruktur werden zentralistische Hierarchien umgesetzt, verbunden mit detaillierten Planungs- und Kontrollvorgaben.

Arbeits, betriebs- und sozialpsychologische Orientierung

Das Modell mit den nachweisbaren konkreten Verbesserungen der arbeitsphysiologischen Bedingungen und den finanziellen Anreizen stößt an seine Grenzen, wenn mit Überwindung der unmittelbaren materiellen Notsituation der Arbeiterschaft das Fehlen von sozialen Kontakten und von Möglichkeiten der Beteiligung an der Planung und Kontrolle der betrieblichen Abläufe zunehmend kritisch wahrgenommen wird. Auch in den Unternehmensleitungen erkennt das Management, dass Arbeitszufriedenheit und Arbeitsleistung steigen, wenn zumindest in Teilbereichen die Beschäftigten in die Arbeitsabläufe einbezogen werden.

Ein erster Schritt zur Weiterentwicklung des Taylorismus zeigt sich mit der wissenschaftlichen Anerkennung psychologischer Einflüsse auf den Arbeitsprozess. Hier sind die Ergebnisse der 1924 in den USA durchgeführten Hawthorne-Experimente entscheidend gewesen.[9] Dabei belegen die Ergebnisse der Analyse von Arbeitsabläufen und ihrer Einflussfaktoren auf die Beschäftigten, dass es auch dann zu einer Steigerung von Menge und Qualität der Produktion kommt, wenn die physischen Arbeitsbedingungen verschlechtert werden, z. B. bei der Beleuchtungsstärke, der Lärmbelastung und der technischen Ausstattung des Arbeitsplatzes. Die Erklärung hierfür liegt in der persönlichen Wahrnehmung der am Experiment beteiligten Arbeiter, also in der durch die Untersuchung zum Ausdruck kommenden besonderen Anerkennung als Person. Mit dieser arbeitspsychologisch erklärbaren Wirkung ist der Schlüssel gefunden, der in den folgenden Jahrzehnten bis heute auf die psychologischen Bereiche in Betrieb, Unternehmen, Organisation und gesellschaftlicher Kultur ausgeweitet wird. Hierdurch verändern sich die konkreten Arbeitsbedingungen und die übergeordneten Strukturen in den Unternehmen.[10]

Arbeitnehmerbeteiligung und Mitbestimmung

In einem zweiten Ansatz geht es um den Aufbau von institutionellen Strukturen, mit denen der Einfluss von abhängig Beschäftigten auf die Planungen, Umsetzungen und Organisationen in Betrieben und Unternehmen verbunden ist.[11] Dies erfolgt z. B. in Deutschland im Jahr 1920 mit der Verabschiedung des ersten und bis 1934 gültigen Betriebsverfassungsgesetzes, wodurch in allen Betrieben ab 20 Beschäftigten die Arbeitnehmer das Recht erhalten, einen Betriebsrat mit bestimmten Rechten und Pflichten als Interessenvertretung aufzubauen.

Nach dem Zweiten Weltkrieg wird 1952 ein neues Betriebsverfassungsgesetz verabschiedet, das für alle Betriebe ab fünf wahlberechtigten Arbeitnehmern gilt und seither mehrfach verändert und erweitert wird. Bereits 1951 werden in der Kohle- und Stahlindustrie mit dem sogenannten Montan-Mitbestimmungsgesetz die Beteiligungsrechte der Arbeitnehmer und ihrer Gewerkschaften in den Organen von Vorstand und Aufsichtsrat der Kapitalgesellschaften mit mehr als 1000 Beschäftigten beschlossen und 1976 folgt in abgeschwächter Form die Ausweitung dieser Rechte auf alle Kapitalgesellschaften mit mehr als 2000 Arbeitnehmern.

Auch in anderen europäischen Ländern werden in diesem Zeitraum verschiedene Formen der Beteiligungsrechte von Arbeitnehmern erlassen.[12] In der Europäischen Gemeinschaft, der heutigen Europäischen Union, bestehen ebenfalls derartige Rechtsvorschriften. So gibt es seit 1996 die EU-Richtlinien zur Bildung Europäischer Betriebsräte und seit 2004 regelt ein EU-Gesetz die Mitwirkungsrechte der Arbeitnehmer in Europäischen Aktiengesellschaften. Diese liegen in ihrer Verbindlichkeit und ihrem Umfang allerdings deutlich unter den Vorschriften in Deutschland. Weltweit bestehen im Rahmen der Maßnahmen der Internationalen Arbeitsorganisation (ILO) zahlreiche Vereinbarungen, und auf freiwilliger Basis haben einige europäische Konzerne Mitwirkungsrechte für Arbeitnehmer mit den Internationalen Gewerkschaften auf weltweiter Ebene eingeführt.[13]

Kaizen und Lean Management

An dritter Stelle ist das nach dem Zweiten Weltkrieg in Japan entwickelte neue Arbeits- und Organisationsmodell zu nennen, das erstmals in dem Automobilkonzern Toyota eingesetzt wird. Dieser Ansatz besteht im Wesentlichen aus zwei Teilen, die bis heute als „Kaizen" und „Lean Management" bezeichnet werden. Dabei setzt sich der Begriff „Kaizen" aus den Wortteilen „Kai = Wandel" und "Zen = das Gute" zusammen, während es sich bei dem Ansatz von Lean Management um den Abbau von Hierarchien am Arbeitsplatz, im Betrieb und Unternehmen sowie die Öffnung der Organisationsstrukturen für die Bildung von Arbeitsgruppen mit Vorschlags- und Umsetzungskompetenzen handelt.[14] In dem Zeitraum ab 1950 kommt es zunächst in Japan und danach in den übrigen westlich orientierten Staaten zur Einführung dieses Arbeits- und Organisationsprinzips und damit zu einer zunehmenden Ablösung des Taylorismus.

Eine besonders ausführliche vergleichende Untersuchung zwischen Japan, den USA und Europa liefern die 1991 veröffentlichten Ergebnisse einer vom Massachusetts Institute of Technology (MIT) durchgeführten Studie für die Automobilindustrie und deren Zulieferungsindustrie.[15] Dabei werden im Arbeitsprozess die Ziele der mengenmäßigen, finanziellen und qualitativen Effizienzsteigerungen über die Vermeidung von Verlusten beim Einsatz von menschlicher Arbeit, Sachmitteln und Material erreicht, gestützt auf die Gruppenarbeit, eine bedarfsgenaue Nutzung von Maschinen und Material sowie das Vermeiden von Fehlern in der Produktion bzw. deren Korrektur direkt am Arbeitsplatz. Im Mittelpunkt stehen bei diesen Vorgängen das einzelne Unternehmen mit einem kooperativen Management, die Automatisierung der Abläufe, der Ersatz von Einzelarbeitsplätzen durch Teamarbeit, die Reduzierung und Abflachung von Hierarchien, die zunehmende Auslagerung von Wertschöpfungsteilen in Form von Outsourcing und der Aufbau von Kooperationsformen mit Drittfirmen.

In Verbindung mit den dabei bereits in größeren zeitlichen Abständen erfolgende Innovationen entsteht auf diese Weise ein permanenter Änderungsprozess mit positiven Auswirkungen auf die Arbeitszufriedenheit und die unterschiedlichen Leistungsmerkmale in den Unternehmen.

Unternehmensnetzwerke und Virtuelle Organisationen

Mit dem seit einigen Jahrzehnten zunehmenden Ausbau von computerbasierten Abläufen in den Unternehmen und den übrigen Institutionen der Gesellschaft kommt es immer stärker zu einer datenbasierten Integration zwischen einzelnen Unternehmen, die in Form von Netzwerken auftreten.[16] Damit wird über die Liefer- und Abnehmerbeziehungen hinaus eine strategische Kooperation zwischen rechtlich weiterhin selbständigen Unternehmen aufgebaut, die aber nicht als Konkurrenten auf dem Markt auftreten. Diese Netzwerke setzen eine langfristige Zusammenarbeit aller Beteiligten voraus, und zwar über die gesamte Wertkette von der Planung und Entscheidung über die Produktion und den Absatz bis zur Wartung und dem Recycling. In Teilen entstehen damit internationale bzw. globale Kooperationsformen, die grenznah als Nearshoring und interkontinental als Offshoring bezeichnet werden.

Diese Form der Zusammenarbeit schließt auch neue Aufgabenstellungen durch veränderte wirtschaftliche und gesellschaftliche Ziele ein. Als exemplarische Beispiele der Gegenwart sind die erweiterten Aufgaben aus den Bereichen von Ökologie, Ressourcenverbrauch, Nachhaltigkeit und Qualifikation zu nennen. Damit entstehen neue Ziele, mit denen das strategische Handeln der Unternehmen verändert wird. Neben die Fixierung auf die Kapitalrationalität bzw. enger die Rentabilität und den Profit treten die im Arbeits- und Produktionsprozess immer vorhandenen, aber bisher zu wenig berücksichtigten stofflichen Dimensionen. Dies bezieht sich auf die Natur mit ihrer ökologieökonomischen Dimension, die Arbeitskräfte mit ihrer sozialökonomischen Dimension, die Verbraucher mit ihrer produktökonomischen Dimension und die Konstrukteure mit ihrer technologieökonomischen Dimension.[17]

Die Zusammenstellung der unterschiedlichen Formen von Rationalitäten neben oder jenseits der Kapitalrationalität zeigt eine große Bandbreite, die je nach Marktbedingungen, Rechtsformen, Zielsetzungen unterschiedlicher Personen und Institutionen beim wirtschaftlichen Handeln umgesetzt werden können. Dieser erweiterte Ansatz der Unternehmensführung wird in der angelsächsischen Literatur mit dem Kürzel EGS bezeichnet, wobei E für Ecology, S für Social und G für Governance stehen. Teilweise findet sich auch das mit einem erweiterten Sozialbegriff verwendete Kürzel CSR für das Lenkungsprinzip „Corporate Social Responsibility“ von Unternehmen.[18] Damit erhält auch der Kapitalismus neben der historisch dominanten Kapitalrationalität sehr unterschiedliche Ausprägungen, da die verschiedenen beteiligten Personen, Gruppen und heterogene Zielsysteme besitzen und durchsetzen wollen.[19]

Auf gesamtwirtschaftlicher Ebene wird dies in Deutschland vor dem Hintergrund der als Soziale Marktwirtschaft bezeichneten Wirtschaftsordnung dazu führen, dass mit der gegenwärtig und in Zukunft zu erwartenden stärkeren Betonung der ökologischen Kriterien die Wirtschaftsordnung zu einer Sozialökologischen Marktwirtschaft weiterentwickelt wird.[20] Dabei bleibt der Markt in seiner vielfältigen Koordinierungsfunktion weiterhin im Mittelpunkt des Wirtschaftsgeschehens, allerdings vielfältig gestützt durch kapitalübergreifende Ziele und Handlungsanweisungen.

Ein weiteres Gebiet der Veränderung des klassischen Kapitalismus liegt in der Zunahme der Bedeutung von Rechts- und Eigentumsformen außerhalb der Kapitalgesellschaften. Dies gilt für die seit langem verfügbaren Genossenschaften, Stiftungen und gemeinnützigen Organisationen. Aber auch neue Institutionen entstehen bei der Produktion und dem Konsum von Gütern und Dienstleistungen, indem die Produzenten und Konsumenten zu einer neuen

Einheit der „Prosumer" zusammengefasst werden.[21] Vor allem in der erneuerbaren Energiewirtschaft ist diese Form bereits ein bedeutender Wirtschaftsfaktor bei dem Einsatz von Solarzellen und Windrädern.

Als bisher sehr wenig wahrgenommene Herausforderungen treten die mit der kapitalistischen Dynamik entstandenen globalen ressourcenbezogenen Probleme auf. Markant lässt sich dies mit der Metapher umschreiben, dass für den jetzigen leitbildgebenden westlichen Lebensstandard in Verbindung mit dem zu erwartenden Bevölkerungswachstum auf 10 bis 11 Mrd. Menschen Ende des 21. Jahrhunderts anstelle von einer Erde drei Erden benötigt würden. Für die Art der Produktion und des Lebensstandards sind vor allem die entwickelten Länder verantwortlich, während sich die extrem starke Zunahme der Weltbevölkerung bis heute und in den kommenden Jahrzehnten aus der Fertilität und dem Bevölkerungswachstum in den nicht oder wenig entwickelten Staaten Afrikas und Asiens ergibt.[22]

Ein in den vergangenen Jahrzehnten in der westlichen Welt nur wenig wahrgenommenes Merkmal steht in Zusammenhang mit der zunehmenden Schiefverteilung der Vermögensverteilung. Hier zeichnen sich erste intensivere Diskussionen ab, um wirtschaftsethische Kriterien stärker zu berücksichtigen und eine Destabilisierung des Gesellschafts- und Wirtschaftsmodell zu vermeiden. Nicht zufällig ist das von Thomas Piketty in Frankreich 2013 und in Deutschland 2014 veröffentlichte Buch *Das Kapital im 21. Jahrhundert* in kurzer Zeit zum Beststeller geworden, ergänzt um den thematisch und historisch erweiterten Nachfolgeband *Kapital und Ideologie*, der 2019 in Frankreich und 2020 in Deutschland erschien.[23]

Eine spezielle Entwicklung auf der Basis von funktionierenden Netzwerken liegt mit dem Aufbau von Virtuellen Unternehmen/Organisationen vor.[24] Hier entsteht für bestimmte Aktivitäten und Aufträge ein Netzwerk von unabhängigen Unternehmen auf der Basis von Informationstechnologien mit dem Ziel, die Kosten zu teilen, Fähigkeiten zu ergänzen und Märkte zu erschließen. Das Ergebnis der Zusammenarbeit besteht in der effizienten Verbindung unterschiedlicher Kernkompetenzen, wobei auf institutionell dauerhafte Strukturen verzichtet wird. Nach Erfüllung des Auftrags löst sich diese virtuelle Organisation auf und die Beteiligten kooperieren in neuen Netzwerken mit ganz oder teilweise anderer Besetzung.

Stark zugenommen haben in den vergangenen Jahren und Jahrzehnten auch die sogenannten Solo-Unternehmer, indem jedes Unternehmen lediglich aus einer Person, meist dem Gründer / der Gründerin besteht. Vor allem im IT-Sektor, dem Gesundheits- und Betreuungswesen, im Handel und in der Logistik findet sich diese neue unternehmerische Organisationsform, die auch als Crowdsourcing bezeichnet wird.[25] Alle Tätigkeiten und Verträge werden von dieser einen Person in eigener Verantwortung getätigt, mit allen damit verbundenen Freiheiten und Risiken. Neben den persönlichen Freiräumen bei der Arbeitsgestaltung, Produktentwicklung und dem Einsatz von neuen Formen des Absatzes sind zahlreiche und meist volatile Bedingungen auf den mit speziellen Risiken versehenen regionalen, nationalen, und internationalen Märkten vorhanden. Diese ergeben sich aus den technologischen Entwicklungen, den Angebots- und Nachfragebedingungen, den rechtlichen Vorschriften sowie den auf eine

Person konzentrierten Risiken der Qualifikation und Gesundheitslage.

SCHLUSSFOLGERUNGEN UND FRIEDRICH ENGELS IM 21. JAHRHUNDERT

Dieser kurze Überblick über wesentliche in den vergangenen 125 Jahren feststellbaren Veränderungen der Kategorien von Arbeit und Unternehmen führen zu der abschließenden Frage: Wie lassen sich die heutigen Arbeitsstrukturen und die Zielsysteme von Unternehmen bewerten, wenn man die Maßstäbe von Friedrich Engels anlegt, vor allem diejenigen seiner späteren Lebensjahre? Zunächst ist festzuhalten, dass sich mit der technischen Entwicklung, den veränderten Bedürfnisprofilen der Beschäftigten und den Änderungen der politischen und gesellschaftlichen Strukturen die Rahmenbedingungen für das Handeln stark verändert haben.

Dabei weisen in der vernetzten und globalisierten Welt die verschiedenen Regionen abweichende Niveaus der Entwicklung auf, für die unterschiedliche Modelle zur Anwendung kommen. In den auch weiterhin am höchsten entwickelten westlichen Ländern mit parlamentarisch-demokratischen Strukturen, in denen die Industrialisierung begann und sich weltweit ausbreitete, sind Anpassungsprozesse nachweisbar und wirksam, während in den wirtschaftlich in der Erstentwicklung stehenden Ländern teilweise die von Engels beschriebenen Verhältnisse vorliegen. Zwischen beiden Modellregionen liegen die sog. Schwellenländer mit Beeinflussungen von und Optionen nach beiden Richtungen.

Bei Friedrich Engels finden sich zahlreiche Aussagen, die auf diese Konflikte hinweisen

↑ **Roboter schweißen** an den Karosserien des VW-Golfs im Volkswagenwerk Wolfsburg. Durch den Ausbau der EDV-Technologie entstanden in den vergangenen Jahrzehnten auch die Industrieroboter und Datenautomatisierung, wodurch ganze Produktionsabläufe umgestellt und neu entwickelt wurden. Diese Vorgänge begannen vor allem in der Automobilindustrie und wurden seither in zahlreichen anderen Industriebranchen, dem Dienstleistungssektor und der Landwirtschaft angewendet und ausgebaut. Aktuell stehen die Vernetzung regionaler, nationaler und globaler Standorte von Unternehmen im Zentrum der Entwicklung, die häufig mit den Stichworten ‚Industrie 4.0, Management 4.0 und Arbeit 4.0' bezeichnet werden.

Das in der deutschen Ausgabe als ‚Dreigliederige Grundsatzerklärung über multinationale Unternehmen und Sozialpolitik' bezeichnete Dokument enthält wesentliche Vorschriften zur Regelung der Arbeitsbeziehungen und Arbeitsbedingungen im internationalen Maßstab. Nach den Prinzipien der International Labour Organisation (ILO), die 1919 auf Vorschlag von sozialdemokratischen Gewerkschaften entstand und 1946 von den neu gegründeten Vereinten Nationen übernommen wurde, wird jedes der gegenwärtig 187 Mitgliedsländer durch Vertretungen des Staates, der Arbeitnehmerschaft und des Unternehmertums repräsentiert. Die hier zitierte Grundsatzerklärung mit dem Ziel der weltweiten Verbesserung der Arbeitsbedingungen und Arbeitsbeziehungen wurde 1970 verabschiedet, seither mehrfach erweitert und liegt zurzeit in der seit 2017 gültigen 5. Auflage vor.

und die in dem ungebremsten wirtschaftlichen Wachstum einen der zentralen Bestandteile für den Kapitalismus und eine der Voraussetzungen für seinen Niedergang sehen. Vor allem in der Spätphase seines Schaffens sieht Engels in dem evolutorischen Reformweg eine Möglichkeit der Systemveränderung, wodurch er sich von den früheren revolutionären und zentralistischen Positionen absetzt.

Damit enthält diese Interpretation auch in Bezug auf die zukünftige Gesellschaftsentwicklung die Offenheit, die Engels in seinen Untersuchungen zur *Dialektik der Natur* sowie in mehreren Einleitungen zu Neuauflagen seiner Bücher und denen von Karl Marx betont. Dies belegt besonders klar das folgende Zitat aus seiner 1895 und damit kurz vor seinem Tod erschienenen Einleitung zu dem Artikel von Karl Marx *Die Klassenkämpfe in Frankreich 1848 bis 1850*, wenn er formuliert:

> „Die Geschichte hat aber auch uns unrecht gegeben, hat unsere damalige Ansicht als eine Illusion enthüllt. Sie ist noch weitergegangen: Sie hat nicht nur unseren damaligen Irrtum zerstört, sie hat auch die Bedingungen total umgewälzt, unter denen das Proletariat zu kämpfen hat. Die Kampfweise von 1848 ist heute in jeder Beziehung veraltet, und das ist ein Punkt, der bei dieser Gelegenheit näher untersucht zu werden verdient."[26]

Dieser Aufforderung von Friedrich Engels dient diese Veröffentlichung in dessen 200. Geburtsjahr und 125. Todesjahr.

FAZIT

ENGELS IN SEINER ZEIT

JÜRGEN KOCKA

Man spricht von „Marx und Engels", nicht von „Engels und Marx", obwohl die alphabetische Ordnung dies nahelegen würde. Historische Größe schreiben Bewunderer, Kritiker und distanzierte Beobachter vor allem Karl Marx zu, während Friedrich Engels, wie er selbst rückblickend schrieb, in dem mit Marx gemeinsam betriebenen „Compagniegeschäft" gern die „zweite Violine" gespielt habe (➔ **Nippel, S. 49**).

Sehr viel spricht auch heute für eine solche Sicht, besonders wenn man an die intellektuelle Genesis und die historische Langzeitwirkung der Ideen, Theorien und politisch-gesellschaftlichen Strategien denkt, die in verschiedenen Varianten des Marxismus weiterlebten und eminent geschichtsmächtig wurden. Aber in den letzten Jahren hat eine deutliche Aufwertung von Engels relativ zu Marx stattgefunden. Die Beiträge zum vorliegenden Band tragen dazu bei. Sie lassen die verschiedenen Aspekte, Ursachen, aber auch Grenzen dieses graduellen Umwertungsprozesses erkennen.

Einerseits hat die ikonenhafte Strahlkraft Marxens abgenommen. Dazu trug, neben Veränderungen in der politisch-kulturellen Großwetterlage, die intensive Beschäftigung mit seinem Leben und Werk anlässlich seines 200. Geburtstags 2018 erheblich bei. Denn im Ergebnis wurde Marx historisiert, das heißt, deutlicher in die Kontexte seiner Zeit eingebettet und damit klarer – in Leistungen und Begrenzungen – als eine Figur des 19. Jahrhunderts erkennbar.[1] Der historisierende, kontextualisierende Blick auf Marx führt zwar keineswegs weg von Engels, aber er bestätigt nicht nur den Gleichklang der Orientierungen beider, sondern er erschließt auch Unterschiede zwischen ihnen. Engels tritt mit seinen Eigenarten klarer hervor, er interessiert zunehmend als historische Person in eigenem Recht.

Andererseits hat die auf genauesten Recherchen aufbauende Neuauflage der Marx-Engels-Gesamtausgabe, die weit fortgeschrittene Veröffentlichung der neuen MEGA, nachdrücklich vorgeführt, wie heterogen, widersprüchlich, fragmentiert und unfertig das geschriebene, aber zum großen Teil noch unveröffentlichte Werk von Marx zum Zeitpunkt seines Todes 1883 war, und wie sehr es erst im Prozess seiner posthumen Veröffentlichung geschichtswirksam gestaltet wurde – zuerst und vor allem durch die Editionstätigkeit von Friedrich Engels, der dabei nicht nur als Herausgeber und Propagator, sondern auch als eigenwilliger Autor tätig wurde. Im vorliegenden Band beschreibt und erklärt dies Regina Roth im Hinblick auf die Bände 2 und 3 von *Das Kapital* (➔ 353–371).[2] Auch andere Beiträge zum vorliegenden Buch verarbeiten Entdeckungen, die bei der Vorbereitung der neuen MEGA gelungen sind und die es erlauben, Engels' Rolle angemessener zu würdigen als früher.[3]

Wenn die Anstöße, Leistungen und Wirkungen von Friedrich Engels damit interessanter und untersuchungswerter werden, gewinnt die Frage nach Unterschieden in den Auffassungen und Verhaltensweisen von Engels und Marx neu an Gewicht. Der vorliegende Band enthält dazu neue Ergebnisse. So arbeitet Heinz Kurz wachsende Differenzen zwischen Engels und Marx in Bezug auf das vor allem kritisch rezipierte intellektuelle Erbe von Klassikern wie Smith, Ricardo und Malthus heraus – Differenzen, die beide nicht ausdiskutierten und die sie in politökonomischen Grundfragen unterschiedlich urteilen ließen. Das habe sich beispielsweise im Hinblick auf die umstrittene These vom gesetzmäßigen Fall der allgemeinen Profitrate gezeigt, eine These, der Marx zunehmend Skepsis ent-

↓ **Vorwärts zum XI. SED-Parteitag.** Marx-Engels Denkmal vor dem Palast der Republik; die Berliner nannten es: ‚Sakko und Jacketti', in Anspielung auf die Anarchisten Ferdinando Sacco und Bartolomeo Vanzetti, die wegen angeblichen Raubmords 1927 in Charlestown (MA) hingerichtet wurden. 4. April 1986.

gegenbrachte, während Engels an ihr festhielt, damit seine feste Erwartung des zukünftigen Zusammenbruchs des Kapitalismus begründete und die entsprechenden Passagen im *Kapital* entsprechend zuspitzte (➔ 326–330). Dass das Engelsche Interessen- und Tätigkeitspektrum viel breiter und diversifizierter war als das von Marx, wird exemplarisch an Engels' militärwissenschaftlichen Studien gezeigt, also an einem Thema, für das Marx sich nur wenig interessierte (➔ 147–187). Dieser räumte als studierter Philosoph theoretischen und überhaupt wissenschaftlichen Studien das eindeutige Primat in seinem Denken und Leben ein, während Engels als gelernter Industriekaufmann neben seiner Berufsarbeit und neben wissenschaftlichen Reflexionen und Publikationen viel Zeit und Energie auf eigene Beobachtungen der Arbeitswelt und der sozialen Verhältnisse, auf strategisch-praktische Initiativen und auf Öffentlichkeitsarbeit verwendete. Werner Plumpe kennzeichnet Marx als „so scharfsinnigen wie lebensuntüchtigen Menschen", dem der lebenspraktisch und wirtschaftlich erfolgreiche Engels über die Runden zu kommen half. Marxens historische Größe – als Gründerfigur verschiedener Marxismen – ist erst mit der Zeit, in Prozessen unterschiedlicher Rezeption und Instrumentalisierung, entstanden. Sein Bild als herausragende weltgeschichtliche Figur wurde erst durch Engels' ungemein engagierte und bemerkenswert geschickte Popularisierung nach Marxens Tod ermöglicht und befördert (➔ 48–67).[4]

Bisweilen schlug sich der viel breitere Erfahrungshintergrund der gestandenen Persönlichkeit Engels' auch als Überlegenheit in gedanklich-inhaltlicher Hinsicht nieder. Eberhard Illner zeigt Engels' Vorsprung vor Marx, was das Verständnis und die Analyse des Verhältnisses von Maschinen und Mensch in industriellen Arbeitsprozessen angeht. Engels' Überlegenheit resultierte dabei aus seiner direkten Bekanntschaft mit Arbeitsverhältnissen besonders in der Industrie Manchesters, aber auch aus breiterer, genauerer Rezeption der einschlägigen Literatur (➔ 107–127). Kaum zu überschätzen ist Engels' Einfluss auf Marxens Hinwendung zu dem, was sein Lebensthema werden sollte, nämlich zur Politischen Ökonomie und besonders zur Kapitalismusanalyse und Kapitalismuskritik. Mehrere Beiträge (vor allem ➔ 278–321 und 322–351) gehen im Einzelnen den Kommunikationsprozessen zwischen Engels und Marx in den entscheidenden Jahren 1843 bis 1845 nach, durch die Marx, bis dahin eher philosophisch orientiert und radikale Kritik vor allem als Religions-, Rechts- und Ideologiekritik praktizierend, für die kritische Lektüre der politökonomischen Klassiker wie Smith, Ricardo und Malthus und für die alles Weitere nachhaltig prägende Überzeugung gewonnen wurde, dass die bürgerliche – immer eindeutiger: die industrielle – Ökonomie über den Charakter der modernen Gesellschaft, Kultur und Politik bestimme und auf Grund innerer Widersprüche dem Untergang geweiht sei, aus dem, revolutionär und vom Proletariat getragen, etwas Neues, Sozialismus oder Kommunismus, hervorgehen werde. Der Schwenk radikal-kritischer Intellektueller hin zur politischen Ökonomie und damit zur Zielperspektive Sozialismus oder Kommunismus war zwar, beeinflusst durch den massiven Aufstieg des Industriekapitalismus und durch die sich ausbreitende Pauperismus-Krise, ein länderübergreifendes westeuropäisches Phänomen der „hungrigen", vorrevolutionären 1840er Jahre. Marxens diesbezügliche Wendung war also kein Einzelfall.

Doch ihre spezifische Färbung erhielt diese Wendung bei Marx nicht nur durch seine philosophische, insbesondere hegelianische Vorbildung, sondern auch durch die Tatsache, dass sie durch den bereits zwischen Deutschland und England pendelnden Engels stark beeinflusst wurde: Engels brachte das sozialökonomische Wissen und das revolutionäre Engagement, die er aus der Rezeption von Moses Hess, französischen Frühsozialisten und englischen Radikalreformern bezogen und mit Primärerfahrungen im industriell fortgeschrittenen England (speziell Manchester) bekräftigt hatte, im direkten Kontakt Marx nahe, mit dem ihn seit 1844 eine sich rasch vertiefende Freundschaft verband.[5] Dies und anderes mehr rechtfertigt es durchaus, bisweilen von „Engels und Marx", nicht nur von „Marx und Engels" zu sprechen.

Aber die Abhandlungen dieses Bandes sind weit davon entfernt, Friedrich Engels auf einen Sockel zu stellen und zu glorifizieren, wie dies mit Marx so häufig geschehen ist. Vielmehr tragen sie überzeugend zum kritischen Verständnis dieser historischen Figur und zu ihrer nüchternen Einordnung bei. Sie zeichnen die bewundernswerte Vielseitigkeit des Engelschen Lebenswerks nach und verweisen auf den raschen Wechsel seiner thematischen Schwerpunkte, der es ihm erleichterte, bis ins hohe Alter Neues aufzunehmen, zu lernen und bisweilen auch eigene ältere Positionen zu modifizieren (➔ 33, 45, 71, 89–91, 127, 261, 371). Aber als Preis sei damit verbunden gewesen, dass vieles auf halber Strecke blieb und von Engels nicht gründlich zu Ende gedacht wurde (➔ 370).

Dezidiert und ernüchternd fällt die Kritik (➔ 286–292, 338–350) an der Einseitigkeit und polemischen Verzerrung aus, mit der Engels in den frühen 1840er Jahren die klassische englische Politische Ökonomie rezipierte und an Marx weitergab. Und immer wieder wird klar, wie schwer es dem durch Erfahrungen und Einsichten der 1840er Jahre geprägten Engels fiel, spätere Entwicklungen wirklich zu verstehen, sei es die Überwindung des Pauperismus durch erfolgreiches kapitalistisches Wachstum in der zweiten Jahrhunderthälfte, sei es das Ausbleiben der von ihm und Marx erwarteten proletarischen Klassenbildung mit revolutionären Konsequenzen in den USA, sei es die Überlebensfähigkeit mittelständischer Existenzen in Landwirtschaft und Gewerbe in Deutschland und in Österreich, deren Untergang er zusammen mit Marx prognostiziert hatte (➔ 89–91, 204, 230–232). Die meisten Prognosen von Engels und Marx sind nicht eingetroffen, und das zeichnete sich bereits in Engels' Lebenszeit ab. Engels lebte andererseits lange genug, um noch die Anfänge der phänomenalen Wirkung beobachten und genießen zu können, die das Marx-Engelsche Werk in den Arbeiterbewegungen seit dem späten 19. Jahrhundert auszuüben begann. Aus der Stichhaltigkeit ihrer Prognosen resultierte dieser weltgeschichtliche Erfolg von Engels und Marx allerdings nicht.

Wenn Historisierung vor allem Kontextualisierung einer Person (oder eines anderen Phänomens) in ihrer Zeit bedeutet, dann enthält der vorliegende Band wichtige Beiträge zur dringend wünschenswerten Historisierung von Engels, und zwar vor allem mit Blick auf seine prägenden Anfänge. *Zum einen* wird immer wieder deutlich, wie entscheidend Engels' Vorstellungen vom Kapitalismus und seinen Krisen von eigenen Erfahrungen in der westdeutschen und der englischen Textil-, speziell der Baumwollindustrie geprägt waren. Er hatte den ersten Teil seiner kaufmännischen Lehre 1837/38 im väterlichen Unternehmen in Barmen absolviert, in dem die Produktion und zum Teil auch die Weiterverarbeitung der Garne noch hauptsächlich dezentralisiert – durch Heimarbeiter und abhängige Handwerker unter der Kontrolle des Kaufmann-Verlegers (bereits „Fabrikant" genannt) – stattfanden, während in der Baumwollspinnerei „Ermen & Engels" in Manchester, der Friedrich Engels seit 1842 zunächst als Auszubildender, dann als Angestellter im Auftrag seines Vaters und schließlich als mitleitender Teilhaber angehörte, die Produktion bereits größtenteils zentralisiert, also fabrikmäßig betrieben wurde. Der konflikt- und opferreiche Zusammenprall dieser beiden Haupt-Formen frühindustriell-kapitalistischen Wirtschaftens definierte die Konstellation, die Engels erlebte und die sein Bild vom kapitalistischen Unternehmertum und darüber hinaus vom Kapitalismus generell prägte. Die strukturell bedingte Krisenhaftigkeit dieser Konstellation wurde in jenen „hungrigen 40er Jahren" durch die bedrohliche Zuspitzung des europäischen Pauperismus und zudem in Manchester durch die irische Massenzuwanderung verschärft. Engels beobachtete und erlebte die daraus resultierenden äußerst prekären Arbeitsverhältnisse und bedrückenden Lebensumstände der Arbeiter. Er beschrieb sie eindrucksvoll in seinem schnell berühmt werdenden und breit akzeptierten Buch *Die Lage der arbeitenden Klasse in England* (1845). Er erklärte sie als Folge der kapitalistischen Produktionsverhältnisse, natürlich ohne sie als eine spezifische, auch vorübergehende Phase der kapitalistischen Wirtschafts- und bürgerlichen Gesellschaftsgeschichte einordnen und relativieren zu können. Sein Bild des Kapitalismus blieb dadurch geprägt (→ 221–231, 250–277).[6]

Zum anderen kann man – in Übereinstimmung mit dem vorliegenden Band, wenn auch über seine Ausführungen hinaus – Engels als besonderes Exemplar europäischer Bürgerlichkeit deuten. Wenn, jedenfalls auf dem europäischen Kontinent, das Bürgertum des 19. Jahrhunderts, als soziale Formation wie als Kultur verstanden, bei allen sonstigen Unterschieden und inneren Gegensätzen dadurch definiert war, dass in ihm wirtschafts- und bildungsbürgerliche Komponenten spannungsreich zusammenwirkten,[7] dann praktizierte Friedrich Engels diese Symbiose auf eine sehr spezifische, aber intensive Art und Weise. Tief geprägt durch die Herkunft aus einer angesehenen wirtschaftsbürgerlichen Familie wie durch die im Bürgertum nicht seltene Kritik an der mit dieser Herkunft verbundenen Lebensform, eignete sich der junge Friedrich Engels über die gezwungenermaßen nicht zu Ende gebrachte Gymnasialbildung, seinen unersättlichen Literaturkonsum und die temporäre Teilnahme am intellektuellen Leben Berlins (einschließlich des Besuchs philosophischer Vorlesungen an der Universität und des Eintauchens in die Geselligkeit oppositioneller Junghegelianer) eine breit gefächerte, historische, philosophische und wissenschaftliche Bildung an, wenn diese auch unvollkommen und bruchstückhaft blieb (→ 286–287, 305–309). Und auch in späteren Jahren verknüpfte er wirtschafts- und bildungsbürgerliche Ressourcen und Existenzformen. Zwar verspottete, verachtete und kritisierte er seine Tätigkeit als Kontorangestellter, Unternehmer und Teilhaber in Manchester, doch übte er sie erfolgreich aus, durchaus den Regeln des harten Manchesterkapitalismus der damaligen Zeit folgend.[8] Auch nachdem er dieses Geschäft 1869 erleichtert verlassen hatte,

verschwand das wirtschaftsbürgerliche Engagement nicht ganz aus seinem Leben, ergänzte er doch sein Einkommen als Rentier durch Verdienste aus Anlageberatung und Spekulation an der Börse. Andererseits existierte er durch seine Studien, Schriften und publizistischen Interventionen, durch seinen engen Umgang mit Gelehrten und Intellektuellen wie durch seine ausgeprägte Hochachtung für Wissen und Wissenschaft als kritischer Bildungsbürger.[9] Trotz vieler bohèmehafter und anderer unbürgerlicher Elemente in seiner Lebensführung und trotz der schneidenden Bürgertumskritik im Zentrum seiner Auffassungen und Schriften sollte man Friedrich Engels als Produkt westeuropäischer Bürgerlichkeit des 19. Jahrhunderts sehen, und zwar in früher und tragfähiger Verbindung von deutschen und englischen Erfahrungen. Vieles in seinem Leben und Wirken erschließt sich in dieser Perspektive.

Der vorliegende Band stellt Engels ganz entschieden als eine Figur des 19. Jahrhunderts dar.[10] Damit relationiert er seine Einsichten, Aussagen und Auswirkungen. Die Faszination, die von dieser vielschichtigen, sich in hohem Maß selbst schaffenden, dynamischen und vielseitig ausstrahlenden Persönlichkeit weiterhin ausgeht, verringert das nicht. Aber für die Engels-Rezeption in der Gegenwart empfiehlt es sich, diese historische Distanz zu bedenken.

↑ **Friedrich Engels,** um 1864.

ANHANG

Albert Anker, Der Zinstag, 1871.

↑ **Isaak Israilowitsch Brodsky,** Lenin in Smolny, 1930.

ZUR GESCHICHTE DER EDITIONEN DER SCHRIFTEN VON KARL MARX UND FRIEDRICH ENGELS

Die Marx-Engels Gesamtausgabe (MEGA²) ist die maßgebliche historisch-kritische Edition sämtlicher Veröffentlichungen, nachgelassener Manuskripte und Entwürfe sowie der Korrespondenzen von und an Karl Marx und Friedrich Engels soweit diese bekannt und überliefert sind. Grundlagen sind die originalen Handschriften und die autorisierten Drucke in ihren ursprünglichen Sprachfassungen. Unvollendete Manuskripte werden nach jenem Bearbeitungsstand wiedergegeben, in dem sie von den Autoren hinterlassen wurden. Eine Dokumentation der Werkentwicklung erfolgt nach modernen Editionsmethoden und findet sich zusammen mit einer wissenschaftlichen Kommentierung in einem Apparat-Band, der parallel zur vollständigen Wiedergabe der Handschrift oder der Druckausgabe in einem Text-Band erscheint.

Herausgeber ist die 1990 gegründete, politisch unabhängige Internationale Marx-Engels-Stiftung (IMES) als Forschungsverbund, dem das Internationale Institut für Sozialgeschichte (IISG) in Amsterdam, wo ein Großteil der Handschriften von Marx und Engels verwahrt wird, die Berlin-Brandenburgische Akademie der Wissenschaften in Berlin, die Friedrich-Ebert-Stiftung in Bonn sowie das Russländische Staatliche Archiv für Sozial- und Politikgeschichte (RGASPI) in Moskau, das über ein Drittel des Nachlasses von Marx und Engels verfügt, angehören. Die 1975 in Moskau und Berlin begonnene MEGA stand in den ersten 15 Jahren noch unter politischer Einflussnahme: „Jeder Band der MEGA wird mit einer theoriegeschichtlichen Einleitung eröffnet. Sie enthält marxistisch-leninistische Einschätzungen der im Band veröffentlichten Arbeiten und ordnet sie in die Entwicklungsgeschichte des Marxismus ein." vermeldete noch 1981 die Redaktionskommission.[1] Dies änderte sich grundlegend in Folge der Deutschen Einheit und der politischen Veränderungen in Russland. Die IMES führte die editorische Arbeit und Herausgabe als rein akademisches Projekt fort. Im Mittelpunkt stehen neben der ausführlichen Textentwicklung der Nachweis der Quellen und die Einordnung aller von Marx und Engels hinterlassenen Texte in ihren historischen Kontext.

Die in vier Abteilungen (I. Werke, Artikel, Entwürfe, II. ‚Das Kapital' und Vorarbeiten, III. Briefwechsel zwischen Marx, Engels und Dritten, IV. Exzerpte, Notizen, Marginalien) gegliederte Ausgabe erscheint im Verlag de Gruyter. Eine Einführung in das Editionsprojekt sowie eine Übersicht mit den erschienen und in Bearbeitung befindlichen Bänden findet sich unter: mega.bbaw.de. Die digitale Ausgabe der MEGA umfasst derzeit die Texte von neun ökonomischen Bänden aus der II. Abteilung, den nach Jahrgängen geordneten Briefwechsel (beginnend mit 1866) sowie Exzerpte (z. Zt. aus „The Economist" und „The Money Market Review" von 1866/67). Briefe und Exzerpte werden laufend ergänzt. Sie alle sind zu finden unter: megadigital.bbaw.de

Bereits von 1927 bis 1935 bzw. 1941 erschienen in Moskau 13 Bände einer ersten Marx-Engels-Gesamtausgabe (MEGA[1]) mit wichtigen Texten des Frühwerkes. Geplant waren 42 Bände. In Folge politischer Verfolgungen während der Stalin-Zeit wurde das Projekt abgebrochen.

Die zweite russische Marx-Engels-Werkausgabe (Sočinenija), die zwischen 1955 und 1966 in 39 (Haupt)Bänden, 3 Registerbänden und 11 Ergänzungsbänden vom Institut für Marxismus-Leninismus beim ZK der KPdSU in Moskau herausgegeben wurde, bildete die Grundlage für die deutsche Ausgabe der Marx-Engels-Werke (MEW). Zwischen 1956 und 2018 erschienen, zuletzt in der Herausgeberschaft der Rosa-Luxemburg-Stiftung, 44 Bände sowie zwei Verzeichnisbände und ein Registerband. Es handelt sich um eine weit verbreitete Studienausgabe, die alle abgeschlossenen und veröffentlichten Werke, Schriften und Artikel von Marx und Engels, die den kleineren Teil des überlieferten Nachlasses ausmachen, außerdem eine begrenzte Auswahl von Manuskripten, Entwürfen und Vorarbeiten sowie die Briefe der beiden Autoren untereinander und an Dritte enthält. Auf „lückenlose Publikation von Exzerpten, Rohentwürfen, Skizzen – also Vorarbeiten überhaupt" und „Wiedergabe der Texte in der Sprache des Originals" wurde verzichtet.[2] Als deutschsprachige Variante der zweiten russischen Werkausgabe wurden sie nach den politischen Vorgaben der Institute für Marxismus-Leninismus beim ZK der SED bzw. der KPdSU ediert. In Textauswahl, Vorwörtern, Anmerkungen, Kommentaren und Registereinträgen sind Kanonisierung und Dogmatisierung im Sinne des Leninismus unübersehbar. Die zwischen 1975 und 2004 im Progress Verlag Moskau erschiene englischsprachige Ausgabe Marx/Engels Collected Works (MECW) mit 50 Bänden bietet eine ähnliche Werkauswahl in chronologischer Folge (Bde. 1–27), die Arbeiten von Marx zur Politischen Ökonomie (Bde. 28–37) sowie die Briefe (Bde. 38–50). Auch sie orientiert sich an der russischen Werkausgabe, insbesondere bei den Kommentaren, geht in der Textauswahl teilweise darüber hinaus und bietet die englischsprachigen Texte nach den Originalschriften.

Textzitate und Nachweise in diesem Buch folgen grundsätzlich der MEGA[1] und MEGA[2]. Nur in wenigen Ausnahmefällen, bei denen die MEGA[2]-Bände derzeit noch in Bearbeitung sind (meist Briefwechsel ab 1868), wird auf die MEW Ausgabe verwiesen.

LITERATUR

FORSCHUNGSLITERATUR

Carol Adams / Paula Bartley / Judy Lown / Cathy Loxton, *Under Control. Life in a Nineteenth-Century Silk Factory*, Cambridge 1983.

Georg Adler, *Rodbertus, der Begründer des wissenschaftlichen Sozialismus. Eine sozial-ökonomische Studie*, Leipzig 1884.

Georg Adler, *Die Geschichte der ersten sozialpolitischen Arbeiterbewegung in Deutschland mit besonderer Rücksicht auf die einwirkenden Theorien. Ein Beitrag zur Entwickelungsgeschichte der sozialen Frage*, Breslau 1885, Neudruck Frankfurt a. M. 1966.

Georg Adler, *Die Grundlagen der Karl Marxschen Kritik der bestehenden Volkswirtschaft: Kritische und ökonomisch-literarische Studien*, Tübingen 1887.

Matthew Allen, ‚The Deployment of Untried Technology: British Naval Tactics in the Ironclad Era', in: *War in History* 15, 2008, S. 269–293.

Bert Andréas, ‚Briefe und Dokumente der Familie Marx aus den Jahren 1862–1873 nebst zwei unbekannten Aufsätzen von Friedrich Engels', in: *Archiv für Sozialgeschichte* 167, 1962.

Ders., *Le Manifeste Communiste de Marx et Engels*. Histoire et Bibliographie 1848–1918, Mailand 1963.

Ders. (Hg.): *Gründungsdokumente des Bundes der Kommunisten (Juni bis September 1847)*, Hamburg 1969.

Richard Arena, ‚Adolphe-Jerome Blanqui, un historien de l'économie aux préoccupations sociales', in: *L'économie politique en France au XIXe siècle*, Paris 1991, S. 163–183.

Frolinde Balser, *Sozial-Demokratie 1848/49–1863. Die erste deutsche Arbeiterorganisation „Allgemeine deutsche Arbeiterverbrüderung" nach der Revolution*, Stuttgart 1962.

David Barnett, *London, Hub of the Industrial Revolution. A Revisionary History 1775–1825*, London 1998.

Thomas Bauer, *Die Vereindeutigung der Welt. Über den Verlust an Mehrdeutigkeit und Vielfalt*, Ditzingen 2018.

Otto Bauer, *Die Nationalitätenfrage und die Sozialdemokratie*, Marx-Studien, Bd. 2, Wien, 1907.

Ders., ‚Die Akkumulation des Kapitals', in: *Die Neue Zeit*, 31. Jg., Bd. I., 1912/13.

Ders., *Die österreichische Revolution*, Wien 1923.

Volker Bauer, *Hofökonomie. Der Diskurs über den Fürstenhof in Zeremonialwissenschaft, Hausväterliteratur und Kameralismus*, Wien 1997.

James Phinney Baxter, *The Introduction of the Ironclad Warship*, Cambridge (MA) 1968.

Kurt Bayertz, ‚Technik bei Marx', in: Michael Quante / Erzsébet Rózsa (Hg.): *Anthropologie und Technik*, München 2012, S. 57–70.

Christopher Bayly, *Die Geburt der modernen Welt*, Frankfurt a. M. 2006.

Ken Baynes / Francis Pugh, *The Art of the Engineer*, Guildford 1981.

Gerhard Becker, ‚Joseph Moll. Mitglied der Zentralbehörde des Bundes der Kommunisten und Präsident des Kölner Arbeitervereins', in: Helmut Bleiber / Walter Schmidt / Rolf Weber (Hg.): *Männer der Revolution von 1848*, Bd. 2, Berlin 1987, S. 53–83.

Sven Beckert, *Emipre of Cotton. A Global History*, New York 2014, dt. *King Cotton. Eine Globalgeschichte des Kapitalismus*, München 2014.

John F. Beeler, *British Naval Policy in the Gladstone-Disraeli Era, 1866–1880*, Stanford 1997.

Ders., *Birth of the Battleship, British Capital Ship Design 1960–1881*, London 2004.

John Belchem, *Irish, Catholic and Scouse. The History of the Liverpool-Irish, 1800–1939*, Liverpool 2007.

Eduard Bernstein, ‚Friedrich Engels. Ein Gedenkblatt', in: *Der wahre Jacob* Nr. 239, 21. September 1895, Beilage, S. 2023–2026.

Rudolf Berthold / Hans-Heinrich Müller (Hg.): *Geschichte der Produktivkräfte in Deutschland von 1800 bis 1945*, 3 Bde, Bd. 2: *Produktivkräfte in Deutschland 1870 bis 1917/18*, Berlin 1985.

Friedhelm Boll, *Arbeitskämpfe und Gewerkschaften in Deutschland, England und Frankreich: Ihre Entwicklung vom 19. zum 20. Jahrhundert*, Bonn 1992.

H. M. Boot / J. H. Maindonald, ‚New Estimates, of Age- and Sex-Specific Earnings and the Male: Female Earnings Gap in the British Cotton Industry', 1833–1906, in: *The Economic History Review* 61, 2008, S. 380–404.

Max Boot, *War Made New Technology, Warfare, and the Course of History, 1500 to Today*, New York 2006.

Heinz-Lutger Borgert, *Die Marineplanungen in Deutschland 1860–1867 und Friedrich Engels*, Frankfurt a. M./Bern 1977.

Joseph L. Bower / Clayton M. Christensen, ‚Disruptive Technologies: Catching the Wave', in: *Harvard Business Review* 73, Nr. 1, January–February 1995, S. 43–53.

Catherine Bowler / Peter Brimblecome, ‚Control of Air Pollution Prior to the Public Health Act of 1875', in: *Environment and History* 6, 2000, S. 71–98.

Robert L. Boyd, ‚Competition and Coexistence in the Urban Economy: Native Whites, European Immigrants, and the Retail Trade in the Late Nineteenth Century United States', in: *Sociological Focus* 44, 2011, S. 37–54.

Hans-Joachim Braun, ‚Franz Reuleaux', in: Wilhelm Treue und Wolfgang König (Hg.): *Berlinische Lebensbilder*, Bd. 6, Techniker, Berlin 1990, S. 279–292.

William J. Brazill, *The Young Hegelians*, New Haven/London 1970.

Amy Bridges, ‚Becoming American: The Working Classes in the United States before the Civil War', in: Ira Katznelson / Aristide R. Zolberg (Hg.): *Working-Class Formation: Nineteenth-Century Patterns in Western Europe and the United States*, Princeton 1986.

Rudolf Brommy / Heinrich von Littrow, *Die Marine. Gemeinfassliche Darstellung des gesammten Seewesens*, Wien/Pest/Leipzig 1878, Reprint Leipzig 1982.

Fritz Brupbacher, *Marx und Bakunin*, München 1913.

Volkmar Bueb, *Die „Junge Schule" der französischen Marine. Strategie und Politik 1875–1900*, Boppard am Rhein 1971.

Joyce Burnette, *Gender, Work and Wages in Industrial Revolution*, Cambridge 2008.

Dies., ‚An Investigation of the Female-Male Wage Gap During the Industrial Revolution', in: *Economic History Review* 59, 1999, S. 257–281.

Mervyn A. Busteed / Rob I. Hodgson, ‚Irish Migrant Responses to Urban Life in Early Nineteenth-Century Manchester', in: *The Geographical Journal* 162, 1996, S. 139–152.

Duncan Bythell, *The Sweated Trades. Outwork in Nineteenth-Century Britain*, London 1978.

Günther Chaloupek, *Karl Renners Konzeption des „demokratischen Wirtschaftsstaats"*, in: Günther Chaloupek / Heinz D. Kurz / William Smaldone, *Rudolf Hilferding: Finanzkapital und organisierter Kapitalismus*, Graz 2011, S. 73–104.

Roger Chesneau / Eugene M. Kolesnik, (Hg.): *Conway's All the World's Fighting Ships 1860–1905*, Greenwich 1979.

Gregory Claeys, ‚Engels' Outlines of a critique of political economy (1843) and the origins of the Marxist critique of capitalism', in: *History of Political Economy* 16(2), 1984, S. 207–232.

Ders., ‚The political ideas of the young Engels, 1842–1845: Owenism, Chartism, and the question of violent revolution in the transition from „utopian" to „scientific" socialism', in: *History of Political Thought* 6, 1986, S. 455–478.

Ders., *Machinery, Money and the Millennium. From Moral Economy to Socialism 1815–60*, Princeton 1987.
Donald C. Coleman, *Courtaulds. An Economic and Social History*, Oxford 1969.
Jean-Marc Combe / Bernard Escudie, *L'Aventure scientifique et technique de la Vapeur*, Paris 1986.
Werner Conze, Art. ‚Arbeit', in: Otto Brunner / Werner Conze / Reinhart Koselleck (Hg.): *Geschichtliche Grundbegriffe. Historisches Lexikon zur politisch-sozialen Sprache in Deutschland*, Stuttgart 1972, S. 154–215.
Seth Cotlar, *Tom Paine's America: The Rise and Fall of Transatlantic Radicalism in the Early Republic*, Charlottesville 2011.
David F. Crew, *Bochum. Sozialgeschichte einer Industriestadt 1860–1914*, Frankfurt a. M. 1980.
Maurice Daumas, ‚Introduction', in: Marguerite Dubuisson (Hg.): *L'Expansion du Machinisme, Histoire générale des Techniques*, Vol. 3, Paris 1968, S. VII–XXIV.
Charles Darwin, *The descent of man, and selection in relation to sex*, London 1871.
Henry David, *The History of the Hay Market Affair: A Study of the American Social-Revolutionary and Labour Movements*, 3. Aufl., New York 1963.
Graham Davis, ‚The Irish in Nineteenth Century Britain', in: *Soathar* 16, 1991, S. 130–135.
Andrew Dawson, ‚Reassessing Henry Carey (1793–1879): The Problems of Writing Political Economy in Nineteenth-Century America', in: *Journal of American Studies* 34(3), 2000, S. 465–485.
Phyllis Deane, *The First Industrial Revolution*, Cambridge 1965.
Michael Deege, ‚Ernst Kapp, Bemerkungen zur Philosophie der Organprojektionstheorie', in: *Prima Philosophia* 14(1), 2001, S. 51–68.
Yves Deforge, *Le Graphisme technique. Son Histoire et son Enseignement*, Seyssel 1986.
Karl Diehl, *Pierre Joseph Proudhon. Seine Lehre und sein Leben*, 1. Abt. (Die Eigentums- und Wertlehre), 1888, Aalen 1968.
Rolf Dlubek, ‚August Willich (1810–1878). Vom preußischen Offizier zum Streiter für die Arbeiteremanzipation auf zwei Kontinenten', in: Helmut Bleiber / Walter Schmidt / Susanne Schötz u. a. (Hg.): *Akteure eines Umbruchs. Männer und Frauen der Revolution von 1848/49*, Berlin 2003, S. 923–1003.
Ders., ‚„Was kann man denn wollen ohne die Arbeiter". Revolutionserfahrungen im Wirken Johann Philipp Beckers 1849–1853', in: Walter Schmidt (Hg.): *Demokratie, Liberalismus und Konterrevolution. Studien zur deutschen Revolution von 1848/49*, Berlin 1998, S. 485–547.
Patrick Eiden-Offe, *Die Poesie der Klasse. Romantischer Antikapitalismus und die Erfindung des Proletariats*, Berlin 2017.
Friedrich Engels. Sein Leben und Wirken, Moskau 1973, (Russisches Original Moskau 1970).
Elisabeth Fehrenbach, *Vom Ancien Régime zum Wiener Kongress*, München 2001.
Iring Fetscher, *Stalin. Über dialektischen und historischen Materialismus*. Vollständiger Text und kritischer Kommentar, 4. Aufl., Frankfurt a. M. 1959.
Philip S. Foner, *When Karl Marx died. Comments in 1883*, New York 1973.
Hans Frambach, ‚The Decline of Cameralism in Germany at the Turn of the Nineteenth Century', in: Keith Tribe / Marten Seppel (Hg.): *Cameralism in Practice: The Principles of Early Modern State Administration and Economy*, Martlesham 2017, S. 239–261.
Ders., *Arbeit im ökonomischen Denken. Zum Wandel des Arbeitsverständnisses von der Antike bis zur Gegenwart*, Marburg 1999.
Ders., ‚Zur Erklärung von wirtschaftlicher Entwicklung bei Karl Marx', in: Rainer Lucas / Reinhard Pfriem / Claus Thomasberger (Hg.): *Auf der Suche nach dem Ökonomischen – Karl Marx zum 200. Geburtstag*, Marburg 2018, S. 23–41.
Ders., ‚Der Schumpetersche Unternehmer in der Geschichte der ökonomischen Analyse', in: Hans Frambach / Norbert Koubek / Heinz D. Kurz / Reinhard Pfriem (Hg.): *Schöpferische Zerstörung und der Wandel des Unternehmertums*, Marburg 2019, S. 213–228.
Bernard Gainer, *The Alien Invasion. The Origins of the Aliens Act of 1905*, London 1972.
Heiner Ganßmann, Das Ende des Kapitalismus als Technikfolge? in: Theo Pirker, Hans-Peter Müller, Rainer Winkelmann (Hg.): *Technik und Industrielle Revolution. Vom Ende eines sozialwissenschaftlichen Paradigmas*, Opladen 1987, S. 290–314.
Robert Gardiner, *Steam, Steel and Shellfire. The Steam Warship 1815–1905*, London 1992.
Lloyd P. Gartner, *The Jewish Immigrant in England 1870–1914*. London 1960.
Heinrich Gemkow, *Friedrich Engels. Eine Biographie*, Berlin 1970.
M. Dorothy George, *London Life in the Eighteenth Century*, Harmondsworth 1965.
Geschichte der sozialen Ideen in Deutschland: Sozialismus – Katholische Soziallehre – Protestantische Sozialethik. Ein Handbuch, Walter Euchner u. a. (Hg.), 2. Aufl., Heidelberg u. a. 2015.
Geschiedenis van de techniek in Nederland. De wording van een moderne samenleving 1800–1890. Deel IV, hrsg. Von Harry Lintsen, Zutphen (NL) 1993.
Heinz Gester / Norbert Koubek / Gerd R. Wiedemeyer (Hg.): *Unternehmensverfassung und Mitbestimmung in Europa*, Gabler, Wiesbaden 1991.
Edwin Lawrence Godkin, ‚The Labor Crisis', in: *North American Review* 105 (216), 1867.
Andrew Godley, ‚Immigrant Entrepreneurs and the Emergence of London's East End as an Industrial District', in: *The London Journal* 21, 1996, S. 38–45.
Linda Gordon, *The Great Arizona Orphan Abduction*, Cambridge (MA) 2001.
Marcus Gräser, *Wohlfahrtsgesellschaft und Wohlfahrtsstaat. Bürgerliche Sozialreform und „Welfare State Building" in den USA und in Deutschland 1880–1940*, Göttingen 2009.
Jacques Grandjonc, ‚Eine dritte MEGA? Jacques Grandjonc im Gespräch mit Peter Schöttler', in: Doris Obschernitzki (Hg.): *Frankreichs deutsche Emigranten. Texte von und Erinnerungen an Jacques Grandjonc (1933–2000)*, Teetz 2003, S. 85–96.
Ders., ‚Über den richtigen Gebrauch von Erinnerungen in der Geschichtsschreibung. Stephan Born über Marx und Engels, fünfzig Jahre später', in: Doris Obschernitzki (Hg.): *Frankreichs deutsche Emigranten*, S. 132–148.
David R. Green, *From Artisans to Paupers. Economic Change and Poverty in London, 1790–1870*, Aldershot 1995.
James R. Green, *Death in the Haymarket: A Story of Chicago, the First Labor Movement, and the Bombing that divided Gilded Age America*, New York 2006.
Anneliese Griese / Gerd Pawlzig, *Friedrich Engels' „Dialektik der Natur", eine vergleichende Studie zur Editionsgeschichte*, in: MEGA-Studien, 1995/1, Amsterdam 1995, S. 33–60.
Erik Grimmer-Solem, *The Rise of Historical Economics and Social Reform in Germany, 1864–1894*, Oxford 2003.
Gustav Groß, *Karl Marx. Eine Studie*, Leipzig 1885.
Werner Hahlweg, ‚Sozialismus und Militärwissenschaft bei Friedrich Engels', in: Hans Pelger (Hg.): *Friedrich Engels 1820–1970*, Hannover 1971, S. 63–72.
J. L. Hammond / Barbara Hammond, *The Skilled Labourer 1760–1832*, reprint New York 1967.
Bob Hancké (Hg.): *Debating Varieties of Capitalism*, Oxford 2009.
William H. Harris, *The Harder We Run: Black Workers Since the Civil War*, New York 1982.
Keizo Hayasaka, ‚Oscar Eisengarten – Eine Lebensskizze', in: *Beiträge zur Marx-Engels-Forschung*, N. F. 2001, S. 83–110.
Heinz-Gerhard Haupt, *Konsum und Handel. Europa im 19. und 20. Jahrhundert*, Göttingen 2003.
Michael Heinrich, *Die Wissenschaft vom Wert*, 6. Aufl., Hamburg 2014.
Ágnes Heller, ‚Marx und die Frage der Technik', in: Michael Quante / Erzsébet Rózsa, *Anthropologie und Technik*, München 2012, S. 45–56.
William Otto Henderson, *Marx and Engels and the English Workers and Other Essays*, London 1989.
Ders., *The Life of Friedrich Engels*, London 1976.
Klaus Hinrich Hennings, *Aspekte der Institutionalisierung der Ökonomie an deutschen Universitäten. Die Institutionalisierung der Nationalökonomie an deutschen Universitäten*, St Katharinen 1988.
Jürgen Herres, ‚Der Kölner Kommunistenprozess von 1852', in: *Geschichte in Köln* 50, 2003, S. 133–155.
Ders., ‚Marx und Engels über Irland', in: *Marx-Engels-Jahrbuch 2011*, S. 12–27.
Ders., *Marx und Engels. Porträt einer intellektuellen Freundschaft*, Stuttgart 2018.

Beatrice Heuser, *The Evolution of Strategy: Thinking War from Antiquity to the Present*, Cambridge 2010.
Rudolf Hilferding, *Das Finanzkapital. Eine Studie zur jüngsten Entwicklung des Kapitalismus*, Wien 1910, Neuausgabe Frankfurt a. M. 1973.
Richard Hill, *War at Sea in the Ironclad Age*, London 2002.
Eric Hobsbawm, ‚Einleitung', in: *Karl Marx. Das kommunistische Manifest*. Eine moderne Edition, Hamburg 1999, S. 7–38.
Peter Hore, *The Ironclads. An Illustrated History of Battleships from 1860 to the First World War*, London 2006.
Gerald Hubmann / Regina Roth, ‚Die „Kapital-Abteilung" der MEGA. Einleitung und Überblick', in: *Marx-Engels Jahrbuch*, 2012/13, S. 60–69.
Martin Hundt, *Geschichte des Bundes der Kommunisten 1836–1852*, Frankfurt a. M. 1993.
Emil O. Huning, *Die Entwicklung der Schiffs- und Küstenartillerie bis zur Gegenwart*, Berlin/Leipzig 1912.
Tristram Hunt, *Marx's General: The Revolutionary Life of Friedrich Engels*, New York 2009, dt., *Friedrich Engels. Der Mann, der den Marxismus erfand*, 3. Aufl., Berlin 2013.
Terence W. Hutchison, ‚Friedrich Engels and Marxist economic theory', in: *Journal of Political Economy* 86, 1978, S. 303–319.
Institut für Marxismus-Leninismus beim ZK der SED (Hg.): *Mohr und General. Erinnerungen an Marx und Engels*, Berlin 1982.
Ulrich Israel / Jürgen Gebauer, *Panzerschiffe*, Berlin 1998.
Friedrich Jäger / Wolfgang Knöbl / Ute Schneider (Hg.): *Handbuch Moderneforschung*, Stuttgart 2015.
Carl Jantke / Dietrich Hilger, *Die Eigentumslosen. Der deutsche Pauperismus und die Emanzipationskrise in Deutungen und Darstellungen der zeitgenössischen Literatur*, Freiburg / München 1965.
S. R. H. Jones, ‚Technology, Transaction Costs and the Transition to Factory Production in the British Silk Industry 1700–1870', in: *The Journal of Economic History* 47, 1987, S. 71–96.
Karl Kautsky, ‚Das Kapital von Rodbertus', in: *Die neue Zeit* 2, 1884, S. 337–350.
Claus D. Kernig, ‚Das Verhältnis von Kriegslehre und Gesellschaftstheorie bei Engels', in: *Friedrich Engels 1820–1970. Referate, Diskussionen, Dokumente*, Hannover 1971, S. 77–92.
R. G. Kirby / A. E. Musson, *The Voice of the People. John Doherty (1798–1854) Trade Unionist, Radical and Factory Reformer*, Manchester 1975.
Michael Kittner, *Arbeits- und Sozialordnung*. Ausgewählte und eingeleitete Gesetzestexte, 45. Aufl., Frankfurt a. /M. 2020.
Fritz Klenner, *Die österreichischen Gewerkschaften*, Wien 1974.
Klosterstrasse 36. Sammeln, Ausstellen, Patentieren – Zu den Anfängen Preußens als Industriestaat, Geheimes Staatsarchiv Preußischer Kulturbesitz Berlin (Hg.), Berlin 2014.
Michael Knieriem, *„Gewinn unter Gottes Segen". Ein Beitrag zu Firmengeschichte und geschäftlicher Situation von Friedrich Engels*, Neustadt an der Aisch 1987.
Ders., ‚Die Firma „Ermen & Engels" in Manchester und Engelskirchen im 19. Jahrhundert', in: *Marx-Engels-Jahrbuch* 10, 1987, S. 211–234.
Ders. (Hg.): *Die Herkunft des Friedrich Engels. Briefe aus der Verwandtschaft 1791–1847*, Schriften aus dem Karl-Marx-Haus, Nr. 42, Trier 1991.
Jürgen Kocka, *Arbeitsverhältnisse und Arbeiterexistenzen. Grundlagen der Klassenbildung im 19. Jahrhundert*, Bonn 1990.
Wolfgang König, ‚Friedrich Engels und die „Elektrotechnische Revolution"', in: *Technikgeschichte*, Bd. 56, Nr. 1, 1989, S. 9–38.
Ders., *Geschichte der Konsumgesellschaft*, Stuttgart 2000.
Helmut Konrad, *Nationalismus und Internationalismus*, Wien 1976.
Eduard Korte, *Der anthropologische Maßstab. Die Philosophie Ernst Kapps vor ihrem kulturphilosophischen und geistesgeschichtlichen Hintergrund*, Düsseldorf 1991.
Norbert Koubek, *Jenseits und Diesseits der Betriebswirtschaftslehre. Institutionen – Unternehmenstheorien – Globale Strukturen*, Wiesbaden 2010.
Michael R. Krätke, ‚Geld, Kredit und verrückte Formen', in: *MEGA-Studien 2000/1*, S. 64–99.
Ders., ‚„Hier bricht das Manuskript ab." (Engels). Hat das *Kapital* einen Schluss?' Teil 1, 2, in: *Beiträge zur Marx-Engels-Forschung*, N. F. 2001, S. 7–43; N. F. 2002, S. 211–262.
Ders., ‚Friedrich Engels und die großen Transformationen des Kapitalismus', in: Reiner Lucas / Reinhard Pfriem / Dieter Westhoff (Hg.): *Arbeiten am Widerspruch – Friedrich Engels zum 200. Geburtstag*, Marburg, Metropolis (2020), S. 121–159.
Thomas Kuczynski, *Das Kommunistische Manifest (Manifest der Kommunistischen Partei) von Karl Marx und Friedrich Engels*. Von der Erstausgabe zur Leseausgabe. Mit einem Editionsbericht, Trier 1995.
Walter Kumpmann (Hg.): *Friedrich Engels, Die Lage der arbeitenden Klasse in England*, München 1973.
Heinz D. Kurz / Neri Salvadori, *Theory of Production, A Long-Period Analysis*, Cambridge 1995, rev. Paperback-Ausgabe 1997.
Dies., ‚Sraffa and the labour theory of value. A few observations', in: John Vint / J. Stanley Metcalfe / Heinz D. Kurz / Neri Salvadori / Paul A. Samuelson (Hg): *Economic Theory and Economic Thought. Essays in Honour of Ian Steedman*, London 2010, S. 187–213.
Heinz Kurz, ‚Rudolf Hilferdings Das Finanzkapital', in: Günther Chaloupek / Heinz D. Kurz / William Smaldone, *Rudolf Hilferding: Finanzkapital und organisierter Kapitalismus*, Graz 2011, S. 11–51.
Ders., ‚Don't treat too ill my Piero! Interpreting Sraffa's papers', in: *Cambridge Journal of Economics* 36, 2012, S. 1535–1569.
Ders., *Economic Thought: A Brief History*, New York 2016.
Ders., Zur Politischen Ökonomie des homo mercans. Adam Smith über Märkte, in: *Deutsches Jahrbuch Philosophie* 7, 2016, S. 23–48.
Ders., ‚Technical progress, capital accumulation and income distribution in Classical economics: Adam Smith, David Ricardo and Karl Marx', in: *European Journal of the History of Economic Thought* 17(5), 2010, S. 1183–1222.
Ders., ‚David Ricardo: on the art of „elucidating economic principles" in the face of a „labyrinth of difficulties"', in: *European Journal of the History of Economic Thought* 22(5), 2015, S. 818–851.
Ders., ‚Hin zu Marx und über ihn hinaus: Zum 200. Geburtstag eines deutschen politischen Ökonomen von historischem Rang', in: *Perspektiven der Wirtschaftspolitik* 13(3), 2018, S. 245–265.
Ders., ‚Adam Smith über das Merkantil- und das Agrikultursystem', in: Hendrik Hansen und Tim Kraski (Hg.): *Das Staatsverständnis von Adam Smith*, Baden Baden 2019, S. 67–92.
Ders., ‚Der junge Engels über die „Bereicherungswissenschaft", die „Unsittlichkeit" von Privateigentum und Konkurrenz und die „Heuchelei der Oekonomen"', in: Reiner Lucas / Reinhard Pfriem / Dieter Westhoff (Hg.): *Arbeiten am Widerspruch – Friedrich Engels zum 200. Geburtstag*, Marburg 2020, S. 65–120.
International Labour Organisation (ILO): *Tripartie Declaration of Principles concerning Multinational Enterprises and Social Policy*, 5, Aufl., Genève 2017.
Dieter Langewiesche, *Der gewaltsame Lehrer. Europas Kriege in der Moderne*, München 2019.
Ulrike Laufer / Hans Ottomeyer (Hg.): *Gründerzeit 1848–1871. Industrie und Lebensträume zwischen Vormärz und Kaiserreich*, Dresden 2008.
L. H. Lees, *Exiles of Erin: Irish migrants in Victorian London*, Manchester 1979.
Jan Marco Leimeister / Shkodran Zogaj / David Durward / Ulrich Bretschneider, ‚Neue Geschäftsfelder durch Crowdsourcing: Crowd-basierte Start-ups als Arbeitsmodell der Zukunft', in: Reiner Hoffmann / Claudia Bogedan (Hg.): *Arbeit der Zukunft*, Frankfurt a. M./New York 2015, S. 141–158.
Harald Leinenbach, *Die Körperlichkeit der Technik. Zur Organprojektionstheorie Ernst Kapps*, Essen 1990.
Wladimir Iljitsch Lenin, ‚Der Imperialismus als höchstes Stadium des Kapitalismus. Gemeinverständlicher Abriss' (1916), in: Wladimir I. Lenin, *Ausgewählte Werke*, Bd. II, Frankfurt a. M. 1970, S. 643–770.
Norbert Leser (Hg.): *Werk und Widerhall. Große Gestalten des österreichischen Sozialismus* Wien 1964.
Ders., *Zwischen Reformismus und Bolschewismus*, Wien 1968.
Walter Licht, *Industrializing America: The Nineteenth Century*, Baltimore 1995.
Albert S. Lindemann, *A History of European Socialism*, New Haven/London 1983.

Stefan Link / Noam Maggor, ‚The United States as a Developing Nation: Revisiting the Peculiarities of American History', in: *Past and Present* 246, Feb. 2020, S. 269–306.

Harold Livesay, *Samuel Gompers and Organized Labor in America*, Boston 1978.

Roger Lloyd-Jones / M. J. Lewis, *Manchester and the Age of the Factory. The Business Structure of Cottonopolis in the Industrial Revolution*, London 1988.

Reiner Lucas / Reinhard Pfriem / Dieter Westhoff (Hg.): *Arbeiten am Widerspruch – Friedrich Engels zum 200. Geburtstag*, Marburg 2020.

Hermann Lübbe, *Politische Philosophie in Deutschland. Studien zu ihrer Geschichte*, München 1974.

Friedrich Lütge, ‚Über die Auswirkungen der Bauernbefreiung in Deutschland', in: *Jahrbücher für Nationalökonomie uns Statistik* 157, 1943, S. 353–404.

Rosa Luxemburg, ‚Die Akkumulation des Kapitals. Ein Beitrag zur ökonomischen Erklärung des Imperialismus (1913)', in: dies., *Gesammelte Werke*, Bd. 5: Ökonomische Schriften, Berlin 1985, S. 5–412.

Donald MacKenzie, ‚Marx and the Machine', in: *Technology and Culture* 25, 1984, S. 473–502.

Marshall MacLuhan, *Die magischen Kanäle*, Düsseldorf/Wien 1968.

Donald MacRaild, *Irish Migrants in Modern Britain 1750–1922*, London 1999.

Eduard März, *Joseph Alois Schumpeter – Forscher, Lehrer und Politiker*, München 1983.

Alfred Thayer Mahan, *The Influence of Sea Power upon History, 1660–1783*, New York 1890, deutsch: *Der Einfluss der Seemacht auf die Geschichte*, Bd. 2, *1783–1812. Die Zeit der Französischen Revolution und des Kaiserreichs auf Veranlassung des Kaiserlichen Ober-Kommandos der Marine*, übers. von Karl Ferdinand Batsch u. Karl Paschen, Berlin 1899.

Franz Marek, *Was Stalin wirklich sagte*, Wien 1970.

Tiago Mata / Robert van Horn, ‚Capitalist Threads: Engels the businessman and Marx's Capital', in: *History of political Economy* 49(2), 2017, S. 207–232.

Arno J. Mayer, *Adelsmacht und Bürgertum: Die Krise der europäischen Gesellschaft 1848–1914*, München 1984.

Gustav Mayer, *Friedrich Engels. Eine Biographie, Erster Band: Friedrich Engels in seiner Frühzeit 1820 bis 1851*, und Ergänzungsband, Berlin 1920, 2 Bde., Frankfurt a. M. 1975.

Franz Mehring, ‚Börnsteins Memoiren', in: *Die Neue Zeit* 13(2), 1895, S. 377–380.

Ders., *Geschichte der deutschen Sozialdemokratie, Bd.* 1: *Von der Julirevolution bis zum preußischen Verfassungsstreite 1830 bis 1863*, Stuttgart 1897.

Wolfgang Meiser, ‚Das Manifest der Kommunistischen Partei vom Februar 1848. Zur Entstehung und Überlieferung der ersten Ausgabe', in: *MEGA-Studien*, 1996/1, S. 66–107.

François Melis, ‚Zur Gründungsgeschichte der Neuen Rheinischen Zeitung. Neue Dokumente und Fakten', in: *MEGA-Studien* 1998/1, S. 3–63.

Ders., ‚Neue Rheinische Zeitung. Organ der Demokratie. Ein Redaktionsalltag – oder mehr? Köln, 14. November 1848', in: *Jahrbuch für Forschungen zur Geschichte der Arbeiterbewegung* 2002, H. 2, S. 85–107.

Renate Merkel-Melis, ‚Die Neue Rheinische Zeitung im journalistischen Spätwerk von Engels', in: *Die Journalisten Marx und Engels. Das Beispiel Neue Rheinische Zeitung*, Hamburg 2006, S. 249–258.

Dies., ‚Übersetzungen im Spätwerk von Friedrich Engels', in: *Das Kapital und Vorarbeiten. Exzerpte und Entwürfe*, Hamburg 2011, S. 195–208.

Timothy Messer-Kruse, *The Trial of the Hay Market Anarchists: Terrorism and Justice in the Gilded Age*, London 2011.

Ders., *The Yankee International: Marxism and the American Reform Tradition, 1848–1876*, Chapel Hill 1998.

Gisela Mettele, ‚Mary und Lizzy Burns, die Lebensgefährtinnen von Friedrich Engels', in: *Marx-Engels Jahrbuch 2011*, S. 130–149.

Lucian O. Meysels, *Victor Adler*, Wien / München 1997.

Paul Minoletti, ‚The Importance of Ideology: The Shift to Factory Production and its Effect on Women's Employment Opportunities in the English Textile Industries', *Discussion Papers in Economic and Social History* 87, Februar 2011 [http://www.nuff.ox.ac.uk/Economics/History].

David Montgomery, ‚Labor in the Industrial Era', in: Richard B. Morrs (Hg.), *The U.S. Department of Labor Bicentennial History of the American Worker*, Washington 1976.

Ders., *The Fall of the House of Labor: The Workplace, the State, and American Labor Activism, 1865–1925*, Cambridge 1987.

Ders., *Citizen Worker: The Experience of Workers in the United States with Democracy and the Free Market During the Nineteenth Century*, Cambridge, 1993.

Wolfgang Mönke, *Das literarische Echo in Deutschland auf Friedrich Engels's Werk ‚Die Lage der arbeitenden Klasse in England'*, Deutsche Akademie der Wissenschaften zu Berlin, Vorträge und Schriften 92, Berlin 1965.

Kurt Möser, ‚Turmschiff Captain', in: ders., *Neue Grauzonen der Technikgeschichte*, Technikdiskurse 14, Karlsruhe 2018, S. 71–81.

Joel Mokyr, *The Lever of Riches. Technological Creativity and Economical Progress*, New York/ Oxford 1990.

Jacques Mordal, *25 Jahrhunderte Seekrieg*, München 1963.

Christina Morina, *Die Erfindung des Marxismus. Wie eine Idee die Welt eroberte*, München 2017.

Gerald Mozetic, *Die Gesellschaftstheorie des Austromarxismus*, Wissenschaftliche Buchgesellschaft, Darmstadt 1984.

Oliver Müller, ‚Marx und die Philosophie der Technik', in: *Allgemeine Zeitschrift für Philosophie* 3, 2018, S. 323–351.

Herfried Münkler, Über den Krieg. Stationen der Kriegsgeschichte im Spiegel ihrer theoretischen Reflexion, Weilerswist 2002.

Max Nettlau, ‚Marxanalekten', in: *Archiv für die Geschichte des Sozialismus und der Arbeiterbewegung*, 8, 1919, S. 389–399.

August H. Nimtz, *Marx, Tocqueville and Race in America: the „Absolute Democracy" or the „Defiled Republic"*, Lanham (MD 2003).

Wilfried Nippel, *Fußnoten, Zitate, Plagiate. Wissenschaftsgeschichtliche Streifzüge*, Heidelberg 2014.

Ders., ‚Friedrich Engels und die Politik des Vorworts', in: *Zeitschrift für Ideengeschichte* 11, 2017, H. 3, S. 67–78.

Ders., ‚Charisma, Organisation und Führung. Ferdinand Lassalle und die deutsche Arbeiterpartei', in: *Mittelweg 36*, Jg. 27, 2018, H. 6, S. 16–42.

Ders., *Karl Marx*, München 2018.

Ders., ‚Diktatur des Proletariats – Versuch einer Historisierung', in: *Zyklos. Jahrbuch für Theorie und Geschichte der Soziologie* 5, 2019, S. 71–130.

Ders., ‚Die Arbeit an einem Gesamtwerk von Marx: Engels, Bernstein, Kautsky', in: Martin Endreß / Christian Jansen (Hg.): *Karl Marx im 21. Jahrhundert. Bilanz und Perspektiven*, Frankfurt a. M. 2020, S. 457–510.

Thomas Nipperdey, *Deutsche Geschichte 1800–1866. Bürgerwelt und starker Staat*, München 1998.

Ernst Nolte, *Marxismus und Industrielle Revolution*, Stuttgart 1983.

Paul Nolte, *Staatsbildung als Gesellschaftsreform. Politische Reformen in Preußen und den süddeutschen Staaten 1800–1820*, Frankfurt a. M./ New York 1990.

Walter A. Oechler, *Personal und Arbeit: Grundlagen des Human Resource Management und der Arbeitgeber-Arbeitnehmer-Beziehungen*, 7. Aufl., München/Wien 2000.

Toni Offermann, ‚Allgemeine deutsche Arbeiterverbrüderung, Norddeutsche Arbeitervereinigung und Bund der Kommunisten. Zu neueren DDR-Publikationen zur elementaren Arbeiterbewegung 1848–1851', in: *Archiv für Sozialgeschichte* 22, 1982, S. 523–543.

Jürgen Osterhammel, *Die Verwandlung der Welt. Eine Geschichte des 19. Jahrhunderts*, München 2009.

Panikos Panayi, *German Immigrants in Britain during the 19th Century, 1815–1914*, Oxford 1995.

Akos Paulinyi / Ulrich Troitsch, *Mechanisierung und Maschinisierung*, Berlin 1991.

Akos Paulinyi, *Karl Marx und die Technik seiner Zeit*, LTA-Forschung, 0940-2748, Heft 26/1997, Mannheim 1998.

Akos Paulinyi / Karl von Delhaes, *Technik und Wirtschaft in der Industrialisierung*, Düsseldorf 2012.

Hermann Pechan, *Louis Blanc als Wegbereiter des modernen Sozialismus*, Jena 1929.

Werner Pfeiffer / Enno Weiß, *Lean Management. Grundlagen und Organisation industrieller Unternehmen*, Berlin 1992.

Reinhard Pfriem / Uwe Schneidewind / Jonathan Barth / Silja Graupe / Thomas Korbun (Hg.), *Transformative Wirtschaftswissenschaft im Kontext nachhaltiger Entwicklung*, Marburg 2017.

Arnold Picot / Ralf Reichwald / Rolf T. Wigand, *Die grenzenlose Unternehmung. Information, Organisation & Führung*, 7. Aufl., Heidelberg 2020.

Thomas Piketty, *Das Kapital im 21. Jahrhundert*, München 2014.

Ders., *Kapital und Ideologie*, München 2020.

Theo Pirker / Hans-Peter Müller / Rainer Winkelmann (Hg.): *Technik und Industrielle Revolution. Vom Ende eines sozialwissenschaftlichen Paradigmas*, Opladen 1987.

Werner Plumpe, ‚„Dies ewig unfertige Ding" – Das „Kapital" und seine Entstehungsgeschichte', in: *Aus Politik und Zeitgeschichte* 67, 2017, Heft 19–20, S. 10–16.

Ders., *Unternehmensgeschichte im 19. und 20. Jahrhundert*, Enzyklopädie Deutscher Geschichte 94, München 2018.

Ders., ‚Realistische Zeiten. Ökonomischer Aufschwung und gesellschaftliche Selbstbilder in den Gründerjahren 1852–1873', in: Laurenz Lütteken (Hg.): *Das Jahr 1868: Musik zwischen Realismus und Gründerzeit*, Kassel 2019, S. 17–38.

Ders., ‚Vom Supranaturalisten zum Kommunisten. Der Weg des jungen Friedrich Engels zur Ökonomie', in: Rainer Lucas / Reinhard Pfriem / Hans-Dieter Westhoff (Hg.): *Arbeiten am Widerspruch. Friedrich Engels zum 200. Geburtstag*, Marburg 2020, S. 213–248.

Karl Pribram, ‚Die Sozialpolitik im neuen Österreich', in: *Archiv für Sozialwissenschaft und Sozialpolitik* 48, 1921, S. 615–680.

Iorwerth J. Prothero, *Artisans and Politics in Early Nineteenth-Century London*, Folkstone 1979.

Arnold A. Putnam, ‚Rolf Krake, Europe's First Turreted Ironclad', in: *Mariner's Mirror* 84(1), Februar 1998, S. 56–63.

Max Quarck (Hg.): *Die Arbeiterverbrüderung 1848/49. Erinnerungen an die Klassenkämpfe der ersten deutschen Revolution*, Frankfurt a. M. 1900.

Ilsedore Rarisch, *Das Unternehmerbild in der deutschen Erzählliteratur der ersten Hälfte des 19. Jahrhunderts. Ein Beitrag zur Rezeption der Industrialisierung in der frühen belletristischen Literatur*, Berlin 1977.

Erich Richards, ‚Women and the British Economy since about 1700: an Interpretation', in: *History* 59, 1974, S. 337–57.

Arthur Redford, *Labour Migration in England 1800–1850*, 2. Aufl., Manchester 1964.

Joanne R. Reitano, *The Tariff Question in the Gilded Age: The Great Debate of 1888*, Philadelphia 1994.

Reinhold Reith (Hg.): *Lexikon des alten Handwerks. Vom späten Mittelalter bis in 20. Jahrhundert*, München 1991.

Jürgen Reulecke, *Sozialer Frieden durch soziale Reform: Der Centralverein für das Wohl der arbeitenden Klassen in der Frühindustrialisierung*, Wuppertal 1983.

Ders., *Geschichte der Urbanisierung in Deutschland*, Frankfurt a. M. 1985.

Giorgio Riello, *Cotton. The Fabric that Made the Modern World*, New York 2013.

Stephen Henry Rigby, *Engels and the formation of Marxism. History, dialectics and revolution*, Manchester/New York 1992.

Gerhard A. Ritter / Klaus Tenfelde, *Arbeiter im Deutschen Kaiserreich 1871–1914*, Bonn 1992.

Hugo Reinert / Erik S. Reinert, ‚Creative Destruction in Economics: Nietzsche, Sombart, Schumpeter', in: Jürgen Backhaus / Wolfgang Drechsler (Hg.): *Friedrich Nietzsche (1844–1900). Economy and Society*, The European Heritage in Economics and the Social Sciences 3, Boston (MA) 2006, S. 55–85.

Nicolas A. M. Rodger, ‚Die Entwicklung der Vorstellung von Seekriegsstrategie in Großbritannien im 18. und 19. Jahrhundert', in: Jörg Duppler (Hg.): *Seemacht und Seestrategie im 19. und 20. Jahrhundert*, Hamburg u. a. 1999, S. 84–103.

Horst Rössler, ‚„Die Zuckerbäcker waren vornehmlich Hannoveraner". Zur Geschichte der Wanderung aus dem Elbe-Weser-Dreieck in die britische Zuckerindustrie', in: *Jahrbuch der Männer vom Morgenstern*, Bremerhaven 2003, S. 137–236.

Ders., ‚Hollandgänger, Zuckerbäcker, Amerikaauswanderer. Grenzüberschreitende Fernwanderungen aus dem Elbe-Weser-Dreieck (ca. 1650–1914)', in: *Niedersächsisches Jahrbuch für Landesgeschichte* 81, 2009, S. 31–55.

Franziska Rogger, *„Wir helfen uns selbst!". Die kollektive Selbsthilfe der Arbeiterverbrüderung 1848/49 und die individuelle Selbsthilfe Stephan Borns*, Erlangen 1986.

Jürgen Rojahn, ‚„Er soll den beiden Alten ein Denkmal setzen". Die Entstehung der Ausgabe des Marx-Engels Briefwechsels von 1913', in: *Marx-Engels-Jahrbuch* 2012/13. S. 209–285.

Jakow Rokitjanski, ‚Engels' Notizen in Georg Adlers Buch „Die Geschichte der ersten socialpolitischen Arbeiterbewegung in Deutschland"', in: *Marx-Engels-Jahrbuch* 2, 1979, S. 339–368.

Hans Rosenberg, *Die Weltwirtschaftskrise 1857–1859. Mit einem Vorbericht*, Göttingen 1974.

Lutz von Rosenstiel, *Grundlagen der Organisationspsychologie*, 5. Aufl., Stuttgart 2003.

Regina Roth, ‚Marx's Vorlagen und Engels' Redaktion: Anmerkungen zum Ersten Abschnitt des dritten Buchs des Kapitals', in: *MEGA-Studien 2001*, S. 127–141.

Dies., ‚Karl Marx's Original Manuscripts in the Marx-Engels-Gesamtausgabe (MEGA): Another View on Capital', in: Riccardo Bellofiore (Hg.): *Re-reading Marx: New Perspective after the New Edition*, Basingstoke 2009.

Dies., ‚Marx on technical change in the critical edition', in: *European Journal History of Economic Thought* 17(5), Dec. 2010, S. 1223–1251.

Dies., ‚Die Herausgabe von Band 2 und 3 des *Kapital* durch Engels', in: *Marx-Engels-Jahrbuch 2012/13*, S. 168–182.

Ulrich Ruschig, ‚Über den Marxismus der kritischen Theorie. Horkheimers Aufnahme und Weiterführung von Engels' „Die Entwicklung des Sozialismus von der Utopie zur Wissenschaft"', in: *Zeitschrift für Kritische Theorie* 22, 2016, S. 76–96.

Kohei Saito, *Natur gegen Kapital. Marx' Ökologie in seiner unvollendeten Kritik des Kapitalimus*, Frankfurt a. M. 2016.

Joachim Schlör, *Nachts in der großen Stadt, Paris, Berlin, London 1840–1930*, München 1991.

Jürgen Schmidt, *Brüder, Bürger und Genossen. Die deutsche Arbeiterbewegung zwischen Klassenkampf und Bürgergesellschaft 1830–1870*, Bonn 2018.

Harry Schmidtgall, *Friedrich Engels' Manchester-Aufenthalt 1842–1844. Soziale Bewegungen und politische Diskussionen.* Mit Auszügen aus Jakob Venedeys England-Buch (1845) und unbekannten Engels-Dokumenten, Trier, Schriften aus dem Karl-Marx-Haus, Nr. 25, 1981.

Jochen Schneider, ‚Franz Reuleaux und die Theorie der Maschinen', in: Tilmann Buddensieg, Kurt Düwell, Klaus-Jürgen Sembach (Hg.): *Wissenschaften in Berlin, Gedanken*, Berlin 1987, S. 173–177.

Carl E. Schorske, *German Social Democracy, 1905–1917: The Development of the Great Schism*, Cambridge (MA) 1955.

Dieter Schott, ‚Das Zeitalter der Elektrizität: Visionen – Potentiale – Realitäten', in: *Jahrbuch für Wirtschaftsgeschichte* 40(2), 1999, S. 31–50.

Margrit Schulte Beerbühl, *Vom Gesellenverein zur Gewerkschaft. Entwicklung, Struktur und Politik der Londoner Gesellenorganisationen 1550–1825*, Göttingen 1991.

Joseph Alois Schumpeter, *Capitalism, Socialism, and Democracy*, 1. Aufl. 1942, New York 2008.

Ders., *Geschichte der ökonomischen Analyse*, Bd. 1 (2 Bde.), Göttingen 1965.

Ders., *Theorie der wirtschaftlichen Entwicklung*, 9. Aufl., Nachdruck d. Aufl. 1934, 1. Aufl. 1912, Berlin 1997.

Donald M. Schurman, *Imperial Defence 1868–1887*, London 2014.

Hans-Gerd Servatius / Uwe Schneidewind / Dirk Rohlfink (Hg.): *Smart Energy. Wandel zu einem nachhaltigen Energiesystem*, Berlin/Heidelberg 2012.

James Sheehan, *German History 1770–1866*, Oxford 1989.

Martin Shefter, ‚Trade Unions and Political Machines: The Organization and Disorganization of the American Working Class in the Late Nineteenth Century', in: Ira Katznelson / Aristide R. Zolberg (Hg.): *Working-Class*

Formation: Nineteenth-Century Patterns in Western Europe and the United States, Princeton 1986.
Georg Simmel, ‚Die Großstädte und das Geistesleben (1903)', in: ders., *Gesamtausgabe*, Bd. 7, Frankfurt a. M. 2006.
Werner Sombart, *Krieg und Kapitalismus*, München/Leipzig 1913.
Lawrence Sondhaus, *Naval Warfare, 1815–1914*, London u. a. 2001.
Die österreichische Sozialdemokratie im Spiegel ihrer Programme, mit einer Einleitung von Ernst Winkler, Wien 1964.
Jonathan Sperber, *Karl Marx: A Nineteenth-Century Life*, New York 2013.
Birgit Spieshöfer, *Unternehmerische Verantwortung zur Entstehung einer globalen Wirtschaftsordnung*, Baden-Baden 2017.
Piero Sraffas, *Production of Commodities by Means of Commodities*, Cambridge 1960.
William N. Still, *Iron Afloat. The Story oft he Confederate Armorclads*, Columbia (SC) 1985.
Theo Stammen und Alexander Classen (Hg.): *Karl Marx. Das Manifest der kommunistischen Partei*. Kommentierte Studienausgabe, Paderborn 2009.
Gareth Stedman Jones, ‚Engels and the genesis of Marxism', in: *New Left Review* 106, 1977, S. 79–104.
Ders., ‚Engels und die Geschichte des Marxismus', in: ders., *Klassen, Politik und Sprache*, Münster 1988, S. 231–275.
Ders., *Outcast London. A Study in the Relationship Between Classes in Victorian Society*, Oxford 1971.
Ders., ‚Engels and the genesis of Marxism', in: *New Left Review* 106, 1977, S. 79–104.
Ders., ‚Engels, Friedrich (1820–1895)', in: *The New Palgrave* 2, 1987, S. 144–146.
Ders., *Das kommunistische Manifest von Karl Marx und Friedrich Engels*. Einführung, Text, Kommentar, München 2012 (Engl. Original 2002).
Ders., *Karl Marx: Greatness and Illusion*, Cambridge (MA) 2016.
Ian Steedman, *Consumption Takes Time. Implications for Economic Theory. The Graz Schumpeter Lectures*, London 2001.
N. N. Stoskowa, *Friedrich Engels über die Technik. Zu ihrer Rolle in der Entwicklung der Gesellschaft*, Leipzig 1971.
Roger Swift (Hg.): *Irish Migrants in Britain, 1815–1914*, Cork 2002.
Christiane Swinbank, *Love ye the stranger: Public and Private Assistance to the German Poor in Nineteenth-Century London*, Reading 2007.
Malcolm Sylvers, ‚Marx, Engels und die USA – ein Forschungsprojekt über ein wenig beachtetes Thema', in: *Marx-Engels-Jahrbuch 2004*, S. 48–50.
Inge Taubert / Bernhard Dohm, ‚Engels über den „roten" Becker. Ein unbekannter Brief von Friedrich Engels', in: *Beiträge zur Geschichte der Arbeiterbewegung* 15, 1973, S. 807–814.
Frederick W. Taylor, *The Principles of Scientific Management*, 1911, München 1913 (Nachdruck Betz-Verlag), Weinheim 1977.
Hans J. Teuteberg, ‚Zeitgenössische deutsche Reflexionen über die Rolle des Faktors Arbeit in den frühen Phasen der britischen Industrialisierung (1750–1850)', in: Hermann Kellenbenz (Hg.): *Wirtschaftspolitik und Arbeitsmarkt: Bericht über die 4. Arbeitstagung der Gesellschaft für Sozial- und Wirtschaftsgeschichte in Wien am 14. und 15. April 1971*, München 1974, S. 238–270.
Hugh Thomas, *Geschichte der Welt*, Stuttgart 1984.
Richard Tilly, *Vom Zollverein zum Industriestaat. Die wirtschaftlich-soziale Entwicklung Deutschlands 1834–1914*, München 1990.
Edward P. Thompson, Mayhew and the Morning Chronicle', in: Eileen Yeo (Hg.): *The Unknown Mayhew. Selection from the Morning Chronicle 1849–1850*, London 1971, S. 11–50.
Wilhelm Treue, *Der Krimkrieg und die Entstehung der modernen Flotten*, Göttingen 1951.
Ders., ‚Die preußische Agrarreform zwischen Romantik und Rationalismus', in: *Rheinische Vierteljahrs-Blätter* 20(1/4), 1955, S. 337–357.
Keith Tribe, ‚Cameralism and the Science of Government', in: *Journal of Modern History* 56, Juni 1984, S. 263–284.
Ders., *Governing Economy. The Reformation of German Economic Discourse, 1750–1840*, Cambridge/New York/New Rochelle/Melbourne/Sydney 1988.
Ders., *The Economy of the Word: Language, History, and Economics*, Oxford 2015.
UNO-Weltbevölkerungsbericht 2018, Genf 2018.
Nicola Verdon, *Rural Women Workers in Nineteenth-Century England: Gender, Work and Wages*, Woodbridge 2002.
Vivetta Vivarelli, ‚Bacchus und die Titanenkämpfe als Gründungsmythen bei Hölderlin und Horaz', in: Anja Ernst / Paul Geyer (Hg.): *Die Romantik: ein Gründungsmythos der Europäischen Moderne*, Göttingen 2010, S. 225–246.
Erich Vollgraf, ‚Marx' Arbeit am dritten Buch des Kapital in den 1870/80er Jahren' in: *In memoriam Wolfgang Jahn: Der ganze Marx. Alles Verfasste veröffentlichen, erforschen und den ‚ungeschriebenen Marx' rekonstruieren*, Hamburg 2002, S. 33-66.
Ders., ‚Engels' Kapitalismus-Bild und seine Zusätze zum dritten Band des „Kapitals"', in: *Beiträge zur Marx-Engels-Forschung*, N. F. 2004, S. 7–53.
Georg von Vollmar, ‚Über Staatssozialismus (1892)', in: Peter Friedemann (Hg.): *Materialien zum politischen Richtungsstreit in der deutschen Sozialdemokratie*, Bd. 1, Frankfurt a. M./Berlin/Wien 1978.
Andre Wakefield, *The Disordered Police State. German Cameralism as Science and Practice*, Chicago/London 2009.
Hans-Ulrich Wehler, *Deutsche Gesellschaftsgeschichte*, Bd. 2: *1815–1845/49*, München 1987.
Robert E. Weir, *Beyond Labor's Veil: The Culture of the Knights of Labor*, University Park (Pennsylvania State University) 1996.
Thomas Welskopp, *Das Banner der Brüderlichkeit. Die deutsche Sozialdemokratie vom Vormärz bis zum Sozialistengesetz*, Bonn 2000.
Emil Wilde, *The Development of Sailing Ship Tactics Compared to that of Steam Tactics, with a Glance into the Future*, 1911 [https://tandfonline.com/doi/abs/10.1080/03071841209435550?journalCode=rusi19].
Bill Williams, *The making of the Manchester Jewry, 1740–1875*, Manchester 1985.
Georg Winter, *Die Reorganisation des Preußischen Staates unter Stein und Hardenberg, erster Teil: Allgemeine Verwaltungs- und Behördenreform*, Bd. 1., Leipzig 1931.
Amy E. Wendling, *Karl Marx on Technology and Alienation*, London 2009.
Roland Wenzlhuemer, *Connecting the Nineteenth-Century World. The Telegraph and Globalization*, Cambridge 2013.
F. J. Williams, ‚Irish in the East Cheshire Silk Industry 1851–1861', in: *The Historic Society of Lancashire & Cheshire* 136 (1986) [https://www.hslc.org.uk/wp-content/uploads/2017/11/136-7-Williams.pdf].
James P. Womack / Daniel T. Jones / Daniel Roos, *Die zweite Revolution in der Autoindustrie*, Campus, Frankfurt a. M. 1991.
R. Bin Wong, ‚Möglicher Überfluss, beharrliche Armut. Industrialisierung und Welthandel im 19. Jahrhundert', in: Sebastian Conrad, Jürgen Osterhammel (Hg.): *Wege zur modernen Welt 1750–1870, Geschichte der Welt*, Bd. 4, München 2016, S. 255–410.
Edward A. Wrigley / Roger S. Schofield, *The Population History of England 1541–1871. A Reconstruction*, London 1981.
Eileen Yeo, ‚Mayhew as a Social Investigator', in: dies. (Hg.): *The Unknown Mayhew. Selection from the Morning Chronicle 1849–1850*, London 1971, S. 51–95.
Friedrich Wilhelm Rudolf Zimmermann, ‚Die Zivillisten in den deutschen Staaten', in: Georg Schanz / Julius Wolf (Hg.): *Finanz- und volkswirtschaftliche Zeitfragen*, Heft 60, Stuttgart 1919.

VERZEICHNIS HISTORISCHER TEXTE

Victor Adler, ‚Die Fabrikinspektion, insbesondere in England und in der Schweiz', erstmals veröffentlicht in den *Jahrbüchern für Nationalökonomie und Statistik N.F.* 8, 1884, wiederabgedruckt in *Victor Adlers Aufsätze, Reden und Briefe*, hrsg. vom Parteivorstand der Sozialdemokratischen Arbeiterpartei Deutschösterreichs, Wien 1922ff., Heft 5, S. 19–66.

Ders, *Briefwechsel mit August Bebel und Karl Kautsky*, hrsg. von Friedrich Adler, Wien 1954.

Victor Adler / Friedrich Engels, Briefwechsel, hrsg. von Gerd Callesen und Wolfgang Maderthaner, Berlin 2011.

Franz v. Baader, *Schriften zur Gesellschaftsphilosophie*, 1. Aufl. 1835, Jena 1925.

Charles Babbage, *On the Economy of Machinery and Manufactures*, London 1832.

Edward Baines, *Geschichte der britischen Baumwollindustrie*, übers. Von Christoph Bernoulli, Stuttgart/Tübingen 1836.

August Bebels Briefwechsel mit Friedrich Engels, hrsg. von Werner Blumenberg, Quellen und Untersuchungen zur Geschichte der deutschen und österreichischen Arbeiterbewegung, Bd. 6, Mouton/London/Den Haag 1965.

Friedrich Beck / Walter Schmidt (Hg.): *Dokumente aus geheimen Archiven, Bd. 5: Die Polizeikonferenzen deutscher Staaten 1851–1866. Präliminardokumente, Protokolle und Anlagen*, Weimar 1993.

Louis Blanc, *Organisation du Travail*, 5. Aufl., 1. Aufl. 1840, Brüssel 1848.

Adolph J. Blanqui, *Geschichte der politischen Oekonomie in Europa vom Alterthume an bis auf unsere Tage, nebst einer kritischen Bibliographie der Hauptwerke über die politische Oekonomie*, Bd. 2 (2. Bde.), Übers. d. *Histoire de l'économie politique en Europe depuis les Anciens jusqu'à nos jours*, hrsg. und übers. von Franz Joseph Buß, Paris 1837, Neudruck der Ausg. 1841, Glashütten im Taunus 1971.

Stephan Born, *Erinnerungen eines Achtundvierzigers*, hrsg. von Hans J. Schütz, 3. Aufl. Leipzig 1898, Berlin/Bonn 1978.

Robertson Buchanan, *Practical Essays on Mill-Work and other Machinery*, Edinburgh 1841.

Johann Georg Büsch, *Schriften über Staatswirtschaft und Handlung*, Hamburg / Kiel 1780 (1. u. 2. Teil), 1784 (3. Teil).

Der Bund der Kommunisten. Dokumente und Materialien, hrsg. von Herwig Förder u. a., Bd. 1, 1836–1839, Bd. 2, 1849–1851, Berlin 1982.

Eugène Buret, *La misère des classes laborieuses en Angleterre et en France*, Paris/Leipzig 1840.

Catalog der Internationalen Elektrizitäts-Ausstellung 1882, München.

Charles Darwin, *The descent of man, and selection in relation to sex*, London 1871.

Charles Dickens, *Harte Zeiten (1854)*, Berlin 1984.

Dislére, *La guerre d'escadre et la guerre des cotes*, Paris 1876.

Ernst Engel, *Das Zeitalter des Dampfes in technisch-statistischer Beleuchtung*, 2. Aufl., Berlin 1881.

Die Briefe von Friedrich Engels an Eduard Bernstein. Mit Briefen von Karl Kautsky an ebendenselben, hrsg. von Eduard Bernstein, Berlin 1883.

Friedrich Engels' Briefwechsel mit Karl Kautsky, hrsg. von Benedikt Kautsky, Wien 1953.

William Fardely, *Der electrische Telegraph, mit bes. Berücksichtigung seiner praktischen Anwendung für den Betrieb von Eisenbahnen etc*, Mannheim 1844.

Johann Gottlieb Fichte, *Der geschloßne Handelsstaat. Ein philosophischer Entwurf als Anhang zur Rechtslehre, und Probe einer künftig zu liefernden Politik mit einem bisher unbekannten Manuskript Fichtes „Ueber StaatsWirthschaft"*, 3. durchges. Aufl., 1. Aufl. 1800, Hamburg 1979.

Charles Fourier, *Ein Fragment über den Handel*, übersetzt und mit einer Einleitung und einem Nachwort versehen von Friedrich Engels, 1. Aufl. 1846, Duisburg / Istanbul 2018.

Georg Wilhelm Friedrich Hegel, *Jenaer Realphilosophie. Vorlesungsmanuskripte zur Philosophie der Natur und des Geistes von 1805–1806*, Nachdruck d. von Johannes Hoffmeister 1931 unter dem Titel „Jenenser Realphilosophie II" hrsg. 1. Aufl. 1805/06, Hamburg, *Felix Meiner* 1969.

Ders, *Wissenschaft der Logik II*, Werke in 20 Bänden auf der Grundlage der Werke von 1832–1845, Bd. 6, hrsg. von Eva Moldenhauer und Karl Marcus Michel, Frankfurt a. M. 1986.

Heinrich Heine, *Lutetia*, 2. Teil, Artikel LVII, Paris 5. Mai 1843, in: Ders., *Sämtliche Schriften*, Bd. 5, hrsg. von Klaus Briegleb, Nachdr. der 2., rev. Aufl. 1984, München: Dt. Taschenbuch-Verl, 2005.

Moses Heß, *Sozialismus und Kommunismus, in: Einundzwanzig Bogen aus der Schweiz*, hrsg. von Georg Herwegh, Zürich/Winterthur 1842.

Ders., *Briefwechsel*, hrsg. von Edmund Silberner, Den Haag 1959.

Bruno Hildebrand, ‚Die gegenwärtige Aufgabe der Wissenschaft der Nationalökonomie', in: ders., *Die Nationalökonomie der Gegenwart und Zukunft und andere gesammelte Schriften* I, 1. Aufl. 1848, Jena 1922.

Ders., *Die Nationalökonomie der Gegenwart und Zukunft*, Frankfurt a. M. 1848.

Friedrich Hölderlin, ‚Das Werden im Vergehen', in: ders., *Theoretische Schriften* (um 1800), Erstdruck in Gesammelte Werke, Jena 1911, Berlin 2013.

Gottlieb Hufeland, *Neue Grundlegung der Staatswirthschaftskunst durch Prüfung und Berichtigung ihrer Hauptbegriffe von Gut, Werth, Preis, Geld und Volksvermögen, mit ununterbrochener Rücksicht auf die bisherigen Systeme*, Bd. I. Gießen/Wetzlar 1807.

The Industry of Nations, as Exemplified in the Great Exhibition of 1851. The Materials of Industry, London 1852.

The Industry of Nations, Part II. A Surwey of the Existing State of Arts, Machines and Manufactures, London 1855.

Die I. Internationale in Deutschland 1864–1872. Dokumente und Materialien, hrsg. von Rolf Dlubek u. a., Berlin 1964.

Johann Heinrich Gottlob v. Justi, *Gesammelte politische und Finanz-Schriften. Über wichtige Gegenstände der Staatskunst, der Kriegswissenschaften und des Kameral- und Finanzwesens*, Bd. I (3 Bde.), Ausg. 1791, 1. Aufl. 1761, Aalen 1970.

Ders., *Die Grundfeste zu der Macht und Glückseligkeit der Staaten oder ausführliche Vorstellung der gesamten Polizeywissenschaft*, Bd. I (2 Bde.), Ausg. 1760/61), Aalen 1965.

Ders., *Staatswirthschaft oder systematische Abhandlung aller Oekonomischen und Cameralwissenschaften, die zur Regierung eines Landes erfordert werden*, Bd. I (2 Bde.), 2. Aufl. 1758, 1. Aufl. 1755, Aalen 1963.

Ders., *System des Finanzwesens. Nach vernünftigen, aus dem Endzweck der bürgerlichen Gesellschaften und aus der Natur aller Quellen der Einkünfte des Staats hergeleiteten Grundsätze und Regeln abgehandelt*, Repr. 1766 d. 1. Aufl., Aalen 1969.

Ernst Kapp, *Der constituirte Despotismus und die constitutionelle Freiheit*, Hamburg 1849.

Ders, *Grundlinien einer Philosophie der Technik. Zur Entstehungsgeschichte der Cultur aus neuen Gesichtspunkten*, Braunschweig 1877, Reprint Düsseldorf 1978, Neudruck Hamburg 2015.

James Phillips Kay, *The moral and physical condition of the working classes employed in the cotton manufacture in Manchester*, London 1832.

Friedrich Albert Lange, *Die Arbeiterfrage. Ihre Bedeutung für Gegenwart und Zukunft*, 1. Aufl. 1865, neu bearbeitet und hrsg. von Adolf Grabowsky, Leipzig 1910.

Friedrich List, *Das nationale System der Politischen Oekonomie*, 1. Aufl. 1840, Jena 1904.

Heinrich Luden, *Handbuch der Staatsweisheit oder der Politik. Ein wissenschaftlicher Versuch*, Jena 1811.

John Ramsay McCulloch, *A Discourse on the Rise, Progress, Peculiar Objects, and Importance of Political Economy*, Edinburgh 1824.

Thomas Robert Malthus, *Eine Abhandlung über das Bevölkerungsgesetz oder eine Untersuchung seiner Bedeutung für die menschliche*

Wohlfahrt in Vergangenheit und Zukunft, nebst einer Prüfung unserer Aussichten auf eine künftige Beseitigung oder Linderung der Übel, die es verursacht, Übers. d. Ausg. letzter Hand des *An Essay on the principle of population,* 6. Aufl. (2 Bde.) 1826, 1. Aufl. 1798, Jena 1905.

Karl Marx / Friedrich Engels, Historisch-Kritische Gesamtausgabe (MEGA[1]), im Auftrage des Marx-Engels-Lenin-Instituts Moskau herausgegeben von David Borisovic Rjazanov und Vladimir. V. Adoratskij, Berlin 1927ff.

Karl Marx / Friedrich Engels, Gesamtausgabe (MEGA[2]), herausgegeben von der Internationalen Marx-Engels-Stiftung (IMES), Berlin 1990ff.

Marx-Engels-Werke (MEW), 44 Bde., Berlin 1956.

Karl Marx, Die technologisch-historischen Exzerpte, hrsg. von Hans-Peter Müller, Frankfurt a. M./Berlin/Wien 1981.

Ders., *Exzerpte über Arbeitsteilung, Maschinerie und Industrie,* hrsg. von Rainer Winkelmann, Frankfurt a. M./Berlin/Wien 1982.

‚Ein neues Manuskript von Karl Marx. (Über Friedrich Lists Buch „Das nationale System der politischen Ökonomie")', in: *Beiträge zur Geschichte der Arbeiterbewegung* 14, 1972, S. 423–446.

Gareth Stedman Jones, *Das kommunistische Manifest von Karl Marx und Friedrich Engels.* Einführung, Text, Kommentar, München 2012.

Henry Mayhew, *The Morning Chronicle Survey of Labout and the Poor: The Metropolitan Districts,* Bd. 6, Horsham 1982.

Ders, *London Labour and the London Poor,* 4 Bde., London 1861–62.

John Stuart Mill, *Principles of Political Economy: With Some of Their Applications to Social Philosophy,* London 1848, Reprint New York 1973.

Ders, *Grundsätze der politischen Ökonomie mit einigen ihrer Anwendungen auf die Sozialphilosophie,* 2. Aufl. d. dt. Ausg. Jena 1913, 7. Aufl. London 1871, 1. Bd., Bücher I–III (2 Bde.), 1. Aufl. 1848, Jena 1924.

Adam H. Müller, *Die Elemente der Staatskunst,* 2 Bde., Nachdruck d. 1. Aufl. 1809, Wien/Leipzig 1922.

Friedrich Nietzsche, *Also sprach Zarathustra. Ein Buch für alle und keinen,* nach dem Text d. Ausgabe 1891, 1. Aufl. 1883, München 1980.

Ders., *Ecce homo. Wie man wird, was man ist, entstanden,* 1888/89, Erstausgabe 1908, Berlin 2013.

Ders., *Unzeitgemäße Betrachtungen,* 3. Aufl., nach d. Gesamtausgabe in drei Bänden, Bd. I, 1954, Erstausgabe 1893, Berlin 2014.

Friedrich Nottebohm, *Auszug aus dem Tagebuche eines Reisenden durch Großbritannien und Belgien, im Jahre 1841,* Verhandlungen des Vereins für Gewerbefleißes in Preußen, H. 21, Berlin 1842.

G. Gregory Olinthus, *A treatise of Mechanics,* 3 Bde., London 1806.

Johann Heinrich Moritz von Poppe, *Die Mechanik des 18. Jahrhunderts,* Pyrmont 1807.

Ders., *Lehrbuch der allgemeinen Technologie,* Frankfurt a. M. 1809.

Ders., *Die Physik vorzüglich in Anwendung auf Künste,* Tübingen 1830.

Ders., *Die Geschichte der Mathematik,* Tübingen 1828.

Ders., *Geschichte der Technologie,* 3 Bde., Göttingen 1807–1811.

Pierre Joseph Proudhon, *Qu'est-ce que la propriété? ou Recherches sur le principe du Droit et du Gouvernement,* Paris 1840.

Karl Heinrich Rau, *Grundsätze der Volkswirthschaftspflege mit anhaltender Rücksicht auf bestehende Staatseinrichtungen (Lehrbuch der politischen Oekonomie, Bd. II),* Heidelberg 1828.

Franz Reuleaux / Carl Ludwig Moll, *Lehrbuch Constructionslehre für den Maschinenbau,* Braunschweig 1854.

Ders., *Der Constructeur: Ein Handbuch zum Gebrauch beim Maschinen-Entwerfen. Für Maschinen- und Bau-Ingenieure, Fabrikanten und technische Lehranstalten,* Braunschweig 1861.

Ders., *Le Constructeur Aide-Mémoire a l'usage des Ingénieurs, Constructeurs, Architectes, Mécaniciens, etc.,* Paris 1875.

Ders., *Theoretische Kinematik. Grundzüge einer Theorie des Maschinenwesens,* Braunschweig 1875.

Ders., ‚Die Maschine und die Arbeiterfrage', in: *Soziale Zeitfragen* 2, Minden 1895.

David Ricardo, *On the Principles of Political Economy, and Taxation,* 1. Aufl. 1817, 3. Aufl. 1821, Bd. 1 der *Collected Works and Correspondence of David Ricardo,* hrsg. von Piero Sraffa unter Mitarbeit von Maurice H. Dobb, Cambridge 1951, deutsche Ausgabe hrsg. von Heinz D. Kurz und Christian Gehrke, Über die Grundsätze der Politischen Ökonomie und der Besteuerung, 2. Aufl., Marburg, 2006.

Angus Bethune Reach, *Manchester and the Textile Districts in 1849,* hrsg. von C. Aspin, Helmshore 1972.

Ludwig August von Rochau, *Grundsätze der Realpolitik. Angewendet auf die staatlichen Zustände Deutschlands* (1853/1869), hrsg. und eingel. von Hans-Ulrich Wehler, Frankfurt a. M. 1972.

Wilhelm Roscher, *Die Grundlagen der Nationalökonomie. Ein Hand- und Lesebuch für Geschäftsmänner und Studierende,* Bd. 1: *Ein Hand- und Lesebuch für Geschäftsmänner und Studierende,* Stuttgart 1854.

Ders., *Geschichte der National-Oekonomik in Deutschland,* München 1874.

Georg Friedrich Sartorius, *Handbuch der Staatswirthschaft zum Gebrauche bey akademischen Vorlesungen nach Adam Smith's Grundsätzen ausgearbeitet,* Berlin 1796.

Jean-Babtiste Say, *Ausführliche Darstellung der Nationalökonomie oder der Staatswirtschaft,* Übers. d. 5. Ausg. des Traité d'économie politique von 1826, 1. Aufl. 1803, Bd. 1 (3 Bde.), Stuttgart 1833.

Johann August Schlettwein, *Grundfeste der Staaten oder die politische Ökonomie,* Gießen 1779.

Ders., *Die Rechte der Menschheit oder der einzige wahre Grund aller Gesetze, Ordnungen und Verfassungen,* Gießen 1784.

Gustav v. Schmoller, *Zur Social- und Gewerbepolitik der Gegenwart.* Reden und Aufsätze, Leipzig 1890.

Ders., ‚Die Arbeiterfrage', in: *Preußische Jahrbücher* 14 u. 15, S. 393–424 (Teil I), S. 395; S. 523–547 (Teil II), Berlin 1864.

Ders, *Grundriß der Allgemeinen Volkswirtschaftslehre,* 2 Bde., Nachdruck 1923 d. 1. Aufl. 1900, Berlin 1978.

Arthur Schopenhauer, ‚Zur Rechtslehre und Politik' (zuerst 1851), in: *Parerga und Paralipomena. Kleine Schriften* 2, Zürich 1988.

David Scott, *The engineer and machinist's assistant: a series ofplans, sections andelevations, of stationary, marine, and locomotive engines, water wheels, spinning machines, tools, etc., taken from machines of approved construction, with detailed descriptions, and practical essays on various departments of machinery,* Glasgow, Edinburgh/London 1856.

Adam Smith, *An Inquiry Into the Nature and Causes of the Wealth of Nations, Nations,* [1776], hrsg. von Richard H. Campbell und Andrew S. Skinner in *The Glasgow Edition of the Collected Writings of Adam Smith,* 2 Bde., Oxford 1976.

Adam Smith, *An Inquiry into the Nature and Causes of the Wealth of Nations.* [1776], mit einer Einführung von John Ramsay McCulloch, 4 Bde., Edinburgh 1828.

Adam Smith, *Untersuchung über Wesen und Ursachen des Reichtums der Völker,* hrsg. und eingel. von Erich Streissler, übersetzt von Monika Streissler, Düsseldorf 1999.

Joseph v. Sonnenfels, *Grundsätze der Polizey, Handlung und Finanz,* Bd. I, 5. Aufl., 1. Aufl. 1765, Wien 1787.

Friedrich Julius Heinrich v. Soden, *Die Nazional-Oekonomie. Ein philosophischer Versuch, über die Quellen des Nazional-Reichthums, und über die Mittel zu dessen Beförderung,* Leipzig 1805.

Lorenz v. Stein, *Geschichte der sozialen Bewegung in Frankreich von 1789 bis auf unsere Tage,* 3 Bde., 1. Aufl. 1850, Nachdruck der Ausg. München 1921, Darmstadt 1972.

Ders., ‚Die soziale Bewegung und der Sozialismus in England', in: *Die Gegenwart, Bd. 2,* 1849, Leipzig, S. 464–487.

David Friedrich Strauss, *Das Leben Jesu, kritisch bearbeitet,* 2 Bde., Tübingen 1835.

Eugene Sue, *Die Geheimnisse von Paris (1843),* Berlin 1843.

Andrew Ure, *The Philosophy of manufactures: Or, An Exposition of the Scientific, Moral and*

Commercial Economy oft he Factory System of Great Britain, London 1835.
Jakob Venedey, *England,* Leipzig 1845.
Hermann Wagener, ‚Arbeit, Arbeiter, Arbeitszeit', in: *Staats- und Gesellschaftslexikon,* Bd. II: *Almquist bis Atthalin,* Berlin 1859.
John Watts, *The Facts and Fictions of Political Economists: Being a Review of the Principles of the Science, Separating the True from the False,* Manchester 1842.
Friedrich Benedict Weber, *Systematisches Handbuch der Staatswirthschaft mit vorzüglicher Rücksicht auf die Literatur derselben,* Berlin 1804.
Georg Weerth, *Sämtliche Werke,* Bd. 3: *Die englischen Arbeiter,* Berlin 1957.
Carl Wermuth / Wilhelm Stieber, *Die Communisten-Verschwörungen des neunzehnten Jahrhunderts,* Berlin 1853/54.
William Whewell, *The mechanics of engeniering,* Cambridge 1841.
Zwei politische Prozesse. Verhandelt vor den Februar-Assisen in Köln, Köln 1849.

ANMERKUNGEN

VORWORT

1 MEGA² I/ 26, S. 540, Z. 1–12.

„MEINE UNSTERBLICHEN WERKE" – FRIEDRICH ENGELS ALS JOURNALIST UND PUBLIZIST. EIN ÜBERBLICK

1 *Meine unsterblichen Werke.* Handschriftliches Schriftenverzeichnis, IISG H 142 / H 73. Für einen Vergleich mit dem im *Handwörterbuch* veröffentlichten Schriftenverzeichnis siehe MEGA² I/32, S. 517 f. und 1421–1425. Für eine englische Übersetzung der Liste siehe MECW, vol. 27, S. 614 f.
2 Engels, Friedrich, Artikel im *Handwörterbuch der Staatswissenschaften,* in: MEGA² I/32, S. 517 f. und 1421–1425. Siehe Ernst Drahns Versuch, in der 4. Aufl. des Handwörterbuchs eine vollständige Übersicht über Engels' Publikationen zu geben (*Handwörterbuch der Staatswissenschaften,* 4., gänzlich umgearbeitete Aufl., Bd. 3, Jena 1926, S. 727–730).
3 Engels, Marx, Heinrich Karl, in: MEGA² I/32, S. 182–188 und 923–927.
4 Vgl. Thomas Bauer, *Die Vereindeutigung der Welt. Über den Verlust an Mehrdeutigkeit und Vielfalt,* Ditzingen 2018.
5 Marx, *Ökonomisch-philosophische Manuskripte,* in: MEGA² I/2, S. 187–322; Marx, *Historisch-ökonomische Studien (Pariser Hefte),* in: MEGA² IV/2, S. 279–579.
6 MEGA² I/5.
7 Siehe den Beitrag von Regina Roth im vorliegenden Band.
8 MEGA² I/26.
9 Engels, *Herrn Eugen Dührings Umwälzung der Wissenschaften,* in: MEGA² I/27.
10 Engels, *Briefe aus dem Wuppertal,* in: Telegraph für Deutschland, Nr. 40, März 1839, in: MEGA² I/3, S. 32–51 und 736 ff., hier S. 35.
11 Karl Gutzkow an Levin Schücking, 9. Juni 1840, zit. n. MEGA² I/3, S. 669.
12 MEGA² I/3, S. 192–198.
13 Ibid., S. 139–146, hier S. 143.
14 Engels an Eduard Bernstein, 25. Januar 1882, und an Karl Kautsky, 15. November 1882, in: MEW Bd. 35, S. 265 und 399.
15 MEGA² I/3, S. 467–494 und 1109 ff.
16 Vgl. Gareth Stedman Jones, ‚Engels und die Geschichte des Marxismus', in: ders., *Klassen, Politik und Sprache,* Münster 1988, S. 231–275.
17 MEGA² I/3, S. 1113 f.
18 Engels/Marx, *Die heilige Familie,* S. 191 und 186, in: MEGA¹ I/3, S. 294 f.
19 Friedrich Engels, *Die Lage der arbeitenden Klasse in England. Nach eigner Anschauung und authentischen Quellen,* Leipzig 1845. Siehe MEGA¹ I/4, S. 3–286; MEW, Bd. 2, S. 255–506.
20 Engels, *The Condition of the Working Class in England,* in: MEGA² I/30, S. 369–555 und 1034 ff. sowie S. 163–168 (Anhang); für das Vorwort siehe MEGA² I/31, S. 29–36.
21 Frankfurter Allgemeine Zeitung vom 11. Dezember 2007.
22 MEW Bd. 4, S. 459–493.
23 Internationales Institut für Sozialgeschichte, Amsterdam, Marx-Engels-Nachlass Sign. A 22. Online: https://search.iisg.amsterdam/Record/ARCH00860. Für eine Transkription des Textes siehe MEW Bd. 4, S. 610.
24 Siehe Theo Stammen und Alexander Classen (Hg.): *Karl Marx. Das Manifest der kommunistischen Partei.* Kommentierte Studienausgabe, Paderborn 2009.
25 ‚Die Zentralbehörde des Bundes der Kommunisten an die Kreisbehörde Brüssel', 25. Januar 1848, in: MEGA² III/2, S. 384.
26 Marx/Engels, *Das Manifest der Kommunistischen Partei,* in: MEW Bd. 4, S. 464.
27 Vgl. Wolfgang Meiser, *Das Manifest der Kommunistischen Partei vom Februar 1848.* Zur Entstehung und Überlieferung der ersten Ausgabe, in: MEGA-Studien, Heft 1, Amsterdam 1996, S. 66–107; Thomas Kuczynski, *Das Kommunistische Manifest (Manifest der Kommunistischen Partei) von Karl Marx und Friedrich Engels.* Von der Erstausgabe zur Leseausgabe. Mit einem Editionsbericht, Trier 1995; Gareth Stedman Jones, *Das kommunistische Manifest von Karl Marx und Friedrich Engels.* Einführung, Text, Kommentar, München 2012 (Engl. Original 2002.).
28 Vgl. Bert Andréas, *Le Manifeste Communiste de Marx et Engels.* Histoire et Bibliographie 1848–1918, Mailand 1963.
29 Eric Hobsbawm, Einleitung, in: *Karl Marx. Das kommunistische Manifest.* Eine moderne Edition, Hamburg 1999, S. 7–38, hier S. 26.
30 Engels, *Progress of social reform on the Continent,* in: The New Moral World, London, 4. November 1843, in: MEGA² I/3, S. 495 f. – Siehe *Zur publizistischen Arbeit,* ibid., S. 665–711.
31 MEGA² I/3, S. 554.
32 Ibid., S. 67.
33 Ibid., S. 182.
34 Jenny Marx, ‚Kurze Umrisse eines bewegten Lebens', in: *Mohr und General. Erinnerungen an Marx und Engels,* Berlin 1982, S. 186.
35 MEGA² I/5.
36 Engels an Joseph Bloch, 21./22. September 1890, in: MEW Bd. 37, S. 463 und 464. Siehe MEGA² I/32. S. 111 und 130–148.
37 MEGA² I/5, S. 19, 20, 26, 43, 89 und 497.
38 Engels, *Einleitung (1895) zu Karl Marx' „Die Klassenkämpfe in Frankreich 1848 bis 1850",* in: MEGA² I/32, S. 330–351.
39 Engels an Marx, 15. Januar 1847, in: MEGA² III/2, S. 82. Siehe ausführlich MEGA² I/5, S. 745.
40 Ein Exemplar des Schriftstücks, von Engels niedergeschrieben und als lithographierter Druck verbreitet, wurde erstmals 1966 im Hamburger Staatsarchiv entdeckt (Bert Andréas (Hg.): *Gründungsdokumente des Bundes der Kommunisten (Juni bis September 1847),* Hamburg 1969).

[41] Ibid., S. 69.
[42] Engels, *Grundsätze des Kommunismus*, in: MEW Bd. 4, S. 361–380, hier S. 372.
[43] Der Congreß an den Bund, [gez.:] London, den 15. Dezember 1848 [1847]. Der Sekretär: J. [F.] Engels. Der Präsident: Carl Schapper. (https://inlibris.at/?s=schapper&cat=6,5&lang=de – 28. März 2020.)
[44] Max Nettlau, ‚Marxanalekten', in: *Archiv für die Geschichte des Sozialismus und der Arbeiterbewegung*, 8, 1919, S. 389–399, hier S. 396.
[45] Engels, *To the Editor of the Northern Star*, in: MEGA² I/7, S. 6–9.
[46] Der Maschinenbauarbeiter Alexandre Martin, genannt Albert.
[47] Engels, *Revolution in Paris*, in: Deutsche-Brüsseler-Zeitung, Nr. 17, 27. Februar 1848, in: MEGA² I/7, S. 3, 6 und 5.
[48] MEGA¹ I/6, S. 231–249; MEW Bd. 4, S. 40–57.
[49] Siehe Dieter Langewiesche, *Der gewaltsame Lehrer. Europas Kriege in der Moderne*, München 2019, Kap. III/2.c.
[50] Engels, ‚Der preußische Preßgesetzentwurf', in: *Neue Rheinische Zeitung*, Nr. 50, 20. Juli 1848, in: MEGA² I/7, S. 367.
[51] Engels, ‚Die auswärtige deutsche Politik und die letzten Ereignisse zu Prag', in: *Neue Rheinische Zeitung*, Nr. 42, 12. Juli 1848, in: MEGA² I/7, S. 309.
[52] Engels, ‚Die Niederlage der Piemontesen', in: *Neue Rheinische Zeitung*, Nr. 260, 31. März 1849, in: MEW Bd. 6, S. 385–387.
[53] Engels, * Köln, 27. April. (Erfolge in Ungarn – Aufruhr in Wien), in: *Neue Rheinische Zeitung*, Nr. 284, 28. April 1849, Außerord. Beilage, S. 1.
[54] MEGA² III/9, Brief 201, III/8, S. 84, und III/9, Brief 103.
[55] MEGA² I/10, S. 367–443 und 962 ff.
[56] Zu Engels' Vorbemerkung von 1870 siehe MEGA² I/21, S. 167–174 und 1490 ff.
[57] MEGA² I/10, S. 37–118 und 741 ff.
[58] Marx/Engels, *Revue. Mai bis Oktober 1850*, in: MEGA² I/10, S. 448, 467 und 458.
[59] MEW Bd. 13, S. 225–268.
[60] Ibid., S. 571–612.
[61] MEGA² I/20, S. 71–108 und 1024 ff. – Vgl. Gustav Mayer, *Friedrich Engels. Eine Biographie*, Bd. 2, Frankfurt a. M. 1975, S. 134–144.
[62] MEGA² I/20, S. 108.
[63] Engels, *Marx, Heinrich Karl* (1892), in: MEGA² I/32, S. 185.
[64] Siehe MEGA² I/16, S. 611–614 und 648–656.
[65] MEGA² III/9, Brief 46.
[66] Engels an Joseph Weydemeyer, 19. Juni 1851, in: MEGA² III/4, S. 132 und 134.
[67] Engels an Hermann Engels, 15. Juli 1869, ibid., S. 628.
[68] Michael Knieriem, *„Gewinn unter Gottes Segen". Ein Beitrag zu Firmengeschichte und geschäftlicher Situation von Friedrich Engels*, Neustadt an der Aisch 1987, S. 108.
[69] Institut für Marxismus-Leninismus beim ZK der SED (Hg.), *Mohr und General. Erinnerungen an Marx und Engels*, Berlin 1982, S. 403.
[70] MEGA² I/24, S. 3–83 und 603 ff., hier S. 39 und 57.
[71] MEGA2 I/25, S. 30–45 und 565 ff., hier S. 44 f. Siehe Mayer, Friedrich Engels, a. a. O., Bd. 2, S. 267.
[72] MEGA² I/27, S. 541–582, 583–627 und 1249 ff.
[73] Engels an Karl Kautsky, 16. Februar 1884; Engels an Friedrich Adolph Sorge, 7. März 1884, zit. n. MEGA2 I/27, S. 591.
[74] Engels, Der Ursprung der Familie, des Privateigentums und des Staats. Im Anschluss an Lewis H. Morgan's Forschungen, in: MEGA² I/29, S. 7–117 und 586 ff.
[75] Ibid., S. 11 und 114.
[76] MEGA² I/31, S. 179 und 612 ff.
[77] MEGA² I/30, S. 122–162 und 780 ff., hier S. 148 und 162.
[78] MEGA² I/31, S. 299–379 und 1085 ff.
[79] Wilfried Nippel, ‚Friedrich Engels und die Politik des Vorworts', in: *Zeitschrift für Ideengeschichte* 11, 2017, H. 3, S. 67–78, hier S. 78. Siehe *Der Publizist Friedrich Engels und seine Foren, März 1891 bis August 1895*, in: MEGA² I/32, S. 587–602.
[80] MEGA² I/30, S. 27–40 und 654 ff.
[81] Engels, *Zur Geschichte des Bundes der Kommunisten*, in: MEGA² I/30, S. 89–108 und 748 ff.
[82] MEGA² II/8, S. 57–61.
[83] MEGA² II/9, S. 11–14.
[84] MEGA² II/13, S. 5–21.
[85] MEGA² I/31, S. 49–54 und 722 ff.
[86] Engels, *Wilhelm Wolff*, in: MEGA² I/25, S. 46–82 und 576 ff., erschienen ursprünglich 1876 in der Zeitschrift *Die Neue Welt*.
[87] Engels, ‚Marx und die „Neue Rheinische Zeitung" 1848–49', in: *Der Sozialdemokrat*, Nr. 11, 13. März 1884, in: MEGA² I/30, S. 14–21, hier S. 20.
[88] Engels an August Bebel, Anfang April 1891, zit. n. MEGA² I/32, S. 557.
[89] Engels, *Zur Kritik des sozialdemokratischen Programmentwurfs 1891*, in: MEGA² I/32, S. 50.
[90] Engels an Friedrich Adolph Sorge, 9. August 1890, und Engels an Gerson Trier, 18. Dezember 1889, in: MEGA² Bd. III/30, S. 395 und 107 sowie 400.
[91] MEGA² I/21, S. 181–219 und 1506 ff. Siehe Jürgen Herres, ‚Marx und Engels über Irland', in: *Marx-Engels-Jahrbuch 2011*, S. 12–27.
[92] Siehe Engels, *Notes on the War. 1870/71*, in: MEGA² I/21, S. 250–475, 1197 ff. und 1613 ff.
[93] MEGA² I/26. – Siehe Anneliese Griese und Gerd Pawlzig, *Friedrich Engels' „Dialektik der Natur", eine vergleichende Studie zur Editionsgeschichte*, in: MEGA-Studien, 1995/1, Amsterdam 1995, S. 33–60; Iring Fetscher, *Stalin. Über dialektischen und historischen Materialismus*. Vollständiger Text und kritischer Kommentar, 4. Aufl., Frankfurt a. M. 1959.
[94] MEGA² I/27, S. 494–496.
[95] Siehe MEGA² I/26, S. 595 f.
[96] MEGA² I/24, S. 319–339 und 1013 ff.
[97] Marx/Engels, *Les prétendues scissions dans l'Internationale*. Circulaire privée du Conseil Général, Genève 1872; dies., *Die angeblichen Spaltungen in der Internationale*, in: MEW Bd. 18, S. 3–51.
[98] Marx/Engels, *L'Alliance de la Démocratie Socialiste et l'Association Internationale des Travailleurs. Rapport et Documents*, in: MEGA² I/24, S. 163–283 und 776 ff.; dies., *Ein Komplott gegen die Internationale Arbeiterassociation*, ibid., S. 471 ff. und 1241 ff.
[99] Fritz Brupbacher, *Marx und Bakunin*, München 1913, S. 130.
[100] Mayer, *Friedrich Engels*, a. a. O., Bd. 2, S. 255.
[101] Engels, *Einleitung (1895) zu Karl Marx'*, a. a. O, S. 336 f.
[102] Heinrich Gemkow, *Friedrich Engels. Eine Biographie*, Berlin 1970, S. 624; *Friedrich Engels. Sein Leben und Wirken*, Moskau 1973, S. 561 und 567 (Russisches Original Moskau 1970).
[103] Engels, *Einleitung (1895) zu Karl Marx'*, a. a. O, S. 336 f.
[104] Ibid., S. 349. Vgl. Claus D. Kernig, ‚Das Verhältnis von Kriegslehre und Gesellschaftstheorie bei Engels', in: *Friedrich Engels 1820–1970. Referate, Diskussionen, Dokumente*, Hannover 1971, S. 77–92.
[105] Übersetzung aus dem Französischen nach MEW Bd. 39, S. 413.
[106] Engels, *Einleitung zu Sigismund Borkheims Broschüre* (…), in: MEGA² Bd. I/31, S. 53 f.
[107] Herfried Münkler, *Über den Krieg. Stationen der Kriegsgeschichte im Spiegel ihrer theoretischen Reflexion*, Weilerswist 2002, 2. Aufl. 2003, S. 15; ders., *Friedrich Engels als Theoretiker des Krieges*, ibid., S. 149–172.
[108] MEW Bd. 37, S. 351.
[109] MEGA² I/32, S. 209–233 und 991 ff., hier S. 209.

ENGELS ÜBER MARX: BIOGRAPHIE ALS GESCHICHTSPOLITIK

[1] Diese Formulierung in Marx' Brief an Engels, 31. Juli 1865 (MEGA² III/13, S. 509), ist zum geflügelten Wort geworden, nur definiert Marx ein spezifisches Geschäftsmodell: Er sei für den „theoretischen u. Parteitheil" zuständig; für Engels bleibe demnach nur die Finanzierung der Familie Marx, was der eigentliche Gegenstand dieses Briefes ist.
[2] An Johann Philipp Becker, 15. Oktober 1884, MEW Bd. 36, S. 218.
[3] Vorwort zur Zweiten Auflage *Zur Wohnungsfrage* (1887); MEGA² I/31, S. 21 f.
[4] Karl Kautsky, ‚Friedrich Engels', wieder in: MEGA² I/31, S. 483–507, S. 497, 500. Engels hatte Kautsky Informationen geliefert und den Text vor der Veröffentlichung gelesen, aber erklärt, er sei nur für die Fakten, nicht die Deutungen verantwortlich (siehe zur Entstehungs-

geschichte, ibid. S. 1249–1251). Kautsky stellt die Ebenbürtigkeit mit Marx heraus.

5 Bernstein, Eduard, ‚Friedrich Engels. Ein Gedenkblatt', in: *Der wahre Jacob* Nr. 239, 21. September 1895, Beilage, S. 2023–2026, S. 2023.

6 „Marxismus", „Marxist" etc. waren ursprünglich polemische Fremdbezeichnungen, die zuerst von Kautsky, dem Engels schließlich folgte, in Selbstbezeichnungen umgemünzt worden sind.

7 Das war die Wahrnehmung nach Erscheinen des 3. Bandes 1894; erst jetzt begann die ernsthafte wissenschaftliche Diskussion. Die Kontroversen über die Angemessenheit von Engels' Ausgabe haben erst im späten 20. Jahrhundert eingesetzt.

8 Siehe jetzt ausführlich Wilfried Nippel, ‚Die Arbeit an einem Gesamtwerk von Marx: Engels, Bernstein, Kautsky', in: Martin Endreß / Christian Jansen (Hg.): *Karl Marx im 21. Jahrhundert. Bilanz und Perspektiven*, Frankfurt a. M. 2020, S. 457–510.

9 Diese Vorworte sind nicht nur separat in Parteiorganen, sondern auch in zahlreichen Übersetzungen erschienen, oft lange bevor die Texte von Marx selbst in den jeweiligen Sprachen vorlagen; siehe Wilfried Nippel, ‚Friedrich Engels und die Politik des Vorworts', in: *Zeitschrift für Ideengeschichte* 11, 2017, H. 3, S. 67–78. Engels hat ferner eine Reihe von Übersetzungen von Marx' (und eigenen) Schriften kontrolliert bzw. überarbeitet; s. Renate Merkel-Melis, ‚Übersetzungen im Spätwerk von Friedrich Engels', in: *Das Kapital und Vorarbeiten. Exzerpte und Entwürfe*, Hamburg 2011, S. 195–208.

10 MEGA² I/31, S. 293–379; siehe Wilfried Nippel, *Fußnoten, Zitate, Plagiate. Wissenschaftsgeschichtliche Streifzüge*, Heidelberg 2014, S. 44–48.

11 Die Texte finden sich in MEGA² I/21; siehe dazu die Einführung S. 1200–1209.

12 MEGA² I/21, S. 77–82; zur Entstehungsgeschichte siehe S. 1319–1324.

13 Karl Marx an Louis Kugelmann, 30. Januar 1868, MEW Bd. 32, S. 536 f. Etwas detaillierter ist die Liste, die er an den russischen *Kapital*-Übersetzer Nikolai F. Danielson schickte, 7. Oktober 1868, MEW Bd. 32, S. 563–565. Die Mitarbeit an Zeitungen und Zeitschriften wird nur pauschal genannt. Da Marx kein detailliertes Schriftenverzeichnis geführt hat, hatte schon Engels Schwierigkeiten bei der Identifikation anonym erschienener Artikel. In den Editionen des 20. Jahrhunderts sind mit jeder Ausgabe neu identifizierte Artikel hinzugekommen, aber gleichzeitig einige andere, die man zuvor Marx (bzw. Engels) zugeschrieben hatte, wieder entfernt bzw. als Dubiosa qualifiziert worden.

14 Friedrich Engels an Louis Kugelmann, 31. Juli 1868, MEW Bd. 32, S. 555.

15 Karl Marx an Friedrich Engels, 29. Juli 1868, MEW Bd. 32, S. 128 f.

16 Zit. MEGA² I/21, S. 1321.

17 Karl Marx an Louis Kugelmann, 26. Oktober 1868, MEW Bd. 32, S. 573.

18 Alle Zitate MEGA² I/21, S. 77 f.

19 Karl Marx an Wilhelm Blos, 10. November 1877, MEW Bd. 34, S. 308. Der Begriff begegnet häufig bei zeitgenössischen Kritikern des Lassalle-Kultus. Siehe dazu insgesamt Wilfried Nippel, ‚Charisma, Organisation und Führung. Ferdinand Lassalle und die deutsche Arbeiterpartei', in: *Mittelweg 36*, Jg. 27, 2018, H. 6, S. 16–42.

20 Nach einer Aufforderung Liebknechts, einen Artikel über Marx und Lassalle zu schreiben, hatte Engels überlegt, das Thema in einer populären Broschüre zu behandeln (Friedrich Engels an Karl Marx, 23. Januar 1868, MEW Bd. 32, S. 22), es aber nicht getan.

21 Wilhelm Liebknecht an Karl Marx, 17. August 1869, in: *Die I. Internationale in Deutschland 1864–1872. Dokumente und Materialien*, [hrsg. v. Rolf Dlubek u. a.], Berlin 1964, S. 414: Er sei sich mit Wilhelm Bracke und Samuel Spier (Repräsentanten des ADAV-Flügels, der die Eisenacher Partei mitbegründet hatte) einig, dass man vorübergehend Lassalle nicht nennen solle.

22 Friedrich Engels an Karl Marx, 5. September 1869, MEW Bd. 32, S. 370: Liebknecht habe der „ganzen Biographie die Hoden abgeschnitten".

23 MEGA² I/21, S. 80.

24 Ibid., S. 81. Die Behauptung, die von Marx verwendeten (amtlichen) Materialien seien in England fast unbekannt, ist abwegig.

25 Dabei werden von Engels hier und in den späteren Texten immer die autobiographische Skizze von Marx im Vorwort von *Zur Kritik der politischen Ökonomie* 1859 (MEGA² II/2, S. 99–103), und die Selbstaussagen von Marx in *Herr Vogt* (1860) verwendet.

26 Das wird von Engels in den späteren Darstellungen wiederholt. Dass er von der provisorischen Regierung eingeladen oder zurückberufen worden sei, hat Marx seit 1860 behauptet, *Herr Vogt*, in MEGA² I/18, S. 273. S. 330 druckte er ein Schreiben des Ministers Flocon ab, in dem ihm in pathetischen Worten die Unterstützung der französischen Behörden zugesichert wurde. Marx datierte es auf den 1. März; da war er noch in Brüssel; das erhaltene Original zeigt 10. März; da war er längst in Paris, siehe Jacques Grandjonc, ‚Eine dritte MEGA? Jacques Grandjonc im Gespräch mit Peter Schöttler', in: Doris Obschernitzki (Hg.): *Frankreichs deutsche Emigranten. Texte von und Erinnerungen an Jacques Grandjonc (1933–2000)*, Teetz 2003, S. 85–96, S. 89. Da Marx dieses Schreiben seinem Anwalt in der Vogt-Affäre übersandt hat (an Julius Weber, 3. März 1860, MEGA² III/10, S. 340), liegt wahrscheinlich keine Täuschungsabsicht, sondern eine Autosuggestion vor. Die Hinweise von Grandjonc sind weitgehend unbeachtet geblieben, so dass die Version „Einladung" auch in jüngster Marx-Literatur zu lesen ist.

27 MEGA² I/21, S. 80 f. Engels hatte schon 1859 in seiner Rezension von *Zur Kritik der politischen Ökonomie* behauptet, Marx habe sich aus den Schlammschlachten der Emigranten herausgehalten, MEGA² II/2, S. 246–255, hier S. 249.

28 Friedrich Engels, ‚Karl Marx (Esquisse biographique)', in: *Marx-Engels-Jahrbuch* 13, 1991, S. 143–156 [Nachtrag zu MEGA² I/22]. Hier findet sich erstmals der Irrtum, David Hansemann sei Mitgründer der *Rheinischen Zeitung* gewesen. Als Gerücht wird erwähnt, Alexander von Humboldt habe Anfang 1845 bei der französischen Regierung die Ausweisung von Marx erwirkt, was Engels in seinem Nachruf auf Jenny Marx Ende 1881 als Tatsache ausgab (MEGA² I/25, S. 291). Beide Angaben sind trotz eindeutiger Widerlegungen in der Marx-Literatur des 20. Jahrhunderts reproduziert worden.

29 MEGA² I/24, S. 314–317 (und S. 1007 f. zur Entstehungsgeschichte). Grundlage war ein im Mai 1873 geschriebener Text, der ursprünglich als Vorwort zur französischen Übersetzung von *Kapital*, Bd. 1, dienen sollte, dann aber nicht in die Ausgabe aufgenommen worden ist (ibid., S. 295–298, und S. 967–969 zur Entstehungsgeschichte).

30 MEGA² I/25, S. 100–111; zur Entstehungsgeschichte ibid., S. 638–645.

31 Vgl. die Erzählungen von Marx 1874, an die sich Wilhelm Blos später erinnert hat, in: *Mohr und General. Erinnerungen an Marx und Engels*, Berlin [4]1982, S. 316 f.

32 Die in London 1850 herausgegebene *Neue Rheinische Zeitung. Politisch-ökonomische Revue* „mußte […] gegenüber der immer heftiger auftretenden Reaktion aufgegeben werden", MEGA² I/25, S. 105. Gescheitert ist sie daran, dass Marx seine Texte nicht rechtzeitig fertigstellte und daran, dass er (gemeinsam mit Engels) mit bösartigen Angriffen gegen andere (Gottfried Kinkel) einen Teil des Publikums vergrault hatte.

33 MEGA² I/25, S. 103.

34 Ibid. Im Text zur Geschichte des BdK (s. u.) hat Engels 1885 ausgeführt, dass die Internationalität vor allem auf den Londoner Arbeiterverein als Rekrutierungsbasis zutraf, aber eben nur für Personen, die Deutsch konnten, MEGA² I/30, S. 94 f.

35 MEGA² I/25, S. 104.

36 Ibid., S. 106.

37 Ibid. Zur Rolle von Marx in der IAA siehe knapp Wilfried Nippel, *Karl Marx*, München 2018, S. 97–101, und ausführlicher Jürgen Herres, *Marx und Engels. Porträt einer intellektuellen Freundschaft*, Stuttgart 2018, S. 195–208.

38 MEGA² I/25, S. 107.

39 Ibid., S. 107 ff., Zit. S. 107.

[40] Nachweise dieser Texte in: MEGA² I/25, S. 642–644.

[41] Ibid., S. 407 f.

[42] Dass dies dem Selbstverständnis von Marx entsprach, ist zu bezweifeln.

[43] MEGA² I/25, S. 415–418.

[44] Das führte zu einem Konflikt mit der älteren Marx-Tochter Laura Lafargue, siehe Nippel, ‚Die Arbeit an einem Gesamtwerk', a. a. O.

[45] MEGA² I/25, S. 418.

[46] Text von Most bei Philip S. Foner, *When Karl Marx died. Comments in 1883*, New York 1973, S. 105–107. Engels, MEGA² I/25, S. 420: Marx und er hätten auf Mosts Wunsch die 2. Aufl. (1876) von *Kapital und Arbeit. Ein populärer Auszug aus „Das Kapital" von Karl Marx*, durchgesehen. Eigentlich hätte man den Text ganz neu schreiben müssen. Marx habe Most Verbesserungen der „allerschlimmsten Böcke" zukommen lassen, unter der Bedingung, dass er nicht mit der Schrift in Zusammenhang gebracht werden dürfe. Auch wenn das Publikum nicht wissen konnte, wie erpicht Marx auf diese Veröffentlichung gewesen war (Karl Marx an Friedrich A. Sorge, 27. September 1877, MEW Bd. 34, S. 294), warf das nicht unbedingt ein günstiges Licht auf ihn, was Engels im Eifer des Gefechts wohl entgangen ist.

[47] Friedrich Engels an August Bebel, 30. April 1883; Friedrich Engels an Johann Ph. Becker, 22. Mai 1883; Friedrich Engels an Laura Lafargue, 24. Juni 1883 und 14. Januar 1884, MEW Bd. 36, S. 21, 28, 43, 85.

[48] Seit der Fusion von ADAV und SDAP in Gotha 1875: Sozialistische Arbeiterpartei Deutschlands (SAP).

[49] MEGA² I/30, S. 14–2; zur Entstehungsgeschichte ibid., S. 632 f.

[50] Ibid., S. 17.

[51] Ibid., S. 16 f. Die Darlegung, warum Marx und er nach Köln gegangen seien, klingt merkwürdig apologetisch. Rätselhaft ist die Bemerkung, man habe „uns nach Berlin verbannen wollen"; zu den Spekulationen in der späteren wissenschaftlichen Literatur siehe François Melis, ‚Zur Gründungsgeschichte der Neuen Rheinischen Zeitung. Neue Dokumente und Fakten', in: *MEGA-Studien* 1998/1, S. 3–63, S. 21 ff.

[52] MEGA² I/30, S. 20 f.; vgl. auch die durch Kautsky veröffentliche Geschichte vom „wehrhaften" Marx; u. Anm. 96.

[53] MEGA² I/30, S. 16.

[54] Ibid., S. 17. Engels, *Die auswärtige Politik des russischen Zarentums* (1890): Es sei Marx' Verdienst, seit 1848 die Notwendigkeit dieses Krieges betont zu haben, MEGA² I/31, S. 179.

[55] MEGA² I/30, S. 19. Der Begriff stammt von Karl Marx, *Der 18. Brumaire des Louis Bonaparte* (1852), MEGA² I/11, S. 155.

[56] Während die Selbstaussagen von Engels in der späteren „orthodoxen" Literatur ungebrochen reproduziert worden sind, hat man diese lieber ignoriert.

[57] Wolffs Serie vom März/April 1849, in der die seit der „Bauernbefreiung" von den schlesischen Bauern an Adel und Staat geleisteten Ablösungszahlungen als völlig ungerecht angeprangert wurden, war seinerzeit der wohl am meisten andernorts nachgedruckte Artikel aus der NRhZ. Ein Neudruck erschien in der ‚Sozialdemokratischen Bibliothek' der Volksbuchhandlung in Hottingen im Frühjahr 1886. Als Einleitung diente der (verspätete) Nachruf von Engels auf Wolff 1876 (MEGA² I/25, S. 46–82) sowie ein von ihm neu geschriebener Text, „Zur Geschichte der preußischen Bauern" (MEGA² I/30, S. 112–121).

[58] In fünf Ausgaben, 5.–11. April 1849; die angekündigte Fortsetzung ist ausgeblieben (MEW Bd. 6, S. 397–425). Die Texte gehen auf Vorträge zurück, die Marx 1847 im deutschen Arbeiterverein in Brüssel gehalten hatte. Als Leitartikel wirken sie, zumal zu diesem Zeitpunkt, merkwürdig deplatziert.

[59] MEW Bd. 6, S. 519.

[60] MEGA² I/30, S. 21. Diese Legende hatte Engels schon 1850 verbreitet: die NRhZ sei das einzige Blatt gewesen, in dem die „rheinischen Arbeiter [...] ihre Interessen offen und entschieden vertreten sahen"; *Die deutsche Reichsverfassungskampagne*, MEGA² I/10, S. 56. Die NRhZ richtete sich mit ihrer elaborierten Sprache, den zahlreichen historischen Vergleichen und literarischen Anspielungen an eine intellektuelle Leserschaft; die großen politischen Entwicklungen auf europäischer und nationale Bühne standen im Vordergrund.

[61] Engels hatte Bernstein ein Redaktionsexemplar aus dem Nachlass Marx zukommen lassen; Friedrich Engels an Eduard Bernstein, 5. Februar 1884, MEW Bd. 36, S. 98. Nachweise der nachgedruckten Artikel bei Renate Merkel-Melis, ‚Die Neue Rheinische Zeitung im journalistischen Spätwerk von Engels', in: *Die Journalisten Marx und Engels. Das Beispiel Neue Rheinische Zeitung*, Hamburg 2006, S. 249–258, S. 250 f.

[62] Neben Marx waren Schapper und der Rechtsanwalt Karl Schneider angeklagt. Am Tag zuvor hatte ein Verfahren wegen Beleidigung durch die NRhZ gegen Marx, Engels und Hermann Korff (presserechtlich verantwortlicher Herausgeber) ebenfalls mit Freisprüchen geendet. Beide Prozesse waren dokumentiert worden in: *Zwei politische Prozesse. Verhandelt vor den Februar-Assisen in Köln, Köln 1849*. Die Broschüre 1885 enthielt nur die Rede von Marx im zweiten Prozess. Im Titel wurde ein falsches Datum: 9., statt 8. Februar 1849 genannt, was auch im Nachdruck 1895 nicht korrigiert worden ist.

[63] MEGA² I/30, S. 75–81; zur Entstehungsgeschichte ibid., S. 726 f.

[64] MEGA² I/30, S. 79.

[65] Siehe Jürgen Herres, ‚Der Kölner Kommunistenprozess von 1852', in: *Geschichte in Köln* 50, 2003, S. 133–155.

[66] MEGA² I/30, S. 89–108; zur Entstehungsgeschichte ibid., 748 f.

[67] Ibid., S. 93.

[68] Ibid., S. 100. „Noch heute" ist merkwürdig. Das *Kommunistische Manifest* war nach 1850 weitgehend verschollen. Die Neuauflage 1872 (erstmals unter diesem Titel) hat Wilhelm Liebknecht Marx und Engels abgezwungen. Auf sie folgten diverse Übersetzungen. Seit den 1880er Jahren versah Engels Neuauflagen und von ihm autorisierte Übersetzungen mit Vorworten, welche die Verbreitung des Manifests als Beweis für den weltweiten Siegeszug der Marx'schen Lehre feierten, siehe Nippel, ‚Friedrich Engels und die Politik', a. a. O., S. 70–72.

[69] Engels druckte den Text, der ihm selbst nicht vorlag, nach der leicht verstümmelten Fassung bei [Carl] Wermuth / [Wilhelm] Stieber, *Die Communisten-Verschwörungen des neunzehnten Jahrhunderts*, Berlin 1853/54, Bd. 1, S. 68 f. Wermuth war hannoverscher Polizeidirektor, Stieber hatte für die neu etablierte Berliner politische Polizei die Verfolgung der Kommunisten mit evident rechtswidrigen Methoden betrieben. Ihre Dokumentation war für den internen Dienstgebrauch von Polizeibehörden bestimmt, später aber allgemein zugänglich. (Der 2. Band enthält Dossiers zu allen Personen, die irgendwann einmal bei den Behörden in Kommunismusverdacht geraten waren, mit der üblichen Mischung aus Fakten und Fiktionen. Marx wird als Sohn eines Obergerichtsrats bezeichnet – was in vielen Nachrufen auf ihn wiederholt werden sollte. Bei Engels wird ein falsches Geburtsjahr angegeben). Laut Engels handelte es sich um ein, von „zwei der elendsten Polizeilumpen unseres Jahrhunderts zusammengelogene[s], von absichtlichen Fälschungen strotzende[s] Machwerk", das „noch heute allen nichtkommunistischen Schriften über jene Zeit als letzte Quelle" diene (MEGA² I/30, S. 89; die letzte Bemerkung bezieht sich auf das Buch von Adler; siehe weiter unten). Ganz so einfach war es nicht, denn Wermuth / Stieber hatten beschlagnahmte Papiere beider Fraktionen des BdK abgedruckt, die sonst nirgendwo mehr greifbar waren. In der neuen Ausgabe von Marx, *Enthüllungen über den Kommunisten-Prozeß*, ließ Engels aus Wermuth / Stieber auch die „Ansprachen" (Rundschreiben) der Londoner Führung des BdK vom März und Juni 1850 nachdrucken. Im zweiten Text war auch Johann Philipp Becker attackiert worden. Engels strich seinen Namen, da Becker später ein politischer und persönlicher Freund geworden war, siehe *Der Bund der Kommunisten. Dokumente und Materialien, Bd. 2, 1849–1851*, [hrsg. v. Herwig Förder u. a.], Berlin 1982, S. 649 f.

[70] MEGA² I/30, S. 102. Engels hatte dies schon in den Texten von 1869 und 1877 erwähnt, nannte jedoch hier erstmals die Namen der Anführer, neben Herwegh noch (Adelbert von)

Bornstedt und (Karl) Börnstein. Ob dies jeweils mit einer bestimmten Absicht erfolgte, ist unklar.

71 MEGA² I/30, S. 102 f. Über diese Verhandlungen, über die Engels Arcanwissen besaß, hätte man gern mehr erfahren. Wenn die Gesamtzahl der Heimkehrer annähernd stimmt, können die BdK-Mitglieder nicht die große Mehrheit ausgemacht haben; siehe weiter unten.

72 MEGA² I/30, S. 103.

73 Ibid., S. 104.

74 Ibid., S. 106. Schapper wird milder behandelt, da er sich später mit Marx versöhnt hatte.

75 Ibid., S. 107. In: *Herr Vogt*, MEGA² I/18, S. 108 und 272, hatte Marx ausgeführt, unmittelbar nach dem Kölner Prozess habe sich der „Bund" auf seinen Antrag für aufgelöst erklärt, was durch einen Brief von ihm an Engels, den dieser wiedergefunden habe, nachgewiesen sei. Seinem Anwalt schickte er diesen Brief vom 19. November 1852; an Julius Weber, 24. Februar 1860, MEGA² III/10, S. 296. Anscheinend rechnete er mit einem Fälschungsvorwurf, weil er sowohl in diesem Schreiben wie auch in *Herr Vogt* darauf hinwies, die Echtheit sei durch Poststempel von London und Manchester verbürgt; es handelt sich wohl um eine Art Postkarte; siehe Karl Marx an Ferdinand Freiligrath, 29. Februar 1860, MEGA² III/10, S. 326: „nicht enveloppirt"; was es damit auf sich hat, ist nicht mehr nachzuprüfen, da nur Marx' Abschrift vom 24. Februar 1860 erhalten ist. In dem Brief steht nur: „Der Bund hier hat sich vergangnen Mittwoch [17. November 1852] auf meinen Antrag hin aufgelöst und die Fortdauer des Bundes auch auf dem Continent für nicht mehr zeitgemäß erklärt. Auf dem Continent hatte er übrigens ja seit Verhaftung von Bürgers [und] Röser [Mai 1851] faktisch schon aufgehört", MEGA² III/6, S. 88. Der Beschluss kann sich nur auf den Kreis London („der Bund hier") bezogen haben, die Bundesgemeinden in den USA waren ausgenommen; wieweit die Empfehlung nach Deutschland kommuniziert worden ist, ist unklar; jedenfalls bestanden dort organisierte Gemeinden und informelle Gruppen weiter, siehe Martin Hundt, *Geschichte des Bundes der Kommunisten 1836–1852*, Frankfurt a. M. 1993, S. 766 ff. (Engels hatte dies 1869 angedeutet, MEGA² I/21, S. 77, s. o. im Text). Auch in neuester Literatur ist noch oft von förmlicher Auflösung des gesamten BdK (Fraktion Marx) die Rede. Marx, *Enthüllungen über den Kommunisten-Prozeß*, MEGA² I/11, S. 371, hatte die Rede der Kölner Ankläger von einer „Partei Marx" und einer „Partei Willich-Schapper" zurückgewiesen. Letztere sei vielmehr als Minorität ein „Sonderbund" gewesen. Das stellt die Assoziation her zum Bündnis der katholischen Kantone der Schweizer Eidgenossenschaft zur Verteidigung ihrer Autonomie, das von der Mehrheit der Kantone als illegitim bezeichnet und im „Sonderbundskrieg" 1847 besiegt worden war. Dass Willich / Schapper in der Minderheit gewesen seien, galt aber nur für die Sitzung der Zentralbehörde des BdK am 15. September 1850, auf der die Spaltung beschlossen wurde, nicht für die Kommunisten in London insgesamt (wie übrigens auch Engels im Text einräumt), und sicherlich nicht für die Gemeinden des BdK auf dem Kontinent; siehe Rolf Dlubek, ‚August Willich (1810–1878). Vom preußischen Offizier zum Streiter für die Arbeiteremanzipation auf zwei Kontinenten', in: Helmut Bleiber / Walter Schmidt / Susanne Schötz u. a. (Hg.): *Akteure eines Umbruchs. Männer und Frauen der Revolution von 1848/49*, Berlin 2003, S. 923–1003, S. 956–971. Die marxistische Historiographie hat den „Sonderbund" nur als Gegenspieler des „legitimen" BdK wahrgenommen, dessen Geschichte mit der „Auflösung" durch Marx als beendet galt. Da zeitgenössische oder spätere Selbstdarstellungen aus den Reihen des „Sonderbundes" fehlen, ist sein Ende nach Willichs Übersiedlung in die USA Anfang 1853 nicht rekonstruierbar. Viele Mitglieder haben später wichtige Rollen in der amerikanischen wie europäischen Arbeiterbewegung gespielt.

76 Friedrich Engels (aus Barmen) an Karl Marx, 25. April 1848, MEGA² III/2, S. 152 f.

77 Karl Marx, *Herr Vogt*, MEGA² I/18, S. 107: wegen der neuen legalen Möglichkeiten „erlosch seine [des Bundes] Thätigkeit von selbst".

78 Siehe Gerhard Becker, ‚Joseph Moll. Mitglied der Zentralbehörde des Bundes der Kommunisten und Präsident des Kölner Arbeitervereins', in: Helmut Bleiber / Walter Schmidt / Rolf Weber (Hg.): *Männer der Revolution von 1848*, Bd. 2, Berlin 1987, S. 53–83; François Melis, ‚Neue Rheinische Zeitung. Organ der Demokratie. Ein Redaktionsalltag – oder mehr? Köln, 14. November 1848', in: *Jahrbuch für Forschungen zur Geschichte der Arbeiterbewegung* 2002, H. 2, S. 85–107.

79 Siehe Wilfried Nippel, ‚Diktatur des Proletariats – Versuch einer Historisierung', in: *Zyklos. Jahrbuch für Theorie und Geschichte der Soziologie* 5, 2019, S. 71–130, S. 100 f.

80 So die spätere Erinnerung von Born 1898, in Kenntnis von Engels' Attacke; Stefan Born, *Erinnerungen eines Achtundvierzigers*, hrsg. v. Hans J. Schütz, Berlin 1978, S. 102 f.

81 Texte in: *Der Bund der Kommunisten, Bd. 1, 1836–1849*, [hrsg. v. Herwig Förder u. a.], Berlin ²1983, S. 929 f.

82 Siehe Frolinde Balser, *Sozial-Demokratie 1848/49–1863. Die erste deutsche Arbeiterorganisation „Allgemeine deutsche Arbeiterverbrüderung" nach der Revolution*, Stuttgart 1962, Bd. 1, S. 72–75.

83 Für Anfang 1848 ist nach Angaben aus Rundschreiben der Zentrale mit ca. 200 Mitgliedern zu rechnen; s. Herres, *Marx und Engels*, a. a. O., S. 87. Nach Friedrich Beck / Walter Schmidt (Hg.): *Dokumente aus geheimen Archiven, Bd. 5: Die Polizeikonferenzen deutscher Staaten 1851–1866. Präliminardokumente, Protokolle und Anlagen*, Weimar 1993, S. 44, Anm. 40, hat der BdK „zur Zeit seiner größten Ausbreitung" etwa 800 Mitglieder gehabt; worauf diese Angabe beruht und auf welche Zeit sie sich beziehen soll, ist nicht erkennbar.

84 MEGA² I/30, S. 105, im Anschluss an das Rundschreiben der Zentralbehörde vom Juni 1850: „Die einflußreichsten Mitglieder der Arbeiterverbrüderung gehören auch dem Bunde an"; *Der Bund der Kommunisten, Bd. 2, 1849–1851, S.* 199.

85 Siehe Toni Offermann, ‚Allgemeine deutsche Arbeiterverbrüderung, Norddeutsche Arbeitervereinigung und Bund der Kommunisten. Zu neueren DDR-Publikationen zur elementaren Arbeiterbewegung 1848–1851', in: *Archiv für Sozialgeschichte* 22, 1982, S. 523–543; Jürgen Schmidt, *Brüder, Bürger und Genossen. Die deutsche Arbeiterbewegung zwischen Klassenkampf und Bürgergesellschaft 1830–1870*, Bonn 2018, S. 285–294. Aufschlussreich ist der Brief von Wilhelm Haupt an Karl Marx, 3. Dezember 1850, über die Situation des BdK in Hamburg: in der dortigen Gemeinde seien „Creti und Pleti" [ist es Zufall, dass Engels später die gleiche Formulierung verwendet?]; man meine, die Arbeiterverbrüderung reiche als Organisation, man brauche den BdK eigentlich nicht; es gebe nur Streit um Personen, aber nie um Prinzipien, MEGA² III/3, S. 687.

86 So die spätere Deutung von Born, *Erinnerungen eines Achtundvierzigers*, a. a. O., S. 77: Engels habe ihm nie verzeihen können, „daß ich arbeitete, ohne vorher bei ihm, dem päpstlichen Staatssekretär in Köln, Verhaltungsbefehle [richtig wohl: Verhaltensbefehle] einzuholen".

87 Die Nennung des ursprünglichen jüdischen Familiennamens Buttermilch war ebenso billig wie die Titulierung als „kleiner Schweizer Professor". (Born war seit Ende 1879 außerplanmäßiger Professor für Literatur in Basel). Engels weiter: „Born betheiligte sich am Dresdner Maiaufstand 1849, und entkam glücklich" – Born hatte schließlich den Oberbefehl übernommen, sich in letzter Minute retten können, und war krank und mittellos auf seiner ersten Exilstation Straßburg in einer verzweifelten Lage gewesen.

88 Born war 1850 aus dem BdK ausgestoßen worden, weil er sich in der Schweiz einer „kleinbürgerlichen" Organisation angeschlossen hatte. Er begann dann bald, sich eine bürgerliche Existenz aufzubauen. Als Marx ihn 1859 in der Auseinandersetzung mit Carl Vogt auf seine Seite ziehen wollte, lehnte Born ab; er begrüße den Versuch der „Annäherung zwischen alten Freunden", freue sich auf Marx' „Nationalökonomie", teile aber nicht mehr die kommunistischen Überzeugungen und wolle sich auch nicht in die Konflikte

zwischen Emigranten hineinziehen lassen (an Jenny Marx, 23. Juni 1859, MEGA^2 III/9, S. 492–494). Born hat auch in späterer Zeit als Redakteur der *Basler Nachrichten* mit Respekt von Marx und Engels gesprochen. In einer Rezension von Engels, *Die Entwicklung des Sozialismus von der Utopie zur Wissenschaft*, hat er im März 1884 geschrieben, die Aufhebung des Privateigentums sei ein Hirngespinst, an das nur ein Promille der Europäer glaubten, siehe Franziska Rogger, *„Wir helfen uns selbst!". Die kollektive Selbsthilfe der Arbeiterverbrüderung 1848/49 und die individuelle Selbsthilfe Stephan Borns*, Erlangen 1986, S. 289–300, 331–334, 342 f. Es gibt m. W. keinen Hinweis, dass Engels Borns Rezension kannte und seine Attacke dadurch ausgelöst worden ist.

[89] Friedrich Engels an Hermann Schlüter, 16. Juni 1885, MEW Bd. 36, S. 333.

[90] Georg Adler, *Die Geschichte der ersten sozialpolitischen Arbeiterbewegung in Deutschland mit besonderer Rücksicht auf die einwirkenden Theorien. Ein Beitrag zur Entwickelungsgeschichte der sozialen Frage*, Breslau 1885 (Neudruck Frankfurt a. M. 1966), S. 157.

[91] Adler, *Geschichte*, a. a. O., S. 304. Weitling und Grün waren „Lieblingsfeinde" von Marx und Engels in den späteren 1840er Jahren gewesen. In seinen Randnotizen zu Adlers Buch notierte Engels zu dieser Stelle: „Schöne Gesellschaft!", siehe Jakow Rokitjanski, ‚Engels' Notizen in Georg Adlers Buch „Die Geschichte der ersten socialpolitischen Arbeiterbewegung in Deutschland"', in: *Marx-Engels-Jahrbuch* 2, 1979, S. 339–368, S. 359.

[92] Friedrich Engels an Hermann Schlüter, 11. November 1885, MEW Bd. 36, S. 382.

[93] Erschienen in *Die Neue Zeit*, Februar 1886, wieder in: MEGA^2 I/30, S. 200–206.

[94] MEGA^2 I/30, S. 201. Ein falsches Geburtsdatum für Engels zu korrigieren ist das eine, darauf herumzureiten, dass Marx/Engels, *Die Heilige Familie*, einmal auf 1844, das andere Mal auf 1845 datiert wird, was beweise, dass Adler das Buch nie in der Hand gehabt habe, das andere. Adler hatte auch geschrieben, dass Marx' Großvater ursprünglich Mordechai geheißen habe und Marx' Vater in seiner Vaterstadt Trier Advokat geworden sei. Die erste (richtige) Information, für die Adler als Quelle einen Neffen von Marx angegeben hatte, wurde bezweifelt, zur zweiten korrigiert, der Vater stamme aus Saarlouis. In Saarlouis ist er geboren, in Trier aufgewachsen. Auch Trier kann man „Vaterstadt" nennen.

[95] Das *Kommunistische Manifest* wird auf 1847 datiert, MEGA^2 I/30, S. 89; dass er gemeinsam mit Marx mit der Ausarbeitung dieses Textes beauftragt worden sei (ibid., S. 103), ist zumindest fragwürdig, da die spätere Mahnung der Londoner Zentrale allein an Marx gegangen war.

[96] Aus Engels' Brief vom 2. Dezember 1885 (MEW Bd. 36, S. 399) übernahm Kautsky die Geschichte, Marx habe einmal zwei Unteroffiziere, die ihn in seiner Wohnung aufspürten, um sich über einen NRhZ-Artikel zu beschweren, zum kleinlauten Rückzug veranlasst, indem er sie eine (ungeladene) Pistole in seinem Schlafrock sehen ließ. (Laut Engels hatten die Unteroffiziere Säbel getragen; bei Kautsky steht: Seitengewehre). Über diesen „Besuch" hat sich Marx tatsächlich am 3. März 1849 beim Kölner Festungskommandanten beschwert (MEGA^2 III/3, S. 13 f., Antwort vom 4. März, S. 277 f.). Ob die „Pistolengeschichte" (Engels) stimmt, ist nicht zu klären.

[97] Zur Geschichte der NRhZ hatte sich Adler auf Engels' Darstellung gestützt; nun wurde ihm vorgehalten, dessen Formulierung vom ursprünglich geplanten „echt lokal-kölnisch[en]" Charakter der Zeitung (MEGA^2 I/30, S. 16) aufgegriffen und bei der Aufzählung der Redakteure Ferdinand Wolff vergessen zu haben, den Engels in seiner Darstellung ebenso nicht erwähnt hatte wie die von Adler genannten Dronke, Weerth und Freiligrath. Adler, *Geschichte*, a. a. O., S. 215: Die NRhZ forderte zur Durchsetzung der Demokratie „die sofortige Einführung der Diktatur, welche die alten Institutionen zerschlagen und entfernen sollte. Aus diesem Grunde griff das Blatt von vornherein Kamphausen [sic] an". Das war in dem Leitartikel (von Marx), 14. September 1848, im Rückblick auf den preußischen Ministerpräsidenten Camphausen gesagt worden, MEGA^2 I/7, S. 698: „Wir haben es Camphausen von Anfang an vorgeworfen, daß er nicht diktatorisch auftrat, daß er die Überbleibsel der alten Institutionen nicht sogleich zerschlug und entfernte". (Zur Sache siehe Nippel, ‚Diktatur des Proletariats', a. a. O., S. 80 f.). Dazu Kautsky (wahrscheinlich nach Auskunft von Engels): Das habe in keinem Leitartikel gestanden, höchstens in irgendeiner versteckten Korrespondenz, die von den Redakteuren selbst gar nicht zur Kenntnis genommen wurde, MEGA^2 I/30, S. 204. Adlers Überblick (S. 215–230) über die Tendenzen der NRhZ – einschließlich der Attacken (von Engels) auf die „geschichtslosen", deshalb nicht zu staatlicher Souveränität berechtigten slawischen Völker –, zeigt, dass er die Zeitung wirklich durchgesehen hat.

[98] Siehe auch Adlers bio-bibliographischen Anhang in: *Die Grundlagen der Karl Marxschen Kritik der bestehenden Volkswirtschaft: Kritische und ökonomisch-literarische Studien*, Tübingen 1887, S. 301 ff. mit der Auswertung der *Rheinischen Zeitung* und des Pariser *Vorwärts!* (1844). Franz Mehring, wie Kautsky in diversen Scharmützeln mit Adler engagiert, hat diesem später eine verfälschende Auswertung der Geschichte des *Vorwärts!* inklusive der Ausweisung von Marx aus Paris vorgeworfen, obwohl er trotz jahrelanger Bemühungen kein vollständiges Exemplar der Zeitschrift zur Verfügung hatte; anders als Adler, der ein solches von dem ehemaligen Herausgeber Heinrich Börnstein bekommen hatte, Mehring, ‚Börnsteins Memoiren', in: *Die Neue Zeit* Jg. 13, Bd. 2, 1895, S. 377–380.

[99] MEGA^2 I/30, S. 89 f.

[100] Es bedürfte noch einer Überprüfung, ob Engels nicht schon in seinem Text zur Geschichte des BdK, etwa in den Passagen zum Wirken von Weitling und anderen in der Schweiz in den frühen 1840er Jahren, auch Adler benutzt hat, oder ob Übereinstimmungen nur aus der Nutzung der gleichen Quellen resultierten.

[101] Georg Adler, *Rodbertus, der Begründer des wissenschaftlichen Sozialismus. Eine sozialökonomische Studie*, Leipzig 1884; dagegen Karl Kautsky, ‚Das Kapital von Rodbertus', in: *Die neue Zeit* 2, 1884, S. 337–350, 385–402; zur Verwendung von Hinweisen von Engels, siehe MEGA^2 I/30, S. 863–865. Zum Kampf gegen den „Rodbertus-Kultus", den „Wunsch bei Nichtkommunisten einen ebenfalls nichtkommunistischen Rivalen neben Marx zu stellen" (Friedrich Engels an Eduard Bernstein, 22. August 1884, MEW Bd. 36, S. 204), siehe die Nachweise MEGA^2 I/30, S. 592–595, sowie Nippel, *Fußnoten, Zitate*, a. a. O., *S.* 48 f.; ders., ‚Friedrich Engels und die Politik', a. a. O., S. 73 f.

[102] Franz Mehring, *Geschichte der deutschen Sozialdemokratie, Bd. 1: Von der Julirevolution bis zum preußischen Verfassungsstreite 1830 bis 1863*, Stuttgart 1897, S. 315 ff. und 597. Bald darauf erschien Max Quarck (Hg.): *Die Arbeiterverbrüderung 1848/49. Erinnerungen an die Klassenkämpfe der ersten deutschen Revolution*, Frankfurt a. M. 1900 (mit Auszügen aus der von Born von Mai bis August 1848 herausgegebenen Zeitung *Das Volk;* Born hatte sein Exemplar Quarck überlassen).

[103] Siehe Jacques Grandjonc, ‚Über den richtigen Gebrauch von Erinnerungen in der Geschichtsschreibung. Stephan Born über Marx und Engels, fünfzig Jahre später', in: Obschernitzki (Hg.): *Frankreichs deutsche Emigranten*, a. a. O., S. 132–148.

[104] MEGA^2 I/32, S. 182–188, und zur Entstehungsgeschichte S. 923–929. Die Überschrift lautete: „Marx, Heinrich Karl". Wer dafür verantwortlich war, ist unklar. In der Geburtsurkunde von Marx steht nur „Carl". Es gibt nur zwei Dokumente aus der Studienzeit mit der Angabe „Carl [bzw. Karl] Heinrich" – in dieser Reihenfolge. Ansonsten hat Marx den zweiten Namen wohl nie verwendet, MEGA^2 I/32, S. 929.

[105] Es gibt ein halbes Dutzend falsche Daten bei Erscheinungsjahren (meistens nicht gravierend), bei denen nicht klar ist, ob sie auf Engels oder die Redaktion zurückgehen.

[106] Dazu gehört auch, dass zur Ausweisung aus Preußen im Mai 1849, bei der zuvor immer Rechtswidrigkeit insinuiert worden war, notiert

wird, dass Marx Ende 1845 auf seine preußische Staatsbürgerschaft verzichtet hatte

[107] In Band 3 des Lexikons, Text wieder abgedruckt in: MEGA² I/32, S. 517 f. Dem Schriftenverzeichnis von Engels sind nur zwölf Zeilen mit biographischen Daten vorangestellt.

[108] Friedrich Engels an Karl Kautsky, 26. Januar 1893, MEW Bd. 39, S. 17.

[109] Sein Anteil ging tatsächlich weit darüber hinaus, was erst durch die Veröffentlichung des Briefwechsels mit Marx 1913 bekannt wurde.

[110] Engels bezieht dies auf den Abschnitt über die Grundrente in *Kapital* Bd. 3. Ob die Literaturstudien des späten Marx noch auf Fortführung des Werks zielten oder Flucht aus einem gescheiterten Projekt waren, ist eine offene Frage.

[111] Warum nun die Information wichtig war, dass Marx sich 1864 mit seinen Entwürfen zu Inaugural-Adresse und Statuten gegen auf Mazzini zurückgehende Vorschläge durchgesetzt hatte, ist (mir) nicht klar; im Sommer 1871 hatte Engels dies in einer italienischen Zeitschrift dargelegt, nachdem Mazzini gegen die IAA Stellung bezogen hatte, MEGA² I/22, S. 256–259, dt. MEW Bd. 17, S. 390–392.

[112] Wer damit gemeint ist (außer Adler), ist offen. Engels hatte dem ersten deutschsprachigen Biographen Gustav Groß (*Karl Marx. Eine Studie*, Leipzig 1885) Informationen gegeben; nach seinem Eindruck stimmten die Fakten bei Groß, wenn dieser auch von der Theorie nichts verstanden habe; Engels an Kautsky 13. Januar; an P. Lawrow, 12. Februar 1885, MEW 36, S. 270 und 282.

[113] In der Publizistik war zuvor öfters Marx als promovierter Jurist bezeichnet worden.

[114] Engels berief sich gegenüber Franz Mehring Ende April 1895 für die Daten zur *Rheinischen Zeitung* auf seine Erinnerungen, d. h. Gespräche mit Marx, MEW Bd. 39, S. 473 f.

[115] Das war einige Jahre zuvor der Fall gewesen, als er sich den Text bei einem Freund besorgen (ausleihen?) musste; Friedrich Engels an Pasquale Martignetti, 12. März und 18. September 1886, MEW Bd. 36, S. 457 und 535.

[116] Karl Marx an Friedrich Engels, 29. Juli 1868, MEW Bd. 32, S. 128: der städtische Zensor sei durch einen von Berlin geschickten Beamten (Wilhelm von Saint Paul) ersetzt und der Kölner Regierungspräsident als weitere Zensurinstanz eingesetzt worden. Engels hat entsprechend 1877 von einer doppelten Zensur gesprochen, MEGA² I/25, S. 100. In seinem Brief an Mehring Ende April 1895 beharrte Engels darauf, es habe drei Instanzen gegeben: 1. der örtliche Zensor; 2. Saint Paul; 3. der Regierungspräsident.

[117] Der Nachruf auf Bruno Bauer (1882) im *Sozialdemokrat* ist schon für sich überraschend, weil er damit indirekt für die „Parteigeschichte" reklamiert wird. Engels stellt Bauers überragende Leistungen als Kritiker der Evangelien heraus (und ging später dem Thema Urchristentum in eigenen Arbeiten nach). Die Polemiken von Marx und Engels gegen Bauer 1844/45 werden „vergessen", MEGA² I/25, S. 299–306. Die Erinnerung an Georg Weerth (gest. 1856), „den erste[n] und bedeutendste[n] Dichter des deutschen Proletariats", 1883 ausgelöst durch den Zufallsfund eines Weerth-Gedichtes im Nachlass Marx, hebt dessen Feuilleton in der NRhZ hervor, übergeht aber (bewusst oder weil es Engels nicht mehr präsent war) dessen beachtliche Beteiligung an der politischen Berichterstattung und macht nebenbei Freiligrath lächerlich, MEGA² I/30, S. 3–6. Der Nachruf auf Johann Philipp Becker 1886 würdigt dessen Leistung als „einziger deutscher Revolutionsgeneral" im badischen Aufstand 1849 (die Engels in seiner Darstellung zur Reichsverfassungskampagne 1850 ignoriert hatte) und in der IAA, wobei unerwähnt bleibt, dass Becker zeitweise mit Bakunin kooperiert hatte, MEGA² I/31, S. 11–18; siehe Rolf Dlubek, ‚„Was kann man denn wollen ohne die Arbeiter". Revolutionserfahrungen im Wirken Johann Philipp Beckers 1849–1853', in: Walter Schmidt (Hg.): *Demokratie, Liberalismus und Konterrevolution. Studien zur deutschen Revolution von 1848/49*, Berlin 1998, S. 485–547, 501 ff. Siehe auch oben, am Ende von Anm. 69.

[118] Siehe u. a. seine Antworten auf Nachfragen zu 1848–1850: Friedrich Engels an Wilhelm Liebknecht, 29. Oktober 1889, MEW Bd. 37, S. 298 (zu Andreas Gottschalk in Köln); an Victor Adler, 9. und 12. Januar 1895 (zu Marx in Wien), MEW Bd. 39, S. 372 und 376; an Karl Hackenberg, 16. März 1895, in: Inge Taubert / Bernhard Dohm, ‚Engels über den „roten" Becker. Ein unbekannter Brief von Friedrich Engels', in: *Beiträge zur Geschichte der Arbeiterbewegung* 15, 1973, S. 807–814 (zu Hermann Heinrich Becker und dessen Beziehung zum BdK).

[119] Besonders nachdrücklich gegenüber Johann Philipp Becker; Friedrich Engels an Johann Philipp Becker, 5. Dezember 1885 und 9. Juli 1866; an August Bebel, 8. Oktober 1886; an Eduard Bernstein, 9. Oktober 1886, MEW Bd. 36, S. 400, 497, 541, 544 f. Beckers höchst umfangreicher Nachlass ist an das in den 1880er Jahren in der Schweiz aufgebaute Archiv der Partei gegangen. Hierhin ist auch der Nachlass von Moses Hess (gest. 1875) gekommen, mit dem Marx und Engels definitiv seit 1848 zerfallen waren. Aus dem Parteiarchiv (seit Juni 1888 in London) hat Engels sich den Brief von Weitling an Hess vom 31. März 1846 (in: Moses Hess, *Briefwechsel*, hrsg. v. Edmund Silberner, Den Haag 1959, S. 150–152) mit der Schilderung seiner „Exkommunikation" durch Marx und Engels in Brüssel besorgt und ihn an August Bebel geschickt, der nach Material zu Weitling gefragt hatte; siehe die Korrespondenz, 15.–31. Oktober 1888, in: *August Bebels Briefwechsel mit Friedrich Engels*, hrsg. v. Werner Blumenberg, Den Haag 1965, S. 336–340. Engels' Brief vom 25. Oktober auch in: MEW Bd. 37, S. 117–119.

[120] Siehe Jürgen Rojahn, ‚„Er soll den beiden Alten ein Denkmal setzen". Die Entstehung der Ausgabe des Marx-Engels Briefwechsels von 1913', in: *Marx-Engels-Jahrbuch* 2012/13. S. 209–285; Nippel, ‚Die Arbeit an einem Gesamtwerk', a. a. O., S. 457–510.

[121] „Unser Parteiarchiv"; so Engels an Marx, 20. März 1857, MEGA² III/8, S. 89. Marx schickte alle wichtige an ihn gerichtete Korrespondenz an Engels, der sie in das „Archiv" oder zu den „Akten" nehmen solle, wie es in seinen Briefen an Engels oft heißt. Damit schuf man sich ein Instrument zur Verteidigung gegen wie zur Attacke auf Gegner. Die Drohung mit Veröffentlichung von Briefen an Marx aus den Jahren 1850–1851 ist im Falle des Frankfurter Oberbürgermeisters und schließlich preußischen Finanzministers Johannes Miquel über Jahrzehnte aufrechterhalten worden, siehe Nippel, ‚Diktatur des Proletariats', a. a. O., S. 97.

[122] Allerdings sollte man immer genau hinschauen, was bei der üppigen Kommentierung nicht erläutert wird.

FRIEDRICH ENGELS, VICTOR ADLER UND DER AUSTROMARXISMUS

[1] Friedrich Engels, ‚Herrn Eugen Dührings Umwälzung der Wissenschaft (Anti-Dühring)', in: MEGA² I/27, S. 442.

[2] Karl Marx / Friedrich Engels, *Manifest der Kommunistischen Partei*, in: MEW Bd. 4, S. 481.

[3] Friedrich Engels, ‚Einleitung zu Marx' „Klassenkämpfe in Frankreich 1848 bis 1850"', in: MEGA² I/32, S. 338.

[4] Ibid., S. 347.

[5] Ibid., S. 341.

[6] Ibid., S. 337.

[7] Ibid., S. 347.

[8] Karl Marx, *Das Kapital. Kritik der Politischen Ökonomie*, Erster Band, Hamburg 1890, MEGA² II/10, S. 693 ff.

[9] Siehe dazu Heinz D. Kurz, ‚Hin zu Marx und über ihn hinaus', in: *Perspektiven der Wirtschaftspolitik* 19 (2018), Heft 3.

[10] Engels, *Anti-Dühring*, a. a. O., S. 355 f.

[11] Zu seiner Biographie siehe Lucian O. Meysels, *Victor Adler*, Wien / München 1997.

[12] Das Adlers Vater gehörende Haus musste später einem Neubau weichen, der als Adresse Sigmund Freuds Weltberühmtheit erlangt hat.

[13] *Friedrich Engels' Briefwechsel mit Karl Kautsky*, hrsg. von Benedikt Kautsky, Wien 1953, S. 80.

[14] ‚Die Fabrikinspektion, insbesondere in England und in der Schweiz', erstmals veröffentlicht in den *Jahrbüchern für Nationalökonomie und Statistik N. F.*, Bd. 8 (1884), wiederabgedruckt in *Victor Adlers Aufsätze, Reden und Briefe*, hrsg.

vom Parteivorstand der Sozialdemokratischen Arbeiterpartei Deutschösterreichs, 1922 ff., Heft 5, S. 19–66. Während seiner Studienreise lernte Adler die Führer der deutschen Sozialdemokratie Wilhelm Liebknecht und August Bebel, in der Schweiz auch Eduard Bernstein kennen.

15 Siehe *Adlers Aufsätze*, a. a. O., Heft 4, S. 11 ff.

16 Engels, *Briefwechsel mit Karl Kautsky*, a. a. O., S. 84.

17 Victor Adler, *Briefwechsel mit August Bebel und Karl Kautsky*, hrsg. von Friedrich Adler, Wien 1954, S. 26.

18 Engels, *Briefwechsel mit Karl Kautsky*, a. a. O., S. 219.

19 Ibid., S. 214.

20 *Die österreichische Sozialdemokratie im Spiegel ihrer Programme*, mit einer Einleitung von Ernst Winkler, Wien 1964, S. 29.

21 Friedrich Adler in der ‚Einleitung' zum Briefwechsel zwischen Engels und Adler, in: *Adlers Aufsätze*, a. a. O., Heft 1, S. VII.

22 Zufolge der neuen Ausgabe des Briefwechsels (Gerd Callesen, Hg., Berlin 2011) sind 59 Briefe (Glückwunschkarten nicht mitgezählt) erhalten, davon 29 von Engels und 30 von Adler, dazu 3 Briefe von Emma Adler an Engels. Alle wichtigen Briefe sind bereits in *Adlers Aufsätze*, a. a. O., Heft 1, enthalten.

23 *Adlers Aufsätze*, a. a. O., Heft 1, S. 131.

24 Gustav Mayer, *Friedrich Engels*, Frankfurt a. M. / Berlin / Wien 1975, II. Bd., S. 414.

25 Die Arbeiter-Zeitung erschien ab 1889 an Stelle der „Gleichheit", zunächst als Wochenblatt, seit 1895 als Tageszeitung bis zu ihrer Einstellung 1991.

26 *Adlers Aufsätze*, a. a. O., Heft 1, S. 8 f.; MEW 22, S. 60.

27 Mayer, *Friedrich Engels*, a. a. O., S. 503.

28 Siehe dazu Helmut Rumpler, Österreichische Geschichte 1804–1914 Eine Chance für Mitteleuropa, Wien 1997, S. 496 f.

29 Siehe dazu Adler, *Briefwechsel mit August Bebel und Karl Kautsky*, a. a. O., S. 120.

30 Ibid., S. 124 f.

31 *Adlers Aufsätze*, a. a. O., Heft 1, S. 88.

32 *Briefwechsel Engels mit Kautsky*, a. a. O., S. 388.

33 Ibid., S. 391 f.

34 Zum Nationalitätenproblem in der Habsburgermonarchie siehe Helmut Konrad, *Nationalismus und Internationalismus*, Wien 1976, und die dort zitierte Spezialliteratur.

35 Otto Bauer, *Die Nationalitätenfrage und die Sozialdemokratie*, Marx-Studien, Bd. 2, Wien 1907, S. 304.

36 Friedrich Engels, *Den tschechischen Genossen zu ihrer Maifeier eine Erinnerung aus dem Jahr 1848*, 8. April 1893, in: MEGA² I/32, S. 239.

37 *Sozialdemokratie im Spiegel ihrer Programme*, S. 29.

38 Adler, *Briefwechsel mit August Bebel und Karl Kautsky*, a. a. O., S. 221.

39 Konrad, *Nationalismus und Internationalismus*, a. a. O., S. 63.

40 Publiziert unter dem Pseudonym „Synopticus".

41 Konrad, *Nationalismus und Internationalismus*, a. a. O., S. 207.

42 Publiziert unter dem Pseudonym „Rudolf Springer".

43 Stalin, der „bis zu seinem Lebensende die nationale Frage als eines seiner Spezialgebiete betrachtete", verfasste seine Arbeit „Marxismus und nationale Frage" während eines Wien-Aufenthalts 1912/13. (Franz Marek, *Was Stalin wirklich sagte*, Wien 1970, S. 99).

44 Siehe Mayer, *Friedrich Engels*, a. a. O., Bd. 2, S. 385.

45 *Briefwechsel Engels mit Kautsky*, a. a. O., S. 301.

46 Mayer, *Friedrich Engels*, a. a. O., Bd. 2, S. 490.

47 Ibid., S. 366.

48 „Ihr steht in einer aufsteigenden politischen Bewegung", schrieb Engels an Adler im Juli 1894, „ihr seid in der Offensive … Dagegen in Frankreich, Deutschland, Italien stehen unsere Leute in einer nicht einmal immer hoffnungsvollen Defensive." (*Adlers Aufsätze*, a. a. O., Heft 1, S. 102) Engels lobte auch die Arbeiter-Zeitung: „Es ist wirklich nötig, dass dem unerträglichen Vorwärts ein Beispiel gegeben werde, wie man's macht.'" (Ibid., S. 102).

49 Zur Geschichte der Gewerkschaften in Österreich siehe Fritz Klenner, *Die österreichischen Gewerkschaften*, Wien 1974.

50 Z. B. die Reden Victor Adlers zu den Marx-Gedenkfeiern 1893 und 1903, wieder abgeduckt in: *Adlers Aufsätze*, a. a. O., Heft 1.

51 *Briefwechsel Engels mit Kautsky*, a. a. O., S. 391.

52 Friedrich Engels, ‚Nachwort (1894)' zu *Soziales aus Russland*, in: MEGA² I/32, S. 249.

53 Friedrich Engels, ‚Die Bauernfrage in Frankreich und Deutschland', ibid., S. 308–327.

54 Georg von Vollmar, ‚Über Staatssozialismus (1892)', in: Peter Friedemann (Hg.): *Materialien zum politischen Richtungsstreit in der deutschen Sozialdemokratie*, Berlin / Wien 1978, Bd. I, S. 170 f.

55 In einem Brief an Kautsky im April 1898, in: Adler, *Briefwechsel mit August Bebel und Karl Kautsky*, a. a. O., S. 242.

56 Ibid., S. 266.

57 Ibid., S. 287 f.

58 Adlers Bericht über den Stuttgarter Parteitag in der Arbeiter-Zeitung, in: *Adlers Aufsätze*, a. a. O., Heft 6, S. 225.

59 Siehe dazu den folgenden Abschnitt 7.

60 *Adlers Aufsätze*, a. a. O., Heft 6, S. 231

61 Norbert Leser, *Zwischen Reformismus und Bolschewismus*, Wien 1968, S. 221.

62 *Die österreichische Sozialdemokratie im Spiegel ihrer Programme*, S. 23 bzw. S. 33.

63 Über Pernerstorfer und Ellenbogen, siehe die Beiträge von Günther Steinbach und Norbert Leser in Norbert Leser (Hg.): *Werk und Widerhall. Große Gestalten des österreichischen Sozialismus*, Wien 1964.

64 In Bezug auf Rosa Luxemburg, deren Positionen Adler scharf kritisierte, hoffte Adler dennoch, sie werde „noch lernen, und aus dem unbändig gärenden Most werden hoffentlich mit der Zeit ein paar Tropfen guten Weines zu gewinnen sein." (*Adlers Aufsätze*, a. a. O., Heft 6, S. 228 f.).

65 Leser, *Zwischen Reformismus und Bolschewismus*, a. a. O., S. 184

66 ‚Gedenkrede zur Marx-Feier 1903', in: *Adlers Aufsätze*, a. a. O., Heft 1, S. 167.

67 Siehe die Zitate bei Leser, *Zwischen Reformismus und Bolschewismus*, a. a. O., S. 212 ff.

68 *Adlers Aufsätze*, a. a. O., Heft 6, S. 242.

69 Rudolf Hilferding, *Das Finanzkapital. Eine Studie zur jüngsten Entwicklung des Kapitalismus*, Wien 1910, hier zitiert nach der Neuausgabe, Frankfurt a. M. 1973.

70 Auf den Inhalt der umfassenden Untersuchung ist hier nicht näher einzugehen; siehe dazu Heinz Kurz, ‚Rudolf Hilferdings Das Finanzkapital', in: Gunther Chaloupek / Heinz D. Kurz / William Smaldone, *Rudolf Hilferding: Finanzkapital und organisierter Kapitalismus*, Graz 2011.

71 Hilferding, *Das Finanzkapital*, a. a. O., S. 322 f.

72 Ibid., S. 507.

73 Otto Bauer, ‚Die Akkumulation des Kapitals', in: *Die Neue Zeit*, 31. Jg., Bd. I (1912/13), wiederabgedruckt in: Karl Marx, *Das Kapital*, Zweiter Band, hrsg. von Rudolf Hickel, Berlin 1970, S. 772–793.

74 Ibid., S. 791 ff.

75 Neben dem grundlegenden Werk von Norbert Leser ist hier vor allem Gerald Mozetic, *Die Gesellschaftstheorie des Austromarxismus*, Darmstadt 1984, zu nennen.

76 Siehe dazu Leser, ‚Max Adler', in: Leser, *Werk und Widerhall*, a. a. O., S. 36 ff.

77 Mozetic, op. cit., S. 72 ff.

78 Vgl. Leser, *Zwischen Reformismus und Bolschewismus*, a. a. O., S. 183.

79 Das gilt zumindest für Bauer und Max Adler, während Renner immer wieder auf problematische Aspekte hinweist.

80 Zu Bauers Haltung zum Bolschewismus, den er für westeuropäische Länder ablehnt, aber als Durchgangsstadium bis zu einer für später erhofften demokratischen Läuterung ansieht, siehe Leser, *Zwischen Reformismus und Bolschewismus*, a. a. O., S. 120 ff.

81 Anfänglich unter dem Namen „Deutsch-Österreich" in der weithin geteilten Hoffnung eines Anschlusses an Deutschland – auf diesen Aspekt kann hier nicht eingegangen werden.

82 Siehe dazu Karl Pribram, ‚Die Sozialpolitik im neuen Österreich', in: *Archiv für Sozialwissenschaft und Sozialpolitik* 48 (1921), S. 615–680.

83 Otto Bauer, *Die österreichische Revolution*, Wien 1923, S. 284.

84 *Sozialdemokratie im Spiegel ihrer Programme*, S. 43.

85 *Adlers Aufsätze*, a. a. O., Heft 6, S. 233.

[86] Die gilt auch für die wirtschaftstheoretisch nicht haltbare Arbeitswerttheorie, die – ob berechtigt oder nicht, ist hier nicht das Thema – als Legitimation für einen moralischen Anspruch „auf den gesamten Ertrag der Arbeit" diente.

[87] Siehe dazu Günther Chaloupek, ‚Karl Renners Konzeption des „demokratischen Wirtschaftsstaats"', in: Chaloupek u. a., *Rudolf Hilferding*, a. a. O., S. 73–104.

MENSCH UND MASCHINE – TECHNIKVORSTELLUNGEN BEI FRIEDRICH ENGELS, KARL MARX UND ERNST KAPP

[1] Einen Überblick bieten Akos Paulinyi und Ulrich Troitsch, *Mechanisierung und Maschinisierung*, Berlin 1991 sowie Akos Paulinyi und Karl von Delhaes, *Technik und Wirtschaft in der Industrialisierung*, Düsseldorf 2012; Joel Mokyr, *The Lever of Riches. Technological Creativity and Economical Progress*, New York / Oxford 1990, S. 81–148 sowie Maurice Daumas, Introduction, in: Marguerite Dubuisson, *L'Expansion du Machinisme, Histoire générale des Techniques*, Vol. 3, Paris 1968, S. VII–XXIV.

[2] Als Periodisierungsbeispiel siehe Phyllis Deane, *The First Industrial Revolution*, Cambridge 1965, S. 1–19 für den Beginn um 1750 und S. 254–275 für den Endpunkt der ersten Etappe mit der Weltausstellung 1851.

[3] Die lange Zeit geltende Einzigartigkeit der britischen Entwicklung scheint durch die intensive Diskussion von Sonderentwicklungen in bestimmten Regionen und Branchen aufzuweichen. Auch in global- und universalgeschichtlichen Betrachtungen jüngster Zeit kommt es zu räumlichen und zeitlichen Entgrenzungen allerdings auf Kosten begrifflicher Eindeutigkeit. Beispiele für die Baumwollindustrie bieten Giorgio Riello, *Cotton. The Fabric that Made the Modern World*, Cambridge University Press 2013 und Sven Beckert, *Emipre of Cotton. A Global History*, New York 2014.

[4] Ende 1843 schrieb Engels die *Umrisse zu einer Kritik der Nationalökonomie* sowie die Serie „Die Lage Englands" (England. Past and Present) für die Deutsch-Französischen Jahrbücher. Wenn Marx diesen affektbehafteten theoretischen Versuch von Engels, der in starkem Maße der Kritik französischer Frühsozialisten insbesondere von Charles Fourier an den britischen Nationalökonomen folgte, nach fast zehn Jahren eigenen Studiums immer noch als „geniale(n) Skizze" bezeichnete, dann war dies wohl als captatio benevolentiae gegenüber seinem Compagnion gemeint, Karl Marx: *Vorwort* (Zur Kritik der Politischen Ökonomie), Januar 1859, in: MEW, Bd. 13, S. 10. Zu den Vorläufern, der Rezeption und Wirkung der Kritik von Marx und Engels an den Folgen der Industriellen Revolution nach wie vor instruktiv Ernst Nolte, *Marxismus und Industrielle Revolution*, Stuttgart 1983; kontrovers Theo Pirker / Hans-Peter Müller / Rainer Winkelmann (Hg.): *Technik und Industrielle Revolution. Vom Ende eines sozialwissenschaftlichen Paradigmas*, Opladen 1987.

[5] Friedrich Engels, *Die Lage der arbeitenden Klasse in England*, in: MEGA[1] I/4, Berlin 1932, S. 10–286.

[6] Druck und Verlag von Otto Wigand, Leipzig. Zu Neuauflagen und Übersetzungen siehe Walter Kumpmann (Hg.): *Friedrich Engels, Die Lage der arbeitenden Klasse in England*, München 1973, S. 395–397; zur zeitgenössischen Rezeption Wolfgang Mönke, *Das literarische Echo in Deutschland auf Friedrich Engels's Werk ‚Die Lage der arbeitenden Klasse in England'*, Deutsche Akademie der Wissenschaften zu Berlin, Vorträge und Schriften, H. 92, Berlin 1965.

[7] Engels, *Lage*, a. a. O., S. 27.

[8] Adolphe J. Blanqui, Histoire de l'économie politique en Europe depuis les Anciens jusqu'à nos jours, Paris 1837; hier zitiert nach der Übersetzung von F. J. Buß, Geschichte der politischen Oekonomie in Europa vom Alterthume an bis auf unsere Tage, nebst einer kritischen Bibliographie der Hauptwerke über die politische Oekonomie, Karlsruhe 1840, Reprint 2 Bde., Glashütten im Taunus 1971. Zu seiner Biografie siehe Richard Arena, ‚Adolphe-Jerome Blanqui, un historien de l'économie aux préoccupations sociales', in: L'économie politique en France au XIXe siècle, Paris 1991, S. 163–183.

[9] Blanqui, *Histoire*, a. a. O., Bd. 2, S. 144.

[10] Grundlage für Engels war Porter, *Progress of the Nation*, 3 Bde., London 1836 u. 1843.

[11] Engels hielt die Spinning Throstle (Waterframe) von Richard Arkwright und die Dampfmaschine von James Watt für die „wichtigste mechanische Erfindung des achtzehnten Jahrhunderts. Sie ist von vornherein auf eine mechanische Triebkraft berechnet und auf ganz neuen Prinzipien basiert." Wenn auch terminologisch etwas unbeholfen, so erkannte Engels die neuartige, funktionale Qualität der Waterframe und der ihr folgenden Konstruktionen, so dass er „den Sieg der Maschinenarbeit über die Handarbeit" mit Cromptons Mule um 1804 verwirklicht sah, siehe Engels, *Lage*, a. a. O., S. 15 f.

[12] Ibid., S. 131 f.

[13] David Ricardo ist in der 3. Auflage seiner *Principles of Political Economy and Taxation*, 1821 von seiner ursprünglichen Auffassung einer möglichen Marktkompensation abgerückt und blieb möglicherweise deshalb in Engels' *Lage der arbeitenden Klasse in England* unerwähnt. Engels kritisierte vor allem den konservativen Chemiker Andrew Ure, der mit seinen Überblicken zur Textilfabrikation, u. a. in: *The Philosophy of manufactures: Or, An Exposition of the Scientific, Moral and Commercial Economy oft he Factory System of Great Britain*, 1835 zwar eine gute Materialkunde der Baumwollprovenienzen vorlegte, jedoch hinsichtlich der Fabrikationstechnik seiner Zeit deutlich hinterher hinkte und was die Arbeitsbedingungen der Fabrikarbeiter anbetraf die Interessen der Fabrikanten durchschaubar vorbehaltlos propagierte. Ure wurde so für Engels zur leichten Beute. Auch der Mathematiker und Erfinder Charles Babbage postulierte zwar in seiner Studie *On the economy of machinery and Manufactures*, London 1832, die mögliche Marktkompensation wegrationalisierter Arbeitsplätze, entwickelte aber zumindest als Alternative das Konzept einer Stückzahlentlohnung, was – später angewandt – in Zeiten anziehender Konjunktur für mehr Lohntransparenz gesorgt hat. Hinsichtlich der Frage, ob Engels die damalige französische Literatur, u. a. Eugène Buret, *La misère des classes laborieuses en Angleterre et en France*, 1840 herangezogen hat, siehe Gustav Mayer, *Friedrich Engels*, Bd. 1, 2. Aufl., Köln 1971, S. 195.

[14] Das Buch trage „den Stempel der Jugend" räumte Engels im Vorwort zur zweiten deutschen Auflage (1892) von *Die Lage der arbeitenden Klasse in England* ein, auch hätten sich im Zuge des zwischenzeitlichen immensen industriellen Wachstums die Auswüchse abgemildert, denn „die kleinen Nebenerpressungen" stünden dem „Geschäft auf großem Fuß geradezu im Weg", MEGA[2] I/32, S. 152.

[15] Der Beitrag von N. N. Stoskowa, *Friedrich Engels über die Technik. Zu ihrer Rolle in der Entwicklung der Gesellschaft*, Leipzig 1971 beschränkt sich auf eine Belegstellensammlung.

[16] Marx beschäftigte sich erstmals im Sommer 1844 in Paris und ab 1845 in Brüssel mit den ökonomischen Grundlagenwerken von Ricardo, Say, Sismondi, Mill und MacCulloch. Er las die Werke der englischen Autoren allerdings in französischer Übersetzung und – was Ricardos Werk *On the Principles of Political Economy and Taxation* anbetraf – in Übernahme des Urteils der Bibliographie ökonomischer Literatur von John Ramsay MacCulloch (1789–1864), der die Werttheorie Ricardos verkürzend kommentiert hatte.

[17] Paulinyi identifizierte drei Zeitphasen (1845/46, 1851 und 1862/3), in denen sich Marx mit Fragen der Technik befasste, siehe Akos Paulinyi, *Karl Marx und die Technik seiner Zeit*, LTA-Forschung, Heft 26/1997, Mannheim 1998, S. 7 ff. Die Arbeit von A. A. Kusin, *Karl Marx und Probleme der Technik*, Leipzig 1970 ist eine unkritische Belegstellensammlung. Die jüngsten Beiträge von Ágnes Heller und Kurt Bayertz kommen über eine konventionelle Rekonstruktion der Marx'schen Vorstellungen zur Rolle der Technik im Kapitalismus nicht hinaus. Obwohl Marx keine eigene Technikphilosophie entwickelt habe, traue Marx der Technik nach einer Loslösung aus ihrer Bindung in

die kapitalistische Form dennoch „eine freie und umfassende Anwendung im Dienste der Humanität zu. Wie dieser Funktionswandel erfolgen wird, bleibt allerdings im Dunkeln"; siehe: Kurt Bayertz, Technik bei Marx, in: Michael Quante, Erzsébet Rózsa, *Anthropologie und Technik*, München 2012, S. 57–70, hier S. 70, sowie Ágnes Heller, *Marx und die Frage der Technik*, ibid., S. 45–56.

18 Johann Heinrich Moritz von Poppe (1776–1854), *Die Mechanik des 18. Jahrhunderts*, Pyrmont 1807; *Lehrbuch der allgemeinen Technologie*, Frankfurt a. M. 1809; *Die Physik vorzüglich in Anwendung auf Künste*, Tübingen 1830; *Die Geschichte der Mathematik*, Tübingen 1828 und *Geschichte der Technologie*, 3 Bände, Göttingen 1807–1811 waren samt und sonders historisch-theoretische Werke eines deutschen „Katheder-Technikers" ohne praktischen Anwendungsbezug. Das umfassende und vielbändige Standardwerk von Robertson Buchanan, *Practical Essays an Mill-Work and other Machinery*, Edinburgh 1841 mit seinem empirisch-praktischen Ansatz von Hypothese und Praxistest hätte Marx bei genauerer Auswertung einen Einblick in die für die Frühzeit typische Herangehensweise britischer „Handwerks-Ingenieure" eröffnet.

19 Babbage hatte in seinem Buch mehrfach auf die Bedeutung des slide rest im Zusammenhang mit der Senkung der Produktionskosten hingewiesen. Da Marx nur einzelne Kapitel exzerpierte, übersah er diese in seiner späteren Argumentation wichtige Erkenntnis, zu der Babbage bereits zu Beginn der 1830er Jahre gelangt war, siehe Pauliyi, *Karl Marx*, a. a. O., S. 21.

20 Anschaulich wird dies beschrieben im Katalog der Ausstellung des Geheimen Staatsarchivs Preußischer Kulturbesitz Berlin, *Klosterstrasse 36. Sammeln, Ausstellen, Patentieren – Zu den Anfängen Preußens als Industriestaat*, Berlin GSTA 2014; die *Geschichte der britischen Baumwollindustrie* von Edward Baines wurde von Christoph Bernoulli übersetzt und erschien bereits 1836 bei Cotta Stuttgart Tübingen. Das *Polytechnische Journal* berichtete laufend über die neuesten technischen Entwicklungen im In- und Ausland und erschien ab 1820 bis 1874, danach als *Dingler's polytechnisches Journal*. Darüber hinaus veröffentlichte der Gewerbeverein auch Reiseberichte wie etwa Friedrich Nottebohm, *Auszug aus dem Tagebuche eines Reisenden durch Großbritannien und Belgien, im Jahre 1841*, Verhandlungen des Vereins für Gewerbefleißes in Preußen, H. 21, Berlin 1842. Auch an der Pariser Ecole Polytechnique war man zeitnah und eingehend über die Entwicklungen in England und den USA im Bilde, hierzu siehe: Yves Deforge, *Le Graphisme technique. Son Histoire et son Enseignement*, Seyssel 1986, S. 101 f.

21 Siehe Karl Marx, *Skizze einer einfach wirkenden atmosphärischen Dampfmaschine nach Thomas Newcomen ca. 1720, nach Andrew Ure (1835)*, um 1851, in: IISG Marx Engels Archiv, B 56, S. 41; Transkription des Exzerptes bei Hans-Peter Müller (Hg.): *Karl Marx, Die technologisch-historischen Exzerpte*, Frankfurt a. M. / Berlin / Wien 1981, S. 154–161. Die Marx'sche Skizze wird häufig in der Literatur irrtümlich als Zeichnung einer „Watt'schen Dampfmaschine" bezeichnet. Die einfach wirkende Dampfmaschine von James Watt wurde 1788 als Prototyp gebaut, siehe Daumas, a. a. O., 1968, S. 41.

22 Paulinyi, *Karl Marx*, a. a. O., S. 11 f.

23 James Nasmyth, ‚Remarks on the Introduction of the Slide Principlein Tools and Machines Employed in the Production of Machinery', in: Robertson Buchanan, *Practical Essays*, a. a. O., S. 393–418. Marx war der Beitrag aus dem Jahre 1841 des um 1850 bereits berühmten Londoner Ingenieurs unbekannt geblieben. Nur indirekt, über die spätere Auswertung des populärwissenschaftlichen Werkes *The Industry of Nations, Part II. A Surwey of the Existing State of Arts, Machines and Manufactures*, London 1855, in dem die Grundlagen der Werkzeugmaschine nach Nasmyth skizziert wurden, erfuhr Marx von der Pionierwirkung des slide principle. Siehe die Textgegenüberstellung bei Pauliyi, *Karl Marx*, a. a. O., S. 32.

24 1851 zählte die Industriestatistik in Großbritannien 76500 Maschinenbauer, davon 55 % in London, Lancashire und West Riding. 20000 waren in Lancashire, dem Zentrum der Baumwollindustrie tätig. Dort gab es 1841 bereits 115 Maschinenbaufirmen mit 17000 Arbeitern und einem Kapitalstock von 1,5 Millionen Pfund.

25 Die englische Bourgeoisie rufe „ihre sämtlichen Vasallen von Frankreich bis China zu einem großen Examen zusammen, auf dem sie nachweisen sollen, wie sie ihre Zeit benutzt haben." Karl Marx, *Revue*, Mai–Oktober 1850, in: MEGA² I/10, S. 448–488, hier S. 457.

26 Seine Erwähnung der Dampfmaschine von Boulton & Watt auf der Weltausstellung 1851 (MEGA² II/8, S. 369) sowie seine umständlichen Ausführungen zur amerikanischen Briefumschlagmaschine auf der Weltausstellung 1861 (MEGA² II/8, S. 370) legen nahe, dass er nur über indirekte Kenntnis aus Beschreibungen anderer u. a. *The Industry of Nations, as Exemplified in the Great Exhibition of 1851. The Materials of Industry*, London 1852, verfügte. Weder in seinen Schriften noch in den überlieferten Briefen finden sich Hinweise, dass Marx überhaupt persönlich eine Weltausstellung besucht hat.

27 Exzerpte und Manuskripte siehe: MEGA² II/3.6; siehe auch mit Kommentaren von Hans-Peter Müller (Hg.): *Karl Marx*, a. a. O. sowie Rainer Winkelmann (Hg.): *Exzerpte über Arbeitsteilung, Maschinerie und Industrie*, Frankfurt a. M. / Berlin / Wien 1982.

28 Ausführlich Pauliyi, *Karl Marx*, a. a. O., S. 24 f.

29 Karl Marx an Friedrich Engels, 28. Januar 1863, in: MEGA² III/12, S. 323 f. Neben William Whewell mit seinem 1841 erschienenen Lehrbuch *The mechanics of engeniering*, Cambridge 1841, zählte Robert Willis zu den in der Mechanik und insbesondere für die Ausbildung von Maschinenbauingenieuren kompetenten Lehrern der Universität Cambridge, vgl. Pauliyi, *Karl Marx*, a. a. O., S. 26 f. Die Teilnahme von Marx an einer sechsstündigen Vorlesung für Arbeiter wird allenfalls zu einer Einführung in die Mechanik hingereicht haben.

30 Karl Marx, *Das Kapital. Kritik der politischen Ökonomie*, 1. Bd., Hamburg 1890, MEGA² II/10, S. 161–180. Zur Struktur der Überlieferung der ökonomischen Manuskripte und des Kapitals in der zweiten Abteilung der MEGA² mit Inhaltsübersichten siehe Regina Roth, ‚Marx on technical change in the critical edition', in: *European Journal History of Economic Thought*, 17:5, December 2010, S. 1223–1251. Die Arbeit von Amy E. Wendling, *Karl Marx on Technology and Alienation*, London 2009, S. 136–173 basiert auf der Textausgabe der Marx/Engels Collected Works (MECW) und versucht, werkimmanent das Technikverständnis von Marx zu rekonstruieren, ohne jedoch den technikhistorischen Kontext zu berücksichtigen.

31 Zum Folgenden siehe Oliver Müller, ‚Marx und die Philosophie der Technik', in: *Allgemeine Zeitschrift für Philosophie*, Heft 3, 2018, S. 323–351.

32 MEGA² II/10, S. 163.

33 Georg Wilhelm Friedrich Hegel betonte bereits den funktionalen und nachhaltigen Wert des Werkzeuges: „[…] der *Pflug* ist ehrenvoller, als unmittelbar die Genüsse sind, welche durch ihn bereitet werden und die Zwecke sind. Das *Werkzeug* erhält sich, während die unmittelbaren Genüsse vergehen und vergessen werden. An seinen Werkzeugen besitzt der Mensch die Macht über die äußerliche Natur, wenn er auch nach seinen Zwecken ihr vielmehr unterworfen ist." G. W. F. Hegel, *Wissenschaft der Logik II*, Werke in 20 Bänden auf der Grundlage der Werke von 1832–1845, hrsg. von Eva Moldenhauer und Karl Marcus Michel, Bd. 6, Frankfurt a. M. 1986, S. 453.

34 MEW, Ergänzungsband 1, S. 513.

35 Karl Marx, *Zur Kritik der politischen Ökonomie (1861/63)*, MEGA² II/3/6, S. 2058.

36 Ibid., S. 2059

37 MEGA² II/10, S. 377.

38 MEW, Ergänzungsband 1, S. 515.

39 Siehe Donald Mac Kenzie, ‚Marx and the Machine', in: *Technology and Culture*, 25, 1984, S. 473 502; zuletzt Tiago Mata und Robert van Horn, ‚Capitalist Threads: Engels the businessman and Marx's Capital', in: *History of*

politial Economy, Bd. 49/2, 2017, die stets nur werkimmanent argumentieren und sich so der Marx'schen Logik unterwerfen, was zur Folge hatte, dass sie betriebswirtschaftliche Fragen, die Marx an Engels richtete, für technische Fragen hielten.

40 Siehe Friedrich Engels (senior) an Friedrich Engels, 12. August 1854, in: MEGA² III/7, S. 394 f.; Friedrich Engels an Emil Engels, 16. November 1859, MEGA² III/10, S. 85 f.; Friedrich Engels (senior) an Friedrich Engels, 6. Januar 1860, MEGA² III/10, S. 147–149.

41 Wegen seiner sprachlichen Nähe übersetzte Marx den englischen Begriff „machinery" mit „Maschinerie" Beide Begriffe bezogen sich vorwiegend auf die technische Seite einer halb- oder vollautomatisch und mit Wasser- oder Dampfkraft angetrieben Arbeits- oder Werkzeugmaschine. In Deutschland wurde das sogar noch enger gefasst, denn von Hand angetriebene Mechanik rubrizierte unter „Gerät". In der darauf aufbauenden Argumentation, die insbesondere die ökonomischen Aspekte umfasste, benutzte Marx das weiter gefasste französische Begriffsfeld „l'industrie", das auch die gesellschaftlichen Komponenten wie die Nutzung der Naturwissenschaften oder die Neuorganisation der Arbeit in Folge der Maschinenanwendung umfasste. Zum französischen Verständnis von Industrie, Maschinen und Mechanik siehe Maurice Daumas, *Histoire générale des technique. Vol. 3, L'expansion du machinisme: 1725–1860, Introduction*, PUF Paris 1996, S. XII ff.

42 Siehe MEGA² II/10, S. 334.

43 Die von Marx getroffene Einteilung findet sich so nur im Bereich der Unfallverhütung, die flächendeckend und regelmäßig vorgenommene Prüfung der Kesselanlagen und Druckbehälter vorsah und relativ verlässliche Daten über Leistung und Alter der Anlagen lieferte. Entsprechend des Prüfauftrages ging es nur um Dampf führende Anlagenteile; Transmissionen als mechanische Kraftübertragungen wurden nicht untersucht. Die seit den 1840er Jahren in England, Frankreich und Deutschland erhobene Statistik unterschied „Dampfmaschinen" (d. h. Antriebsmaschinen) und Arbeits- und Werkzeugmaschinen (z. T. druck- oder dampfbetrieben) von Transmissionen (Kraftübertagung durch Riemen, Stangen oder Zahnrad), siehe Ernst Engel, *Das Zeitalter des Dampfes in technisch-statistischer Beleuchtung*, 2. Aufl., Berlin 1881.

44 So kann ein „Transmissionsmechanismus", auch wenn er kompliziert erscheinen mag, nicht als eigener Maschinentypus bezeichnet werden, da es sich nur um eine Vorrichtung zur Übertragung und Umwandlung von Kraft handelt. Marx sah in der Werkzeugmaschine „einen Mechanismus, der nach Mittheilung der entsprechenden Bewegung mit seinen Werkzeugen dieselben Operationen verrichtet, welche früher der Arbeiter mit ähnlichen Werkzeugen verrichtete." MEGA² II/10, S. 335. Dies traf in dieser Allgemeinheit sicher auch auf die Arbeitsmaschine zu, so dass Marx häufig Arbeitsmaschine und Werkzeugmaschine synonym gebraucht. „Sehn wir uns nun die Werkzeugmaschine oder eigentliche Arbeitsmaschine näher an, [...]", MEGA² II/10, S. 335, oder „[...] an die Stelle eines Werkzeugs eine Werkzeugmaschine getreten ist [...]", MEGA² II/10, S. 337 sowie ähnliche Formulierungen auf den folgenden Seiten.

45 MEGA² II/10, S. 345 f.

46 MEGA² II/10, S. 347.

47 „Sobald die Arbeitsmaschine alle zur Bearbeitung des Rohstoffs nöthige Bewegungen ohne menschliche Beihülfe verrichtet und nur noch menschlicher Nachhülfe bedarf, haben wir ein automatisches System der Maschinerie [...]", MEGA² II/10, S. 342.

48 MEGA² II/10, S. 378.

49 MEGA² II/10, S. 354.

50 Hier zitierte Marx aus Friedrich Engels, *Lage*, a. a. O., S. 217, siehe MEGA² II/10, S. 380.

51 MEGA² II/10, S. 81.

52 MEGA² II/10, S. 343.

53 MEGA² II/10, S. 345.

54 Die Monstermetapher als persönliche Technikphobie von Marx zu interpretieren und Engels als den Urheber dafür zu identifizieren, so Amy E. Wendling, *Karl Marx on Technology*, S. 146 ff., übersieht die fehlende technische Fach- und Sachkenntnis bei Marx, die er mittels Metaphern zu kompensieren suchte, sowie den geradezu positivistischen Glauben an den technischen Fortschritt bei Engels.

55 So etwa G. Gregory Olinthus, *A treatise of Mechanics*, 3 Vol., London 1806; David Scott, *The engineer and machinist's assistant: a series ofplans, sections andelevations, of stationary, marine, and locomotive engines, water wheels, spinning machines, tools, etc., taken from machines of approved construction, with detailed descriptions, and practical essays on various departments of machinery*, Glasgow, Edinburgh / London 1856; Neuere Literatur hierzu: Ken Baynes und Francis Pugh, *The Art of the Engineer*, Guildford 1981 sowie Jean-Marc Combe und Bernard Escudie, *L'Aventure scientifique et technique de la Vapeur*, Paris 1986, S. 31–149 belegen eindrucksvoll wie insbesondere im Eisenbahn- und Lokomotivbau sowie dem Schiffsbau ab den 1820er Jahren in England und wenig später in den USA die maßgeblichen Prinzipien des systematischen und industriellen Maschinenbaus entwickelt wurden.

56 Ernst Kapp, *Grundlinien einer Philosophie der Technik. Zur Entstehungsgeschichte der Cultur aus neuen Gesichtspunkten*, Braunschweig George Westermann 1877, S. V. Ein Reprint Düsseldorf 1978 wurde von Hans-Martin Sass eingeleitet. 2015 erschien ein von Harun Maye und Leander Scholz kommentierter Neudruck im Felix Meiner Verlag, Hamburg.

57 Siehe Eduard Korte, *Der anthropologische Maßstab. Die Philosophie Ernst Kapps vor ihrem kulturphilosophischen und geistesgeschichtlichen Hintergrund*, Düsseldorf 1991, S. 155.

58 Ernst Kapp, *Philosophie der Technik*, a. a. O., S. 172, Neudruck, S. 159.

59 Im Gegensatz zur Fortführung der Feuerbachschen Kritik an Hegel hatte Marx – der Idealismus biete zur Vermittlung des Menschen mit der Wirklichkeit nur eine Scheinlösung somit müsse die konkrete Wirklichkeit betrachtet werden – gerade in der Welt der Arbeit einen Ort der Selbstentfremdung des Menschen gesehen. Die im Rahmen kapitalistischer Warenproduktion benutzten Instrumente und Organisationsformen würden ursächlich zur gesellschaftlichen Entfremdung beitragen. Nur durch Beseitigung dieser Fremdbestimmung könne Arbeit wieder zum Ort der Freiheit werden.

60 Siehe Eduard Korte, *Der anthropologische Maßstab*, a. a. O., S. 167f; kritisch zum „schnell vergehenden Analogiezauber" der Organprojektionstheorie siehe Harald Leinenbach, *Die Körperlichkeit der Technik. Zur Organprojektionstheorie Ernst Kapps*, Essen 1990. Auch wenn spätere Exponenten der Technikphilosophie Ernst Kapps Theorie der Selbstvervollkommnung des Menschen zumeist abgelehnt haben, so versuchte Leinenbach, unter Zuhilfenahme der Philosophie Martin Heideggers, den produktiven Aspekten im Werk Ernst Kapps nachzugehen.

61 Ernst Kapp, *Philosophie der Technik*, a. a. O., S. 241 ff, Neudruck, S. 216 ff.

62 Ibid., S. 154, Neudruck, S. 144.

63 Ibid., S. 74, Neudruck, S. 79.

64 Siehe Michael Deege, ‚Ernst Kapp, Bemerkungen zur Philosophie der Organprojektionstheorie', in: *Prima Philosophia*, Bd. 14, Heft 1, 2001, S. 51–68, hier S. 64.

65 Ernst Kapp, *Philosophie der Technik*, a. a. O., S. 99, Neudruck, S. 100.

66 Ibid. S. 100, Neudruck, S. 100.

67 Ibid., S. 103 f., Neudruck, S. 103. Marx hatte die Uhrwerksautomaten von Jacques de Vaucanson noch auf eine Stufe mit den Erfindungen von Arkwright und Watt gestellt, siehe MEGA² II/6, S. 373.

68 Ibid., S. 131, Neudruck, S. 125.

69 Ibid., S. 132, Neudruck, S. 126.

70 Ibid., S. 126, Neudruck, S. 121.

71 Ibid., S. 133, Neudruck, S. 127.

72 Friedrich Engels, ‚Der Anteil der Arbeit an der Menschwerdung des Affen', das Manuskript wurde etwa im Juni 1876 verfasst und blieb unabgeschlossen. Der Text wurde erst nach seinem Tod 1896 abgedruckt in: *Die Neue Zeit*, Jg. XIV, Bd. 2, 1896, S. 545–554. Edition in: MEGA² I/26, S. 88–99.

[73] Engels nahm dabei die in den 1870er Jahren intensiv in der Öffentlichkeit diskutierten Thesen von Charles Darwin, *The descent of man, and selection in relation to sex*, London 1871 auf, hier Bd. 1, Kap. 6, S. 444.

[74] MEGA² I/26, S. 93.

[75] Friedrich Engels, *Dialektik der Natur, Einleitung*, MEGA² I/26, S. 82 ff.

[76] Friedrich Engels, *Anteil der Arbeit*, a. a. O., MEGA² I/26, S. 89 f.

[77] „Selbst die Dampfmaschine, bis jetzt sein mächtigstes Werkzeug zur Umgestaltung der Natur, beruht, weil Werkzeug, in letzter Instanz auf der Hand. Aber mit der Hand entwickelte sich Schritt für Schritt der Kopf, kam das Bewußtsein zuerst der Bedingungen einzelner praktischer Nutzeffekte, und später, bei den begünstigteren Völkern, daraus hervorgehend die Einsicht in die sie bedingenden Naturgesetze. Und mit der rasch wachsenden Kenntnis der Naturgesetze wuchsen die Mittel der Rückwirkung auf die Natur; die Hand allein hätte die Dampfmaschine nie fertiggebracht, hätte das Gehirn des Menschen sich nicht mit und neben ihr und teilweise durch sie korrelativ entwickelt." Friedrich Engels, *Dialektik*, a. a. O., MEGA² I/26, S. 83.

[78] Ibid, S. 83.

[79] Der deutsche Ingenieur Franz Reuleaux (1829–1905), zunächst als Konstrukteur in der Kölner Maschinenbaufabrik Baehrens tätig, veröffentlichte zusammen mit Carl Ludwig Moll das *Lehrbuch Constructionslehre für den Maschinenbau*, Braunschweig, 1854. Als Professor am Polytechnikum Zürich veröffentlichte Reuleaux das maßgebliche Lehrbuch *Der Constructeur: Ein Handbuch zum Gebrauch beim Maschinen-Entwerfen. Für Maschinen- und Bau-Ingenieure, Fabrikanten und technische Lehranstalten*, Braunschweig 1861, ders., *Le Constructeur Aide-Mémoire a l'usage des Ingénieurs, Constructeurs, Architectes, Mécaniciens, etc.*, Paris 1875. Reuleaux war auch Preisrichter für die Weltausstellungen 1862 und 1867 in London und lieferte zahlreiche Berichte über die Neuentwicklungen in der Maschinenbautechnik. Als Professor für Maschinenbau an der Technischen Hochschule Berlin-Charlottenburg und einflussreicher Berater zählte er zu den führenden Persönlichkeiten der Technik im Kaiserreich. Biographisches bei Hans-Joachim Braun, ‚Franz Reuleaux', in: Wilhelm Treue / Wolfgang König (Hg.): *Berlinische Lebensbilder*, Bd. 6, Techniker, Berlin 1990, S. 279–292.

[80] Franz Reuleaux, *Theoretische Kinematik. Grundzüge einer Theorie des Maschinenwesens*, Braunschweig 1875. Zwar behandelte Reuleaux mit seiner Theorie der Kinematik ein zentrales Teilgebiet der Maschinenwissenschaften, doch zur Entwicklung der Spitzentechnologie in der chemischen wie auch in elektrotechnischen Industrie konnte seine Theorie wenig beitragen, siehe Jochen Schneider, ‚Franz Reuleaux und die Theorie der Maschinen', in: Tilmann Buddensieg / Kurt Düwell / Klaus-Jürgen Sembach (Hg.): *Wissenschaften in Berlin, Gedanken*, Berlin 1987, S. 173–177.

[81] Ernst Kapp, *Philosophie der Technik*, a. a. O., S. 184, Neudruck S. 168.

[82] Franz Reuleaux, *Theoretische Kinematik*, a. a. O., S. 492.

[83] Zit. nach Ernst Kapp, *Philosophie der Technik*, a. a. O., S. 199, Neudruck, S. 181; siehe auch Franz Reuleaux, ‚Die Maschine und die Arbeiterfrage', in: *Soziale Zeitfragen*, Heft 2, Minden 1895.

[84] Ernst Kapp, *Philosophie der Technik*, a. a. O., S. 199, Neudruck, S. 181.

[85] Zum folgenden Ernst Kapp, *Philosophie der Technik*, a. a. O., S. 316 ff., Neudruck, S. 281 ff.

[86] Diese Überlegungen scheinen bereits in Kapps Programmschrift *Der constituirte Despotismus und die constitutionelle Freiheit*, Hamburg, 1849 auf. 1877 bildet seine Staatsvorstellung mit Kap. XIII den Schlusspunkt seiner Philosophie der Technik. Merkwürdig bleibt seine Rezeption, die erst rund 100 Jahre später mit der Wiederentdeckung seines Buches durch Ernst-Martin Sass einsetzt und die mit Marshall McLuhan, *Die magischen Kanäle*, Düsseldorf / Wien 1968, der technische Artefakte als „extensions" des Menschen versteht, einen heftig diskutierten Enkel aufzuweisen hat, hierzu siehe Gerald Emanuel Stearn (Hg.): *McLuhan, Für und Wider*, Düsseldorf / Wien 1969.

[87] Friedrich Engels, *Dialektik der Natur (1873–1882)*, MEGA I/26 versammelt Engels Versuche, sich mit dem immens gestiegenen naturwissenschaftlichen Wissen seiner Zeit auseinanderzusetzen. Ob diese Entwürfe und Gedankensplitter zu den unterschiedlichsten Disziplinen den damalig aktuellen Stand der Forschung wiedergeben, steht auf einem anderen Blatt. Immerhin belegen seine tiefergehenden Ausführungen zum Verständnis der elektrotechnischen Forschung in den 1880er Jahren sein besonderes Interesse an dieser Sparte, siehe: Friedrich Engels, ‚Elektrizität', in: ibid., S. 236–283.

[88] Ein Überblick gibt Dieter Schott, ‚Das Zeitalter der Elektrizität: Visionen – Potentiale – Realitäten', in: *Jahrbuch für Wirtschaftsgeschichte*, 1999, Vol. 40 (2), S. 31–50.

[89] Der Ingenieur Marcel Deprez aus Sceaux (Seine) hatte zwei dynamo-elektrische Maschinen mit gleichgerichtetem Strom über 50 km mit einem Telegraphendraht verbunden, Beschreibung in: *Catalog der Internationalen Elektrizitäts-Ausstellung 1882*, München, S. 18.

[90] Friedrich Engels an Eduard Bernstein, 1. März 1883, MEW Bd. 36, S. 444 f. Ausführlich zu den Hintergründen siehe Wolfgang König, Friedrich Engels und die ‚Elektrotechnische Revolution', in: *Technikgeschichte*, Bd. 56, Nr. 1, 1989, S. 9–38.

[91] Friedrich Engels, Einleitung (1895) zu Karl Marx' *Die Klassenkämpfe in Frankreich 1848 bis 1850*, in: MEGA² I/32, S. 338.

[92] Ibid., S. 340 f.

[93] Siehe hierzu den Überblick über die Diskussion in den Wirtschaftswissenschaften Heiner Ganßmann, ‚Das Ende des Kapitalismus als Technikfolge'?, in: Theo Pirker / Hans-Peter Müller / Rainer Winkelmann (Hg.): *Technik und Industrielle Revolution. Vom Ende eines sozialwissenschaftlichen Paradigmas*, Opladen 1987, S. 290–314.

„THE GENERAL" ALS ADMIRAL – FRIEDRICH ENGELS UND DIE DEBATTEN UM SEEKRIEG UND SEETAKTIK

[1] Friedrich Engels an Karl Marx, 23. Mai 1851, in: MEGA² III/4, S. 124.

[2] Hrsg. von George Ripley / Charles A. Dana, New York 1858–1863. Engels publizierte dort Artikel unter dem Namen von Karl Marx, abgedruckt in: MEGA² I/16–I/18.

[3] Ausführlich zu Friedrich Engels als Militärexperten zuletzt Herfried Münkler, *Über den Krieg, Stationen der Kriegsgeschichte im Spiegel ihrer theoretischen Reflexionen*, Weilerswist 2002, S. 149–172.

[4] Jenny Marx an Louis Kugelmann, 19. November 1870, in: Bert Andreas, ‚Briefe und Dokumente der Familie Marx aus den Jahren 1862–1873 nebst zwei unbekannten Aufsätzen von Friedrich Engels', in: *Archiv für Sozialgeschichte* 167, 1962, S. 231. Zu den Beiträgen über militärische Fragen von Friedrich Engels siehe Jürgen Herres, *Marx und Engels, Portrait einer intellektuellen Freundschaft*, Ditzingen 2018, S. 231 ff.

[5] Friedrich Engels, *Der Amerikanische Bürgerkrieg und die Panzer- und Widderschiffe*, in: Die Presse Nr. 181 vom 3. Juli 1862, in: MEW Bd. 15, S. 511 513, hier S. 511.

[6] Dieser Begriff war zunächst nur für den aktuellen, kommunikations- und informationsbasierten Technisierungsschub reserviert, kann aber für die militärhistorische Analyse der Marinen zwischen 1850 und 1890 sinnvoll genutzt werden, siehe Max Boot, *War Made New Technology, Warfare, and the Course of History, 1500 to Today*, New York 2006, S. 8.

[7] Emil O. Huning, *Die Entwicklung der Schiffs- und Küstenartillerie bis zur Gegenwart*, Berlin / Leipzig 1912, S. 15ff

[8] Jacques Mordal, *25 Jahrhunderte Seekrieg*, München 1963; Lawrence Sondhaus, *Naval Warfare, 1815–1914*, London u. a. 2001, S. 57 f.

[9] Zur Bedeutung des Krimkrieges für die Entstehung moderner Flotten und insbesondere zur Modernisierung der französischen Flotte

siehe Wilhelm Treue, *Der Krimkrieg und die Entstehung der modernen Flotten*, Göttingen 1951, S. 135–145, hier S. 142 f.

[10] „Sie beschossen Odessa und erfuhren dabei, daß selbst die elendesten Küstenbatterien unstreitbar den Schiffsgeschützen überlegen waren – eine Erfahrung, welche die Alliierten im Verlauf des Krieges noch mehrmals verlustreich wiederholen sollten." Wilhelm Treue, *Krimkrieg*, a. a. O., S. 19 f.

[11] Friedrich Engels, ‚Navy', ca. 22. November 1860, in: *New American Cyclopaedie*, in: MEGA² I/18, S. 567–575, deutsche Übersetzung: MEW Bd. 14, S. 368–380, hier S. 377.

[12] Ibid., S. 376 f.

[13] Allerdings mussten auf Schiffen, die auch für eine Konfrontation mit ungepanzerten Gegner ausgelegt waren, beide Artillerietypen verwendet werden, was zur typischen Mischbewaffnung der Neubauten der 1870er Jahre führte.

[14] Emil Huning, *Entwicklung*, a. a. O., S. 31.

[15] Ulrich Israel / Jürgen Gebauer, *Panzerschiffe*, Berlin (2) 1998, S. 72. Siehe auch: „The British victims were caused by Satsuma gunnery as well as accidents due to the imperfect breech-loading guns developed by the English engineer William George Armstrong" https://en.wikipedia.org/wiki/Namamugi_Incident. Abgerufen am 15. Februar 2020.

[16] Emil Huning, *Entwicklung*, a. a. O., S. 31.

[17] John F. Beeler, *British Naval Policy in the Gladstone-Disraeli Era, 1866–1880*, Stanford 1997, S. 71

[18] Friedrich Engels, *Artilleristisches aus Amerika*, 18. –26. September 1863, HS Manuskript für die Allgemeine Militärzeitung (unveröffentlicht), transkribiert und ausführlich kommentiert von Heinz-Lutger Borgert, *Die Marineplanungen in Deutschland 1860–1867 und Friedrich Engels*, Frankfurt a. M. / Bern 1977, S. 31 ff.; siehe auch Werner Hahlweg, ‚Sozialismus und Militärwissenschaft bei Friedrich Engels', in: Hans Pelger, *Friedrich Engels 1820–1970*, Hannover 1971, S. 63–72.

[19] Wilhelm Treue, *Krimkrieg*, a. a. O., S. 137 f.

[20] Friedrich Engels, *Artilleristisches*, a. a. O. S. 32.

[21] Arnold A. Putnam: ‚Rolf Krake, Europe's First Turreted Ironclad', in: *Mariner's Mirror*, Bd. 84, Nr. 1, Februar 1998, S. 56–63.

[22] Roger Chesneau / Eugene M. Kolesnik (Hg.): *Conway's All the World's Fighting Ships 1860–1905* Greenwich 1979; Geschiedenis van de techniek in Nederland. De wording van een moderne samenleving 1800–1890. Deel IV, 1993, S. 90–93.

[23] Zum Zeitpunkt seines Aufsatzes, um den 22. November 1860, wusste Engels noch nichts von den Neubauten, denn die „Rolf Krake" wurde erst ein halbes Jahr später, am 1. Juni 1863, in Dienst gestellt, die niederländischen mehrere Jahre später.

[24] James Phinney Baxter, *The Introduction of the Ironclad Warship*, Bel Air (CA) 1968.

[25] Kurt Möser, *Turmschiff Captain. Neue Grauzonen der Technikgeschichte*, Karlsruhe 2018 (= Technikdiskurse 14), S. 71–81.

[26] Zu nennen wäre hier auch Jules Vernes Bestseller *Von der Erde zum Mond*, in dem die Leistungen der Mitglieder des Kanonenclubs von Baltimore beim Produzieren von Kanonen schwerstem Kalibers genannt werden und ironisch Rekorde im Töten aufgeführt werden.

[27] Kurt Möser, *Turmschiff Captain*, a. a. O.

[28] John F. Beeler, *Birth of the Battleship*, British Capital Ship Design 1960–1881, London 2004, S. 92 f.

[29] Das „Committe of Design" der Royal Navy konstatierte 1871: „A perfect ship of war is a desideratum which has never yet been attained and is now further than ever removed from our reach. Any near approach to perfection in one direction inevitable brings with it disadvantages in another." siehe *Encyclopedia Britannica*, 9. Aufl., Bd. 17, S. 285.

[30] Peter Hore, *The Ironclads. An Illustrated History of Battleships from 1860 to the First World War*, London 2006.

[31] „Naval History down to our own day is filled with instances of wrong deductions from observed occurances". Zit. nach Beatrice Heuser, *The Evolution of Strategy: Thinking War from Antiquity to the Present*, Cambridge 2010, S. 226.

[32] Rudolf Brommy und Heinrich von Littrow, *Die Marine. Gemeinfassliche Darstellung des gesammten Seewesens*, Wien / Pest / Leipzig 1878, Reprint Leipzig 1982, S. 309 f.

[33] Zit. nach ibid., S. 263.

[34] Friedrich Engels, *Der Amerikanische Bürgerkrieg und die Panzer- und Widderschiffe*, a. a. O. Engels schätzte die Kampfkraft der beiden von ihm erwähnten Widder „USS Queen" und „USS Monarch" unzutreffend ein. Beide waren von Oberst Ellet neben einer Anzahl von Scharfschützen durchaus mit Kanonen armiert.

[35] Friedrich Engels, ‚Artikel Flotte', a. a. O.

[36] Ibid.

[37] Emil Wilde, *The Development of Sailing Ship Tactics Compared to that of Steam Tactics, with a Glance into the Future*, 1911, scan: https://tandfonline.com/doi/abs/10.1080/03071841209435550?journalCode=rusi19

[38] Matthew Allen, ‚The Deployment of Untried Technology: British Naval Tactics in the Ironclad Era', in: *War in History* 15, 2008, S. 269–293.

[39] Nicolas A. M. Rodger, ‚Die Entwicklung der Vorstellung von Seekriegsstrategie in Großbritannien im 18. und 19. Jahrhundert', in: Jörg Duppler (Hg.): *Seemacht und Seestrategie im 19. und 20. Jahrhundert*, Hamburg u. a. 1999, S. 84–103, hier S. 100.

[40] Friedrich Engels, ‚On Rifled Cannon', in: *New York Daily Tribune*, 7. April, 21. April, 5. Mai 1860, in: MEGA² I/18, S. 401–411, deutsche Übersetzung: MEW Bd. 14, S. 27–38.

[41] Friedrich Engels, ‚Artillery', Oktober/November 1857, in: *New American Cyclopaedia*, in: MEGA² I/16, S. 80–100, deutsche Übersetzung: MEW Bd. 14, S. 187–212, zur Entwicklung der Schiffsgeschütze S. 206 f.

[42] William N. Still, *Iron Afloat. The Story oft he Confederate Armorclads*, Columbia, SC 1985, S. 136 f.

[43] Ibid., S. 129.

[44] Alfred Thayer Mahan, *The Influence of Sea Power upon History, 1660–1783*, New York 1890 deutsch: *Der Einfluss der Seemacht auf die Geschichte*, Bd. 2, 1783–1812: Die Zeit der Französischen Revolution und des Kaiserreichs auf Veranlassung des Kaiserlichen Ober-Kommandos der Marine, übers. von Karl Ferdinand Batsch / Karl Paschen, Berlin 1899. Das Buch legte eine Hochsee-Marine als Herrschaftsinstrument nahe, wurde weithin gelesen und als Legitimation des Flottenrüstens um 1900 herangezogen. Sein Hauptwerk will einerseits eine Geschichte der Rolle der Hochseeflotten im 17. und 18. Jahrhundert sein, lieferte aber eine historisch unterfütterte Begründung des Strebens nach selbständigen, global agierenden Flotten – Geschichtspolitik pur.

[45] Volkmar Bueb, *Die „Junge Schule" der französischen Marine. Strategie und Politik 1875–1900*, Boppard am Rhein 1971. Ein wichtiger Primärtext: Paul Dislére, *La guerre d'escadre et la guerre des cotes*, Paris 1876.

[46] „By one of the sharpest ironies of the Ironclad Age, which saw the emergence of the doctrine of sea command and the dogma of its achievement by decisive fleet action, there were very few battles between fleets, and of the few that did occur by no means all were decisive." Siehe Richard Hill, *War at Sea in the Ironclad Age*, London 2002, S. 178.

[47] Siehe Heinz-Lutger Borgert, *Marineplanungen*, a. a. O., S. 245 ff.

[48] „Battlefleet deployments, in short, were dictated by technological limtiations". Siehe John F. Beeler, *Birth of the Battleship*, a. a. O., S. 21.

[49] Ibid., S. 24.

[50] Beeler, *British Naval Policy*, a. a. O., S. 24; Heuser, *The Evolution of Strategy*, a. a. O., S. 217 f.; Donald M. Schurman, *Imperial Defence 1868–1887*, London 2014; Robert Gardiner, *Steam, Steel and Shellfire. The Steam Warship 1815–1905*, London 1992.

[51] So empfahl 1871 das „Committee of Designs" der Royal Navy zumindest für überseeische Besitzungen bevorzugt den Küstenschutz: „At present we find ourselves compelled to regard the attainment of a very high degree of offensive and defensive power united with real efficiency under sail as an insoluble problem; and we believe that our transmarine posessions and other important interests in distant parts of the world, will be more efficiently protected by the establisment, where requisite, of centres of naval power, from which vessels

of the ‚Devastation' class may operate, than by relying upon cruising ships …"; Artikel ‚Navy', in: *Encyclopedia Britannica*, 9. Aufl. 1884, Bd. 17, S. 287–301; hier S. 286.

52 „Much of the seemingly defensive employment was a consequence of technological factors." Siehe Beeler, *British Naval Policy*, a. a. O., S. 22.

53 Siehe Heuser, *The Evolution of Strategy*, a. a. O., S. 226 f.

54 Beeler, *British Naval Policy*, a. a. O., S. 18 ff.

55 Friedrich Engels, ‚British Defences', in: *New York Daily Tribune*, 10. August 1860, in: MEGA² I/18, S.468–471, deutsche Übersetzung: MEW Bd. 15, S. 93–97; Friedrich Engels, ‚Could the French sack London?', in: *New York Daily Tribune*, 11. August 1860, in: MEGA² I/18, S. 472–475, deutsche Übersetzung: MEW Bd. 15, S. 103–108.

56 Friedrich Engels, *Die britische Verteidigung*, a. a. O., S. 93.

57 Ibid., S. 95.

58 Ibid.

„DAS GELOBTE LAND"? – FRIEDRICH ENGELS, DIE VEREINIGTEN STAATEN UND DIE ZUKUNFT DES KAPITALISMUS

1 Friedrich Engels an August Bebel, 20.–23. Januar 1886, in: MEW Bd. 36, S. 428.

2 Friedrich Engels an Laura Marx Lafargue, 24. November 1886, in: MEW Bd. 36, S. 570.

3 Friedrich Engels an August Bebel, 20.–23. Januar 1886, in: MEW Bd. 36, S. 428.

4 Stefan Link und Noam Maggor, ‚The United States as a Developing Nation: Revisiting the Peculiarities of American History', in: *Past and Present*, Nr. 246 (Februar 2020), S. 269–306. Kanada, Argentinien, Mexiko, Chile, Brazilien, Südafrika, Indien oder andere Entwicklungsländer haben den Zustand einer ausgewogenen Wirtschaft als Rohstofflieferant, Landwirtschaftsproduzent und Industriestandort nicht erreicht.

5 Karl Marx, *Das Elend der Philosophie. Antwort auf Proudhons „Philosophie des Elends"*, in: MEW *Bd.* 4, S. 132.

6 Friedrich Engels an Conrad Schmidt, 8. Oktober 1888, in: MEW Bd. 37, S. 103.

7 Friedrich Engels, *Die Lage der arbeitenden Klasse in England*, in: MEGA¹ Bd. I/4, Berlin 1932, S. 279.

8 Jonathan Sperber, *Karl Marx: A Nineteenth-Century Life*, New York 2013, S. 19.

9 Karl Marx, ‚Zur Judenfrage' (1844), in: MEW Bd. 1, S. 352; J. P. Mayer, ‚Alexis de Tocqueville und Karl Marx: Affinitäten und Gegensätze', in: *Zeitschrift für Politik* 13 (1966), S. 4.

10 ‚Zirkular gegen Kriege', in: MEW Bd. 4, S. 3–17; siehe S. 8–11 zur Kritik der „Bodenfreiheit Bewegung".

11 Karl Marx / Friedrich Engels, *Deutsche Ideologie. Manuskripte und Drucke* (1845/46), Kap. „Das Leipziger Konzil." III. Sankt Max in: MEGA 1/5, S. 271; siehe auch August H. Nimtz, *Marx, Tocqueville and Race in America: the „Absolute Democracy" or the „Defiled Republic"*, Lanham MD 2003, S. 49.

12 Amy Bridges, ‚Becoming American: The Working Classes in the United States before the Civil War', in: Ira Katznelson / Aristide R. Zolberg (Hg.): *Working-Class Formation: Nineteenth-Century Patterns in Western Europe and the United States*, Princeton 1986, S. 162, 165, 185–189, 191–196.

13 Karl Marx / Friedrich Engels, ‚Revue', in: *Neue Rheinische Zeitung. Politisch-Ökonomische Revue*, 2. Ausgabe, Januar–Februar 1850, in: MEGA² I/10, S. 218.

14 „Bald werde das amerikanische Territorium eben so bevölkert, ebenso offen für den Handel, ebenso industriell sein, wie es jetzt die Küste von Boston bis New-Orleans ist", in: MEGA² I/10, S. 218 f.

15 Karl Marx an Friedrich Engels, 20. Oktober 1857, in: MEGA² III/8, S. 184.

16 Karl Marx, *Das Kapital*, Bd. 1, Kap. 3, Sek. 4, Der Arbeitstag, in: MEGA² II/5, S. 239 f.

17 Ibid. Vorwort, S. 13. 1861 nahm Marx die welthistorische Bedeutung der Umbildungen der russischen und amerikanischen Staaten vorweg: „Nach meiner Ansicht ist das Größte, was jetzt in der Welt vorgeht, einerseits die amerik. Sklavenbewegung, durch Brown's Tod eröffnet; andrerseits die Sklavenbewegung in Rußland". Karl Marx an Friedrich Engels, 11. Januar 1860 in: MEGA² III/10, S. 153.

18 Karl Marx an Friedrich Engels, 7. August 1862, in: MEGA² III/12, S. 186–187; Karl Marx an Friedrich Engels, 29. Oktober 1862, in: MEGA² III/12, S. 256–258.; Karl Marx an Friedrich Engels, 23. April 1866, in: MEGA² III/12, S. 256–258.

19 Friedrich Engels an Karl Marx, 5. November 1862, in: MEGA² III/19, S. 282.

20 Friedrich Engels an Karl Marx, 30. Juli 1862, in: MEGA² III/19, S. 169.

21 Friedrich Engels an Karl Marx, 9. September 1862, in: MEGA² III/12, S. 230.

22 Friedrich Engels an Karl Marx, 5. November 1862, in: MEGA² III/12, S. 262.

23 Friedrich Engels an Karl Marx, 17. Februar 1863, in: MEGA² III/12, S. 336.

24 Friedrich Engels an Joseph Weydemeyer, 24. November 1864, in: MEGA² III/13, S. 72.

25 Karl Marx an Lion Philips, 29. November 1864, in: MEGA² III/13, S. 90.

26 Karl Marx an Nicolai Franzewitsch Danielson, 15. November 1878, in: MEW Bd. 34, S. 359. In der Tat wurde der Spruch „wage slavery" in dieser Zeit häufig benutzt.

27 Siehe MEGA² II/5, S. 240.

28 Auch urteilte er positiv über die Wirkung der zweiten Wahlreform in England, siehe: MEGA² III/13, S. 429; cf. Jürgen Herres, ‚Einführung', in: MEGA² 1/21, S. 1131, 1136.

29 Karl Marx, ‚Zu den Ereignissen in America', in: *Die Presse*, Nr. 281, 12. Oktober 1862, in: MEW Bd. 15, S. 553.

30 Martin Shefter, ‚Trade Unions and Political Machines: The Organization and Disorganization of the American Working Class in the Late Nineteenth Century', in: Ira Katznelson / Aristide R. Zolberg (Hg.): *Working-Class Formation: Nineteenth-Century Patterns in Western Europe and the United States*, Princeton 1986, S. 199–200, 204.

31 Karl Marx an Nikolai Franzewitsch Danielson, 15. November 1878, in: MEW Bd. 34, S. 359; MECW Vol. 45, S. 344.

32 Karl Marx an Nikolai Franzewitsch Danielson, 10. April 1879, in: MEW Bd. 34, S. 374 f.; MECW Vol. 45, S. 357–58.

33 Friedrich Engels an August Bebel, 10.–11. Mai 1883, in: MEW Bd. 36, S. 27; MECW Vol. 47, S. 23.

34 Zu den Arbeitsmarktstatistiken siehe MEGA² IV/32: Ohio (1879–80), New Jersey (1878–79), New York (1886–91), Pennsylvania (1876–80), S. 110–113; for national statistics (1876–81, 1886, 1886–94), S. 112, 271; for Iowa (1884–85), S. 334; for Massachusetts (1870–82), S. 545; Missouri (1881), S. 596; Massachusetts (1875), S. 602; Karl Marx an Friedrich Engels, 25. August 1879, in: MEW Bd. 34, S. 97. Zur europäischen Statistik siehe MEGA² IV/26, S. 826–828.

35 Karl Marx an Friedrich Adolph Sorge, 5. November 1880, in: MEW Bd. 34, S. 478.

36 John Swinton, ‚Account of an Interview with Karl Marx Published in the „Sun"', in: MEGA² I/25, S. 443; Carl-Erich Vollgraf, ‚Marx' Arbeit am dritten Buch des Kapital in den 1870/80er Jahren' in: In memoriam Wolfgang Jahn: *Der ganze Marx. Alles Verfasste veröffentlichen, erforschen und den ‚ungeschriebenen Marx' rekonstruieren*, Hamburg 2002, S. 53.

37 Gerald Hubman und Regina Roth, ‚Die „Kapital-Abteilung" der MEGA. Einleitung und Überblick', in: *Marx-Engels Jahrbuch*, 2012/13, S. 64.

38 Friedrich Engels an Friedrich Adolph Sorge, 29. Juni 1883, in: MEW Bd. 36, S. 46. Dies bestätigen die Befunde der Editionsanalyse, siehe Regina Roth, ‚Karl Marx's Original Manuscripts in the Marx-Engels-Gesamtausgabe (MEGA): Another View on Capital' in: Riccardo Bellofiore (Hg.): *Re-reading Marx: New Perspective after the New Edition*, Basingstoke 2009, S. 38; siehe auch Andrew Dawson, ‚Reassessing Henry Carey (1793–1879): The Problems of Writing Political Economy in Nineteenth-Century America', in: *Journal of American Studies*, Vol. 34, Nr. 3, 2000, S. 465–485.

39 Carl-Erich Vollgraf, ‚Marx' Arbeit', a. a. O., S. 33–66; hier S. 52 f.; Regina Roth, ‚Karl Marx's Original Manuscripts', a. a. O., S. 40 f. Da Marx seine eigenen Überlegungen darüber aber nicht niederschrieb, konnte Engels nicht ahnen, welche Schlussfolgerungen Marx aus den Exzerpten gezogen hat. Eine Liste des von Marx hinterlassenen Materials bei Roth, ‚Karl Marx's Original Manuscripts', S. 31 f. Laut Roth verfolgte Engels mit seinem Arbeitsprogramm

einen lösungsorientierten Pragmatismus. Er war bemüht, nicht nur ein lesbares Werk zügig herauszubringen, sondern auch eine Studie vorlegen, welche Antworten zu brennenden Fragen etwa über den Mehrwert und die Profitrate anboten.

[40] Friedrich Engels an Eduard Bernstein, 3. Mai 1882, in: MEW Bd. 35, S. 315; MECW Vol. 46, S. 250–51.

[41] Friedrich Engels, ‚Über die Konzentration des Kapitals in den Vereinigten Staaten' in: *Der Sozialdemokrat* Nr. 21, 18. Mai 1882, in: MEW Bd. 19, S. 306–308, hier: S. 307.

[42] Siehe Karl Marx an Friedrich Engels, 25. Juli 1877, in: MEW Bd. 34, S. 59. Wegen dieser Entwicklung rechtfertigte Marx auch seine Entscheidung, den Sitz der Internationale in die USA zu verlegen: „[…] und die Verlegung des Zentrums der Internationalen nach United States noch ganz absonderliche Opportunität post festum erhalten kann." Ibid.

[43] Friedrich Engels an Karl Kautsky, 1. Februar 1881, in: MEW Bd. 35, S. 150 f.; MECW, Vol. 46, S. 56–58.

[44] Ibid., S. 151.

[45] Friedrich Engels, ‚Vorwort zur vierten Ausgabe (1890) des Manifests der Kommunistischen Partei', in: MEGA² I/31, S. 255.

[46] Friedrich Engels, ‚Über die Konzentration des Kapitals in den Vereinigten Staaten', a. a. O., S. 307.

[47] Siehe MEGA² I/31, Apparat, S. 879; Joanne R. Reitano, *The Tariff Question in the Gilded Age: The Great Debate of 1888*, Philadelphia 1994, S. 129.

[48] Friedrich Engels an Nikolai Franzewitsch Danielson, 29. Oktober 1891, in: MEW Bd. 38, S. 195.

[49] https://history.house.gov/Historical-Highlights/1851-1900/The-McKinley-Tariff-of-1890/

[50] Friedrich Engels an Florence Kelley-Wischnewetzky, 3. Februar 1886, in: MEW Bd. 36, S. 432 f.

[51] Friedrich Engels an Nikolai Franzewitsch Danielson, 24. Februar 1893, in: MEW Bd. 39, S. 37 f.

[52] Friedrich Engels an Nikolai Franzewitsch Danielson, 8. Februar 1886, in: MEW Bd. 36, S. 438 f.

[53] Friedrich Engels an August Bebel, 18. März 1886, in: MEW Bd. 36, S. 465.

[54] Friedrich Engels an Florence Kelley-Wischnewetzky, 11. April 1888, in: MEW Bd. 37, S. 48.

[55] Friedrich Engels, ‚Die Arbeiterbewegung in Amerika. Vorwort zur amerikanischen Ausgabe der Lage der arbeitenden Klasse in England', in: MEGA² I/31, S. 29 f.; Henry David, *The History of the Hay Market Affair: A Study of the American Social-Revolutionary and Labour Movements*, 3. Aufl., New York 1963; James R. Green, *Death in the Haymarket: A Story of Chicago, the First Labor Movement, and the Bombing that divided Gilded Age America*, New York 2006; Timothy Messer Kruse, *The Trial of the Hay Market Anarchists: Terrorism and Justice in the Gilden Age*, London 2011.

[56] Friedrich Engels an Friedrich Adolph Sorge, 29. November 1886, in: MEW Bd. 36, S. 579. Einen Überblick über die organisierte Arbeiterpolitik der 1880er Jahre gibt Walter Licht, *Industrializing America: The Nineteenth Century*, Baltimore 1995, S. 166–196.

[57] Friedrich Engels an Florence Kelley-Wischnewetzky, 28. Dezember 1886, MEW 36, S. 589; idem, 3. Juni 1886, MEW 36, S. 490.

[58] Friedrich Engels an Florence Kelley-Wischnewetzky, 3. Juni 1886, MEW 36, S. 491.

[59] Friedrich Engels, *Die Arbeiterbewegung in Amerika*, a. a. O., S. 42.

[60] Friedrich Engels an Florence Kelley-Wischnewetzky, 3. Juni 1886, in: MEW Bd. 36, S. 490 f.

[61] Friedrich Engels an Friedrich Adolph Sorge, 29. November 1886, in: MEW Bd. 36, S. 580.

[62] Friedrich Engels, ‚Vorwort zur vierten Ausgabe (1890) des Manifests der Kommunistischen Partei', in: MEGA² I/31, S. 257.

[63] Friedrich Engels an Friedrich Adolph Sorge, 16. September 1887, in: MEW Bd. 36, S. 704.

[64] Walter Licht, *Industrializing America*, a. a. O., S. 173.

[65] Friedrich Engels an Laura Marx Lafargue, 23. Mai 1886, in: MEW Bd. 36, S. 489.

[66] In Bezug auf die zersplitterte Politik der Arbeiterbewegung bemerkte Engels: „Das Sektenwesen wird ohnehin in Amerika auf Jahre hinaus nicht zu verhindern sein", Friedrich Engels an Friedrich Adolph Sorge, 7. März 1884, in: MEW Bd. 36, S. 123.

[67] Friedrich Engels an August Bebel, 11. Oktober 1884, in: MEW 36, S. 215; Friedrich Engels an Friedrich Adolph Sorge, 2. Dezember 1893, in: MEW Bd. 39, S. 173.

[68] Friedrich Engels an Friedrich Adolph Sorge, 29. April 1886, in: MEW Bd. 36, S. 478.

[69] Friedrich Engels an Eduard Bernstein, 22. Mai 1886, in: MEW Bd. 36, S. 487.

[70] Friedrich Engels an Friedrich Adolph Sorge, 29. Juni 1883, In: MEW Bd. 36, S. 47.

[71] Friedrich Engels an Friedrich Adolph Sorge, 29. Januar 1886, in: MEW Bd. 36, S. 431.

[72] Friedrich Engels an Friedrich Adolph Sorge, 16. September 1887, in: MEW Bd. 36, S. 304.

[73] Friedrich Engels an Florence Kelley-Wischnewetzky, 28. Dezember 1886, in: MEW Bd. 36, S. 589.

[74] Friedrich Engels an Florence Kelley-Wischnewetzky, 27. Januar 1887, in: MEW Bd. 36, S. 597.

[75] Friedrich Engels, ‚Preface to the American Edition of The Condition of the Working Class in England' in 1844 (1887), in: MEGA² I/31, S. 46.

[76] Friedrich Engels an Friedrich Adolph Sorge, 31. Dezember 1892, in: MEW Bd. 38, S. 560.

[77] Siehe David Montgomery, ‚Labor in the Industrial Era', in: Richard B. Morrs (Hg.): *The U.S. Department of Labor Bicentennial History of the American Worker*, Washington 1976, S. 117 f.

[78] Friedrich Engels an Friedrich Adolph Sorge, 8. August 1887, in: MEW Bd. 36, S. 689.

[79] Friedrich Engels an Friedrich Adolph Sorge, 31. Dezember 1892, in: MEW Bd. 38, S. 560.

[80] Walter Licht, *Industrializing America*, a. a. O., S. 173–175; zu den europäischen Trends der Streikbewegungen im späten 19. Jahrhundert siehe Friedhelm Boll, *Arbeitskämpfe und Gewerkschaften in Deutschland, England und Frankreich: Ihre Entwicklung vom 19. zum 20. Jahrhundert*, Bonn 1992.

[81] Allerdings enstand eine ähnliche Debatte nach der Jahrhundertwende in Deutschland bei der SPD und den Gewerkschaften, siehe Carl E. Schorske, *German Social Democracy, 1905–1917: The Development of the Great Schism*, Cambridge 1955.

[82] So rief etwa die American Federation of Labor 1886 zu internationaler Solidarität auf: „Ein Kampf findet in der zivilisierten Welt zwischen Unterdrückern und Untergedrückten aller Länder, zwischen Kapitalist und Arbeiter, mit steigender Intensität mit jedem Jahr statt" siehe Martin Shefter, ‚Trade Unions and Political Machines', a. a. O., S. 225.

[83] Edwin Lawrence Godkin, ‚The Labor Crisis', in: *North American Review* 105, Issue 216, Juli 1867, S. 178.

[84] Siehe Seth Cotlar, *Tom Paine's America: The Rise and Fall of Transatlantic Radicalism in the Early Republic*, Charlotesville 2011.

[85] David Montgomery, *The Fall of the House of Labor: The Workplace, the State, and American Labor Activism, 1865–1925*, Cambridge 1987; ders., *Citizen Worker: The Experience of Workers in the United States with Democracy and the Free Market During the Nineteenth Century*, Cambridge 1993; Harold Livesay, *Samuel Gompers and Organized Labor in America*, Boston 1978; William H. Harris, *The Harder We Run: Black Workers Since the Civil War*, New York 1982; Robert E. Weir, *Beyond Labor's Veil: The Culture of the Knights of Labor*, University Park 1996; Linda Gordon, *The Great Arizona Orphan Abduction*, Cambridge, 2001.

[86] Timothy Messer-Kruse, *The Yankee International: Marxism and the American Reform Tradition, 1848–1876*, Chapel Hill 2000, S. 157–86; eine positivere Beurteilung von Marx' Einschätzung der Rolle der Rassen in den USA gibt August H. Nimtz Jr, *Marx, Tocqueville, and Race in America*, a. a. O., S. 227 f.

[87] Friedrich Engels an Friedrich Adolph Sorge, 16. Januar 1895, MEW Bd. 39, S. 385 f.

[88] Friedrich Engels an Friedrich Adolph Sorge, 31. Dezember 1892, MEW Bd. 38, S. 560.

[89] Friedrich Engels an Friedrich Adolph Sorge, 24. Oktober 1891, MEW Bd. 38, S. 182.

DIE VERWANDLUNG DER WELT – FRIEDRICH ENGELS UND DIE ENTWICKLUNG DER PRODUKTIVKRÄFTE IN DER ZWEITEN HÄLFTE DES 19. JAHRHUNDERTS

[1] Jürgen Osterhammel, *Die Verwandlung der Welt. Eine Geschichte des 19. Jahrhunderts,* München 2009.

[2] Zum technisch-ökonomischen Wandel Hugh Thomas, *Geschichte der Welt,* Stuttgart 1984; zur globalen Vernetzung R. Bin Wong, ‚Möglicher Überfluss, beharrliche Armut. Industrialisierung und Welthandel im 19. Jahrhundert', in: Sebastian Conrad, Jürgen Osterhammel (Hg.): *Wege zur modernen Welt 1750–1870, Geschichte der Welt,* Bd. 4, München 2016, S. 255–410.

[3] Roland Wenzlhuemer, *Connecting the Nineteenth-Century World. The Telegraph and Globalization,* Cambridge 2013.

[4] Christopher Bayly, *Die Geburt der modernen Welt. Eine Globalgeschichte* 1780–1914, Frankfurt a. M. 2006. Vgl. auch die Beiträge in Friedrich Jaeger / Wolfgang Knöbl / Ute Schneider (Hg.): *Handbuch Moderneforschung,* Stuttgart 2015.

[5] Arthur Schopenhauer, ‚Zur Rechtslehre und Politik' (1851), in: *Parerga und Paralipomena. Kleine philosophische Schriften,* Bd. 2, Zürich 1988, S. 224 f.

[6] Hierzu Gareth Stedman Jones, *Das Kommunistische Manifest von Karl Marx und Friedrich Engels. Einführung, Text, Kommentar,* München 2012.

[7] Vgl. etwa Heinz-Gerhard Haupt, *Konsum und Handel. Europa im 19. und 20. Jahrhundert,* Göttingen 2003; Wolfgang König, *Geschichte der Konsumgesellschaft,* Stuttgart 2000.

[8] Carl Jantke / Dietrich Hilger, *Die Eigentumslosen. Der deutsche Pauperismus und die Emanzipationskrise in Darstellungen und Deutungen der zeitgenössischen Literatur,* Freiburg / München 1965.

[9] Vgl. etwa Patrick Eiden-Offe, *Die Poesie der Klasse. Romantischer Antikapitalismus und die Erfindung des Proletariats,* Berlin 2017.

[10] Thomas Welskopp, *Das Banner der Brüderlichkeit. Die deutsche Sozialdemokratie vom Vormärz bis zum Sozialistengesetz,* Bonn 2000.

[11] Friedrich Engels, *Die Lage der arbeitenden Klasse in England. Nach eigner Anschauung und authentischen Quellen,* 1. Aufl. 1845, in: MEGA[1] I/4, Berlin 1932, S. 10–286.

[12] Etwa Charles Dickens, *Harte Zeiten (1854),* Berlin 1984. Neben Dickens sind die Arbeiten von Elizabeth Gaskell, Charles Kingsley, Charles Reade oder Elizabeth Barrett-Browning und Thomas Hood zu erwähnen.

[13] Eugène Sue, *Die Geheimnisse von Paris,* Berlin 1843.

[14] Ilsedore Rarisch, *Das Unternehmerbild in der deutschen Erzählliteratur der ersten Hälfte des 19. Jahrhunderts. Ein Beitrag zur Rezeption der frühen Industrialisierung in der belletristischen Literatur,* Berlin 1977.

[15] Friedrich Engels, *Briefe aus dem Wuppertal,* in: Telegraph für Deutschland, Nr. 49, März und April 1839, in: MEGA[2] I/3, S. 32–51

[16] Jürgen Kocka, *Arbeitsverhältnisse und Arbeiterexistenzen. Grundlagen der Klassenbildung im 19. Jahrhundert,* Bonn 1990.

[17] Jürgen Reulecke, *Sozialer Frieden durch soziale Reform: Der Centralverein für das Wohl der arbeitenden Klassen in der Frühindustrialisierung,* Wuppertal 1983.

[18] Zu den Revolutionshintergründen vgl. Hans-Ulrich Wehler, *Deutsche Gesellschaftsgeschichte,* Bd. 2: 1815–1845/49, München 1987.

[19] Ulrike Laufer / Hans Ottomeyer (Hg.): *Gründerzeit 1848–1871. Industrie und Lebensträume zwischen Vormärz und Kaiserreich,* Dresden 2008; Werner Plumpe, ‚Realistische Zeiten. Ökonomischer Aufschwung und gesellschaftliche Selbstbilder in den Gründerjahren 1852–1873', in: Laurenz Lütteken (Hg.): *Das Jahr 1868: Musik zwischen Realismus und Gründerzeit,* Kassel 2019, S. 17–38.

[20] Friedrich Engels an Karl Marx, 23. September 1851, in: MEGA[2] III/4, S. 213.

[21] Hans Rosenberg, Die *Weltwirtschaftskrise 1857–1859. Mit einem Vorbericht,* Göttingen 1974.

[22] Rudolf Berthold / Hans-Heinrich Müller (Hg.): *Geschichte der Produktivkräfte in Deutschland von 1800 bis 1945,* drei Bände, Bd. 2: *Produktivkräfte in Deutschland 1870 bis 1917/18,* Berlin 1985.

[23] Grundsätzlich hierzu Werner Plumpe, *Unternehmensgeschichte im 19. und 20 Jahrhundert,* Enzyklopädie Deutscher Geschichte 94, Berlin, Boston 2018.

[24] Detailliert beschrieben bei Gerhard A. Ritter / Klaus Tenfelde, *Arbeiter im Deutschen Kaiserreich 1871–1914,* Bonn 1992.

[25] Marcus Gräser, *Wohlfahrtsgesellschaft und Wohlfahrtsstaat. Bürgerliche Sozialreform und „Welfare State Building" in den USA und in Deutschland 1880–1940,* Göttingen 2009.

[26] Ein Beispiel etwa David F. Crew, *Bochum. Sozialgeschichte einer Industriestadt 1860–1914,* Frankfurt a. M. 1980.

[27] Jürgen Reulecke, *Geschichte der Urbanisierung in Deutschland,* Frankfurt a. M. 1985; Joachim Schlör, *Nachts in der großen Stadt.* Paris, Berlin, London 1840–1930, München 1991; zeitgenössisch Georg Simmel, ‚Die Großstädte und das Geistesleben (1903)', in: ders., *Gesamtausgabe,* Bd. 7, Frankfurt a. M. 2006.

[28] Typisch Ludwig August von Rochau, *Grundsätze der Realpolitik. Angewendet auf die staatlichen Zustände Deutschlands* (1853/1859), hrsg. und eingel. von Hans-Ulrich Wehler, Frankfurt a. M. 1972.

[29] Hermann Lübbe, *Politische Philosophie in Deutschland. Studien zu ihrer Geschichte,* München 1974.

[30] Erik Grimmer-Solem, *The Rise of Historical Economics and Social Reform in Germany, 1864–1894,* Oxford 2003.

[31] Karl Marx, Friedrich Engels: Vorwort [zum „Manifest der Kommunistischen Partei" (zur deutschen Ausgabe von 1872)], in: MEW 4, S. 573.

[32] Friedrich Engels, ‚England 1845 und 1885', in: *Die Neue Zeit,* Jg. 3, 1885, H 6, Juni 1885, in: MEGA[2] I/30, S. 67–73, hier S. 71.

[33] Werner Plumpe, ‚Vom Supranaturalisten zum Kommunisten. Der Weg des jungen Friedrich Engels zur Ökonomie', in: Rainer Lucas / Reinhard Pfriem / Hans-Dieter Westhoff (Hg.): *Arbeiten am Widerspruch. Friedrich Engels zum 200. Geburtstag,* Marburg 2020, S. 213–248.

[34] Friedrich Engels an Arnold Ruge, 26. Juli 1842, in: MEGA[2] III/ 1, S. 235.

[35] Friedrich Engels an Joseph Weydemeyer, 19. Juni 1851, in: MEGA[2] III/4, S. 132.

[36] Vgl. vor allem die einschlägigen Texte aus England, angefangen bei den ersten Berichten für die Rheinische Zeitung vom Dezember 1842 bis zu Friedrich Engels, *Umrisse zu einer Kritik der Nationalökonomie,* in: Deutsch-Französische Jahrbücher Lfg. 1/2, 1844, hrsg. von Arnold Ruge und Karl Marx. Paris, Bureau der Jahrbücher 1844, S. 86–114, in: MEGA[2] I/3, S. 467–494 und Friedrich Engels, *Lage,* a. a. O.

[37] Engels, *Lage,* a. a. O., S. 262.

[38] Ibid., S. 261.

[39] Friedrich Wilhelm Krummacher, der erste reformierte Prediger Elberfelds zu Zeit von Engels' Jugend, war dessen Lieblingshassfigur; er sei ebenso pietistisch verbohrt wie rhetorisch brillant gewesen, hieß es in Engels, Briefe, a. a. O., S. 36–41.

[40] Vgl. Werner Plumpe, ‚„Dies ewig unfertige Ding" – Das „Kapital" und seine Entstehungsgeschichte', in: *Aus Politik und Zeitgeschichte,* 67/2017, Heft 19–20, S. 10–16.

[41] Siehe vor allem Friedrich Engels, *Briefe aus London I.',* in: Schweizerischer Republikaner Nr. 39, 16. Mai 1839, in: MEGA[2] I/3, S. 449–466.

[42] Friedrich Engels, *Progress of social reform on the Continent,* in: The New Moral World vom 4. November 1843, in: MEGA[2] I/3, S. 495–510.

[43] Friedrich Engels, *Die innern Krisen,* in: Rheinische Zeitung Nr. 343, 9. Dezember 1842, in: MEGA[2] I/3, S. 442.

[44] Friedrich Engels, *Lage der arbeitenden Klasse in England,* in: Rheinische Zeitung 25. Dezember 1842, in: MEGA[2] I, 3, S. 447.

[45] Ibid., S. 447.

[46] Ibid., S. 448.

[47] Engels, *Umrisse,* a. a. O.; hierzu jetzt Heinz D. Kurz, ‚Der junge Engels über die „Bereicherungswissenschaft", die „Unsittlichkeit" von Privateigentum und Konkurrenz und die „Heuchelei der Oekonomen"', in: Lucas / Pfriem / Westhoff (Hg.): *Arbeiten am Widerspruch,* a. a. O., S. 65–120.

[48] Plumpe, Dies ewig unfertige Ding, a. a. O.

[49] Stedman-Jones, *Manifest,* a. a. O.

50 Vorwort zur *Zur Kritik der politischen Ökonomie* von 1859, Karl Marx, *Ökonomische Manuskripte und Schriften*, 1858–1861, in: MEGA² II/2, S. 100f.
51 Ibid., S. 101.
52 Michael Krätke, ‚Friedrich Engels und die großen Transformationen des Kapitalismus', in: Lucas / Pfriem / Westhoff (Hg.): *Arbeiten am Widerspruch*, a. a. O., S. 121–159, hier S. 154.
53 Richard Tilly, *Vom Zollverein zum Industriestaat. Die wirtschaftlich-soziale Entwicklung Deutschlands 1834–1914*, München 1990.
54 Etwa bei Sven Beckert, *King Cotton. Eine Globalgeschichte des Kapitalismus*, München 2014.
55 Friedrich Engels, *Cotton and Iron*, The Labour Standard, Nr. 13, 30. Juli 1881, in: MEGA² I/25, S. 281–283, hier S. 281, deutsche Übersetzung: *Baumwolle und Eisen*, in: MEW Bd. 19, S. 283.
56 Friedrich Engels, *The French Commercial Treaty*, The Labour Standard, Nr. 7, 18. Juni 1881, in: MEGA² I/25, S. 260–263, hier S. 263, deutsche Übersetzung: *Der Handelsvertrag mit Frankreich* (1881), in: MEW Bd. 19, S. 264.
57 Ibid.
58 Ibid., S. 265.
59 Ibid.
60 Hierzu, vor allem zu den im Kontext der Arbeiten an den Bänden 2 und 3 des *Kapitals* von Engels gemachten Beobachtungen Krätke, *Friedrich Engels*, a. a. O.
61 Engels, *Lage*, a. a. O., laufend.
62 Marx, Ökonomische Manuskripte, S. 102.
63 Friedrich Engels, *Herrn Eugen Dührings Umwälzung der Wissenschaft (Anti-Dühring)*, in: MEGA² I/27.
64 Friedrich Engels, *Die Entwicklung des Sozialismus von der Utopie zur Wissenschaft*, in: MEGA² I/27, S. 581–627.
65 Ibid., S. 609.
66 Ibid., S. 614.
67 Ibid., S. 615.
68 Ibid.
69 Ibid.
70 Friedrich Engels, *Herrn Eugen Dührings Umwälzung der Wissenschaft*. 3. Auflage, II. Theoretisches, in: MEGA² I/27, S. 532.
71 Engels, Die Entwicklung des Sozialismus, a. a. O., S. 617f., siehe auch MEW Bd. 19, S. 220f.
72 Ibid., S. 622.
73 Ibid.
74 Friedrich Engels, *Discours prononcé lors des obsèques de Karl Marx*, in: La justice. Nr. 27, 20. März 1883, in: MEGA² I/25, S. 405f., deutsche Übersetzung: *Entwurf zur Grabrede von Karl Marx*, in: MEW Bd. 19, S. 333f.
75 Wladimir Iljitsch Lenin, ‚Der Imperialismus als höchstes Stadium des Kapitalismus. Gemeinverständlicher Abriss' (1917), in: Wladimir I. Lenin, *Ausgewählte Werke*, Bd. II, Frankfurt a. M. 1970, S. 643–770; Rosa Luxemburg, *‚Die Akkumulation des Kapitals. Ein Beitrag zur ökonomischen Erklärung des Imperialismus'* (1913), in: dies., *Gesammelte Werke*, Bd. 5: Ökonomische Schriften, Berlin 1985, S. 5–412.
76 Friedrich Engels, ‚Elektricität', in: *Dialektik der Natur* (1873–1882), in: MEGA² I/26, S. 471–516.
77 Ulrich Ruschig, ‚Über den Marxismus der kritischen Theorie. Horkheimers Aufnahme und Weiterführung von Engels' „Die Entwicklung des Sozialismus von der Utopie zur Wissenschaft"', in: *Zeitschrift für Kritische Theorie* 22/2016, S. 76–96.

DIE REVOLUTIONIERUNG DER ARBEIT – FRIEDRICH ENGELS UND DER WANDEL DER ARBEITSVERHÄLTNISSE IN MANCHESTER UND LONDON

1 Friedrich Engels, *Briefe aus dem Wuppertal*, in: Telegraph für Deutschland, Nr. 49, März und April 1839, in: MEGA² I/3, S. 32–51, hier S. 34.
2 Ibid., S. 32.
3 Angus Bethune Reach, *Manchester and the Textile Districts in 1849*, hrsg. von C. Aspin, Helmshore 1972, S. 1.
4 Zit. nach Asa Briggs, *Victorian Cities*, New York 1963, S. 89.
5 „Der schmale Fluß [Wupper] ergießt bald rasch, bald stockend seine purpurnen Wogen zwischen rauchigen Fabrikgebäuden und garnbedeckten Bleichen hindurch; aber seine hochrote Farbe rührt nicht von einer blutigen Schlacht her, […] sondern einzig und allein von den vielen Türkischrot-Färbereien." Engels, *Briefe*, a. a. O., S. 34.
6 Roger Lloyd-Jones / M. J. Lewis, *Manchester and the Age of the Factory. The Business Structure of Cottonopolis in the Industrial Revolution*, London 1988, S. 33. Es gab zu dem Zeitpunkt schon zwei große Firmen, die jeweils mehr als 1000 Arbeitskräfte beschäftigten (ibid.).
7 Catherine Bowler / Peter Brimblecome, ‚Control of Air Pollution Prior to the Public Health Act of 1875', in: *Environment and History* 6, 2000, S. 71–98, hier: S. 76; Hans J. Teuteberg, ‚Zeitgenössische deutsche Reflexionen über die Rolle des Faktors Arbeit in den frühen Phasen der britischen Industrialisierung (1750–1850)', in: Hermann Kellenbenz (Hg.): *Wirtschaftspolitik und Arbeitsmarkt: Bericht über die 4. Arbeitstagung der Gesellschaft für Sozial- und Wirtschaftsgeschichte in Wien am 14. und 15. April 1971*, München 1974, S. 238–270, hier S. 260.
8 Lloyd-Jones / Evans, *Manchester*, a. a. O., S. 111.
9 Hans J. Teuteberg, *Zeitgenössische deutsche Reflexionen*, a. a. O., S. 260.
10 Duncan Bythell, *The Sweated Trades. Outwork in Nineteenth-Century Britain*, London 1978, S. 36f.
11 Seit Mitte der 1820er Jahre erschütterten mehrere schwere Krisen das Baumwollgewerbe (1826, 1829, 1837/8 und 1841), die durch Baumwollspekulationen in England und in den USA, den Zusammenbruch einiger amerikanischer Banken 1837/8 und mehrere schlechte Ernten – zuletzt 1841 – verursacht wurden.
12 Georg Weerth, *Sämtliche Werke*, Bd. 3: Die englischen Arbeiter, Berlin 1957, S. 210.
13 Joyce Burnette, Gender, *Work and Wages in Industrial Revolution*, Cambridge 2008, S. 265; J. L. Hammond / Barbara Hammond, *The Skilled Labourer 1760–1832*, reprint New York 1967, S. 149.
14 Michael Knieriem, ‚Die Firma „Ermen & Engels" in Manchester und Engelskirchen im 19. Jahrhundert', in: *Marx-Engels-Jahrbuch* 10, 1987, S. 211–234, hier S. 219.
15 Reach, *Manchester*, a. a. O., S. 12.
16 Burnette, *Gender*, a. a. O., S. 265.
17 In den Krisenjahren von 1829–30 führten die Lohnsenkungen zu einer Serie von Streiks unter den Spinnern, vgl. R. G. Kirby / A. E. Musson, *The Voice of the People. John Doherty (1798–1854) Trade Unionist, Radical and Factory Reformer*, Manchester 1975, Kap. IV, S. 85.
18 Friedrich Engels, *Die Lage der arbeitenden Klasse in England. Nach eigner Anschauung und authentischen Quellen*, 1. Aufl. 1845, in: MEGA¹ I/4, Berlin 1932, S. 10–286, hier S. 134.
19 Reach, *Manchester*, a. a. O., S. 14.
20 Ibid, S. 21, 51.
21 Ibid, S. 21, 48f.
22 Vgl. hierzu auch Engels, er verweist von den Angaben von Lord Ashely 1844 ausgehend ebenfalls auf einen Frauenanteil von 50 %–70 %, Engels, *Lage*, a. a. O., S. 143.
23 Lohnliste der Courtauld'schen Fabrik auf http://www.womeninworldhistory.com/textile.html [Zugriff 24. Februar 2020], dort arbeiteten 114 Männer und 899 Frauen; vgl. auch Carol Adams / Paula Bartley / Judy Lown / Cathy Loxton, *Under Control. Life in a Nineteenth-Century Silk Factory*, Cambridge 1983, S. 17; leicht abweichend wird hier für 1861 bei Courtauld die Zahl der Frauen mit 901 und 114 Männer angegeben.
24 Knieriem, *Firma Ermen & Engels*, a. a. O., S. 219. In der dazugehörigen Bleicherei beschäftigte Ermen & Engels noch einmal 27 Männer und 58 Frauen. Lediglich in der Färberei arbeiteten nur Männer und einige Jungen.
25 Nicola Verdon, *Rural Women Workers in Nineteenth-Century England: Gender, Work and Wages*, Woodbridge 2002, S. 11f.
26 Erich Richards, ‚Women and the British Economy since about 1700: an Interpretation', in: *History* 59 (1974), S. 337–57; zur Diskussion vgl. auch Burnette, *Gender*, a. a. O., S. 306–311.
27 H. M. Boot / J. H. Maindonald, ‚New Estimates, of Age- and Sex-Specific Earnings and the Male: Female Earnings Gap in the British Cotton Industry', 1833–1906, in: *The Economic*

History Review, 61 (2008), S. 380–404, hier S. 399–403.

[28] Engels, *Lage*, a. a. O., S. 137: Er nennt durchschnittliche Wochenlöhne von 8s bis 9s für Frauen.

[29] Reach, Manchester, S. 76, 89; vgl. auch Paul Minoletti, The Importance of Ideology: ‚The Shift to Factory Production and its Effect on Women's Employment Opportunities in the English Textile Industries', *Discussion Papers in Economic and Social History*, Nr. 87 (Februar 2011), S. 1 [http://www.nuff.ox.ac.uk/Economics/History].

[30] Paul Minoletti, ‚The Importance of Ideology', a. a. O.

[31] Ibid., S. 7.

[32] Engels, *Lage*, a. a. O., S. 138.

[33] Lohnliste der Courtauld'sch en Fabrik auf http://www.womeninworldhistory.com/textile.html [Zugriff 24. Februar 2020]; D. C. Coleman, *Courtaulds. An Economic and Social History*, Oxford 1969, S. 232.

[34] Minoletti, *Importance*, a. a. O., S. 18.

[35] Burnette, *Gender*, a. a. O., S. 3.

[36] Minoletti, *Importance*, a. a. O., S. 5 f.

[37] Joyce Burnette, *Women Workers in the British Industrial Revolution*, EH Net, S. 6.

[38] Boot / Maindonald, *New Estimates*, a. a. O., S. 395.

[39] Burnette, *Women Workers*, a. a. O., S. 9.

[40] Ibid.; vgl. auch dies. ‚An Investigation of the Female-Male Wage Gap During the Industrial Revolution', in: *Economic History Review* 59, 1999, S. 257–281, hier S. 268 f.

[41] Burnette, *Gender*, a. a. O., S. 327

[42] Siehe z. B. ibid., S. 306; Friedrich Engels. *Der Ursprung der Familie, des Privateigentums und des Staats*, In: MEGA² I/29, S. 41.

[43] Engels, *Lage*, a. a. O., S. 140.

[44] Engels' moralische Vorbehalte und seine Sorge vor der Auflösung der Familienstrukturen durch die Fabrikarbeit von Frauen können als charakteristisch für die Ansichten vieler Zeitgenossen gelten, siehe hierzu ibid., S. 137 ff.

[45] Burnette, *Gender*, a. a. O., S. 326.

[46] Vgl. Gisela Mettele, ‚Mary und Lizzy Burns, die Lebensgefährtinnen von Friedrich Engels', in: *Marx-Engels Jahrbuch 2011*, S. 130–149; vgl. auch W. O. Henderson, *Marx and Engels and the English Workers and Other Essays*, London 1989, S. 37, er beschreibt Mary als „Irish millhand", die in Ancoats, dem Industrieviertel von Manchester, lebte.

[47] Mettele, *Burns*, a. a. O., S. 131: Mary Burns wird in den Steuerlisten der 1840er Jahre als Dienstmädchen bezeichnet, in der Sterbeurkunde als Baumwollspinnerin.

[48] Saisonale Erntehelfer waren kein spezifisch irisch-englisches Phänomen. Grenzüberschreitende ungelernte landwirtschaftliche Saisonarbeiter und Erntehelfer gab es auch in Deutschland, etwa die sogenannten Hollandgänger aus Nordwestdeutschland, vgl. Horst Rössler, ‚Hollandgänger, Zuckerbäcker, Amerikaauswanderer. Grenzüberschreitende Fernwanderungen aus dem Elbe-Weser-Dreieck (ca. 1650–1914)', in: *Niedersächsisches Jahrbuch für Landesgeschichte*, 81, 2009, S. 31–55.

[49] Vgl. Engels „Die irische Einwanderung": „diese irischen Arbeiter, die für vier Pence (3 1/3 Silbergroschen) nach England herüberfahren"; Engels, *Lage*, a. a. O., S. 91.

[50] Donald MacRaild, *Irish Migrants in Modern Britain 1750–1922*, London 1999, S. 45; vgl. auch Arthur Redford, *Labour Migration in England 1800–1850*, 2. Aufl. hrsg. von W. H. Chaloner, Manchester 1964, S. 141–149.

[51] John Belchem, *Irish, Catholic and Scouse. The History of the Liverpool-Irish, 1800–1939*, Liverpool 2007, S. 31 f.

[52] Engels, *Lage*, a. a. O., S. 93.

[53] MacRaild, *Irish Migrants*, a. a. O., S. 51.

[54] Mervyn A. Busteed / Rob I. Hodgson, ‚Irish Migrant Responses to Urban Life in Early Nineteenth-Century Manchester', in: *The Geographical Journal*, 162 (1996), S. 139–152, hier S. 145.

[55] Redford, *Labour Migration*, a. a. O., S. 151 f.; F. J. Williams, ‚Irish in the East Cheshire Silk Industry 1851–1861', in: *The Historic Society of Lancashire & Cheshire* 136 (1986) [https://www.hslc.org.uk/wp-content/uploads/2017/11/136-7-Williams.pdf (Zugriff 12. März 2020)]. Obwohl die Mehrheit der Iren ungelernte Arbeiter waren, gab es in manchen Städten einen signifikanten Anteil an angelernten bzw. geringqualifizierten Iren, vgl. MacRaild, *Irish Migrants*, a. a. O., S. 70. In Birmingham war der Anteil der gelernten Iren gleichfalls höher, vgl. Roger Swift (Hg.): *Irish Migrants in Britain, 1815–1914*, Cork 2002, Doc 8.6, *The Irish in Birmingham* 1872, S. 45.

[56] Belchem, *Irish Liverpool*, a. a. O., S. 1.

[57] Jakob Venedey, *England*, Leipzig 1845, S. 249 [http://mdz-nbn-resolving.de/urn:nbn:de:bvb:12-bsb10282154-1] (Zugriff 20. Februar 2020).

[58] MacRaild, *Irish Migrants*, a. a. O., S. 55; Busteed / Hodgson, ‚Irish Migrant Responses', a. a. O., S. 139–153.

[59] MacRaild, *Irish Migrants*, a. a. O., S. 59 f.

[60] Busteed / Hodgson, ‚Irish Migrant Responses', a. a. O., S. 145 f.

[61] Engels, *Lage*, a. a. O., S. 63.

[62] Venedey, *England*, a. a. O., 5. Mai 1844, S. 264; Davis, *Irish in Nineteenth-Century Britain*, a. a. O., S. 134. Dr. J. P. Kay, *The moral and physical condition of the working classes in the cotton manufacture in Manchester*, Manchester 1832; Kay hat auch Engels Sichtweise stark beeinflusst.

[63] Graham Davis, ‚The Irish in Nineteenth Century Britain', in: *Soathar* 16 (1991), S. 130–135, hier: S. 131; F. J. Williams, *Irish in the Cheshire Silk Industry*, a. a. O., S. 108. [https://www.hslc.org.uk/wp-content/uploads/2017/11/136-7-Williams.pdf] (Zugriff 24. Februar 2020).

[64] British Parliamentary Papers Report on the State of the Irish Poor 1836, S. VII–IX; XXX–XXXI, zit. nach Williams, *Irish Silk industry*, a. a. O., S. 101; MacRaild, *Irish Migrants*, a. a. O., S. 56 f.

[65] Engels, *Lage*, a. a. O., S. 90–93; ähnliche Bemerkungen finden sich auch bei Weerth, *Die englischen Arbeiter*, a. a. O., S. 200 f.

[66] Robert L. Boyd, ‚Competition and Coexistence in the Urban Economy: Native Whites, European Immigrants, and the Retail Trade in the Late Nineteenth Century United States', in: *Sociological Focus*, 44 (2011), S. 37–54.

[67] MacRaild, *Irish Migrants*, a. a. O., S. 167.

[68] Samuel Holme before the Royal Commission on the Conditions of the Poorer Classes in Ireland, Appendix G: Report on the Irish Poor in Britain, S. 36, zit. nach: MacRaild, *Irish Migrants*, a. a. O., S. 52, 56.

[69] Henry Mayhew, *The Morning Chronicle Survey of Labout and the Poor: The Metropolitan Districts*, Bd. 6, ed Caliban Books, Horsham 1982, S. 172 f. Die Arbeitsteilung war in der Londoner Gerberei weiter fortgeschritten als in Deutschland, vgl. Reinhold Reith (Hg.): *Lexikon des alten Handwerks. Vom späten Mittelalter bis ins 20. Jahrhundert*, München 1991, ders. S. 84–91 über Gerber. Die einzigen qualifizierten Arbeiter bei der Herstellung von Leder waren in London die Lederzurichter. Sie bildeten eine eigene Berufsgruppe mit einer mächtigen Gewerkschaft.

[70] Swift (Hg.): *Irish Migrants*, a. a. O., Doc. 9.2., S. 54.

[71] Das Lohngefälle zwischen Deutschland und London machte es für die norddeutschen Arbeiter, die aus der Landwirtschaft kamen, attraktiv in London in die Zuckersiederei zu gehen, zumal die Aussicht auf eine Verbesserung der Lebensverhältnisse damit verbunden war, vgl. Horst Rössler, ‚„Die Zuckerbäcker waren vornehmlich Hannoveraner". Zur Geschichte der Wanderung aus dem Elbe-Weser-Dreieck in die britische Zuckerindustrie', in: *Jahrbuch der Männer vom Morgenstern*, Bremerhaven 2003, S. 137–236.

[72] Redford, *Labour Migration*, a. a. O., S. 150–154.

[73] Er selber spricht in seiner *Lage der arbeitenden Klasse* von „dritthalb Millionen", siehe Engels, *Lage*, a. a. O., S. 29. Diese Zahl erreichte die britische Hauptstadt jedoch erst in den 1860er Jahren. Nach den Angaben von Wrigley und Schofield zählte London 1841 knapp 2 Millionen Einwohner, 1851 mehr als 2,3 Millionen Einwohner, siehe Edward A. Wrigley / Roger S. Schofield, *The Population History of England 1541–1871. A Reconstruction*, London 1981.

[74] Francis Sheppard, *London 1808–1870: The Infernal Wen*, London 1971.

[75] Weerth, ‚London', in: ders., *Sämtliche Werke*, a. a. O., Bd. 3, S. 44.

[76] Engels, *Lage*, a. a. O., S. 29f.
[77] Reach, *Manchester*, a. a. O., S. 3.
[78] Engels, *Lage*, a. a. O., S. 33f.
[79] David R. Green, *From Artisans to Paupers. Economic Change and Poverty in London, 1790–1870*, Aldershot 1995, S. 183; zu den Iren in London vgl. auch L. H. Lees, *Exiles of Erin: Irish migrants in Victorian London*, Manchester 1979.
[80] Vgl. hierzu auch Engels, er berichtet, dass die Stadt begonnen hatte, breite Straßen durch St. Giles zu schlagen, vgl. Engels, *Lage*, a. a. O., S. 32.
[81] Gareth Stedman Jones, *Outcast London. A Study in the Relationship Between Classes in Victorian Society*, Oxford 1971, S. 216f.
[82] Panikos Panayi, *German Immigrants in Britain during the 19th Century, 1815–1914*, Oxford 1995, S. 97; vgl. auch Christiane Swinbank, *,Love ye the stranger' Public and Private Assistance to the German Poor in Nineteenth-Century London*, PhD Reading 2007.
[83] Vgl. Iorwerth J. Prothero, *Artisans and Politics in Early Nineteenth-Century London*, Folkstone 1979, S. 2; M. Dorothy George, *London Life in the Eighteenth Century*, Harmondsworth 1965, S. 15, vgl. auch David Barnett, *London, Hub of the Industrial Revolution. A Revisionary History 1775–1825*, London 1998, S. 2.
[84] Vgl. hierzu ausführlich am Beispiel des Schneiderhandwerks, Andrew Godley, ,Immigrant Entrepreneurs and the Emergence of London's East End as an Industrial District', in: *The London Journal* 21 (1996), S. 38–45; Barnet, *London*, a. a. O.
[85] Zu seiner Biographie vgl. Edward P. Thompson, ,Mayhew and the Morning Chronicle', sowie Eileen Yeo, ,Mayhew as a Social Investigator', in: dies. (Hg.): *The Unknown Mayhew. Selection from the Morning Chronicle 1849–1850*, London 1971, S. 11–50 bzw. S. 51–95, hier: S. 81.
[86] Er entwickelte insofern eine neue journalistische Untersuchungsmethode, als er die Interviewten selber zu Wort kommen ließ. Dies machen seine Reportagen heute zu einer Fundgrube für die Erforschung der Londoner Unterschichten; vgl. hierzu ausführlich Yeo, *Unknown Mayhew*, a. a. O., S. 54–58.
[87] J. L. Hammond / Barbara Hammond, *The Skilled Labourer 1760–1832*, reprint New York 1967, S. 209; zu den Streiks und Gewalttätigkeiten vgl. Margrit Schulte Beerbühl, *Vom Gesellenverein zur Gewerkschaft. Entwicklung, Struktur und Politik der Londoner Gesellenorganisationen 1550–1825*, Göttingen 1991, S. 246f.
[88] S. hierzu und zum Folgenden: S. R. H. Jones, ,Technology, Transaction Costs and the Transition to Factory Production in the British Silk Industry 1700–1870', in: *The Journal of Economic History* 47, 1987, S. 71–96, hier: S. 78–80.
[89] Jones, *Technology*, a. a. O., S. 82.
[90] Ibid. S. 84, FN 64.
[91] Ibid., S. 85.
[92] Jones, *Outcast London*, a. a. O., S. 101.
[93] Engels, *Lage*, a. a. O., S. 188.
[94] Yeo, *Unkown Mayhew*, a. a. O., S. 111 f.; Die durchschnittliche Arbeitszeit hatte bis 1824 bei 10 Stunden pro Tag bei einem Durchschnittslohn von 14s 6d die Woche gelegen und 1850 betrug die Arbeitszeit 14 Stunden pro Tag bei einem durchschnittlichen Wochenlohn von 4s 9d.
[95] Jones, *Outcast London*, S. 101.
[96] Jones, *Technology*, a. a. O., S. 90.
[97] Ibid., S. 88.
[98] Ibid., S. 93.
[99] Zum Niedergang des Schiffsbaus und seinen Auswirkungen auf viele Gewerbe vgl. Jones, *Outcast London*, a. a. O.
[100] Engels, *Lage*, a. a. O., S. 85f.
[101] Ibid., S. 33.
[102] Henry Mayhew, *London Labour and the London Poor*, 4 Bde., London 1861–62, Bd. 1, S. 104.
[103] Ibid., Bd. 1, S. 104, 114.
[104] Ibid., S. 104f.
[105] Den Unterschied zwischen einem regulären Straßenhändler (costermonger) und einem irischen Apfelverkäufer verglich Mayhew mit dem zwischen einem Handwerker und einem Tagelöhner, vgl. ibid., S. 105.
[106] Georg Weerth, *Die englischen Arbeiter* (http://www.zeno.org/nid/20005876877] (Zugriff 25. März 2020.
[107] Mayhew, *London Labour*, a. a. O., Bd. 2, S. 136f.
[108] Ibid., Bd. 1, S. 117f.
[109] Ibid., S. 130–139.
[110] Ibid., S. 468–472.
[111] Ibid., S. 135.
[112] Ibid., S. 472.
[113] Ibid., S. 106f.
[114] Ibid., Bd. 2, S. 121.
[115] Ibid., S. 119f.
[116] Lloyd P. Gartner, *The Jewish Immigrant in England 1870–1914*, London 1960, App., S. 283; Bernard Gainer, *The Alien Invasion. The Origins of the Aliens Act of 1905*, London 1972, S. 3.
[117] Gainer, *Alien Invasion*, a. a. O., S. 3, 5.
[118] Bill Williams, *The Making of the Manchester Jewry, 1740–1875*, Manchester 1985, S. 57, 268.
[119] Panayi, *German Immigrants*, a. a. O., S. 97f. Neue Zentren der Deutschen entstanden weiter im Osten Londons in Canning Town und den Victoria Docks sowie im Westen in Battersea; Swift, *Irish Migrants*, a. a. O., Doc. 10.7, The Economic Condition of the Irish in Late-Victorian Liverpool, S. 62.
[120] Nach Gainer, *Alien Invasion*, a. a. O., S. 20.
[121] Ibid., S. 20f.
[122] Ibid., S. 17.
[123] Georg Weerth, *Die englischen Arbeiter*, (http://www.zeno.org/nid/20005876877] (Zugriff 25. März 2020).
[124] MacRaild, *Irish Migrants*, a. a. O., S. 65f., 72; Lees, *Exiles of Erin*, a. a. O., S.117–122.
[125] Heinrich Heine, *Lutetia*, 2. Teil, Artikel LVII, Paris 5. Mai 1843 (http://www.heinrich-heine-denkmal.de/heine-texte/lutetia57.shtml; Zugriff 27. Januar 2018); William Fardely, *Der electrische Telegraph, mit bes. Berücksichtigung seiner praktischen Anwendung für den Betrieb von Eisenbahnen etc*, Mannheim 1844, S. 62.
[126] Streiks, Proteste und Gewalt waren Ausdrucks des Fehlens neuer sozialer Arbeitsverhältnisse. Sie mussten erst mühsam eingefordert werden.
[127] MacRaild, *Irish Immigrants*, a. a. O., S. 42f.
[128] Siehe hierzu Barnett, *London*, a. a. O., S. 161, 163 zum Anstieg des versicherten Vermögens der Schuhmacher und der Bekleidungseinzelhändler.

DAS ÖKONOMISCHE DENKEN SEINER ZEIT – FRIEDRICH ENGELS UND DAS SPANNUNGSFELD ZWISCHEN SCHÖPFUNG UND ZERSTÖRUNG

[1] Verwiesen sei auf die Aufsätze von Gregory Claeys, ,Engels' Outlines of a critique of political economy (1843) and the origins of the Marxist critique of capitalism', in: *History of Political Economy*, Vol. 16(2), 1984, S. 207–232; ders. ,The political ideas of the young Engels, 1842–1845: Owenism, Chartism, and the question of violent revolution in the transition from „utopian" to „scientific" socialism', in: *History of Political Thought*, Vol. 6, 1986, S. 455–478; Terence W. Hutchison, ,Friedrich Engels and Marxist economic theory', in: *Journal of Political Economy*, Vol. 86 (2), 1978, S. 303–319; Gareth Stedman Jones, ,Engels and the genesis of Marxism', in: *New Left Review*, Vol. 106, 1977, S. 79–104; ders., ,Engels, Friedrich (1820–1895)', in: *The New Palgrave*, Vol. 2, 1987, S. 144–146; die Bücher von Harry Schmidtgall, *Friedrich Engels' Manchester-Aufenthalt 1842–1844. Soziale Bewegungen und politische Diskussionen.* Mit Auszügen aus Jakob Venedeys England-Buch (1845) und unbekannten Engels-Dokumenten, Trier, Schriften aus dem Karl-Marx-Haus, Nr. 25, 1981, und Keith Tribe, *The Economy of the Word: Language, History, and Economics*, Oxford 2015, Kap. 6. Hingewiesen sei allgemein auch auf die großen Engels-Biografien von Gustav Mayer, *Friedrich Engels. Eine Biographie, Erster Band: Friedrich Engels in seiner Frühzeit 1820 bis 1851*, Berlin 1920 und Tristram Hunt, *Friedrich Engels. Der Mann, der den Marxismus erfand*, 3. Aufl., 1. engl. Aufl. 2009, Berlin 2013. Besonders erwähnenswert, der jüngst erschienene Aufsatz von Heinz D. Kurz, ,Der junge Engels über die „Bereicherungswissenschaft", die „Unsittlichkeit" von Privateigen-

tum und Konkurrenz und die „Heuchelei der Oekonomen"', in: Reiner Lucas / Reinhard Pfriem / Dieter Westhoff (Hg.): *Arbeiten am Widerspruch – Friedrich Engels zum 200. Geburtstag*, Marburg 2020, S. 65–121, in dem Engels' grundlegende Frühschrift, die *Umrisse*, auf die dort enthaltenen Aussagen zu den Lehren von insbesondere Smith und Ricardo, aber auch von Marx und Say, kritisch überprüft werden. Nicht vernachlässigt werden sollte auch die bereits 1848 erfolgte kritische Auseinandersetzung mit den *Umrissen* und insbesondere der *Die Lage der arbeitenden Klasse* durch Bruno Hildebrand, *Die Nationalökonomie der Gegenwart und Zukunft*, Frankfurt a. M. 1848, nachdem dieser im Jahr 1846 die englischen Fabrikbezirke selbst aufgesucht hatte (Mayer, *Friedrich Engels*, a. a. O., S. 208).

2 Zur „Revolution von oben", z. B. Paul Nolte, *Staatsbildung als Gesellschaftsreform. Politische Reformen in Preußen und den süddeutschen Staaten 1800–1820*, Frankfurt a. M. / New York 1990, S. 32; Georg Winter, *Die Reorganisation des Preußischen Staates unter Stein und Hardenberg, erster Teil: Allgemeine Verwaltungs- und Behördenreform*, Bd. 1., Leipzig 1931, S. 306. Zur Weiterführung der Reformen nach dem Untergang des Napoleonischen Reiches, etwa Elisabeth Fehrenbach, *Vom Ancien Régime zum Wiener Kongress*, München 2001, S. 115; Friedrich Lütge, ‚Über die Auswirkungen der Bauernbefreiung in Deutschland', in: *Jahrbücher für Nationalökonomie uns Statistik*, Vol. 157, 1943, S. 353–404, S. 361; Thomas Nipperdey, *Deutsche Geschichte 1800–1866. Bürgerwelt und starker Staat*, München 1998, S. 21, 33; Wolfgang Treue, ‚Die preußische Agrarreform zwischen Romantik und Rationalismus', in: *Rheinische Vierteljahrs-Blätter*, Bd. 20, Nr. 1/4, 1955, S. 337–357, S. 337.

3 Mit dem Übergang vormals königlicher und fürstlicher Besitzungen in solche des Staates vollzieht sich auch eine Trennung von Hof- und Staatshaushalten. Als Gegenleistung erhält der Monarch eine Entschädigung etwa in Form eines jährlichen Fixums, das ihm und seiner Familie ein nicht zuletzt auch für die Wahrung erforderlicher Repräsentationszwecke auskömmliches Leben ermöglicht.

4 August Hennings, *Historisch-Moralische Schilderung des Einflusses der Hofhaltungen auf das Verderben der Staaten*, Altona, Abgedr. aus dem Schleswigschen Journal 1782, S. 5, 46, 389.

5 Volker Bauer, *Hofökonomie. Der Diskurs über den Fürstenhof in Zeremonialwissenschaft, Hausväterliteratur und Kameralismus*, Wien 1997, S. 267 f.; Friedrich Wilhelm Rudolf Zimmermann, ‚Die Zivilliste in den deutschen Staaten', in: Georg Schanz / Julius Wolf (Hg.): *Finanz- und volkswirtschaftliche Zeitfragen*, Heft 60, Stuttgart 1919, S. 48 ff.

6 Z. B. Joseph v. Sonnenfels, *Grundsätze der Polizey, Handlung und Finanz*, Bd. I, 5. Aufl., 1. Aufl. 1765, Wien 1787, S. 20 f.

7 Gottlieb Hufeland, *Neue Grundlegung der Staatswirthschaftskunst durch Prüfung und Berichtigung ihrer Hauptbegriffe von Gut, Werth, Preis, Geld und Volksvermögen, mit ununterbrochener Rücksicht auf die bisherigen Systeme*, Bd. I, Gießen / Wetzlar 1807, S. 14.

8 Siehe auch Kurz, ‚Der junge Engels', a. a. O., S. 71.

9 Der Historiker James Sheehan, *German History 1770–1866*, Oxford 1989, S. 194, spricht in diesem Zusammenhang vom Kameralismus als der „Wissenschaft des politischen Managements".

10 Hans Frambach, ‚The Decline of Cameralism in Germany at the Turn of the Nineteenth Century', in: Keith Tribe / Marten Seppel (Hg.): *Cameralism in Practice: The Principles of Early Modern State Administration and Economy*, Martlesham 2017, S. 239–261, S. 239, 257.

11 Wilhelm Roscher, *Geschichte der National-Oekonomik in Deutschland*, München 1874, S. 231, 473, 533 ff., 593 f., 635, 843; Joseph Alois Schumpeter, *Geschichte der ökonomischen Analyse*, Bd. 1 (2 Bde.), Göttingen 1965, S. 229 ff.

12 Als Beispiele seien erwähnt: Christian J. Kraus' *Staatswirthschaft* (1811), Johann Georg Büschs *Schriften über Staatswirtschaft und Handlung*, Gottlieb Hufelands *Neue Grundlegung der Staatswirthschaftskunst*, Georg Friedrich Sartorius' *Handbuch der Staatswirthschaft zum Gebrauche bey akademischen Vorlesungen nach Adam Smith's Grundsätzen ausgearbeitet* oder Friedrich Benedict Webers *Handbuch der Staatswirthschaft* (1804); siehe auch Keith Tribe, ‚Cameralism and the Science of Government', in: *Journal of Modern History* Vol. 56, 1984 (Juni), S. 263–284, S. 278 ff.; ders., *Governing Economy. The Reformation of German Economic Discourse, 1750–1840*, Cambridge / New York / New Rochelle / Melbourne / Sydney 1988, Kap. 7, S. 147 f.

13 Z. B. Johann Heinrich Gottlob v. Justi, *Gesammelte politische und Finanz-Schriften. Über wichtige Gegenstände der Staatskunst, der Kriegswissenschaften und des Kameral- und Finanzwesens*, Bd. I (3 Bde.), Ausg. 1791, 1. Aufl. 1761, Aalen 1970, S. 524; ders., *Die Grundfeste zu der Macht und Glückseligkeit der Staaten oder ausführliche Vorstellung der gesamten Polizeywissenschaft*, Bd. I (2 Bde.), Ausg. 1760/61), Aalen 1965, S. 701 f.; ders., *Staatswirthschaft oder systematische Abhandlung aller Oekonomischen und Cameralwissenschaften, die zur Regierung eines Landes erfordert werden*, Bd. I (2 Bde.), 2. Aufl. 1758, 1. Aufl. 1755, Aalen 1963, S. 152 ff.; ders., *System des Finanzwesens. Nach vernünftigen, aus dem Endzweck der bürgerlichen Gesellschaften und aus der Natur aller Quellen der Einkünfte des Staats hergeleiteten Grundsätze und Regeln abgehandelt*, Repr. 1766 d. 1. Aufl., Aalen 1969, S. 5; Sonnenfels, *Grundsätze der Polizey*, a. a. O., S. 22 ff.

14 Auch ist Keith Tribes These bedenkenswert, nach der die Arbeiten der deutschen Physiokraten und nicht der *Wealth of Nations* zum ausgehenden 18. Jahrhundert die einzige substantielle Alternative zum Kameralismus darstellten (Tribe, ‚Cameralism and the Science', a. a. O., S. 279). Erwähnt seien z. B. Übereinstimmungen in grundlegenden Positionen zwischen Johann August Schlettwein (1731–1802), dem bedeutendsten deutschen Vertreter des Physiokratismus, und den klassischen Nationalökonomen (Schlettwein, *Grundfeste der Staaten oder die politische Ökonomie*, Gießen 1779, S. 1 ff., 94 ff., 111 ff., 287 ff.; ders., *Die Rechte der Menschheit oder der einzige wahre Grund aller Gesetze, Ordnungen und Verfassungen*, Gießen 1784, S. 52 ff., 69 ff., 90 ff., 161 ff.).

15 Andre Wakefield, *The Disordered Police State. German Cameralism as Science and Practice*, Chicago / London 2009, S. 5.

16 Frambach, ‚The Decline of Cameralism', a. a. O., S. 259; Klaus Hinrich Hennings, *Aspekte der Institutionalisierung der Ökonomie an deutschen Universitäten. Die Institutionalisierung der Nationalökonomie an deutschen Universitäten*, St. Katharinen 1988, S. 46 f.

17 Karl Heinrich Rau, *Grundsätze der Volkswirthschaftspflege mit anhaltender Rücksicht auf bestehende Staatseinrichtungen (Lehrbuch der politischen Oekonomie, Bd. II)*, Heidelberg 1828, S. 1.

18 Friedrich Julius Heinrich Reichsgraf v. Soden, *Die Nazional-Oekonomie. Ein philosophischer Versuch, über die Quellen des Nazional-Reichthums, und über die Mittel zu dessen Beförderung*, Leipzig 1805, S. 24.

19 Sartorius, *Handbuch der Staatswirthschaft*, a. a. O., S. 92, 98 ff.

20 Heinrich Luden, *Handbuch der Staatsweisheit oder der Politik. Ein wissenschaftlicher Versuch*, Jena 1811, S. 4 f.

21 Friedrich Engels, *Umrisse zu einer Kritik der Nationalökonomie*, in: Deutsch-Französische Jahrbücher Lfg. 1/2, 1844, hrsg. von Arnold Ruge und Karl Marx, Paris 1844, S. 86–114, in: $MEGA^2$ I/3, S. 467–494, S. 467.

22 Z. B. Friedrich Engels, *Briefe aus dem Wuppertal*, in: Telegraph für Deutschland, Nr. 49, März und April 1839, in: $MEGA^2$ I/3, S. 32–51, S. 34 f., auch S. 32; ders. *Die Lage der arbeitenden Klasse in England. Nach eigner Anschauung und authentischen Quellen*, 2. Aufl. 1892, 1. Aufl. 1845, in: $MEGA^1$ I/4, Berlin 1932, S. 10–286, Kap. „Die großen Städte", S. 29 ff.; ders., ‚Preußischer Schnaps im deutschen Reichstag', in: *Der Volksstaat*, Nr. 23 vom 25. Februar 1876, in: $MEGA^2$ I/25, S. 30–46, S. 35.

23 William Otto Henderson, *The Life of Friedrich Engels*, London 1976, S. 7; Mayer, *Friedrich Engels*, a. a. O., S. 22 f.

[24] Hunt, *Friedrich Engels*, a. a. O., S. 55 f.
[25] Engels, *Briefe aus dem Wuppertal*, a. a. O., S. 43, 47, 49.
[26] S. hierzu im Detail, Kurz, ‚Der junge Engels', a. a. O.
[27] Engels, *Umrisse*, a. a. O., S. 471.
[28] Ibid., S. 472.
[29] Johann Gottlieb Fichte, *Der geschloßne Handelsstaat. Ein philosophischer Entwurf als Anhang zur Rechtslehre, und Probe einer künftig zu liefernden Politik mit einem bisher unbekannten Manuskript Fichtes „Ueber StaatsWirthschaft"*, 3. durchges. Aufl., 1. Aufl. 1800, Hamburg 1979, S. 36 f.
[30] Georg Wilhelm Friedrich Hegel, *Jenaer Realphilosophie*. Vorlesungsmanuskripte zur Philosophie der Natur und des Geistes von 1805–1806, Nachdruck d. von Johannes Hoffmeister 1931 unter dem Titel „Jenenser Realphilosophie II" hrsg. 1. Aufl. 1805/06, Hamburg 1969, S. 232.
[31] Hans Frambach, *Arbeit im ökonomischen Denken. Zum Wandel des Arbeitsverständnisses von der Antike bis zur Gegenwart*, Marburg 1999, Kap. 5.
[32] Franz v. Baader, *Schriften zur Gesellschaftsphilosophie*, 1. Aufl. 1835, Jena 1925, S. 325.
[33] Adam H. Müller, *Die Elemente der Staatskunst*, Nachdruck d. 1. Aufl. 1809, Wien / Leipzig 1922, Bd. I (2 Bde.), S. 357, 376, 380.
[34] Friedrich List, *Das nationale System der Politischen Oekonomie*, 1. Aufl. 1840, Jena 1904, S. 220 ff.
[35] Hildebrand, *Die Nationalökonomie*, a. a. O., S. 27 ff.
[36] Bruno Hildebrand, ‚Die gegenwärtige Aufgabe der Wissenschaft der Nationalökonomie', in: ders., *Die Nationalökonomie der Gegenwart und Zukunft und andere gesammelte Schriften* I, 1. Aufl. 1848, Jena 1922, S. 268–296, S. 284.
[37] Werner Conze, Art. ‚Arbeit', in: Otto Brunner / Werner Conze / Reinhart Koselleck (Hg.): *Geschichtliche Grundbegriffe. Historisches Lexikon zur politisch-sozialen Sprache in Deutschland*, Stuttgart 1972, S. 154–215, 191 f.
[38] Hermann Wagener, ‚Arbeit, Arbeiter, Arbeitszeit', in: *Staats- und Gesellschaftslexikon*, Bd. II, Almquist bis Atthalin, Berlin 1859, S. 478–489, S. 479 f., 486.
[39] Friedrich Albert Lange, *Die Arbeiterfrage. Ihre Bedeutung für Gegenwart und Zukunft*, 1. Aufl. 1865, neu bearbeitet und hrsg. von Adolf Grabowsky, Leipzig 1910, S. 16.
[40] Gustav v. Schmoller, *Zur Social- und Gewerbepolitik der Gegenwart*. Reden und Aufsätze, Leipzig 1890, S. 2.
[41] Gustav v. Schmoller, ‚Die Arbeiterfrage', in: *Preußische Jahrbücher*, Bd. 14 u. 15, S. 393–424 (Teil I), S. 395; S. 523–547 (Teil II), Berlin 1864.
[42] Gustav v. Schmoller, *Grundriß der Allgemeinen Volkswirtschaftslehre* (2 Bde.), Nachdruck 1923 d. 1. Aufl. 1900, Berlin 1978, S. 366.
[43] Ibid., S. 362.
[44] Schmoller, *Zur Social- und Gewerbepolitik*, a. a. O., S. 9, 12.
[45] Wilhelm Roscher, *Die Grundlagen der Nationalökonomie. Ein Hand- und Lesebuch für Geschäftsmänner und Studierende*, Bd. 1: System der Volkswirthschaft, Stuttgart 1854, S. 112 ff., 122 ff.
[46] Karl Marx, z. B. in *Das Kapital*, 1. Band, Druckfassung 1867, in: MEGA² II/5, S. 58, 113, 154, 163.
[47] Karl Marx, Ökonomische Manuskripte 1863–*67*, Teil 1, in: MEGA² II/4.1, S. 50; *Das Kapital*, 2. Band, Manuskripte 1868–81, in: MEGA² II/11, S. 712.
[48] Engels, *Umrisse*, a. a. O., S. 483.
[49] Ibid., S. 473
[50] Ibid.
[51] Ibid., S. 473 f.
[52] Ibid., S. 475.
[53] Kurz, ‚Der junge Engels', a. a. O., S. 81 f.
[54] Engels, *Umrisse*, a. a. O., S. 476.
[55] Ibid., S. 477.
[56] Ibid.
[57] Ibid., S. 478.
[58] Ibid.
[59] Ibid., S. 478 f.
[60] Adam Smith, *An Inquiry Into the Nature and Causes of the Wealth of Nations*, 3. Aufl. (Cannan), 1. Aufl. 1776, Chicago / London / Toronto / Geneva 1952, S. 143.
[61] John Stuart Mill, *Grundsätze der politischen Ökonomie mit einigen ihrer Anwendungen auf die Sozialphilosophie*, 2. Aufl. d. dt. Ausg. Jena 1913, 7. Aufl. London 1871, 1. Bd., Bücher I–III (2 Bde.), 1. Aufl. 1848, Jena 1924, S. 66 f.; Jean-Babtiste Say, *Ausführliche Darstellung der Nationalökonomie oder der Staatswirtschaft*, Übers. d. 5. Ausg. des Traité d'économie politique von 1826, 1. Aufl. 1803, Bd. 1 (3 Bde.), Stuttgart 1833, S. 47 ff., 88 ff.
[62] Engels, *Umrisse*, a. a. O., S. 479.
[63] Ibid., S. 480.
[64] Ibid.
[65] Siehe auch ibid., S. 482.
[66] Ibid., S. 481.
[67] Ibid., S. 482.
[68] Ibid.
[69] Ibid., S. 481.
[70] Ibid., S. 482.
[71] Ibid.
[72] Ibid., S. 483.
[73] Ibid.
[74] Ibid.
[75] Ibid., S. 483 f.
[76] Ibid., S. 484.
[77] Ibid.
[78] Ibid.
[79] Ibid., S. 485.
[80] Ibid., S. 487.
[81] Ibid., S. 485.
[82] Ibid.
[83] Ibid., S. 486.
[84] Ibid., S. 485.
[85] Kurz, ‚Der junge Engels', a. a. O., S. 73 f.
[86] Besonders zu erwähnen, die Wiederholung von Passagen aus der *Theorie der vier Bewegungen* in dem Entwurf des Abschnitts „Über die drei äußeren Einheiten", die erst nach Fouriers Tod in der „Phalange" im Jahr 1845 abgedruckt wurden. Daraus hatte Engels die ersten sieben Kapitel übersetzt und, mit einem Vor- und Nachwort versehen, 1846 unter dem Titel *Ein Fragment Fouriers über den Handel* in H. Püttmanns „Deutsches Bürgerbuch" veröffentlicht.
[87] Charles Fourier, *Ein Fragment über den Handel*, übersetzt und mit einer Einleitung und einem Nachwort versehen von Friedrich Engels, 1. Aufl. 1846, Duisburg / Istanbul 2018, S. 10 f., 14.
[88] Engels, *Umrisse*, a. a. O., 487 f.
[89] Ibid., S. 487.
[90] Ibid., S. 488.
[91] Friedrich Engels, *Briefe aus London* (I–IV), in: Schweizerischer Republikaner, Nr. 39, vom 16. Mai 1843 (I), Nr. 41 vom 23. Mai 1843 (II), Nr. 46 vom 9. Juni 1843 (III), Nr. 51 vom 27. Juni 1843 (IV), in: MEGA² I/3, S. 451–466.
[92] Ibid., S. 452.
[93] Thomas Robert Malthus, *Eine Abhandlung über das Bevölkerungsgesetz oder eine Untersuchung seiner Bedeutung für die menschliche Wohlfahrt in Vergangenheit und Zukunft, nebst einer Prüfung unserer Aussichten auf eine künftige Beseitigung oder Linderung der Übel, die es verursacht*, Übers. d. Ausg. letzter Hand des An Essay on the principle of population, 6. Aufl. (2 Bde.) 1826, 1. Aufl. 1798, Jena 1905, Bd. I, S. 466 ff.
[94] Ibid., Bd. II, S. 254 ff.
[95] Adolph Blanqui, *Geschichte der politischen Ökonomie in Europa*, Bd. 2, Neudruck der Ausg. 1841, Übers. d. Histoire de l'économie politique en Europe 1837, Glashütten im Taunus 1971, S. 105 f.
[96] Engels, *Briefe aus London*, a. a. O., S. 452.
[97] William J. Brazill, *The Young Hegelians*, New Haven / London 1970, S. 179, 194.
[98] Ibid., S. 194.
[99] Stephan Born, *Erinnerungen eines Achtundvierzigers*, 3. Aufl. Leipzig 1898, Berlin / Bonn 1978, S. 19, siehe auch S. 26 ff.
[100] Mayer, *Friedrich Engels*, a. a. O., S. 67 ff.
[101] Während Hegel einerseits im dialektischen Fortschreiten die Bewegungsform der Geschichte erkennt, also eine Höherentwicklung von Epoche zu Epoche gemäß des Prinzips von Affirmation, Negation und Negation der Negation bis schließlich Vernunft und Freiheit obsiegen, andererseits aber den preußischen Staat (unter Friedrich Wilhelm III.) als die letzte Erfüllung der Vernunft bezeichnet und die um die 1820er Jahre in Preußen vorherrschende enge Auffassung des protestantischen Christentums als das summum bonum der

Spiritualität ansieht, liefert er den Junghegelianern (und Engels) gute Argumente für den Widerspruch: Der Preußenstaat ist eben auch nichts anderes als nur eine Stufe auf dem Weg zur Selbstverwirklichung des Geistes, in der die letzte Erfüllung der Vernunft nicht gegeben ist.

102 Friedrich Engels sen., ,Friedrich Engels (sen.) an Karl Wilhelm Moritz Snethlage in Berlin', Barmen, 5. Oktober 1842, in: Michael Knieriem (Hg.): *Die Herkunft des Friedrich Engels. Briefe aus der Verwandtschaft 1791–1847*, Trier, Schriften aus dem Karl-Marx-Haus, Nr. 42, 1991, S. 590–591, S. 590 f.

103 Hunt, *Friedrich Engels*, a. a. O., S. 88 ff.

104 Friedrich Engels, *Progress on social reform on the Continent*, in: The New Moral World, Nr. 19, 4. November 1843 (Nr. I.: France), The New Moral World, Nr. 21, 18. November 1843 (Nr. II.: Germany and Switzerland), in: MEGA² I/3, S. 495–510, S. 509.

105 Moses Heß, *Sozialismus und Kommunismus. Einundzwanzig Bogen aus der Schweiz*, hrsg. von Georg Herwegh, Zürich / Winterthur 1842, S. 74–91, S. 77.

106 Ibid., S. 78.

107 Engels, *Progress on social reform*, a. a. O., S. 509 f.

108 Eberhard Illner, ,Mensch und Maschine in der Industriellen Revolution. Technikvorstellungen bei Friedrich Engels, Karl Marx und Ernst Kapp', in vorliegendem Bd., S. 8–10.

109 Bereits am 9. Dezember 1842 stellt Engels in einem Artikel in der Rheinischen Zeitung (Nr. 343), der die Überschrift *Die innern Krisen* trägt, die aus seiner Sicht für die Zukunft Englands entscheidende Frage: „Ist in England eine Revolution möglich oder gar wahrscheinlich?" (*Die innern Krisen*, in: Rheinische Zeitung, Nr. 343, vom 9. Dezember 1842, und Nr. 344, vom 10. Dezember 1842, in: MEGA² I/3, S. 439–443, S. 493). Die Fortsetzung des Artikels erscheint am folgenden Tag (Rheinische Zeitung, Nr. 344). Am 25. Dezember 1842 geht Engels in dem kurzen Artikel *Lage der arbeitenden Klasse in England* (Rheinische Zeitung, Nr. 359, vom 25. Dezember 1842, in: MEGA² I/3, S. 447–448, S. 447) in eindringlichen Worten auf das Los der Arbeiter in Manchester und dessen Ignoranz von staatlicher Seite ein. Mehr noch, durch seine Tatenlosigkeit gelinge es dem Staat sogar, aus Brotlosen Sittenlose zu machen.

110 Engels, *Die innern Krisen*, a. a. O., S. 443.

111 Henderson, *The Life of Friedrich Engels*, a. a. O., S. 40, Fn. 124 u. 125; ,Illner, ,Mensch und Maschine', a. a. O., S. 8–10, Illner weist hier auch auf den Einfluss von James Leach, den Führer der Chartistenbewegung in Manchester, auf Engels' Sicht der Arbeiter hin. Leach betrieb einen Buchladen unweit vom Stadtbüro der Firma Ermen & Engels in Manchester und versorgte den jungen Engels mit detaillierten Informationen über die Arbeitsbedingungen in den Fabriken, die Entwicklung von Arbeitslöhnen und die sozialen Folgen von technischen Innovationen; Stedman Jones, ,Engels, Friedrich (1820–1895)', a. a. O., S. 145; Tribe, *The Economy of the Word*, a. a. O., S. 187.

112 Gregory Claeys, *Machinery, Money and the Millennium. From Moral Economy to Socialism 1815–60*, Cambridge 1987, S. 169 ff.; Tribe, *The Economy of the Word*, a. a. O., S. 187.

113 Engels, *Umrisse*, a. a. O., S. 467.

114 John Watts, *The Facts and Fictions of Political Economists: Being a Review of the Principles of the Science, Separating the True from the False*, Manchester 1842, S. 6.

115 Ibid., S. 5 f., 11 ff., 21 f., 28 ff., 35 f., 42, 48, 57 f.

116 Engels, *Briefe aus London*, a. a. O., S. 455, 458.

117 Tribe, *The Economy of the Word*, a. a. O., S. 182.

118 Hermann Pechan, *Louis Blanc als Wegbereiter des modernen Sozialismus*, Jena 1929, S. 91.

119 Louis Blanc, *Organisation du Travail*, 5. Aufl., 1. Aufl. 1840, Brüssel 1848, S. 57 ff.

120 Ibid., S. 117 ff.

121 Ibid., S. 120.

122 Tribe, *The Economy of the Word*, a. a. O., S. 187.

123 Engels, *Progress on social reform*, a. a. O., S. 503.

124 Karl Diehl, *Pierre Joseph Proudhon. Seine Lehre und sein Leben*, 1. Abt. (Die Eigentums- und Wertlehre), 1888, Aalen 1968, S. 65, 99, 109.

125 Heß, *Sozialismus und Kommunismus*, a. a. O., S. 78.

126 Ibid., S. 78.

127 Ibid., S. 89 f.

128 Engels, *Progress on social reform*, a. a. O., S. 495.

129 Engels, *Umrisse*, a. a. O., S. 492.

130 Engels, *Die Lage der arbeitenden Klasse*, a. a. O., S. 280.

131 Z. B. Albert S. Lindemann, *A History of European Socialism*, New Haven / London 1983, S. 38; Schumpeter, *Geschichte der ökonomischen Analyse*, a. a. O., S. 271, 564.

132 Friedrich Engels, *Die Entwicklung des Sozialismus von der Utopie zur Wissenschaft*, 1882, franz. Orig. 1880, in: MEGA² I/27, S. 587–672, S. 593.

133 Roscher, *Geschichte der National-Oekonomik*, a. a. O., S. 1020.

134 Karl Marx / Friedrich Engels, *Deutsche Ideologie. Manuskripte und Drucke* (1845/46), in: MEGA² I/5, S. 3–646, S. 552 ff.

135 Ibid., S. 552.

136 Friedrich Engels, ,Vorwort' und ,Nachwort' zu Charles Fourier, *Ein Fragment*, a. a. O., S. 5–8 (,Vorwort'), 70–74 (,Nachwort'), S. 71.

137 Ibid., S. 6.

138 Lorenz v. Stein, *Geschichte der sozialen Bewegung in Frankreich von 1789 bis auf unsere Tage*, Bd. I (3 Bde.), 1. Aufl. 1850, Nachdruck der Ausgabe München 1921, Darmstadt 1972, S. 117.

139 Ibid., S. 135 f.

140 Ibid., S. 118.

141 Lorenz v. Stein, ,Die soziale Bewegung und der Sozialismus in England', in: *Die Gegenwart*, 1849, Leipzig, S. 464–487, S. 469.

142 Friedrich Engels, *Cola di Rienzi. Ein unbekannter dramatischer Entwurf* (1840/41), in: MEGA² I/3, S. 157–191.

143 Brief an den Jugendfreund, Pfarrersohn und Theologiestudenten Friedrich Graeber, Ende April 1839. Friedrich Engels, *Engels an Friedrich Graeber*, Bremen, vor dem 24. April–1. Mai 1839, in: MEGA² III/1, S. 114–126, S. 114.

144 Friedrich Engels, *Engels an Friedrich Graeber in Berlin*, Bremen, 12.–27. Juli 1839, in: MEGA² III/1, S. 145–150, S. 149.

145 Friedrich Engels, *Engels an Wilhelm Graeber in Berlin*, Bremen, 8. Oktober 1839, in: MEGA² III/1, S. 160–162, S. 160.

146 David Friedrich Strauss, *Das Leben Jesu, kritisch bearbeitet*, 1. Bd. (2 Bde.), Tübingen 1835, z. B. S. 50

147 Stephen Henry Rigby, *Engels and the formation of Marxism. History, dialectics and revolution*, Manchester / New York 1992, S. 63.

148 Karl Marx / Friedrich Engels, *Manifest der Kommunistischen Partei*, 6. Aufl., 1. Aufl. 1848, in: MEW, Bd. 4, Berlin 1972, S. 459–493, S. 462, 473 ff., 481 f., 493.

149 Joseph L. Bower / Clayton M. Christensen, ,Disruptive Technologies: Catching the Wave', in: *Harvard Business Review* 73, Nr. 1, Januar–Februar 1995, S. 43–53.

150 Joseph Alois Schumpeter, *Capitalism, Socialism, and Democracy*, 1. Aufl. 1942, New York 2008, Kap. VII und VIII.

151 Joseph Alois Schumpeter, *Theorie der wirtschaftlichen Entwicklung*, 9. Aufl., Nachdruck d. Aufl. 1934, 1. Aufl. 1912, Berlin 1997, S. 99 ff., 207 ff.

152 Schumpeter, *Geschichte der ökonomischen Analyse*, a. a. O., S. 34 f.; siehe auch Alexander Ebner, ,Joseph A. Schumpeter und die Geschichte der ökonomischen Analyse', in: Schumpeter, *Geschichte der ökonomischen Analyse*, a. a. O., S. IX–XLI., S. XX ff.; Hans Frambach, ,Der Schumpetersche Unternehmer in der Geschichte der ökonomischen Analyse', in: Hans Frambach / Norbert Koubek / Heinz D. Kurz / Reinhard Pfriem (Hg.): *Schöpferische Zerstörung und der Wandel des Unternehmertums*, Marburg 2019, S. 213–228, S. 213, 219 f.

153 Werner Sombart, *Krieg und Kapitalismus*, München / Leipzig 1913, S. 207.

154 Hugo Reinert / Erik S. Reinert, ,Creative Destruction in Economics: Nietzsche, Sombart, Schumpeter', in: Jürgen Backhaus / Wolfgang Drechsler (Hg.): *Friedrich Nietzsche (1844–1900). Economy and Society*, The European Heritage in Economics and the Social Sciences, Vol. 3, Boston 2006, S. 55–85, S. 58.

155 Friedrich Nietzsche, *Also sprach Zarathustra. Ein Buch für alle und keinen*, nach dem Text

d. Ausgabe 1891, 1. Aufl. 1883, München 1980, S. 20.

156 Ibid., S. 50.

157 Ibid., S. 54.

158 Ibid., S. 95.

159 Friedrich Nietzsche, *Ecce homo. Wie man wird, was man ist,* entstanden 1888/89, Erstausgabe 1908, Berlin 2013, S. 71.

160 Arno J. Mayer, *Adelsmacht und Bürgertum: Die Krise der europäischen Gesellschaft 1848–1914*, München 1984, S. 286.

161 Reinert / Reinert, ‚Creative Destruction', a. a. O, S. 56.

162 Eduard März, *Joseph Alois Schumpeter – Forscher, Lehrer und Politiker*, München 1983, S. 99.

163 Friedrich Nietzsche, *Unzeitgemäße Betrachtungen*, 3. Aufl., nach d. Gesamtausgabe in drei Bänden, Bd. I, 1954, Erstausgabe 1893, Berlin 2014, S. 292.

164 Reinert / Reinert, ‚Creative Destruction', a. a. O., S. 58.

165 Lars Immerthal, ‚Dionysische Störungen. Ein Kommentar zur Her- und Zukunft der Methapher der „schöperischen Zerstörung"', in: Frambach u. a. (Hg.): *Schöpferische Zerstörung*, a. a. O., S. 455–480, S. 456 ff.

166 Ibid., S. 457; Vivetta Vivarelli, ‚Bacchus und die Titanenkämpfe als Gründungsmythen bei Hölderlin und Horaz', in: Anja Ernst / Paul Geyer (Hg.): *Die Romantik: ein Gründungsmythos der Europäischen Moderne*, Göttingen 2010, S. 225–246, S. 226.

167 Immerthal, ‚Dionysische Störungen', a. a. O., S. 460.

168 Friedrich Hölderlin, ‚Das Werden im Vergehen', in: ders., *Theoretische Schriften* (um 1800), Erstdruck in Gesammelte Werke, Jena 1911, Berlin 2013. S. 42–45, S. 42.

169 Hunt, *Friedrich Engels*, a. a. O., S. 28.

170 Beispielhaft sei das Gedicht „Mir dämmert in der Ferne" angeführt (Friedrich Engels, *Mir dämmert in der Ferne. Gedicht aus dem Jahr 1836*, in: MEGA² I/3, S. 4).

171 Engels, *Briefe aus dem Wuppertal*, a. a. O., S. 417.

172 Friedrich Engels, *Die deutschen Volksbücher*, in: Telegraph für Deutschland, Nr. 186, November 1839, in: MEGA² III/1, S. 65–72, S. 65.

173 Karl Marx / Friedrich Engels, *Manifest der Kommunistischen Partei*, a. a. O., S. 464, 472.

174 Siehe etwa die Ausführungen bei Henderson, *The Life of Friedrich Engels*, a. a. O.; Hunt, *Friedrich Engels*, a. a. O.; Mayer, *Friedrich Engels*, a. a. O.

175 Hunt, *Friedrich Engels*, a. a. O., S. 322.

176 Friedrich Engels an Eduard Bernstein, London am 8. Februar 1883, in: Eduard Bernstein (Hg.): *Die Briefe von Friedrich Engels an Eduard Bernstein. Mit Briefen von Karl Kautsky an ebendenselben*, Berlin 1883, S. 109–111, S. 110.

177 Engels, Friedrich, *Dialektik der Natur* (1873–1882), in: MEGA² I/26, Chronologische Anordnung, S. 5–288, S. 175; Systematische Anordnung, S. 293–553.

178 Ibid., S. 173 f.; siehe auch Hans Frambach, ‚Zur Erklärung von wirtschaftlicher Entwicklung bei Karl Marx', in: Rainer Lucas / Reinhard Pfriem / Claus Thomasberger (Hg.): *Auf der Suche nach dem Ökonomischen – Karl Marx zum 200. Geburtstag*, Marburg 2018, S. 23–41, S. 27.

179 Friedrich Engels, *Herrn Eugen Dührings Umwälzung der Wissenschaft* (Anti-Dühring), entstanden 1876–1878, in: MEGA² I/27, S. 217–483, S. 331 f.

180 Ibid., S. 332.

181 Henderson, *The Life of Friedrich Engels*, a. a. O., S. 681, 742, Fn. 146; Hutchison, ‚Friedrich Engels', a. a. O., S. 317.

182 Engels, ‚Vorwort zu Das Kapital', Bd. 3, in: Karl Marx, *Das Kapital. Kritik der politischen Ökonomie*. 3. Band, erster Theil. Buch III: Der Gesamptprocess der kapitalistischen Produktion. Kapitel I–XXVIII, hrsg. von Friedrich Engels, Hamburg 1894, S. III–XXV, in: MEGA² II/15, S. 5–23, S. 13.

183 Engels, *Dialektik der Natur*, a. a. O., S. 49 f.

184 Ibid., S. 50.

185 Ibid.

186 Anders als im Abschnitt 5 wird im Zusammenhang mit der Behandlung von Krisen an dieser Stelle auf Engels' spätere Schriften zurückgegriffen. Der junge Engels verfügt noch über keine Krisentheorie im eigentlichen Sinne. Schwankungen in der wirtschaftlichen Entwicklung waren mindestens seit dem 17. Jahrhundert bekannt und wurden schon von Merkantilisten und klassischen Nationalökonomen wie Smith, Say, Malthus, Ricardo und Simonde de Sismondi weitreichend beschrieben. Natürlich, die Begriffe „Krise" und „Zyklus" finden noch nicht oder zumindest selten Verwendung, und hier zählt der junge Engels zu den echten Vorreitern. So sind die Theorien über die Abläufe der wirtschaftlichen Entwicklung von Malthus (der in weiten Teilen seiner Bevölkerungstheorie auch „nur" den Stand des ökonomischen Denkens der damaligen Zeit zusammenfasste) und Simonde de Sismondi den (nicht selten unsinnigen) Ausführungen des jungen Engels in ihrer ökonomischen Analyse überlegen, der sich eher auf die kritischen Beschreibungen der wirtschaftlichen Zirkulation mit ihren „Verstopfungen" , „Überflüssen" etc. verlässt (Fourier, *Ein Fragment*, a. a. O., S. 24 ff.). Der „erwachsene" Engels verwendet hingegen eine echte Krisentheorie, die in Zusammenarbeit mit bzw. im Wesentlichen durch Marx entsteht. An dieser Stelle sei lediglich auf das „Gesetz vom tendenziellen Fall der Profitrate" verwiesen. Eine der größten Krisentheorien überhaupt war entstanden. Zur Verwirrung um die Diskussion volkswirtschaftlicher Krisentheorien in der heutigen Zeit trägt sicherlich der Umstand bei, dass die Verwendung des Begriffs außerhalb der Marx'schen Tradition eher unüblich ist. Meist wird von Konjunkturtheorien, Konjunkturzyklen, Konjunkturverläufen, Konjunktureinbrüchen etc. gesprochen.

187 Engels, *Dialektik der Natur*, a. a. O., S. 50.

188 Karl Marx, *Zur Kritik der Hegelschen Rechtsphilosophie* (1844), in: MEGA² I/2, S. 5–138, S. 79.

189 Engels, *Die Entwicklung*, a. a. O., S. 608.

190 Engels, *Umrisse*, a. a. O., S. 48.

191 Hildebrand, *Die Nationalökonomie*, a. a. O., S. 155 ff., 168 ff., 196 f., 202, 211 ff., 226; Kurz, *Der junge Engels*, a. a. O., S. 69 ff., 75, 81 ff. 90 ff., 105 ff., 114 ff.; Schumpeter, *Geschichte der ökonomischen Analyse*, a. a. O., S. 484.

DER FRIEDRICH, DER FRIEDRICH, … – ENGELS, MARX UND DIE KRITIK DER POLITISCHEN ÖKONOMIE

Anhang

Eine Formalisierung für den einfachen Fall eines Produktionssystems mit konstanten Skalenerträgen, ohne fixes Kapital, knappe natürliche Ressourcen und Kuppelproduktion und mit homogener Arbeit mag die in Frage stehenden Zusammenhänge verdeutlichen. Angenommen, die in der Wirtschaft faktisch zum Einsatz kommende kostenminimierende Technik kann durch folgende Relation beschrieben werden $(\mathbf{A}, \mathbf{l}) \rightarrow \mathbf{E}$. Hierbei ist $\mathbf{A}$ die $n{\times}n$ Matrix der Koeffizienten der Produktionsmittelinputs, $\mathbf{l}$ der n-dimensionale Spaltenvektor der direkten Inputs an homogener Arbeit je Produkteinheit und $\mathbf{E}$ die $n{\times}n$ Matrix der Bruttooutputs; wegen der Annahme der Einzelproduktion ist sie gleich der Einheitsmatrix (mit Einsen auf der Hauptdiagonale und ansonsten nur Nullen). Bezeichnen wir mir $\mathbf{p}$ den Spaltenvektor der natürlichen Preise, mit $\mathbf{d}$ den elementaren Vektor der Lohngüter, der auch als Wertstandard genutzt wird, mit w den Reallohnsatz, der die Zahl der von den Arbeitskräften bezogenen elementaren Lohngüterbündel bezeichnet, die sie pro geleisteter Arbeitseinheit erhalten, und mit r die allgemeine Profitrate, die unter Bedingungen freier Konkurrenz erzielt wird. Dann gilt

$$(1)\ \mathbf{p} = (1 + r)(\mathbf{A}\mathbf{p} + w\mathbf{l})$$

$$(2)\ \mathbf{d}^{T}\mathbf{p} \equiv 1.$$

Gleichung (1) aufgelöst nach $\mathbf{p}$ ergibt

$$(3)\ \mathbf{p} = (1 + r)w[\mathbf{E} - (1 + r)\mathbf{A}]^{-1}\mathbf{l}, \text{ wobei } 0 \leq r \leq R,$$

mit R als maximal möglicher Profitrate, die einem hypothetischen Reallohn von 0 zugeordnet ist. Gleichung (3) eingesetzt in (2) und aufgelöst nach w ergibt

$$(4)\quad w = \{\mathbf{d}^T[\mathbf{E} - (1 + r)\mathbf{A}]^{-1}(1 + r)\mathbf{l}\}^{-1}.$$

Dies ist die Beziehung zwischen allgemeiner Profitrate und Reallohn für die gegebene Technik. Offensichtlich gilt $\partial w/\partial r < 0$, ein Ergebnis das Ricardo mit seiner großen Intuitionskraft antizipierte (ohne es schlüssig beweisen zu können), wenn er schreibt: „Je größer der Anteil des Resultats der Arbeit, der an den Arbeiter geht, desto niedriger ist die Profitrate, und umgekehrt."[97]

Gleichung (4) eingesetzt in (3) zeigt, dass die relativen natürlichen Preise für gegebene Technik ausschließlich eine Funktion der Profitrate sind. Ist die Profitrate – analog zu Engels' Fall einer Gesellschaft ohne Privateigentum – gleich Null ($r = 0$), so erreicht der Lohnsatz seinen maximalen Stand ($w = W$). Die diesem Fall zugeordneten „Werte", um Engels' Diktion zu übernehmen, seien durch $\mathbf{p}^*$ gekennzeichnet und werden durch folgende Gleichung bestimmt:

$$(5)\,\mathbf{p}^* = \mathbf{A}\mathbf{p}^* + W\mathbf{l}$$

oder, aufgelöst nach $\mathbf{p}^*$, durch

$$(6)\,\mathbf{p}^* = W(\mathbf{E} - \mathbf{A})^{-1}\mathbf{l}$$

Dividieren wir $\mathbf{p}$ bzw. $\mathbf{p}^*$ durch den Lohnsatz, so erhalten wir Preise in Einheiten „kommandierter Arbeit", $\mathbf{p}_0$, wie Smith sie nannte, im zweitgenannten Fall also

$$(7)\,\mathbf{p}_0 = (\mathbf{E} - \mathbf{A})^{-1}\mathbf{l}$$

Fragen wir uns nun, wie viel an Arbeit insgesamt, direkt und indirekt benötigt wird, um die verschiedenen Produkte herzustellen. Es sei $\mathbf{v}$ der gesuchte Vektor der Arbeitswerte. Die direkten Mengen an Arbeit werden durch $\mathbf{l}$ gegeben, die indirekten durch die in den verbrauchten Produktionsmitteln steckenden und im Zuge der Produktion auf das Produkt übergehenden Mengen, $\mathbf{A}\mathbf{v}$, das heißt:

$$(8)\,\mathbf{v} = \mathbf{A}\mathbf{v} + \mathbf{l} \text{ bzw. } \mathbf{v} = (\mathbf{E} - \mathbf{A})^{-1}\mathbf{l}.$$

Ein Vergleich von (7) und (8) zeigt, dass die Werte in der profitlosen Gesellschaft gleich den Arbeitswerten sind. Die Arbeitswerte sind demnach nichts anderes als eine besondere Lösung von Gleichung (1) bzw. (3), den speziellen Fall von $r = 0$ betreffend.

Im Fall von $0 < r \leq R$ gilt offenbar, dass der sich dann ergebende Vektor von Preisen in kommandierter Arbeit größer ist als der Vektor der Arbeitswerte: $\mathbf{p}_{0|r>0} > \mathbf{v}$. Wie Smith wusste, kommandiert der Besitzer einer Einheit einer beliebigen Ware mehr an Arbeit als zu deren Erzeugung insgesamt nötig ist – der Profit reflektiert einen „Abzug vom Produkt der Arbeit".

Gleichung (1) (bzw. Gleichung (3)) zufolge hängen die natürlichen oder Produktionspreise von der Höhe der Profitrate (bzw. des ihr korrespondierenden Reallohnsatzes) ab: $\mathbf{p} = \mathbf{p}(r)$. Ändert sich r (und damit w), dann ändert sich im Allgemeinen auch der Vektor der Preise. Nur in einem Spezialfall ist dies nicht der Fall: dann nämlich, wenn in der Produktion aller Produkte die gleichen Proportionen von produzierten Produktionsmitteln und direkter Arbeit zur Anwendung kommen. Dann sind die relativen Preise im gesamten Intervall $0 \leq r \leq R$ immer die gleichen und damit auch gleich den Preisen im Fall von $r = 0$, in dem, wie gesehen, die Arbeitswertlehre gilt: $\mathbf{p} = \mathbf{v}$ (= $\mathbf{p}_0$). Dieser Spezialfall war Ricardo wohl bekannt.

Jenseits dieses Falles sind die Preise verteilungsabhängig, was wir unter Rückgriff auf ein Verfahren, das uns bei Smith und dann vor allem bei Ricardo begegnet, verdeutlichen können: Sraffa spricht von der Methode der „Reduktion der Preise auf datierte Arbeitsmengen".[98] Ausgehend von Gleichung (1) ersetzen wir p auf der rechten Seite des Gleichheitszeichens wiederholt durch die Preisgleichung selbst und erhalten so

$$(9)\,\mathbf{p} = (1 + r)\mathbf{A}^0 w\mathbf{l} + (1 + r)^2\mathbf{A}^1 w\mathbf{l} + (1 + r)^3\mathbf{A}^2 w\mathbf{l} + \ldots + (1 + r)^t\mathbf{A}^{t-1} w\mathbf{l} + (1 + r)^t\mathbf{A}^t\mathbf{p}$$

wobei $\mathbf{A}^1 = \mathbf{A}$ ist und $\mathbf{A}^0 = \mathbf{E}$. Ändert sich r, so ändert sich gemäß Gleichung (4) w gegenläufig dazu. Diese Änderungen „ziehen" die verschiedenen Elemente in der Reduktionsgleichung (9) in entgegengesetzte Richtungen und bewirken im Allgemeinen eine Änderung der relativen Preise.

Zusammenfassend lässt sich sagen: *Erstens*, den klassischen Ökonomen und insbesondere Ricardo gebührt das Verdienst, alle der hier formalisierten Zusammenhänge in einem noch einfacheren analytischen Rahmen und mittels simpler numerischer Beispiele ansatzweise erhellt zu haben. Natürlich kann keine Rede davon sein, die klassischen Ökonomen hätten die aufgeworfenen Fragen bereits vollständig geklärt. Aber wir stehen mit unserem heutigen Verständnis der fraglichen Sachverhalte auf ihren Schultern. Engels ist der Vorwurf nicht zu ersparen, weitgehend blind gegenüber diesen Leistungen gewesen zu sein.[99] *Zweitens*, für eine gegebene Machtbalance zwischen Arbeit und Kapital wird sich die Verteilung (r, w) nicht merklich ändern und für ein kurz- bzw. mittelfristig gegebenes technisches und organisatorisches Wissen wird auch das Produktionssystem, gekennzeichnet durch ($\mathbf{A}$, $\mathbf{l}$), keinen großen Variationen unterliegen. Die Schwankungen der Marktpreise sind eine andere Sache, aber bei ihnen geht es den Klassikern zufolge um Bewegungen in keiner allzu großen Entfernung von den Produktionspreisen. *Drittens*, die Arbeits- oder „intrinsischen" Werte (vgl. Gleichung (8)) werden nur von Änderungen in den Vergütungen der verschiedenen Arten von Arbeit (die wir aus der Betrachtung durch die Annahme homogener Arbeit ausgeschlossen haben) und von technischem Fortschritt affiziert. Engels vergisst zu begründen, wieso seiner Ansicht nach die Konkurrenz „allen inhärenten Werth" zerstört, hat der Wert seiner Auffassung nach doch im Unterschied zum Preis nichts mit der Konkurrenz zu tun. *Viertens*, die intrinsischen Werte sind der vorgestellten Sicht zufolge, wie bereits gesagt, eine Form der Lösung eines klassischen Produktionspreissystems für den speziellen Fall einer Profitrate von Null, in dem das gesamte Überschussprodukt an die Arbeitenden geht. Ricardo spricht in Bezug auf den Arbeitswert vom „absoluten" Wert einer Sache. Auch in der von Engels angestrebten, nicht auf Privateigentum basierenden Gesellschaftsordnung spielt der produktive Metabolismus, wie ihn das System der Produktion abbildet, eine Rolle hinsichtlich der Werthaltigkeit von Produkten. Gleichfalls eine Rolle spielen gesellschaftliche Institutionen, insoweit sie die Vergütungsstruktur verschiedener Arten von Arbeit bestimmen.

* Anders als der Friederich im *Struwelpeter* von Heinrich Hoffmann, bemerkenswerterweise geschrieben zu Weihnachten 1844, war unser Friedrich ein Hundeliebhaber. Was aber dem Friederich der Hund, könnte man ohne größere Übertreibung sagen, war dem Friedrich die Nationalökonomie. In der vorliegenden Arbeit greife ich freizügig auf einen anderen Aufsatz von mir über Friedrich Engels, *Umrisse zu einer Kritik der Nationalökonomie*, in: Deutsch-Französische Jahrbücher Lfg. 1/2, 1844. hrsg. von Arnold Ruge und Karl Marx. Paris, Bureau der Jahrbücher 1844, S. 86–114, in: MEGA² I/3, S. 467–494 zurück; vgl. Heinz D. Kurz, ‚Der junge Engels über die „Bereicherungswissenschaft", die „Unsittlichkeit" von Privateigentum und Konkurrenz und die „Heuchelei der Oekonomen"', in: Rainer Lucas, Reinhard Pfriem und Hans-Dieter Westhoff (Hg): *Arbeiten am Widerspruch – Friedrich Engels zum 200. Geburtstag*, Marburg, S. 65–120. Ich danke Regina Roth für höchst wertvolle Anmerkungen zu einer früheren Fassung des Textes und Christian Gehrke für dessen kritische Durchsicht. Eberhard Illner hat das Stück dankenswerterweise redaktionell bearbeitet, unterstützt von Hans Frambach.

1 Gareth Stedman Jones, *Karl Marx: Greatness and Illusion*, Cambridge (MA) 2016, S. 569 spricht von „noticeable changes in the character of his theory as a whole".

2 Ibid., S. 711 f.

3 Regina Roth, ‚Marx on technical change in the critical edition', in: *European Journal of the History of Economic Thought*, 17(5), 2010, S. 1223–1251, hat Engels' Tätigkeit als Herausgeber gewürdigt und auf die von ihm hinzugefügten Verbindungsstücke zwischen den Marx'schen Manuskripten und Manuskriptfragmenten sowie seine Einschübe aufmerksam gemacht.

[4] John King hat nach der Lektüre meines Aufsatzes ‚Der junge Engels', a. a. O., S. 65–120, diese Fragen in privater Korrespondenz mit mir aufgeworfen. Ich greife sie gerne auf, kann jedoch bestenfalls einige Splitter zu einer Antwort liefern.

[5] Im Vorwort von „Zur Kritik der politischen Ökonomie" von 1859 schrieb Marx: „Friedrich Engels, mit dem ich seit dem Erscheinen seiner genialen Skizze zur Kritik der ökonomischen Kategorien (in den Deutsch-Französischen Jahrbüchern) einen steten schriftlichen Ideenaustausch unterhielt, war auf anderm Wege (vergleiche seine Lage der arbeitenden Klassen in England) mit mir zu demselben Resultat gelangt". Karl Marx: Ökonomische Manuskripte und Schriften, 1858–1861, in: MEGA² II/2, S. 101/102.

[6] Angeregt von Engels' Essay vergräbt sich Marx von März bis August 1844 in die Lektüre der Werke von Smith, Ricardo, Say usw.; vgl. Stedman Jones, *Karl Marx*, a. a. O., S. 161.

[7] Gareth Stedman Jones, ‚Engels and the genesis of Marxism', in: *New Left Review* 106, 1977, S. 79–104; Terence W. Hutchison, ‚Friedrich Engels and Marxist economic theory', in: *Journal of Political Economy* 86, 1978, S. 303–319; Gregory Claeys, ‚Engels' Outlines of a critique of political economy (1844) and the origins of the Marxist critique of capitalism', in: *History of Political Economy* 16(2), 1984, S. 207–232; ders., ‚The political ideas of the young Engels. 1842–1845: Owen, Chartism and the question of violence in the transition from „utopian" to „scientific" socialism', in: *History of Political Thought* 6, 1986, S. 454–478; ders., *Machinery, Money and the Millennium: From Moral Economy to Socialism, 1815–1860*, Princeton 1987; Keith Tribe, *The Economy of the Word: Language, History, and Economics*, Oxford 2015, Kap. 6; und die Biographien Engels' und Marx' u. a. von Gustav Mayer, *Friedrich Engels. Eine Biographie*, Band I und Ergänzungsband, Berlin 1920; Tristram Hunt, *Marx's General: The Revolutionary Life of Friedrich Engels*, New York 2009; und Stedman Jones, *Karl Marx*, a. a. O., gehen näher auf Engels' intellektuelle Prägung und seine Anleihen bei den französischen und englischen Frühsozialisten und utopischen Sozialisten ein.

[8] Mayer, *Friedrich Engels*, a. a. O., S. 139.

[9] Friedrich Engels, *Die Lage der arbeitenden Klasse in England. Nach eigner Anschauung und authentischen Quellen*. Leipzig 1845, MEGA¹ I/4, S. 5–286.

[10] Sie tun dies auch nach Engels' Rückkehr aus Manchester u. a. bei Versammlungen in Elberfeld 1845, auf denen er als Redner auftritt.

[11] In Adam Smiths *Wealth of Nations* aus dem Jahr 1776 lesen wir im Kapitel über die Löhne, dass höhere Löhne die Arbeitsproduktivität steigern können: „Wo der Lohn hoch ist, werden wir dementsprechend immer feststellen, daß die Arbeiter tatkräftiger, eifriger und flinker sind als dort, wo er niedriger ist." Adam Smith, *Untersuchung über Wesen und Ursachen des Reichtums der Völker*, hrsg. und eingeleitet von Erich Streissler, übersetzt von Monika Streissler, Düsseldorf 1999, I.viii.44. Engels verwendet die 1828 von John Ramsay McCulloch besorgte Ausgabe: Adam Smith, *An Inquiry into the Nature and Causes of the Wealth of Nations*. [1776], mit einer Einführung von John Ramsay McCulloch, 4 Bände, Edinburgh 1828.

[12] Für Engels entsteht die Nationalökonomie unmittelbar als Folge der Ausweitung des Handels in der Merkantilperiode und erfolgt parallel zur Entwicklung von christlicher Religion und Theologie. Smith nennt er den „ökonomischen Luther" (Engels, *Umrisse*, a. a. O., S. 474, Hervorhebung im Original), der mit der Freihandelsdoktrin dem Handel, der in der Merkantilperiode anarchisch und gewalttätig war, einen humanen Anstrich geben und ihn rechtfertigen wollte. An die Stelle katholischer Offenheit sei so protestantische Heuchelei getreten.

[13] Engels, *Umrisse*, a. a. O., S. 475.

[14] Die Überlegungen in diesem Abschnitt verdanken viel den wertvollen Kommentaren von Regina Roth an einer früheren Fassung des Manuskripts.

[15] Zu erwähnen sind des Weiteren zahlreiche Artikel Engels' zu ökonomischen, politischen und sozialen Fragen in Zeitungen und Zeitschriften in der Zeit von 1875–1883, vgl. MEGA² I/25.

[16] Engels bestätigt dies nach Marx' Tod.

[17] Vgl. MEGA² II/3.

[18] Vgl. die zahlreichen Hinweise auf dieses Gegensatzpaar in MEGA² II/3 Apparat, S. 3215.

[19] MEGA² II/4.2, S. 333; Hervorhebungen im Original.

[20] MEGA² II/1.2, S. 622.

[21] MEGA² II/15, S. 227.

[22] Die Ausnahmen sind die Wertbestimmung (Kosten vs. Bedürfnis) und das Malthus'sche Bevölkerungsgesetz. Wir kommen hierauf zurück.

[23] Engels, *Umrisse*, a. a. O., S. 467.

[24] Ibid., S. 473.

[25] Adam Smith, *An Inquiry into the Nature and Causes of the Wealth of Nations* [1776], mit einer Einführung von John Ramsay McCulloch, 4 Bände, Edinburgh 1828.

[26] John Ramsay McCulloch, *A Discourse on the Rise, Progress, Peculiar Objects, and Importance of Political Economy*, Edinburgh 1824.

[27] Adam Smith, *Untersuchung*, a. a. O., IV.1; vgl. auch Heinz D. Kurz, ‚Adam Smith über das Merkantil- und das Agrikultursystem', in: Hendrik Hansen und Tim Kraski (Hg.): *Das Staatsverständnis von Adam Smith*, Tübingen, S. 67–92.

[28] John Watts, der Orator und von Engels zunächst sehr geschätzte Anhänger Owens, hatte argumentiert, dass es keinen Unterschied zwischen ökonomisch zweckmäßig und moralisch geboten gebe und statt von Politischer von „Moralischer" Ökonomie gesprochen; siehe John Watts, *The Facts and Fictions of Political Economists: Being a Review of the Principles of the Science, Separating the True from the False*, Manchester 1842, S. iv und 60.

[29] Engels, *Umrisse*, a. a. O., S. 491.

[30] Was Engels über die immer größere Ungleichheit in der Verteilung von Einkommen und Vermögen zu sagen weiß, ist interessant und antizipiert in roher Weise gewisse Überlegungen, wie sie heute von Thomas Piketty und anderen vorgetragen werden.

[31] Engels, *Umrisse*, a. a. O., S. 485.

[32] An dieser Stelle ist vielleicht ein Hinweis auf Piero Sraffas erste, sich von Ende 1927 bis 1930 erstreckende Phase seiner kritischen und konstruktiven Arbeit, die schließlich zu seinem Buch *Production of Commodities by Means of Commodities*, Cambridge 1960 führen sollte, angebracht; vgl. Heinz D. Kurz, ‚Don't treat too ill my Piero! Interpreting Sraffa's papers', in: *Cambridge Journal of Economics* 36, 2012, S. 1535–1569. Beim Versuch, die klassische Wert- und Verteilungstheorie zu rekonstruieren, unterscheidet er analytisch trennscharf zwischen einem System ohne und einem solchen mit gesellschaftlichem Überschussprodukt oder Surplus. Ersteres beschreibt das Reich der reinen „Notwendigkeit", in dem alles, was produziert wird, unverzichtbar für die Reproduktion der Gesellschaft ist. Sraffa spricht auch von „natural economy". In ihr geht ein jedes Produkt, egal ob Unterhalts- oder Produktionsmittel, direkt oder indirekt in die Erzeugung aller Produkte (einschließlich seiner selbst) ein. Sraffa zeigt, dass die Tauschverhältnisse der Produkte, die Reproduktion garantieren, in eindeutiger Weise ausschließlich durch die physischen realen Kosten der Produktion bestimmt sind und durch Lösung eines Systems simultaner Produktionsgleichungen ermittelt werden können. Erst bei Anwesenheit eines Surplus stelle sich ernsthaft die Frage nach gesellschaftlichen Institutionen, die über die Verteilung des Surplus auf die verschiedenen Gesellschaftsmitglieder oder Gruppen und dessen Verwendung zu konsumtiven oder investiven Zwecken entscheiden. Da Engels zu unterstellen scheint, dass frühe Formen der sittlichen Sozialordnung sehr wohl einen Surplus aufweisen können, ist seine Behauptung, in diesen spielten Institutionen keine Rolle, aus dem Blickwinkel von Sraffas Analyse zu bestreiten. Auf die Problematik der Vorstellung der sittlichen Sozialordnung als einem institutionenfreien Raum stoßen wir im Folgenden ein ums andere Mal.

[33] Engels, *Umrisse*, a. a. O., S. 477, Hervorhebung im Original.

34 Ibid., Hervorhebung im Original.
35 Ibid.
36 Ibid., S. 472, Hervorhebung im Original.
37 Ibid., S. 478.
38 Ibid., S. 488.
39 Ibid.
40 Ibid., S. 486.
41 Ibid., S. 488.
42 Ibid., S. 490 f.
43 Stedman Jones, *Karl Marx*, a. a. O., S. 173.
44 Tribe, *The Economy of the Word*, a. a. O., S. 186 f.
45 Zu einem Überblick über die Geschichte des ökonomischen Denkens, vgl. Heinz D. Kurz, *Economic Thought: A Brief History*, New York 2016.
46 Stedman Jones, *Karl Marx*, a. a. O., S. 174.
47 Wie jedoch der deutsche Ökonom Herrmann Heinrich Gossen betont, gibt es selbst im Schlaraffenland noch ein ökonomisches Problem zu lösen – das der Allokation *knapper Zeit* auf alternative Genüsse. Ian Steedman, *Consumption Takes Time. Implications for Economic Theory. The Graz Schumpeter Lectures*, London 2001, hat die in der modernen Ökonomik weithin vernachlässigte Rolle der Zeit untersucht und gezeigt, dass sich dann zahlreiche Sätze der konventionellen Mikroökonomik nicht mehr halten lassen.
48 Engels tut dies bei genauer Betrachtung auch in seiner Schrift *Der Ursprung der Familie, des Privateigenthums und des Staats*, in: MEGA^2 I/29.
49 Engels, *Umrisse*, a. a. O., S. 483.
50 Da Engels zufolge die jüngere wirtschaftliche Entwicklung durch einen Strom an Innovationen charakterisiert ist, kann hier mit „Fortschritt" nicht der technische gemeint sein. Auch was er mit „Ziel" meint, ist angesichts der Dynamik des sozioökonomischen Systems unklar. Dies gilt *mutatis mutandis* auch für die sittliche Sozialordnung, die Engels zufolge nicht stationär ist, sondern sich laufend weiterentwickelt.
51 Engels, *Umrisse*, a. a. O., S. 484.
52 Ibid, S. 483, Hervorhebung im Original.
53 Ibid, Hervorhebung im Original.
54 Ibid.
55 Der klassische Begriff des Monopols darf nicht mit dem marginalistischen, von Antoine-Augustin Cournot entwickelten verwechselt werden. In klassischer Vorstellung herrscht ein Monopol dann, wenn der Marktpreis einer Ware dauerhaft über ihrem natürlichen Preis gehalten werden kann und entsprechend hierzu andere Preise unter deren natürlichen Niveaus zu liegen kommen. Das Konzept des Monopols ist demnach in Bezug auf das gesamte System der Produktion, totalanalytisch, definiert und nicht in Bezug auf nur einen einzelnen Markt, partialanalytisch.
56 Vgl. Heinz D. Kurz, ‚Adam Smith', a. a. O, S. 67–92.
57 Smith, *Untersuchung*, a. a. O., IV.ii.21.
58 Joseph A. Schumpeter sollte Smith unter Hinweis auf Innovationen, die unvermeidlich mit einer (temporären) Monopolposition einhergehen, kritisieren. Smiths Kritik bezieht sich jedoch nicht auf diesen Fall, sondern vor allem auf von der Regierung eingeräumte Monopole, wie dasjenige der East India Company. Eine zynische Sicht auf den Wettbewerb hatte in der September-Ausgabe 2014 des „Wall Street Journals" der Hedgefonds-Manager Peter Thiel geäußert: „Competition is for losers."
59 Smith, *Untersuchung*, a. a. O., I.xi.b.5.
60 John Stuart Mill, *Principles of Political Economy: With Some of Their Applications to Social Philosophy*. London, 1848, Reprint New York 1973, Bd. II, S. 242; meine Übersetzung.
61 Karl Marx, *Das Kapital. Kritik der Politischen Ökonomie*, 1. Bd., Hamburg 1890, MEGA^2 II/10, S. 530.
62 Vgl. zum Folgenden Heinz D. Kurz / Neri Salvadori, *Theory of Production, A Long-Period Analysis*. Cambridge 1995, revidierte Paperback-Ausgabe 1997, Kap. 1, wo die frühen klassischen Autoren von William Petty über Cantillon und Smith bis zu Ricardo sowie Marx und die frühen Marginalisten von William Stanley Jevons bis Alfred Marshall behandelt werden.
63 Smith, *Untersuchung*, a. a. O., I.vi.1.
64 Als Skala nehmen die klassischen Autoren und Marx die geltende Lohnstruktur. In seiner Theorie der Lohndifferentiale (Smith, *Untersuchung*, a. a. O., I.x) behandelt Smith das Problem der Heterogenität der Arbeit und unterscheidet folgende Dimensionen, die sich in unterschiedlichen Lohnsätzen niederschlagen können: 1. unterschiedliche Ausbildungs- und Anlernkosten (neuerdings spricht man von „Humankapital"), 2. Talentunterschiede, 3. Stetigkeit der Beschäftigung, 4. benötigtes Vertrauen in die Arbeiter bei teuren Werkzeugen und Werkstoffen sowie 5. das mit der Arbeit verbundene Risiko für Gesundheit und Leben. Eine analytische Behandlung der von Smith und in seinem Gefolge von Ricardo und Marx angestellten Überlegungen zur Heterogenität der Arbeit in der Werttheorie findet sich bei Kurz und Salvadori, *Theory of Production*, a. a. O., Kap. 11.
65 Engels, *Umrisse*, a. a. O., S. 482, Hervorhebung im Original.
66 Was im Essay noch wenig klar ausgedrückt wird, verdeutlicht Engels in späteren alleine oder gemeinsam mit Marx verfassten Schriften, nämlich die Überzeugung, dass die Arbeitswertlehre in primitiven Gesellschaften die Tauschrelationen zwischen Gebrauchswerten tatsächlich angemessen erklärt, also „historisch" zugetroffen habe. (Dies hatten vor Engels bereits mehrere Autoren, darunter prominent Adam Smith und Robert Torrens (1780–1864) behauptet.) Marx ist in späteren Jahren seines Lebens von dieser Auffassung abgerückt. Piero Sraffa hat unter Hinweis auf die Arbeiten von Anthropologen und Ethnologen darauf aufmerksam gemacht, dass in primitiven Gesellschaften Materialien wertvoll seien, die aufgewandte Arbeitszeit für den Wert von Waren jedoch eine geringe Rolle spiele, denn in derartigen Gesellschaften „ist das Warten die Regel", wie ein Beobachter sich ausdrückte. Zeit werde erst wertvoll, so Sraffa, wenn sich ein positiver Zinssatz eingestellt habe: „It is interest on money that hammers into the head of man the notion that time is valuable, as valuable as material", zitiert nach Kurz und Salvadori, ‚Sraffa and the labour theory of value. A few observations.' In: J. Vint / J. S. Metcalfe / H. D. Kurz / N. Salvadori und P. A. Samuelson (Hg.): *Economic Theory and Economic Thought. Essays in Honour of Ian Steedman*. London, S. 187–213; hier S. 199.
67 Engels, *Umrisse*, a. a. O., S. 476.
68 Wir sehen hier der Einfachheit halber von erneuerbaren und erschöpfbaren natürlichen Ressourcen und somit von Differentialrenten und Royalties ab.
69 Engels, *Umrisse*, a. a. O., S. 485, Hervorhebung im Original.
70 Smith war diesbezüglich übermäßig optimistisch. Wie wir heute wissen, steht es um die zur Diskussion stehende Stabilität von Märkten weniger günstig als von ihm angenommen; zum Problem der „Gravitation" im *Wealth*, vgl. die zusammenfassende Darstellung bei Heinz D. Kurz, ‚Zur Politischen Ökonomie des homo mercans. Adam Smith über Märkte', in: *Deutsches Jahrbuch Philosophie* 7, 2016, S. 23–48, Abschnitt 4.
71 Engels, *Umrisse*, a. a. O., S. 485
72 Engels, *Umrisse*, a. a. O., S. 484. Ein weiterer von Engels angedeuteter Grund für Preisschwankungen sind Veränderungen in der Einkommensverteilung als Reflex einer sich verändernden Machtbalance zwischen den verschiedenen gesellschaftlichen Klassen. In kurzfristiger Betrachtung spielen diese im Allgemeinen aber keine große Rolle. Stedman Jones (*Karl Marx*, a. a. O., S. 175) schreibt: Die von Ricardo vorgenommene „inclusion of capital in the value of a commodity introduced instability into the relationship between value and price." Damit kann allenfalls gemeint sein (siehe den Anhang unten), dass Reallohn, Profitrate und Produktionspreise voneinander abhängen und eine Änderung des Reallohnes die anderen Größen affiziert, mehr nicht. Von Instabilität im oben angesprochenen Sinn kann natürlich keine Rede sein.
73 Engels, *Umrisse*, a. a. O., S. 484.
74 Dies gilt Smith zufolge nicht für Finanzmärkte: Wegen der dort auftretenden positiven Rückkopplungseffekte seien diese tendenziell instabil und bedürften der Regulierung; vgl. die Zusammenfassung der Smith'schen Position

bei Kurz, Zur Politischen Ökonomie, a. a. O., Abschnitt 6.

75 Engels, *Umrisse*, a. a. O., S. 484.

76 Nachdem diese Zeilen geschrieben worden sind, ist die Coronavirus-Pandemie dabei, dies eindrucksvoll zu belegen.

77 Engels, *Umrisse*, a. a. O., S. 484.

78 Ibid.

79 Ibid.

80 Sie wird, sieht man von frühen Hinweisen in der Literatur ab, erst fast ein Jahrhundert später von Autoren wie Michal Kalecki und John Maynard Keynes mit dem *Prinzip der effektiven Nachfrage* gegeben. Ihm zufolge regeln nicht die Ersparnisse die Investitionen, sondern die Investitionen die Ersparnisse über die Bestimmung des Niveaus der effektiven gesamtwirtschaftlichen Nachfrage und damit des Sozialprodukts und der Beschäftigung.

81 Engels, *Umrisse*, a. a. O., S. 484.

82 Ibid., S. 486.

83 Ibid., S. 488.

84 Ibid.

85 Ibid., S. 490.

86 Ibid.

87 Ibid., S. 493.

88 Ibid., S. 486 f.

89 Marx, *Kapital 1890*, a. a. O., MEGA² II/10, S. 383 f., sowie Karl Marx, *Das Kapital. Kritik der Politischen Ökonomie*, 1. Bd., Hamburg 1867, MEGA² II/5, S. 505.

90 Marx, *Kapital 1890*, a. a. O., MEGA² II/10, S. 288; vgl. auch Friedrich Engels, Editor's Preface zu: Karl Marx, *Capital. A Critical Analysis of Capitalist Production*, Vol. 1, translated by Samuel Moore and Edward Aveling, ed. by Frederick Engels,. London 1887, MEGA² II/9, S. 14, sowie Engels' Erläuterungen in Form seiner Anmerkung 37 in: Karl Marx, *Das Kapital. Kritik der Politischen Ökonomie*, 3. Bd., hrsg. von Friedrich Engels, Hamburg 1894, MEGA² II/15, S. 257–259.

91 Karl Marx, Ökonomische Manuskripte 1863–*1867*, MEGA² II/4.2, S. 333.

92 vgl. Engels, *Umrisse*, a. a. O., S. 493.

93 Vgl. Heinz D. Kurz, ‚Technical progress, capital accumulation and income distribution in Classical economics: Adam Smith, David Ricardo and Karl Marx', in: *European Journal of the History of Economic Thought* 17(5), 2010, S. 1183–1222, hier Abschnitte 4 und 5; Heinz D. Kurz, ‚David Ricardo: on the art of „elucidating economic principles" in the face of a „labyrinth of difficulties"', in: *European Journal of the History of Economic Thought* 22 (5), 2015, S. 818–851, hier Abschnitt 7.

94 Vgl. Heinz D. Kurz, ‚Hin zu Marx und über ihn hinaus: Zum 200. Geburtstag eines deutschen politischen Ökonomen von historischem Rang', in: *Perspektiven der Wirtschaftspolitik* 13(3), 2018, S. 245–265.

95 Engels, *Umrisse*, a. a. O., S. 489.

96 Ibid., S. 491.

97 David Ricardo, *Collected Works and Correspondence of David Ricardo*, hrsg. von Piero Sraffa unter Mitarbeit von Maurice H. Dobb, Cambridge 1951, Bd. VIII, S. 194, meine Übersetzung.

98 Piero Sraffa, *Production of Commodities by Means of Commodities*, Cambridge 1960, Kap. III.

99 Marx musste sich mühevoll aus der Engels'schen Voreingenommenheit gegenüber den klassischen Ökonomen befreien, um ihnen einerseits größere Gerechtigkeit widerfahren zu lassen und um andererseits auf ihren Leistungen aufbauen zu können.

REPARATURFALL *KAPITAL*? – FRIEDRICH ENGELS UND DIE HERAUSGABE DER BÄNDE 2 UND 3 DES *KAPITAL* VON KARL MARX

1 Friedrich Engels an Laura Lafargue, 8. März 1885, MEW Bd. 36, S. 286; Friedrich Engels an Johann Philipp Becker, 2. April 1885, ibid., S. 290; Friedrich Engels an August Bebel, 4. April 1885, ibid., S. 293; siehe auch Friedrich Engels an Nikolai Franzewitsch Danielson, 23. April 1885, ibid., S. 301 f.; siehe auch Carl-Erich Vollgraf / Regina Roth, ‚Einführung', in: Karl Marx / Friedrich Engels, *Manuskripte und redaktionelle Texte zum dritten Buch des „Kapitals" 1871 bis 1895*, Berlin 2003, in: MEGA² II/14, S. 391 f.

2 Friedrich Engels an August Bebel, 4. April 1885, MEW Bd. 36, S. 294. Dagegen hielt er in dieser Hinsicht wenig vom 2. Buch: „[E]s enthält fast nur streng wissenschaftliche, sehr feine Untersuchungen über Dinge, die innerhalb der Kapitalistenklasse selbst vorgehn, gar nichts woraus man Stichwörter und Deklamation fabrizieren kann." Friedrich Engels an Karl Kautsky, 18. September 1883, MEW Bd. 36, S. 61.

3 Friedrich Engels an Laura Lafargue, 24. Juni 1883, MEW Bd. 36, S. 44. Zur Diskussion um ein Denkmal für Marx siehe auch August Bebel an Friedrich Engels, 17. März 1883 und Engels' Antwort vom 30. April 1883, ibid., S. 22.

4 Friedrich Engels, ‚Vorwort', in: Karl Marx, D*as Kapital. Kritik der politischen Ökonomie, Bd. 3*, hrsg. von Friedrich Engels (1894), Berlin 2004, in: MEGA² II/15, S. 6.

5 Karl Marx, *Ökonomische Manuskripte 1863–1867*, Teil 1, Berlin 1988, in: MEGA² II/4.1, S. 137–381; Karl Marx, *Ökonomische Manuskripte 1863–1867*, Teil 3, Berlin 2012, in: MEGA² II/4.3, S. 32–56, 285–382; Karl Marx, *Manuskripte zum zweiten Buch des „Kapitals" 1868 bis 1881*, Berlin 2008, in: MEGA² II/11.

6 Friedrich Engels, ‚Vorwort', in: Karl Marx, *Das Kapital. Kritik der politischen Ökonomie, Bd.* 2, hrsg. von Friedrich Engels (1885), Berlin 2008, in: MEGA² II/13, S. 8.

7 MEGA² II/4.1, S. 381.

8 Karl Marx, *Das Kapital. Kritik der politischen Ökonomie, Bd.* 1 (1867), Berlin 1983, in: MEGA² II/5, S. 479.

9 MEGA² II/11, S. 814.

10 Friedrich Engels dagegen sah den Rechenfehler und setzte funktionierende Zahlenbeispiele ein, weshalb der Abbruch in der Druckfassung unmotiviert erscheint, MEGA² II/13, S. 477 f. Zu den Änderungen von Engels an den Zeitreihenschemata und ihrer Wirkung für die Rezeption siehe auch Kenji Mori, ‚Einführung', ibid., S. 545.

11 MEGA² II/11, S. 816 ff., 826.

12 Karl Marx an Friedrich Engels, 31. Mai 1858, MEGA² III/9, S. 157.

13 MEGA² II/11, S. 818 f., zur Entstehungsgeschichte ibid., S. 1611.

14 „Die Accumulation oder Reproduction auf erweiterter Stufenleiter", MEGA² II/4.1, S. 381.

15 MEGA² II/11, S. 790.

16 Zu den Problemen, die in den Marxschen Manuskripten im 2. Buch im Hinblick auf die Akkumulation offenblieben, siehe Teinosuke Otani / Ljudmila Vasina / Carl-Erich Vollgraf, ‚Einführung', MEGA² II/11, S. 873–881.

17 Karl Marx, *Ökonomische Manuskripte 1863–1867*, Teil 2, Berlin 1992, in: MEGA² II/4.2, S. 7–110.

18 MEGA² II/14, S. 19–150.

19 MEGA² II/4.3, S. 2–4, 7–9, 10–31, 383–396; siehe auch Carl-Erich Vollgraf, ‚Einführung', a. a.O., S. 427 f.

20 Karl Marx an Friedrich Engels, 14. November 1868, MEW Bd. 32, S. 204.

21 John Swinton: ‚Account of an Interview with Karl Marx Published in „The Sun"', in: Karl Marx / Friedrich Engels, *Werke, Artikel, Entwürfe Mai 1875 bis Mai 1883*, Berlin 1985, in: MEGA² I/25, S. 443.

22 Marx' Arbeit am dritten Buch des *Kapitals*, MEGA² II/14, S. 446 ff.; siehe auch Carl-Erich Vollgraf, ‚Marx' Arbeit am dritten Buch des *Kapital* in den 1870/80er Jahren', in: *In memoriam Wolfgang Jahn: Der ganze Marx. Alles Verfasste veröffentlichen, erforschen und den "ungeschriebnen Marx" rekonstruieren*, Hamburg 2002, S. 33–66.

23 Karl Marx an Friedrich Engels, 13. Februar 1866, in: MEGA² Briefe 1866, (https://megadigital.bbaw.de/briefe/detail.xql?id=B00039): „Die Abhandlung über die Grundrente allein [...] bildet beinahe, in der jetzigen Fassung, ein Buch."

24 MEGA² II/4.2, S. 690, 816 f.

25 Hier lassen sich etliche Indizien für sein regional sehr breit gestreutes Interesse an diesen Fragen finden und viele Materialien zu den Entwicklungen in Russland. Nicht zuletzt gibt es auch eine Reihe von Exzerpten, die sich mit chemischen und geologischen Themen beschäftigen, was vermutlich mit Marx' Interesse für Grundrenten und landwirtschaftliche Produktion zusammenhängt, ohne dass bislang

die Bedeutung dieser Studien für wirtschaftliche Theorien und Themen von Marx ausgelotet wäre. Darauf weist die Überschrift in einem Exzerptheft aus drei Autoren (Johann Gottlieb Koppe, Ernst Erhard Schmid und Friedrich Schoedler) von 1878 hin: „Agricultur + Bodenpreis, Rent", Karl Marx, *Exzerpte und Notizen zur Geologie, Mineralogie und Agrikulturchemie, März bis September 1878*, Berlin 2011, in: MEGA^2 IV/26, S. 123, ebenso verschiedene Exzerpte, die sich mit „Relations of geology to agriculture" (S. 70) beschäftigen, aus James F. W. Johnston, *Elements of agricultural chemistry and geology*, in: MEGA^2 IV/26, S. 70–94. Zu den Exzerpten der späten 1860er Jahre siehe auch Kohei Saito, *Natur gegen Kapital. Marx' Ökologie in seiner unvollendeten Kritik des Kapitalismus*, Frankfurt a. M. 2016.

26 Mögliche Themen, nach Hinweisen in verschiedenen Manuskripten und Entwürfen, könnten Geldzirkulation, Krisen oder ein Kreislaufmodell für Geld- und Warenbewegungen in einer Wirtschaft sein, in der Art eines *Tableau Economique*, ähnlich wie der Physiokrat François Quesnay eines entwickelt hatte. Siehe dazu Michael R. Krätke, ‚„Hier bricht das Manuskript ab." (Engels). Hat das *Kapital* einen Schluss?' Teil 1, 2, in: *Beiträge zur Marx-Engels-Forschung*, N. F. 2001, S. 7–43; N. F. 2002, S. 211–262.

27 Friedrich Engels an Pjotr Lawrowitsch Lawrow, 28. Januar und 5. Februar 1884, MEW Bd. 36, S. 94, 99.

28 Friedrich Engels an Karl Kautsky, 24. März 1884, ibid., S. 129; Friedrich Engels an Laura Lafargue, 31. März 1884, ibid., S. 131. Siehe auch Engels' Redaktion des dritten Buches des *Kapitals*, MEGA^2 II/14, S. 461.

29 Friedrich Engels an Johann Philipp Becker, 20. Juni 1884, MEW Bd. 36, S. 162.

30 Friedrich Engels an Hermann Schlüter, 22. Februar 1885, ibid., S. 285; Friedrich Engels an Laura Lafargue, 8. März 1885, ibid., S. 287.

31 Friedrich Engels an Laura Lafargue, 4. Juli 1885, ibid., S. 339: „mit dem, was davon diktiert werden kann"; siehe auch Engels' Redaktion, MEGA^2 II/14, S. 465.

32 Friedrich Engels an Karl Kautsky, 21./22. Juni 1884, MEW Bd. 36, S. 164; Friedrich Engels an Laura Lafargue, 13. Dezember 1883, ibid. S. 75; Friedrich Engels an August Bebel, 11. Oktober 1884, ibid., S. 214; siehe auch Engels' Redaktion, in: MEGA^2 II/14, S. 461 ff.

33 Friedrich Engels an August Bebel, 30. April 1883, MEW Bd. 36, S. 21; siehe auch Renate Merkel-Melis, ‚Einführung', in: Friedrich Engels, *Werke, Artikel, Entwürfe Mai 1883 bis September 1886*, Berlin 2011, in: MEGA^2 I/30, S. 577.

34 Friedrich Engels an Karl Marx, 20. Januar 1845, MEGA^2 III/1, S. 262.

35 Zu seiner Sehnsucht nach Erlösung siehe Friedrich Engels an Karl Marx, 27. April 1867, MEGA^2 Briefe 1867 (https://megadigital.bbaw.de/briefe/detail.xql?id=B00256). Zur Verabschiedung 1869 siehe Friedrich Engels an Karl Marx und an Elisabeth Engels, 1. Juli 1869, MEW Bd. 32, S. 329, 615–17; Jürgen Herres, *Marx und Engels. Porträt einer intellektuellen Freundschaft*, Leipzig 2018, S. 217 f.

36 Keizo Hayasaka, ‚Oscar Eisengarten – Eine Lebensskizze', in: *Beiträge zur Marx-Engels-Forschung*, N. F. 2001, S. 83–110, hier S. 85 ff.

37 Friedrich Engels an August Bebel, 24. Juli 1885, MEW Bd. 36, S. 348. Zum 2. Buch siehe Friedrich Engels an Karl Kautsky, 21./22. Juni 1884, ibid., S. 164.

38 Friedrich Engels an August Bebel, 30. August 1883, ibid., S. 56: „Dabei die platterdings nur mir lesbare – & das mit Mühe – Handschrift." Siehe auch Friedrich Engels an Pjotr Lawrowitsch Lawrow, 5. Februar 1884, ibid., S. 99.

39 Friedrich Engels an August Bebel, 24. Juli 1885, ibid., S. 348; siehe auch Einführung, MEGA^2 II/14, S. 398.

40 MEGA^2 II/4.3, S. 2–4, 7–9, 10–31, 383–396; siehe auch Einführung, ibid., S. 427 f.

41 Im August/September 1888 gönnte Engels sich eine Reise in die Vereinigten Staaten von Amerika, von der Notizen sowie zahlreiche Berichte in Briefen überliefert sind, 7. August bis 29. September 1888; siehe Friedrich Engels, *Werke, Artikel, Entwürfe Oktober 1886 bis Februar 1891*, Berlin 2002, in: MEGA^2 I/31, S. 159 ff., zur Entstehungsgeschichte ibid., S. 914; Malcolm Sylvers, ‚Marx, Engels und die USA – ein Forschungsprojekt über ein wenig beachtetes Thema', in: *Marx-Engels-Jahrbuch 2004*, S. 48–50. Engels war vorwiegend als Privatperson unterwegs, wie seine Reiseroute und sein Reiseprogramm belegen. Er beobachtete die wirtschaftlichen und technischen Entwicklungen selbstverständlich sehr interessiert, auch das Wachstum von Arbeiterorganisationen, die er ja bereits 1887 im Vorwort zur amerikanischen Ausgabe der *Lage der arbeitenden Klasse in England* zur Kenntnis genommen und mit Ratschlägen bedacht hatte, Frederick Engels, ‚Preface to the American Edition of „The Condition of the Working Class"', MEGA^2 I/31, S. 35. Siehe auch Tristram Hunt, *The Frock-Coated Communist*, London 2009, S. 316 ff.

42 Friedrich Engels an Laura Lafargue. 15./16. März 1886, MEW Bd. 36, S. 460.

43 Friedrich Engels an Laura Lafargue. 21. März 1887, ibid., S. 637. Engels durfte nur 2–3 Stunden bei Tageslicht arbeiten. Auch für 1892 und 1894 sind gesundheitliche Beeinträchtigungen belegt, siehe Engels' Redaktion, in: MEGA^2 II/14, S. 468, 473, 475 f., 488.

44 MEGA^2 II/14, S. 19–150.

45 Einführung ibid., S. 359.

46 Zur Entstehungsgeschichte ibid., S. 511 f.

47 Ibid., S. 185–213.

48 MEGA^2 II/15, S. 29–143; zu den Arbeitsschritten siehe Engels' Redaktion, in: MEGA^2 II/14, S. 466 ff.

49 MEGA^2 II/15, S. 70. Siehe auch Regina Roth, ‚Marx's Vorlagen und Engels' Redaktion: Anmerkungen zum Ersten Abschnitt des dritten Buchs des Kapitals', in: *MEGA-Studien 2001*, S. 127–141.

50 MEGA^2 II/15, S. 237.

51 Ibid., S. 243, Zeile 13–15 und Erläuterung; MEGA^2 II/4.2, S. 315, Zeile 17–19.

52 MEGA^2 II/15. S. 227; vgl. MEGA^2 II/4.2. S. 319. Dazu und zu den Eingriffen von Engels siehe auch Einführung, MEGA^2 II/14, S. 407 ff.; Regina Roth, ‚Die Herausgabe von Band 2 und 3 des *Kapital* durch Engels', in: *Marx-Engels-Jahrbuch 2012/13*, S. 168–182.

53 Friedrich Engels an Laura Lafargue, 11. Februar 1889, MEW Bd. 37, S. 151.

54 MEGA^2 II/4.2, S. 469.

55 MEGA^2 II/15, S. 386.

56 Noch im Juli 1889 hatte Engels sich Mut zugesprochen, wie ein Brief an Nikolai Franzewitsch Danielson, den langjährigen Briefpartner von Marx und Engels in St. Petersburg, Bankier und Übersetzer des 1. Buchs des *Kapital* ins Russische, zeigt: „[T]his crowning volume is such a splendid and unanswerable work", dass er sich berechtigt sah, „to bring it out in a shape in which the whole line of argument stands forth clearly and in bold relief", 4. Juli 1889, MEW Bd. 37, S. 244.

57 Zu den Eingriffen siehe auch ‚Einführung', MEGA^2 II/14, S. 402 ff.

58 Friedrich Engels, ‚Vorwort', in: Karl Marx, *Das Kapital. Kritik der politischen Ökonomie, Bd. 3*, hrsg. von Friedrich Engels (1894), Berlin 2003, in: MEGA^2 II/15, S. 8 f.

59 Zu weiteren Interpretationen siehe Michael R. Krätke, ‚Geld, Kredit und verrückte Formen', in: *MEGA-Studien 2000/1*, S. 64–99; Michael Heinrich, *Die Wissenschaft vom Wert*, 6. Aufl., Hamburg 2014, S. 284 ff.

60 Engels' Redaktion, MEGA^2 II/14, S. 477 ff., Entstehungsgeschichte, MEGA^2 II/15, S. 931 f.

61 Siehe dazu den Beitrag von Heinz D. Kurz in diesem Band sowie Carl-Erich Vollgraf, ‚Engels' Kapitalismus-Bild und seine Zusätze zum 3. Band des „Kapitals"', in: *Beiträge zur Marx-Engels-Forschung*, N. F. 2004, S. 7–53.

62 Friedrich Engels an Johann Philipp Becker, 20 Juni 1884, MEW Bd. 36, S. 163; siehe auch Engels' Redaktion, MEGA^2 II/14, S. 460 f.

63 Friedrich Engels an August Bebel, 30. April 1883, MEW Bd. 36, S. 21. Zu einer weiteren Aufgabe, einer Biographie von Marx, siehe auch den Beitrag von Wilfried Nippel in diesem Band.

64 Siehe Christina Morina, *Die Erfindung des Marxismus. Wie eine Idee die Welt eroberte*, München 2017, S. 203 ff., 218 ff.

65 Karl Marx, *Das Kapital. Kritik der politischen Ökonomie, Bd. 1, 3. Aufl.* 1883, Berlin 1989, in: MEGA^2 II/8; zur Entstehungsgeschichte, ibid., S. 850.

66 MEGA^2 II/8, S. 347, Fn. 50a und Erläuterung.

67 „Der Mann ergriff das Steuer auch im Hause, die Frau wurde entwürdigt, geknechtet, Sklavin seiner Lust und bloßes Werkzeug der Kinderzeugung. Diese erniedrigte Stellung der Frau

ist allmälig beschönigt und verheuchelt [...] worden; beseitigt ist sie keineswegs", Friedrich Engels, *Der Ursprung der Familie, des Privateigentums und des Staats* (1884), Berlin 1990, in: MEGA² I/29, S. 33. Siehe auch Friedrich Engels an Friedrich Adolph Sorge, 7. März 1884, MEW Bd. 36, S. 124; Hunt, *The Frock-Coated Communist*, a. a. O., S. 310 f.

68 Darauf deuten die Erinnerungen von Eduard Bernstein von 1918 hin, siehe Lawrence Krader, *Ethnologie und Anthropologie bei Marx*, Frankfurt a. M. 1976, S. 231; Zitat aus den Erinnerungen Bernsteins in MEGA² I/29, S. 591. Die Editoren der MEGA halten dies für einen Irrtum und setzen die Abfassung des Textes erst Mitte April, nach dem Erhalt des Exemplars von Morgan, an, ibid., S. 591 f.

69 Friedrich Engels an Karl Kautsky, 24. März 1884, MEW Bd. 36, S. 129. Das hatte Kautsky am 12. März 1884 angeregt, *Friedrich Engels' Briefwechsel mit Karl Kautsky*, 2. Aufl., hrsg. von Benedikt Kautsky, Wien 1955, S. 103.

70 Friedrich Engels an Karl Kautsky, 26. April 1884, MEW Bd. 36, S. 142; Krader, *Ethnologie*, a. a. O., S. 231 f.; MEGA² I/29, S. 590 ff.

71 Friedrich Engels an Karl Kautsky, 19. Juli 1884, MEW Bd. 36, S. 176; Entstehungsgeschichte, MEGA² I/29, S. 606 ff.

72 Rodbertus (1805–1875) gilt als Vertreter eines Staatssozialismus. Er betrachtete die Verelendung von Arbeitern im 19. Jahrhundert als skandalös. Handelsfreiheit und eine liberale Wirtschaft hielt er für eine Ursache des Pauperismus. Zu seinen radikalen Reformvorstellungen dieses Systems auf der Basis einer Arbeitswerttheorie, als deren Hauptakteur er den Staat sah, siehe *Geschichte der sozialen Ideen in Deutschland: Sozialismus – Katholische Soziallehre – Protestantische Sozialethik. Ein Handbuch*, hrsg. von Walter Euchner u. a., 2. Aufl., Heidelberg u. a. 2015. S. 57 ff.

73 Zur Entstehungsgeschichte, MEGA² II/13, S. 561 f. Bei der kritischen Rezension einer 1885 erschienenen Schrift Georg Adlers über die Anfänge der deutschen Sozialdemokratie unterstützte Engels Karl Kautsky, siehe MEGA² I/30, S. 200 ff.; zur Entstehungsgeschichte ibid., S. 886 ff.; zur Auseinandersetzung mit Georg Adler siehe auch den Beitrag von Wilfried Nippel in diesem Band, S. 64.

74 Friedrich Engels an Karl Kautsky, 16. Februar 1884, MEW Bd. 36, S. 108.

75 Eduard Bernstein an Friedrich Engels, 10. und 23. November 1883, 31. Januar 1884, in: *Eduard Bernsteins Briefwechsel mit Friedrich Engels*, hrsg. von Helmut Hirsch, Assen 1970, S. 230, 233, 241; siehe auch Entstehungsgeschichte, MEGA² I/30, S. 656, 660; Text des Vorworts, ibid., S. 28–40. Das Buch selbst erschien Anfang 1885, ibid., S. 929 f.

76 Friedrich Engels an Kautsky, 22. August 1884, MEW Bd. 36, S. 204; Entstehungsgeschichte, MEGA² I/30, S. 659; Entstehungsgeschichte, MEGA² II/13, S. 563 ff.; Text des Vorworts, ibid., S. 5–21.

77 MEGA² II/8, S. 503; Marx' Versionen in den Ausgaben von 1867 und 1872, in: MEGA² II/5, S. 430, Fn. 17; MEGA² II/6, S. 495.

78 Zur Entstehungsgeschichte, MEGA² I/30, S. 658 f.

79 IISG, Marx-Engels-Nachlass, Sign. J 37; zur Entstehungsgeschichte, MEGA² I/30, S. 657.

80 Friedrich Engels an Karl Kautsky, 22. August 1884, in: MEW Bd. 36, S. 202.

81 Engels, 'Vorwort' (1885), in: MEGA² II/13, S. 9 und Erläuterung.

82 Marx hatte es beispielsweise schon in seinem Entwurf zu Friedrich List 1845 verwendet, siehe 'Ein neues Manuskript von Karl Marx. (Über Friedrich Lists Buch „Das nationale System der politischen Ökonomie")', in: *Beiträge zur Geschichte der Arbeiterbewegung* 14, 1972, S. 423–446. Siehe auch Karl Marx, 'Plagiarismus' (12. Dezember 1867), in: Karl Marx / Friedrich Engels, *Werke, Artikel, Entwürfe September 1867 bis März 1871*, Berlin 2009, in: MEGA² I/21, S. 33ff, zur Entstehungsgeschichte, ibid., S. 1272 ff. Zu einem anderen Fall von einem Plagiatsvorwurf siehe Karl Marx, 'Mein Plagiat an F. Bastiat' (Entwurf 1868), ibid., S. 75 f., zur Entstehungsgeschichte, ibid., S. 1314 ff.

83 Friedrich Engels an Karl Kautsky, 16. Februar 1884, MEW Bd. 36, S. 108; MEGA² I/30, S. 28 ff.; MEGA² II/13, S. 9 ff.

84 Siehe Entstehungsgeschichte, MEGA² II/13, S. 564 f.; Einführung, MEGA² II/14, S. 442.

85 Friedrich Engels an Eduard Bernstein, 22. August 1884, in: MEW Bd. 36, S. 204.

86 IISG, Marx-Engels-Nachlass, Sign. L 4973; zu Engels' Einschätzung von Meyer siehe seinen Brief an Karl Kautsky, 23. Mai 1884, MEW Bd. 36, S. 149; Engels, 'Vorwort' (1885), in: MEGA² II/13, S. 9 f.

87 Zitat nach der Entstehungsgeschichte, in: MEGA² I/30, S. 1034 f.

88 Friedrich Engels an Florence Kelley Wischnewetzky, 10. Februar 1885, MEW Bd. 36, S. 280.

89 Friedrich Engels, 'England in 1845 and in 1885', in: *The Commonweal*, Nr. 1 und 2 (1885), in: MEGA² I/30, S. 61–66, zur Entstehungsgeschichte, ibid., S. 706–713.

90 Friedrich Engels, 'England 1845 und 1885', in: *Die Neue Zeit*, Jg. 3., H. 6 (1885), in: MEGA² I/30, S. 67–73, zur Entstehungsgeschichte ibid., S. 714–723.

91 Friedrich Engels, 'Die Arbeiterbewegung in Amerika', in: *Der Sozialdemokrat* (1887), in: MEGA² I/31, S. 40–48, zur Entstehungsgeschichte ibid., S. 707–721.

92 Im Vorwort schrieb Engels „in the *Communist Manifesto* of 1847", möglicherweise, um auf 40 Jahre Abstand zum Datum des Vorworts, dem 26. Januar 1887 zu kommen, Friedrich Engels, 'Preface to the American Edition', in: MEGA² I/31, S. 35.

93 Ibid.

94 Zur Situation in den USA siehe auch den Beitrag von James M. Brophy in diesem Band.

95 Engels, 'England in 1845 and in 1885', in: MEGA² I/30, S. 64. Den Begriff der Arbeiteraristokratie brachte Engels auch in Hermann Schlüters „Chartistenbewegung in England" von 1887 ein. Siehe MEGA² I/31, S. 453, Zeile 41 bis S. 545, Zeile 4 und Variante; zur Entstehungsgeschichte ibid., S. 615.

96 Frederick Engels, 'Appendix to the American Edition of „The Condition of the Working Class"' (1886), in: MEGA² I/30, S. 164 ff.

97 Siehe Entstehungsgeschichte MEGA² I/30, S. 1038 ff.

98 Einführung, MEGA² I/30, S. 581; MEGA² I/31, S. 616 ff.; MEGA² I/32, S. 592 ff. Siehe auch Wilfried Nippel, 'Friedrich Engels und die Politik des Vorworts', in: *Zeitschrift für Ideengeschichte* 11, 2017, H. 3, S. 67–78.

99 Siehe Entstehungsgeschichte MEGA² I/30, S. 1055 f.

100 Zu den Anfragen siehe z. B. Wilhelm Liebknecht an Friedrich Engels, 25. März 1865, MEGA² III/13, S. 357; Friedrich Engels an Karl Kautsky, 16. Februar 1884, MEW Bd. 36, S. 109; Hermann Schlüter an Friedrich Engels, 10. Dezember 1884, IISG, Marx-Engels-Nachlass, Sign. L 5514. Zur 2. deutschen Aufl. siehe Entstehungsgeschichte MEGA² I/32, S. 871 ff.

101 Friedrich Engels, 'Vorwort zur zweiten deutschen Auflage (1892) von „Die Lage der arbeitenden Klasse in England"', in: MEGA² I/32, S. 152–166, hier S. 164 ff.

102 Friedrich Engels an Karl Marx, 8. April 1863, MEGA² III/12, S. 354.

103 Friedrich Engels an Friedrich Adolph Sorge, 31. Dezember 1884, MEW Bd. 36, S. 264; Friedrich Engels an Karl Kautsky, 25. März 1895, MEW Bd. 39, S. 447.

104 MEGA² I/30, S. 41. Eduard Bernstein hatte im März 1884 nach einer Neuauflage gefragt, siehe Einführung, MEGA² I/30, S. 585 ff.; zur Entstehungsgeschichte ibid., S. 673 ff., 681 ff.

105 MEGA² I/31, S. 66.

106 Friedrich Engels an Hermann Schlüter, 12. Februar 1888, MEW Bd. 37, S. 22. Siehe auch MEGA² I/31, S. 55–116; zur Entstehungsgeschichte ibid., S. 610 ff., 732 ff.

107 Zu den Dokumenten von Engels siehe MEGA² I/30, S. 167 f., 171 f., 274–278; Einführung, ibid., S. 511–521, 526–539; zur Entstehungsgeschichte ibid., S. 621 f.; zum Briefwechsel siehe Gerd Callesen / Svetlana Gavril'čenko, Einführung, in: MEGA² III/30, S. 694 f. und die dort zitierten Briefe. Siehe auch Markus Bürgi, *Die Anfänge der II. Internationale. Positionen und Auseinandersetzungen 1889–1893*, Frankfurt a. M./New York 1996.

108 Siehe Einführung, MEGA² I/30, S. 595 ff.; MEGA² I/31, S. 622 f.; MEGA² III/30, S. 681 ff. Zu Großbritannien siehe auch Hunt, *The Frock-Coated Communist*, a. a. O., S. 324 ff.

109 Engels erklärte Friedrich Adolph Sorge am 9. August 1890: „Die Partei ist so groß daß

absolute Freiheit der Debatte innerhalb ihrer eine Nothwendigkeit ist", MEGA² III/30, S. 395 f.; siehe auch Einführung, ibid., S. 687 f.

110 Friedrich Engels an Florence Kelley Wischnewetzky, 28. Dezember 1886, MEW Bd. 36, S. 589; siehe auch Einführung, MEGA² I/30. S. 595.

111 Friedrich Engels an Werner Sombart, 11. März 1895, MEW Bd. 39, S. 428.

ARBEIT UND UNTERNEHMEN – HISTORISCHE UND AKTUELLE TENDENZEN

1 Friedrich Engels, [Antheil der Arbeit an der Menschwerdung des Affen], Die Knechtung des Arbeiters, Einleitung, in: MEGA² I/27, S. 88.

2 Ibid.

3 Friedrich Engels, ‚Zur Kritik des sozialdemokratischen Programmentwurfs 1891', in: MEGA² I/32, S. 42–54.

4 Vgl. Friedrich Engels, *Die Lage der arbeitenden Klasse in England. Nach eigner Anschauung und authentischen Quellen*, 2. Aufl. 1892, 1. Aufl. 1845, in: MEGA¹ I/4, Berlin 1932, S. 10–286.

5 Vgl. Friedrich Engels, ‚England 1845 und 1885', Die Neue Zeit, Jg. 3, H. 6, Juni 1885, in: MEGA² I/30, S. 67–73. An zahlreichen Stellen weist auch Tristram Hunt in seiner ausführlichen Engels-Biographie auf diese Veränderungen der Perspektive hin, siehe Tristram Hunt, *Friedrich Engels, Der Mann, der den Marxismus erfand*, 2. Aufl., 1. engl. Aufl. 2009, Berlin 2012.

6 Frederick W. Taylor, *The Principles of Scientific Management*, 1911, dt. München 1913, Nachdruck, Weinheim 1977.

7 Werner Pfeiffer / Enno Weiß, *Lean Management. Grundlagen und Organisation industrieller Unternehmen*, Berlin 1992, S. 20–41. Da der Fordismus in den folgenden Jahrzehnten weiterentwickelt wurde, unterscheiden die Autoren zwischen dem „Reinen Fordismus" und dem „Modernen Fordismus".

8 Vgl. Taylor, *The Principles*, a. a. O., S. 37 ff.

9 Vgl. Pfeiffer / Weiß, *Lean Management*, a. a. O., S. 43 ff.; vgl. Lutz von Rosenstiel, *Grundlagen der Organisationspsychologie*, 5. Aufl., Stuttgart 2003, S. 11, 271 ff.

10 Vgl. Walter A. Oechler, *Personal und Arbeit: Grundlagen des Human Resource Management und der Arbeitgeber-Arbeitnehmer-Beziehungen*, 7. Aufl., München/Wien 2000.

11 Vgl. Michael Kittner, *Arbeits- und Sozialordnung*. Ausgewählte und eingeleitete Gesetzestexte, 45. Aufl. Frankfurt a. M. 2020.

12 Vgl. Heinz Gester / Norbert Koubek / Gerd R. Wiedemeyer (Hg.): *Unternehmensverfassung und Mitbestimmung in Europa*, Wiesbaden 1991.

13 Vgl. International Labour Organization (ILO): *Tripartie Declaration of Principles concerning Multinational Enterprises and Social Policy*, 5. Aufl., Genève 2017.

14 Vgl. Pfeiffer / Weiß, *Lean Management*, a. a. O., S. 43 ff.

15 Vgl. James P. Womack / Daniel T. Jones / Daniel Roos, *Die zweite Revolution in der Autoindustrie*, Frankfurt a. M. 1991.

16 Vgl. Arnold Picot / Ralf Reichwald / Rolf T. Wigand / u. a., *Die grenzenlose Unternehmung. Information, Organisation & Führung*, 6. Aufl., Heidelberg 2020.

17 Vgl. Norbert Koubek, *Jenseits und Diesseits der Betriebswirtschaftslehre. Institutionen – Unternehmenstheorien – Globale Strukturen*, Wiesbaden 2010.

18 Vgl. Birgit Spieshöfer, *Unternehmerische Verantwortung zur Entstehung einer globalen Wirtschaftsordnung*, Baden-Baden 2017.

19 Vgl. Bob Hancké (Hg.): *Debating Varieties of Capitalism*, Oxford 2009.

20 Vgl. Reinhard Pfriem / Uwe Schneidewind / Jonathan Barth / Silja Graupe / Thomas Korbun (Hg.): Transformative Wirtschaftswissenschaft im Kontext nachhaltiger Entwicklung, Marburg 2017.

21 Hans-Gerd Servatius / Uwe Schneidewind / Dirk Rohlfink (Hg.): *Smart Energy. Wandel zu einem nachhaltigen Energiesystem*, Berlin / Heidelberg 2012.

22 *UNO-Weltbevölkerungsbericht* 2018, Genf 2018.

23 Vgl. Thomas Piketty, *Das Kapital im 21. Jahrhundert*, München 2014; ders., *Kapital und Ideologie*, München 2020.

24 Vgl. Picot / Reichwald / Wigand / u. a., *Die grenzenlose Unternehmung*, a. a. O., Schlussteil zu dem Thema „Virtuelle Unternehmen".

25 Vgl. Jan Marco Leimeister / Shkodran Zogaj / David Durward / Ulrich Bretschneider, ‚Neue Geschäftsfelder durch Crowdsourcing: Crowd-basierte Start-ups als Arbeitsmodell der Zukunft' in: Reiner Hoffmann / Claudia Bogedan (Hg.): *Arbeit der Zukunft*, Frankfurt a. M. / New York 2015, S. 141–158.

26 Engels, Friedrich: ‚Einleitung' zu Karl Marx', *Die Klassenkämpfe in Frankreich 1848 bis 1850*, in: MEGA² I/32, S. 336.

FAZIT: ENGELS IN SEINER ZEIT

1 Vgl. Marin Endreß / Christian Jansen (Hg.): *Karl Marx im 21. Jahrhundert. Bilanz und Perspektiven*, Frankfurt a. M. /New York 2020. Neuen Grund legten zwei forschungsintensive Biographien: Jonathan Sperber, *Karl Marx. Sein Leben und sein Jahrhundert*, München 2013; sowie Gareth Stedman Jones, *Karl Marx. Die Biographie*, München 2017.

2 Große Teile des dann in Band 2 und 3 veröffentlichten Marxschen Werkes befanden sich noch *in statu nascendi*. Marx sei am Ende ein wissenschaftlich belastbares Ergebnis schuldig geblieben. Engels ordnete und ergänzte den Nachlass und veränderte dabei manches.

3 Beispielsweise oben, S. 37 f. zu Engels' erst später bekannt gewordener (Mit-)Autorschaft an lange lediglich Marx zugeschriebenen Publikationen für die *New York Tribune* (1851–1862).

4 Wilfried Nippel, ‚Friedrich Engels und die Politik des Vorwärts', in: *Zeitschrift für Ideengeschichte* 11, 2017, H. 3, S. 67–78; Christina Morina, *Die Erfindung des Marxismus. Wie eine Idee die Welt erobert*, München 2017.

5 Dabei haben Engels' frühe Publikationen *Umrisse einer Kritik der Nationalökonomie* (1844) und *Die Lage der arbeitenden Klasse in England* (1845) eine wichtige Rolle gespielt. Generell: Jürgen Herres, *Marx und Engels. Das Portrait einer intellektuellen Freundschaft*, Ditzingen 2018.

6 Zum Vergleich und zu den Verbindungen zwischen Barmen / Engelskirchen und Manchester: Eberhard Illner, ‚Das Textilunternehmen Engels in Manchester. Wirtschaftsbeziehungen und Arbeitsverhältnisse', in: *Marx-Engels-Jahrbuch* 2011, S. 94–112.

7 Ausführlicher in Jürgen Kocka, *Das lange 19. Jahrhundert. Arbeit, Nation und bürgerliche Gesellschaft*, Stuttgart 2001 (= Gebhardt. *Handbuch der deutschen Geschichte*, 10. Aufl., Bd. 13), S. 115–119.

8 Vgl. Tristram Hunt, *Friedrich Engels. Der Mann, der den Marxismus erfand*, 2. Aufl., Berlin 2017, S. 253–258; Klaus Körner, *„Wir zwei betreiben ein Compagniegeschäft". Karl Marx und Friedrich Engels. Eine außergewöhnliche Freundschaft*, Hamburg 2009, S. 115–117; Illner, ‚Das Textilunternehmen', a. a. O., S. 111 f. Engels starb als wohlhabender Mann.

9 Zum politisch ungemein heterogenen Bildungsbürgertum in Deutschland vgl. Jürgen Kocka (Hg.): *Bildungsbürgertum im 19. Jahrhundert. Teil IV: Politischer Einfluß und gesellschaftliche Formation*, Stuttgart 1989.

10 Auch durch die geistesgeschichtliche Einordnung seines Ansatzes in das im 19. Jahrhundert nicht seltene Denken in die Kategorien „Zerstörung" und „Schöpfung". Oben S. 310–316.

ZUR GESCHICHTE DER EDITIONEN DER SCHRIFTEN VON KARL MARX UND FRIEDRICH ENGELS

1 Erich Kundel / Alexander Malysch, ‚Bilanz und Perspektiven. Ein Bericht der Sekretäre der Redaktionskommission über die Herausgabe der Marx-Engels-Gesamtausgabe nach dem Erscheinen der ersten 10 Bände', in: Marx-Engels-Jahrbuch Bd. 4, 1981, S. 263–305, hier S. 285 f.

2 MEW Bd. 2, S. IX–X.

↑ **Adolph von Menzel,** Arbeiter an der Deichsel, Studie für Eisenwalzwerk.

BILDNACHWEIS

Titelcover vorn: Friedrich Engels, um 1864, AKG 362524. | **Cover hinten:** „Beim nächsten Mal wird alles besser", Marx / Engels Denkmal auf der Lustwiese Berlin, 1989 / 90, © Günter Bersch / bpk. | **Vorsatz vorn und hinten:** Adolph Menzel, Eisenwalzwerk 1872 / 1875, © Nationalgalerie Berlin / AKG 201671 mit Details. | **S. 2:** Friedrich Engels, Künstler unbekannt, aus dem Karl Marx und Friedrich Engels Museum Moskau, Sammlung Sputnik, AKG 1166769. | **S. 8:** Francois Bonhommé, Coulée de fonte au Creusot, 1864, © dépot Academie Francois Bourdon, Le Creusot, Frankreich. | **S. 13:** Paul Friedrich Meyerheim, Lokomotiv-Montagehalle Borsig, 1873, © Deutsches Technikmuseum Berlin. | **S. 15:** Carl Eduard Biermann, Borsig's Maschinenbau-Anstalt zu Berlin, 1847, © Stiftung Stadtmuseum Berlin / Märkisches Museum. | **S. 16:** Jean Béraud, Le jour d'emprunt, ca. 1890, © Sotheby's / AKG 334144. | **S. 19:** Adolph Menzel, Eisenwalzwerk 1872 / 1875, © Nationalgalerie Berlin / AKG 201671. | **S. 22:** Friedrich Engels: Meine unsterblichen Werke, © IISG Amsterdam ARCH00860.H 142. | **S. 24:** W.E.Debenham (Foto), Friedrich Engels, 1888, Russländisches Staatliches Archiv für Sozial- und Politikgeschichte (RGASPI), Moskau. | **S. 25:** Karl Marx's Urenkel bei der Textexegese, 1968, © Karl Marx und Friedrich Engels Museum Moskau / AKG 1184147. | **S. 27:** Carl Wilhelm Hübner, Die schlesischen Weber 1846, © Deutsches Historisches Museum Berlin / AKG 40680. | **S. 28:** Friedrich Engels und Karl Marx, Die heilige Familie, 1845, AKG 1180569. | **S. 29:** V.Poljakov, Karl Marx und Friedrich Engels, 1961, © Karl Marx und Friedrich Engels Museum Moskau / AKG 1913175. | **S. 30:** Entwurf zum Manifest der Kommunistischen Partei, © IISG Amsterdam ARCH00860 A 22 (1). | **S. 31:** Manifest der Kommunistischen Partei, 1848, AKG 8647. | **S. 32:** „Capital and Labour", in: Punch, Vol. 5, London 1843, Cartoon No. 5, AKG 1087511. | **S. 34:** E. Chapiro, Karl Marx und Friedrich Engels, 1961, © Karl Marx und Friedrich Engels Museum Moskau / AKG 1325949. | **S. 36:** Neue Rheinische Zeitung, UuSt-Bib Köln. | **S. 38:** The New American Cyclopædia, Privatsammlung. | **S. 43:** Friedrich Engels' Mitgliedskarte der International Working Men's Association. © Karl Marx und Friedrich Engels Museum Moskau / AKG 1197910. | **S. 44:** Bokelmann, Wahlschlacht, © Foto: Katja Illner / Brauerei Ferdinand Schumacher GmbH & Co KG Düsseldorf. | **S. 46:** Heinrich Kley, Teufel beim Stahlguss, ca. 1910, © Disney Family Foundation San Francisco CA / AKG 894797. | **S. 48:** Weltgeschichte: Die Communisten, Fliegende Blätter München 1848, Sammlung Dieter Ante. | **S. 50:** Louis Kugelmann, Wikipedia Commons. | **S. 52:** Ferdinand Lassalle, © Phillipp Graff, Berlin / AKG 7234. | **S. 53:** Karl Marx als Prometheus, 1843, © NRW Landesarchiv BR 0007 Nr. 331 / Sonderformat. | **S. 54:** Karl Marx, 1875, © Mayall, London / AKG 5717306. | **S. 56:** Michail Alexandrowitsch Bakunin, © Gaspard-Félix Tournachon / AKG 2612496. | **S. 57:** Wladimir Iljitsch Lenin, AKG 20193. | **S. 58:** Johann Most, AKG 570371. | **S. 59:** Die freie Presse, Fliegende Blätter München 1848, Sammlung Dieter Ante. | **S. 60:** Das Heer der Reaktion, 1848, Sammlung Dieter Ante. | **S. 61:** Der Politische Struwelpeter, 1848, Sammlung Dieter Ante. | **S. 66:** Pjotr Beloussow, Lenin mit Delegierten des III. Komsomol-Kongresses 1920, 1949, © Staatliches Historisches Museum, Moskau / AKG 137793. | **S. 68:** Victor Adler, ca. 1910, AKG 2040666. | **S. 75:** Das Kapital, 1885, AKG 8655. | **S. 77:** Victor Adler, © VGA Archiv Wien. | **S. 79:** Karl Kautsky, © Library of Congress Prints and Photographs Division Washington, D.C. | **S. 82:** Eduard Bernstein, © Deutsches Historisches Museum. | **S. 85:** Rudolf Hilferding, © Bundesarchiv. | **S. 87:** Otto Bauer, © IISG Amsterdam. | **S. 88:** Karl Renner, um 1905, www.dasrotewien.at. | **S. 93:** Guiseppe Pellizza da Volpedo, Der Vierte Stand, 1901, © Museo del Novecento, Mailand. | **S. 94:** James Watt, um 1775, Stahlstich von James Scott nach einem Ölgemäde von James Eckford Lauder, 1855, AKG 5469110. | **S. 95 o.:** Konstruktionszeichnung, AKG 6274896 | **S. 95 u.:** Matthew Boulton, um 1795, AKG 2090440. | **S. 96:** Doppelt wirkende Dampfmaschine, Maurice Daumas, 1968, S. 50. | **S. 97 o.:** Compound Dampfmaschine, Maurice Daumas, 1968, S. 56. | **S. 97 u.:** Liegende Dampfmaschine, Maurice Daumas, 1968, S. 67. | **S. 98/99:** Maudslay's Tischdampfmaschine, Stahlstich von G. Gladwin nach einer Zeichnung von J Clement, © Science and Society. | **S. 100 o.:** Tischdampfmaschine, © Museum Ludwig / Rheinisches Bildarchiv Köln. | **S. 100 u.:** Tischdampfmaschine Maudslay, © Technisches Museum Wien, Inv. Nr. 649. | **S. 101 o.:** Modell Corliss Dampfmaschine, © Technisches Museum Wien, Inv. Nr. 647. | **S. 101 u.:** Zwei Zylinder Dampfmaschine, Maurice Daumas, 1968, S. 58. | **S. 102:** Produkte der Gasmotoren, © Hagley Museum and Library, Wilmington DE USA. | **S. 103:** Nikolaus August Otto, AKG 1046919. | **S. 104:** Joan Planella i Rodriguez, Das Arbeitsmädchen, © Museum of History of Catalonia, Barcelona. | **S. 108:** Friedrich Engels, Die Lage der arbeitenden Klasse, Wikipedia Commons. | **S. 109 o.:** Spinning Jenny, AKG 4817216. | **S. 109 u.:** Sir Richard Arkwright, AKG 5726389. | **S. 110 o.:** Arkwright's Spinning Machine, AKG 7917282. | **S. 110 u.:** Self-acting spinning mule, Julien Turgan, Les Grandes Usines, Vol 3, 1873, AKG 4013627. | **S. 111 o.:** Samuel Crompton, AKG 4893416. | **S. 111 u.:** Spinnsaal, Maurice Daumas, 1968, S. 720. | **S. 114:** Karl Marx, 1861, © Mayall, London / AKG 1213378. | **S. 115:** Andrew Ure, AKG 3120240. | **S. 116:** Christian Peter Beuth, Wikipedia Commons. | **S. 117:** Charles Babbage, © bpk / National Portrait Gallery, London. | **S. 118:** Karl Marx, Skizze, © IISG Amsterdam ARCH00860 B 56, S. 41, Digital B 51. | **S. 120:** Charles Babbage, Einleitung, Privatsammlung. | **S. 121 o. u. m.:** Wikipedia Commons. | **S. 121 u.:** Isambard Kingdom Brunel, © bpk / National Portrait Gallery, London. | **S. 124 o.:** Henry Maudslay, © bpk / National Portrait Gallery, London. | **S. 124 u.:** Automatische Drehbank, © Science and Society. | **S. 125:** Maudslays Schraubendrehbank, Kupferstich von Wilson Lowry nach einer Zeichnung von J. Farey in: Abraham Rees' Cyclopedia or Universal Dictionary of Arts, Sciences and Literature, Longman, Hurst, Rees, Orme and Brown, London, 1815 / AKG 5292388. | **S. 126 o.:** Maudslay Montagewerkstatt, © P. Barry, London, 1863 / AKG 7764060. | **S. 126 u.:** James Nasmyth, © David Octavius Hill / Robert Adamson / AKG 7755926. | **S. 128:** Ernst Kapp, Wikipedia Commons. | **S. 129:** Ernst Kapp, Grundlinien, Bibliothek des Technischen Museums Wien. | **S. 131:** Ernst Kapp, Grundlinien, S. 241 (Bearbeitung). | **S. 132 o.:** Franz Reuleaux, © bpk. | **S. 132 u.:** Theoretische Kinematik, Bergbau-Bücherei Essen. | **S. 138:** Jean Veber, Dynamis, © Musée des Beaux-Arts, Tours. | **S. 140:** Friedrich Engels, Notiz über elektrische Maßeinheiten, © IISG Amsterdam ARCH00860 H 72, S. 2. | **S. 141 o.:** Marcel Deprezs Kraftübertragung, La lumière électrique, Bd. VIII, Paris 1883, S. 131, © DM München Bibliothek. | **S. 141 u.:** Kraftübertragung Lauffen a. N. – Frankfurt a. M., © DM München Plansammlung. | **S. 142:** Fritz Jacobsen, Zentralstation Berlin, © DM München. | **S. 143 o.:** Fritz Jacobsen, Wechselstromanlage Köln, © DM München. | **S. 143 u.:** Fritz Jacobsen, Dreileiterzentrale Barmen, © DM München. | **S. 144:** Werner von Siemens, Wikipedia Commons. | **S. 145:** Werner von Siemens und Johann Georg Halske, © Stiftung Stadtmuseum Berlin / Märkisches Museum. | **S. 146:** Matrosen „HMS Eclipse", © Bridgeman Images. | **S. 148:** Schlacht von Hampton Roads, Wikipedia Commons. | **S. 149:** Versenkung der „Cumberland", Wikipedia Commons. | **S. 151:** Paixhans Bombenkanone, Wikipedia Commons. | **S. 152 o.:** „HMS Warrior", © E. Illner / Boott Cotton Mills Museum, Lowell MA USA. | **S. 152 u.:** „Rolf Krake", Portable Network Graphics. | **S. 156 u. 158:** Friedrich Engels, Artilleristisches, © Stadtbibliothek Wuppertal. | **S. 161 o.:** „USS Monitor", Wikipedia Commons. | **S. 161 u.:** „USS Monitor" im James River, © U.S. Naval History and Heritage Command. | **S. 162:** „USS Passaic", Wikipedia Commons. | **S. 163:** „CSS Virginia", Wikipedia Commons. | **S. 167:** „CSS Atlanta", © U.S. Naval History and Heritage Command. |

S. 171: Typen von Panzerschiffen, Staatsbibliothek zu Berlin - Preußischer Kulturbesitz. | **S. 172:** John Wilkinson, © bpk / National Portrait Gallery, London. | **S. 173 o.:** Henry Bessemer, © Elliot and Fry, London / AKG 3134516. | **S. 173 u.:** Roheisenverhüttung, Maurice Daumas, 1968, S. 624. | **S. 174:** Stahlbereitung, Das Buch der Erfindungen, Gewerbe und Industrien, Franz Reuleaux, (Hg.), Bd. IV, Leipzig u. Berlin 1886, AKG 123332. | **S. 175:** Joseph Whitworth, © Science and Society. | **S. 176 o.:** Samuel Colt, © Wadsworth Atheneum, Hartford CT USA. | **S. 176 u.:** Kavalleriesoldat, © Library of Congress, Washington D.C. USA. | **S. 177 o.:** Colt's factory, © Wadsworth Atheneum, Hartford CT USA. | **S. 177 u.:** Ames's Iron Works, © Museum of Connecticut History, Hartford CT USA. | **S. 178 f.:** Samuel Colt's South Meadows Armory, © Museum of Connecticut History, Hartford CT USA. | **S. 180:** Briefe aus Philadelphia, UuLB Düsseldorf. | **S. 181:** Krupp in Philadelphia, © Hagley Museum and Library, Wilmington DE USA. | **S. 182 f.:** Francois Bonhommé, Dampfhammer, © dépot Academie Francois Bourdon, Le Creusot, Frankreich. | **S. 184:** Dampfhammer, Maurice Daumas, 1968, S. 156. | **S. 185:** Skizze Nasmyth, AKG 938531. | **S. 186:** Nasmyth's Patent steam hammer, Cyclopaedia of Useful Arts, Mechanical and Chemical, Manufactures, Mining, and Engineering, edited by Charles Tomlinson, Volume II, London, 1866, AKG 5226888. | **S. 187:** © CUCM, document écomusée Le Creusot Montceau, „l'Album de 1881". | **S. 188:** Edward Moran, Commerce of Nation, © Private Collection, Minnesota Marine Art Museum, Winona MN USA. | **S. 190:** Friedrich Engels, 1877, Russländisches Staatliches Archiv für Sozial- und Politikgeschichte (RGASPI), Moskau. | **S. 191 o.:** Welthandel, © Library of Congress, Washington D.C. USA. | **S. 191 u.:** Boston, © Fitz H. Lane Collection / The White House, Washington D.C. USA. | **S. 192 f.:** New York, © Library of Congress, Washington D.C. USA. | **S. 196:** San Francisco, © Library of Congress, Washington D.C. USA. | **S. 197:** Degas, Baumwollkontor, © Musée des Beaux Arts, Pau / credit: culture-images/fai. | **S. 198:** Lincoln, © Bridgeman Images. | **S. 200:** Corliss Dampfmaschine, © Hagley Museum and Library, Wilmington DE USA. | **S. 202:** McCormick, Reaper, © University of Idaho Library, Moscow ID, USA. | **S. 203:** Aus Samen, Harper's Weekly, New York, 18. Mai 1878, Vol. XXII, No. 1116, AKG 3693621. | **S. 206:** Haymarket, Harpers-Weekly / www.chicagohs.org/hadc/visuals/59V0460v. | **S. 207:** Friedrich Engels, Arbeiterbewegung, © IISG Amsterdam ARCH00860 H 110. | **S. 208:** National Cotton, © Foto: E. Illner / Boott Cotton Mills Museum, Lowell MA USA. | **S. 209:** Homestead Strike, © Library of Congress, Washington D.C. USA. | **S. 211 f.:** Mary Harris, u. folgende, © Library of Congress, Washington D.C. USA. | **S. 215:** Friedrich Engels, Über die USA, © IISG Amsterdam ARCH00860 H 113. | **S. 216:** Paul Friedrich Meyerheim, Eisenbahnbrücke, © Deutsches Technikmuseum Berlin. | **S. 218 f.:** Karte Telegraphenverbindungen, © Technisches Museum Wien. | **S. 221:** Achenbach, Neusser Hütte, © Stadtmuseum Düsseldorf / AKG 337382. | **S. 223:** Biermann, Borsig's Maschinenbau-Anstalt, © Stiftung Stadtmuseum Berlin / Märkisches Museum. | **S. 224:** Trevithik, © Science and Society. | **S. 225:** Bellin, © Science and Society. | **S. 226:** Opening Stockton& Darlington Railway, © Science and Society. | **S. 227 o.:** Rocket, © Science and Society. | **S. 227 u.:** Voile Ferrée, Sammlung Dieter Ante. | **S. 228 o.:** Rocket Detail, © E. Illner / Museum of Science and Industry Manchester. | **S. 228 u.:** Ijzeren Spoorweg, © Science and Society. | **S. 229:** Wyld's Railway Map, © Science and Society. | **S. 232:** Goldener Sonntag, AKG 98686. | **S. 235:** Mulready Uncared for 1871, © Arthur Berg, USA. | **S. 240:** Meyerheim, Radherstellung, © Oliver Ziebe / Stiftung Stadtmuseum Berlin / Märkisches Museum. | **S. 244 f.:** Firma Schneider & Cie, © CUCM, document écomusée Le Creusot Montceau, „l'Album de 1881". | **S. 247:** Köhler, Streik, © Deutsches Historisches Museum / AKG 42154. | **S. 250:** Cruikshank, The British Bee Hive, © British Museum. | **S. 257–259:** London: A Pilgrimage, Sammlung Dieter Ante. | **S. 263:** Cruikshank, Tax, © Look and Learn / Bridgeman Images. | **S. 264:** Carlyle, Foto: Julia Margaret Cameron, © Metropolitan Museum of Art New York, USA / AKG 5078117. | **S. 266:** Cruikshank, Malthusian view, © Granger / Bridgeman Images. | **S. 268:** Cruikshank, London going out, © The Stapleton Collection / Bridgeman Images. | **S. 277:** Brown, Work, © Manchester City Galleries / Bridgeman Images. | **S. 278:** Achenbach, Apotheose, Düsseldorfer Monatshefte 1848, AKG 130657. | **S. 281:** Bonaparte, © Österreichische Galerie im Belvedere, Wien / AKG 326634. | **S. 282:** Napoléon, © Bruno Barbier / AKG 6160608. | **S. 283:** Gesetzbuch, AKG 76092. | **S. 284 o.:** Hufeland, AKG 6133441. | **S. 284 u.:** List, AKG 7689. | **S. 285:** Rau, AKG 119830. | **S. 288:** Fichte, AKG 88723. | **S. 289:** Zollvereinsblatt, AKG 73504. | **S. 291:** Lange, AKG 168815. | **S. 292:** Schmoller, AKG 79288. | **S. 294:** Menger, AKG 8799. | **S. 295:** Say, AKG 2405857. | **S. 299 o.:** Fourier, © bpk. | **S. 299 u.:** Phalanstere, © bpk. | **S. 303:** Schelling, AKG 2075560. | **S. 304 l.:** Feuerbach, Westermanns Monatshefte, 3. Folge, I. Bd., Braunschweig, November 1876, AKG 143455. | **S. 304 r.:** Hess, © bpk. | **S. 306:** Owen, AKG 1068755. | **S. 307:** Simonde de Sismondi, © bpk. | **S. 309:** Lorenz von Stein, AKG 228960. | **S. 313 l.:** Schumpeter, AKG 1051773. | **S. 313 r.:** Sombart, AKG 3962533. | **S. 323:** Friedrich Engels 1845, Russländisches Staatliches Archiv für Sozial- und Politikgeschichte (RGASPI), Moskau. | **S. 327:** Emil Dreyer, Marx, © Friedrich-Ebert-Stiftung / Städt. Museum Simeonstift Trier / AKG 5600091. | **S. 331 o. l.:** Adam Smith, © National Gallery of Scotland, Edinburgh / AKG 5696671. | **S. 331 o. r.:** Smith Inquiry, AKG 155555. | **S. 331 u.:** Smith Wealth, Wikipedia Commons. | **S. 332:** McCulloch, © bpk / National Portrait Gallery, London. | **S. 333:** Pyramide, Flugblatt der belgischen Zeitung „La Presse socialiste", um 1900, AKG 139354. | **S. 334:** Ricardo, © Bibliothèque Nationale De France / AKG 2077779. | **S. 335:** Ricardo, Priniciples, Wikipedia Commons. | **S. 336:** Malthus, AKG 4503996. | **S. 337:** Malthus, Population, AKG 6295206. | **S. 339:** Proudhon, Foto: Felix Nadar, © bpk. | **S. 341:** Mill, AKG 5957238. | **S. 347:** Davy, AKG 7418668. | **S. 348:** Faraday, AKG 4818713. | **S. 349 o.:** Liebig, Foto: Franz Hanfstaengl, AKG 2613598. | **S. 349 u.:** Liebig Labor, Federzeichnung von Wilhelm Trautschold, AKG 7569. | **S. 350:** Kley Kruppsche Teufel, © Westfälisches Industriemuseum Dortmund / AKG 342546. | **S. 352:** Friedrich Engels, 1888, Foto: W.E. Debenham, Russländisches Staatliches Archiv für Sozial- und Politikgeschichte (RGASPI), Moskau. | **S. 354:** Karl Marx, um 1868, Russländisches Staatliches Archiv für Sozial- und Politikgeschichte (RGASPI), Moskau. | **S. 355:** Marx, Kapital, Wikipedia Commons. | **S. 356:** Marx, Manuskript, © IISG Amsterdam ARCH00860 A 80a. | **S. 362:** Engels, Manuskript, © IISG Amsterdam ARCH00860 H 82. | **S. 369:** Wahlversammlung, L'illustration, No. 2451, 15. Februar 1890, AKG 5799735. | **S. 372:** Taylor, Wikipedia Commons. | **S. 376:** Ford, © bpk. | **S. 381:** Roboter, © Hans-Günther Oed / imago images. | **S. 382:** ILO, Declaration, https://www.ilo.org / wcmsp5/groups/public/---ed_emp/---emp_ent/---multi/documents/publication/wcms_094386.pdf. | **S. 384:** Marx-Engels Denkmal, Foto: Klaus Mehner, © bpk. | **S. 388:** Friedrich Engels, AKG 362524. | **S. 389:** Anker, Zinstag, AKG 301013. | **S. 390:** Brodsky, Lenin, © Staatliche Tretjakow-Galerie, Moskau / AKG 96229. | **S. 430:** Adolph Menzel, Arbeiter an der Deichsel, Studie für das Gemälde ‚Eisenwalzwerk', AKG 42394.0.